- 国家社科基金资助项目「华夏文明传播的观念基础、理论体系与当代实践研究」（项目编号：19BXW056）
- 福建省高校人文社会科学研究基地「中华文化传播研究中心」建设成果
- 福建省学位办研究生导师团队「华夏文明传播研究团队」建设成果
- 福建省本科高校教育教学改革项目「华夏文明传播学理论体系、教学模式与实践探索综合改革」建设成果
- 厦门大学研究生课程思政「中国传播理论研究」建设成果
- 厦门大学一流本科课程「华夏传播概论」建设成果
- 厦门大学传播研究所建设成果
- 厦门大学新闻传播学院华夏文明传播研究中心建设成果

华夏传播学读本丛书之一

华夏传播学新读本

谢清果
王婷　主编
张丹

九州出版社
JIUZHOUPRESS

全国百佳图书出版单位

图书在版编目（CIP）数据

华夏传播学新读本 / 谢清果，王婷，张丹主编. --
北京 ：九州出版社，2019.11
　ISBN 978-7-5108-8605-8

　Ⅰ．①华… Ⅱ．①谢… ②王… ③张… Ⅲ. ①中华文
化－文化传播－文集 Ⅳ. ①G125-53

　中国版本图书馆CIP数据核字(2019)第277981号

华夏传播学新读本

作　　者	谢清果　王婷　张丹　主编
出版发行	九州出版社
地　　址	北京市西城区阜外大街甲 35 号 (100037)
发行电话	(010) 68992190/3/5/6
网　　址	www.jiuzhoupress.com
电子信箱	jiuzhou@jiuzhoupress.com
印　　刷	北京九州迅驰传媒文化有限公司
开　　本	720 毫米 ×1020 毫米　16 开
印　　张	37.75
字　　数	700 千字
版　　次	2020 年 12 月第 1 版
印　　次	2020 年 12 月第 1 次印刷
书　　号	ISBN 978-7-5108-8605-8
定　　价	98.00 元

总　　序

　　华夏传播学是与欧洲传播学和北美传播学相呼应的亚洲传播学的核心部分。欧洲传播学更多注重的是批判学派和文化研究，发展了源于古希腊的修辞学传统。而北美传播学则首先是美国为首的经验学派，主要源于美国的社会学和心理学传统，以实用主义为逻辑起点。当然后来以加拿大的多伦多学派为发源地，关注文明与传播，形成了媒介环境学。伊尼斯、麦克卢汉等人关注媒介与社会、技术及其文化发展的内在关系，扩大了学术研究的视角，使传播学的学科地位得以彰显。进而随着新媒体时代的来临，媒介社会化已然成为中外学术研究不得不面对的时代背景，传播研究便以具有基础学科地位的形势迅速崛起。因为离开了传播，我们无以理解社会，更无以建设更美好的世界。在新冠疫情依然在全球肆虐的2021年，我们更为深切地感到，在"地球村"的时代，不仅病毒的传播更加迅速，而且政治病毒的传播更是让疫情雪上加霜，似乎更为文明的当代，尤其是那些如美国自诩文明、民主、自由的国家却忘记了生命至上、人民至上的基本信条，始终不忘记抹黑中国、甩锅中国、妖魔化中国，然而中国却以其制度优势，率先控制住了疫情，而世界其他各国的感染人数依然飙升，甚至超过1亿。这种情况在科学昌明的当代出现，着实令人难以置信。中国的表现或许能够说明中国社会的组织结构是强大有力的，中国社会的动员能力是高效的，这里面关键的原因之一就是中国拥有社会主义制度，我们的主流媒体掌握在坚持以人民为中心的中国共产党手里，从而将媒体执政与党的组织建设有机统一起来，形成了强大的合力。中国的抗疫实践表明新媒体的传播力与社会制度的凝聚力与号召力结合起来，就可以产生改天换地的巨大能力。这也是我们党在新时代为什么特别重视新闻舆论工作的原因所在。

　　这种突如其来的疫情，让我们更加深切地感受到中华优秀传统文化的巨大优越性与时代性。中华优秀文化历久弥新，我们文化中的守望相助、疾病相扶的精神，我们文化中的民本思想的光辉，我们文化中的讲大局、识大体的情怀，我们文化中的和谐共生、美美与共的人类命运共同体理念……这一切让我们自豪，我们能够生长在中国。

作为传播学者，我们有责任、有使命去根植于中华大地，依托于五千年的文明，探讨中国人在与自然、与他人、与自我这三种人类文明的关系层面积淀了什么样的沟通智慧，从而使中华文明能够历经五千年而越发具有生机活力。历经了包括新冠疫情在内的百年未有之大局，使中华文化的"民胞物与"（人与自然的关系层面）、"天下一家"（人与人的关系层面）和"反求诸己"（人与自我的关系层面）的独特精神气质再一次赢得了世界的尊重。例如，我们强调人类健康共同体，我们愿意把新冠疫苗作为全球公共产品，我们与许多国家团结抗疫……这些都是中国传播智慧的有力体现，为此，我们当更有信心、更有决心去深入探讨建构华夏传播学，以此奉献给这个世界，让世人意识到中国人在漫长的历史长河中探讨出来的处理以上三个层面关系的"中国方案""中国思考""中国精神""中国价值"和"中国力量"。或者说，在这三个层面上的"关系"思考，所展现出的中华优秀文化的整体观、一体观和过程观，所反映出中国人的关联性思维和系统性思维，都是建设华夏传播学的时代呼唤。是时候建构中国自己的传播学了！

传播学作为一种具有人文气质的社会科学，毋庸置疑具有共性的一面，然而，传播学又是人学，而人都具有特定的文化信仰或文化价值观。信仰上帝博爱宗教情怀的西方和信仰慎终追远人文情趣的中国有着根本性的差异。西方的传播理念是根植于宗教信仰，而中国的传播观念则是根植于亲亲尊尊的人文信仰。因此，传播学应该也必须中国化，正如一切的哲学社会科学学科都必须中国化一样。这既是中国当代崛起的精神需要，也是中国对世界贡献的必由之路。华夏传播学就是在这样的时代背景下兴起的一种理论追求。具体说来，华夏传播学是在对中华五千年文化传统的传播活动与传播观念进行发掘、整理、研究和扬弃的基础上建构起来的能够阐释和推进中华文明可持续发展的传播原理、制度和思想方法的学说。华夏传播学是以共生交往为理论特质，是以"心传天下"为实践取向，以"天下一家"为行动归趋，最终建构"和而不同"的人类命运共同体。

"读本"，是介绍某一领域专门化的基本性的书籍，也可以称之为"手册"。当代以"读本"命名的书名越发增加，比如《中国文化读本》，就是了解中华文化的入门读物，当然这种读物具有一定的系统性与专业性。换言之，读本不是泛泛而言，而是讲究提纲擎领，让读者一本在手能够迅速地把握这一领域或对象的基本内容。本丛书名称为"华夏传播学读本丛书"顾名思义就是要把华夏传播学这个领域中的基本对象和基本问题集中系统地呈现。既有概论性的，也有专门性的。本丛书最早脱胎于《华夏传播学读本》一书，该书初编于 2016 年，由香港的世界道联出版社出版，2018 年做了修订。当时编这本读本是为了与《华夏传播学引论》这部教材相配套。但随着 2018 年我又建构了"华夏传播学引论"这个同名慕课，而该慕课的内容与书的内容不太一样，可以说有了许多新的理解和新的提升。为了与该慕课的章节相配套，于是，我就着力主编《华夏传播学新读本》，其实编这本书还有一个用意就是能够把最新的华夏传播研究成果集中展现给读者，从而能够在一个相对小众的研究领域增添一些显示度。当然，最核心的目的是能够为这个领域的初学者提供一门更有系统更前沿的入门读物。那为什么还要组成丛书呢？其他的书又会是什么呢？在我的观念中，无论是原读本，还是新读本，这两部都是概述性的。为了更深入地展现"华夏传播学"名下各领域的新进展，比如华夏身体传播、华夏文明传播、华夏家庭传播、华夏隐喻传播、华夏政治传播、华夏情感传播等各个方向，还可以从华夏传播史（包括上古、先秦、汉代、魏晋南北朝、隋唐五代、宋、元、明、清以及民国时期和现当代传播史）和华夏传播媒介（壁画、口语、文字、造纸、印刷、广播电视以及互联网、新媒体等）都应该可以在出版相关专著的同时，出版相应的读本，这样就能够相互配套，有助于华夏传播学进一步学科化，亦即发展成为一门可以涵盖哲学、社会学一切领域的具有基本性、先导性的学科，在此基础上，最终生成立足中国、借鉴国外、挖掘历史、把握当代的中国特色传播学学派。至少，她能够与其他学科相互呼应，体现中国特色、中国风格和中国气派，能够与传播学的欧洲学派和北美学派相媲美。

主编：谢清果
于厦门淡然斋
2020 年 12 月

序　言

传播学是一门"开放的社会科学",这和传播长期以来就受到不同学科汲养有关。吴予敏教授曾对传播学研究有一个很形象的比喻,说这是人文社会科学中知识集中交汇的"广场作业",而非单一学科框架内可以独立澄清的"巷道作业",因为传播的问题早已散见于心理学、社会学、政治学等领域,诸如文字图画、金石契刻、宗教仪式、交通邮驿之类的问题已经是这些学科中较为成熟的研究对象。人类传播与交流、信息传递的历史已经千万年,文明社会中留下的传播足迹,也是要远远早于在 20 世纪四五十年代传播学成为一名独立学科之前的,只是伴随着传播学成为一门专业学科,信息传播、媒介社会之类的问题被提升到了历史变迁与文明社会形成的轴心位置。①

今天的传播学界时常把视角停留在当代社会,关注互联网、大数据、虚拟技术、社交媒体,聚焦于信息爆炸、技术跃迁、媒介变革等议题。事实上,当我们追寻传播萌发的根源与所处的前世时,抑或检视传播学研究涉及的边界时,就不可能不回溯古代社会以及中华文化传统中漫长的"前传播学时代",也不可能跳脱与诸学科对话或从这些学科固有研究中重审与爬梳所涉及的传播脉络。返本开新,继往开来,才能让传播学的树根在人文社会科学丛林中扎得更深、更牢固。而"对中国传统社会中的传播活动和传播观念发掘、整理、研究和扬弃"②,正是我们华夏传播学一直以来的学术旨趣。

时光荏苒,伴随着传播学在中国的发展,华夏传播研究也已经走过了带有自己印记的四十年,其间有过萌芽、勃兴与高潮,也有过低谷。1978 年,在华人传播学先驱即香港中文大学余也鲁先生的推动下,中国传播学研讨会在香港召开,

---

① 参见吴予敏:《"以传播为方法"和"以中国为方法"——〈华夏传播学年鉴〉代序》,载谢清果主编:《华夏传播学年鉴 2020》,北京:九州出版社,2020 年。

② 黄星民:《华夏传播研究刍议》,《新闻与传播研究》2002 年第 4 期。

标着着传播学正式登陆华人世界。1982 年 4 月，余也鲁先生的老师即美国传播学鼻祖施拉姆（Wilbur Schramm）访华，在广州的华南师范大学做了为期 7 天的教育传播学学术报告，开启了"传播学进入中国大陆的破冰之旅"。是年 5 月，余也鲁、施拉姆一行北上造访了中国社会科学院新闻研究所，在其间举行的座谈会上，余先生做了《在中国进行传播学研究的可能性》的报告，号召国内的学者要"大胆"地去做中国的传学问题。1988 年 5 月，深圳大学吴予敏先生的《无形的网络：从传播学的角度看中国的传统文化》一书付梓出版，这是中国大陆第一本华夏传播研究专著，一经出版，广受学界关注与赞誉。比如，当时在中国社会科学院研究生院工作的陈力丹教授，就曾受此书启发写下了《论孔子的传播思想》一文。1993 年 5 月，厦门大学召开了"首届海峡两岸中国传统文化中'传'的探索座谈会"，这是在大陆召开的第一次华夏传播学术会议，会后余也鲁、徐佳士、郑学檬、孙旭培等 22 位与会者提交的论文以《从零开始：首届海峡两岸中国传统文化中传的探索座谈会论文集》为题集结出版。1997 年 10 月，由孙旭培主编，关绍箕、陈培爱、戴元光、王怡红等两岸 28 位学者共同参与撰稿的《华夏传播论：中国传统文化中的传播》在人民出版社出版。这本书的问世标志着以"探索中国文化中'传'的问题"为主旨的学术领域，正式以"华夏传播"为名出现在传播学的大家庭中了。2001 年，厦门大学新闻传播系与传播研究所推出《华夏传播研究丛书》，继续沿用"华夏传播"一词，首批推出了三部著作（文化艺术出版社出版），分别是黄鸣奋的《说服君主——中国古代的讽谏传播》、李国正的《汉字解析和信息传播》以及郑学檬的《传在史中——中国传播社会传播史料初编》。一切都在向好的方面前进，华夏传播研究仿佛要迎来属于自己的繁华盛世了。不过吊诡的是，进入 21 世纪以后，因为种种原因华夏传播学研究似乎沉寂了下来。比如，原本打算汇聚 11 位学者，出版"五史六论"11 个项目的《华夏传播研究丛书》，也仅在2001 年出版了 3 部作品后就戛然而止了。这是令人遗憾的事情。

毋庸讳言，如今在西方传播理论与范式主导的传播学界，华夏传播研究尚处幼苗期，不过这棵幼苗正在风雨中茁壮成长。今天我们有些学者去做传播学研究，尤其是做东西方传播理念的比较研究时，不免要去追根溯源，找寻各自理论的源头，而在对中国传播思想探赜索隐之时，比如研读孔、孟、老、庄的言论与思想时发现其中充溢着浓郁的"传"的理念，便会有学术大道"灯火阑珊"处发现娇容的惊叹，从而对我们古人的传播智慧啧啧称奇。可对于我们而言，赞叹之余或许更应有所反思。应该反思这么多年来的一些前辈学者虽然在中国人"传"的方面下了不少功夫，也取得了不少优异的研究成果，可为什么很多时候却没有产生足够大的影响力以至为学界所共识呢？群体声音为何消匿在众声喧哗、如火如荼的传播学大发展中？传播学科在急剧发展与扩张边界之时，中国古代传播研究的势力却偃旗息鼓了，掉队了，这是为什么呢？我想原因有多方面，但其中一个很重要的原因，应是这些研究缺少一个统一的学术标识以及推介平台，使得这些极为出彩甚至令人拍案叫绝的佳作，被学界标记为零星闪过的"特色"研究。这里的"特色"是对新异且优质研究的褒奖，但却又在提醒着我们中国古代社会与文化中的传学问题，似乎还未登上学界视域的中心舞台，既是一种鼓励，也是一种鞭策。某种意义上也正因如此，这些年我们希望高举20世纪90年代余也鲁、孙旭培、黄星民等前辈学者树起的"华夏传播"旗帜，并借此鼓励更多的同仁志士聚集在一起，以"华夏传播"研究者的身份，将传播学的探照灯照向具有丰富文化资源的中国古代社会，从中发现中国人精神世界与生活世界中的传播理念、传播理论、传播制度。

一个学术团体的标识，以及汇聚同仁智慧的展示平台都是非常重要的。编者至今犹记得与厦门大学新闻传播学院资深教授，也是华夏传播研究筚路蓝缕时期的前辈——黄星民教授的一次交谈中偶然获悉的二十七年前的"一件小事"，而这件小事却让人感触颇深。1993年在厦大召开的那次首届华夏传播学学术会议后，黄星民教授与时任社科院新闻与传播研究所所长的孙旭培先生就会后论文集的命名发生了分歧。孙老的意见是可以叫"从零开始"，旨在强调中国学者立志做好华夏传播研究"而今迈步从头越"的决心，而黄老的意思是倘若此时（1993年）叫"从零开始"，那么在此之前一些学者在华夏传播研究的探索与耕耘该如何界定？是否有抹杀相当一部分人贡献之嫌？因此，在黄老看来，称其为"零"实为不妥。其实，书名之争的背后，恰恰指向了华夏传播研究早期发展中存在的一个重要问题——1978至1993年的十五年中，由于缺乏统一的"团体标识"和一个共聚、展现群体智慧的平台，在同一领域深耕多年的许多学者交流甚少，甚至彼此陌生，而这些被冠以"散兵游勇"式的研究也像星星之火一样散落各处，并未被学界认定为某一"研究群体"而形成集体共识。我想这也许就是孙先生号召"从零开始"，通过会议论文集的形式向学界发出华夏传播研究者群体声音的原因吧。

为此，近年来我们着力打造"华夏传播研究"平台，依托厦门大学传播研究所，分别在2013年、2018年创办《中华文化与传播研究》（初为期刊，2016年改版为集刊）《华夏传播研究》两本学术集刊，以期为大家提供一个成果展示的大本营。此外，2016年又出版了《华夏传播学读本》，旨在遴选四十余年来有代表性的华夏传播研究成果，既为学界做一个总结汇报，也希望对华夏传播研究尚且陌生但饶有兴趣，或者有志于进入华夏传播研究的学者，可以凭此书了解我们的研究对象、旨趣、路径、边界以及研究方法。时隔四年之后，我们再次整装出发，集结出版《华夏传播研究新读本》，一方面着重推介四年来优异的新成果，另一方面，我们希望再次呼吁学界关注中国古代社会与文化传统中的传播问题，号召大家了解华夏传播研究，进入华夏传播研究，并热爱华夏传播研究。

十八大以后，在国家与社会号召复兴中华文化的热潮下，越来越多的青年学者加入了对中国传统文化传播研究的行列中，出现了一批文思敏捷、锐意进取的青年才俊，他们中有一些是冉冉上升的学术新星，带来一批视角新颖、学风扎实的研究。我们由衷欣慰地看到这些新鲜血液涌入华夏传播学研究中，薪火相传，这是多么令人振奋的事情！粗略地看，本书中展示的成果，既有前辈学者黄星民、吴予敏，邵培仁等人高屋建瓴的研究，也有如今的潘祥辉、李红、姚锦云、刘大明等华夏传播研究中坚力量的大作，也有近些年在学界渐显峥嵘的新势力，如赵晟、林凯、田素美、赵立敏博士等人的新作，可谓三代学者共同打造的学术饕餮盛宴。

不过，我们也要清醒地意识到华夏传播研究虽取得了小小的进步，但在这个仍以西方传播理论为宗的传播学科内，我们的声音还不足够强势。"路漫漫其修远兮"，我们坚信今天只要一步一个脚印，不负时代，不负韶华，不留遗憾，二十五年前"从零开始"式的呐喊就断然不会出现在华夏传播研究未来的发展中。

最后，衷心地希望这本应时、应势、应需而出的《华夏传播学新读本》能够对引导大家进入华夏传播研究的世界而有所裨益。

是为序。

目 录

绪论：
华夏传播研究的意涵与历史变迁

道家与法家对于交通机关相反之意见 *

朱希祖 **

交通机关有二，一曰精神之交通机关，一曰物质之交通机关。精神之交通机关，文字是也。物质之交通机关，舟车是也。二者交互为用，相得益彰。若徒有文字，而无舟车以为之交通，则山川修阻，精神即不能相容。洎徒有舟车，而无文字以为之交通，则情意隔阂，物质亦不能相调剂。故此两种交通机关之有无、利钝，实人类文野休戚之大关键也。

吾国春秋战国时代，道家与法家对于交通机关，具有两种极端相反之意见。即道家主张毁弃交通机关，法家主张便利交通机关。吾先将两家主张之实证说明，而后论其主张之原因，及其利弊焉。

道家中主张毁弃交通机关最著者为老聃，《老子》八十章云："使民重死而不远徙，虽有舟舆，无所乘之，虽有甲兵，无所陈之；使民复结绳而用之。甘其食，美其服，安其居，乐其俗。邻国相望，鸡犬之声相闻，民至老死，不相往来。"复结绳，废舟舆，重死而不远徙，老死不相往来，则是对于文字舟车，虽欲不毁弃不可得已。《庄子·胠箧篇》亦云："子独不知至德之世乎，民结绳而用之。甘其食，美其服，乐其俗，安其居，邻国相望，鸡犬之声相闻，民至老死而不相往来。若此之时，则至治已。"又曰："足迹接乎诸侯之境，车轨结乎千里之外，则是上好知之过也。上诚好知而无道，则天下大乱矣。"《马蹄篇》云："至德之世……山无蹊隧，泽无舟梁。"庄子之言，即本乎老子，而更深切著明，以为无舟车文字，则可以臻至治，否则为大乱之道。

法家中主张便利交通机关最著者为李斯，《说文解字·叙》云："田畴异亩，车涂异轨，律令异法，衣冠异制，言语异声，文字异形。秦始皇帝初兼天下，丞相

　* 本文原载于《北京大学社会科学季刊》1925 年第 3 卷第 2 期。

　** 朱希祖（1879—1944），浙江嘉兴人，中国近代历史学家，历任北京大学、北京师范大学、清华大学、辅仁大学、中山大学及中央大学（1949 年后更名南京大学）等校教授。

李斯乃奏同之，罢其不与秦文合者，斯作仓颉篇。"《史记·秦始皇本纪》："二十六年，始皇是廷尉李斯议，分天下以为三十六郡。车同轨，书同文字。""二十七年，治驰道。""三十二年，刻碣石门，坏城郭，决通堤防。其辞曰。皇帝奋威，德并诸侯。初一泰平，堕坏城郭，决通川防，夷去险阻。"《汉书·贾山传》曰："秦为驰道于天下，东穷燕齐，南极吴楚，江湖之上滨海之观毕至。道广五十步，三丈而树，厚筑其外，隐以金椎，树以青松。"李斯欲破除封建，设立郡县。车同轨，书同文，简制小篆，作仓颉篇。决通川防，广为驰道，是即统一交通趋于便利之显证也。

原夫两家相反对之主张，各有一种历史观念（历史哲学）以为之先导焉。然其出发之点则同，曰，消弭战争，不满意现在，而其归宿之点，则各因其历史观念而大异。盖道家理想之黄金时代在过去，在归复原始。法家理想之黄金时代在未来，在创造新局。春秋战国之时，兵连祸结，民不聊生。孟子所谓"争地以战，杀人盈野。争城以战，杀人盈城"。此两家所目击心伤，各思消弭兵争。寻求郅治，此不可掩之事实，而不必广陈证据者也。至两家之历史观念，则正自有据。《老子》八十章云："小国寡民，使有什伯之器而不用，使民重死而不远徙。虽有舟舆，无所乘之，虽有甲兵，无所陈之。使人复结绳而用。"《庄子·胠箧篇》云："昔者容成氏、大庭氏、伯皇氏、中央氏、栗陆氏、骊畜氏、轩辕氏、赫胥氏、尊卢氏、祝融氏、伏羲氏、神农氏，当是时也，民结绳而用之。邻国相望，鸡狗之音相闻，民至老死不相往来。若此之时，则至治已。"此道家理想之黄金时代，能恢复到此原始时代，则虽有甲兵，无所陈之。老子所谓"天下无道，戎马生于郊。天下有道，欲走马以粪"者此也。李斯绎山刻石颂秦始皇曰（秦刻石诸文为李斯作余别有考）："追念世乱，分土建邦，以开争理，功（与攻音意同）战日作，流血于野。自泰古始，世无万数，陀及五帝，莫能禁止。乃今皇帝，壹家天下。兵不复起，灾害灭除。黔首康定，利泽长久。"（凡法家皆以古为不足法，不但李斯已也）《史记·商君列传》："未央曰：治世不一道，便国不法古。故汤武不循古而王，夏殷不易礼而亡。反古者不可非，而循礼者不足多。"李斯驳淳于越言，亦以"三代为不足法"。此法家理想之黄金时代。至秦始皇，时创造渐成（仆射周青臣颂始皇曰："他时秦地不过千里，赖陛下神灵明圣，平定海内，放逐蛮夷，日月所照，莫不臣服。以诸侯为郡县，人人自安乐，无战争之患，传之万世，自上古不及陛下盛德。"），正思达到兵不复起之目的，故始皇二十六年，六国既灭，收天下兵器，聚之咸阳，销以为钟鐻金人，即此意也。

道家之政策在分离，在各自为谋，故不重交通。法家之政策在统一，在通力合作，故甚重交通。故研究此交通问题，则两家空虚之心理，及切实之政见，即可了然而易见。

道家以为战争之根原，在多欲而不知足。故老子曰："罪莫大于可欲，祸莫大于不知足。"又曰："不贵难得之货，使民不争。盗不见可欲，使民心不乱。"是故多欲为祸乱之原。将欲去欲，必先去知，盖多知又为多欲之原也。故老子曰："绝圣弃智，民利百倍。绝巧弃利，盗贼无有。"又曰："古之善为道者，非以明民，将以愚之。民之难治，以其智多。故以智治国国之贼，不以智治国国之福。"然老子非欲愚民而自智也，即己亦欲同归于愚。故曰："众人熙熙，如享太牢，如春登台。我独泊兮其未兆，如婴儿之未孩。儽儽兮，若无所归。众人皆有余，而我独若遗，我愚人之心也哉。"又曰："知其雄，守其雌，复归于婴儿。知其白，守其黑，常德不忒。知其荣，守其辱，乃复归于朴。"此皆老子克己之智归于愚之明证也。然天下自守其愚已不易，欲人安于愚则更难。启人之智故不易，去人之智亦甚难。老子则以为智之来源有二，一为文字，读书多，则学问博，智识愈高。故老子曰："为学日益，为道日损，损之又损以至于无为。"又曰："绝学无忧，唯之与阿，相去几何？善之与恶，相去若何？善之与恶，相去若何？"（唯与阿皆为应人之声，而人皆喻，善恶犹言精粗者，不学不过得其粗者。然皆足以生活，其间相去几何耶。）又曰："使人复结绳而用之。"是故推老子之言，不废文字不止也。一曰舟车，人不识文字，不读书记，亦可以得智慧者，即足迹所至多，见闻广而经验富也。故老子曰："使民重死而不远徙，虽有舟舆，无所乘之。"又曰："民至老死不相往来。"老子欲废弃此两种交通机关，以杜智慧来源，以达分离之目的。其革命精神，实较拨去政府，废除金钱，更进数层矣。其后庄子则更明言"圣人不死，大盗不止。"又曰："绝圣弃智，大盗乃止。擿玉毁珠，小盗不起。焚符破玺，而民朴鄙；掊斗折衡，而民不争。"凡符玺斗衡之具，足以辅佐统一便利交通者，皆一切焚破掊折。此即老子之余意也。

法家以为战争之根源，在立国多而各树兵，情意不相通而有无不相调剂也。故李斯以为自泰古以来，分土建邦，实为乱世。欲救其乱，必使强有力者并吞诸侯，合天下为意见，销兵器而不用。如是则斯民可长享太平之福，不罹锋镝之祸，专心一志，理其生计。孚情意而通有无，斯为长治久安之道。故始皇并吞六国，统一海内以后，丞相绾等请复封建。李斯始皇皆以为安宁之术不在此（《史记·秦始皇本纪》："丞相绾等言诸侯初破，燕、齐、荆地远，不置王，毋以填之，请立诸子。始皇下其议群臣。群臣皆以为便，廷尉李斯议曰：'周文武所封子弟同姓甚众，然后属疏远，相攻击如仇雠，诸侯更相诛伐，周天子弗能禁止。今海内赖陛下神灵一统，皆为郡县，诸子功臣，以公赋税重赏赐之，甚足易制，天下无异意，则安宁之术也，置诸侯不便。'始皇曰：'天下共苦，战斗不休，以有侯王。赖宗庙，天下初定，又复立国，是树兵也，而求其宁息，岂不难哉！廷尉议是。"）。毅然废封建而立郡县，收天下兵器，聚之咸阳销之。一法度衡石丈尺。车同轨，书同文字。于是李斯狼阳台石刻颂秦德曰："皇帝之德，存定四极，诛乱除害，兴利致福。节事以时，诸产繁殖。黔首安宁，不用兵革。六亲相保，终无寇贼。骓欣奉教，尽知法式。"又曰："皇帝之功，勤劳本事。上农除末，黔首是富。普天之下，抟心揖志。器械一量，同书文字。日月所照，舟舆所载，皆终其命，莫不得意。"由斯以观，李斯之政策，在于统一。统一之方，以兵始其事，以交通终其事。车同轨，书同文字，皆所以通情意而调剂有无，谋福利而致太平之要图也。一法衡度石丈尺，亦所以辅佐统一便利交通耳。

以吾观之，道家主张消极，法家主张积极。道家取自然主义，法家取人为主义。道家之分离政策得遂"人自为谋"之自由意志，不相主奴，此其利也。然一有强有力者肆其野心，役使众人，狯焉侵略兼并，互相雄长，则道家亦无法以救之。其弊一也。交通既绝，一有水旱疾疫，饥饿死丧，则无有不能相通，灾难不能相扶。救死不赡，人将相食。其弊二也。法家之统一政策，既有兵力以巩最高之权，复有交通以合人民之志。人不能肆其侵夺，天不能酷其虐刘，此其利也。然人存政举，人亡政息，一旦分崩离析，则割据兼并又纷然而起，或此部统一，而他部又复侵入破坏。已往之历史，可为龟鉴者甚多。此又其弊也。虽然，已往之历史，政治制度未改良，精神物质交通之机关者未尝统一大地，对一国之内，亦未能完全统一，故有此弊。自今以往，苟改良政治，厉行交通政策，则大同之理想世界，决不难实现。

是故今日之中共而欲言统一也，必先使汉、满、蒙、回、藏，同其文字，通其车轨，交通频繁，情意洽而猜疑泯矣。今日之世界而欲言大同也，亦必先使五洲各国同其文字，通其舟车，交通频繁，有无均而侵夺灭矣。非然者，则终不免乱国乱世之讥。故吾对于交通机关之意见，斥道家而进法家。

在中国进行传播学研究的可能性 *

余也鲁**

（1982年5月31日香港中文大学新闻系主任余也鲁与美国东西方文化中心
宣伟伯博士在中国社会科学院新闻研究所举行的座谈会上的讲话）

今天，我能够陪同我的老师宣伟伯访问中国，是件高兴的事。他很爱中国，
关于美国和欧洲的传学研究，他刚才已经谈得很多了。还有二十几分钟时间，我
想和大家讲一讲我们中国的传学研究。这是我带来给大家的一个很粗糙的小报。
中国社会科学院新闻研究所是在首都的一个全国人才荟萃的地方，一定会在这方
面有很大的贡献。所以我只简单地把我的这个构思给大家说说。

刚才宣博士说过，美国人并没有对所有的问题提出解答。现在传学的研究还
在继续中，还是很年轻的。不过，至少在社会科学方面，已经有若干研究的方法
提出来了。比如刚才讲过的内容分析，还有一套很精练的，用数学，试验进行研
究的方法，这些我们都可以采用。

我想到，我们中国人的智慧和经验之丰富，在世界上可以说是无人能及。过
去几千年没有历史记录以前的多少悠久传统里面，中国人一定已经经历过了人的
传的活动里面的各种经验。我也深深相信，凡是一个社会，无论是古代还是现代，
所经历到的传的经验，中国人都经历过。

---

* 本文原载于《新闻学会通讯》1982年17期，第18—21页。又名《在祖国进行传播学研究的可能性》。

** 余也鲁（1921—2012），江西奉新人，1960年跟随著名传播学学者施拉姆学习，获斯坦福大学人文科学院传播学硕士学位。1982年4月，施拉姆在学生余也鲁的陪同下首次访问中国大陆，这次的访问具有中国传播学发展的里程碑意义。余也鲁的引荐和推广不仅使得国人学界对西方传播学认识有了一次飞跃，特别是对中国传播学走出自身特色起到了关键性作用。1983年余也鲁在厦门大学新闻传播系招收广告专业学生，是中国广告教育的奠基人。曾任《传播季报》主编，代表著作有《传播教育现代》《杂志编辑学》《门内门外——与现代青年谈现代传播》《中国传播资料摘萃》等，译有《美国史纲》《新荒漠甘泉》等，特别是首次译述了施拉姆的《传学概论：传媒、信息与人》，是当时中国传播学人的启蒙读本。

　　在中国的丰富文化遗产和传统中，一定存在很多传的原则，可是我们都不把它叫作传。我们只晓得"衣食住行"已经了不起了，过去连"行"都不放进去，只有"衣食住"，后来才把"行"加进去。其实，在中国的"衣食住"里面，没有一样不具有传的观念。我们穿衣服有考究，用种种的衣服可以传达很多道德的观念、阶级的观念，这就是一种无声的传；我们吃东西，有些东西我们不吃，有些东西我们要吃，对食物给它以一种道德的情操；住也是这样，我们用住来区别是野蛮民族还是进步的民族。中国人虽然没有把传归结成一种学问，但它是分散在我们的生活当中的。每一个部门里都有传。所以我们说，人自生下来，一开始哭，就开始传达了。婴儿一饿就开始哭，哭是要母亲给奶吃。大了就用吵来代哭，得到自己需要的东西。这都是传的活动。一直到人最后一口气没有了，不说话了，传就终止了。一生到老都在传，连做梦都在传，而且梦中传的活动之频繁，恐怕比我们不做梦的时候还要厉害。

　　举个例子来说。我们从前读《论语》，"子曰：学而时习之，不亦说乎？有朋自远方来，不亦乐乎？"这两句话就把传的问题讲出来了。"学而时习之，不亦说乎？"学习是一个传的活动，它一下子谈到了传的活动的重要；而且"有朋自远方来"，这就是人际的传播，它把自己的学习、教育（用文字去学习）同人与人之间的学习这两个东西提出来了。这个很重要的传的观念，在《论语》第一句话里就讲出来了。

　　我小时挨过很多打，因为老是不读《论语》，把它当作老古董，所以老是被先生打。我们读到过"曾子曰：吾日三省吾身——为人谋而不忠乎？与朋友交而不信乎？传不习乎？"这是一个重要的传的原则。"为人谋而不忠乎"是一种理论的实践；"与朋友交而不信乎"是人际传播的来往；"传不习乎"是一种知识的传递。这里三个传的基本技能已经在《论语》里提出来了。中国比他们美国早了几千年。不但早几千年，而且每个还都有个标准。"为人谋而不忠乎？"是说你的知识的实践，它立了一个道德的标准：要忠。外国搞传的观念还没有一个道德标准。"与朋友交而不信乎？"——人际的交往，"信"就是道德的标准。"传不习乎？"要时常，要心里有恒，也是建立了一个标准。所以，中国的《论语》一开头就把传的东西带出来很多。

　　刚才我们讲到受众，讲到回报。外国理论中有一种经验学，就是说你和人家来往、传的时候，要注意到人家的经验，要用人家经验范围之内能够了解到的东西和他交谈，他就会多了解你。中国有句话，叫作"夏虫不可以以语冰①"——不

---

　　① 原文如此，通行本《庄子》作："夏虫不可以语冰。"

要和夏天的虫子讲冰块，它从来没有看见过冰块，怎么能懂得冰块呢？和夏天的虫子要谈夏天的经验。这说明中国对受众的研究早就相当重视了。

我可以举出很多中国的例子来说明传。中国还有一句话很有意思，就是"好事不出门，坏事传千里"。我把这句话译给我的老师听，他很惊奇，问我："你们中国文化里面有这个？"我说："我都查不出来有多少千年了。"这就是一个很好的传播理论。当然，我们要用科学的方法来研究，"好事"是什么，"坏事"是什么意思，经过很多努力建立起原则。不过今天的思想里已经有这句话，足见这里面有一定的真理。这可以成为我们研究的一个问题。

我可以举几千个例子来说明传，可是今天由于时间关系办不到。我想大家会和我共同相信，中国的文化遗产里面有相当丰富的知识的积累，可以供我们从中找到一些通则，归纳成一些原则，这是第一个阶段；然后把这些原则当作假设，在现在的社会中去实验，去找寻，去调查，看看它们是不是有效，这是第二个阶段；如果有效，而且有普遍的有效性，如"好事不出门，坏事传千里"，把"坏事""好事""传千里""不出门"是什么意思都解释了，那么我们就在现实生活中看看，好人好事为什么那么难让人家知道呢？坏人坏事为什么传得那么快呢？把这里面的理由找出来之后，我们就可以建立一个通用的理论。这种理论不断地产生，不但可以指导我们今后在中国国内政策的推行和媒介的活动，同时可以丰富现在世界上已经有的关于传学的知识。我想，外国人会很欣赏这些东西的。这是第三个阶段。中国传学的研究应该是非常有意义的，是我们的力量能够做的，而外国人不能做。因为他们要从中国的文学、历史、哲学的书籍里面看到我们的弦外之音、找到这些材料恐怕是很难的，他们的文字知识再好也不成。我们中国人有自己丰富的语言知识，一定可以找到。这是第一个想法，是个很粗糙的想法。

我再来谈谈传学的研究。举一个历史的研究和一个现代的研究的例子。

历史研究的例子，是王安石变法。"变法"在现在的意思是"创新"。王安石想通过一些新的制度、新的想法，来引起社会上的一些改革。他变法的时候得到了皇帝百分之百的支持，可是他的变法是失败的。范仲淹在四十年后也进行变法，他的变法成功了。两种同时都是创新，都是一种社会改革的方案，为什么一个失败，一个成功呢？王安石的方案是很好的，也是当时社会上需要的，又有皇帝支持，应该很有效，为什么他不能把方案实现呢？我们发现，他的传播工作做得不大好。他说服了皇帝，可是大臣们都反对，而且民间并不了解他的方案的好处和性质；换句话说，他没能充分地把这个观念从上面传到下面，没让下面了解方案的好处，他就开始实行了，结果在中层遭到很大阻力，以致他功败垂成。

这种传的研究，就是创新和传播的关系。以后如果创新成功的话，我们就可以研究他为什么成功？是不是他得到中层的拥护、民间的了解，以至于他的方案实现了。这样，从历史中找寻资料，至少可以让我们知道：以后我们要创新，要进行社会改革，可以理出一种原则，作为创新和传播之间的理论的建树。从外国历史上看，美国的历史很短，他们也有很多变革，如罗斯福实行的"新政"。可是我们中国历史上这种实行新政的例子多得很，可是没有人在传的方面对此进行研究。

让我再翻一下古董。香港有人专门研究运河，写了几本书。一天，我问他："你研究运河，我来向你讨教。你从哪个角度来研究？"他说："运河有很大的贡献，是使南方的货物能够运到北方，北方的物资能够运到南方。我从通商的贡献这个角度来研究。"我说：你有没有想到，有了运河以后，北方在种植、生产上的经验很快地传到南方，北方的文字、制度、风俗也很快传到南方，南方开始学习，在种植、劳动生产方面吸收了北方的经验，结果很快开发了南方。这是一种思想的传播，它引起了南方的变革，让南方的社会产生变迁，物资开始丰富，加强了南方国家政权的巩固。这些属于传的研究。

我再讲一个现在的、眼前的例子。我刚刚在指导一个研究生。国内在三月份开始了"文明礼貌月"，对新闻工作者来说就是要报道这个活动，写社论，写短评，向大众介绍文明礼貌的重要。从传学的角度来说，这是一个很有意思的研究。在推行"文明礼貌月"活动之前，可先设计一个研究，然后在全国用抽样的方法选择几个乡村或偏远的地方，或者是几个城市，通过大众媒介来推行这项活动，推行以后看看哪些媒介最有效，哪些媒介的信息能够达到最基层。第二个是看这些抽样点怎样认识这场运动。第三是看效果怎么样，这是很容易看得见的，哪个城市有显著的改变，哪些乡村改变得不显著或者甚至根本没有改变。然后，我们就来研究：为什么同样地通过媒介去传播，有些地方效果很好，有些地方不好，有些地方一点都没有影响？这和传的过程有什么关系没有？和所用的信息的构造有什么关系吗？在说服的过程中有什么毛病吗？

这是一种很好的研究，可以彻底地了解到媒介对受众的作用。是不是除了媒介之外，还有人的作用呢？如老师（宣伟伯）搞人际的传播或干部在民众之间的宣传。如果两样配起来呢？也许有的地方有效，是因为媒介和人的作用结合起来了；有的地方无效，是因为那里完全靠媒介。有的地方不有效，因为它有电视机，大家看得多；有的地方无效，是因为它没有电视，而只有报纸或者甚至没有报纸。这么一个很有意思的问题，从传学的观点来看，可以得到很多有趣的发现。而这些发现可以帮助建立传播的理论，同时也可以帮助政府知道：第二次再来这样一次运动的时候，怎样能有效地让运动达到它的目的。

　　这都是中国国内现在可以做的。我很大胆、很放肆地在诸位专家面前提出这样的想法。到现在为止，在海外没办法做关于中国传播的研究，虽然我们年轻的一代在美国拿了博士学位，但对中国的知识实在太有限了。我知道一位年轻的学者，他到最后一分钟才对我讲的有了兴趣，就买了《红楼梦》《水浒传》等书，买回美国去读，说希望增加一点点知识，以便能研究中国的传播。可是他们没有办法，因为要研究中国的传播，你自己一定要有相当好的历史、文学、哲学素养，才能够找出问题来进行研究。所以我对我的老师说，恐怕这件事情只有我们国内才能做到，我们在海外只能"望洋兴叹"，无能为力。诸位如果对这些东西有兴趣，我个人愿意继续在这方面提供我的浅见，尽我微薄的一点力量。

中国文化与传统中传的理论与实际的探索 *

余也鲁 **

一

这是一次探索，希望找寻到一个出发点。

这是一项新的探究，盼望能找出一个研究的方向与范畴。

在登堂入室之前，希望能找到入口。

二

中国人向来把衣着，饮食与居屋列为人生三大需要。后来科技进步，交通频繁，"行"也成了生活必需，与衣、食、住并提。

表面看去，好像中国人并不看重个人与社会生活中不可缺少的传的需要。传的活动无处无之，传的行为与生俱来：我们用啼声开始一生，以停止说话、传意终止生命，其间几十年，几乎全用在传的活动上。即令在沉默时，脑中有自我对话；在睡眠中，梦境里传得热闹，也不亚于清醒时。

传的活动像空气，无所不在；也像空气，太普遍反而未能有意识地觉得它的重要。中国人是一个十分懂得传的民族，可能觉得传的行为太容易，又十分普遍，因而一直没有把"传"当成人生一大需要来看待。

其实不然。

中国人不只看重衣着，而且看重衣着的无声传的作用。随便举一个例子。《论语·宪问》："微管仲，吾其被发左衽矣。"衣着之衽一般向右，夷狄之人则向左。衣着不仅蔽体保暖，还有认同文化的作用。

* 本文原为 1985 年中国展望出版社出版的《传学概论：传媒、信息与人》（修订本）一书代序。

** 余也鲁，曾任香港浸会学院社会科学院院长兼传理学系主任，香港中文大学讲座教授兼传播研究中心主任，澳门东亚大学、香港理工学院、香港岭南学院及厦门大学学术顾问，以及国内多间大学客座教授。

中国人不只注重食的艺术，也看重食物的无声的传。随便引一例来说明。商代，周武伐商，伯夷、叔齐劝他不可轻举妄动，但周武未听，灭商。二人以食周粟为耻，宁可隐居首阳山，采薇而食，以至饿死。可见吃东西或不吃一样东西，都赋予了道德的意义，传递一种情操。

中国人对居屋在无声的传的方面的作用，重视不下于衣着和饮食。建筑物本身就是一种无声的文化的语言。《礼·曲礼》："君子将营宫室，宗庙为先，厩库为次，居室为后。"建筑的先后传递一种价值观；而《易·系辞》："上古穴居而野处"，早已把居住的情况来说明、来衡量文明的程度。

中国人对"体语"（body language or Kinesics）运用的本领，以及对非语文传通的重视，早已够写一本很厚的书。

中国人不只注意无声的传，也十分注重有形的与有声的传的行为。

《论语》在过去是大家必须读的书。《论语》开头第一句便说："学而时习之不亦说（意为"悦"）乎，有朋自远方来，不亦乐乎。"上半指的是知识的学习，是人的基本的传的行为；下半讲的是活的知识的取得，是人际传通的活动。

就在《论语》同一篇中（《学而篇》），提出三省之说："曾子曰：'吾日三省吾身，为人谋而不忠乎，与朋友交而不信乎，传不习乎？'"这就不只要求人人应对自己的传的行为加以检讨，还为这三大基本的传的活动定下了一个检讨的标准。为人谋是思想的实践，要忠；与朋友交是人际的来往，要信；传之从讲授得来的知识，属于人类知识与经验的传递，要有恒地温习。

中国人在衣、食、住、行之外曾倡导"育"与"乐"，育中包括教育，乐中包括娱乐，二者都是"传"的一部分。

所以我们可以说：衣、食、住、行、传乃人生五大需要。过去没有讲出，但已包含在其他的需要里；现在人口增多，社会活动增剧，传的需要越来越显著，应该把它提炼出来进行研究。

三

为西方传学奠基的重要学者宣伟伯博士（Dr. Wilbur Schramm）1977 年应本人之邀来到香港中文大学担任胡文虎传播讲席一年半中，与大家探究中国文化，发现"中国人在数千年有记录的历史中，和比有记录的历史更悠久的传统中，一定经历了一切人的传通的经验与尝试"。他认为凡是汇总一个社会中发生的事，几乎全在中国发生过。中国人在传通方面发展出来的观念，得到的深刻的体认、尝试过的方法，以及接受或者拒绝这种方法的经验，不仅可以促进传学思想在亚洲的发展，也可以大大供西方学者借镜。

他像我一样深信：从具有这么悠久历史的中国文化中，一定可以找出不少亮光，让我们可以更清楚地认识人类的传的行为。

一个有如此丰富文化背景的民族，一直没有人在传的理论与实际的研究方面下功夫，实在教人诧异。也许像我刚刚说过的，传的行为太普通，反而没有引起大家的注意。近二十年来，由于通讯与交通工具的发达，人际与国际接触频度的大幅度倍升，加上现代传播工具的深入家庭，传的活动所形成的问题，以及更多与更频的传的需要，促成了现代人对这种基本活动本身的注意，开始有了从不同角度与不同侧重点来进行的传的研究。

我在题目中用了"探索"两个字。西方，特别是美国的学者，用了近半个世纪研究人的传的行为，建立了一些理论。宣伟伯博士把这些理论综合地写了一本书，叫作《传媒，信息与人》，我在1977年译出，做了一些增删，添入了东方人的一些经验，交由海天书楼出版，书名《传学概论》，仿哲学、数学，为此科的研究定名为"传学"。此书在1982年加入了最近十年传学研究的一些新理论与新问题，出版了修订本，是到现在为止，用中文介绍传的理论最完备的一本书。

我相信，我们除了可以在中国的泥土上学习与复验这些理论外，以中国人的智慧，应该可以从中国的历史中找寻到许多传的理论与实际，用来充实、光大今天传学的领域。

不错，有人以为理论的建立要靠新的文献，从新近的经验中去吸收素材。这只是少数人的想法。亚里士多德[①]的著作对许多政治经济理论提供的贡献难道还不够大，不够说明历史素材对理论建立的功用吗？

但我要强调"探索"两个字，希望能够找到传学研究的出发点，希望确定一个方向，规划出一个范畴。

我对历史所知有限，对古籍涉猎不多，对社会科学也偏于传播一隅，本无资格对这个新尝试说话。但凡事总应该有个开始，因此只有勉强来试一下，希望能摸索出一条路，让中国文化里头潜藏的一面可以得到发扬。

四

传的活动像空气，我们对空气和对传的研究的开始，若与人类悠长历史比较、只是新近的事。

我们研究空气，着手点与侧重点因需要而不同：化学家着重它的成分与结合的能力，物理学家注重它的总理，植物学家的侧重点与航空力学便大大不同，而

---

① 编者注：原文为"亚里斯多德"。

医学与生态学所注意的也各异。但这些研究无不增加了我们对空气的认识，可以用来改良生活，增进福利。

西方社会科学家对传的行为在他们个别的领域内做了不少研究：

心理学家——个人怎样体察信息，信息怎样借着个人感官的体察而影响到他的态度和行为。

人类学家——相信"传便是文化"，小到符号的设计，大到风俗、制度，无不为传的结果，也影响到传的行为。

社会学家——群体的动力，团体的规范等怎样在个人与团体身上作用，怎样影响到受众对信息的接受。

经济学家——金融消息对社会企业活动的影响，生产情况资料与市场分析及预测间的关系，以及这些消息和资料散播的型式等。

政治学家——宣传的本质与作用，国际与社会间传的型式，媒介与竞选间的关系。侧重点在政府与人民间的沟通，包括民意的研究。

而这一切都有它历史与道德的一面，有它艺术与哲学的一面。工程学家则注意智据（消息、知识、资料、资讯的总称）的具体与实质的散播、回输与取用；生理学者则着重人的感官与神经的剖析。

宣伟伯有一段为人引用得最多的话，可以综合地说明这种"百家争鸣"的景象：

传的理论的研究吸引了心理学家、社会学家、人类学家、政治学家、经济学家、数学家、历史学家、语言学家的注意和兴趣，这些和其他领域中的学者对我们认识传做出了贡献。传的研究成立学术研究的十字路口，许多人从这里经过，但没有留下来。……不过，从这个学术十字路口的人来人往中，加上一些奉献一生精力与时间专攻人的传通研究者努力的结果，已经有相当可观的著作，有书籍也有专文，供我们思考（见 *The Science of Human Communication*, page2, 1962）。

宣氏综合美国人半个世纪研究的成果，为传学研究的范围做了一个勾绘：

传学研究所注重的是：如何让传通有效；怎样让人了解与明白；人怎样使用现代传播媒介；国与国间怎样互相了解；社会怎样使用传播媒介为本身造福。一句话：研究传播史研究传的基本作用与过程。

这个基本的作用与过程包括一些什么因素呢？ H. 拉斯韦尔[①]（Harold D.

---

① 编者注：原文为"H. 拉士维尔"。

Lasswell）这位政治学者在 1948 年发表了篇题为《传通行为在社会中的结构与作用》的文章，用了一句问话来说明：

谁（Who）

说了什么（Says what）

从什么途径（In which channel）

向谁说（To whom）

有什么效果？（With what effect）

拉氏 1978 年去世，他是最早为传学研究确立范围的人。1949 年，美国贝尔电话公司的工程师 C. 香农 [①]（C. Shannon）在《传通数论》这本从电子角度来看人的传通行为的书中，介绍了"回报"（feedback）这个观念，是对来源的信息的反应；又介绍了"噪音"（noise）这个观念，指信息来源地不希望有的出现在传的路线上的干扰。

拉氏与向氏（指香农）为传的过程所建立的架构，都把传通看成一个线性的过程；有了回报，才成为一种近乎双线的活动。到 20 世纪 60 年代，又有了"传通体"（System model of human commnunication）这个想法，把参与传的活动的双方给予平等的地位，构成一个传通体系。我们从问"传通如何影响人？"进步到"人用传通做什么？"传通关系构成了传的研究的单位。

我们若把这些创意，添上后来的学者的所思，可以做出一个图来概括西方传学研究的理论规范与大要：

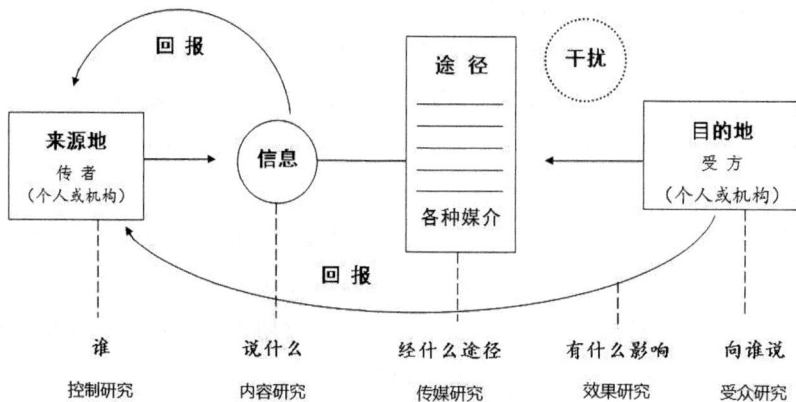

文化的与社会及经济的外在条件

当然了，我们都知道，在实际生活中，传的过程比这个模式所描写的要复杂得多，而且在永远不断进行中，不能硬性地说它停止在什么地方，而且受方也不断扮演者的角色。途径（媒介）常能改变信息，加强、减弱或根本取消信息。

这本厚逾一千页的大书里可以略窥西方传学研究涉及的范围。[《传播手册》为宣伟伯与麻省理工学院政治学教授普尔（Ithiel de Sola Pool）合编，作者逾三十人，均传学研究中一时之选]

手册把传分为传的过程、传的环境、传学研究三大部分。

"传的过程"中有如下项目：传的制度，非语文的传播，途径的受众，受众，传与学，传播与儿童，劝服、抗拒与态度的改变，政治说服，传播媒介与人际传通。"传的环境"中有以下项目：原始制度中的传通行为，传播与开发，极权制度中的传播，共产社会中的隐喻传播，报业，电影，广播，科技演进与传媒，小团体中的传，政府与大众间的传，消费与广告，科学消息的传播，民意，谈判与传，宣传，国际舆论，传播自由与控制。"传学研究"部分只有两项：集合数据，传播效果的实验。

从这个目录不难看出传的活动遍及人类生活，也正因为如此，传学才有了探究的价值。

五

我们通常可从两个途径来定社会科学研究的范围，一是研究其结构、制度，一是研究其过程与作用。试以政治学来说，既可说是对政府的研究，也可以是对权利关系的研究。前者是结构，后者是过程与作用。经济学可以说是对工商企业的研究，但经济学者多研究交易，及其有关因素例如货币、价格、劳动、资本等等。

人类学者本来以研究原始社会为目的，现在已扩大到研究一切人类行为。社会本来也是以整个社会为探讨对象，政治学与经济学把社会的若干方面拿去了以后，社会学目前主要侧重在社会的责任与作用的研究，当然也可以是对政府和企业之外的团体的研究。

人类传的行为的研究，作为一门社会科学，也可以从两个方向着手：

传播的体制：例如现代传播（大众）媒介、传统的传媒、以传递消息和进行说服为主的机构或设施等。

传播的过程与作用：例如人际传通与大众传播的途径及如何相互影响，智据如何流播，说服与态度的改变等。

整个人的社会仍旧是传学研究的范畴，不同的是观察的角度与说明的方法。

比方同是人体，可以用天然光线、水银灯、红外线、X 光^①、激光来拍摄，得到对同一人体不同的看法。传既是与社会生命息息相关的基本作用，研究传当然可以帮助我们更深入地认识社会和构成社会的个人及其行为。

国人在开始现代报业的探究以前，有没有对人类传的行为做过专门的研究，我们不清楚。若是中大传播研究中心在 1975 年进行的中国传播研究资料调查没有太大遗漏的话，我们可以说，自 1800—1950 年间，关于中国传播的研究几乎全属传播体制的记录、描写与分析，而且大都局限在印制媒介方面。

试以 1948 年创刊的《报学杂志》为例，这是当时国内唯一的一本研究新闻学的刊物。这本杂志第一卷所刊文章只及下列 25 项：报学（又称新闻学）、新闻（限于报纸中的新闻）、采访、编辑、言论（社论）、新闻写作、副刊、资料管理、报纸、报展、报业、广告、发行、纸张、印刷、通讯社、民意测验（只有一篇）、新闻教育、新闻学校、报人、传记、报史、新闻自由、出版法、书评。

这里头所触及的只是一间报馆里面的人与设备，和讯息的制作，稍微涉及一点点报纸在社会中的作用于责任。这只是传播媒介的研究，而且偏重历史的记录。

20 世纪 60 年代，传播研究的范围有了新的扩展：不只是传媒种类增加了，也有了性质上的若干改变。通过调查研究计划量化分析方法，在台、港进行了一些传播形态的研究，把美国发现的一些基本理论，在中国人当中复验，诸如意见领袖的找寻、二级传播说的求证。不过这个时期是介绍多于创作，而创作仍集中在传媒体制的研究。

也是在这一时期，大批青年去欧美（特别是美国）攻习传播技术与理论。回来以后，把新的传播理论也带了来。有的把学习所得应用在实际传播事业上，有的用在教育新学上，也有的，像我刚才所说，应用在研究上。传学研究有了一个认真的开始。

我们可以从另一份刊物《报学半年刊》来找寻证据。《报学》创刊于 1951 年 6 月，自第一卷到第三卷第十期（1986 年 7 月）的目录索引分类，可以证明我所说大致符合实际情况。

索引一共分有 28 大类，共刊文八百余篇。其分题如下：新闻学理论、新闻自由与新闻自律、新闻政策、新闻教育、新闻事业的经营、新闻记者的地位与修养、舆论及民意测验、公共关系与宣传、社论写作、编辑实务、新闻资料的管理与运用、广播与电视、采访与报道、新闻摄影、发行与广告、排字与印刷、电讯传递、中国新闻事业、海外华侨新闻事业、世界各国新闻事业、共产党地区新闻事业、

---

① 编者注：原文为"爱克斯光"

国际新闻会议、中外报人传记、记者回忆录、国内外新闻界大事记、报坛逸话、杂组。

这些项目中，与《报学杂志》显著不同的只有一项：广播与电视。另外在广告之外多了一个公共关系。收在《新闻学理论》一栏但范围已经超过新闻学的有四篇：《泛论大众传播》《大众传播理论体系》《大众传播与市场推销》《大众传播的了解隔阂》，虽然都属西洋已有发现的介绍。

从这个单子可以证明，这一个时期研究的重心仍是传媒体制，范围已扩大到现代人部分传媒，但已开始初探传媒的过程与作用。

1977 年，美国东西传播研究中心出版了一本《台湾与香港传播研究论文摘要索引选录》(*Research on Mass Communication in Taiwan & Hong Kong:Selected Abstracts*，朱谦、漆敬尧、徐佳士、余也鲁合编)。主其事的朱谦博士在序中说："一九六〇年代以迄一九七〇年代初，台港两地的传播研究受斯坦福[①]大学，特别是宣伟伯博士的深远影响，本摘要选录的四位编者中的三人（朱、徐、余）都出自宣氏门下。这近十年的研究发展的走向，相当有力及健康。"他预测："未来十年，必定会充满更积极、更活跃、更发人深省的研究努力。"

全书所收 91 篇研究报告摘要，范围比《报学半年刊》更广，所侧重的是当代中国传播的分析与检讨，以及若干年传播行为的描绘。

从这个扼要的检讨，我们似乎可以说，到现在，有关中国文化与传统里的传的理论的研究，无论是传播体制或传播过程，已做的有系统的探讨和研究，即使有，也是极其有限的。

六

稍微留意一下西洋初期传播理论的产生与发展，便可知道，大都无意中得来。P. 拉扎斯菲尔德[②]（Paul Lazarsfeld）本想研究美国选民如何投票，无意中发现了二级传播现象与意见领袖；耶鲁大学心理学家卡尔·霍夫兰[③]（Carl Hovland）原应美国陆军部之邀请研究一套放给美军看的电影《为何而战》对军人的效果，结果引发了一连串有关说服的传播理论。

我们所能说的是：许多传播形式或观念早已存在实际生活、习惯与行为中，它们在那里，历史悠久，世代相传，是指导我们传的活动的原则，要下功夫去找寻、整理、加以组织，才能形成有系统的理论。应用这些理论又可以生发新的理

①　编者注：原文为"史丹福"。
②　编者注：原文为"P. 拉兹士斐尔德"。
③　编者注：原文为"C. 贺夫兰"。

论。

一国自然与地理等实质的环境不同，可以用来制作物品、工具等的物质与原料也跟着不同，而应用工具与原料来创制的技术便也有了不同。

又因为这些不同，可以形成对人的感觉上某一部分的特别看重，这可以是对形状的偏重，或对声音的偏重（中文侧重形，英文侧重音）。

侧重农业与侧重商业的社会，在观念、习惯、价值观，在技术、用具、处事的方法，在典章制度、思想方法、人生宇宙看法方面，无不有大同小异、大异小同或完全不同。

我们可以说，文化与传统若不同，作为生活不可分割的一部分的传的观念、原则、形式也随之而异。因此，在中国的文化、传统与实际中应该可以找到中国的传播理论。

问题在应该怎样找？着手点在什么地方？

从欧西的经验，人文，社会科学甚至自然科学，都为了本身发展而从各别角度来研究传，但每一学科在这方面的尝试，都有它历史的一面；也许从历史，特别是文化与思想史，来着手，应该是合理且可行的第一步。

中国历史悠久，史籍浩瀚，若不先确定方向，规划范畴，即令将探究领域限于文化与思想史中，恐怕也不是短期内可以得出结果。

这是我们研讨时应该探索的一点。

我们可以像其他社会科学一样，从传的体制下手。这包括传的媒介例如文字、纸笔、活字的发明；例如邮驿、庠塾、邸报、榜文的创设；例如御史、私学、乡遂、清议的存在，都是为了通消息、达意见而有的工具或制度。从传的媒介的产生、功能与影响，可以观察到传播如何在中国社会演变中的作用，应该可以找出一些原则。

《通鉴·三皇纪》[①]中讲到燧人氏（姑假定有其人或一个时代的象征）时说："时未有文字，燧人氏始作结绳之政、立传教之台、兴交易之道，人情以遂。"结绳为文字的开始，目的在记事；传教之台为教导的开始，属智识与经验的传递；交易之道为通有无的方法，是经济的传递。因为能把初民在生活中不可少的传的规范建立起来，人与人间接触的途径，个人情意表达的途径都初步有了，通通畅畅，社会才能发展。

至于教民佃渔畜牧、造琴瑟、定日中为市、立史官、造舟车、建灵台、定度量衡，以及造六书，这些工具与制度对社会进步的影响，无一不可自传的角度来

---

① 编者注：指清代吴楚材编纂的《纲鉴易知录》。

观察，并找寻出其间的关系与规律。

这可以是一个方向，能供研究的题目是十分多的。

（中国发明活字很早，比古登堡还早五百年，但是毕昇创制的胶泥活字并没有得到广泛采用，有宋一代仍盛行雕版；要到清末，外来的合金活字和西洋的印刷术传进来以后，活字才盛行。新工具在中国的社会制度中的传播受到哪些阻碍呢？这些阻力是不是今天仍存在，成为许多创新努力的阻碍呢？这，可以是一个找寻出传的原则的好题目。）

我们也可以从传播的过程与作用下手。

我们也许可以这样问：

- 智据（包括消息、智识与资料）的流播、交换与增减怎样影响到个人与社会的行为？
- 人与人间进行传有些什么形式与途径，民间与政府如何沟通，借着什么途径来沟通？
- 传媒间如何配合？新与旧的传媒如何相互影响？
- 新观念、新知识如何传播？
- 说服有些什么方式，如何才最有效？

若应用前面说过的架构，每一个问题假如都能着眼在研究范畴中的某一个重点上，例如讯息、途径、受众，或效果，然后进行许多个案或通则的研究，可以求同，也可以求异，应该可以得出一些关系与规律。

试以智据的流播方式对社会行为的影响来说。这牵涉到信息—途径—效果的研究。如果重点放在途径上，对纸的发明加以探讨。《本草纲目》说："东汉和帝时，耒阳蔡伦始采树皮、故帛……造纸，天下乃通用之。"这里说明了中国人对新发明的欢迎，也说明了用纸来书写的新的传的途径所产生的影响。但这只是一段简短的记事。朝廷政令、民间意见、智识、新闻因为有了新途径，曾受到什么影响，在哪方面影响，改变了一些什么？

历史典籍虽然浩如瀚海，要找寻这个问题的答案，恐怕并不太容易。假定我们再问：同一讯息在纸的出现前所产生的影响有什么不同（如果有的话）？答案也许更不容易。

这只是一个例子。

又比方说运河的开凿连接南北，沟通商货，良匪浅鲜。但运河让消息与智识的流播速度增加，数量增多，促进农作工艺智识的交换、新思想的流通，都是传的新途径对社会发展的影响，应该是个很有趣味的题目。

又试以人与人间进行传的型式与途径来说。西洋传学认为传的一个主要作用是建立关系。而中国，传统上讲究关系，有不少关系与生俱来，不用传便已建立，诸如同乡、同姓、同族、婚亲便是其例，这些关系可以利便传的进行，增加传的效果。"裙带关系"是大家都知道的一条官场中的常用途径。西方两个姓 Smith 的在一道，其关系绝不同于中国两个姓史的在一起。尽管一个北一个南，仍是"老宗"。

关于说服，春秋战国时代，例子之多已不必说了。史籍中所记的谏诤、张骞使西域、郑和下西洋，都是说服运动。这些言词的说服如何与环境情势配合，产生最大的效果，若加研究，也是一个寻找传播理论的沃土。

从传播的过程与作用可以提出的问题很多，每个问题都可以引发研究题目，这又是一个方向。

七

不过，这两个方向相成而不相背。我们很难在讲传媒时不讲使用传媒的人与使用的方法；同样，很难讲传的过程而不涉及传媒与体制。

我们尤其不能忽略这二者间的相互影响，和我们的先贤怎样创造发明新的媒介与新的途径，来应付并解决社会发展中的新问题。

孔子一生所进行的可说是一次传播运动。设馆授徒、周游列国、删《诗》《书》、作《春秋》，是他用以传播思想的型式、媒介与途径；在社会的大动乱中，他寻求秩序的建立。他收弟子三千人，用人来作传的媒介；他在鲁国实践自己的理想，用一个国来作模式。这些和许多其他让新思想成功地传播的方法，史籍记载的很详尽。如果我们能通时在传媒与传的过程上下功夫，找寻其间的关系与规则，可供发现的一定很多。

如果要进一步在传播体制与传播过程两方面找出一个可供研究的重点，这个重点可以是人与人间、人与社会间、社会与社会间借着智据的交换，流通而建立起的关系，以及这些关系如何因着智据的传递与流通而产生改变。

研究中国的传播理论从历史着手是一个十分有用的道路，因为历史家的一个责任，在"究天人之际，通古今之变"，所记录的正是"关系"与"演变"，刚好是传学研究所关注的题旨。

但中国传播理论的探究可以始于历史却不能止于历史。从历史的研究中所找出的观念、通则、原理与形式，必须在当代社会与当代人中求证。

这应该是探索的第二个阶段。

在这样的精神、原则与目标下，中文大学传播研究中心做了一次探索。1978年春举行了两次为期一周的研讨会，邀请了一批历史学者、人类学者、社会学者、文学家与哲学家，以及传播研究者，共聚一堂，听了数不清的关于中国人在传的艺术上的成就。这包括我们的祖先用什么方法传达政令、深入民间；怎样用歌诀、民谣传达智据与消息；复杂的智据如何浓缩，积累的经验如何过滤，革命思想如何散播、如何不胫而走，新发明与新思想何以受阻又如何传开，以及传播工具的运用，说服方式的推陈出新。

我们不只找到一个入口，而是十二个，并且肯定了回到历史与传统中找寻传的理论的想法，不只实际可行，而且一定可以领向一个研究的新天地。

这十二个入口是：（一）传与创新；（二）政治传通的结构与途径；（三）传与革命；（四）人际传播的特征；（五）说服的理论与实际；（六）环境（setting）与传通；（七）符号与传；（八）民间传通途径；（九）传播工具及其影响；（十）中外文化接触中"传"的活动；（十一）从语言的浓缩与过滤中找"传"的原理；（十二）基本的传的观念的研究。

今后要做的事，是在每个主题下去找寻个案，找寻形成主流的支流，集中人力来进行个案的研究；然后综合每一个主题下个案研究所得来找寻通则，再把这些通则当作假设，来在现社会中求证。

八

真的，中国人数千年有记录的历史中，和我们在比有记录的历史更长远的悠久传统中，恐怕已经经历了一切人的传通经验与尝试。不少中国人，并没有一本教他们传播之道的书，也未受任何传播的专门训练，但运用媒介，进行说服，其匠心独运与娴熟的程度，教许多精研传播的西方人都惊异不置。

传的艺术已深潜中国文化中，流漾在中国人的血液里，只差做系统性的与科学性的发掘与整合。现在该是开始的时候了。

本文的大部分是在 1978 年 3 月 27 日香港中文大学传播研究中心举办的"中国传学研讨会"上提出的资料，为会议的讨论提供一个基础。研讨会的出席人有历史、社会学、心理学、人类学及文学与传学方面的中国学者及专家。大家从历史方面着手来看中国文化中丰富的传的艺术，希望找出探索与分析的入门与途径，让中国文化里潜藏已久的一面可以得到发扬。本文最后一部分综合了研讨会的探讨所得。一切只在开始摸索的阶段，但相信今后二三十年，在这个新的学术领域中，一定有人能做出辉煌的贡献。这些人也许还正在读书，或者刚刚开始研究生涯。我相信，读了这本《传学概论》和这篇《代序》的人中，一定会有人肯去继续发掘，去找出人的传的秘密和规律，竭尽所能来改进我们的社会和生活。

关于建立中国沟通学的构想 *

颜建军 **

作为一门学科，中国沟通学的总体设计是：以西方传播学的合理内核为框架，以中国传统的传播方式、习惯等等为内容，全面探索传播在中国文化背景下的规律。

为何要叫"沟通"，而不因袭"传播"一词呢？我认为，传播是沟通的手段，沟通才是传播的目的。"沟通"一词，道出了传播的实质、任务、特点、目的等等。在我国，"传播"一词几乎全作为动词使用，仅有传达、通知、传出播开之意，而不表现传播行为的目的和效果。传播的目的是传而能通，传与受之间相互了解，以便产生传者预期的效果。而"沟通"一语道破的，正好道出传播的目的和效果，是一个能反映传播现象的本质的科学术语。还有，"传播"一词表现的动作是单向的，一方一味地向另一方灌，不看对方反馈如何，大有"宣传"propaganda 之嫌；而且，传播双方的地位不平等，容易引起"传而生灰、传而不通"之结果。"沟通"一词在当代日益普及，凡"沟通"这一范畴所表现的传播过程要素（传者、信息、受者）也全，并且是双方平等的传播、对话，体现民主主义的精神，人们思想上容易理解，心理上能感觉和谐。

总体理论设想

在考虑中国沟通学的总体理论体系时，我是这样想的：世界各民族的文化创立、规定并制约本民族人民的沟通方式，中国的沟通方式就扎根于中华民族的传统文化之中。

---

  * 本文原载于《新闻学刊》1987 年 10 期，第 50—53 页。
  ** 颜建军，男，1953 年生。中国社会科学院新闻学硕士（1987 年），中国人民大学新闻学博士（1993 年），曾任人民日报主任记者、经济日报高级记者，中国医药报和名牌时报的总编辑，国务院研究室社会发展司副司长。专著有《第四产业大崛起》《中国名牌发展战略》《海尔中国造》，合译著作有《大众传播通论》。

中国社会保持的超稳定封闭性沟通系统又令这种沟通系统中的文化，不易发生形态性变异。两千多年前的孔子并未入地狱，其思想犹如"遗传密码"代代相传，一个"礼"字始终灵光不灭，隐到了人们的"文化心理结构"中，隐到现实的人的内向沟通系统中去了。探索中国沟通的规律，建树起一整套理论体系，无疑要从中国文化史、哲学思想史、美学史，佛教史、史学史、文学史和古代文论以及对中国人传统思想有巨大深厚影响的经典著作去抽象，特别要研究现代人的思维方式与古代思维方式的关系。我想，具体论述中国沟通理论时，可分为两大部分谈，一是一般理论，二是分支理论。

一般理论

一般理论即将中国特有的信息理论、符号理论和意义理论放在沟通过程中去考虑，突出三者在沟通过程中的秩序，介绍三者之间的逻辑关系，从而把握其中的规律。例如符号的理论，中国古代思想家就常说："文以载道"。这里的"道"就是我们说的沟通的深层结构，"文"则是一种符号系统，亦即沟通的一种表层结构。因此，符号系统就是一种沟通载体（还有符号系统中的文字符号系统，也是一个不小的沟通领域）。研究"文"是如何载"道"的，就是研究如何运用符号系统去达到沟通的规律。

分支理论

中国的文化历史悠久，在漫长的历史中，人们创立了许多约定俗成、行之有效的沟通方式，把这些沟通方式抽象成理论，就成为门类繁多的分支理论。这些理论既是独立的小系统，又是构成中国沟通学大系统，并在其中起作用的诸要素。下面分别简述这十二个分支理论：

1. 人的内向沟通这是中国的特色，论据最充足，从先秦典籍到宋明理学，讲究人的"内圣"（由"内圣"而"外王"，"内圣"是基础）已是一个完整的系统。

2. 人际沟通中国文化是一种内倾性的文化，注重人际的问题，所以，这方面完全是一个有待开发的宝库。比如，在中国，"五伦"（君臣有义、父子有亲、夫妻有别、长幼有序、朋友有信）关系是重血统的人际自然关系。如果不熟悉这种基本的人际关系，有可能发生传不通的情况。

3. 环境沟通中国人重视环境与人的相互交流，大的方面讲"天人合一"，强调人与自然和谐相处；小的方面注意情境关系，讲究环境对沟通人的感情乃至思想的不可忽视的作用。例如"出门看天色，进门看脸色"等人们习惯的做法，还有说话重"语境"等等，形成了千姿百态的"察颜观色"的沟通方式。

4. 组织沟通中国的情况也符合美国组织沟通研究人员戈德哈伯下的定义：组织沟通系由各种相互依赖关系结成的网络，为应付环境的不确定性而创造和交流信息的过程。中国封建社会为什么延续达两千年之久？金观涛在《在历史的表象背后》分析其原因在于：中国封建社会正好是一个超稳定系统，而其中至关重要的子系统即组织结构系统，按我的说法即组织沟通系统。两千多年来，高度的中央集权制度完全靠文官制度（儒生制度）、通讯工具和一体化来维持，其组织沟通自成体系，形成了具有民族特色的沟通方式。

5. 民间沟通从古至今，除官方进行的有组织的沟通之外，还有许多在民间流行的行之有效的沟通方法。像民谣，既是群众表达心绪的形式，又是沟通感情、交流思想的沟通方式。前两年农村流行一首民谣："共产党，像太阳，照到哪里哪里亮；党的政策像月亮，初一十五不一样！"（见邵燕祥《从新诗说到新民谣》）在怨而不怒的歌咏中寄希望于党的正确路线的连续性和稳定性。再如今年三月《人民日报海外版》第七版登的"湖南江永县发现世所罕见的'女书'"的消息，据专家考证，证明"女书"是当地妇女用来表达思想、交流感情的工具，创造于先秦时代，经代代相传，至今仍生生不息。这些，都表明民间的沟通方式具有强大的生命力。

6. 情感沟通西方人重理性，中国重情感，这早已是许多哲学家、文化学家进行中西方文化比较所得的结论。情感在影响中国人的思想，乃致在行动方面起了关键的作用。所以，欲影响中国人的思想，造成其自觉地行动，不从沟通感情方面下手，就断然不能成功的。这方面，中国古典文学艺术是个聚宝盆。

7. 劝服和宣传。前面谈到中国是一种内倾型的文化，内倾文化重人文方面的事儿，故关于如何影响对方思想的方法丰富极了。例如早在先秦，既有"百家争鸣"的学术论战（一方想说服另一方），又有"合纵连横"的政治说服斗争，还有孜孜于个人私利的食客劝说主子的劝告言论，等等，光怪陆离，令人眼花缭乱。还有，一部《论语》就充满了劝服的哲理。再如宣传，中国早就有"圣人立象以尽意"（《易》）的意象理论，以及禅宗所谓"不立文学""道德不可道"的宣传法。禅宗常以此物喻彼物，其中寄寓着一种深刻的哲理，一旦领悟此物的意境，就懂得了彼物的哲理。这种宣传法在世界上可谓绝无仅有，一旦探出其中奥秘，无疑是对哲学和社会科学的一大贡献。

8. 娱乐沟通中国古籍中关于娱乐与人生、性情、事业等等的潜移默化的作用，以及运用娱乐来沟通各种关系等等，有无数经验可以总结，可资借鉴。

9. 大众传播唯其大众传播，方可称为"传播"，因为它主要强调传的行为，而难以知道传的效果。大众传播是由专业人员设计、制作内容，大量或持续向众人散布，但无法确知其接收人数与效果的公开宣传。大众传播，始于中国。"大众传播"这个词，虽然欧美学者在 1949 年才开始使用；大众传播的事实却是从公元105 年算起，因为那一年我国汉朝的蔡伦发明了纸，而且也开始使用了墨。后来，文字一旦采用印刷，而不用手抄，就不再成为权贵们的专利品，而广泛流传于民间，"飞入寻常百姓家"。中国自东汉以后，大众传播事业缠绵至今，不仅有大量文字记载散见于古书之中，而且还有许多实物可资佐证。像"露布"（一种公开文告），发源于东汉，因袭演化到近代。《太平御览》卷五九七行《汉宫仪》云："凡制书皆玺封，尚书令重封。唯赦、赎令司徒印，露布州郡也。"这里的"露布州郡"，就是晓喻天下，可见露布最早包含公开下达，公之于世的意思。以后，"露布"又逐渐起到政治宣传和鼓动作用。中国特有的文化、政治环境决定其自有一套不同于西方的大众传播经验、习惯、理论，若加以系统地整理，是具有世界意义的。

10. 口语沟通（Oral Communication）。这是文字符号之外的、人类最主要的、历史最悠久的一种沟通。中国在这方面的结晶散见于历史书籍和文学作品以及民间传说（指口口相传、代代相因的口语沟通经验）。人们由于生活习惯不同、文化背景、表达方式不同，说话的语意就在许多地方不一样，我们应当格外注意这许多影响口头传播效果的因素。有人认为"说话难，难于上青天！"其实这是惴惴于说话的沟通效果。故祝振华在《说话的艺术》中提出"说话八要"：（1）要思考透彻，用字准确。（2）要推己及人，慈善为怀。（3）要态度诚恳，措辞中肯。（4）要亲切自然，闲话家常。（5）要坚持立场，当仁不让。（6）要通情达理，言之有物。（7）要洗耳恭听，尊重对方。（8）要言行一致，征信听众。其实，中国从古至今的口语沟通经验远不止这些。

11. 非语言媒介沟通即除语言媒介之外的沟通方法。这方面包容广泛，除推理符号（自然语言）和表象符号（如绘画、雕塑、音乐、舞蹈等艺术样式）外的沟通信息载体。如物品，就是沟通文化和思想的载体。在人类历史上，物品和思想的交流始终存在。在古代，中国的丝绸、茶、瓷器、纸、火药、指南针等传到西方，改变了西方的生活方式，启发了他们的思想，奠定了西方现代文明的基础。在今天，西方的思想、文化信息通过电视、电影、录音带、录像带以及各种书报杂志像潮水一样向我们涌来，这些物品携带着反映科学技术思想的信息，也向人们传播着关于现代生活方式的文化信息，这类"物化的信息"对国人生活观念的冲击绝不亚于一部渗透着西方文化价值观念的美国电影。再如人自身，也是一种沟通信息的载体。近年来，西方如此"友好"地接待、培养、教育和关照着我国派去的成千上万的访问学者和留学生，其解囊之慷慨常令人不可思议。但如果我们把看成一种文化载体，那么这个问题也就不言自明了。还有，在一个与外界处于半隔绝的穷山沟里，山民们大多目不识丁，其行为方式表现出恋故土、微迁徙的思想，奉行"父母在、不远游"的儒家原则，这是什么原因呢？这就是前面提及的文化作为历史的沉淀物存在于人的文化心理结构里的缘故。人的文化载体性主要表现在世代相传的思维方式和行为模式中。

非语言媒介沟通既独立地行使着沟通的职责，又影响着语言媒介的发展变化，连语言里的许多称谓都来自非语言媒介，如"孔方兄"这个词就有来历。西晋隐士鲁编的《钱神论》说："钱之为体，有乾坤之象，内则其方，外则其圆。……亲之如兄，字曰孔方。""孔方兄"这个称号富于讽刺意义，既象征钱的样式，又象征贪财好利者的性格。

12. 中西方沟通方法比较通过"土"与"洋"的比较，突出中华民族在世界民族之林的地位和特色。各国各民族之间都存在着彼此不大相同的文化背景、生活方式、风俗习惯，这些因素影响着人们的沟通方式。这方面的资料很丰富，例子也不胜枚举。举一个认识方面的例子来说：从现代心理学的观点来看，认知和学习在本质上是一种经验的迁移。在经验的迁移中，西方的概念理论偏重于对被认识的客体中相同要素的概括，中国的意象理论则恰恰突出了情境关系这一要素。对于这个观点，也可以找出大量的事实来佐证，这里限于篇幅，就不详细阐述了。

总之，世上凡事皆要沟通，否则将寸步难行。沟通的现象犹如空气，充实着环宇，而沟通的理论，则完全埋在各民族传统文化的底蕴。世界上的沟通方式有共同性，但更主要是各民族的独特性。研究中国的沟通学，就是要挖掘出具有中国特色的沟通理论，使之为现实服务，使之为世界各民族文化的交流、融合而开辟道路。

华夏传播理论建构试探：从"传播的传递观"到"传播的接受观"*

姚锦云　邵培仁**

摘　要： 建构华夏传播理论，需要厘清何为理论、如何建构理论的问题。前者是知识论问题，我们可以从韦伯、吉登斯、格尔茨和凯瑞的思想中获得启示；后者是方法论问题，我们可以向凯瑞和黄光国学习。在他山之石的指引之下，我们尝试建构"传播的接受观"（a reception view of communication）理论。其首要问题是，传播不等于"传"，而是"传－受之链"，"受"与"传"都是传播过程的重要部分。相对于现代西方传播学"传"的传统，中国人更侧重于"受"的传播观念。一方面，"传播的接受观"是对中国古代传播现实的表征。例如在文人雅士中流行"观""味""知"的传播观，庄子、慧能与王阳明等儒释道思想家也倾向于接受中的主体性，可以称之为"接受主体性"（receiving subjectivity）。另一方面，"传播的接受观"能为新的传播现实提供表征，具有一定的解释力。例如很多传播事件会出现始料未及的后果，或许原因多出在"受"的方面，而非仅仅是"传"的方面。"传播的接受观"不仅意味着视角的转换，更意味着立场的转移，使得华夏传播研究转向作为个体的、具体的、能动的受者，而非作为群体的、抽象的、被动的受众。这样的视角有助于呈现一个鲜活的中国古代世界，同时也有助于加深对当下传播问题的理解。

关键词： 华夏传播；本土化；理论；概念；方法论；传递观；接受观

一、华夏传播理论建构的困境与出路

什么是华夏传播理论？大致有三种观点。第一种观点认为思想即理论，华夏

---

　* 本文原载于《浙江社会科学》2018 年第 8 期，第 120—128 页。

　** 姚锦云，暨南大学新闻与传播学院讲师，浙江大学新闻传播学博士。邵培仁，浙江大学传播研究所所长、教授、博士生导师。

传播理论可以直接从中国传统文化中找到。代表性研究如关绍箕的《中国传播理论》（1994），他"将理论与思想（thought）视为同义字"，认为"'理论'乃是思想家或学者对某一现象的解释／或对某一问题的见解"。①但祝建华（2001）认为关绍箕的传播理论不符合形式标准，"缺乏可操作性和可证伪性"。②第二种观点其实是一种研究路径，即用现代传播学的理论框架来描述和解释中国历史，以期总结出一套华夏传播理论，充实传播学的理论体系。代表性研究如李国正的《汉字解析与信息传播》（2001）。第三种观点认为，中国传统文化中没有"现成的、符合社会科学研究定义的理论"，只有理论的"胚胎"。③

总体而言，华夏传播研究者在"什么是华夏传播理论"的问题上，只有粗略观念而缺乏深入探讨，反而是"局外人"在为其指路。若深入探讨就涉及一系列问题：什么是理论？第一种理论观果真是颠扑不破的真理吗？第二种理论观似乎不可取，但如果完全放弃西方概念，那么华夏传播研究的学术支点在哪里？调用西方概念的限度在哪里？能否从中国传统词汇中提取学术概念？关于第三种理论观，究竟什么是"胚胎"？"胚胎"能否发展为理论？如何发展？

要厘清这些问题，就涉及理论背后的"理论"——知识论和方法论。正如赵鼎新所言："社会科学的研究对象比自然科学研究的对象要复杂得多，但社会科学家在方法论上的造诣却往往弱于自然科学家，从而在研究中犯下大量方法论错误。"④一些研究者在盲目跟进"本土化"的同时，或许忘了一个重要的现实，"今天世界学术社群中所流行的研究典范，大多是西方文明的产品"。⑤换言之，理论这个学术工具是西方人发明的，它是现代科学的"语言"，但我们对这种语言本身却缺乏足够的了解。很多西方社会科学家在建构理论的同时，都有一套知识论或方法论的说明相伴随，例如社会学家韦伯、吉登斯，人类学家格尔茨，以及受到格尔茨很大影响的凯瑞等，他们的思想是华夏传播理论建构的"他山之石"。特别是凯瑞，他的"传播的仪式观"理论，是利用（西方）传统思想资源建构传播理论的典范。此外，黄光国建构的本土理论"人情与面子"，也有助于指引华夏传播理论的建构。在此指引下，我们就能够对如下问题有更深入的理解——什么是华

① 关绍箕：《中国传播理论》，台北：正中书局，1994年，第5页。

② 祝建华：《精确化、理论化、本土化：20年受众研究心得谈》，《新闻与传播研究》2001年第4期。

③ 汪琪，沈清松，罗文辉：《华人传播理论：从头打造或逐步融合》，《新闻学研究》2002年第70期。

④ 赵鼎新：《社会与政治运动讲义》，北京：社会科学文献出版社，2012年，第2页。

⑤ 黄光国：《人情与面子：中国人的权力游戏》，北京：中国人民大学出版社，2010年，第259页。

夏传播理论？能否建构？如何建构？

二、何为理论：从实证到解释的西方理论观变迁

人们对社会科学理论的理解有着历史的过程。19 世纪社会科学的发展始于对自然科学（尤其是牛顿力学）精确性的模仿，后者的理论追求体现为"对于超越时空、永远正确的普遍自然法则的追寻"①。在这样的模板下，孔德和穆勒主张建立一门像"社会物理学"那样的实证科学，其任务是把天体力学的逻辑应用于社会世界，分析社会世界的种种"普遍性"规则。②孔德就反对一切现实"解释"的模式（modes of "explaining" reality）③，主张探求"单纯的规律"或因果关系，而不求"无法认识的本义的起因"④。

（一）走出实证主义：韦伯的解释社会学与吉登斯的双重解释

这样激进的理论观在韦伯看来是过于理想了，因为人毕竟不同于天体和物体。韦伯认为，把人看作细胞的集合体或生物化学反应的复合体，尽管也能得出一些因果关系，却无法理解人的精神方面，社会学的认识对象应该是"行动的主观意义复合体"⑤。因此，韦伯主张在（解释）"因果"与（理解）"意义"之间保持平衡，"解释性地理解社会行动并对其进程与结果进行因果说明（a causal explanation of its course and consequences）⑥"。⑦

吉登斯在韦伯解释性理解的基础上，进一步提出了"双重解释"（double hermeneutic）⑧说。吉登斯认为，人除了受到外部环境影响外，还在自身思想观念的驱动下开展行动。第一重解释是借助常人的理解，要像研究对象理解自身那样理解他们；第二重解释是超越常人的理解，建构更为精致的理论，揭示更为深层

---

① ［美］华勒斯坦等：《开放社会科学：重建社会科学报告书》，刘锋译，北京：生活・读书・新知三联书店，1997 年，第 4 页。

② ［美］华勒斯坦等：《开放社会科学：重建社会科学报告书》，刘锋译，北京：生活・读书・新知三联书店，1997 年，第 13 页。

③ Immanuel Wallerstein, *Open the Social Sciences Report of the Gulbenkian Commission on the Restructuring of the Social Sciences*,California：Stanford University Press, 1996, p.12.

④ ［法］奥古斯特・孔德：《论实证精神》，黄建华译，北京：商务印书馆，1996 年，第 10 页。

⑤ ［德］马克斯・韦伯：《经济与社会》（第一卷），阎克文译，上海：上海人民出版社，2010 年，第 92—93、102 页。

⑥ Max Weber, *Economy and Society：An Outline of Interpretive Sociology*, California：University of California Press，1978,p.4.

⑦ ［德］马克斯・韦伯：《经济与社会》（第一卷），阎克文译，上海：上海人民出版社，2010 年，第 92—93 页。

⑧ ［英］安东尼・吉登斯：《社会学方法的新规则——一种对解释社会学的建设性批判》，田佑中、刘江涛译，北京：社会科学文献出版社，2003 年，第 50 页。

的联系。这两重解释的区别在于，常人用日常语言解释世界，而社会科学家则用科学语言（概念、命题等）解释世界；其联系在于，社会科学家与普通人拥有一部分"共有知识"（mutual knowledge）。

（二）对解释的解释：格尔茨与凯瑞的文化分析理论观

人类学家格尔茨既赞赏韦伯的意义与解释，也能与吉登斯的双重解释说对话。格氏著作《文化的解释》就代表了一种解释意义的主张，并且认为解释的过程远比想象的要复杂。一方面，"我们称之为资料的东西，实际上是我们自己对于其他人对他们以及他们的同胞正在做的事的解释之解释（constructions of other people's constructions）①"，另一方面，"我们对析解进行析解（explicating explications）②"③。在解释意义方面，格尔茨赞同韦伯的观点，"人是悬在由他自己所编织的意义之网（webs of significance）中的动物"，"所谓文化就是这样一些由人自己编织的意义之网，因此，对文化的分析不是一种寻求规律的实验科学，而是一种探求意义的解释科学（an interpretive one in search of meaning）④。"⑤解释科学也有"双重任务"：一方面是揭示研究对象中"所说过的"，另一方面是"建构一个分析系统"，"提供一套词汇"，使"所要说的"得以表达出来。⑥

詹姆斯·凯瑞理论观受到格尔茨的很大影响，也提倡对"解释做出阐释"（interpret the interpretations）⑦。凯瑞赞同格尔茨所说的从事民族志研究就如同在阅读一部难读的手稿，认为传播的文化研究也如解读文本一般，即把人类行为（human behavior）或人类行动（human action）"看作是一种文本（text）"，其任务是"建构这一文本的'解读'（reading）"。⑧

可见，社会科学理论观有一条从实证走向解释的线索，从韦伯解释性的理解到吉登斯双重解释，人类学家格尔茨与传播学家凯瑞则走得更远，认为理论解释如同文本的解读。

---

① Clifford Geertz, *The Interpretation of Cultures*: *Selected Essays*, New York: Basic Books, Inc.,1973, pp.5-9.

② Clifford Geertz, *The Interpretation of Cultures*: *Selected Essays*, New York: Basic Books, Inc.,1973, p.9.

③ [美]克利福德·格尔茨：《文化的解释》，韩莉译，北京：译林出版社，2008年，第11页。

④ Clifford Geertz, *The Interpretation of Cultures*: *Selected Essays*, New York: Basic Books, Inc.,1973,p5.

⑤ [美]克利福德·格尔茨：《文化的解释》，韩莉译，北京：译林出版社，2008年，第5页。

⑥ [美]克利福德·格尔茨：《文化的解释》，韩莉译，北京：译林出版社，2008年，第35页。

⑦ [美]詹姆斯·W.凯瑞：《作为文化的传播》，丁未译，北京：华夏出版社，2005年，第42页。

⑧ [美]詹姆斯·W.凯瑞：《作为文化的传播》，丁未译，北京：华夏出版社，2005年，第42页。

三、如何建构理论：西方与本土的理论建构案例

在明晰了"何为理论"以后，我们就可以学习西方和本土理论建构的经典案例。凯瑞"传播的仪式观"的理论建构，黄光国"人情与面子"的本土理论建构，都有助于指引华夏传播理论的建构。凯瑞启示我们，理论可以从（西方）传统思想中汲取养料，并通过"双重解释"的方式加以建构；黄光国则告诉我们，可以将日常语言和传统观念转化为理论。

（一）从双重解释到传播理论：凯瑞"传播的仪式观"理论建构

詹姆斯·凯瑞是用（西方）传统思想资源建构现代理论的典范。他在批判"传播的传递观"（a transmission view of communication）的基础上，提出了"传播的仪式观"（a ritual view of communication）理论。[①]

凯瑞使用了两种传统思想资源来建构理论，一是西方基督教生活中的"仪式"观念，二是荣格的"原型"观念。[②]"原型"（archetype）的重要特征是反复性，即它会在历史中反复发生。符号在这方面跟"原型"很类似——符号不仅表现了过去的经验，而且建构了将来的经验。不同的是，原型是无意识的，符号则是被意识加工过的。

在凯瑞看来，"传递"与"仪式"都有"原型"可寻："如果说，传递观中一词的原型（archetypal）是出于控制的目的而在地域范围内拓展讯息；那么在仪式观中传播一词的原型则是一种以团体或共同的身份把人们吸引到一起的神圣典礼。"[③]换言之，拓展讯息的"传递"和作为神圣典礼的"仪式"，就是反复发生"原型"。以"传播的仪式观"为例，基督教的"弥撒仪式""祷告、圣歌和典礼"，这是西方文化中特有的、并且经常发生的日常行为。

我们可以用吉登斯的"双重解释"来理解凯瑞对"传播的仪式观"理论的建构。一方面他必须用某种符号来表征人们的传播行为，另一方面这样的符号也能为新的现实提供表征。凯瑞发现，人们看新闻的行为恰如看戏剧，不是在寻求新的东西（信息），而是在寻求旧的东西。"传播的仪式观并不在于信息的获取（虽然从中也获取了信息），而在于某种戏剧性的行为，在这种戏剧性行为中，读者作为戏剧演出的旁观者加入了这一权力纷争的世界。"[④]换言之，看新闻就像参加弥撒

---

① ［美］詹姆斯·W.凯瑞：《作为文化的传播》，丁未译，北京：华夏出版社，2005年，第4页。

② 邵培仁、姚锦云：《从思想到理论：论本土传播理论建构的可能性路径》，《浙江社会科学》2016年第1期。

③ James W.Carey，*Communication as culture：essays on media and society*（*Revised Edition*），New York：Routledge，2009，p.15.另请参见前引中文版《作为文化的传播》第7页。

④ ［美］詹姆斯·W.凯瑞：《作为文化的传播》，丁未译，北京：华夏出版社，2005年，第9页。

仪式，通过这样的"神圣典礼"，"特定的世界观得到了描述和强化"，"是一种对现实的呈现，为生活提供了整体的形式、秩序和调子"。[①]因此，"仪式"恰恰是一个很适合的词汇，一方面它很好地解释了人们的日常传播行为，另一方面它又是以常人意想不到的方式表述的，这正是吉登斯"双重解释"方法的精髓。

（二）从日常语言到学术概念：黄光国华人本土理论的建构

如果说凯瑞通过调用西方传统思想资源建构了理论，那么中国学者能否调用中国传统思想资源来建构本土理论？黄光国用自己的实绩证明了这一路径的可行性：首先在知识论和方法论上论证可行性，然后以此实践建构出本土理论。按照库恩的"科学革命"（scientific revolution）学说，科学的进步是革命式的，旧范式全部或部分地被新范式取代。[②]但图尔敏则认为，科学的进步更像"演化（进化）"（evolution）而不是"革命"（revolution），概念也不是绝对变化而是进化的。[③]换言之，新理论未必会全面取代旧理论，相反它还可能会与旧理论对话，特别是在概念上[④]；不仅如此，不同文化中的概念也可相互对话[⑤]。这意味着，本土观念或概念都能与西方观念或概念进行对话，从而为本土理论建构奠定了坚实的知识论和方法论基础。

黄光国正是借此建构本土理论的。第一步是梳理传统观念并将其概念化。例如人情、面子、关系和"报"是流传于中国民间和儒家典籍中的本土观念，可以将其发展为概念。第二步是将传统观念与西方概念对话（或寻找能够中西对话的概念）。例如人情、面子、关系和"报"等观念，就可与西方社会学的社会交易理论对话。第三步是引入更高抽象层次的新概念系统，将（概念化之后的）中国传统观念与西方概念对接。这是韦伯"理想类型"（ideal type）式的努力，黄光国用"情感性"与"工具性"作为关系理想类型的两极。这就是"人情与面子"理论，既能解释中国人的特殊行为，又能在更高层次上解释中西文化中的不同行为。[⑥]

---

① ［美］詹姆斯·W.凯瑞：《作为文化的传播》，丁未译，北京：华夏出版社，2005年，第9页。

② ［美］托马斯·库恩：《科学革命的结构》，金吾伦、胡新和译，北京：北京大学出版社，2012年，第79页。

③ ［英］斯蒂芬·图尔敏：《常规科学和革命科学的区别能成立吗？》，［英］伊雷姆·拉卡托，艾兰·马斯格雷夫：《批判与知识的增长》，周寄中译，北京：华夏出版社，1987年，第55、57页。

④ 黄光国：《人情与面子：中国人的权力游戏》，北京：中国人民大学出版社，2010年，第221页。

⑤ 黄光国：《人情与面子：中国人的权力游戏》，北京：中国人民大学出版社，2010年，第264页。

⑥ 黄光国：《人情与面子：中国人的权力游戏》，北京：中国人民大学出版社，2010年，第2—12页。

其实，将日常词汇（传统思想）发展为学术概念之所以可能，就有一个凯瑞式的理由——我们运用这些词汇／思想／观念才得以理解过去的一切经验形式，并为现在的经验提供形式和调子。"作为'……的符号'（symbol of）以表现现实；作为'为……提供符号'（symbol for）则创造了它所表现的现实。"①我们之所以理解自己的语言，是因为它描述的是我们的生活过程，同时语言又建构了我们的生活过程。②语言的这种特性已经被很多哲学家所揭示，如海德格尔说"不是我们说语言，而是语言说我们"③，马丁·布伯也说"并非语言寓于人，而是人栖居于语言"④，伽达默尔也说"我们理解一门语言，乃是因为我们生活于这门语言之中"⑤。吴予敏也认为："不是人创造形式，而是形式创造人；不是形式为人服务，而是人服从于形式。"⑥

总之，凯瑞与黄光国的理论建构实践意味着，传统观念与日常语言都能发展为本土理论。

四、从思想到理论："接受主体性"与"传播的接受观"

从以上知识论（何为理论）和方法论（如何建构理论）的论述可知，"理论"是科学的"语言"，用精致的概念解释世界，但未必有严格的形式标准。理论可以通过"双重解释"的程序建构，既可以调用传统思想资源建构理论（如凯瑞），也可以将日常语言和传统观念发展为概念和理论（如黄光国）。对中国人来说，一些日常词汇或传统观念实际上是韦伯和格尔茨所说的"意义之网"，或是人赖以行动的"释义系统"⑦。几千年来"统之有宗，会之有元"的中国传统思想⑧，就是中国人"意义之网"的重要构成部分。即使经历了一百多年西方思想的冲击，它们仍然在"日用而不知"地发挥作用。⑨作为"意义之网"的"华夏传播观念"，正是足

---

① ［美］克利福德·格尔茨：《文化的解释》，韩莉译，北京：译林出版社，2008 年，第 17 页。
② 邵培仁、姚锦云：《从思想到理论：论本土传播理论建构的可能性路径》，《浙江社会科学》2016 年第 1 期。
③ ［美］约翰·杜翰姆·彼得斯：《对空言说：传播的观念史》，邓建国译，上海：上海译文出版社，2017 年，第 34 页。
④ ［德］马丁·布伯：《我与你》，陈维纲译，北京：商务印书馆，2015 年，第 39 页。
⑤ ［德］汉斯-格奥尔格·伽达默尔：《诠释学Ⅰ：真理与方法》，洪汉鼎译，北京：商务印书馆，2013 年，第 541 页。
⑥ 吴予敏：《无形的网络：从传播学的角度看中国的传统文化》，北京：国际文化出版公司，1988 年，第 30 页。
⑦ 杨中芳：《我的"自我"探索：一个本土研究者的自述》，见杨中芳：《如何理解中国人：文化与个人论文集》，重庆：重庆大学出版社，2009 年，第 11 页。
⑧ 钱穆：《从中国历史来看中国民族性及中国文化》，北京：九州出版社，1998 年，第 88 页。
⑨ 余英时：《中国思想传统的现代诠释》，南京：江苏人民出版社，1989 年，第 45 页。

以发展成为传播理论的"胚胎"。我们发现至少有十对这样的基本传播观念，分别是："阴—阳""和—合""交—通""感—应""时—位""中—正""名—实""言—行""心—受""易—简"。① 我们试图在多年前期工作② 的基础上，依据作为理论胚胎之一的"心—受"传播观念和"接受主体性"传播概念，初步发展为"传播的接受观"（a reception view of communication）理论。

（一）由"传"到"受"：华夏传播研究的视角转换

如果将传播的过程做一区分，那么"传"与"受"就是其两端，一端是信息/意义的传递，另一端则是信息/意义的接受。早在香农的信息传输模式中，就设置了发送器（Transmitter）和接收器（Receiver）的两端。据彼得斯考证，在19世纪80年代和90年代之前，communication还没有作为一个"明确的问题"（explicit problem）③ 被加以探讨，传播理论（communication theory）作为一个观念出现也不会早于20世纪40年代，而且当时这种理论指的是"信号处理的数学理论（a mathematical theory of signal processing）④"⑤，即数学家香农（C. E. Shannon）《通讯的数学理论》（*A Mathematical Theory of Communication*，*1948*），信息（information）概念正是由此提出。尽管香农解决的是机器与机器之间的信号传输问题，但其模式依然被看作一种传播模式。在香农模式中，信息就像货物，能够被打包、储存和转移。其隐含的假设或前提是，（作为信息的）货物是固定不变的；最大的困难或障碍仅仅是噪音，人们要做的就是有效提取货物，不要把噪音错当成信息。凯瑞后来将此种观念称作"传播的传递观"，即"信息的移动在本

---

① 邵培仁，姚锦云：《传播理论的胚胎：华夏传播十大观念》，《浙江学刊》2016年第1期。

② 早在20世纪90年代初，邵培仁就提出了能动性接受的"受体"概念，参见邵培仁主编：《艺术传播学》，南京：南京大学出版社，1992年，第239—240页。其后，邵培仁又分析了中国文人雅士"观""味""知"的特殊传播观，侧重能动性的接受。参见邵培仁：《当代传播学视野中的中国传统信息接受观》，《中国传媒报告》2004年第6期。此后，我们通过对《论语》的分析，发现了儒家"传受兼顾"的传播思维，参见邵培仁、姚锦云：《传播模式论：〈论语〉的核心传播模式与儒家传播思维》，《浙江大学学报（哲学社会科学版）》2014年第4期。我们还比较了庄子、慧能与王阳明的传播观，发现他们都主张主体性的接受观念，从而提出了"接受主体性"的概念，参见邵培仁、姚锦云：《传播受体论：庄子、慧能与王阳明的"接受主体性"》，《新闻与传播研究》2014年第10期。此外，我们继续分析了能够作为"理论胚胎"的华夏传播观念，特别是"心-受"观念，参见邵培仁、姚锦云：《传播理论的胚胎：华夏传播十大观念》，《浙江学刊》2016年第1期。

③ John Durham Peters, *Speaking into the air*：*a history of the idea of the communication*, Chicago：The University of Chicago Press, 1999, pp.9-10.

④ John Durham Peters, *Speaking into the air*：*a history of the idea of the communication*, Chicago：The University of Chicago Press, 1999, p.9.

⑤ [美]约翰·杜翰姆·彼得斯：《对空言说：传播的观念史》，邓建国译，上海：上海译文出版社，2017年，第15页。

质上被看作是与货物（或人）的位移相同的过程"，"把信号或讯息从一端传送至另一端"。①

但在实际传播过程中，"传"与"受"的内容却并非像货物一样，仅仅是发生地理的位移，有时候会出现"无中生有"的情况。例如，当传播者试图传递某种确定的信息时，接收者有可能对传播者给定的"货物"视而不见，而将传播者并未提供过的"货物"当作自己接收的信息。所谓的"言者无心，听者有意"就是这样的情形。拉斯韦尔早就注意到了这个问题，他提出了"传播之链"（chain of communication）的说法，强调"输入"（input）和"输出"（output）的差异。②他说："凡是行使接力功能的人，我们都可以根据信息的输入和输出予以检视。什么言论被带入了他那个环节并引起了人们的注意？他用口头方式传递了什么信息？他丢弃了什么信息？加工了什么信息？又追加了什么信息？信息输入和输出的差度与文化和人格有何关系？"③笔者粗略统计了一下，拉斯韦尔在这篇文章中只使用了一次"information"和一次"informational"，却使用了 11 次"讯息"（message）。只是何道宽先生和另一位译者④均将"message"译作信息。从"传"的视角看，"message""information"区别不大；但从"受"的视角看，"message"则既可以有"information"（能被"打包"和"固定"），也可以有"meaning"（无法控制，可能会"无中生有"）。

拉斯韦尔的"传播之链"实际上是"传-受之链"，即任何人都是"传－受"过程中的一环。其中"受"是传播的重要组成部分，一个"行使接力功能的人"作为"传播之链"中的一环，他会处理各种"输入"（受）的信息 / 意义，然后选择性地"输出"（传）。拉斯韦尔提出的实际上是传播中的失真问题，而一旦存在失真问题，则传播的内容就不可能像货物一样可以控制。确切地说，失真问题首先发生在"输入"（input）环节，进而影响到"输出"（output），即"丢弃""加工""追加"等过程。一个中国的成语"道听途说"能够形象地表明这个过程。遗憾的是，拉斯韦尔著名的"5W"模式似乎掩盖了其"输入"与"输出"问题背后的洞见，后者似乎也没有霍尔"编码 / 译码"那么大的影响力。

---

① [美]詹姆斯•W.凯瑞：《作为文化的传播》，丁未译，北京：华夏出版社，2005年，第4页。
② [美]哈罗德·拉斯韦尔：《社会传播的结构与功能》，何道宽译，北京：中国传媒大学出版社，2013年，第89页。
③ [美]哈罗德·拉斯韦尔：《社会传播的结构与功能》，何道宽译，北京：中国传媒大学出版社，2013年，第53页。
④ 另一个译本这样翻译："不论谁传递信息，人们都可以从输入和输出两方面对其考察。怎样的言论声明引起了某个传递环节的注意？他逐字传送了哪些？丢弃了哪些？改动了哪些？增添了哪些？输入与输出内容的不同与文化、性格有什么关系？"参见[美]拉斯韦尔：《社会传播的结构与功能》，张国良主编：《20世纪传播学经典文本》，上海：复旦大学出版社，2006年，第207页。

拉斯韦尔的"输入"（input）与"输出"（output），在霍尔那里就是"编码／译码"（encoding，decoding），相当于前述的"传"与"受"。在霍尔看来，电视机构传播的成败在于其是否成功地依照公共规则进行"编码"，从而生产出受众能够以同种规则"译码"的意义。[①]也就是说，电视机构在进行编码之前首先要进行"译码"。"它们从其他信源和其他话语结构中抽取节目主题、处理方式、议程、事件、人员、观众形象和'情境的定义'。"[②]

可见，拉斯韦尔与霍尔都注意到了"受"在传播过程中的重要地位，甚至是优先地位。但在效果研究的传统中，"受"的立场与视角只能附属于"传"。说得清楚些，问题的关键并不是"传"与"受"孰先孰后的问题，因为实际的"传－受"过程是循环往复的。问题的关键是立场与视角：我们是从"传"的立场与视角看，还是从"受"的立场与视角看。换言之，问题的关键并非指时间上的先后，而是思维方式上的先后。对大众传播研究来说，从"传"的立场和视角出发并不会有太大问题。这样研究既符合效果研究的传统，也能满足大众传播机构的需求。但如果将这种视角放置到中国古代，那么问题就来了——"传"的视角究竟有多少解释力？

这似乎是一个多余的问题，表面上看应该是不证自明的。在中国传播研究的起步时期，不仅传播学被等同于"传学"，甚至传播问题也被等同于"传"的问题。最典型的例子是余也鲁先生，他将其老师施拉姆的著作译述为《传学概论》。余也鲁说："从中国的历史中找寻到许多传的理论与实际，用来充实、光大今天传学的领域。"[③]据陈培爱回忆，早在1978年，余也鲁就提出"中国的传学可以回溯到数千年"，例如战国时期苏秦、张仪的说服术，郑和下西洋的传播技巧等；1982年4月，余也鲁陪同施拉姆来到中国，他在复旦大学做报告时首次提出了"中国传播学的研究"，认为从具有悠久历史的中国文化中，一定可以找出不少亮光，帮助我们更清楚地认识人类的"传"的行为。[④]这当然可与施拉姆的观点互通："我们在西方文化背景中学习科学研究方法与理论的人，看见中国长春的文化，和她悠久

①　[英]霍尔：《编码／译码》，朱晨译，张国良主编：《20世纪传播学经典文本》，上海：复旦大学出版社，2006年，第423页。

②　[英]霍尔：《编码／译码》，朱晨译，张国良主编：《20世纪传播学经典文本》，上海：复旦大学出版社，2006年，第425页。

③　余也鲁：《中国文化与传统中传的理论与实际的探索（代序）》，[美]W.宣伟伯：《传媒、信息与人：传学概论》，余也鲁译述，北京：中国展望出版社，1985年，第XI页。

④　陈培爱《记华夏传播研究的奠基人——余也鲁教授》，《中华文化与传播研究》2013年第1期。

的传的艺术传统，总免不了会肃然起敬。"①

　　然而，一大批优秀学者在几乎遍览中国古籍的情况下，或是出现"牵强附会"的解释，或是发现了"支离破碎"的结果，这是令人匪夷所思的。以关绍箕为例，当他对作为中国先秦思想高峰的《易传》进行研究时，却只发现了一些残缺不全的"传播思想"。例如，在语文传播方面，《易传》只论及了语意层面的"符号传达意义的限度"问题；在人际观察方面，《易传》只论及了一般观察层面的"观察通则"与"多面观察"问题；在传播规范方面，《易传》只论及了一般规范的"言行规范"问题和语言规范的"慎言原因"和"慎言准则"问题；在人际关系方面，《易传》只论及了朋友关系层面的"交往类型"问题；在民意问题上，《易传》只探讨了"民意与政权"问题。②

　　对此，我们毫不怀疑关绍箕先生的治学态度和古籍研读水平，只能认为他的研究视角出了问题。因为传播既是一个概念，也是一种观察视角——合理的视角有助于发现真正的问题，而不合理的视角则可能会导致事倍功半，甚至牵强附会。凯瑞说得好："学术上的事往往起点决定终点，对传播的基本立足点很大程度上决定了随之而来的分析路径。"③彼得斯不走寻常路，却在那些似乎跟传播学没有关系的思想家中发现了"对话"与"撒播"两种传播思想的交锋。"在本书考察的人物中，几乎没有一个人想到过什么'传播理论'。但是，我们目前所处的位置，使我们能够发现他们的著作里原本并不存在的东西。"④也许在余也鲁、关绍箕的观念中，传播就是"传"，它具有理所当然的合理性。但越是深入中国历史语境，就越会发现这样一个问题——传播不等于"传"。

　　当早期华夏传播研究者还在试图探讨"传学"或"传"的问题时，学科外的学者却在问，为什么近代以前中国"传"的观念明显逊于"受"的观念？汤一介先生曾提出过这样的传播问题：第一，"为什么在汉唐时期（甚至到以后各朝各代），为什么印度佛教经典被大量译成汉文，而中国的经典和著述却没有被译成梵文（或印度的其他文字）在印度流传，并对印度社会生活产生影响呢？"⑤第二，"20世纪前半个世纪，……都是我们向西方学习，主动地或被动地接受西方文明，

---

　　① 　[美]W.宣伟伯：《新订本序》，W.宣伟伯：《传媒、信息与人：传学概论》，余也鲁译述，北京：中国展望出版社，1985年，第Ⅵ页。

　　② 　关绍箕：《中国传播思想史》，台北：正中书局，2000年，第157—167页。

　　③ 　[美]詹姆斯·W.凯瑞：《作为文化的传播》，丁未译，北京：华夏出版社，2005年，第10页。

　　④ 　[美]彼得斯：《交流的无奈：传播思想史》，何道宽译，北京：华夏出版社，2003年，第8页。

　　⑤ 　汤一介：《〈汉学名家书系〉总序》，《沈清松自选集》，济南：山东教育出版社，2005年，"总序"第3页。

而我们很少主动地向西方传播中国文化，这又是什么原因？"① 汤一介的回答是：
"我们国家无论在强盛时期（如汉唐），还是在衰弱时期（如清末），在与外国的文
化交往中基本上都是'拿来'，而很少把我国的文化主动地'送去'。"②"中国人在
吸收外来文化上有较强的自觉性和主动性，而在向外传播自己的文化上则缺乏自
觉性和主动性。"③ 无独有偶，当李济之还在哈佛大学读书的时候，有些美国朋友也
问过他类似的问题。"欧美许多的人跑到中国传基督教天主教，为什么你们没有人
到我们这儿传孔教？"④ 汤一介先生之所以有这样的发现，当然不仅因为他是"大
家"，更因为他并没有传播学科或传播理论的束缚，而能够直接从中国历史中发现
真正的"传播"问题。

　　在"传"与"受"的问题上，我们依然可以用霍尔"编码/译码"的概念来解
释中国古代的传播问题。例如研究者可以考察古代书籍的传播功能，当明清时期
的通俗小说进入大规模出版的时代，读者的喜好促进了小说创作的繁荣，因而很
多明清书坊努力揣摩读者的"译码"方式，以改进小说的"编码"方式，促进小
说的"销售"。一个很重要的举措就是大量刊印小说插图，甚至邀请"名笔妙手"
绘制插图，因为插图能够弥补文字、情节的不足，加强读者的理解。⑤ 但如果将时
代从明清时期回溯到汉唐乃至春秋时代，这样的研究视角能否依然可行？一个最
具挑战性的问题是，那些墓葬品中的书（例如马王堆汉墓帛书），是否也能用"编
码（传）/译码（受）"的思维方式来看待？棘手的问题是，墓葬的主人和家属并
不期待这些墓葬帛书被后人发掘出来。再往前推，那些永远"长眠"于地下直至
腐烂的书就只有"编码"（传），而没有"译码"（受），我们又做何解释？

　　解决上述问题的关键在于转变思维方式。我们真正需要警惕的，不是用传播
的思维或视角去思考或观察古代社会，而是用大众传播的思维去切割古代传播的
观念与实践。在大众传播思维中，研究者的立场多站在传者的视角，因而思考的
起点往往是传播者的"传"，并指向抽象的假想接受对象（受众）。在这样的思维
方式中，即使有"传"有"受"，也往往会落入这样的假设：一方面，传播者是主

　　① 汤一介：《〈汉学名家书系〉总序》，《沈清松自选集》，济南：山东教育出版社，2005 年，"总序"第 5 页。
　　② 汤一介：《〈汉学名家书系〉总序》，《沈清松自选集》，济南：山东教育出版社，2005 年，"总序"第 5 页。
　　③ 汤一介：《〈汉学名家书系〉总序》，《沈清松自选集》，济南：山东教育出版社，2005 年，"总序"第 8 页。
　　④ 杨联陞：《中国文化中"报""保""包"之意义》，贵阳：贵州人民出版社，2009 年，第 140 页。
　　⑤ 程国赋、蔡亚平：《论明清小说读者与通俗小说传播的关系——以识语、凡例作为考察中心》，《南开学报（哲学社会科学版）》2010 年第 1 期。

动的，接受者是被动的；另一方面，传播过程从"编码"（传）开始，到"译码"（受）结束。但当我们从传者的立场转移到具体的受者（而非抽象的受众）立场时，真实的传播过程或许未必如此——一方面，传播者未必是主动的，接受者也未必是被动的；另一方面，传播过程也可能从"译码"（受）开始，到"编码"（传）结束。

（二）传播的接受观：从"观""味""知"到"接受主体性"

当我们通过转换立场和视角，用"受"来考察中国古代的传播现象时，就能发现一个鲜活的古代世界。人类文明皆有语言和文字，但不同文化中的人在对语言文字的理解运用上又稍有区别，正是这一区别构成了我们的文化特色和生活形式。维特根斯坦曾说："想象一种语言就意味着想象一种生活形式。"① 卡西尔也说："各种语言之间的真正差异并不是语音或记号的差异，而是'世界观'的差异。"② 余英时进一步指出了问题所在："我承认人类文化大同小异。因为'大同'所以不同文化之间可以相通，不仅在物质层面，而且在精神层面也可以相通。但因为'小异'，所以每一文化又各有其特色。"③

中国古人有非常多的关于"译码"（受）的词汇。从视觉描述的有："见""看""视""观""睹"等；从听觉描述的有："听""闻"；从味觉描述的有："品""尝""味""咀嚼"等。如果从产生时间、使用频率和认同程度等各方面综合考察，中国古代文人雅士频繁使用着"观""味""知"等词汇，这是一种用"传""播""宣"视角看不到的观念。一方面，"观""味""知"意味着，古人非常关注如何"译码（接受）"信息／意义。另一方面，"观""味""知"的发出者是作为个体的、能动的、具体的"受者"，具有完全的主体性；而不是作为群体的、被动的、抽象的"受众"，其主体性似乎是传者的附庸。

首先，"观"是细致而优雅的信息／意义接受。在中国传统文化典籍中，人们多用"观"而少用"看"。"观"不论是指观书、赏文，还是指观人、观景，人们都强调要从整体的角度观察对象的多样性与矛盾性。简言之，物、言、意在"观"中融为一体，达到物我融通的境界。其次，"味"比"观"更为重视受者的主体性。"味"讲究言外之意，意外之旨，既不脱离文本，又超越文本之外，注重读者接受的主观能动性。再次，"知"是一种更深层次和更高境界的信息和意义接受。"相知"有一定的难度，"知音"则是更高的境界。"观""味""知"体现了一种传播

① ［德］维特根斯坦：《哲学研究》，李步楼译，北京：商务印书馆，1996年，第12页。
② ［德］恩斯特·卡西尔：《人论》，甘阳译，上海：上海译文出版社，2003年，第154页。
③ 余英时：《余英时文集》（第一卷），桂林：广西师范大学出版社，2004年，"序言"第Ⅱ页。

主体性意识的东方智慧。①

　　“观”“味”“知”体现出中国古人在接受信息／意义时高度的主体性和能动性，可以称之为“接受主体性”（receiving subjectivity）。由于这个概念源自对蕴含在中国传统典籍中信息（意义）接受观的归纳，也具备足够的抽象度和解释力，能够演绎到儒释道的思想脉络中。例如，庄子、慧能和王阳明，就非常注重接受主体性。在他们看来，传播的成败不在于“传”，而在于“受”；“受”的关键是恢复一个本真的精神世界，庄子称其为“真宰”，慧能称其为“本心”，王阳明称其为“良知”。这个本真的精神世界往往是被蒙蔽的，人需要恢复它的本来面目，即“空”的状态，从而达到与“道”相“通”的目的。这需要付诸强大的主体性力量，亦可称之为“接受主体性”。②

　　凯瑞曾认为，传播的传递观源自地理和运输方面的隐喻，但还有更深刻的宗教渊源。“传播的‘传递观’其现代含义肇始于美洲拓荒时期”，“运输使欧洲的基督教徒与美洲的异教徒发生交往，这种传播形式就带有深刻的宗教意味，因为这次空间大迁移试图建立并拓展上帝的领地，试图创造聆听圣音的环境，创造一个尘世间的天堂之城。”③对中国古人来说，“接受主体性”或许可以追溯到占卜活动。占卜是中国人最早的传播活动之一，只是其对象是“天”而非人，即与天“沟通”，最终的目的是为了获知“天意”、明白吉凶，从而调整人的行为。占卜最大的特点，是不会给出一个直接的答案，最终的决定还在于人本身。因此，占卜本身不重要，对占卜的解释才重要，对占卜解释的理解尤为重要。可以说，《周易》是中国人主体性传统的力量源泉。④

　　即便是作为中国“传播之王”的“圣人”⑤，同样体现出一种“接受主体性”。“圣”的早期甲骨文ｆ像长着大耳的人⑥。徐中舒认为：“声、听、圣三字同源，其始本为一字，后世分化其形音义乃有别，然典籍中此三字亦互相通用。”⑦李孝定认为，甲骨文的圣字像人上长着大耳朵，“圣之初宜为听觉官能之敏锐”。⑧潘祥辉认

　　① 邵培仁：《当代传播学视野中的中国传统信息接受观》，《中国传媒报告》2004 年第 6 期。
　　② 邵培仁、姚锦云：《传播受体论：庄子、慧能与王阳明的“接受主体性”》，《新闻与传播研究》2014 年第 10 期。
　　③ ［美］詹姆斯·W.凯瑞：《作为文化的传播》，丁未译，北京：华夏出版社，2005 年，第 5 页。
　　④ 邵培仁、姚锦云：《传播模式论：〈论语〉的核心传播模式与儒家传播思维》，《浙江大学学报（哲学社会科学版）》2014 年第 4 期。
　　⑤ 潘祥辉：《传播之王：中国圣人的一项传播考古学研究》，《国际新闻界》2016 年第 9 期。
　　⑥ 李学勤：《字源》，天津：天津古籍出版社，2012 年，第 1047 页。
　　⑦ 徐中舒主编：《甲骨文字典》，成都：四川辞书出版社，2014 年，第 1287 页。
　　⑧ 李孝定：《甲骨文字集释》（第十二卷），台北：“中央研究院”历史语言研究所，2004 年，第 3519 页。

为，圣人作为一个超凡魅力的传播者（即"传播之王"），"听力非凡""闻声知情"才是上古圣人最为重要的传播特质。①

如果说"传"与"受"是传播的两端，那么中国人的传播观念也在传播的"通性"之中体现出相对的"个性"。余英时对中西文化"性格"的比较与概括颇有启发性：一方面，他主张"应该从一般文化的通性转向每一具体文化的个性"②，对中国文化来说，"我们更应该注意它的个性"③；另一方面，这种"个性"是以"通性"为前提的，是相对而言的"个性"。"我认为西方文明可以代表'外向超越'的典型；在西方对照之下，中国的'超越'才显出其'内向'的特色。因此无论是说中国'内向超越'或西方'外向超越'，都只能从相对的意义上去理解。"④ 正如人的性格以及中西文化的性格是经过比较才凸显的，中国的传播思维在西方传播思维的比较之下也具有如下相对特征——中国传播的传统更关注内向的接受，体现出强烈的"接受主体性"，而西方传播的传统更关注外向的传递，体现出强烈的"传递主体性"。如果说后者代表了一种"传播的传递观"（a transmission view of communication），那么前者就代表了另一种"传播的接受观"（a reception view of communication）。

五、传播的接受观：华夏传播理论的新起点

"传播的接受观"（a receiving view of communication）是对华夏传播理论的试探性建构，经由双重解释的程序，拥有双重表征的解释力。

首先，"传播的接受观"是对中国古代大量特有传播现象的提炼与概括。借用凯瑞的话说，"传播的接受观"是对中国古代传播现实的表征。一方面，早期华夏传播研究者曾用"传"的视角来考察中国古代传播现象，结果或是"牵强附会"，或是得出传播思想"残缺不全"的结论。另一方面，当我们用放眼中国古代文人雅士的传播观念时，发现他们多用"观""味""知"的观念。这实际上是一种侧重"受"的传播观念，非常注重个体在接受信息／意义时的主体性和能动性，我们可以称其为"接受主体性"。无独有偶，在分属道释儒的庄子、慧能与王阳明思想中，同样在反复强调接受中的主体性。

其次，"传播的接受观"在解释新的传播现象时具有一定的解释力。用凯瑞的话说，"传播的接受观"为新的传播现实提供了表征。我们相信，如此强大的观念

① 潘祥辉：《传播之王：中国圣人的一项传播考古学研究》，《国际新闻界》2016年第9期。
② 余英时：《中国思想传统的现代诠释》，南京：江苏人民出版社，1989年，第3页。
③ 余英时：《中国思想传统的现代诠释》，南京：江苏人民出版社，1989年，第5页。
④ 余英时：《论天人之际：中国古代思想起源试探》，北京：中华书局，2014年，第198页。

传统（"受"重于"传"）依然在我们的生活中发挥作用。一方面，正如汤一介所说的，近代以前的中国人具有吸收外来文化"自觉性和主动性"，缺乏向外传播自己的文化的"自觉性和主动性"，拿来多、送去少。另一方面，在现实的传播现象中，很多问题或许并非出在"传"上，而是出在"受"上。例如，一个小小的微博或微信帖子，可能会导致令传播者始料未及的结果，甚至引发轩然大波。这里的问题或许更多在"受"而不是"传"：不仅是传播的技巧、策略问题，而更是"传播之链"中受者的接受与认同问题。

第三，正是"接受"问题在"传播之链"中的重要性，我们主张"接受主体性"。表面上看，"接受"与"主体性"似乎是矛盾的，"接受"似乎是被动的行为。实际上，"传"与"受"都是传播过程的重要部分，都需要主体性。只是"接受主体性"并不是指向作为群体的、被动的、抽象的"受众"，而是指向作为个体的、能动的、具体的接受者，后者具有全然的主体性。这不仅意味着视角的转换，更意味着立场的转移。在"接受主体性"和"传播的接受观"视角下，"受者"不再是被动接受信息 / 意义的"受众"，而是"传播之链"中主动接受甚至创造信息 / 意义的主体。

当然，作为理论建构的试探，"传播的接受观"尚在成长中，充其量只是理论的雏形。正如李金铨所说："我们离理论华厦还有漫长的道路要走，但至少应该开始添砖加瓦。"①

---

① 李金铨：《在地经验，全球视野：国际传播研究的文化性》，《开放时代》2014 年第 2 期。

从"零"到一：中国传播思想史书写的回顾和展望 *

吴予敏 **

摘　要：本文作者以个人亲历回顾了四十年来中国传播思想史研究的起点和过程，对中国大陆和港台学者们共同探索中华传播理论的脉络和方法进行了梳理，提出要超越西方传播学的逻辑框架，以中华民族在漫长历史上的交流实践以及在交流实践过程中形成的观念和心态结构作为中国传播思想史研究的中心问题。

关键词：中国传播思想史；传播研究本土化；传播理论；中国文化研究

年近岁末，再次登临厦门岛，依旧是环海澄碧，棕榈婆娑。回想二十四年前，第一次来到厦门大学，应邀参加"首届海峡两岸中国传统文化中传的探索座谈会"的情形，难免让人思绪翩翩。那时，我还是深圳大学中国文化与传播系的一个年轻的教师，意外收到厦门大学新闻传播系的邀请，感觉是相当陌生而新奇的。在此之前，我和海内外的新闻传播学界没有什么学术交往，对于邀请方更是一无所知。来到这里才发现，原来是由创建传播学科的施拉姆教授（Wilbur Schramm）亲随弟子香港中文大学新闻传播学科的掌门人余也鲁先生倡导并主持的高端学术会议。应邀参加会议的有台湾新闻教育界创办人之一的徐佳士先生、"中研院"的近代史家张玉法先生、香港中文大学文化人类学家乔健先生，大陆（内地）方面的有中国社科院新闻所所长孙旭培先生、南京大学民俗学家高国藩先生、复旦大学经济思想史家叶世昌先生、厦门大学隋唐五代史家郑学檬先生等各学科的著名学者以及其他中青年学者，可谓"老中青三结合"的跨学科研讨。和一般学术会

---

* 本文系 2017 年 11 月 18 日在厦门大学举办的"中国新闻史学会中国新闻传播思想史研究会年会"上的发言基础上整理而成。全文刊载于《国际新闻界》2018 年第 1 期，第 90—108 页。

** 吴予敏，深圳大学传播学院传媒与文化发展研究中心教授，复旦大学信息与传播研究中心研究员。

议不同的是，这是一次有非常严格学术纪律的会议，与会者必须在会前提交精心写作的论文，会期长达五天。每篇论文均有专门报告时间，并且提前安排有专人的阅评，继而是知无不言、言无不尽的热烈讨论，从朝至晚。记得对我的论文进行阅评的是孙旭培先生，谬承奖掖，令人汗颜。会后，各位作者对论文进行修订，由厦门大学出版社于次年出版了名为《从零开始》的文集。

回忆这番经历作为一个引题，我们来回顾一下中国传播思想史的研究，并对其未来的发展做一点展望吧。

一、从"零"开始的初衷

我还记得，五天紧张而热烈的会议即将结束之时，余也鲁先生代表座谈会的组织委员会做了一个总结，他说："如果要给我这个总结报告加个题目的话，只有四个字：'从零开始'，因此今天不是结束，而是一次较大规模的探险的开始。让我们勇敢地跨出第一步。"①"从零开始"，这四个字是斩钉截铁，分外鲜明的，让我为之一震。"从零开始"，这是什么含义呢？是说在此之前，关于中国传统文化中的传播问题的探讨都是一片空白吗？我当时的感觉是既有振奋，也有些诧异的。或许我当时的视野是狭窄的。本人在1988年已经在中国大陆的一家名为"国际文化出版公司"的单位，出版了一本小册子《无形的网络：从传播学角度看中国传统文化》，在1991年又有台湾一家名曰"云龙出版社"的单位出版了竖排繁体版。这本书在会议上没有人提到，显然是没有人看到过。所以，海内外学者们的印象好像是，在厦门会议之前，大陆关于中国传统文化中的传播问题的探索是一个"零"的存在？这个诧异当时只是在我心头一过而已。

徐佳士先生在这次会议上做了《简略检视台湾学界传播研究中国化的努力》的报告。他历数了从1967年起，由朱传誉、赖东临、吴东权、关绍箕等19位学者的论著，特别是对关绍箕先生的贡献做了强调。他归纳了这些著作触及传播史、传播观念、一般传播理论、人际传播、非语言传播、口语传播、政治传播、传播伦理等八个类别。他的报告表明，台湾学者："已开始步出纯然接纳西方成果的阶段，很多在台湾所做的研究固然大致上仍旧是西方同类研究的复制，但是真正本土化的探讨已越来越多"。同时，他也承认"从事这一学术工程的人士似乎还是相当稀少，而且局限在大学新闻与传播科系。研究生的硕士论文占了研究成果的极

---

① 余也鲁、郑学檬主编：《从零开始：首届海峡两岸中国传统文化中传的探索座谈会论文集》，厦门：厦门大学出版社，1994年，第291页。

大部分。跨学门的努力似乎尚未出现。"①

那么，所谓"从零开始"的含义，是余也鲁先生在总结里面所说的，"这次座谈会应该是现代中国首次跨学科的，比较有系统的有关传学的讨论"。②看来这个"零"是由三个尺度来界定的：传播学中国化、跨学科、有系统。作为这次会议之后的部署，是除了出版会议论文集以外，又委托孙旭培主编概论性的著作《华夏传播论》③，通过中国社科院新闻研究所主办的《新闻与传播研究》期刊向海峡两岸招标征集作者。我错过了这次征集。这本书出版以后，孙先生赠送了我一本。事实上参与这本书写作的海外学者只有方鹏程和关绍箕两位并未参加厦门会议的台湾学者，其他都是大陆学者。孙旭培本想邀请余也鲁和徐佳士先生来写序言的，但他们执意谦让了。

现如今一个当红的词叫"不忘初心"，说的是人们走着走着难免忘记了出发点，就容易走偏方向，需要时不时地往回看，从最初的出发点来矫正脚下的路。所以，"从零出发"可以有另一个含义，就是让我们再回到原点。

1993年的厦门会议期间，余也鲁先生专门约我到他的房间做过一次深谈。和蔼的学界名家长者，详细询问了我的学术背景和从事传播学研究的过程，给了我一些鼓励。

我自己在1986年到1988年间在中国社会科学院文学研究所读博士研究生，专业领域是美学，主攻的方向是中国美学史。本人对于中国美学史的研究角度是从中国传统文化的总体来考察美学观念的演变。在准备博士论文期间，偶然接触到由余先生翻译的宣伟伯（即施拉姆）所著的《传学概论：传媒、信息与人》（香港海天书楼，1983年出版），大感兴趣；马上又去找了已经在1984年由大陆新华出版社出版的施拉姆（W.Schramm）和波特（W.E.Porter）合著的《传播学概论》（陈亮等译），读后深受启发。当时我的手头正在一边研读基辛（R.Keesing）的《当代文化人类学》（于嘉云、张恭启同译，台湾巨流图书公司1981年版），一边思考如何分析中国传统文化的结构和机制的问题，顿时受到传播学的理论启发，以为可以从信息传播的角度解释中国的传统文化的播散和传承的机理。这是我开始研读传播学论著和思考中国传播发展史和思想史的起点。当时可能接触到的中文的传播学论著十分有限，只有麦奎尔（D.Mcquail）和温德尔（S.Windahl）所著

① 徐佳士：《简略检视台湾学界传播研究中国化的努力》，见余也鲁、郑学檬主编：《从零开始：首届海峡两岸中国传统文化中传的探索座谈会论文集》，厦门：厦门大学出版社，1994年，第11—14页。

② 余也鲁的总结，见于余也鲁、郑学檬主编：《从零开始：首届海峡两岸中国传统文化中传的探索座谈会论文集》，厦门：厦门大学出版社，1994年，第288页。

③ 孙旭培主编：《华夏传播论》，北京：人民出版社，1997年。

的《大众传播模式论》（祝建华和武伟译，上海译文出版社，1987年出版），以及联合国教科文组织编写的《多种声音，一个世界：交流与社会现状和展望：国际交流问题研究委员会编写的报告》（中国对外翻译出版公司第二编译室译，中国对外翻译出版公司1981年版）等少数文献。传播学只是我分析中国的传统文化的一个视角和阐释方式。当时的北京学术界是一个思想激荡、新说纷呈的氛围，从传播学角度反思中国传统文化的事情，还没有人做过。这一点让我感觉兴奋。于是，我暂时放下正在准备的博士论文，很快草拟了包括四个主要章节的提纲：古代社会的传播媒介、古代社会组织的传播方式、古代政治领域的传播形态、古代的传播理论观念，后来又加了一章，是综论社会传播结构和传统文化模式的关系，在后边一章里面加了一些图示，是受到麦奎尔的《大众传播模式》一书的影响。写的过程中，整天泡在研究生院的图书馆里面，读了不少社会学、人类学、历史学、民俗学、语言学、文字学的论著。对于陈登原、费孝通、杨联陞、杨启樵等前辈的著作印象深刻。写的时候，没有课题或发表的需要，只是一个思想和知识的系统整理，好像写的过程如同治疗精神病一样，不写出一个结果就走不出来。写完了，丢在抽屉里，心安了才去做博士论文。在读博士的第三年，遇到一个丛书编委会（"蓦然回首"丛书）急于约稿，全书的题目按照丛书的格式，定为《无形的网络》就递交上去，到书出版的时候我已经快要毕业了。这之后，就是求职找工作，搬家，适应新环境，接受新的工作任务。

厦门会议期间我和余先生交谈中有一个细节，留下很深的印象。记得他很郑重地问我，为何在提交的论文中开头一段转述哈贝马斯的思想？我的原文是这样的：

社会行为的发生依赖于行为者的"情境界定"。这并不仅仅是行为者的主观动机问题。"情境界定"，是一个被哈氏称之为"主观际性的结构"。社会行为所指向的意义，也是一种主观际性的意义。主观际性的结构，是社会文化母体之中存在的"符号－意义"的规范理性化程序。此一结构是以社会行为为中介，通过交往和传承积淀下来的。此一系统成为社会系统和个人系统运作的前提条件。人的交往行为，也即我们在此所说的"传"的行为，不仅体现在技术、战略、组织等工具性的拓展上，造成经验信息传达、物质成果的积累递进结果，而且也体现在交往（传）的行为的媒介资质上，体现在价值、信念、世界观和角色意识的确证和实现的结果上，造成社会和传统的同一性。

"哈贝马斯的这一理论洞见，对于我们理解传统文化中的'传'的问题，颇具启发意味。"①

在我当时看来，哈贝马斯的交往行动理论，可以涵盖从个体交往、群体交往、代际交往到跨群交往的各类形式。交往行动的形态就是"传"，"传"的本质就是交往行动。交往行动的累积和凝结，就成为社会文化的结构和机理。哈贝马斯的这个观点，我在写作《无形的网络》的时候，是完全没有接触的。那本小册子出版以后，我送给同班的研读德国哲学的同学谢维和，他读了后说，你这个书上说的问题，好像正合于哈贝马斯的交往行动理论。那时我才知道有这个哈贝马斯。所以当我给厦门会议准备论文的时候，特意研读了哈贝马斯，在文章开头部分就情不自禁地转述了他。但是令我意外的是，余先生对这个引述是不以为然的。就一篇讨论中国儒家和法家的"传"的观念的文章结构而言，这样的引述或许显得生涩隔膜，不过余先生却是这样对我说："我们和他们是不一样的，一般不引述他们的观点。"

"我们"和"他们"是什么意思？谁是"我们"，谁是"他们"？余先生没有明说。这个悬念就一直盘旋在我的脑海里。直到后来有一回我向一位留美的教授询问，他才告诉我说，美国的传播学的主流是与欧洲的批判学派观点大相径庭的。看来，"从零开始"并非从空白开始，这样一场在美丽校园的凤凰树下绽放的学术花蕾，原是有她的根系所在。余先生在开幕序曲中引用了杜甫的诗句"好雨知时节，当春乃发生"，而后他说道："我们都希望这个以传播研究中国化，进而充实西方传学的努力，成为润物细无声的春雨，在中国的泥土中开花结实。"②施拉姆学派及其后学对于"中国长春的文化传统"有着浓厚的兴趣和热切的期待，希望通过传播学中国化的途径别开生面，从中总结出新的理论和规律，充实由西方人已经建构的传播学体系来共同应对进入信息时代人类社会面对的机会和挑战。当然，这个传播学体系是施拉姆所建构的知识体系，并不包含欧洲批判学派在内的。

我们不妨将这个"初心"理解为"以中补西，中西求同"的出发点。余也鲁这样写道："西方传学经过 60 年的努力，已确立了一些研究的架构，规划出了一个范围，用以统合同类的研究，找出共同的大问题。"③ 这是传播学的"本体框架"，中国研究的位置呢？"我们希望可以从中国人已有的经验中去寻找一些传的行为

————————
　　① 吴予敏：《从"礼治"到"法治"：传的观念》，见余也鲁、郑学檬主编：《从零开始：首届海峡两岸中国传统文化中传的探索座谈会论文集》，厦门：厦门大学出版社，1994 年，第 50—51 页。
　　② 见余也鲁、郑学檬主编：《从零开始：首届海峡两岸中国传统文化中传的探索座谈会论文集》，厦门：厦门大学出版社，1994 年，第 288 页。
　　③ 见余也鲁、郑学檬主编：《从零开始：首届海峡两岸中国传统文化中传的探索座谈会论文集》，厦门：厦门大学出版社，1994 年，第 289 页。

的规律或观念，当作假设"，"在现代社会中加以验证，从而建立一些小理论"。[1]
当然，这里不应该穿凿附会，说"小理论"是轻视了中国经验的意思。所谓"小
理论"，也就是西方传播学借以累积起来的一块块作为科学认知工具模态的"中层
理论"，也就是美国实证主义和功能主义导向的社会学家默顿所说的"中层理论"
的含义。例如，我们今天耳熟能详的"议程设置""沉默螺旋""刻板印象""使用
满足""创新扩散"等等。这些"小理论"，都是从具体的传播经验现象出发，经
过形式化的抽象提炼，形成概念化的公式，再将其作为我们认知人类传播行为规
律的工具，因此它们是功能性的概念，绝非内含着文化价值和意识形态特性的观
念。长期以来，这些小理论构成了传播学体系的基石。像哈贝马斯那样的"交往
行动理论"之宏大范畴，无法用于分析操作，当然也不属于这样的"小理论"，因
此，也不具备传播学的"家族属性"。

1993 年的春天，我们就是这样从"零"出发的，在西方传播学的灯笼的照耀
下进入我们自己的文化母体。

二、未曾料想到的三个"休止符"及其后的"另起炉灶"

厦门会议以后，在余也鲁、徐佳士、孙旭培、郑学檬（后来加上厦门大学新
闻传播系主任郑松锟）等五位学者的组织下，开启了海峡两岸"中国传统文化中
的传播"的研究计划。根据现有的文献，我们知道规划中的"五史六论"开始问
世。[2] 影响较大的是孙旭培主编的《华夏传播论》（人民出版社 1997 年出版），另
有三论分别是：郑学檬的《传在史中（中国社会传播史料初编）》、黄鸣奋的《说
服君主》和李国正的《汉字解析与信息传播》（上述三论均为文化艺术出版社 2001
年出版）。随后这一计划悄然停歇。这可以说是国内第一波有组织的中国传播史和
传播思想史的书写。

其他基于学者个人探索热情而涌现的相关论著陆续出版。[3] 一方面，我们看到
中国传播史和思想史的热度提高了；另一方面，却出现了三个未曾料想到的"休
止符"：海峡两岸学人共同研究中国传统文化中的传播的合作计划停歇了；跨学
科的研究停歇了；从西方主流传播学框架出发的中国化系列研究停歇了。这一景
象和大量应用西方传播学理论的现实研究的兴起、欧洲批判学派、北美媒介环境

---

　　① 见余也鲁、郑学檬主编：《从零开始：首届海峡两岸中国传统文化中传的探索座谈会论文集》，
厦门：厦门大学出版社，1994 年，第 290 页。

　　② "五史六论"的具体内容可参阅黄星民：《堂堂小溪出前村》一文，载于许清茂主编：《海峡两
岸文化与传播研究》，厦门：厦门大学出版社，2005 年。

　　③ 详见王琛：《20 年来中国传播史研究回顾》，《当代传播》2006 年第 6 期。

学派、传播政治经济学派的堂皇引入、传播学和文化研究的交叉等热闹景观相比，显得是有些凋零了。我个人也在 90 年代中期被牵引到新闻传播学专业教育和学科建设的事业中。

2000 年，我得到时任香港浸会大学传理学院院长朱立先生的推荐，向台湾的中华传播学会年会投递了一篇题为《中文传播的媒介权力及其观念的演变》论文，通过两位前辈的匿名评审得以与会。依稀记得评审意见中的一句话，说这是一篇"颇具野心的"研究框架。这让我琢磨了半天，是肯定呢，还是批评呢？参加这届年会的，只有我一个大陆学者。这是我第一次登上台湾岛，直接和台湾的传播学者交流，结识了陈世敏、陈国明、翁秀琪、黄懿慧、冯建三诸位。会间和陈世敏先生同居一室，方知两位评审正是他和翁秀琪教授。我向陈世敏先生介绍了刚刚在大陆出版的由美国孔飞力所著的《叫魂》的中文译本，以为这是可视为中国传播研究的一个典范之作。[1] 后来陈世敏告诉我说，他很快就将这本书带到政治大学的博士课程里了。

由陈国明主编的《中华传播理论与原则》一书在 2004 年由台湾五南图书出版公司出版。陈国明是美国罗德岛州立大学传播学系的华人教授，学养深厚，其学术兴趣集中于传媒文化、人类传播学方面，特别对于汉语修辞传播、易经哲学有独到的研究。这部著作集合了当时在美国、台湾、香港从事传播学研究的一些学者的系列论文，按照"总论、分论、细论"的结构排列，呈现出"中华传播学"的另一番图景。陈国明在前言中写道："传播学算是一门既是社会科学也是人文学的领域"，"依我个人的看法，'传播'或'沟通'是一个普世性的概念"，"归纳或演绎出普世性的传播理论，并不是不可能之事"。但他话锋一转又说："从文化的角度，可以发现不同的文化群体，显然具有不同的传播形态（communication style）。这么说，从不同的面向，观察不同族裔的不同传播行为，所提炼出来的理论或模式，就不再具有普世性了。""本书以《中华传播理论与原则》为名，乃建立在这个论点之上。其目的并非在寻找普世性的传播理论，而是要从中华文化的角度，来探讨所谓中华式或本土性的传播形态或行为，以资与其他文化的传播形态或行为有所分别。"[2] 这是在海外华人学者当中发起的以文化主义对应科学主义、价值论对应功能论、本土化对应全球化、特异性对应普世性、多元典范对应一元典范的新一轮的学术探索。这本文集既包括在华人社会中的传播学研究的论述，也包括

---

① ［美］孔飞力：《叫魂：1768 年中国妖术大恐慌》，陈兼、刘昶译，上海：上海三联书店，1999 年。

② 参见陈国明主编：《中华传播理论与原则》，台北：五南图书出版股份有限公司，2004 年，"前言"第 1—2 页。

对华人或中华传播学的论述。在总论中，各位学者从不同的角度，探讨构建中华传播方法论的合理性与可能性。从某种意义上说，这是由海外的华人传播学者策动的第二波对中国传播史和传播思想史的书写。一方面是对第一波的书写的继续，更重要的是对第一波书写的反思。陈世敏在《华夏传播学方法论初探》一文中，回溯了由余也鲁和徐佳士所倡导的"中国文化与传统中'传'的研究"路径，提出了对传播学研究中国化之所以"长路漫漫"的反思，指出："这反映了华人学术界亟于走出依赖的边缘心态，然而实践上却又宿命地掏空了'中国化'提法的主体性。这个代价不可谓不沉重。误认研究方法本身是中性的，或许是个关键。""在科学的外衣下，实证主义研究方法被神化了。这同时也是学科被驯化的开始。""社会科学属于'道德科学'（moral science）范畴，是一种讲求'意义'（meaning）的学科"，"研究方法本质上便非价值中立。硬生生将之移植到另一个社会文化情境中使用，适用性便大有可疑"①。他设问："中国有没有自己的方法学？"在这篇文章中，他以《叫魂》一书为例，呼吁学术界"换脑袋另起炉灶，为最具'道德学科'意味的传播学找寻合适的方法学，迈向名副其实的华夏传播学"。进而，他以"学科四论"为标准，从本体论、认识论、形上论和方法论等四个层面阐释了"方志学"之于探索华夏传播学独特的方法论的意义。我在和陈世敏的交往中，时时感觉到他的温和、谦逊和包容，这和读他的学术文字的感觉稍有所不同。他对于美国正统传播学体系，乃至全球化时代的科学主义、国家主义对知识生产的宰制的批判是十分犀利的。因此，他也合乎逻辑地转向对地方化知识的青睐。他所提到的"方志学"之于探索华夏传播学的意义，我是认同的。中国的"方志学"知识谱系，作为对正史的参照比对或丰富是没有疑义的。但是，"方志学"也仍在传统社会的总体性思想框架内并严重受制于儒家经典和官家审查，也是不争的事实。

在这本文集的"分论"中，陈国明从易经八卦中发掘中国人际关系发展模式，如人际关系形态的特殊性、长期性、亲内性、合礼性以及公私重叠性，华人中的四种沟通行为：互惠、克制、间接性和重面子。有趣的是这本文集的各篇细论：分别讨论了华人社会中的各种沟通行为，如脸面（黄光国）、和谐（陈国明）、关系（马成龙）、礼（肖小穗）、报（Richard Holt/ 张惠晶）、客气（冯海荣）、缘（张惠晶）、风水（陈国明）、占卜（庄瑞玲）、气（钟振昇）等。可见学者们正在从华人沟通行为的经验现象中归纳出某种"小理论"的努力。文集中提及的还有费孝

---

① 陈世敏：《华夏传播方法论初探》，见于陈国明主编：《中华传播理论与原则》，台北：五南图书出版股份有限公司，2004年，第136—137页。此文最先刊载于《新闻学研究》2002年总第七十一期，在原文中提及了本人向他推介《叫魂》一书。

通的"差序格局论"、翟学伟的"面子论"、黄星民的"风草论"、乔健的"计策论"和金耀基的"耻论"等等。这些都可以被看作"另起炉灶"后的星光火焰。比较可惜的是，这本著作中除了一些单篇文章在大陆发表过，多数内容并没有得到大陆学界的重视和回应。

三、以"传"为中心，抑或以"媒"为中心？

当 Mass communication 一词披上汉语的外衣登陆的时候，曾经一度有一个奇怪称呼叫"群众交通"。而它随同自己的"父亲"施拉姆再次登陆，便有了新的名字"传学"或"传播学"。本土的人们或者热情拥抱这个新朋友，或者对它报以疑惧的态度。Communication 这门学科在香港还有两个中文名字"传理"（浸会大学）和"传意"（城市大学），这发音叫人想起英国贵族的名字"查理"。20 世纪 80 年代中期，深圳大学创建这个学科专业时，所设系科和课程都是"传播学"。到了 90 年代初，当时主讲概论课的朱艳霞老师找到我说，"传播学"这个词用起来实在是觉得名不副实。所以由她编写的教材便称作《传通学》[①]。不过这个词听上去好像"串通学"。这和中文语境中"公关"即是"攻关"有点相似。在中国的社会语境中，总给人不大正经的联想。联合国教科文组织编辑出版的专刊 Communication 中文译作《交流》，最是切合原词本意和该组织宗旨的。可惜在中国人的学科产房里面，助产士没有将这块名牌挂在这个新生儿的脖子上。于是它就带着"传播"这个不大妥帖的胎记来到世上。

诚如余也鲁所说，"传与生俱来。""从中国的古籍中，只要稍微留意，便可以发现，我们是一个很讲究'传'的民族。""中国人在衣、食、住、行之外曾倡导'育'与'乐'，育中包括教育，乐中包括娱乐，二者都是'传'的一部分。可惜，从来没有进行过科学性的探索。"[②] 我们自己感觉非常神圣豪迈的事情，有时候在外人却不能理解。记得有一次我和深圳大学文学院的一帮玩现象学和新儒学的"哲学狗"嗨酒坎山的时候，酒醋饭饱，我壮胆一句脱口而出"传播即存在"，顿时就笑翻了一桌人，被讥为"戈培尔的哲学"。

传播学，不是一直将"传媒、信息和人"三个关键词作为三角支撑点的吗？1978 年，维纳（N.Wiener）的名著《人有人的用处：控制论和社会》经陈步翻译在商务印书馆出版，我们正好刚进大学读书。一位女生给她的朋友赠送的定情物就是这本风靡一时的信息论和控制论著作。接着，就是盖茨掀动的激动人心的

---

① 朱艳霞编著：《传通学概论》，广州：广东高等教育出版社，1993 年。
② 余也鲁：《论探索：回到历史，回到中国》，见于余也鲁，郑学檬主编：《从零开始：首届海峡两岸中国传统文化中传的探索座谈会论文集》，厦门：厦门大学出版社，1994 年，第6—7 页。

对信息高速公路的想象。以信息为素材，以人的关系为单位，研究信息传输系统及其和社会其他系统的交互影响，最终达成对古今社会的传播通则的认知，不就是这个学科的基本内涵么？这应该是完全可以和经济学、伦理学、法学、社会学、心理学、美学并驾齐驱的基础学科呀。然而，传播学却只是沿着社会科学主干家族"攀缘而上的一支青藤"，以"寄生"或"分蘖"的方式成长着。

2002 年 2 月，在复旦大学举办了首届中国传播学论坛。我给大会提交的论文《传播学知识论三题》中写道：

> 正如经济学可以把人定义为"理性的追求利益最大化的动物"。社会学把人定义为"全部社会关系的集合"、法学把人定义为"天生的政治的动物"、心理学把人定义为"由本能欲望和潜意识支配"，传播学为何不能依据"人是制造运用符号来传播信息的动物"这样明白的事实，建立起和经济学、社会学、心理学那样的社会科学主干学科？传播学的诞生，根源于媒介与人的关系的异化。因此不管人类对于传播有如何深远的认识，传播学只能是一门现代学科。它产生于媒介与人的分离和对立，产生于不是人来自由地运用分享媒介，而是由媒介控制人这一残酷的社会事实。就是说，传播学产生于媒介从人的外化和异化的现代性境况。报纸、杂志、广播、电影、电视、网络，越来越丰富的媒介世界，将人们带到无限宽广的信息的汪洋大海。媒介代替了令人敬畏的长老、威严的国王、风骚的荡妇。媒介正在控制人们对于世界的认知，对于幸福和恐惧的感受。[①]

这一段文字反映出进入 21 世纪的我们，已经没有 20 世纪末那样的天真烂漫了。我们和传播学的恋情邂逅，已经转化为婚后纠结。

这一年我受命主持深圳大学文学院，对着我的老领导老朋友、刚刚退休的何道宽教授，我建议他可以将翻译工作集中于西方传播学经典。"传播学有什么经典？""您 1992 年出版的麦克卢汉就是啊！"

这部出自麦克卢汉之手的《人的延伸：媒介通论》的著作，提出了一个"怪论"：媒介即信息。不是思想的言说，而是言说的思想；不是人们照镜子，而是镜子照人们。难道说，不是崔莺莺"当窗理云鬓，对镜贴花黄"，倒是王凤姐"招引风月鉴，毒设相思局"么？境况变了，我们这些观镜之人就从君瑞小生一转而成贾瑞大爷了。传播学，终于从以"传"为中心，转到了以"媒"为中心！

---

① 　吴予敏：《传播学知识论三题》，见张国良、黄芝晓主编：《中国传播学：反思与前瞻——首届中国传播学论坛文集》，上海：复旦大学出版社，2002 年，第 83—95 页。本文首次刊于《深圳大学学报（人文社会科学版）》2001 年第 6 期。

人类会在以"媒"为中心的时代"精尽而亡"么？我当时是这样认为的：

我们说，社会科学的分类，可以有一个简明的概念。一类学问从基本的人性设定出发，并且通过特定的知识探索，最终丰富对于人性的认知。另一类学问，则是从人类的境况出发，描述境况的形成，多角度的探求其根源，寻求改善的途径。前者是由终极关切的智慧冲动来推进的知识，构成严格的学科边界和知识传统；后者由于社会实践的反思性或策略性的需要。因此，前者形成纵向性积淀的学问，后者形成多学科交汇的知识平台。传播学与以上提到的各类开放的知识平台可能有所不同的是，它还有机会将自己发展成纵向积累的学问（新的基础学科）。如果说传统学科是从纵深走向广延，传播学有可能从广延走向纵深。走向广延的传播学，即传播学的广义概念，是从人的从事信息传播行为的本质出发，研究传播对于社会文明的建构以及对人的认知－心理系统的建构。走向纵深的传播学，即狭义的传播学，是从媒介与人的外化和异化着眼，研究媒介的工具存在、社会存在对于现代社会中人的影响，包含着控制的知识和反思的知识两个方面。当然在这里纵深度和广延度也是相对的。广延的传播学，恰恰是超越了具体的社会管理问题，而将知识的探触头伸向人性的和文化的本质层面，试图从信息交换的形式的角度作一个根本性的解释。然而纵深的传播学，却是执着地追踪最敏感的社会问题，将知识从高空拉向地面。[①]

同样出自何道宽译手的麦克卢汉在中国的两度登场[②]，其风光程度是大有不同的。连何道宽自己也没有完全意识到，他这位"摆渡人"的"渡船"划进了当今世界的巨流的主航道。这便是以"媒介"为枢纽的社会文化主潮。这位夙兴夜寐的艄公奋力地划桨，穿梭在现代性的场景中。我先后邀请过陈世敏、林文刚等访问深圳大学，与何道宽切磋甚密。这是一个跨越纽约、多伦多、台北和深圳的自认"媒介环境学派"的学术群体。《麦克卢汉精粹》《数字麦克卢汉》《麦克卢汉：媒介及信使》《机器新娘》《麦克卢汉书简》《麦克卢汉如是说》《麦克卢汉传》《媒介即按摩》《余韵无穷的麦克卢汉》《指向未来的麦克卢汉》等大批文本出自何道宽的翻译，雄踞中国传播学出版市场四分之一世纪之久且无衰颓之势。与此同时，聚焦媒介和文化关联的伊尼斯（一译为英尼斯）、莱文森、波斯曼也纷纷成为中国

---

① 吴予敏：《传播学知识论三题》，见张国良、黄晓芝主编：《中国传播学：反思与前瞻——首届中国传播学论坛文集》，上海：复旦大学出版社，2002 年，第 83—95 页。本文首次刊于《深圳大学学报（人文社会科学版）》2001 年第 6 期。

② [加]麦克卢汉：《人的延伸：媒介通论》，何道宽译，成都：四川人民出版社，1992 年；此后又有《理解媒介：论人的延伸》，何道宽译，北京：商务印书馆，2002 年。

出版物的热销品。

传播即存在，媒介定生死。谁还会讥讽这个现实呢？

英尼斯在《帝国与传播》中，将罗马帝国的扩张和对纸莎草产地的控制联系起来，从媒介的物质形态的演进和分类出发论述了媒介对历史上的帝国版图和统治的决定性作用。这是以媒介技术界定文明进程的历史观。还记得我和何道宽第一次到巴黎的卢浮宫看到大量的书写在莎草纸上的埃及圣书文字和神话，似乎可以摸到埃及王朝的脉动。媒介是生产和交流的工具，媒介技术的进步是社会生产力的一种形态，它决定了人们的社会交往、制度建构和意识形态变化。这个观点显然是符合马克思主义的唯物史观的。深受马克思影响的英尼斯采取这一视角观察和论述历史是顺理成章的。2000 年，我发表的《全球化时代的传播与国家发展》一文①，引述英尼斯、杜波夫（R.DuBoff）、休杰（P.J.Hugill）、默多克（G.Murdock）的著作，都是从媒介决定论的角度论述国家发展史。后来何道宽将英尼斯翻译过来了。

以媒介为轴心来界定传播的观念以至于以媒介理论涵盖传播学知识体系是逐步形成的。50 年代拉斯韦尔发表《社会传播的结构与功能》，提出了传播过程及其五个 W 构成要素。在传播学的奠基时期，施拉姆学派基本秉持这个观念，媒介只是其中一个 W（In Which Channel）被提及。但是随着大众传媒的垄断化全球化以及其后的互联网崛起，媒介的决定性作用日益凸显。媒介成为传播学的观念轴心和知识边界，或许是麦克卢汉、英尼斯、梅洛维茨、席勒，乃至卡斯特尔、德布雷等连续进入中国之后逐渐形成的概念。媒介从工具发展为产业，进而成为当代社会的经济和政治利益以及权力关系聚集的中心。一切历史的书写，都是从当代出发的。因此，传播史被界定为媒介史就不足为奇。上述西方学者，以及文化研究学派的福柯、布尔迪厄等对我们的影响是深刻的。我本人在书写中国传播思想史的时候，历史上的媒介形态、媒介体制、媒介权力和媒介观念，也是思考和叙述的轴线之一。以往的中国历史书写，虽然谈及媒介的作用，但是仅仅作为文化生活的一个因素，甚少将媒介看作社会控制、交往和整合的决定性力量。在我的印象中，似乎只有柳诒徵的《中国文化史》对唐五代和宋代以后的出版的社会历史作用给予了较多的重视。

传播史和传播思想史，是以"传"为中心，还是以"媒"为中心呢？如果是以"传"为中心，人们会关注"人的传播行为结构—社会互动关系结构—社会文化结构"的同构关系；历史的阐述将循着"观念形态—话语形态—传播形态"的

---

① 吴予敏：《全球化时代的传播与国家发展》，《新闻大学》2000 年冬季刊。

演化呈示关系。如果是以"媒"为中心，人们会秉持"媒介即信息""媒介即权力"的观念，沿着"媒介工具和技术的演进—媒介建构空间和时间—媒介建构社会行动、社会组织和制度—媒介建构社会权力和象征体系"的路径寻求历史和逻辑的统一。在前一个思路中，人作为社会主体的交往沟通（传播）实践决定了媒介的使用和改造；在后一个思路中，媒介作为人们交往实践的工具环境和先决条件。以"传"为中心，还是以"媒"为中心，是不是一个问题的两个方面？我以为还不能这样笼统地下结论。叙述历史，总归是有一个主角的。例如我们可以有"蔗糖史""烟草史""冶铁史"，当然也可以有"传媒史"。但是这不等于说，传播史就是一部以媒介为中心的历史，传播思想史就是一部媒介观念的历史。

"媒介中心论"或者"媒介决定论"，归根结底是现代性的本质特征的观念表达。在诸多实践工具中，传播媒介凸显逐渐起到支配作用，是现代性发展的必然结果。传播学作为现代化进程中出现的社会科学，与生俱来的现代性特质必然走到媒介中心论也是其内在的逻辑。那么，用这样一个现代性逻辑去衡量框定前现代的漫长的历史是否完整和恰切，就成了一个问题。换言之，以现代传播学理论框架作为方法论去反观中国传统文化和历史，也就存在问题。在这一点上，我已经和当年写作《无形的网络》的时候的观念有所不同。这是因为当年我们对于传播学的认识还是比较粗浅的，而今天传播学理论知识体系的多面性、复杂性以及她的局限性让我们对其有所反思。

近年来，随着德布雷的"普通媒介学"的译介引入，英尼斯-麦克卢汉式的媒介观念被突破了。人们不再将媒介简单地看作物质性和工具性的存在物，也不再将它看作特定的信息载体、传播渠道和传播组织。德布雷以"媒介域"的概念来重新界定"媒介"。[①] 欧洲文化传播学派基于索绪尔普通语言学原理，以"符号–意义"二元构成的表征物来界定媒介，基于行为主义和结构功能主义的媒介社会学、强调技术演进的媒介环境学派，从"工具—行为—机构—体制"的一体化逻辑来界定媒介。德布雷则与之不同，他将媒介演进看作交流工具的迭代过程。由交流媒介重构了人类生活的时间和空间关系、人类交往的技术平台、社会等级和权力关系、社会行为的规约关系、社会制度和组织形式以及一定社会的观念信仰体系，将"媒介域"概念当作衡量人类文明史的一个界标。这是继麦克卢汉媒介决定论之后的关于媒介的更具包容性和拓展性的阐释。他的"文字（逻各斯域）""印刷（书写域）""视听（图像域）"等概念在一定程度上可以说是类似于

---

① ［法］雷吉斯·德布雷：《普通媒介学教程》，陈卫星、王杨译，北京：清华大学出版社，2014年。

"青铜时代""铁器时代""蒸汽机时代""电子时代"等表述，可以作为对文明史的一种简洁明了的界标。

德布雷的普通媒介学理论，强调支配性媒介技术对社会关系和权力结构的决定作用，当然，他也将此概念扩大到介质化交往实践的物质和制度环境。这对于我们认识媒介发展的历史以及媒介演进对于社会观念和制度的演进的影响无疑是很有启发意义的。由此可以产生出传播思想史的书写轴线。但是，能否以"普通媒介学"界定"传播学"的知识边界，则是可以讨论的。"媒介"或"媒介域"在突出传播中介性作用的同时，弱化了传播主体的能动作用。观念在支配交往实践的过程中创造了多样的媒介形式，媒介形式反过来又将观念体系实体化、形式化。因此传播是一个双向作用的过程，并非单一的支配过程。大量的人类学研究成果证明，介质化的沟通和社会交往实践是灵长类进化的过程和结果。媒介是介质化的沟通和社会交往实践的创造物。人类的介质化的沟通和社会交往实践本质上也是一种生产劳动，包括了物质生活资料的生产和人本身的生产，以及其他社会关系的生产。媒介是介质化的沟通和社会交往实践中的必要因素。特定的媒介形式是否对介质化的沟通和社会交往发生支配性的作用，则是由特定的历史阶段和社会文化条件决定。人们的介质化的沟通和社会交往实践是非常丰富的，其利用媒介的交往活动也是多层次的、迭代积累的，以及因时因地变化的。一方面我们要看到历史发展到一定阶段将出现支配性的媒介形态，另一方面也要看到媒介形态的复杂性、多变性、迭代性和复合性。媒介史从属于传播史，而传播史并不能归结为媒介史。

有很多文献和人类学研究案例表明，媒介的最初的作用不是用来承载信息的，更多是作为一种感应力量的想象物而存在。介质化沟通遍及天人之际、万物之际、人鬼之际、人我之际、身心之际，在原始文化中，媒介物是有灵而富于感应力的。媒介物遍及整个自然界，随着人们的生产实践和观念想象而转移。弗雷泽所说的"交感巫术"和"触媒巫术"都借助于媒介物而实施。从部落到部落联盟再到酋邦，原始巫术和神话建构并行，神话体系整合了复杂的媒介物序列，巫术逐渐发展成巫教文化制度，媒介物也逐渐定型、程序化，转化为意义象征系统。中国文化有十分悠久的历史，其地方的多样性也远远超过文献的记载。从巫教文化发展到礼乐文化，经历了漫长的时间，媒介物的复杂结构功能也被积淀和整合在礼乐文化以及地方民俗文化里面了。例如在思想史上讲得很多的"格物致知"，其本源就是一种巫术操作。天下之物无一不具有感应力。汉儒解释经典文献，训"格"为"来"。郑玄根据《尔雅·释言》发挥格物致知的意思是说，人有何种德性知识就可以招徕何等事物，有善知招善物，有恶知招恶物。天下事物都是因为人之所好而来的。这个观念后来孕育出体仁修身的儒家认识论。事实上在先秦的文献中，关于"来物""物来"的说法很多。王国维在《释物》一文中说，"物"的本意是杂色牛，后推之以言杂色帛，再引申为万有不齐之庶物。所以，"物"是巫教崇拜的仪式上的祭品。巫教祭祀，借用祭品招徕鬼神，祝祷天地。祭品、明器、龟甲都是沟通的媒介。而在原始部落时期，崇拜天地，信奉万物有灵，各种灵物都是媒介。裘锡圭从古文字解释"格物致知"，把"格"字解释为"徕"字，指出了上古时期的原始宗教和先秦认识论之间的关联。[①] 可以招徕上帝鬼神的"物"是非文字的实物，但又是有特殊功能的，类似于大麻、酒之类的致幻物。凌纯声研究环太平洋萨满文化圈，早就指出了远古时代的巫教仪式文化中招神请神的主要媒介就是此类致幻物。[②] 如何招神请神，《山海经》里面有很多的记述，人们常常把这本书当作神话来读，不将它当作巫教仪礼来读。人们运用媒介物想要达成的实用效果和后来人们对媒介物承载的信息价值的解释并不是一回事。在《尚书·君陈》和《酒诰》里面，说"黍稷非馨，明德惟馨"，"弗惟德馨香，祀登闻于天"，说酒的香气不在酒本身而在用酒祭祀的人的德性。这种观念是西周以后形成的，道德价值依托于祭品。巫术，是比较复杂的全套的操作技术，它和古代的饮食、医疗、歌舞、音乐、图画、文字的发明都有关。巫的关键之处是作为沟通天人、鬼神之际的媒介。随着国家形态的逐渐形成，一步步垄断化，而它和世俗王权之间存在着复杂关系。从"家有巫史""民神杂糅""民神同位"到"绝地天通""人神不扰"，是中华文明形态和国家形态的根本的变化，从"以教领政"转到"以政领教"，巫史传统逐渐走向理性化。在中国传播史上人们津津乐道的不阿权贵秉笔直书的事例，其实是和巫史传统直接相关的。春秋时齐国大臣崔杼因个人恩怨杀了齐庄公，齐太史就秉笔直书："崔杼弑其君。"崔杼一怒杀了齐太史，太史的两个弟弟继续如实记载，又都被崔杼杀了。到了太史第三个弟弟来，还是要"据事直书"，还说"失职求生，不如去死"。门外又有南史听说几个太史都死了，就捧着竹简跑来等着崔杼再杀以后继续顶替记载真相。这个阵势搞得崔杼下不了台只好作罢。这种不惜为了记载事实真相以命相搏的事情，也许是一种专业主义的精神，不过这都是因为有巫史世袭制度和信仰的传承的结果。

德布雷说文字所代表的逻各斯域，这是纯粹西方人的传统，和中国传统不相同。这一点德里达是明白的。他说中国文字完全脱离逻各斯中心。中国的文字起

---

① 裘锡圭：《说"格物"——以先秦认识论的发展过程为背景》，载王元化主编：《学术集林》（第一集），上海：上海远东出版社，1994年。

② 参见凌纯声：《松花江下游的赫哲族》，国立中央研究院历史语言研究所，1934年；《中国与海洋洲的龟祭文化》，"中央研究院"民族学研究所，1972年。

源，不是理性化的产物，相反却是天人感应和象征思维的产物。文字起源于巫术活动，这种天人感应论在中国人的文化心理结构中积淀很深，几千年都没有根除。中国人的介质化沟通实践是非理性的实用主义，既是实用主义，又是非常富于想象和情感意志。

用"媒介域"来定义文明进化，从物质工具和技术的支配作用来看社会行为、社会组织、社会制度乃至社会观念的演化，有很强的解释力。但是这不等于全部传播的历史。中国人历史上的介质化的社会交往实践是非常丰富的，富于创造性和戏剧性，更是具有文化独特性的。媒介因交流情境而变化。我这里再举几个例子。

大家知道汉阳这个地方有个古琴台，始建于北宋，清朝嘉庆初年由湖广总督毕沅主持重建。相传是春秋时期伯牙抚琴之处，和钟子期以琴会友。这里"琴"就是交往的媒介。西晋时期的嵇康受陷害临刑之时抚琴一曲《广陵散》，表达他的孤愤之情。而陶渊明不解音律，却存了无弦琴一张，每每饮酒适意，就抚弄一番以寄其意。李白倾慕不已，有诗曰："抱琴时弄月，取意任无弦。"（《赠崔秋浦三首》）"大音自成曲，但奏无弦琴。"（《赠临洺县令皓弟》）琴，作为一个交流的媒介依存于主体的思想情感而变化。

《红楼梦》第四十一回"栊翠庵茶品梅花雪"写妙玉奉茶，用了六种茶具，分了各色人等，给宝玉的先是用自己喝茶用的绿玉斗，后来又换成九曲十环一百二十节整雕竹根蟠虬，亲疏贵贱，清浊雅俗，幽怨悱恻，真是妙不可言。贾宝玉挨打以后，姐妹们来看他。林黛玉最是悲痛。贾宝玉把自己的一个旧手帕赠送给她，这个物件就成为他们之间互通情愫的媒介物。

介质化的社会交往实践是渗透在日常生活中，渗透在人情世故中，媒介形态多变而涵意无穷，只有透过文化语境才能有所领悟和解释。媒介结构、传播结构和政治经济结构、军事结构乃至社会管理运作互为支撑。在中国古代社会里，有些媒介是和权力结构高度结合，甚至是垄断化的。尽管这样，垄断化的媒介运作里面也有各类人物的行为作用。古代的邮驿是遍及全国的信息通讯系统和社会管治系统，是整个帝国运转的血脉经络，加以严格管控。秦孝公时商鞅变法，制定了一整套严厉的驿站馆舍管理办法，临到他自己政治败亡，跑到边境的馆舍里，管理员说，商君有令，没有合法证件的人不得住店。商鞅就只能自食其果了。驿站馆亭是邮政网络的各个节点，是专制帝国的紧要之处，但也可能被造反的人所利用。东汉末年，汉中人张鲁传播道教，部署徒弟"各领部众""各起义舍于路，同之亭传"，就是利用驿站馆亭的传播通道秘密筹备起义。汉朝设置"督邮"官职，主要职责除督送邮书外，还代表太守巡查属县，督察官吏和邮驿，宣达教令，案验刑狱，检核非法。"督邮"地位不高权力很大，就很容易招人怨恨。驿站是地方运作，督邮则代表上级巡查。在专制统治松弛的王朝末年，这两个运作机制之间就非常紧张。《三国志》里面记载刘备、张飞都是受了督邮的气的。华佗是民间游医，他的麻沸散、五禽戏形同巫医之术。他给几个督邮治病，都把他们治死了。张角奉事黄老道，用巫术符水咒说治病为名，在北方广大地区发动了黄巾起义。曹操发家靠的是收罗黄巾军三十余万人。尽管曹操本人喜好刑名之学（道家和法家杂之），但他对民间道教的传播和造反是很警觉猜忌的。曹操患头疼病，华佗却借故返家。曹操屡次求医，华佗"特能厌食事，犹不上道"。曹操大概认为华佗形迹可疑，近乎道教巫医，存心要害他，恨其虚诈，就将其收监拷打致死。我们学习历史研究历史，就要从历史真实出发，不是从既定的概念出发。社会文化传统不同，所创造的媒介形态也就有所不同。甲骨文是媒介，大漠烽烟也是媒介；霓裳羽衣是媒介，麻衣相术也是媒介；熹平石经是媒介，千刀万剐也是媒介。媒介可以是温情脉脉文绉绉的，也可以是声色俱厉血淋淋的。前几年我去山西参观一座古代的县衙，在县衙里面展览的就有对付古代失节妇女的刑具，其残忍精致令人不寒而栗。朱元璋治贪官剥皮实草摆在官厅里，不也是媒介吗？总之，传播思想史的媒介观念可以更加灵活通脱。

四、传播思想史书写追求什么"一"？

"从零到一"这个说法，不只是说我们的传播思想史研究，已经告别了"零"，迈出了第一步，而且这个第一步是在西方传播学知识体系的帮助下走出去的。有的学者认为，中国传播思想史，或者传播思想史的价值在于为建立中国传播学的学科体系做出历史的梳理。这个观念内含了一个"一"，就是一个独创的有中国特色的学科地位。

和中国传播思想史相关联的有很多专门史，比如中国修辞史、出版史、邮政史、交通史、新闻史、舆论史、中外交流史；再拓开一层，又有语言史、民俗史、社会史、政治史、教育史、军事史、文学史、艺术史等等，直到宗教史、思想史、哲学史。构建一个学科领域，主要是其特定的设问、特定的观念、特定的方法和特定的材料四者的结合。和其他学科相比，也主要从这四个方面加以区分。有的地方是和其他学科重合交叉的，但是组合起来就有所不同。例如，对于中国书院的研究，教育史和传播史的设问、观念、方法和材料就会有所不同。传播史会研究书院的空间结构和仪式功能、书院内部和外部的人际交往、权力结构、信息管控、出版演讲辩论和惩戒制度、书院存废对社会文化环境特别是政治环境的舆论影响等等。在这里我不能不遗憾地说，长期以来过度地依存于新闻传播学的学科概念框架，对于中国传播思想史的研究是一个自我限制，习惯于在邸报、塘报、民意、谣言这些规范概念下面扒疏。我以为，从"媒介"到"媒介域"的拓展固然是一个思路，但是不够。这只是关于中国传播史或传播思想史的一个分题的设问。而这个学科的总的设问应该是，中华民族在漫长的历史上的交流实践是怎样的，在交流实践的过程中形成了怎样的观念和心态结构？

刘勰的《文心雕龙》是一部"体大而虑周"的文艺理论著作，分为上部和下部。就上部的"文体论"来说，如果不采取现在"文章学"或"文艺学"的读法，而采取"传播学"的读法，就要和历史上的政治行政运行体制、信息交流活动、事件案例结合起来，同样的材料会有不同意义的呈现。汉代刘劭的《人物志》被当代人读解成"人才学"著作，实际上它既是人际交往的经验总结，又是政治传播的教科书，这一类著作后来从识人术发展到图像学。总之，中华民族在漫长的历史上的交流实践无比丰富和复杂，由此形成的观念和心态结构也无比精微和系统，要深入其境，又要出乎其外地进行研究，首先要从打破对现代传播学的迷信开始。《文心雕龙》里面有一句妙语，"众美辐辏，表里发挥"。不同的学科都是知识的"辐辏"，是进入文明心灵中心的入口。

"生也有涯，知也无涯"，人皆生有宿命，除了肉体，便是文化的宿命。宿命如一条浑浊而奔腾不息的河流，个体生命随之沉浮。我们与其无知无识无力地甘愿作为一片树叶，倒不如将自己的生命打造成一叶扁舟，在文化的宿命中识别她的河床、航道、漩涡和险滩，且行且观且思，也不枉成就一个微薄的智慧生命，如萤火般消失于茫茫夜空。

致中和：中国文化中的主流传播价值观 *

芮必峰　石庆生 **

摘　要： "传播"有什么用？"传播"作什么用？本文以"传播价值观"立论，将"致中和"视为中国文化中的主流传播价值观。本文在研读中国传统典籍的基础上，分析"中和"思想的内涵，揭示其之于"传播"和"传播学"的意义，总结归纳了中国古代先贤实现"致中和"传播价值的四项基本原则，尝试在当代背景下与西方"传播学"以及传播思想进行"对话"。

关键词： 传播价值观；中和；传播观；中国文化

价值指的是价值客体之于价值主体的效用，属关系而非实体范畴。价值客体有物质的，如金银珠宝或各种生活用品；有精神的，如思想观念或各种艺术品；还有一系列社会实践活动，包括政治的、经济的、文化的等等。价值首先受制于价值客体发挥效用的可能性，同时也与主体的需要及其对上述可能性的利用密切相关，后者又植根于一定的社会实践和社会文化。不同的社会实践和文化决定了人们的需要，不同的需要产生不同的价值观。

传播价值是指传播（交往）这一社会活动之于人们的效用，包括传播有什么用，即传播这一社会活动发挥效用的可能性，以及传播作什么用，即人们在一定社会实践和文化中产生的需要和满足这种需要的手段。传播原本就是人的生存状态，其效用及其实现的可能性非常丰富多彩，因此绝不限于教科书上规定的那些；特定的社会实践和由此产生的文化决定了人们倾向于在各种各样的可能性中做出自己的选择，因此一个人抑或会有自己主导的传播价值观，一个社会也会有自己的主流传播价值观。

---
* 本文原载于《现代传播（中国传媒大学学报）》2017 年 02 期，第 27—33 页。

** 芮必峰，安徽大学新闻传播学院教授，博士生导师。石庆生，安徽大学新闻传播学院讲师。

一

中国社会的主流传播价值观可以概括为"致中和"。《中庸》开篇从"性""道""教"三个不同的层次展开其道德哲学，继而写道：

喜怒哀乐之未发，谓之中；发而皆中节，谓之和。中也者，天下之大本也；和也者，天下之达道也。致中和，天地位焉，万物育焉。①

这段话的字面意思不难理解：喜怒哀乐等情感还没表达出来，就叫"中"；表达出来且都恰如其分，叫作"和"。"中"是人类社会的根本，"和"是社会发展应遵循的规律。达到"中和"之境，天地就各就其位，万物便欣欣向荣。如果再结合上下文，这里的"中"意味着率天然之"性"，"和"意味着循自然之"道"，而"致中和"则需要施社会之"教"。作为儒家论述人生道德修养的一部重要著作，《中庸》一开始就从人类情感的表达，即传播出发来展开论述，并在"性""道""教"三者的结合中确立其"致中和"的传播价值观，这是十分耐人寻味的。

"中和"观在中国文化中源远流长，早先"中""和"是分开的两个概念。《尚书·大禹谟》："刑期于无刑，民协于中"（使用刑罚是希望有朝一日废除刑罚，使百姓的言行都合乎正道），"人心惟危，道心惟微，惟精惟一，允执厥中"②。《论语·尧曰》也记载了尧对舜的告诫："咨！尔舜！天之历数在尔躬，允执其中。"（唉！舜啊！上天已将帝王列位落在你身上，你可要忠实地奉行正确路线啊）③这里的"中"都有既非过头也非不及而是不偏不倚、恰到好处，即正确的意思。

在先秦典籍里，"中"除了内、里、中间等表示方位的意思外，还有正确、恰当、适中等表达价值判断的意思。其实，这两种意思在中国文化中是密切相关的，因为在中国古人看来，存在于人和事物内里的东西都是天然的、合于本性的，而自然天成的东西总是恰当、正确的。《周易》里，"中"或"中道"也被置于非常重要的地位。《周易》经文有三卦的爻辞谈到"中"，而《易传》里则有多处论及。《周易》卦画里，第二爻为内卦之中，第五爻为外卦之中，两爻皆为易卦爻位的"中"，或"刚中"或"柔中"，皆因符合常道而象征吉祥。如果九五为阳爻，六二为阴爻，则不仅合乎"中"，而且合乎"位当"说，故称之为"中正"。《正义》曰："中正而应，谓六二、九五，皆居中得正，而又相应，是君子之正道也，故云君子正也。"还有一点需要特别提出，根据《周易》，探讨爻位之吉凶还必须与

① 陈晓芬、徐儒宗译注：《论语·大学·中庸》，北京：中华书局，2015年，第289页。
② 周秉钧译注：《尚书》，长沙：岳麓书社，2001年，第18页。
③ 陈晓芬、徐儒宗译注：《论语·大学·中庸》，北京：中华书局，2015年，第238页。

"时""位"联系起来，因为"时""位"的变化直接影响人事结果的变化。所以，《周易》里的"中"还包含人们的行事要能综合考虑"时"与"位"的变化而采取相应的变化，这就意味着，合乎"时"者宜，宜者"中"，中者"正"，即合乎"常道"①。可见，"居中"未必都能"得正"，其间还要视"时""位"的变化而论。就是说，"中正相应"不是机械的，而是随着时空条件的变化而变化。

《说文》："和，相应也。"篆书"和"由"禾"与"龠"组成。前者为音符，后者的义符就是一种起调和作用的三孔竹制乐器，故《仪礼·乡射礼》有："三笙一和而成声"之说。中国古代的"乐"也是一种"礼"，将音乐中各种乐器的相调相谐与社会、人际关系联系起来是一件十分自然的事。《尚书·尧典》赞扬尧治下的社会"百姓昭明，协和万邦"②。《周易上经·乾》："乾道变化，各正性命。保合大和，乃利贞。首出庶物，万国咸宁。"③这里的"大和"即"太和"，指阴阳化合的元气，它有利于保持正洁，使万物萌生、天下安宁。《尚书》《周易》中的"和"大多用来指社会或自然关系的和谐、和善、和顺、和睦、和美等。《国语·周语下》单穆公谏景王铸大钟章，则明确把音乐之和谐与政治的清明联系起来："耳之察和也，在清浊之间"，"夫政象乐，乐从和，和从平"，"夫有和平之声，则有蕃殖之财"，"听之不和，比之不度，无益于教"④。

正是通过这样一些观察、联想、类比，"和"被先秦思想家抽象为一个与"同"相对的哲学概念。西周末年，史伯预言周王室必然衰亡，其重要理由就是周王"去和而取同"。史伯认为，"夫和实生物，同则不继。以他平他谓之和，故能丰长而物归之；若以同裨同，尽乃弃也"⑤。《论语·子路》则从个人道德修养角度指出："君子和而不同，小人同而不和。"⑥总的看，中国文化中的"和"针对的是不同事物之间的关系，描述的是一种相反相成、对立统一的关系状态。就像上文史伯接下去总结的，一种声音不可能动听，一种颜色不可能好看，一种味道不可能可口，一种事物不可能构成大千世界。在形而下或具体的自然和社会面前，"和"不仅承认差异、正视区别、肯定不同，而且将它们视为促进事物成长、保证社会安宁的积极因素。但在中国文化中，"和"也只是天道的属性，所谓"大哉乾元，万物资始，乃统天"⑦，就是说"天"生万物，万物皆分享了天道，它们可以有各自不同的

---

① 参阅杨天才、张善文译注《周易》以及所做的相关"题解"和"评析"。
② 周秉钧译注：《尚书》，长沙：岳麓书社，2001年，第1页。
③ 杨天才译注：《周易》，北京：中华书局，2016年，第7页。
④ 徐元诰撰：《国语集解》，北京：中华书局，2002年，第108、111、112、112页。
⑤ 陈桐生译注：《国语》，北京：中华书局，2016年，第304页。
⑥ 陈晓芬、徐儒宗译注：《论语·大学·中庸》，北京：中华书局，2015年，第160页。
⑦ 杨天才译注：《周易》，北京：中华书局，2016年，第7页。

特性，但又都有相同的元起 。这种本体论意义上的一元论为异中求同并达成对立统一提供了可能。因此，"和"之上还有一个形而上的"同"，此乃"大同"，正是这个形而上的"同"为形而下的"和"提供了可能性。

在先秦思想家中只是少数几位始终关注这个本元，并在此基础上展开自己的思想观点。"道生一，一生二，二生三，三生万物。万物负阴而抱阳，充气以为和。"① 老子把"道"视为"众妙之门"，并将其整个思想建立在这个基础之上，"和"在"道"甚至"一""二""三"面前已经是一个比较低级的形而下范畴。与春秋时代绝大多数属关心世俗问题的思想家不同，老子反对儒家的仁、义、礼、智、信，一个重要原因就是认为它们舍本求末，主张与其舍本求末不如返璞归真。《老子》的"中"与"和"大多与儒家处在两个不同的层次上，如第五章"多言数穷，不如守中"，第五十五章"和曰常，知和曰明"，都是在接近于"道"的更高抽象层次使用这两个概念的。司马迁《史记·老子列传》记载：孔子曾向老子请教礼的问题，老子告之，"良贾深藏若虚，君子盛德容貌若愚"，你成天考虑这些"其人与骨皆已朽矣"的东西，没有什么意义。孔子听后感叹：我知道世间鸟能飞、鱼能游、兽能走，但不知道天上的龙如何运动，而老子就是天上的龙。的确，道家始终关注形而上的"道"，儒家则致力于形而下的"仁"与"礼"；道家思想建立在超验基础上，儒家思想植根于经验世界；道家似乎更接近西方哲学，儒家则更接近具体的社会科学。这也许就是作为哲学家的黑格尔在其《哲学史演讲录》中赞赏老子，而说孔子"只是一个实用的世间智者"的原因。

"和"虽然包含对立统一的辩证思想，但这一思想的逻辑前提往往并没有引起以儒家为代表的绝大多数先秦思想家足够的重视。老子正是抓住这一点诘问："和大怨，必有余怨，安可以为善？"是啊，矛盾无处不在，不管怎么调和，总还会有剩余的部分，如此怎么能达到至善呢？关注世俗问题的思想家没有正面回答这个抽象问题，而是从实际应用出发引入"中"的概念，将"中"与"和"合二为一。

二

在中国文化中，"中"属阳，主刚，有主动作为，但又不偏不倚、既非过又非不及，而是恰到好处的意思；"和"属阴，主柔，有驯或顺、文静、温良、谦让以及妥协的意思。《周易》乾卦纯阳，而坤卦纯阴，其卦辞曰："元，亨，利牝马之贞。君子有攸往，先迷；后得主，利。"大意是，与上天一样，大地也是元始，有

---

① 杜宏刚译注：《老子》，北京：中国社会科学出版社，2003 年，第 91 页。

亨通之利，像牝马一样守正而行（据前人注，龙行于天为阳，马行于地为阴）。君子与人往来，应跟在别人后面，让别人做主，如此谦让才有利，若抢在别人前面或自作主张，就会迷失方向。杨天才、张善文在坤卦"题解"中说："《坤》与《乾》同为'天地之门'，是以纯阴来象征'含弘广大'的大地有'德合无疆'的内涵。如果说《乾》象以'刚健中正'的纯粹来张扬'自强不息'的君子之行，那么，《坤》则以'柔顺利贞'的宁静来表彰'厚德载物'的君子之美"①。可见，将"中"与"和"合二为一，对道德哲学来说具有本体论意义。另外，从一般逻辑看，"和"虽然在理论层面上包含着一元论的统一，而且在原先的描述意义上也如此，因为不同乐器发出的声音要达到相谐相调就必须围绕着主旋律，各敲各的锣、各吹各的调产生的只能是噪音；可是，当这个概念被以儒家为代表的一批关注社会问题的思想家抽象为一个理论范畴时，上述本体论意义上的统一被遮蔽了，与"同"的对立性则被强化了。作为儒家论述人生修养的一部道德哲学专著，《中庸》在其开篇就从人的"天性"出发，从基本的人际交往和社会关系着眼，以"中和"作为全书的纲领，其目的也是想要在理论上解决这个问题。

　　"天命之谓性，率性之谓道，修道之谓教。"② 既然人的本性是上天所赋，遵循这种本性就是遵循天道，儒家教化的目的就是让人们率"性"循"道"。回到上一节开始的引述，为什么人的各种情绪还没表达之前叫作"中"呢？因为喜怒哀乐等情感是上天赋予的，正所谓人非草木，孰能无情？情绪是人的本性，当它们只在心里、尚未表达，这时的人还仅仅属于个体，作为个体的人拥有某种感情是再自然不过的事情；而内在的情感一旦通过语言或行为表现出来，个体的人立刻成为关系的人。进入关系的人在说话行事、表达情绪时需要讲究分寸、合乎常理、符合规范，这就是所谓"中节"。此处的"中"是动词，有符合的意思；"节"是节度，也有节制、谦让的意思。这样看，"发而皆中节，谓之和"就与中国传统文化一脉相承，也变得很容易理解了。

　　儒家的修、齐、治、平所沿袭的便是这样一条从个体到关系的路径，其中个体是作为关系的逻辑起点，关系或集体则是归宿，儒家的"慎独"不过是着眼于社会关系的个人道德修养方法。关系只能在传播中实现，并通过传播来维系。东周末期，天子衰，诸侯起；群雄逐鹿，战争频繁；礼坏乐崩，社会动荡。如何平息纷争、改善关系、建立良好的社会秩序，便成了当时思想家思考的共同问题。"中和"正是以儒家为代表的一批思想家在这样的背景下针对人际关系和社会关系

① 杨天才，张善文译注：《周易》，北京：中华书局，2011年，第25—26页。
② 陈晓芬，徐儒宗译注：《论语·大学·中庸》，北京：中华书局，2015年，第288页。

提出的重要主张，虽然它关涉天地宇宙、阴阳自然，但针对的还是人与人之间的关系，目的在于建立一个良好的社会秩序。正如早有学人指出的那样，中国传统文化关注伦理，而非宗教。"伦"就是关系，伦理即关系之理。

关系在交往中实现，大凡讨论人际、社会关系都会涉及传播问题，这从形形色色的"传播思想史"研究中不难得到证明。具体到我们的论题，"中和"不关心某种思想观点的传播扩散，像《福音书》中关于耶稣的寓言提供给我们的那样；也不介意两颗心灵如何对话沟通，像《斐多篇》里表现的苏格拉底那样；更不考虑所谓"传者"和"受者"之间的主客关系，像西方大多数讨论"传播"问题的思想家那样。而是直接抓住交往行为、社会关系和社会秩序本身，把天地万物的发展变化规律直接与人类社会联系起来，以阴阳的相反相成为隐喻，将矛盾运动、对立统一视作普遍存在，从而揭示社会发展的规律，确立人际交往的原则，规划社会秩序的蓝图。《荀子·王制》有一段论述清楚地表明了"中和"之于人的传播活动和人类社会的重要性：

水火有气而无生，草木有生而无知，禽兽有知而无义，人有气、有生、有知，亦且有义，故最为天下贵也。力不若牛，走不若马，而牛马为用，何也？曰：人能群，彼不能群也。人何以能群？曰：分。分何以能行？曰：义。故义以分则和，和则一，一则多力，多力则强，强则胜物……故人生不能无群，群而无分则争，争则乱，乱则离，离则弱，弱则不能胜物。[①]

荀子是继孔、孟之后又一位儒学大师。在他看，与无机物、有机物以及其他动物相比，人的宝贵之处是有"义"。义即宜，有合"中"即符合中正之道的意思，换成现在的理论术语就是区别于实然的应然。接下来，荀子提出了一个有趣的问题：人的力气比不上牛，奔跑比不上马，为什么牛马却受其驱使呢？荀子的答案是"人能群"。这个"群"显然是指通过交往实践形成的社会群，否则，下一句牛马"不能群也"就说不通了。那么，人又"何以能群"呢？答曰：人有"分"。这里有必要对荀子的"分"做些阐释。以我们的理解，此处的"分"不能仅仅作等级名分解，像不少注家理解的那样。这里的"分"更多地是指人们在分享天地自然"中"道、接受和理解应然过程中形成的差别。用现代科学的眼光看，这种差别的产生既与每个人的禀赋有关，也与人们后天的环境和实践相关，而以符号形式赋予的"分"（等级名分）只是柏拉图意义上的"影子"。在中国文化中，人类

---

① 荀况著，王学典编译：《荀子》，北京：中国纺织出版社，2007年，第123页。

社会与自然万物在最高层次上是合而为一的，即"天人合一"。正是这种本体论意义上的形而上"同一"，为阴阳两分、从无到有、万物生长后造成的形而下分别提供了"和"的可能性。所以荀子才认为，不同的人之所以能从事共同的实践，是因为他们分享了共同的"应然"（义），由于分享应然中形成的差别，就需要一种形而下的统一，这就是"和"。至于"群而无分则争"，是说否定或者不承认人们之间的差别就会产生纷争，为此儒家还不惜用"礼"来固化这种差别（见下节相关论述）。可以说，荀子继承并发展了先贤思想，通过"合—分—和"的辩证发展路径对"中和"之于社会交往（传播）的意义做出了进一步阐发。

综上所述，"中和"不是像日常生活中一些人理解的那样，是不讲原则、走中间路线、骑墙、和稀泥等等，而是在持"中"守"义"的前提下求"和"，即在坚守正义的前提下追求和谐。它不仅承认差异、肯定多样，而且强调协同、重视合力；不仅容忍异见、正视冲突，而且崇尚真理、向往秩序；不仅严以律己、宽以待人，而且乐于传道、善于建言。"中和"既是原则，又是方法；既是目的，也是手段。它刚柔相济，坚持原则性和灵活性的统一，其间"中"是体，"和"是用，正所谓"中也者，天下之大本也；和也者，天下之达道也"。因此，"致中和，天地位焉，万物育焉"。

三

如果说詹姆斯·凯瑞归纳的"传递"和"仪式"传播观更多是描述意义上的，目的在引导传播学研究的取向，那么，传播的"中和"观则是规范意义上的，目的是指导传播实践的方向，而"致中和"就是中国文化对传播效用实现可能性所做出的价值选择。这也是本文不用一般所说的"传播观"而用"传播价值观"的原因。

如何在具体的社会实践中通过传播达到"中和"的境地，以儒家为代表的中国古代思想家有一系列非常具体的论述。《尚书·洪范》记载武王向箕子询问治国安民之道，其间一个重要问题就是如何使国民"相协厥居""彝伦攸叙"，即各按常道地和谐相处。箕子首先以鲧用堵治水不得上帝眷顾而禹相反的隐喻开始，逐步展开其"洪范九畴"。"九畴"中排第一的"五行"既包含事物相生相克之理，也可引起众生相谐、和而不同的联想；而排第二的"五事"则是对人际交往的直接论述：

五事：一曰貌，二曰言，三曰视，四曰听，五曰思。貌曰恭，言曰从，视曰明，听曰聪，思曰睿。恭作肃，从作义，明作哲，聪作谋，睿作圣。①

在箕子看，要使天下人和睦相处，有五个方面的基本问题需要特别加以注意，一是态度，二是语言，三是观察，四是倾听，五是思考。在实际交往中，态度应当恭敬，言语要符合道理，观察要清楚明白，听闻当广远深阔，考虑问题要通透周全。对于交往各方，"恭"才能让人产生敬意，"从"才能理性地明辨是非，"明"才不至于一叶障目、受到误导，"聪"才能在正确理解别人意思的基础上开展好接下来的交流，"睿"才能最终达到理想的境界②。关于社会交往，如此细致、全面、系统的论述，几乎可以与二三千年后哈贝马斯的"交往理性"相媲美！

其实，先秦典籍中，类似的论述还有。如《国语·周语上》"内使过论晋惠公必无后"中提出的"精、忠、礼、信"针对的虽然是治国理政，但对人际关系和社会交往也同样具有很强的指导意义："被除其心，精也；考中度衷，忠也；昭明物则，礼也；制义庶孚，信也。"（《国语集解》，第32页）这就是说，精的意思是纯洁自己的心灵，忠是考省己心进而推度人心，礼是昭明事物的法则，信是所言所行要服众。无论是处理政务还是对待一般的人际关系，"非精不和，非忠不立，非礼不顺，非信不行"③。但是，一般罗列这些论述显然不是本文要做的工作。我们打算综合先秦思想家，尤其是儒家的主要思想，紧紧围绕"致中和"这样一种中国文化背景下的主流传播价值观，总结归纳出实现这种传播价值观的一些基本原则。

纵观先秦思想家，特别是儒家的主要思想，在社会实践层面上，通过传播"致中和"有以下四项基本原则：

首先是"诚""信"为本。先秦典籍中的"诚"主要针对的是自己，指的是遵循天道、守持中正、不昧良心。《周易上经·乾》："闲邪存其诚""修辞立其诚"④，都是说君子不论身处什么境地，都要防止邪恶污染心灵，行动和言说都要凭良心。"诚"本是天道，人道循于天道，所以《中庸》说："诚者，天之道也；诚之者，人之道也。诚者，不勉而中，不思而得，从容中道，圣人也；诚之者，择善而固执之者也。"⑤可见，真正的"诚"在天地自然，达到这种"诚"的唯有圣人，而一般的人只能是"择善而固执"。"信"主要是对人，尤其是对人说真话，并信守诺言。

---

① 周秉钧译注：《尚书》，长沙：岳麓书社，2001年，第122页。
② 参阅周秉钧译注：《尚书》，长沙：岳麓书社，2001年，第122页。
③ 徐元诰撰：《国语集解》，北京：中华书局，2002年，第32页。
④ 杨天才，张善文译注：《周易》，北京：中华书局，2011年，第12、13页。
⑤ 陈晓芬，徐儒宗译注：《论语·大学·中庸》，北京：中华书局，2015年，第331页。

《论语·学而》曾子每天不断反省自己的重要问题之一就是"与朋友交而不信乎？"。子夏也说："与朋友交。言而有信。"有子说："信近于义，言可复也。"孔子本人更是指出："人而无信，不知其可。大车无輗，小车无軏，其何以行之哉。"[①]甚至第一个儒家的反对者墨子也认为："志不强者智不达，言不信者行不果。"[②]在信言与美言之间，儒家和道家的选择是一致的，孔子说"巧言令色，鲜矣仁"，老子甚至认为，"信言不美，美言不信"。由于得自天地自然、符合"中"道，在具体的人际交往和社会关系中，诚信便成为"致中和"的基础或根本，舍此其他一切都无从谈起。离开诚信的社会交往，不可能产生好的结果；缺乏诚信的社会关系，不可能达至"中和"的理想境界。

"致中和"的第二项原是"忠""恕"，即"絜矩之道"。尽己为人谓之忠，上述曾子每天反省的第一个问题就是"为人谋而不忠乎？""忠"就是施惠于人，以自己的需要揣度别人的需要，并以此为参照尽力帮助别人，用孔子的话说，就是"己欲立而立人，己欲达而达人"[③]，是从积极的方面行"仁"（爱人）；"恕"同样是推己及人，但却是从另一个方面，即"己所不欲，勿施于人"[④]。这两方面合起来就是"忠恕之道"，《大学》将这种将心比心的交往方法称之为"絜矩之道"："所恶于上，毋以使下；所恶于下，毋以事上；所恶于前，毋以先后；所恶于后，毋以从前；所恶于右，毋以交于左；所恶于左，毋以交于右：此之谓絜矩之道。"[⑤]絜和矩皆为古代的度量工具，这里引申为法度。"絜矩之道"是儒家处理人际关系的基本法则，它对于当下的人际交往和社会关系仍然具有很强的指导意义。试想，在现实交往中，如果真的能这样推己及人，不将自己所讨厌的上级的一些说法和做法施于下级，也不用自己所讨厌的下级的一些说法和做法对待上级，不以我们讨厌的前辈的某些说法和做法对待后辈，也不以我们讨厌的后辈的某些说法和做法对待前辈，我们的人际关系必然会更加协调，我们的社会也必然会更加和谐。

"躬自厚而薄责于人"可以视为"致中和"的第三条原则。跳开儒家特别关注个人道德修养不论，具体到人际关系和社会交往，儒家总是坚持严于律己、宽以待人的原则。《论语》开篇对君子的描述就是"人不知而不愠"，这对那些在社交场合自我感觉良好、以为人人都应该知道自己大名的人可谓箴言！类似的话在《论语》中反复出现："不患人之不己知，患不知人也""不患莫己知，求为可知也""不

---

① 陈晓芬，徐儒宗译注：《论语·大学·中庸》，北京：中华书局，2015 年，第 24 页。
② 墨翟原著，王学典编译：《墨子》，北京：中国纺织出版社，2007 年，第 10 页。
③ 杨伯峻译注：《论语译注》，北京：中华书局，2006 年，第 72 页。
④ 杨伯峻译注：《论语译注》，北京：中华书局，2006 年 139 页。
⑤ 陈晓芬，徐儒宗译注：《论语·大学·中庸》，北京：中华书局，2015 年，第 274 页。

患人之不己知，患其不能也""君子病无能焉，不病人之不己知也"①。与那些在人际交往中总是指责对方的人相反，孔子说："君子求诸己，小人求诸人"②。孟子进一步发展了孔子的上述思想："爱人不亲，反其仁；治人不治，反其智；礼人不答，反其敬。"③ 关爱别人而别人却不领情，你得反省自己有没有做到仁至义尽；管理工作没做好，你得检讨自己的智商；礼遇别人而得不到别人相应的礼遇，你得反省自己是否做到足够恭敬。如此要求，岂非苛刻？然而，矫枉需要过正，现实交往中的反例实在太多了！

如果说以上主要是从个人道德修养层面来促进人际交往的协调，那么，"复礼"与"正名"则希望从规章制度层面来保障社会关系的和谐。众所周知，恢复周礼是孔子一生的追求："周监于二代，郁郁乎文哉！吾从周。"颜渊问"仁"，他的回答是"克己复礼为仁。一日克己复礼，天下归仁焉"④。曾几何时，这些曾被视为孔子维护旧制度、倒行逆施的证据。如果现在还有人这么认为，我们也不想与之争辩。站在本文立论的立场，从孔子所处动乱时代以及整体思想出发，我们认为，孔子主张"礼"的根本目的还是在于社会的和谐稳定。对此，《论语·学而》中有子的解释非常到位，那就是"礼之用，和为贵"。在孔子看来，一个社会，如果大家都恪守本分，按规矩说话行事，就会变得协调有序。"正名"不过是在名分上对君臣、父子等上下、长幼关系的确定。孔子的志向是希望建立一个"老者安之，朋友信之，少者怀之"⑤ 的和谐社会。当卫国国君想请他去帮助治国，子路问其打算首先做什么时，孔子的回答是"必也正名乎"；当齐景公向其问政时，孔子对曰："君君，臣臣，父父，子子。"⑥ 可见，"礼"和"名"都是社会治理的手段，目的是通过建立一定的规矩来"致中和"。其实，墨家也并不反对社会要有一定的规矩，更不反对社会的和谐稳定，墨子反对的是儒家的一些繁文缛节，认为其间一些烦琐的规定不仅没必要，而且劳民伤财⑦。

四

尽管"中和"思想是特定文化中的产物，"致中和"是 2000 多年前中国先贤在当时的历史条件下对传播价值做出的选择，但哲学和人文、社会科学最大的特

---

① 杨伯峻译注：《论语译注》，北京：中华书局，2006 年，第 10、42、175、187 页。
② 杨伯峻译注：《论语译注》，北京：中华书局，2006 年，第 187 页。
③ 王利民译评：《孟子》，长春：吉林文史出版社，2007 年，第 85—86 页。
④ 杨伯峻译注：《论语译注》，北京：中华书局，2006 年，第 30、138 页。
⑤ 杨伯峻译注：《论语译注》，北京：中华书局，2006 年，第 58 页。
⑥ 杨伯峻译注：《论语译注》，北京：中华书局，2006 年，第 150、143 页。
⑦ 参阅方勇译注：《墨子·非儒下》，北京：中华书局，2015 年，第 311—325、146 页。

点就在于它们总是包含着超越时空的力量，这也是一般历史和思想史研究的重要意义所在。中国先贤创立的"中和"及"致中和"的传播价值观，首先是伟大创造，同时这些观念"开放的"面向中国历史的未来，为当时和其后的中国人将这些观念变成"规律"提供了"蓝图"。

西方文明背景下产生的传播观则是另一种风貌。在西方思想家看来，西方文明中犹太传统和罗马传统在价值观上的对立，乃是人类历史上最大的不共戴天、敌对矛盾事件。[①] 比较西方而言，中国先秦创立的包括传播观念在内的思想观念，由于源自单一民族，均由同一语文表达，以及神学、先验范畴少，因此这些观念之间相互可"融合"的程度就更强。而西方文明由于其多"源"和多"元"，他们的观念的"异质性"就更强。西方的历史进程中包含了更多的观念的对立、冲突，或观念之间的相互压制、"消灭"。表现在传播领域，西方人的传播就更加强调从自己的方面出发去改变对方的观念。

在 19 世纪以前的大多数历史陈述和历史评论中，西方文明内部包含的冲突、活力及其"结果"往往受到了非常明确的肯定[②]，认为正是在这些对立、冲突中，以及在这些对立、冲突所形成的更高水平的统一中，或者由于这种对立、冲突表现为民族国家之间的个性化发展从而带来的竞争，或者作为这些对立、冲突在"非预料"方向上的或"逆向"的后果，现代世界才得以诞生。而中国社会的长期相对"停滞"则也被解释为和中国传统价值观念联系在一起。

进入 20 世纪，两次世界大战的爆发和原子能时代的来临，使人们对西方文明的特征更趋于不做简单价值判断。拉斯韦尔考查西方历史，仅得出结论，认为西方文明具备三大特点：地方主义、行动主义和战斗精神。[③] 列维 - 斯特劳斯、赫尔曼·黑塞等人开始以全新的眼光看待佛教。列维 - 斯特劳斯、麦克卢汉等学者，更多的将视野投向所谓"土著"民族的传播。传播学者彼得斯则坦率地承认，西方学者探讨传播思想史，由于能力不及，因此没有包括中国文明所发现的"那么多智能和智慧"。[④] 总之，人们开始更加认识到人类文明遗产的复杂性，以及人类应对挑战所需要的对传统智慧的更多要求。这与多年来我国传播学界自觉或不自觉

---

① 参阅 [德] 尼采：《道德的谱系》，梁锡江译，上海：华东师范大学出版社，2015 年，第一章，第 16 节。

② 参阅 [法] 基佐：《欧洲文明史》，程洪逵、沅芷译，北京：商务印书馆，2005 年，第 23—28 页。

③ [美] 拉斯韦尔：《政治学——谁得到什么？何时和如何得到？》，杨昌裕译，北京：商务印书馆，1992 年，第 134、146 页。

④ [美] 彼得斯：《对空言说：传播的观念史》，邓建国译，上海：上海译文出版社，2017 年，"中译版序"。

地捍卫西方"霸权"的现实形成鲜明反差。而就本文所阐述的主题而言，我们认为：

1. 中国先秦思想家提出的"致中和"的传播价值传播观，其实也是一种传播观，虽然是传统文明、历史土壤的产物，但是他们包含着具备丰富营养的"现代"价值。尼采认为，"现代性"（modernity）的主要方面就是"价值矛盾"，他写道："现代人表现出一种价值矛盾，他脚踏两只船，他一口气说出'是'和'否'。"① 中国先秦思想家提出的"中和"观念，要旨恰恰在于教导人们处理对立因素的统一，因此这些观念如果能结合现代社会条件做出重新的阐释，用以指导人们的传播，那么就会发挥极有意义的影响。

2. 就传播学而言，在西方知识话语背景下，"传递""仪式"等传播观占据主导地位，并影响到非西方国家。而中国传统土壤中形成的"中和"传播观，我们认为可以与之形成"对话"和互相补充的关系。如我们在本文的第二部分已经论述的，"中和"其实是对"合—分—和"的辩证发展规律的深刻揭示，也是"一"与"多"的辩证统一。它不仅关注不同人和事物之间的有机融合，也充分肯定各个体自身的特点，也正因为如此，中国思想家在思考"致中和"的方法原则时，始终将个人的修养视为重要内容。从这个意义上看，"中和"观里也包含着对"个人"的充分肯定。有西方学者认为："只是在西方发现了个体，即这个我是最基本的现实。"② 我们认为这种认识是不全面的。其实，"中和"里的"中"强调的正是具体的"人"对抽象的"道"的把握和遵循。只是中国文化中要求"个人"与天地自然合一，而非与"上帝"和"神"合一；要求在与自然和社会相处过程中始终保持谦逊、礼让、宽容，而非傲慢、竞争、霸道。这两种"个人"观在反思现代性的后果中应该也必须进行对话。因此，包括"中和"以及"致中和"的传播价值观等中国传播思想，也完全能够与至今仍然被西方主导的传播学展开对话。

---

① ［德］尼采：《瓦格纳事件　尼采反瓦格纳》，孙周兴译，北京：商务印书馆，2011年，第64页。

② ［德］卡林·瓦尔特编：《哲人小语——我与他》，陆世澄等译，北京：生活·读书·新知三联书店，1994年，"引言"。

"传—受"博弈过程的本土化诠释

——中国道家"可传而不可受"思想对传播研究的启示 *

吴景星　姜飞 **

摘　要: 传播学研究的本土化诉求和实践,已经要求研究者从多个角度和层面进行深度思考。中国学者对来自西方的传播学原理进行系统介绍和合理吸收的过程中,也从本土文明资源入手进行中国的本土传播学理论的建设。本土化的诉求一方面是诉诸本土现实和理论问题基础上的理论建构,另一方面也是对某些一般传播原理或者传播独特性的本土话语方式的重新诠释,乃至在这样新话语方式的挖掘和诠释过程中建构本土的思想和理论。于此,作为中国本土宗教的道家有非常独特的观察和认识。作为中国传播思想的一个典型资源,老子的"道可道,非常道;名可名,非常名",庄子的"道可传而不可受,可得而不可见"的思想,表达着道家对传播学的核心认识成就:"传播的不确定性原理"。在当前媒介化生存的大众传播时代,信息和知识的生产模式已经发生天翻地覆的改变语境下,这一合理的思想内核,将有助于化解基于当下传播技术和生态的西方传播理论阈限,为超越近代传播学之局限性、构建现代传播学实践和研究新模式,提供独特的中国视角。

加拿大传播学者伊尼斯在其《帝国与传播》一书开篇即言:"20世纪的突出特点之一,是对文明研究的关怀。"[1]美国政治学者亨廷顿有关文明冲突论的观点,也引发来自世界范围内对不同文化的文明起源和未来走向的思考。这样的思索反射到传播学研究和实践,尤其是中国的传播研究,更加凸显在引进介绍西方的传播

---

　* 本文原载于《新闻与传播研究》2009年第4期,第45—52页。
　** 吴景星,四川大学宗教学专业博士研究生。姜飞,中国社科院新闻与传播研究所副研究员。
　① ［加］哈罗德·伊尼斯:《帝国与传播》,何道宽译,北京:中国人民大学出版社,2003,第1页。

文化和传播学理的时刻，需要反观中国传统的文明①，到传统文明资源宝库中去探索其中蕴藏的有关传播的合理思想，并将其置于当下的全球文化语境中进行学理层面的检视，以丰富和推进传播学的研究。

传播与接受是传播学研究的中心问题。特定内容传播的可能性与有效性、受众对传播内容接受的可能性与有效性，究竟受到什么制约等问题，已经有诸多的研究积累；另外，传播过程的结构是否具有可知性、可控性？如何从根本上认识和把握传播的可能性？中国传统文明的道家对此有非常独特的认识和主张，认为真道乃"可传而不可受，可得而不可见"。如何才能实现"道"的传播？道家对此进行了引人入胜的探索。

一、"道可传而不可受"：传播的不确定性原理

"道"是道家道教思想的最高哲学范畴。那么"道"者为何，如何才能掌握、传递？在传播学领域，这一问题不仅是一个方法论的问题，而更重要的是科学认识的境界问题。

20世纪初，相对论和量子理论的问世，标志着人类认识能力的伟大进步，推动科学从近代牛顿式经典时代进入现代科学境界。量子理论中的"不确定性原理"（the uncertainty principle），使人类走出对世界本质及过程的线性、确定性认识，进入非线性、不确定性的更深认识，这是举世公认的重大科学进步。这些科学理论的道家哲学特征，深为学界所重②。然而在传播学领域，人类对于传播的可能性认识能够达到何等高度？是否能够在思想和理论方法上进入同现代科学一样的境界？

信息论的发明者香农（Claude E.Shannon）则对现代科学的这种不确定性认识从其对信息的独特定义角度做出了阐释，并启发了早期的传播研究。香农认为，所谓信息，也就是"在人们需要进行决策之际，影响他们可能的行为选择之概率的物质—能量的型式（pattern）。"换句话说，我们对事物的反应或决策都是基于对事物的认识进行的，任何事物都具有自己内在的属性或规律，这些属性和规律通过一定的物质或能量的形式（如重量、形状、颜色、温度、质感、声音等等）表现出来。香农的论文，主要是用数学表达式来考察和解决电信系统中的信息传

①　具体思想参见姜飞起草的《丙戌文明宣言》，发表于2006年12月在中国社科院召开的首届文明论坛。

②　有关研究参见 JiangSheng，"Chapter 5：Daoism and Uncertainty Principle，"in Pranab Das，ed.，Perspectives on Science and Spirituality，West Conshohocken/Pennsylvania：Templeton Foundation Press，2009.关于现代科学这种新发展的反证表达，参考 Michael Billington，"The Taoist Perversion of Twentieth-Century Science，"Fidelio，Vol.III，No.3（1994）.

输问题，但具有重要意义的是，在香农的眼中，信息已经不是单纯的物理信号，而是适用于自然界和社会一切领域的一个普遍概念[1]。由于香农的信息论的诞生，"信息开始作为在整个世界起作用的普遍原理展现在我们面前。它赋予无形以有形，阐释各种运动形态的特性，甚至能够解释以特殊符码形式表现出来的人类思维的形态"[2]，这是让人始料不及的。这启发研究者思考，作为人的大脑中的思想这样一个"黑暗的大陆"，又如何实现对它的了解，又如何实现这样不同的大脑——不同的黑暗的大陆——彼此之间的一种对话和影响，所谓如何传播以及传播的效果研究。自弗洛伊德以降的心理学家，已经开始从信息论的角度尝试为这个"黑暗的大陆"进行外在表现和内在思考的信息编码，试图揭开这个大陆的谜。而作为传播学四大先驱之一的霍夫兰（Carl Hovland）则进一步把心理实验的方法引进了传播学领域，揭示传播效果形成的条件性和复杂性，他主持的"关于传播与态度改变的耶鲁项目"，通过实验的方法揭示传播效果形成的诸条件，如信源的条件、传播方法和技巧的条件以及受传者本身的属性条件等等。这些传播学内外领域的尝试，都在不断地逼近对于思想传播方式和效果的理性结论；当前的一些传播实证研究方法比如"眼动仪"（通过对眼球驻足某些信息的时间和漂移状况来建构传播活动和传播效果之间的量化指标模型）的引入以及利用脑电图技术指标来分析传播效果，都既是这样的研究思路的延续，也同时在通过大量的实验数据的积累，努力实现着自然科学成果和人文社会科学研究的沟通和本领域的研究创新。问题在于，上述这些传播研究的初衷和目标，都是在一种"可传—可受"的主观大前提下，谋求一种有效的传播前景。因此传播学领域的这种"可传—可受"观念，其思维方式无异于（更准确地说是植根于）以牛顿经典力学为代表的近代科学思想方法。跨越千年时空，我们看到，古老的道家也曾探讨有效传播问题，但其基本的大前提却是"可传"而"不可受"。这样的"传"与"受"的博弈以及贯穿其中的千年道家思想的传播现实，无不为当今传播理论研究和传播现实提供了新的思考角度和丰富的思想。

首先，"道"无法通过一般逻辑认知系统加以把握或传播。老子告诫说：道无法通过人类的知觉能力加以把握，"视之不见""听之不闻""搏之不得。"[3] 庄子说："夫道有情有信，无为无形，可传而不可受，可得而不可见……"[4] 这意味着，"道"本身是不确定的："道意味着不确定性"；"道乃是一切可能的与不可能的之总

---

① 郭庆光：《传播学教程》，北京：中国人民大学出版社，1996 年，264 页。

② 转引自郭庆光《传播学教程》，北京：中国人民大学出版社，1996 年，第 264 页。

③ 见朱谦之：《老子校释》，北京：中华书局，1984 年，第 52 页。

④ 郭庆藩：《庄子集释》，王孝鱼点校，北京：中华书局，1961 年，第 246 页。

和"①。因此老子早已提出:"道可道,非常道;名可名,非常名。"② 这意味着,"可道""可名"的具体内容,只是对某种更本质性存在的暂时性、表面化、姑且的表达和传递,而不能真实地表达"常道""常名"所指向的永恒本质——"道",而它才是我们所欲表达、所欲传递的内容。问题在于,当我们试图通过一般传播方式传递"道",就会发现:"道出言,淡无味,视不足见,听不足闻,用不可既。"③如何应对这种表达困境?老子说:"吾不知其名,强字之曰道,强为之名曰大。"④他用"强"字向我们突出强调了,不可用"名""字"之类的概念符号去指代"道"这个无法用一般认知系统掌握的对象,"道"将永远是那个隐藏在僵硬概念表象背后难以蹴及的水源。

其次,"道"无所不在。庄子用寓言纵深表达了"道"的"无所不在"属性:

东郭子问于庄子曰:"所谓道,恶乎在?"庄子曰:"无所不在。"东郭子曰:"期而后可。"庄子曰:"在蝼蚁。"曰:"何其下邪?"曰:"在稊稗。"曰:"何其愈下邪?"曰:"在瓦甓。"曰:"何其愈甚邪?"曰:"在屎溺。"⑤

如此,则何以传"道"?所传何"道"?传"道"之术,是一个引人入胜的问题。显然,"道"只能以启迪受众之悟性而相传授,故其传授过程,实乃人之心性在特定语境下之定向启悟过程。颇受道家影响的禅宗,历史上著名的"德山棒,临济喝",⑥都是典型的启迪式传播,颇似庄子回答东郭子关于"所谓道,恶乎在之问"这种启迪式传播方式,目标指向"道"这种具有不确定性的传播内容,用暗示之法指引受众自己去尝试体悟"道"这个传播内容。但这些不确定过程性表达系统本身就成为"道"这一传播内容的结构话语。如何认识道家传播思想的逻辑合理性?借助于符号学和灰箱理论⑦的方法,或有助于我们认识和思考道家提

① "Dao means uncertainty""The Dao is the totality of all possibles and impossibles", 参见 JiangSheng, "Chapter 5: Daoism and Uncertainty Principle," in Pranab Das, ed., Perspectives on Science and Spirituality, West Conshohocken/Pennsylvania: Templeton Foundation Press, 2009.

② 见朱谦之:《老子校释·道德经》,北京:中华书局,1984年,第3页。

③ 见朱谦之:《老子校释·道德经》,北京:中华书局,1984年,第141页。

④ 见朱谦之:《老子校释·道德经》,北京:中华书局,1984年,第101页。

⑤ 郭庆藩:《庄子集释》,王孝鱼点校,北京:中华书局,1961年,第749—750页。

⑥ 历史上禅宗匠师接引学人,或用棒打,或大喝,以杜其虚妄之思,考验悟性,并暗施启悟。宋代著名禅僧圜悟克勤《碧岩录》第二则:"直饶棒如雨点,喝似雷奔,也未当得向上宗乘中事。"相传用棒始于唐代德山宣鉴与黄檗希运,用喝始于临济义玄(或谓马祖道一),故有"德山棒,临济喝"之说。

⑦ 控制论创始人维纳最初称之为"闭盒"(Closed Box),后来艾什比、维纳又称其为"黑箱"(BlackBox,或译"暗盒")。

出的"道"的"可传而不可受"问题。虽然道家先贤反复强调"道"的不可表达不可传授性质，但毕竟道家思想还是得到了有效的传播，且历史影响巨大。此中秘密何在？ 如上所述，在早期道家思想内部对"道"的探索讨论中，即存在着通过间接暗示、启发方式的表达系统。仔细观察这个表达系统，可以看出，在这里，特定功能（意义）通过特定结构（符号）得到表达：运用一种过程性、结构性的话语，老子所谓"强字之""强为之"、庄子所谓"可传"与"能指"或媒介，暗示所要传播的内容：老子所谓"无味""不足见""不足闻""不足既"、庄子所谓"不可受"，即"道"：符号学所谓的"所指"或意义，正是道家表达、传播其所追求的"道"这个终极意义时所采取的传播方法。在道家这种间接表达的话语逻辑中，"所指"的边界界定的困难，通过对"能指"的边界表达的控制："大音希声，大象无形"①，得到了至善的解决，使道家思想与其他诸子思想的边界得以限定，又不至于使道家思想自身的表达空间受到局限，"道"的真实内涵总是能够活生生地、真切地在一个系统结构中得到表达，达到老子所说"善言无瑕谪"②的最高表达、传播境界。这说明道家拒绝直接、清晰、具体描述"道"之内涵，拒绝言说的方法选择，③确有其不可替代之思想传播价值。

二、"有真人而后有真知"：受众素质

对传播的制约"得道"乃是一切修为之终极目的，无论道家抑或道教，均以此为最高目的。然而在道家看来，只有"真人"才能得受"道"之真谛，成为像神一样无所不知、无所不在、无所不能、超越一切自然局限性的永恒存在。庄子描述了一些上古神话中得"道"者所获得的自由境界："豨韦氏得之，以挈天地；伏戏氏得之，以袭气母；维斗得之，终古不忒；日月得之，终古不息；堪坏得之，以袭昆仑；冯夷得之，以游大川；肩吾得之，以处大山；黄帝得之，以登云天；颛顼得之，以处玄宫；禺强得之，立乎北极；西王母得之，坐乎少广，莫知其始，莫知其终；彭祖得之，上及有虞，下及五伯；傅说得之，以相武丁，奄有天下，乘维、骑箕尾而比于列星。"④接着又以南伯子葵与女偊的对话，揭示"圣人之道"如何可得传播：

① 见朱谦之：《老子校释》，北京：中华书局，1984 年，第 171 页。
② 见朱谦之：《老子校释》，北京：中华书局，1984 年，第 107 页。
③ 《道德经》："知者不言，言者不知"（第 56 章）；"不言之教，无为之益，天下希及之。"（第 43 章）
④ 郭庆藩：《庄子集释》，王孝鱼点校，北京：中华书局，1961 年，第 247 页。

南伯子葵问乎女偊曰："子之年长矣，而色若孺子，何也？"曰："吾闻道矣。"南伯子葵曰："道可得学邪？"曰："恶！恶可！子非其人也。夫卜梁倚有圣人之才而无圣人之道，我有圣人之道而无圣人之才。吾欲以教之，庶几其果为圣人乎？不然，以圣人之道告圣人之才，亦易矣。吾犹守而告之，参日而后能外天下；已外天下矣，吾又守之，七日而后能外物；已外物矣，吾又守之，九日而后能外生；已外生矣，而后能朝彻；朝彻而后能见独；见独而后能无今；无古今而后能入于不死不生。杀生者不死，生生者不生。其为物无不将也，无不迎也，无不毁也，无不成也。其名为撄宁。撄宁也者，撄而后成者也。"南伯子葵曰："子独恶乎闻之？"曰："闻诸副墨之子，副墨之子闻诸洛诵之孙，洛诵之孙闻之瞻明，瞻明闻之聂许，聂许闻之需役，需役闻之于讴，于讴闻之玄冥，玄冥闻之参寥，参寥闻之疑始。"[①]

庄子的这两段论述很值得注意。前一段，南伯子葵回答女偊"道可得学邪？"的问话，并没有直接告诉他，如何直接"学道"，而是通过描述一种悟道的过程及体悟者在此过程中逐渐所获某些特别能力，表达了得道的间接性。后一段，回答的则是这种悟道方法的传播线索。

"以圣人之道告圣人之才"式的传播，同庄子提出的"有真人而后有真知"[②]的思想完全一致。这样的一种传播思想，与目前一般认可的传播"意见领袖"理论有同有异。拉扎斯菲尔德等人在1940年围绕总统大选所做的"伊里县调查"所提出的两级传播过程，其中核心概念的"意见领袖"是那些对无论是报纸、杂志还是广播接触频度和接触量都远远高于和大于一般人的人，是从信息接触消费角度进行的主体的界定。而道家思想传播所谓以"圣人之道"告"圣人之才"，其中核心概念是同样处于传播主体位置的"圣人之才"，即庄子所谓"真人"，是某个或某些已经了悟自己所传播的信息（或者说"道"）内涵和外延之后的人，是清楚地知道自己行为方式和行为方向的人，是信息的主宰者甚至是信息或者"道"的传承和创新者。这就清楚地将这个传"道"之人从普通的传播"信息"的人本质地区分开来，同时，当代传播学中的"意见领袖"是整个传播网络中的一个节点，是根据信息接触度来自然形成和无法培养的，它完全不同于道家思想传播中对"真人"的寻找和建构。

相对于"意见领袖"对信息的"二传手""三传手"等的简单传递行为，道家的"真人"对思想的了悟和创新基础上的复杂而成功的传播过程研究则更有一种

---

① 郭庆藩：《庄子集释》，王孝鱼点校，北京：中华书局，1961年，第251—256页。
② 郭庆藩：《庄子集释》，王孝鱼点校，北京：中华书局，1961年，第226页。

研究的深度和理论意义。"真人"具有"意见领袖"全部的特征和气质，除非有特例发生（具有"真人"特征的意见领袖的诞生），否则后者则仅限于大众传播过程中的一个环节。同时，反思当下的传播研究现状，对意见领袖的这种仅限于信息接触度的关注和研究，以及由这样的研究出发点所进行的延伸研究总体会使得传播研究停留在一种浅层次的知识生产，既不能把握传播研究的复杂性，也无法有效地落实迄今为止几乎所有传播研究者的目标：有效传播的最终目标。

此时，中国传统文明中道家思想中聚焦于"真人"的思想传播方式和传播过程，就凸显出对当下传播研究的理论和思想意义。

以往的出发于"意见领袖"的传播研究，贯穿其中的是对信息的关注和信息传播过程的研究；而反观中国道家的传—受思想我们看到，贯穿其中的是对知识的关注和知识生产传播过程的研究。在当前大众传播媒介不断以"信息的生产"混淆、取代"知识的生产"大背景下，若要成功地把握信息生产和传播的机理和过程乃至结果，就必须要清楚地把握，这样的信息生产是如何介入人类知识生产的过程甚至要取代知识生产的过程的，以往的传播研究基本上集中在这样的研究结果和研究过程中；更重要的是，下一步的传播研究，需要研究既往的人类知识的生产和传播模式，其成功的经验将如何为当前大众传播研究提供学理乃至实践的根据，既要避免信息的大规模提供给人类知识生产和文明的传承带来的不必要的冲击或者侵蚀，也通过对知识生产和传播模式的探索，研究如何充分利用和把握信息生产和传播的规律，将信息和知识的生产进行有效组合，既实现传播模式的创新，也达成所有的不管是信息传播还是知识传播的成功目标。

道家思想传播之所以容易成功，原因在于受众与传播内容之间具有"圣"的通同性。这个"圣"的通同性，需要信息的传播促进知识的传播，从而实现受众既有的知识储备的变动和更新，从而更有效地和信息传播者的知识库存从量到质的相和，从而实现传播过程和传播效果的合拍。

然而，对于一般传播过程而言，"知有所待而后当，其所待者特未定也。庸讵知吾所谓天之非人乎？所谓人之非天乎？"[①]传播者的信息和知识库存与受众的信息储备（"有所待"的知识）并非全然吻合，显然"道"若通过这种"有所待"的知识获得与传播方式加以传播略显幼稚。那么，通过什么样的传播过程，才能传播"真道"，使更多的人共同达于"得道"这一目的？对这个问题的回答，就凸显出道家独特的传播"秘笈"。

除了上述南伯子葵回答女偊所描述的方式外，庄子还记述了一种"坐忘"式

---

① 郭庆藩：《庄子集释》，王孝鱼点校，北京：中华书局，1961年，第225页。

的过程性得道之术：

> 颜回曰："回益矣。"仲尼曰："何谓也？"曰："回忘仁义矣。"仲尼曰："同则无好也，化则无常也。而果其贤乎！丘也请从而后也。"[1]

很显然，这一模式再次对基于物性的"肢体""聪明""形""知"等符号知觉认识系统予以怀疑、贬斥，而要求以退行式心理控制过程，逐渐进入与万物之始的"道"不断接近的状态。

与此相关的是，道家传播思想中有些在被认为是消极的因素，如老子说："古之善为道者，非以明人，将以愚之。民之难治，以其多智。故以智治国，国之贼；不以智治国，国之福。"[2]但如果基于以上庄子之论，仔细理解，便会发现，这一思想的内涵并非如其字面所见，从道家思想内部逻辑结构乃可得其正解。

与此类似的方法，亦见于庄子的两段生动描述。其一是黄帝为学道而与广成子的对话过程。据说黄帝立为天子十九年，令行天下，闻广成子在空同之山，遂往问道："敢问至道之精。吾欲取天地之精，以佐五谷，以养民人。吾又欲官阴阳以遂群生，为之奈何？"广成子答曰："而所欲问者，物之质也；而所欲官者，物之残也。自而治天下，云气不待族而雨，草木不待黄而落，日月之光益以荒矣，而佞人之心翦翦者，又奚足以语至道！"于是黄帝又经一番修身，乃得广成先生之教诲：

> 至道之精，窈窈冥冥；至道之极，昏昏默默。无视无听，抱神以静，形将自正。必静必清，无劳女形，无摇女精，乃可以长生。目无所见，耳无所闻，心无所知，女神将守形，形乃长生。慎女内，闭女外，多知为败。我为女遂于大明之上矣，至彼至阳之原也；为女入于窈冥之门矣，至彼至阴之原也。天地有官，阴阳有藏。慎守女身，物将自壮。我守其一以处其和。故我修身千二百岁矣，吾形未常衰。彼其物无穷，而人皆以为有终；彼其物无测，而人皆以为有极。得吾道者，上为皇而下为王；失吾道者，上见光而下为土。今夫百昌皆生于土而反于土。故余将去女，入无穷之门，以游无极之野。吾与日月参光，吾与天地为常。当我缗乎，远我昏乎！人其尽死，而我独存乎！ [3]

---

① 郭庆藩：《庄子集释》，王孝鱼点校，北京：中华书局，1961 年，第 282—285 页。
② 见朱谦之：《老子校释》，北京：中华书局，1984 年，第 263—264 页。
③ 《庄子集释·在宥》。"女"通"汝"，作者注。

其二是云将向鸿蒙问如何以"道"干预自然界的生命过程。云将东游，过扶摇之枝而适遇鸿蒙，云将问："天气不和，地气郁结，六气不调，四时不节。今我愿合六气之精以育群生，为之奈何？"鸿蒙拊脾雀跃掉头曰："吾弗知！吾弗知！"云将不得问。又三年，东游，过有宋之野，再次遇见鸿蒙。云将又一次执着问道，终得鸿蒙之教：

> 鸿蒙曰："意！心养！汝徒处无为，而物自化。堕尔形体，吐尔聪明，伦与物忘，大同乎涬溟。解心释神，莫然无魂。万物云云，各复其根，各复其根而不知。浑浑沌沌，终身不离。若彼知之，乃是离之。无问其名，无窥其情，物固自生。"云将曰："天降朕以德，示朕以默。躬身求之，乃今也得。"[①]

由上所见，可知道家的探索基本内核是要通过受众群体自我认识方式的重建，去体悟大道，实现社会的内在治理，而在某种程度上拒绝直接以知识的传播和实践，去做"取天地之精，以佐五谷，以养民人""官阴阳以遂群生"，或"合六气之精以育群生"之事，其目的之实质就是要干预自然过程，而这完全违背道家所倡导的"道法自然""无为而无不为"的思想主张。但在当前这种"媒介化生存"的背景下，大众传播媒介已经基本主导了信息乃至知识的生产和传播过程，每时每刻滚动的信息流已经无论从方式、过程和效果上，都完全不同于道家思想当年传播的生态，期待着受众群体自我认识在"无为"的传播模式下进行重建已经不可能，因为海量的信息其实在每一刻都提供着万般的选择和方向，受众已经是"多歧路"，很容易就"歧路亡羊"。亡掉的"羊"非道家思想传播的受众，让"羊"亡掉也非道家思想传播的目标。那么，又如何秉持道家的"无为"本意，又不让"羊"在歧路亡掉呢？

三、"玄同"：传播的至高境界

以道家的"不确定性传播原理"观之，传播之最高可能性是什么？是否要从受众那里看到与传播主体所传递之意愿或内容完全一样的表现？（如上文所说知识库存和知识储备的相和。）显然，如果从受众那里看到这样的表现，传播者一定对受众施加了强大的压力，要求他们必须接受其旨意，受众心态遂在此压力下发生畸变，不经意间做出"已全盘接受"之假象。这样的现象无论是在战争还是和平时期，已经通过"传"表现出来，也通过后来对宣传的研究点化出来，不赘。

---

① 《庄子·在宥》。

但如何才能避免这种问题的出现，而尽可能逼近原本意义上的传播？要把握乃至控制传播的可能性和有效性，必须把握和控制传播过程，进一步说是把握和控制传播过程的结构。那么传播过程的结构是否具有可知性、可控性，传播者是否应对传播过程的结构进行干预？尽管道家表达了一系列的无为主张，但在控制传播过程的结构这一问题上，老庄还是提出了相当有为的主张。不过，这种有为乃是施加于传播者自身，要求传播主体因应环境，对传播过程的结构进行控制，从而达到对整个传播过程的合目的的控制，达到彼我"玄同"的最高传播境界。老子说：

塞其兑，闭其门，挫其锐，解其纷，和其光，同其尘，是谓玄同。①

这应是不确定性原理下传播的最高境界。所谓"玄同"，意味着传播作用不可能与传播的原始内容完全相同，而应追求某种更加深邃的同——尽管在表面上不一定相同，这才是本质性的"同"，即达到了对受众的"同化"作用。思想的传递，如何才能达此境界？

道家的回答是，对传播过程的有为控制，目的是使传播过程在现象上呈现为"无为"样态，避免使过程产生预期之外的问题，而实现"我无为，人自化"②的效果。

为此要以受众为中心考虑传播过程的结构及其适应性控制，不要试图时时处处刻意彰显自己所欲传播之内容，相反，老子强调，"大音希声，大象无形"③。"不自见，故明；不自是，故彰"④。"自见者不明；自是者不彰"⑤。所以"取天下常以无事，及其有事，不足以取天下"⑥，"圣人后其身而身先，外其身而身存。以其无私，故能成其私"⑦。而掌握受众的需求，则是适应的基础。这种需求的最深厚的内在构成因素则是他的文化传统："知者不言，言者不知"⑧。因此"圣人无心，以百姓心为心"⑨，这意味着，必须选择适应这条道路，适应和利用已有环境，使之恰恰成为自己的表达机制，而不是主观强调（"言"），才能达到传播的最高境界。

---

① 《道德经》56章。
② 《道德经》57章。
③ 《道德经》41章。
④ 《道德经》22章。
⑤ 《道德经》24章。
⑥ 《道德经》48章。
⑦ 《道德经》7章。
⑧ 《道德经》56章。
⑨ 《道德经》49章。

老子所论适应，乃如水之就下："上善若水。水善利万物而不争，处众人之所恶，故几于道。"要求做到"言善信，政善治，事善能，动善时"①，雌、柔而不争。受众对传播主体的感受，层次实有不同：

太上，不知有之；其次，亲之豫之；其次，畏之侮之；信不足，有不信。由其贵言。成功事遂，百姓谓我自然。②

进一步说，"受国之垢，是谓社稷主；受国不祥，是为天下王"③。"江海之所以能为百谷王者，以其善下之，故能为百谷王。是以圣人欲上民，必以言下之；欲先民，必以身后之。是以圣人处上而人不重，处前而人不害。是以天下乐推而不厌。以其不争，故天下莫与之争。"④要追求一种虚怀若谷的兼容能力，这样才能实现传播过程对所有受众的融摄。思想的传播可追求这种理想境界，乃是因为"天之道，不争而善胜，不言而善应，不召而自来，繟然而善谋。天网恢恢，疏而不漏"⑤。认识到这一点，并充分利用"道"的这一特性，必能"不争""不言""不召"而达此境。

何故？老子看到："天之道，其犹张弓！高者抑之，下者举之；有余者损之，不足者与之。天之道，损有余而补不足。人道则不然，损不足，奉有余。"⑥许多人汲汲于谋求传播的高度有效性，于是往往采取强制性或诱惑性的措施，这只能收一时之效（往往是表现为"有余"的强势态），而不能保其实效（实际结果恰恰可能是遭"抑之""损之"）。是乃传播之欲望同人性之间的某种张力所致。只有依从"天道"逻辑，分析和顺应受众之内在需求，在现实过程中适当采取"将欲歙之，必故张之；将欲弱之，必故强之；将欲废之，必故兴之；将欲取之，必固与之"⑦的战略，才能获受众"举之"之效，无疑这才是真实可靠、值得期待的传播效果。

在传播主体方面，同样应追求以实质效果为目标的自身表达上的多样性或者说对于受众方而言在表象上的不确定性。譬如老子告诫传播者和受众一个共同的基点："信言不美，美言不信"⑧，"多言数穷，不如守中"⑨。要使传播内容达到真

---

① 《道德经》8 章。
② 《道德经》17 章。
③ 《道德经》78 章。
④ 《道德经》66 章。
⑤ 《道德经》73 章。
⑥ 《道德经》77 章。
⑦ 《道德经》36 章。
⑧ 《道德经》81 章。
⑨ 《道德经》5 章。

实可靠，必须符合一个真实逻辑，要"言善信"，[1] 追求的是实质的而不是表象的一致性。在实践的层面，老子所推崇的是"善行无辙迹，善言无瑕谪，善数不用筹策，善闭无关楗而不可开，善结无绳约而不可解"[2] 的"自然"[3] 信实状态。

同时要特别学会运用某些"有"的形而下的手段（"能指"）来表达所要传播的形而上的内容（"所指"），譬如仪式。老子举述车轮为例，喻示某些场合下简洁的"有"结构（"能指"）所可能架设形成的表达与传播功能：

三十辐，共一毂，当其无，有车之用。埏埴以为器，当其无，有器之用。凿户牖以为室，当其无，有室之用。故有之以为利，无之以为用。[4]

然后当以百姓心为心，与其相印、相通，"行不言之教"[5]，"不自见，故明；不自是，故彰；不自伐，故有功；不自矜，故长"[6]，从而达到"为无为，事无事，味无味"[7]"无为而无不为"[8] 的传播行为与管理效果。

然而老子不无遗憾地表示，许多人虽然能够理解到他所教诲的这种高境界，却难以进入："吾言甚易知，甚易行。天下莫能知，莫能行。"[9] 这意味着，不确定性原理决定了，传播的这种至高境界，乃存在于永恒的追求之中。

在深刻理解媒介化生存的社会语境中，充分认识到当前信息生产模式对既往人类知识生产模式的冲击和改变，体悟到受众对信息和知识的接受方式和渠道已经发生天翻地覆的改变、现代传播技术还在不停地推进传播模式的创新的大前提下，认识到现有的、当下的传播技术基础上的传播理论的阈限，探寻传统的传播模式成功经验与当下有效传播模式相和的潜质，对以往的传播理论既有消化吸收，也有理论、话语创新，摸索出一条新的理论本土化的实践之路或者理解"本土化"的思维模式，乃本文对道家思想传播模式探索之初衷，述之以就教于方家。

---

① 《道德经》8 章。
② 《道德经》27 章。
③ 《道德经》25 章。
④ 《道德经》11 章。
⑤ 《道德经》2 章。
⑥ 《道德经》22 章。
⑦ 《道德经》63 章。
⑧ 《道德经》37 章、48 章。
⑨ 《道德经》70 章。

传播学中国化：在地经验与全球视野 *

史冬冬 **

摘　要："传播学中国化"自20世纪80年代提出以来，即成为中文传播研究中最重要的议题之一。梳理该议题的产生及其内涵外延的来龙去脉，一方面形成对"传播学中国化"较为全面的认知，另一方面接续和回应围绕其合法性和可能性引发的讨论与观点。这些论争隐含了"传播学中国化"作为在地经验的研究与西方学术霸权乃至全球化之间的关系问题。"传播学中国化"应自觉置身于全球知识生产的场域中，首先借鉴和入乎西方理论之内，以研究中国特色的在地经验，彰显其理论的特殊性一面，进而超越和出乎西方理论之外，在全球视野中互映中西方传播理论，在对话融通中提升中国传播理论的普遍性一面，最终实现理论特殊性与普遍性辩证统一的全球在地化。

关键词：传播学中国化；传播理论；在地经验；全球化

中国传播学的系统发展始于20世纪70年代末、80年代初，迄今已有30余年。在此期间，包括港台在内的华人学者着眼于中国的传统历史文化与当代现实，发掘具有本土特色的传播现象与观念，意图建构中国特色的传播理论体系，这在中文新闻传播学界从一开始即是孜孜以求的学术目标，被称为"传播学中国化""传播学本土化"或"传播研究本土化"等。另一方面，自其伊始，华人学者就围绕"传播学中国化"的合法性和可能性展开论争，赞成与反对对立，实践与反思并存，争鸣之声至今不绝，这使其成为中文传播研究中几乎最具影响力的议题，也是中国传播学30年来苦苦摸索以求发展突破的一个关键问题。

一、传播学的中国化

早在1977年美国传播学者施拉姆（Wilbur Schramm）访问香港中文大学时，他即提倡发掘中国传统文化中的传播遗产。首次论及"传播学中国化"这一命题

　＊　本文原载于《社会科学研究》2015年第5期，第45—49页。

　＊＊　史冬冬，厦门大学新闻传播学院副教授。

及其内涵的，是香港中文大学传播研究中心的创立者余也鲁。他在 1978 年香港中文大学主办的第一次"中国传学研讨会"上，作了题为《中国文化与传统中传的理论与实际的探索》的演讲。他认为："文化与传统若不同，作为生活不可分割的一部分的传的观念、原则、形式也随之而异。因此，在中国的文化、传统与实际中应该可以找到中国的传播理论。"余氏不仅从议题设置上旗帜鲜明地倡导中国化的传播理论与范式，并且进一步探索它的取径与步骤，就如何在中国历史与传统中探寻传播理论提出了"十二个入口"。① 余也鲁的呼吁成为"传播学中国化"的先导。在大陆，"传播学中国化"的思想源头可以追溯至 1982 年在北京举行的第一次西方传播学研究座谈会，会议形成了对待这一外来学科的十六字方针："系统了解，分析研究，批判吸收，自主创造，……要结合中国实际，建立起符合中国国情的、有中国特点的新闻学或传播学"，② 该会议为传播学中国化提供了思想理论上的依据。

1993 年，在厦门大学召开"首届海峡两岸中国传统文化中传的探索座谈会"，论题涉及中国传统文学、哲学、历史、语言、民俗、人类学、经济等多个领域中的传播现象，会后出版了《从零开始：首届海峡两岸中国传统文化中传的探索座谈会论文集》（1994），这一标题意味着，中国学界开始正式有组织地展开中国传播学的本土研究。同一时间在厦门，还举办了第三次全国传播学研讨会，中心议题就是建设有中国特色的传播学理论体系，正式提出传播学"本土化"的问题。③ 这一系列传播学会议对"传播学中国化"议题的确立有倡导和推动之功。

此外，研究著述更是代表了这种学术努力的成果。吴予敏的《无形的网络：从传播学的角度看中国的传统文化》（1988）是国内第一本传播学中国化的专著。此后，中文传播学界陆续出版了一批中国特色的传播学著述，专著如尹韵公《中国明代新闻传播史》（1990）、关绍箕《中国传播理论》（1994）、孙旭培主编《华夏传播论》（1997）、张立伟《心有灵犀：儒学传播谋略与现代沟通》（1998）、李敬一《中国传播史论》（2003）、金冠军及戴元光主编的《中国传播思想史》（2005）等；论文如陈力丹《论孔子的传播思想》、黄星民《礼乐传播初探》、邵培仁《论中国古代受众的信息接受特色》、何庆良《先秦诸子对传播功能的认识与应用》等。这些研究基本属于余也鲁提倡的研究路径："回到过去"，在中国传统文化中寻求传播观念，从历史经验中总结传播特征，建立自己的理论框架，偏重于传播理论的中国化。此外，"传播学中国化"还有另一种路径："着眼当下"，借鉴西方传播理

---

① [美] 宣伟伯：《传学概论》，余也鲁译述，北京：中国展望出版社，1985 年，译者代序。

② 邵培仁：《传播学导论》，杭州：浙江大学出版社，1997 年，第 17 页。

③ 明安香：《中国新闻年鉴》，北京：中国新闻年鉴社，1994 年，第 141 页。

论研究中国现实问题，针对当代社会改革发展中的传播问题提出新观点，这种研究更关注传播应用的中国化，其研究成果在中文传播学界更是不胜枚举。

简言之，"传播学中国化"是华人学者倡导的从传播视角研究中国传统与现代的社会历史及其思想观念，一方面"将中国历史和传统中所出现的传的现象、事件、思想进行分析，在共同性中寻求特殊性，并提炼出来，作成规律、原则，甚至理论"，[①] 另一方面借鉴西方理论，对现当代中国社会的传播活动展开研究，提供传播策略，解决传播问题，并在此过程中探索新的传播理论。前者以古代中国为主，后者以现代中国为主，在两者基础上抽象概括出契合中国历史与现实的传播概念、模式乃至理论范式，彰显文化的特殊性，又兼顾理论的普遍性，以期建构中国特色的传播理论体系。

二、"中国化"：合法性与可能性之辩

"传播学中国化"在提出后，并非获得国内学界的一致认同，一些学者从不同角度对这一命题的合法性与可能性提出了质疑与反思。

20 世纪 90 年代，徐耀魁撰文指出，这一提法的弊端在于过分强调其特殊性，把传播学仅仅视为一种方法，仅局限于一个民族、一个国家，一个地区，未免有些片面和狭隘。[②] 持类似看法的还有陈力丹，他强调社会科学理论普遍性的一面，"某学就是某学，一定要某国的什么学，其实很难成学。……不宜简单地将研究中国历史与现实中的传播观点，视为是传播学的'本土化'。"[③] 这两位学者是对"传播学中国化"的合法性、特殊性提出了质疑。然而，传播学的研究对象是人而非客观规律，无论古代还是现代中国，传播语境、传播主体的思维与行为模式、传播载体等与西方均有所不同，不具有超越国界的普遍性，西方亦然。因此笔者更同意李金铨的观点："西方传播学理论不能定于一尊，而且除非经过国际层面的考验，终究还是停留在'西方'的理论层面。"[④] 换言之，在传播学的西学东渐中，源自西方脉络的传播理论未必具有跨文化的普遍性，如"现代化理论"以及受其影响的国际传播学经典之作丹尼尔·勒纳（Daniel Lerner）的《传统社会的消逝》（1958），以西方现代化的历史模式强加于中东等第三世界国家之上，如今已受到

① 余也鲁：《从零开始：首届海峡两岸中国传统文化中传的探索座谈会总结》，余也鲁、郑学檬：《从零开始：首届海峡两岸中国传统文化中传的探索座谈会论文集》，厦门：厦门大学出版社，1994 年，第 288—291 页。
② 徐耀魁：《我国传播学研究的得与失》，《新闻与传播研究》1998 年第 4 期。
③ 陈力丹：《关于传播学研究的几点意见》，《国际新闻界》2002 年第 2 期。
④ 李金铨：《传播研究的典范与认同：一些个人的初步思考》《传播研究与实践》，2014 年第 4 期。

诸多批判。祝建华也以自己的研究经验证明，西方传播研究中的受众和效果理论，"对于个人主义至上、并已被充分研究的西方社会（尤其是美国）或许并不构成太大问题，但是对于研究大陆的受众及效果却有'隔靴搔痒'之效"，[①] 原因即在于中国不同于西方的社会政经体制和媒介环境。因此，与西方传播理论一样，中国的传播经验及其模式观念无疑也具有其历史文化的特殊性，传播学的中国化有其存在的合法性和学术意义。

对社会科学理论持普遍性的观点，不仅容易忽视本土化研究的文化特殊性，另一方面，这一观念加之西方理论不可否认的强势地位，使一些学者对中国化的研究是否可能也产生疑虑。如李彬曾指出，传播学中国化面临着西方霸权的困境，当人们从传统文化中总结传播学的本土特色时，实际上早有一个"固定的范式与框架预先设置在思想之中"，"所使用的核心概念却无一例外地属于舶来品"，这时"以独立独行相标举的本土化，本质上也许恰恰显示出西方话语的支配性"[②]。确如李彬所言，传播学从概念术语到研究范式都以美国传播研究为宗，中国传播研究无论方法还是理论都随着美国式传播研究亦步亦趋，不乏以西方理论设定中国的传播议题，或以国内的传播现象附会西方的理论概念，实乃削中国实情之足以适西方理论之履。因此李彬的担心不无道理，但却不能因噎废食。真正的"中国化"，是从具体国情出发，将中国社会的传播经验摆在首位，直面当代中国社会变革与传媒变迁中的真问题，基于自身的文化传统思考它的认识论和方法论，探索契合传播实情的学术语言与研究典范。如上述《无形的网络》即从中国古代社会的实际情况出发，考察独特的语言文字与非语言传播媒介、家族、社团等社会组织及其传播方式、政治体系及其传播控制、儒道法墨等思想流派的传播观念，并从传播视角总结了三种社会化传播结构："生命（生活）—传播结构""社会—传播结构""历史—传播结构"，勾勒出一幅较完整的中国古代社会传播的立体图式，[③] 在西方传播经验之外展示了新的传播模式，而并无对西方传播概念与理论生搬硬套的痕迹，诸如此类的研究为传播学中国化提供了一些示范性的研究路径。

三、全球在地化：从在地经验到全球理论

在上文中，无论是传播学中国化产生的缘由背景，还是围绕该议题展开的讨

---

① 祝建华：《中文传播研究之理论化与本土化：以受众及媒介效果的整合理论为例》，《新闻学研究》2001 年第 68 期。

② 李彬：《反思：传播研究本土化的困惑》，《现代传播》1995 年第 6 期。

③ 吴予敏：《无形的网络——从传播学的角度看中国的传统文化》，北京：国际文化出版公司，1988 年，后记。

论争议，实际上都指向全球化背景下知识生产的问题，或曰特殊性与普遍性、在地化与全球化的辩证关系。2000 年在新加坡举行的国际大众传播研究学会的年会上，中文传播研究学会组织了一场"中文传播研究之批判性回顾"的专题讨论。会议组织者汪琪教授在其建议书中总结了中文传播研究的问题："随着中文传播学术圈的扩展，人们对其在国际传播学界中的地位及贡献的不满也与日俱增。有学者在质问西方理论对中文传播研究是否有用，也有学者则批评中文传播研究缺乏理论性。问题是，我们还将偏安于国际学术界的边缘地带多久？"[①]边缘化是当代中文传播研究的学术境地，也是传播学中国化所面临的学术语境。因此引出的问题是，地处边缘的传播学中国化如何面对全球化的知识生产？两者的关系为何？

在本文中，全球化背景下的知识生产主要包含两层含义：一是人文与社会科学的理论知识由各种基于在地经验的研究构成，并在全球背景下流通。就传播学而言，全球化在本质上仍是西方化甚至美国化，由于学术霸权而形成了以美国为中心的知识生产格局。然而以美国为主导的西方理论仍是一种地方性理论，其解释的有效性和适用性需要在理论旅行中接受其他文化经验的验证。二是具有更广涵盖力和解释力的全球性传播理论，这是传播研究中的高阶创新。它必须基于地方性理论之间的比较，在互动对话中抽象出更宏观的理论范畴及体系。对传播学中国化与全球化知识生产的关系探讨，主要在这两层含义中展开。

首先，在全球化知识生产的趋势下，作为在地经验研究的中国传播学，不再可能如中国传统学术一般闭门造车、自说自话，它与西方传播理论不是两套互不相干的理论话语，相反，欧美传播研究作为当前该领域的主流，应作为传播学中国化的参考资源，后者要在充分吸收西方传播理论的基础上展开。这种吸收不是简单地以西方理论观照中国现实，或以西式研究方法解决中国传播问题，而是全面了解西方有关的社会与传播理论，学习其中具有普遍性的问题意识、思路和方法论意识，以之来活络眼光思想，勾勒在地的素材现象，遵循自下而上的研究路径，从具体传播经验而非西方理论预设出发直面中国的历史与现实，才能得出历史契合性的传播概念、思想乃至理论建构，从某个角度，它们又能与西方传播理论形成有效的比较，才有可能"最终创造出集东西方文化精华之大成的传播学"[②]。笔者以为，对西方理论的化用不着痕迹、润物无声，才是上之上者，而不像一些

① Wang, G, Chinese Communications Research: A Critical Review. Panel proposal submitted to the 2000 International Association for Mass Communication Research Conference Planning Committee, 2000.

② 钟元：《为"传播研究中国化"开展协作——兼征稿启示》，《新闻与传播研究》1994 年第 1 期。

学者认为的，"由于传播学的中国化过于强调的是一个'化'字，也就是化他为我，或者仅仅是把他人的东西改造成我们中国自己的东西，因此，这就很容易把思维的重点放在吸收和改造他人方面，而忽略完全基于我国文化土壤和现实基础的原创性追求"①。一方面，这是将理论手段当成了研究目的，另一方面，原创无疑是传播学中国化的终极目标，但在学术全球化的背景下，原创并不意味着由于"影响的焦虑"而排斥他者、自我独创，而是转益多师，入乎其内，出乎其外，正如李金铨所言，"先要钻进去学人家的东西，然后要能够跳出来，才能攀登另一个高度"，②否则"集东西方文化精华之大成"又如何可能？从现实的角度，中国传播学30多年的发展经历了译介、研究和自创的历程，原创本就是基于译介学习、研究应用之上和之后的。因此，传播研究的中国化虽然基于地方经验，但无法摆脱先在的西方传播理论的影响而单独发生，只有自觉置身于全球知识生产场域中，不断接受内外的激发和挑战，才能持续发展并具有跨文化对话的全球性意义。

其次更重要的是，传播学中国化与全球化知识生产的进一步关系，在于由特殊性、在地化上升至普遍性、全球化的理论升华。以往的学界讨论和实践主要注重内向的自我研究与理论建构，从方法论上缺乏与西方理论比较对话的全球视野。这首先取径于"文化间际的交互参引"③，基于第一层关系，中西方传播经验与理论构成不同文化间的交叉互映，由中国化而来的传播概念、方法与理论，一方面用来彰显民族特色，同时也用来"攻错"，即"两个文化之间在相关领域上有所对应，但是对应之间是不一致的，这种差异可以提供相互观看的斜角，也就是透过他者文化与母文化的不一致，产生母文化的问题意识，使得母文化的存在不再是理所当然，而是必须成为思考的对象，并借着他文化的错位观点，对母文化的物象化过程进行剖析，即可深化母文化的生成机制"。④"攻错"是母文化与他者文化相互间的过程，一方面深化对自身的陌生化理解，另一方面双方在"错位观点"的烛照下进一步存异而求同。这在当前传播研究中由于中西方学术格局的不平衡而似乎触不可及，但像比较文学等其他比较研究一样，在中国化的传播研究中加入中西的对比攻错是可行的，正如钱钟书先生对中学的研究始终在与西学的比较与发明中，差异性和共同性并举。与之同理，提倡"传播学中国化"的意旨在于注重

① 郝雨：《浅论传播学的中国化与原创性》，《当代传播》2008年第1期。
② 李金铨：《传播研究的典范与认同：一些个人的初步思考》，《传播研究与实践》2014年第4期。
③ 叶启政：《全球化趋势下学术研究"本土化"的戏目》，邹川雄，苏峰山主编：《社会科学本土化之反思与前瞻》，嘉义：南华大学教育社会学研究所，2009年。
④ 李维伦，林耀盛，余德慧：《文化的生成性与个人的生成性：一个非实体化的文化心理学论述》，《应用心理研究》2007年第34期。

中文传播的独特现象与规律，但并不意味着强调特殊性而忽视进一步的普遍性探索，而是力图从特殊性上升至普遍性，从中文传播的现象出发，探究重大的传播问题及其内在理路，随着抽象思维拾级而上，自然到达理论的层面取精用宏，此时或者形成原创性的理论与西方平等对话，或者在与西方理论的互映中探求联系、互补融通，从在地化走向全球化。在这一意义上，"传播学中国化"只是中文传播研究的起点，方向是国际化；不是特殊性，而是以在地经验充实传播理论库的普遍性，与西方理论展开平等比较与对话。只不过这是在地化与全球化辩证关系的终极目标，在当代中国化的传播研究中，尚无研究真正达到这一层面。

四、结语

传播学的中国化，这一提法本身就暗示出知识传播自西向东、由中心向边缘的走向，加之其所产生的时代背景，它所折射出的民族主义和学术自主意识不言而喻，其中焦虑与自信并存；另一边，则是英国学者詹姆斯·科伦（James Curran）等呼吁的传播理论要"非西方化"[①]。在这种你情我愿中，传播学中国化成为中文传播研究从地方走向全球，从追随西方亦步亦趋到以我为基自主对话的重要路径，其中包含的是地方经验与全球理论的辩证意识。在当代中文传播学界，香港一些学者由于西方的学术背景和中西交接的地缘优势，已经在上述第二层关系中展开耕耘和尝试突破；台湾和大陆的学者则倾向于向内看，主要致力于研究总结中国历史上的传播现象与理论，试图建构契合中国国情和文化传统的传播理论体系，而对当代中国传播的研究多为归纳与提出观点，尚未形成独特的研究范式和传播理论，整体上仍处于第一层关系中。因此，未来中国化的传播研究，一方面继续致力于对中国经验的研究，另一方面也需要具有全球的理论视野，将中国经验的特殊性上升至普遍性，从具体经验中抽象出理论概念，唯此才有可能实现在地经验与全球理论的辩证统一，实现知识生产的全球在地化，而"传播学中国化"这一命题才具有更深层的学术意义。

---

① James Curran and Myund-Jin Park，"Beyond Globalization Theory，"in James Curran and Myung-Jin Park，eds.，De-westernizing Media Studies，London：Routledge，2005，pp. 3-18.

第一讲
华夏内向传播研究

作为儒家内向传播观念的"慎独"*

谢清果**

摘　要：儒家的"慎独"是一种内省的内向传播活动，其本质是将外在的自我与他者关系概念化为内在的主我与客我的对话。首先，"慎独"的操持正是通过符号化圣贤形象为客我，进而与当下的主我进行自我互动，力争实现由凡入圣的心灵升华目的。在此过程中，儒家巧妙运用了视觉修辞，以其关系主义取向设置了"观看"的姿态，彰显了客我的内生动力，督促主我，效法客我，同时，充溢着强烈的"平天下"社会责任感。说到底，慎独的运作机制是个不断追求心物相合的过程，亦即儒家以"慎独"方式进行主我与客我的心灵对话，目标在于天人合一，消解道心、人心之别，促使两者"为一"为操作指向，同时在此过程中自然对他者产生示范和感召效应，发挥出其强大的社会功能，从而既成人，又成己，实现天下大同，体现出"慎独"作为内向传播的社会功能。

关键词：儒家；内向传播；慎独；心物相合；天下大同

导言

儒家在中华文明绵延中的地位与作用举世公认。从根本上讲，儒家思想要义在于试图通过形塑君子、圣贤人格来建构自我和谐身心、和谐人际、和谐社会与和谐天下的理想世界。而实现这一目标的起点与路径正是"慎独"。通过"慎独"，士人养成君子，君臣成为圣贤，如此天下方能同心同德，大同社会方为可期。可见，"慎独"是把握儒学的关键。回溯历史，早在明代，儒者刘宗周已明言"圣学之要只在慎独"[①]。现代新儒家梁漱溟也认为："慎独之'独'，正指向宇宙生命之无

---

* 本文原载于《暨南学报（哲学社会科学版）》2016 年 10 期，第 54—64 页。
** 谢清果，厦门大学新闻传播学院教授，博士生导师，传播研究所所长。
① 戴琏、吴光主编：《刘宗周全集》（第 2 册），台北："中央研究院"中国文哲研究所筹备处，1997 年，第 424 页。

对；慎独之'慎'，正谓宇宙生命不容其懈。儒家之学只是一个慎独。"① 随着二十世纪马王堆帛书《五行》、郭店楚简《五行》以及上海博物馆楚竹书等一批出土文献的面世，儒家"慎独"观念已然成为学术界热议的对象，以至有《出土文献与君子慎独——慎独问题讨论集》② 面世。就当前儒家"慎独"的研究成果来看，主要集中于对出现"慎独"的儒家文本梳理、释读以及"慎独"观念的历史流变考察，褒扬了"慎独"在儒家思想中的地位。

就内向传播（Intra-personal Communication，又称"人内传播""自我传播"）这一传播类型，中国乃至世界的传播学教学科研都相对忽视而侧重于大众传播。国内学者对内向传播虽有所认识，如戴元光、范东生、陈力丹、董天策、胡正荣在其著作中有章节涉及，但关注往往不够，匆匆略过，至今更无一本专门研究内向传播的专著。甚至有学者建议将内向传播排除在传播学之外。屠忠俊对此于1998 年率先发文为"内向传播"正名，他着重论述了自我传播一样具有社会性③。沙莲香在其著作中单列一章"信息传播的内在机制"，从认知过程和生理基础（主要指脑功能）来探讨"人之内的信息传播过程"④。郭庆光教授也是较早且较细致地将内向传播纳入传播学教材视野的学者，影响甚广。他认为内向传播"指的是个人接受外部信息并在人体内部进行信息处理的活动"，也是"个人的主体意识——自我意识主导下的传播活动"，并肯定内向传播"是其他一切传播活动的基础，任何一种其他类型的传播，如人际传播、群体传播、大众传播等，都必然伴随着人内环节，而人内传播的性质和结果，也必然会对其他类型的传播产生重要的影响"。他还认为"内省是人对自己的一种反思活动，也是一种重要的人内传播形式"，且明确将儒家的内省纳入其中。⑤ 此外，现有研究为数不多的论文，其研究大多侧重对内向传播的学理内涵、机制、模型及运用的思考。

与此研究路径不同的是，笔者近些年专注挖掘中国传统文化中的内向传播智慧，着重探讨儒释道的内向传播观念，已发表多篇专题论文⑥。本文拟从内向传播视角观照继续儒家的"慎独"观，以期阐发儒家独特的自我观。

---

① 中国文化书院学术委员会编：《梁漱溟全集》（第三卷），济南：山东人民出版社，2005 年，第 667 页。

② 梁涛、斯云龙编：《出土文献与君子慎独——慎独问题讨论集》，桂林：漓江出版社，2012 年。

③ 屠忠俊：《自我传播与大传播》，《华中理工大学学报（社会科学版）》1998 年第 3 期。

④ 沙莲香主编：《传播学——以人为主体的图像世界之谜》，北京：中国人民大学出版社，1990 年，第 265—310 页。

⑤ 郭庆光：《传播学教程》，北京：中国人民大学出版社，2011，第 61、65、67 页。

⑥ 《内向传播的视阈下老子的自我观探析》，《国际新闻界》2011 年第 6 期；《内向传播视域下的〈庄子〉"吾丧我"思想新探》，《诸子学刊》2013 年总第 9 辑；《内向传播视域中的佛教心性论》，《扬州大学学报》2016 年第 2 期。

一、作为一种儒家内向传播形态的"慎独"

传播学者陈力丹先生指出:"通过人内传播,人能够在与社会他人的联系上认识自己,改造自己,不断实现自我的发展和完善,从而使得自己能够更好地适应社会的需要,处理好各个方面的关系。"[①] 这一表述可视为对内向传播功能的概括。"慎独"作为内向传播活动亦包含以下三个层次:

其一,认识自己。因为人的一切言行举止的前提是基于自我认知,包括以自我为中心的他者认知和社会认知,此功夫古人称为"知人论世"。郭店楚简《成之闻之》有言:"慎求于己,而可以至顺天常矣。"[②] 该书强调圣人当具"天德",而"天德"的内涵在于:从自己身上着手,经过不断地追问自己,调适自己的行为,以至于可以顺应天道常理而为。程颐亦言:"慎其独者,知为己而已。"强调慎独即慎己。儒家认识自己注重认识的自觉性与自主性。所谓自觉性,即要明白认识自己是"为己",不是"为人"。所谓自主性,是"求己",别人不可代劳,强化自律意识。杜维明认为:"为了获得自我的体知,这种信守包含一种不息的为己之学的过程。作为日常功课的组成部分,自我的反省和自讼是一种经常性的行为。在这个意义上,儒家的自我不是一种静态的结构,而一种动态的常新的过程。"[③] 因此,认识自己,成为儒家永恒的主题。

其二,改造自己。有了认识自己的基础,人便能基于当下的时空,调整自己的言行举止,以便能更好地表达自己,表现自己,成就自己。"'慎独论'恰恰是以人的内在本性为基础来要求'尽性尽心'和'诚心诚意'。作为修身论和功夫论,慎独是以高度关注内在自我的'内观'和'内省'为特征的,它有意识地积极主动地超越外在性的形式,使之对'自我'的终极关怀体现为证成自我内在道德本性的'内在超越',体现为以'道德理想'和'道德价值'来无限地扩展'自我'的不息过程,从而把孔子的'为己之学'发展为实现自我内在道德本性('守独')的精神修炼之学。"[④] 慎独的过程是不断涵养自己,改造自己的过程,这个过程实质正是由凡入圣的过程。这充分显示出内向传播的效果。

其三,发展与完善自己。这是改造自己的目标。正常人都有自己的理想目标与价值追求,而实现的路径和方法就需要认识自己的优点与缺点,进而改造自己,克服自己的缺点,发扬自己的优点,塑造自己的形象,增加自己的美誉度,即口

---

① 陈力丹、陈俊妮:《论人内传播》,《当代传播》2010年第1期。
② 荆门市博物馆编著:《郭店楚墓竹简成之闻之》,北京:文物出版社,2003年,第38页。
③ 杜维明:《东亚价值与多元现代性》,北京:中国社会科学出版社,2001年,第186—187页。
④ 王中江:《早期儒家的"慎独"新论》,见梁涛,斯云龙编:《出土文献与君子慎独——慎独问题讨论集》,桂林:漓江出版社,2012年,第185页。

碑。有了这些努力，个人所追求的目标就有了实现的坚实基础，个人的能力与声誉就能不断提升，也就能更好地立身于社会之中，更能圆融地处理各方面的关系。儒家的修身是为了担当齐家治国平天下这个更大责任的需要，而个人也正于其中成就自己。儒家正是期望通过"慎独"的内向传播，进而扩展至天下，使一切关系从容自然地实现和谐。

（一）以"慎独"履践"修身"的内向传播诉求

内向传播的这一功能或机制在中国传统社会有个专门词汇来表述，那就是修身。《大学》有言："自天子以至于庶人，壹是皆以修身为本。"[①] 而欲实施"修身"实践则必须先做好格物致知与诚意正心的功夫。前者注重的道德理性；后者注意的是道德情感。这两者相辅相成。格物致知解决的是为什么要"明明德"，要"亲民"，其内在理论依据正在于《中庸》的第一句："天命之谓性，率性之谓道，修道之谓教。"也就是说，人应当听从上天的命令，而上天又有好生之德，因此人就要顺着这天性去作为，这样才能一方面显明了光明的德性，另一方面也和谐幸福了百姓生活。而诚意正心要解决的是保有理性认知的成就，用自己的生命去履践这种崇高的信念，有着坚定坚强的意志、不达目的不罢休的精神，此之谓"止于至善"。因此所谓"修道之谓教"就是要求修饬天性，以期能够率性，而达到这一目标的路径在于"教"（教化）。只不过，这个教化重点当不是教化别人，而是自我教化。如果概括成两个字，那就是"慎独"。《大学》中明言："所谓诚其意者，毋自欺也，如恶恶臭，如好好色。此之谓自谦。故君子必慎其独也。"诚意本质上就是做好自己，如同厌恶恶臭，喜欢美色一样自然而然，所以君子修身必然谨慎自身独处的表现。以反面小人为参照。小人闲居时就会"为不善"，而在人前时则"揜其不善"，而这样做是掩耳盗铃，自欺而已。因为"诚于中，形于外"，即有什么样的内在，就必然表现于外在。因此，思孟学派再次强调"君子必慎其独也"。同样的，《中庸》也紧接着呼吁："君子戒慎乎其所不睹，恐惧乎其所不闻。莫见乎隐，莫显乎微，故君子慎其独也。"此处作者强调人当于"不睹""不闻"之际保有"戒慎""恐惧"的情感态势，有了这样的态势，自然有好的心态去"格物致知"。因为无知便如同没有方向，即便是有好心也容易办成坏事。这也应当就是为什么儒家要把"智仁勇"三达德中"智"放在第一位的原因了。而"慎独"以其自知之明，关注的正是于"隐""微"之际遏制住人欲，不让其有任何泛滥机会。

---

① 王文锦译注：《大学中庸译注》，北京：中华书局，2008年，第2页。本文所引《大学》《中庸》均引自该书。

因此，《大学》《中庸》中的"慎其独"从本意上讲当是谨慎独居或独处之意。当然，"独"也有"心"的意涵，尤其是简帛《五行》的出土，其中更直接将慎独表达为"慎心"。其实，"慎独"无论持何种意思，都强调了"守中（道）"的思想，都是强调人应当高度自觉地惩忿制欲，存天道灭人欲。亦即对"道"的坚守，对人欲的拒斥以及保有严阵以待的心态。其中充溢着持续强劲的内向传播活动。

（二）以"平天下"目标彰显内向传播的社会性指向

《史记·太史公自序》强调诸子百家，殊途同归，百虑一致，皆"务为治者也"。儒家何以讲究"慎独"，与其治世追求相一致，慎独是制住当时社会混乱的釜底抽薪之法，因为人君如能明辨善恶，并加以坚守，即慎独，纷争自然易于停止，大同社会自然可期。而老庄道家则更注重以视名利地位为粪土的方式，希望人们转向更注重生命的自由逍遥，而解脱人世的纷扰。而法家则力图通过严刑峻法来规范社会秩序，统一民心，而殊不知，利的追逐，泛滥了人的欲望，最终法亦无法制止。墨家则倡导兼爱非攻，希望以部分精英人士公而忘私的苦行方式来实现社会和谐，最终因立意过高，脱离实际，不可持续而中绝。如此看来，儒道在修身上有共通之处，甚至可互补，从而造就了历史上外儒内道治理范式的延续。当然，笔者认为儒家的学说有其内在的自足性，即外在的事功与内在的心性是统一的，是能够相互召唤的。只不过，儒家更加强调事功进而追问达成事功所必需的心性修持。换言之，儒家注重心性修持，不是冥顽枯禅，而是以教化苍生为念。"当用这种'慎独'用于政治领域中，便是一种圣王的道德政治模式，将社会政治寄希望于'聪明圣知达天德'的至圣者，通过'君子动而世为天下道，行而世为天下法，言而世为天下则'的道德感化实现社会的治理，在'小德川流，大德敦化'中实现'一正君而国定'的大清明。"[①]

作为符号互动论的鼻祖，米德的主我与客我观依然是立足于社会情境下自我的角色扮演，自我以积极的姿态参与社会互动，并在其中形塑自我，改造社会。儒家的慎独观也以尧舜等先贤为榜样，以他们的建功立业来论证道德践行的社会功用与个人成就，这是最理想的内向传播与社会传播相结合的表征。也就是说，慎独所依据的心性论并不是空洞的说教，而是以历史建构的尧舜不朽的历史功绩为依托，这也是为什么中国文化，尤其是儒家文化崇古的内在思想动因。从某种意义上讲，"慎独"便是"角色扮演"，即将自我想象成圣贤，然后以圣贤的言行举止来规范自己。或者说，按照传统社会对圣人君子的期待来要求自己，对照自

---

① 朱小明：《思孟学派"慎独"说的三重境界》，《理论月刊》2014年第7期。

己，以期通过模仿圣贤，最终成为圣贤。这便是儒家观念中"成人"的基本过程。正如米德所认为的，角色扮演就是"自我个体像对其他人行事那样社会性地对他自己。"①在慎独功夫中，主体在自我的精神世界中以自己（主我）与圣贤（客我）进行交流，参照，自己以圣贤的形象（含思想、举止、言行）作为理想自己（类似于弗洛伊德的"超我"）加以追求，于是借此圣贤形象为心灵媒介在内心深入开展精神革命（思想斗争），按现在的话表达是进行宇宙观、世界观（天下观）、人生观、价值观的重塑。具体说来，宇宙观角度，深刻确立人是宇宙的精灵，人有践行天道使命的自觉与责任。世界观（天下观）是对社会治理、国家治理、世界治理的理想追求，比如大同世界、小康社会等，圣贤士人以实现这样的理想目标而努力，有天下担当的情怀，进而才有舍生取义、杀身成仁的人生观与价值观。就人生观而言，就是对人及其价值的认定，对做怎样的人，怎样做人的自我认同与确证。对儒家人生观而言，就是要成为圣人，至少是君子。就价值观而言，就是思考自己对于他人、社会、世界的意义观念的自我确认。可见，儒家追求的当是社会本位。

儒家"慎独"观念具有很强的社会性指向。修身是为了平天下。因自我（主要是君王、士大夫）之慎独，而后能体现为万民之安居乐业。此间的因果联系，为儒家所重。基于这个信念，儒家将"慎独"当作为政者的德目。"儒家未发态度的慎独，事先就含有对他性。"②儒家因其对社会责任担当的强烈意识，使其个人的存在价值寓含于群体之中，群体利益的实现，便是自我价值的最大完成。于是，便有"杀身成仁"的悲壮。

可以说，儒家基于天人感应（天人合一）的信念，讲究推己及人，其间天充当着人际的媒介，要求人与人基于共同的天命，当以合乎天性的方式彼此相亲相爱。

二、内向传播理论视角下的儒家"慎独"论

内向传播有着自言自语、梦境、内省等多种形式。"慎独"可以说是一种长期的内省活动。有学者认为，"长期的内省是一种日常的、经常性的自我反思活动，是以修身养性为主要目的的思考。比如思考自己是一个什么样的人（外貌、学识、修养、能力、性格）以及我应该成为一个什么样的人（理想自我）。在我国儒家传统思想中，这样的内省式思考是一个人完善自己的重要方式，也被看作有修养的

① [美]E.M.罗杰斯：《传播学史》，殷晓蓉译，上海：上海译文出版社，2005年，第146页。
② [日]岛森哲男，《慎独思想》，见梁涛，斯云龙编：《出土文献与君子慎独——慎独问题讨论集》，桂林：漓江出版社，2012年，第22页。

表现。如曾子的'吾日三省吾身'、孔子的'内省不疚，夫何忧何惧'等言论，讲的都是这种长期的内省式思考。"①

因为"慎独"本质上是儒家以圣人的心性品格来要求个体自我效法，进而个体接受了这种价值取向后，努力地在心灵深入开展自我与理想圣人的内在对话，从而无论在物质自我、社会自我还是精神自我三个层面加强对自己的改造。

（一）詹姆斯物质自我、社会自我与精神自我下的"慎独"取向

号称"第一个明确提出自我概念的社会科学家"②的内省心理学家詹姆斯首先提出自我三类型：物质自我、社会自我、精神自我。此外，詹姆斯将自我分解为主我（I）与宾我（ME）二元结构，论证了人可以将自己当作关注的对象，因此主我与宾我的关注就成为一种必然。因此之故，人的自我意识、自我评价相当程度上就是物质自我、社会自我、精神自我交流的结果。③以此观照儒家慎独观，可为我们提供了有益的思考路径。

就物质自我而言，儒家就有孔颜乐处，甚至也有伯夷、叔齐之流的范例，此类圣贤们努力减少物质追求，注重内在精神的丰腴与坚守。其实，正因为物质自我的可视性，所以历来为讲究树立自我光辉形象的儒家所重视。"物质自我"指的是："从最广泛的可能性上看……个体的自我是他所能称为'他的'总和，不仅限于他的身体和心理力量，还包括他的衣服和住宅、他的妻小，他的祖先和朋友，他的名声和成果，他的土地、马匹、游艇和账户。"④显然，物质自我是包括与他物质肉体相伴随的一切物质存在。儒家正是强调当以是否合乎礼仪来规范和考查个体的日常生活，进而常常把过度的物质生活视为不道德的，或道德的负累。从这个意义上讲，"慎独"，自然也包括主体对自己物质生活的谨慎约束。

就"社会自我"而言，詹姆斯认为"个体的社会自我是一种从同伴那里获得的认可。我们不仅仅是喜欢被别人看到的群居动物，我们生来就有一种被别人注意、被别人喜欢的倾向。"⑤他强调人的社会关系存在，社会关系中他人对自我的评价是自我意识的来源。对儒家而言，社会生活是试金石，因为"与他人发生的各

① 丁颖，闫顺玲：《也论人内传播》，《甘肃高师学报》2013 年第 6 期。
② ［美］乔纳森·特纳：《社会学理论的结构》（下册），邱泽奇等译，北京：华夏出版社，2001 年，第 3 页。
③ 胡翼青：《再度发言——论社会学芝加哥学派传播思想》，北京：中国大百科全书出版社，2007 年，第 99 页。
④ W.James，The Principles of Psychology（Vol I）.New York：Holt，1890，p.291.
⑤ W.James，The Principles of Psychology（Vol I）.New York：Holt，1890，p.293.

种关系,是我存在的一个不可分割的组成部分。"①他人的评价是自我内省的重要信息来源,这正是儒家倡导的君子知不足而内求诸己精神的表现。

而"精神自我"指的是"个体内在的或主观的存在,它的心理能力或性格倾向"②。精神自我是个体的灵魂所在,他指导着自己的物质生活和社会生活,往往表现为个人的能力、态度、情绪、动机乃至心愿、气质等,是衡量一个人境界的主要指标。儒家的"慎独"很显然强调的正是"精神自我",塑造的正是文质彬彬的谦谦君子形象,要求从气质到行为都反映出"随心所欲不逾矩"的超脱境界。张丰乾先生认为"君子之'独'不是指君子的处境,而是君子的个性:'无待''无对'和'不二''不改',超越于自己的处境,即使是面对自己的影子也不觉得惭愧。……'慎其独'不是要小心翼翼、增加负担,战战兢兢、瞻前顾后,而恰好是不讲条件、痛快淋漓,不假外求、轻装前进"③。儒家正因为秉持"慎独"原则,将"精神自我"的高尚心灵作为人的安身立命之本,进而去获得"社会自我"的他者高度认同;最后,落实在饮食起居中的"物质自我"鲜活实践。足见,"慎独"的自我观内含着丰富的结构或层次,激励着儒者成为儒者的自我认同与自我实现。

(二)米德主我与客我视角下的"慎独"意涵

胡翼青教授指出"米德可能是人类历史上第一个明确把思维的本质说成是内向传播的学者。"④米德本人是这样表述思维过程的:"思维过程本身不外是一种进行中的内在会话,但它是一种姿态的会话,它的完成意味着某人表达了他想对听众讲的东西。"⑤他认为人类心智具有将自己当作对象的能力。"我们多少是无意中看着自己,像其他人对我们说话那样对自己说话……我们不断地自身引起我们在他人身上引起的那些反应,尤其是通过有声的姿态,使我们在自己的行动中采取了他的态度。"⑥这是典型的社会行动主义的见解。儒家的内向传播诚然同样具有"关系主义"倾向,但儒家所想象的对话的他者不是现实社会中的他者,而是历史建构中的圣贤。尧舜禹等圣贤被符号化,成为一个完美的"客我",这个客我对"主我"进行召唤,当然同时也是"主我"对"客我"的认同,渴望成其圣贤那样

① 尚新建:《美国世俗化宗教与威廉·詹姆斯的彻底经验主义》,上海:上海人民出版社,2002年,第163页。

② W.James,The Principles of Psychology(Vol I).New York:Holt,1890,p.296.

③ 张丰乾:《"慎独"之说再考察——以训诂哲学的方法》,见梁涛,斯云龙编:《出土文献与君子慎独——慎独问题讨论集》,桂林:漓江出版社,2012年,第151页。

④ 胡翼青:《再度发言——论社会学芝加哥学派传播思想》,北京:中国大百科全书出版社,2007年,第199页。

⑤ [美]米德:《心灵、自我与社会》,赵月瑟译,上海:上海译文出版社,1992年,第126页。

⑥ [美]米德:《心灵、自我与社会》,赵月瑟译,上海:上海译文出版社,1992年,第158页。

的人。正是这个心智上富有"成就感"的激励，推动着自我的内向传播进程。"'主我'既召唤'客我'，又对'客我'作出响应。它们共同构成一个出现在社会经验中的人。"①在米德看来，正是"主我"与"客我"的互动构成一个以鲜活的自我。而当这种互动外化为人际关系中，便成为人际传播。儒家正是将内向传播的理想自我，推己及人，在这个过程中，将"己欲立而立人，己欲达而达人"以及"己所不欲，勿施于人"的忠恕之道用来处理人际关系，这样的人际关系应当是和谐、互惠、共赢的。

"'主我'是有机体对他人态度的反应；'客我'是有机体自己采取的有组织的一组他人的态度。他人的态度构成了有组织的'客我'，然后有机体作为一个'主我'对之作出反应。"②正是主我与客我的互动，使自我内在结构具有张力，使自己处于心智不断成长的社会化过程中，这里既有对前人经验的吸纳、内化，又有主我对自己如何融入社会，处理关系，进行观念上的整合，进行了行动前的准备，其实，就是促进一次次"姿态"的形成，并在互动中不断变换"姿态"，以维持互动的进行。米德明确指出："姿态是该动作中造成它对其他个体的影响的那个方面。"③"它（姿态）可以成为一种情绪的表达，以后还可以变成一种意义、一种思想的表达"④。

在主我与客我的关系上，显然，主我是施动的一方，居于主导地位。也正是如此，儒家才那么强调"慎独"。施动的主我如果不对自己加以约束，加以说服，加以升华，那么，客我是无法转化为主我自身的强大能力，更无法去面对社会的种种诱惑的挑战。这一点特纳就深刻地指出："'主我'执行的功能至关重要，能够针对构成问题的情境或环境产生令人满意的新的调整适应。"⑤

米德所以重视自我，因为自我即社会。他认为："自我，作为可成为它自身的对象的自我，本质上是一种社会结构，并且产生于社会经验。它自身提供了它的社会经验，因而我们可以想象一个完全独立的自我。但是无法想象一个产生于社会经验之外的自我。"⑥儒家也是这么看待自我的。只不过，儒家更是从社会责任的角度来看待自我，而不仅仅是把自我看成社会的一分子。相反，认为自我不仅在自己的位子上具有责任，其实是对社会具有无限的责任，因为受道德至上主义

① [美]米德：《心灵、自我与社会》，赵月瑟译，上海：上海译文出版社，1992年，第159页。
② [美]米德：《心灵、自我与社会》，赵月瑟译，上海：上海译文出版社，1992年，第155页。
③ [美]米德：《心灵、自我与社会》，赵月瑟译，上海：上海译文出版社，1992年，第191页。
④ [美]米德：《心灵、自我与社会》，赵月瑟译，上海：上海译文出版社，1992年，第39页。
⑤ [英]布赖恩·特纳编：《社会理论指南》，李康译，上海：上海人民出版社，2003年，第108页。
⑥ [美]米德：《心灵、自我与社会》，赵月瑟译，上海：上海译文出版社，1992年，第125页。

的召唤，个体往往是实现集体的手段，而士人较普通民众更当具有"铁肩担道义"的气魄，有着一种"舍我其谁"的主体意识。儒家的情怀与米德的天使般的交流具有相似性。米德期望"具有伟大心灵和伟大品格的人们引人注目地改变了他们对之作出反应的共同体"。① 儒家也坚信，社会的进步是圣贤的自我牺牲所推动的。因为圣贤有着"先天下之忧而忧，后天下之乐而乐"的伟大情怀。也正是渴望成为圣贤士人的追求，使他们在圣贤的感召下去"慎独"修身，同时亦去感召他人"慎独"，从而共化于大同社会。"个体在其中不仅有权利而且有责任对他作为其中之一员的共同体发表讲话，并导致那些通过个体的相互作用而发生的变化。当然，通过这种方式，我们不断地在某些方面改变我们的社会制度。"②

儒家"慎独"的价值正在于自我对自己似乎苛刻的要求，被主我召唤成为一种自觉的意志，乃在于将他人视为自己，或者也想象或期待他人将成为另一个自己。于是，"当个人被促使扮演他人角色，而他又承认自己此时是在扮演他人的角色，并因此获得了一种思维机制，可以内在交谈，沟通的发展过程就完成了最后一步"③。"主我"认知的动力基础和终极依据便是良知，是智仁勇的统一。"主我"能够认知道德本体的价值与意义，能够体察践行"仁"即爱人，能够勇于批判反省自我的不足，强行有志。"主我"具有现实性、能动性和创造性，能够对"客我"进行认知，选择，认同，改造，内化入自我，成为新的"主我"。

客我类似于社会自我，是历史与社会对自我认知所形成的应然的"自我"，也包括前一秒钟之前的"主我"，即由主我转化而来的客我。"一秒钟之前的你也就是现在的'客我'的'主我'。"④ 从这个意义上讲，主我既导致客我又对它做出反应。而"客我"成为"主我"意识的内容与对象，而"主我"又在不断地成为自我意识的内容与对象，即成为"客我"。这个过程主要正是将原有信息和新认知的信息进行整合，从而不断丰富自我，提升自我加工"客我"信息的能力与效率，使自我在主我与客我的互动中不断升华，当然也可能堕落。总之，客我具有理想性、自在性，反身性。慎独的开展，便是在心灵深入通过"主我"对"客我"的召唤与吸纳，不断地升华着"主我"进而也在不断拓宽着"客我"的层次与境界。犹如孔子从"仁者爱人"的一般诉求到"非礼勿视，非礼勿听，非礼勿言，非礼勿动"⑤ 高境界要求，这也说明儒者通过"慎独"有着明确的进级阶梯。对此，美

① [美]米德：《心灵、自我与社会》，赵月瑟译，上海：上海译文出版社，1992年，第192页。
② [美]米德：《心灵、自我与社会》，赵月瑟译，上海：上海译文出版社，1992年，第149页。
③ [美]米德：《现代的哲学》，李猛译，上海：上海人民出版社，2003年，第141页。
④ 丁东红选编：《米德文选》，北京：社会科学文献出版社，2009年，第82页。
⑤ 杨伯峻译注：《论语译注》，香港：中华书局香港分局，1984年，第123页。

国托玛斯博士做了到位的理解："主体我所表现的逐渐自律，只有发生于它与客体我作特定的遭遇之时，而在它所经验的时间过程之间，作为已成历史的我消失于客体我之中。客体我的逐渐含摄，只有发生于它被主体我的特有行为唤起之时，后者才迫使它自行去作超级的表现。自我就在此种动力的交换当中出现。"[①]"慎独"正是在两者对话中不断促进主客双方视域的周而复始地扩展与融合。

（三）"为一"彰显"慎独"贯通自我的指向

慎独是自我意识的凸显。没有自我，何来慎独？慎独显然是儒家加强自我意识，去私立公的过程和手段。慎独从直观来看，是功夫；但从道理来讲，没有本体指导的功夫是危险的，没功夫落实的本体是虚妄的。因此，慎独存在前提便是对儒家道德本体的认知与记忆。慎独的功夫就体现在对本体的不断感悟，不断生萌催发理性自觉，形成道德感召力和执行力。从这个意义上讲，慎独是体用一体。

竹帛《五行》有言："闻君子道，聪也。闻而知之，圣也；圣人知天道（也）。"[②]圣与天道相通，圣乃是德性之最高层次。"德之行五，和谓之德；四行和，谓之善。善，人道也；德，天道也。"[③]仁义礼智称为"四行"，而"四行"总称为"善"；而只有圣与四行相和，方可称得上"德"，这种"德"就具有本体意义，即天道。因此，天道是慎独的终极依据。在天道的感召下，生发出仁义礼智圣，所以继之，成之，开启自我成就的历程。

不过，值得强调的是，"慎独"的功夫，不是要求自我迷恋于仁义之中，以至于忽视意义的总源头——天。而是要明白"慎独"追求的目标是"天人合一"，亦即儒家常常强调的"为一"的贯通功夫，即将天道内在化为人道的过程，也可以说是究天人之际，通古今之变。

儒家何以如此重视"一"，当源于儒家五经之一《尚书》的十六字心法："人心惟危，道心惟微，惟精惟一，允执厥中。"这个舜授禹的治世心法，核心在于"执中"，做到中正。何以如此？原因还在于人有二心——人心与道心，说到底是有公与私的矛盾。如何平衡这一关系，是执政之要。执政说到底是以道心管制人心，实现二心归一心——天心。而治世在儒家看来，当从修身始。这个修身当然要求君王首先垂范。而修身无论君王还是个人，要义还在于道通为一。一以御多。《荀

---

① [美]J.Thomas：《东西之我观——论米德、格雍及大乘佛教的自我概念》，徐进夫译，台北：成文出版有限公司，1977年，第35页。
② 庞朴：《竹帛〈五行〉篇校注及研究》，台北：万卷楼图书有限公司，2000年，第63页。
③ 庞朴：《竹帛〈五行〉篇校注及研究》，台北：万卷楼图书有限公司，2000年，第29页。

子·儒效》曰："曷谓一？曰执神而固。……神固之谓圣人。"①"一"的功夫在于专注于神，于己。《荀子·性恶》："专心于一志，思索熟察，加日县久，积善而不息，则通于神明，参于天地矣。"②持久于一，则能通神明。其实，就是强调会有奇效。

程颐亦曾表达其对"一"的见解："或问敬。子曰：'主一之谓敬。''何谓一？'子曰：'无适之谓一。''何以能见一而主之？'子曰：'齐庄整救，其心存焉。涵养纯熟，其理善矣。'"③其实，慎有"敬"之意，常称"敬慎"。而且"慎"还有慎始慎终，表里如一之谓，这都表明，慎是要"为一"，要收敛自我身心，不敢放肆。

慎独论中"为一"指向的价值在于明确了自我意识在解析内在结构中凡我（主我）与圣我（客我）的差异，进而努力通过自我互动的内在传播过程，促使自我超凡入圣。亦即实现了圣对俗的全面消解，从而使自己成为一个脱离低级趣味的，一个高尚的、纯粹的、道德与能力都超群的圣人。

三、心物相合："慎独"的内向传播运作机制

臧克和认为儒释道的差别反映在心物关系上。他认为"相形之下，儒家重内心，复又悲天悯人，即着眼于现实，无法彻底回归内心，存在内心与外物两边之关系，所谓积极入世者。释、道重心斋，忘怀现实，作出世之想。"④相对于道家的以心御物，役物而不役于物的虚静之境，释家的摄境归心，心外无物的超越之境。儒家"慎独"正是以天下为念又重内心之诚，诚然体现了心物相合的诉求。

"慎独"者，说到底是心物相合的自我调适过程，终极目的应当也是"和"。这一点，刘宗周说得明白："慎独也者，人以为诚意之功，而不知即格致之功也。人以为格致之功，而不知即明明德于天下递先之功也。《大学》之道，一言以蔽之，曰慎独而已矣。"⑤在刘氏看来，慎独兼具诚意与格致之意。诚然如斯，偏于前者，则易沦为清谈；偏于后者，则易沦为智障。而此二者唯有相合方能使人的自我身心，人与社会、人与宇宙相和。对此，刘氏有段精彩论述："隐微之地，是名曰独。其为何物乎？本无一物之中而物物具焉。此至善之所统会也。致知在格物，格此而已。独者物之本，而慎独者，格之始事也。"独是至善之化身，而如何达到者，乃以"慎"来指导格物。那么，何为慎呢？刘氏接着说："君子之为学也，非能藏身而不动，杜口而不言，绝天下之耳目而不与交也。终日言，而其所以言者

---

① 安继民注译：《荀子》，郑州：中州古籍出版社，2008年，第109页。
② 安继民注译：《荀子》，郑州：中州古籍出版社，2008年，第388页。
③ 《二程集》第四册《河南程氏粹言》卷一，北京：中华书局，1981年，第1173页。
④ 臧克和：《简帛与学术》，郑州：大象出版社，2010年，"引言"第3页。
⑤ 刘宗周：《大学古记约义慎独》，戴琏璋，吴光主编：《刘宗周全集》（第1册），郑州：大象出版社，2010年，第762页。

人不得而闻也，自闻而已矣；终日动，而其所以动者人不可得而见也，自见而已矣。自闻自见者，自知者也。吾求之自焉，使此心常知、常定、常静、常安、常虑而常得，慎之至也。慎则无所不慎矣。"也就是说"慎"的本质是使自我内心在日常的言动之间做到常知、常定、常静、常安，面对种种事物均能"常虑而常得"，即做到不为物牵，如如自然。那么如此之"慎"又是如何具体运作而实现的呢？刘氏认为："始求之好恶之机，得吾诚焉，所以慎之于意也；因求之喜、怒、哀、乐之发，得吾正焉，所以慎之于心也；又求之亲爱、贱恶、畏敬、哀矜、敖惰之所之，得吾修矣，所以慎之于身也；又求之孝、弟、慈，得吾齐焉，所以慎之于家也；又求之事君、事长、使众，得吾治焉，所以慎之于国也；又求之民好、民恶，明明德于天下焉，所以慎之于天下也。而实天下而本于国，本于家，本于身，本于心，本于意，本于知，合于物，乃所以为慎独也。"①归结而言，慎独的要义在于以"合于物"为基，扩而言之，乃是含摄诚意、正心、修身、齐家、治国、平天下的全过程。如此说来，自然"慎独之外别无功夫"②。如此，慎独才是贯通《大学》《中庸》的关键。刘氏评价说："慎独是学问第一义。言慎独，而身、心、意、知、家、国、天下一齐俱到。故在《大学》为格物下手处；在《中庸》为上达天德统宗彻上彻下之道也。"③

（一）以圣贤的榜样进行自我观照，彰显了"慎独"运作的内生力

儒家"慎独"教诲的内在传播意谓，除了在自身学理脉络上的呈现外，还努力将学理建筑在丰富的榜样基础上。除三代圣王之外，儒家把"孔颜乐处""周公吐哺，天下归心"作为自己的楷模。这种学风、作风为孔门后学代代相传。

《韩非子·喻老》中记载了一件故事：

子夏见曾子。曾子曰："何肥也？"对曰："战胜，故肥也。"曾子曰："何谓也？"子夏曰："吾入见先王之义则荣之，出见富贵之乐又荣之，两者战于胸中，未知胜负，故癯。今先王之义胜，故肥。④

这个故事清晰地动地阐发了"慎独"这一内向传播的奥妙所在。曾子问子夏

① 刘宗周：《大学古记约义慎独》，戴琏璋，吴光主编：《刘宗周全集》（第1册），郑州：大象出版社，2010年，第762页。

② 戴琏璋，吴光主编：《刘宗周全集》（第2册），郑州：大象出版社，2010年，第352页。

③ 刘宗周：《大学古记约义慎独》，戴琏璋，吴光主编：《刘宗周全集》（第2册），郑州：大象出版社，2010年，第466页。

④ 韩非著：《韩非子》，济南：山东画报出版社，2013年，第96页。

为什么近来胖了，子夏很简练地回答原因在于"战胜"。曾子问子夏指的是什么事，子夏一语道破天机，那就是在家显现先王的仁义道德，能够以履践它而感到光荣自豪；出门了看到富贵的好处，又觉得以身居富贵才会光荣自豪。这两个念头在心里斗争，许久许久，以至心力交瘁，所以瘦了。而如今，先王的仁义道德教诲胜了，所以胖了。这一点正印证了儒家"德润身""心广体胖"的道理。子夏的内心道义与人心交战的过程，其实正是"慎独"的过程，同时也表明慎独之"慎"主要正是要呵护"为学"中获得的以天命、率性、修道、至善为核心内容的成人之道，而此过程中会遭遇名缰利锁、富贵荣辱、生死存亡等等的诱惑，成圣成凡的分野于此见分晓。此正所谓"于无声处听惊雷"般的心灵革命。

孔门心法的高妙处能够于"独"处"慎"，于此也成就了孔门一批高义之士，美名远播。曾子自己亦是如此。《孟子·公孙丑下》有载曾子的言论："晋楚之富，不可及也；彼以其富，我以吾仁；彼以其爵，我以吾义；吾何慊乎哉！"[1] 于此，我们可见感受到他在面对富贵比天下和丰富爵禄的炫耀之下，一点也不感到自卑，反而是心中充满道德仁义而自豪，而自足。《论语·里仁》："士志于道而耻恶衣恶食者，未足与议也。"可见，称得上儒家的圣贤的都是道胜，而非俗胜者。其实，曾子不仅这么说了，更是这么做了。《庄子·让王》有载：

> 曾子居卫，缊袍无表，颜色肿哙，手足胼胝，三日不举火，十年不制衣。正冠而缨绝，捉襟而肘见，纳屦而踵决。曳纵而歌《商颂》，声满天地，若出金石。天子不得臣，诸侯不得友。故养志者忘形，养形者忘利，致道者忘心矣。[2]

曾子面对如此恶衣恶食的窘境，他依然能够高歌《商颂》，而且能金声玉振，充满着道德感召力，不以道谋食，而能忘形、忘利、忘心，此"慎独"之至高境界，即让高尚成为一种自然。《荀子·修身》称赞此种自然："志意修则骄富贵矣，道义重则轻王公矣，内省则外物轻矣。"

《庄子·让王》还记载子思、颜回安贫乐道的故事。孔子闻听颜回以学夫子之道足以自乐而不愿出仕后，感叹道："知足者，不以私自累也；审自得者，失之而不惧；行修于内者，无位而不怍。"此师门保持如此道德自觉，着实令人敬佩，而心生想往之。

儒家的慎独观的切近性在于明确了圣凡的差异，这本身也是一种见闻之知。

---

① 孟轲著，王常则译注：《孟子》，太原：山西古籍出版社，2003 年，第 54 页。

② 方勇，陆永品撰：《庄子诠评》（下册），成都：巴蜀书社，2007 年，第 940—941 页。

只不过，此见闻之知中内含着德性之知，即对"圣"进行了话语建构。例如《孟子·尽心上》："鸡鸣而起，孳孳为善者，舜之徒也；鸡鸣而起，孳孳为利者，跖之徒也。欲知舜与跖之分，无他，利与善之间也。"君子喻于义，小人喻于利，此为分别处。《唐虞之道》亦言："夫古者舜居于草茅之中而不忧，身为天下而不骄。……方在下位，不以匹夫为轻；及其有天下也，不以天下为重。有天下弗能益，无天下弗能损。极仁之至，利天下而弗利也。"[①]该书称赞尧舜禅让之道，不过，要能行此圣道，关键是"必正其身，然后正世，圣道备矣"，而"正身"说到底是以"慎独"为要。圣贤既是儒家"慎独"观照时的象征符号，又是"慎独"运作的内生动力，感召自我去自省自讼。

（二）语言视觉修辞下的"慎独"

"慎独"是春秋战国时期"人"的意识觉醒的一大思想成就。当时正值"绝地天通"之际，伴随着士人阶层的兴起，作为社会精英，他们自觉地将天的神圣性内化为人自身的理性自觉，在自我心灵建构了与天（命）及其抽象（一般化）的他者间的张力，推动着自我的成长。而这一切的运作正是依靠内心意象中的"看"来实现的。

1. 以"看"的姿态建构起自我与他者的内在思想张力

"慎独"是儒家自省的修养功夫。从这个角度看，"慎独"的主体自觉地将自己与他人进行疏离，这种疏离不是情感上的，而是境界上的，不是因为高人一等而选择疏离，而是追求与众不同，进而将自己置于一个比众人自我要求更高的心理位置，而这种追求又并不是众人对"我"的要求，而是"我"基于"道德自觉"或者对"道德本性"的体认而自觉为之的。因此，这里有个天然假设，那就是人不是孤立的存在，他是在关系中存在，是在与他者的对待中确证自己的存在，自己的风格。无论有没有他者在，他都始终如一地做好自己。对此，《中庸》引《诗经》曰："潜虽伏矣，亦孔之昭。"要表现的是其后文的观点："故君子内省不疚，无恶于志。君子之所不可及者，其唯人之所不见乎！"君子"慎独"意在内省无愧疚之感，没有令人厌恶的心志。说到底君子身上具有世人达不到的品格正在于他们始终日常在世人看不见的地方下功夫。如此，"夫察所夜行，周公不惭乎景，故君子慎其独也"[②]。周公夜行，与影独对，心无惭愧，这正是君子"慎独"的极致表现。《中庸》亦引《诗经》曰："相在尔室，尚不愧于屋漏。"表现出身处室内阴

---

① 李零：《郭店楚简校读记》（增订本），北京：中国人民大学出版社，2007年，第96页。

② 顾迁译注：《淮南子》，北京：中华书局，2009年，第169页。

暗角落，也无所愧。这种"慎独"功夫有着非同寻常的社会功能："故君子不动而敬，不言而信。"君子没有作为却能赢得世人尊敬，没有言说却颇得世人信任。这也正是儒家重视"慎独"的一大因素。

为何儒家这么强调他者不在场作为"慎独"的情境呢？这是因为人在他者不在场时易于表现出私，表现出恶的一面。这是儒家对人性认识的一个重要方面。无论人性本善本恶，人在生活中都具有一种发展出"恶"的可能，而这种"恶"不仅使自己陷于不利的境地，而且也会产生对他者的威胁。因此，以关系主义为关注核心的儒家建构了"君子慎独"观念来处置。为了劝服世人履践"慎独"，一方面强调，"人之视己，如见其肺肝然"（《大学》）。小人人前人后表现不一，对此，其实，自己看自己如同看见自己的肺肝一样清楚，因此掩饰没有什么益处，自欺而已 ①。又引曾子所言"十目所视，十手所指，其严乎！"其实，也不是真有很多人在看，很多手在指着，俨然让自己成为橱窗里的模特，处于众目睽睽之下；而是自己主动地将自己想象时刻处于众人的观看之下，如同自己成为透明人一般，一动念，一投足，他人都清清楚楚，其实正是要让自己对自己"看"得清楚清楚，此意通于道家的"内观"之术，而儒家谓为"诚意"。

"慎独"被视为君子所以成为君子的核心标识，乃在于君子的思想言行都是顺天心，体民意的。君子将天命自觉地内化为道德责任，同时也就将原来来自天（鬼神）的视线（俗语有言：人在做，天在看）转变自我的视线，即自己看自己，亦称为内观。值得注意的是，青铜器上饕餮纹中的大眼睛，或金文"省""德"中被大大书画出的眼睛形状，我们不难想象古人对视线的敬畏之情。②

"慎独"意识在春秋战国时期的崛起，与当时士人将关注的视角由天转向人的时代背景相关。《左传·僖公十六年》载周内史叔兴认为："吉凶由人。"③明确将吉凶看作人行为的结果，而不是占卜所以左右。子产曰："天道远，人道迩。"④（《左传·召公十八年》）将失火的原因从人的行为去找，而不是简单归结于天象。在此背景下，将约束的力量由外在的天，内化为自我监督。于是，当我们在自我反省内心时，会感觉还有一个"我"在注视着"我"。另一个我，就像有全能的神一样，像导师一样，洞察着我的内心活动，并将其导向真善美。这是一种"自我凝视"，

---

① 此句通常理解为：别人看自己，就如同看透自己的肺肝那样清楚。

② ［日］岛森哲男，《慎独思想》，见梁涛，斯云龙编：《出土文献与君子慎独——慎独问题讨论集》，桂林：漓江出版社，2012年，第15页。

③ 刘勋著：《十三经注疏集 春秋左传精读》（第1册），北京：新世界出版社，2014年，第395页。

④ 刘勋著：《十三经注疏集 春秋左传精读》（第3册），北京：新世界出版社，2014年，第1505页。

将自己当作在放大镜下的物体一样,让自己的一切私见无所遁形。儒家"慎独"除其表层的独处时当谨慎自我言行,转向"自己一直谨慎地反顾自身全体,也就是说心整体的谨慎之深层意义,也就是自我凝视"①。

2. 以视觉修辞为媒介,将他者内在化为自我的镜子

陈汝东先生认为:"语言视觉修辞是指以语言文字符号为传播媒介,以取得最佳视觉效果为目的的修辞行为。"修辞者基于人们在日常生活中逐渐将感官经验凝聚为语言,即将视觉形象内化于语言之中,然后通过运用修辞方法,突破文字符号的抽象性,从而在心理上再现出视觉形象。可以说,视觉修辞是一种具有明显目的指向的符号传播活动。②儒家对"慎独"的诠释中明显在话语建构上运用了视觉修辞艺术。上文已言的"潜虽伏矣,亦孔之昭""不惭乎景""如见其肺肝""十目所视,十手所指",无一不是如此。陈汝东先生指出:视觉"修辞过程,一定程度上可以看作是语言文字符号与视觉等形象之间的相互转换。话语的建构过程一定程度上可以说是视觉形象向语言文字符号的转化过程;话语的理解过程,则是由语言文字向画面形象转换的过程"③。例如《孟子·公孙丑上》有言:"仁者如射,射正己而后发,发而不中,不怨胜己者,反求诸己而已矣。"仁者作为"慎独"完美主体的代表,他(她)如射不中靶心,是以"反求诸己"作为内省的指向。"射"成为仁者与靶子的媒介,形象地将仁者"慎独"当具有射之效的外倾性展示出来。同样地,《孟子·离娄上》有言:"爱人不亲反其仁,治人不治反其智,礼人不答反其敬,行有不得者,皆反求诸己。"外在一切行为的不当,都力求从自己的内心根源去找原因。也就是说,"仁者"与人的关系应当妥当,如有不妥,则依然从"己"着手。从而突显了"慎独"的重要意义。 其实,《易经·系辞》早已有言:"黄帝、尧、舜垂衣裳而天下治。"④据王赠怡的研究,"垂衣裳而天下治"是无为而治的隐喻。因为此句后文为"盖取诸乾坤",亦即圣人法天象地之意。而天地不言,故有圣人治世垂衣裳有"顺自然""守静"之意。⑤可见,古人以衣裳之垂,天地之象的视觉形象,隐喻着治国的根本原则。这一点,我们还可以从《论语·卫灵公》所言"无为而治者,其舜也与?夫何为哉?恭己正南面而已矣"得到印证。这里的

① [日]斯波六郎:《中国文学における孤独感》,东京:岩波书店,1958年,第7—8页,转引自梁涛,斯云龙编:《出土文献与君子慎独——慎独问题讨论集》,桂林:漓江出版社,2012年,第20页。

② 陈汝东:《论视觉修辞研究》,《湖北师范学院学报(哲学社会科学版)》2005年第1期。

③ 陈汝东:《论修辞的视觉效果》,《福建师范大学学报(哲学社会科学版)》2005年第3期。

④ 李鼎祚著,陈德述整理:《周易集解》,成都:巴蜀书社,1991年,第298页。

⑤ 王赠怡:《"无为而治"思想的一种隐喻性言说——再释《易经》"黄帝尧舜垂衣裳而天下治"》,《重庆邮电大学学报(社会科学版)》2014年第6期。

"恭己"意同于"慎独","正南面"正以一种与"垂衣裳"类似的方式，以一种形象建构，起到宣示、引导、示范的效果。因为"词语所蕴含的视觉功能，是话语视觉效果塑造的基础。所谓词语的形象性，实际上大多是指词语可引发视觉效果的功能"[1]。君王好比航船上的舵手，他只要把握住方向，则群臣各安其职，百姓各乐其业，天下治。对此，荀子有言："臣下百吏至于庶人，莫不修己而后敢安止，诚能而后敢受职。……故天子不视而见，不听而聪，不虑而知，不动而功，块然独坐而天下从之如一体，如四肢之从心。"（《荀子·君道》）这里天子虽不视、不听、不虑、不动，但有天下都能跟随他的效果。其间的关键正是臣下都"修己"以尽职。秦简《为吏之道》明确规定官吏守正是"必精洁正直，谨慎坚固，审悉毋私……"[2]

总之，自我，一定是在与他者的对照中确立。他者是自我的镜子。儒家的自我观援引了他者的观念为参照来内在加强自我。从而构建了一个永不停息的自我修养形象。"慎独"之独，其实此"独"本义似乎是独自、自己之意，但"慎"字则使"独"被放置在一个十指、十目之境地，但正是内心的这种"夕惕"自觉，使我成为大写的"我"。叶秀山先生对此有过表述："一个大于'我'、强于'我'、多于'我'的'他''在'。'他'使'我'成为'自己'。"[3]诚然如斯！

（三）"慎独"：以自我说服的不懈努力发挥着和谐社会的功能

"慎独"是儒者内心的对话，这一过程坚强着自我的意志力，以内省来唤醒心中的巨人；锻造着自我的社会担当力，以蓄势待发的韧劲，感召世人，共同汇入集改造社会与改造自我于一体的鲜活的社会生活中去。可见，具有内化倾向的"慎独"从一开始便具有明显的公共性。正如所王中江指出的："'慎独'是通过每一个有着'特殊性的'个人去实现人类共同的道德本性，或者说人类共同的道德本性要在互有'差异的'各个个体中得以完成。从这种意义上说，'慎独'又是非常'个人化'或者非常'独自性'的事态。"[4]"慎独"从起点上看是自觉以不同于普通饮食男女的要求来要求自己，强调学以"为己"，力求在自己身上先实现儒家的仁义道德，如此，便能在社会上产生"其身正，不令而行"（《论语·子路》）的效果。从这个意义上讲，越是能内化，便越是能外化。这一点在《系辞传上》借孔子之

---

① 陈汝东：《论视觉修辞研究》，《湖北师范学院学报（哲学社会科学版）》2005 年第 1 期。

② 赵进瑜：《睡虎地秦墓竹简》，睡虎地秦墓竹简整理小组，1978 年，第 281 页。

③ 叶秀山：《康德至列维纳斯——兼论列维纳斯在欧洲哲学史上的意义》，《中国社会科学院研究生院学报》2002 年第 4 期。

④ 王中江：《早期儒家的"慎独"新论》，见梁涛，斯云龙编：《出土文献与君子慎独——慎独问题讨论集》，桂林：漓江出版社，2012 年，第 192 页。

口表达得淋漓尽致:"君子居其室,出其言,善则千里之外应之,况其迩者乎?……言出乎身,加乎民;行发乎迩,见乎远。言行,君子之枢机。枢机之发,荣辱之主也。言行,君子之所以动天地,可不慎乎?"①

　　杜维明先生深明儒学的当代价值。他认为:"在儒家的思想中,自我始终被理解为各种关系的中心。这种开放的同心圆指向一个无限伸展的界域。一个人的成长和发展绝不应当被看作一种单枪匹马的奋斗,因为这种奋斗涉及了在一个巨大人际关联脉络中的参与行为。"②儒家的核心教义在于将修身与"平天下"统一起来,"平天下"的能力与效能印证了修身的真实性与目的性;而修身的力行性与自觉性体现了"平天下"的落脚点与着手处。还是杜维明说得妙:"在儒家的视界中,学习成人使得一种深广的过程成为必要,该过程承认限定人类境况的所有存在方式的相互关联性。通过一种包括家庭、社群、国家、世界和超界的层层扩展的关系网络,儒家寻求在其无所不包的整全中实现人性。"③可以说,儒家的"慎独"观念很好地处理了成人与成己的矛盾。既内化为先成己后成人,又外化为因成人终成己。因此,我们认为,"慎独"论称得上一种儒家式的内向传播理论。

---

① 李鼎祚著,陈德述整理:《周易集解》,成都:巴蜀书社,1991年,第270页。
② 杜维明:《东亚价值与多元现代性》,北京:中国社会科学出版社,2001年,第195页。
③ 杜维明:《东亚价值与多元现代性》,北京:中国社会科学出版社,2001年,第120页。

自我与超我的蝶变：庄子之梦新探 *

谢清果 **

摘　要:《庄子》一书以梦喻道，托梦悟道，以启迪世人认识自我，忘掉自我，成就自我。本文以内向传播理论视角来观照《庄子》一书中的梦文化，发现庄子学派以梦与醒的"物化"立论，教导世人当放下物质自我、社会自我乃至精神自我，以至于"坐忘"，才找到真正的快乐逍遥的自我。同时，也激励自我向超我（道我）努力，从而在将本我与超我贯通，做到即我即道，梦醒不二，进入无待的自由状态。

关键词:《庄子》；庄周梦蝶；内向传播；自我；超我

引言：认识自我，成就自我的永恒呼唤

认识自我，超越自我，成就自我，是人类作为宇宙精灵的特殊之处。希腊阿波罗神庙墙上的箴言：γνωθι σεαυτόν（认识你自己 Know yourself），中国哲圣老子亦提出"自知者明"，便是例证。文艺复兴时期法国思想家蒙田（Michelde Montagne，1533—1592）说："世界上最重要的事情就是认识自我。"甚至，"在各种不同哲学流派之间的一切争论中，这个目标始终未被改变和动摇过：它已被证明是阿基米德点，是一切思潮的牢固而不可动摇的中心。即使连最极端的怀疑论思想家也从不否认认识自我的可能性和必要性。"[①] 人类一切认识出发点与归宿点本质上都是因为自己，依托自己，安顿自己。从这个意义上，自我也应当是传播研究的起点与终点。认识自我的重要性，可借罗洛·梅的名言来去锚定："人类的自我意识是他最高品质的根源。它构成了人类区分'我'与世界这种能力的基础。它给予了人类留住时间的能力，这仅仅是一种超脱于当前，想象昨天或后天的自己的能力。……是因为他能够站到一边，审视他的历史；因此他能够影响他自己

---

* 本文原载于《诸子学刊》2018 年第 2 辑，第 383—399 页。

** 谢清果，厦门大学新闻传播学院教授，博士生导师，传播研究所所长。

① [德] 恩斯特·卡西尔：《人论》，甘阳译，上海：上海译文出版社，2003 年，第 31 页。

作为一个人的发展，并且他还能够在较小的程度上影响作为整体的民族和社会的历史进程。自我意识的能力还构成了人类使用符号这一能力的基础……使得我们能够像他人看待我们那样来看待自己，并能够对他人进行移情……实现这些潜能就是成为一个人。"① 人类能够学习，不仅从自己的经历中学习，而且也从他人，从历史的一切文本中学习，其实，学习，特别是那种思想领悟的学习过程本身是一个自我传播的过程。比如笔者要开始，对《庄子》一书中梦文化的礼赞，正是因为庄周之梦开启了一扇人类自我对话和隔空对话的大门。本研究的价值与意义可以表述为："个体的活动离不开自我，作为个体活动的觉察者、调节者与发动者，它可以使个体的活动具有独特性、一致性与共同性。不同的自我优势，会引起相应的自我评价与自我追求，进而去寻找理想的自我实现。所有的自我行动，都是自我的外现，其意义在于保持个体的心理平衡，使个体与现实世界的关系和谐。"②

近年来，笔者已发表了《内向传播的视阈下老子的自我观探析》（2011）、《内向传播视域下的〈庄子〉"吾丧我"思想新探》（2014）、《作为儒家内向传播观念的"慎独"》（2016）、《内向传播视域中的佛教心性论》（2016）、《新子学之"新"：重建传统心性之学——以道家"见独"观念为例》（2017）等系列研究华夏内向传播的论文，试图从内向传播理论的视角重新解析中华文化，进而探索出一条传播学本土化研究的可能路径。本文即是从内向传播视角研究庄周之梦的新探索。

一、梦：一种内向传播的特殊形态

内向传播（intrapersonal communication），又称自我传播、人内传播。美国科罗拉多大学的 Donnar.R.Vocate 曾在 *intrapersonal communication：Different voice，different minds* 一书的序言中提到，1986 年查尔斯·罗伯特向当时的口语传播协会（SCA）提出成立一个内向传播专业委员会的申请，还引起了不小的争论，从此内向传播开始进入传播学的研究视野。总的来说，内向传播探讨的是自我对话（self talk），此时自我作为传播者，既是发送者与是接收者③。朱莉娅·伍德（Julia Wood）："自我传播（intrapersonal communication）是我们与自己进行的交流，或自言自语，或促使自己做某件特殊的事情或是决心不做。……自我传播是在自身内部进行的认知过程。而且由于思考依赖于语言——用语言为现象命名、用语言

---

① ［美］罗洛·梅：《人的自我寻求》，郭本禹、方红译，北京：中国人民大学出版社，2008 年，第 85-86 页。

② 李海萍：《米德与庄子自我理论的现时代意义》，《太原城市职业技术学院学报》2011 年第 2 期。

③ R.Vocate Donnar, *Intrapersonal Communication：Different voice，Different Minds*, London：Psychology Press，1994，pp.3-31.

表示现象，因此这就是一种传播。"①国内学者郭庆光、陈力丹等对内向传播都有一定研究，他们都把内向传播作为一切传播的起点，也是一切传播活动不可缺少的环节。例如，郭庆光在其《传播学教程》中就认为，内向传播个人接受外部信息并在人体内部对信息进行处理的过程。国内华夏传播研究著名学者邵培仁和姚锦云认为："庄子发现了人类'交流无奈'的内在之因，提出了人类交流理想的实现路径。交流不在于外'传'，而在于内'受'，思想学说的不可通约与其说是学理上的，不如说是主观认识上的，即'成心'。因此，交流过程需要付诸'接受主体性'的努力，达到'心斋'和'坐忘'的状态，从而恢复一个'真宰'的精神世界，如'天府'和'葆光'一般。"②两位学者从人际沟通的角度探索人需要去成心以营造好的人际交往心理环境。而笔者则进而研究主体内部是如何凭借自我对话从而实现内心的澄明、清静与彻悟。

（一）解析与感悟：中西论梦之别

陈力丹多次撰文阐述梦是一种内向传播形态的观点。他说："每一个人的内心世界里都有一些白天不知道的经验和记忆储藏室，梦则打开了这扇通往自己世界的门。大多数梦使用象征语言编织而成。象征语言的逻辑不是由时空这些范畴来控制，而是由激情和联想来组织。这不是人们在清醒世界里所通用的语言编码。所以大部分梦就像是没有被启封的信，让我们好像在与自己交流，但又无法与自己交流。"③诚然斯言。梦本是不同于一般逻辑思维的人类思维的另一种方式，而这种方式的运用往往是在人的专注或焦虑之下产生。专注凝神下产生的梦可能是一种如同门捷列夫发现苯六边体结构的领悟之梦那个过程一样，能够直达事物的本质，而焦虑之梦则带来生理与心理的不安。而庄周梦蝶式的梦则是了悟万化流行，不拘不滞，物我一体的人生至高境界。

概而言之，西方对"梦"的研究，注重的是作为心理活动展现的一个窗口，"梦是对很多来自日常生活并全都符合逻辑秩序的思想的替代"④。尤其是在精神分析学、精神病理学方面，往往把梦当成一种精神分析与治疗的手段。因为"梦"通常被认为是人的潜意识的表现，是许多生理与心理问题的根源所在。如此，通过"梦"的剖析可以掌握个体的心理状态与精神状况，这是西方科技理性的体现。

① [美]朱莉娅·伍德：《生活中的传播》，董璐译，北京：北京大学出版社，2009年，第22页。
② 邵培仁、姚锦云：《传播受体论：庄子、慧能与王阳明的"接受主体性"》，《新闻与传播研究》2014年第10期。
③ 陈力丹：《自我传播的渠道与方式》，《东南传播》2015年第9期。
④ [奥地利]弗洛伊德：《梦的解析》，周艳红、胡惠君译，上海：上海三联书店，2008年，第307—308页。

即便是对东方心理学有深刻理解的瑞士心理学家卡尔·荣格也说："梦是一段不由自主的心理活动，它拥有的意识恰好用于清醒时的再复制。"① 与此不同的是，《庄子》书中的梦则更多视"梦"为通向道境、悟境、化境的一个路径，即坐忘、心斋之后的一种精神状态。庄周之梦不是普通的生理、心理抑或精神方面的问题，而是境界的升华术，虽然《庄子》书中也有对梦产生的普遍性生理和心理有一定的阐述，但是核心不在于梦本身。更在于以梦喻道，以梦悟道。相对而言，儒家则更多强调的是通过梦来进行道德自律，孔子的周公之梦便是典型。著名学者刘文英说过："在潜意识的层面上，由于自我意识不能控制，一切善的成分和恶的成分都会暴露无遗无遗。由此，每天人都可以根据自己梦中的所用所为，对自己的道德尽量做出客观的评价。"② 不过，总而言之，西方之梦研究重在解析，中国之梦研究重在感悟。从共通点而言，都希望通过梦的探讨，更为充分认识人的认知规律，并加以引导，以实现身心健康与人格升华。陈力丹就指出："依然故我，是人内传播的一种良好状态，要能够始终知道自己是谁，自己要做什么，想什么，自己为了什么而做什么。"③

（二）社会性与反身性：中西自我对话旨趣的殊异性

米德作为内向传播理论的创立者，在于他创造性地将自我区分为主我与客我。客我就是组织化的他者，是社会对自我期待的象征性表达。而主我则是当下的鲜活的个体存在，具有能动性去召唤客我。从而，使此两者在对话中实现自我的社会化。不过，应当注意到米德主我、客我观本是基于社会心理学层面上的观点。在中国情境下，客我（比如圣人）往往是先验的，固定的，当然也与经验相关，因为没有脱离经验的先验，先验只是在逻辑上存在，即逻辑的先在性。但在具体的情境中，先验也是可体验到的，领悟到的，感知到的"知识"，比如"道"，比如"圣人"。在任何时代下，圣人都是理想的客我，都是"道"在人间的体现，圣人是道的载体。世人通过圣人窥见"道"的意义与价值。这是因为先验的东西，离不开经验的基础，好比如"道"作为哲学范畴，离不开作为路意义上的"道"，以及在具体事务中的"导"的功能。

相比于米德社会心理学意义上的主我、客我的自我观。道家的自我观，很令

---

① ［瑞士］维蕾娜·卡斯特：《梦：潜意识的神秘语言》，王青燕、俞丹译，北京：国际文化出版公司，2008 年，第 14 页。

② 刘文英：《孟子的良知说与道德潜意识》，《国际儒学研究》第 10 辑，北京：国际文化出版公司，2000 年，第 231 页。

③ 陈力丹，陈俊妮：《论人内传播》，《当代传播》2010 年第 1 期。

人吊诡，那就是往往不满足于当下的自我，例如对主我的认知上既警惕又依赖。警惕的是主我毕竟不是客我，不是道我，是存在不足的，是有七情六欲的，是还行进在通往圣人的路上的自我。重要的是自我要依赖主我，毕竟主我是能够主动以客我为参照来规范自我，修正自我。离开了主我，客我就没有意义。而且任何人走向客我的道路都是独特的，虽然方向是一致的。这就因为主我注定是独特的，具体的，有情境的。因此，米德更倾赖于主我，认为主我富有主动性、有创造性、独立性。

米德认为客我是建构性的，是主我不断建构出来的。而道家认为客我（道我）则更具理想性和神圣性，甚至有着无穷的能力，等待主我去召唤，一旦召唤成功，主我就获得了超越，个体得以成就。相比而言，米德作为社会学家，关注的是自我的社会性。他提出的主我、客我的自我结构观，目的也是关注自我如何在社会中自处，人是如何与社会互动，进而自我内在进行互动，当然这两个互动本身也是互动的。可以说，周而复始地进行的。而道家的自我观的结构关心的是自我的精神超越，追求的是自我对社会的超然与超脱。因此，并不侧重去追求社会价值的实现，而是追求个人性灵的安顿。因此，这也正是源于其自我内在结构的设定的殊异性，道家认为人与道是同构的，人具有道性是能够通达道，并成为道的自我。且只有成为道的自我——"道我"，人才是完美的人，才是超人、真人。这一点在《庄子》书中对真人入火不烫、入水不溺、逍遥自适的描述中可见一斑。因此，道家自我的修行讲究的是对社会价值的超越与否定，才能在内心深处实现真正的完全的纯粹的自由，否则，就会成为进道的障碍。

梦则是一种重要的自我启示路径，是启发自我能够放下主我，关注客我，成就真我。梦，其实是自我内在结构中主我与客我矛盾张力的舒缓者、沟通桥梁者。因为梦具有直观洞察事物本质的功能。梦的直观性有助于摆脱日常事项的干扰，直达问题的本质。梦境往往本身是问题的直接展开，因此梦境的感悟是破解现实自我困境的方式。笛卡尔也相信梦与现实一样具有真实性。并不是一切都需要"眼见为实"。或许梦中所见，亦是另外一种真实。要不执着于现实的真实，或许正是现实的真实阻碍了我们去了解和领悟另一种形态的真实，即无的真实。"人人都在梦中直接经验和感受到过另一个我们并不能接受为实体的经验世界，梦使我们领悟到我们并不是在一个唯一的真实的实体世界中去感觉，我们同样也在虚无的幻境中信以为真地去感觉。"①

或许正如《黑客帝国》所呈现的那样，我们梦可能被偷，从而活在别人精心

---

① 高秉江：《梦与自我意识确定性》，《学术研究》2004年第2期。

设计的梦境中而不自知。当代《盗梦空间》的科幻表述梦其实原型当在于中外传统对梦的探索，只不过，用上了所谓高科技手段。因此，庄周梦为蝶，还是蝶梦为庄周，一时间成为无解的问题。蝶有没有梦，是人没法体验的，人所能体验的是人的梦，蝶或有其自己的梦的形态，或许蝶与人之梦也可以通约，世界本存在无限可能。比如神龟托梦于宋元君，龙王托梦于唐太宗。

　　梦与醒的矛盾，困扰人类数千年。笛卡尔提出"我思故我在"命题，始终还是离不开"我在"，他强调了"我"能够怀疑这一点是不能怀疑的，从而确证了我的存在。而道家对自我是否一定存在，并不执着，也许人的最好归宿是消融于道之中而不自知。因为任何的"知"都可能会产生焦虑。只有不知之知，才是最后的了脱。有知还是"有"的状态，无知才是"无"的境界。一切只为找到真我，实现自我内在的统一，而不是人格分裂，人前人后不一样。此时，"个体感到自己是独一无二的、拥有充分的心理稳定性的、不因内部或外部变化而改变的整体"①。庄周梦蝶式的梦正是一种找回自我的方式，以梦的方式实现自我觉醒。美国精神分析学家埃里希·弗罗姆（Erich Fromm，1900—1980）曾说："沉睡之际，我们就以另一种存在形式苏醒了。我们做梦。"②梦能够折射自我的状态，梦甚至可以领悟自我的成长，梦本是我之梦，是为我而存在的。梦的属我特性，注定我们必须正视它，利用它，与它共生共存。甚至在西方，学者也越来越意识到，梦是人类反省的路径。"人们对于梦的认知有了重大转折：命运和上帝不再是决定性的因素，只有自身才是关键性的因素。梦属于做梦者，并与其生活状态有关，对于自我反省者来讲，梦的作用不可忽视。"③

　　这里顺便提一下古人"梦"（夢）的释义。《说文解字》："夢，不明也"，字面含义是从夕，夕者月半见，日且冥而月且生矣。做梦大多为夜里，有夜长梦多一说。梦给人的印象是真真假假，难以说明。所谓"梦可道，非常梦"。陆德明《经典释义》认为梦本作寢陆德明《经典释文》称"夢，本又作寢"，《说文》中"寢"从"宀"从"爿""夢"声，"宀"，"覆也"，为梦者所居之处，"爿""倚着也"，为梦者所倚之物，这是强调做梦的场所。许慎说"寢，寐而觉者也"，段注认为"寢"字的"寐而觉"与"醒"字的"醉而觉同意"（段注说"醒"是"醉中有所觉悟即是醒也"）。李小兰认为这两则注无意中触到了梦的真谛：寐与觉或醉与醒

---

① ［瑞士］维蕾娜·卡斯特：《依然故我》，刘沁卉译，北京：国际文化出版公司，2008年，第87页。

② ［美］埃里希·弗罗姆：《被遗忘的语言》，郭乙瑶、宋晓萍译，北京：国际文化出版公司，2007年，第5页。

③ ［瑞士］维蕾娜·卡斯特：《梦：潜意识的神秘语言》，王青燕、俞丹译，北京：国际文化出版公司，2008年，第14页。

的悖论式统一。① 周礼中得到六梦，第一个梦便是"正癙"，段注中曰："郑云。无所感动。平安自梦也。"显然是把祥和之梦，称为正梦。如此看来，"庄周梦蝶"自然是"正梦"，而且是能够带来觉悟的梦。

二、庄子以"齐物"的方法重构梦境中的自我

如果说《逍遥游》是庄门的境界和人生追求目标的话，那么，《庄子·齐物论》则应是庄门的心法，是通达逍遥的方法论。无论是齐—物论，还是齐物—论，其表达的含义是共通的，那就是要去掉"成心"，即去掉物我，他我之分别心，有待心，以"道通为一"的心态与方法来处理关系，具体可表述为"万物一齐，孰短孰长！"（《庄子·秋水》）"自其同者视之，万物皆一也。"（《庄子·德充符》）"万物一府，死生同状。"（《庄子·天地》）而总而言之，齐物是通道的方法。而齐物作为方法，说到底是一种思维的技术，是在思维或者说灵府，即在潜意识，无意识中，比如梦中都能够无碍地处理好"物化"的关系。从这个意义上讲，庄子之"梦"作为齐物的心路历程，是内向传播的一种特殊形式。笔者已在《内向传播视域中的〈庄子〉"吾丧我"探析》② 中探讨"吾丧我"的内向传播意蕴，本文则从"庄周梦蝶"等庄子的梦论中，继续感悟其独特的内向传播智慧。

《齐物论》此篇的思路大体如下：庄周以"吾丧我"立论，提出物论纷呈，皆源于"我"执，当齐同而忘我。进而借天籁、地籁、人籁为喻，指明人类因其纷繁复杂的心理活动，从而陷于"其寐也魂交，其觉也形开，与接为构，日以心斗"的无限焦虑之中。进而点出，造成此焦虑的根源在于"是非"在作梗。而"是非"的判断标准显然在于我："非彼无我，非我无所取。"人的身体百骸自有"真宰""真君"治之，何劳我操心。而"我"所以操心，乃是因为"我"有"成心"，即心不虚。而心所以不虚，乃是因为人类的语言所带来的，因为语言本身是一种遮蔽。"言非吹"，语言毕竟不是"天籁"，能够"吹万不同，而使自己，咸其自取"。因此，对待语言，应是"至言不言"，"终日言，未尝言"。如何摆脱这种"是其所非而非其所是"的困境，唯有"莫若以明"，即"用空明若镜的心灵来观照万物"③。这种"以明"的自在自主，本质上是"不用而寓诸庸"，是谓无所用心而心自定自主。具体说来，是"圣人和之以是非，而休乎天钧，是之谓两行"。这样的心境是"孰知不言之辩，不道之道？若有能知，此之谓天府。注焉而不满，酌焉而不竭，

---

① 李小兰：《怎一个"梦"字了得》，《光明日报》2017 年 3 月 20 日，第 13 版。

② 谢清果：《内向传播视域中的〈庄子〉"吾丧我"探析》，《诸子学刊》（第 9 辑），上海：上海古籍出版社，2015 年。

③ 方勇，陆永品：《庄子诠评》，成都：巴蜀书社，2007 年，第 58 页。

而不知其所由来，此之谓葆光"。总之，以无滞于物的超然心境，收放自如地因应物我关系。物来则应，物去不留。

（一）庄周梦蝶乃是"忘适之适"的梦境

庄子梦论的殊异性在于他石破天惊地提醒人们，梦与醒并非截然分明的，那种平常以为自己是清醒的，或许自己正处于梦中。而自己处于梦中，尤其是祥和的梦中，正是天道的不可多得的敞开之时，也是自己心灵向道的敞开之时，此时的自我或许正是活得最惬意自然的时刻，正是这种时刻的超越性和创造性，庄子才感叹，大梦谁先觉。人们或许以为梦是虚幻的，不真实的，觉醒时的自我才是真切的。其实，经验也告诉我们，觉醒时的自我正因为有我执，我见，遮蔽了对真常的洞察，正由于我们是使用语言等各种符号的动物，符号所编织的意义之网，时常网罗了我们自己，以致看不到网外更广阔的世界。"梦"反而是放下自己的一种方式，在梦中我们超越的主体知觉的障碍，开启了在无意识或潜意识世界的无穷追问，那种更深层的意识往往是不被自我发觉的，而改造自我，升华自我则必须深入这一层面。《庄子·达生》有言：

工倕旋而盖规矩，指与物化而不以心稽，故其灵台一而不桎。忘足，履之适也；忘要，带之适也；（知）忘是非，心之适也；不内变，不外从，事会之适也。始乎适而未尝不适者，忘适之适也。

工倕的业务操作臻至化境，即"指与物化而不以心稽"，此时是"道也，进乎技"，手指与对象之间已没有分别，到底是"指"指向物，还是物追求"指"，彼此已相互转化。没有分别心于其中稽考。可知"化"境，是心泯，心死神活的状态。而"心"直白地讲，即是当下自我的意识。而"心"最为合适的安顿是"知忘是非"，"知"是小知，即间间，而忘是非之"知"是大知，则是闲闲的，亦即安适的。"心"的最高层面当是"忘适之适"。这时候"心"的状态是"灵台一而不桎"。郑开对此解释说："'灵台'即深层意义上的心，'一而不桎'即非常地专注，没有束缚，非常活跃。"[1] "灵台"是人心最纯粹自然的状态，不过，"一"当是一心一意，即整体性的，整全的，通畅的，与物和谐迁移。这一境界《列子·黄帝》亦有载："心凝开释，骨肉都融，不觉形之所倚，足之甩履，随风东西，犹木叶干壳。竟不知风乘我邪？我乘风乎？"其中奥秘就在于"不知"即"忘"，而此

---

① 郑开：《庄子哲学讲记》，南宁：广西人民出版社，2016年，第223页。

时心则是凝而为一的，自然天真，活泼自在，任我逍遥。亦可谓为"精通于灵府"，灵府乃精舍，是纯粹的灵能，它不是机心所在，而是常心之所居处。正所谓陶渊明所言"形迹凭化往，灵府常独闲"。这个灵府好比蜂巢中的蜂王，它是整群蜂的主心骨。但他却时常按兵不动，而方有制群蜂之动。

苏轼在《书晁补之所藏与可画竹诗》中慨然写道：

> 与可画竹时，见竹不见人。
> 岂独不见人，嗒然遗其身。
> 其身与竹化，无穷出清新。

此真所谓以艺进道，道寓于艺！两者相通处在于"遗身"，即忘身，是为化境，我画竹与竹画我已分不清了，正是这种分不清，方可"无穷出清新"，仿佛自然天成。此意境乃是"庄周梦蝶"的翻版。

（二）"庄周梦蝶"喻示在"一成纯"中快乐自我

庄子学派继续了老子开创的"无"的智慧，不执于有，而以无的否定方式实现了对自我的圆满自足。这其实也是庄子内向传播智慧的源泉所在。因为众人只看到正的一面，有的一面，而忽视了反的一面，无的一面。而其实，此二者相反相成，不可缺少。如果我们把梦看作虚（无），而把醒看作实（有）的话，那么，"庄周梦蝶"的意蕴似乎就更清晰地呈现出来。虚虚实实，实实虚虚，不可执着。梦之虚却有悟境之实效，而醒之实亦有"分"之区隔，而区隔正是为了下一次的打破。未有醒之下的种种省思与追问，亦难有梦之中的超越与否定。纵观《齐物论》，没有对人心之缦、窖、密等真实情境的把握，没有对人生"终身役役而不见其成功，茶然疲役而不知其所归"困境的忧思，没有对"物无非彼，物无非是"的人类思维的反身性、对象性的思考，没有对道与物关系的洞察，没有对道与我关系的贯通追求，没有人类认识（即"知"）有限性的自我反思，没有对"圣人愚芚，参万岁而一成纯"的敬意，等等，庄周就只是一种漆园吏。而庄周注定成为中国文化史，思想史上的巨人，就在于他有着"念天地之悠悠，独怆然而泣下"的孤独感，又有着一颗终结世间一切苦难的雄心，因此，他又是神圣的，他仿佛就是人类自我觉醒的伟大导师，人类和谐相处智慧的奠基者。

庄子在人类过于注重外求，过于注重索取的时代，却能反其道而行之，向内求，学会放下，学会舍去身心的负累，无论是有形无形的财富荣誉，还是想得到、想不到的成见偏见和争强好斗之心，人生才会获得自由与快乐。而自由与快乐才是人生的底色与本质。不要为身外之物而迷失了自我，逐于物而成为物的奴隶。

三、庄周之梦：实现自我圆融自适的重要路径

《庄子》书中 9 篇 11 处提到"梦"，不过，限于篇幅此处围绕大圣梦、孟孙氏梦和庄周梦蝶这三梦来展开论述。梦其实是人认识对象性的另一种表现。梦一定程度上也是认识自我的路径。当然，《庄子·大宗师》明言："古之真人，其寝不梦，其觉无忧"，这就是说，作为道之究竟的载体——真人——是睡觉不做梦的，因为他安心放心。这一定程度上也说明了梦是作为意识活动的过程性和对象性，也是人向真人转化过程中的必然现象。此外，栎社之梦、髑髅之梦、白龟之梦等都在一定程度上也是教导世人当放下有用无用的计较心和以我观之的人类中心主义的标准观；启迪世人放下生死之别，安顿爱生恶死的执着心；指导人们当意识到人的认识的局限性，不要执着于自我的理性，因为理性皆有所困。

（一）梦如镜："大圣梦"的自我镜像

梦犹如镜子，可于其中看到自己的幼稚可笑，领悟人生苦短与世事无常。《齐物论》有"大圣梦"情节：

> 梦饮酒者，旦而哭泣；梦哭泣者，旦而田猎。方其梦也，不知其梦也。梦之中又占其梦焉，觉而后知其梦也。且有大觉而后知此其大梦也，而愚者自以为觉，窃窃然知之。"君乎！牧乎！"固哉！丘也与女皆梦也，予谓女梦亦梦也。是其言也，其名为吊诡。万世之后而一遇大圣知其解者，是旦暮遇之也。

这个梦表达了好几层意义：

其一，梦与现实并不一致，梦中饮酒纵乐，醒来却因残酷的现实而哭泣；相反，梦中悲伤哭泣者，醒来或许遇上田猎之快事。或许因此，世人常说梦与现实是相反的。其实也不尽然。就现实性而言，梦有一致有不一致，这也正是梦的奇妙处，也是现实的多样性。

其二，更为复杂的是，在做梦之中，不知自己在做梦，而且梦中还梦到自己在做梦，似乎在梦中能够占问梦之究竟。直到觉醒后，才知道是一场梦。经验告诉我们，许多事情，醒着的时候未必想明白，然而在梦中想通了。由此看来，梦与醒着实是可以转化的。其实，结合前文，我们可知，庄子其实已经设置了常人与至人的不同。常人则拘于自己的时空与教养，从自己的角度来判断（自我观之），因此未能把握正处、正味、正色。至人的神奇之处在于不仅保有外在的自由自在，

即"乘云气，骑日月而游乎四海之外"，还"大泽焚而不能热，河汉沍而不寒，疾雷破而不能伤，飘风振海而不能惊"。而且其内在还可以"死生无变于己，而况利害之端乎！"换言之，至人之超越处在于他外生死，泯是非，忘利害，同尊卑。总之，道之境是"圣人不从事于务，不就利，不违害，不喜求，不缘道，无谓有谓，有谓无谓，而游乎尘垢之外"（《齐物论》）。

其三，大觉而后能知大梦，愚者自己为自己是觉者，沾沾自喜自己知道。这其实正是小知与大知的区别。愚者（小知）知其一斑以为全豹。而能知此者，需要"大觉"。大觉是对醒的否定，是对觉与梦的双重超越。既不自恃己之已知，又不否定梦可启人感悟。人生便在于梦与醒之中流转。大梦者，因梦而悟道者，大觉者，反省觉之局限，当下之困，而以梦启我心智，不轻易否定梦的启示，也不拘于梦的启示，只是顺势而趋罢了。

其四，孔丘因拘于礼教而对有道圣人的状态不解，以至于否定，从而堵住了自己的进道之阶。从这个意义上讲，孔丘的才智则如同梦一般，迷惑了自己，而自己却不知道自己活在自己建构的知识的牢笼之中。而长梧子也自称自己如此评价孔丘其实也是一种执着，一种判断，凡为断言，便是迷误。因此，他自称与孔丘都做梦。都有局限。这正如黄帝问道的情节中所言的那样。知道是不知道，不知道是知道，这不觉得很怪异（吊诡）吗？

其五，庄子感叹曰："万世之后而一遇大圣知其解者，是旦暮遇之也。"梦与醒的界限果真如我们平常知道的那样吗？果真不是我们知道的那样吗？要冲破这种思想的牢笼，是需要大圣大智，或许需要万世之长如同旦暮之短那般的探索，方能解脱这一困扰，因为"人之迷，其日固久矣"（《道德经》）。我们在语言的家园中生活，语言似乎成为我们的空气与皮肤，我们能离得开吗？而我们不在一定程度上疏离于言语，我们又不能走出自我。岂不悲哉？！庄子开出的药方是"和以天倪，因之以曼衍……忘年忘义，振于无竟，故寓诸无竟"。说到底，就是要脱离"有待"的境地。有待便有所困，如同蝉对翅膀的依靠。而庄周梦蝶又何尝不是一种不得已的一种隐喻，即因为蝶也需要依靠于翅膀呀。而正在似乎"山重水复疑无路"之际，庄子却又有说出了"物化"的道理，可谓"柳暗花明又一村"。物化者，陈鼓应先生解释为"物我界限消解，万物融化为一"[1]。方勇先生解曰："一种泯灭事物差别，彼我浑然同化的和谐境界。"[2]总之，与物同化，不分彼此，方是了悟。

---

[1]　陈鼓应：《庄子今注今译》（上册），北京：中华书局，1983年，第92页。

[2]　方勇、陆永品：《庄子诠评》，成都：巴蜀书社，2007年，第96页。

汉学家爱莲心甚至认为此梦似乎较"庄周梦蝶"更有丰富的内涵。故事的情节确实更为丰富与曲折，喻义也更为深刻，当然少了份梦蝶的诗意与快意。"大圣梦"显得更为崇尚而严肃，话题有点沉重。或因如此，大道至简呀！梦蝶之流传更广泛深远。

（二）寥天一："孟孙氏梦"的梦觉合一

《庄子·大宗师》中有借孔子与颜回之口谈论"孟孙氏之梦"：

颜回问仲尼曰：孟孙才，其母死，哭泣无涕，中心不戚，居丧不哀。无是三者，以善处丧盖鲁国，固有无其实而得其名者乎？回壹怪之。

仲尼曰：夫孟孙氏尽之矣，进于知矣。唯简之而不得，夫已有所简矣。孟孙氏不知所以生，不知所以死；不知就先，不知就后；若化为物，以待其所不知之化已乎！且方将化，恶知不化哉？方将不化，恶知已化哉？吾特与汝，其梦未始觉者邪？

且彼有骇形而无损心，有旦宅而无耗精。孟孙氏特觉，人哭亦哭，是自其所以乃。且也相与吾之耳矣，庸讵知吾所谓吾之非吾乎？且汝梦为鸟而厉乎天，梦为鱼而没于渊。不识今之言者，其觉者乎，其梦者乎？造适不及笑，献笑不及排，安排而去化，乃入于寥天一。

此例子亦是借"梦"言人当如何处理自我与外物的关系问题，进而关键是要表述如何顺物化而不为自我情绪所左右。庄子学派时常要走打破世人对梦与醒的执着，从而将自我从观念的束缚中解脱出来的自我升华之道。借助詹姆斯的物质自我、社会自我和精神自我的见解，庄子学派眼中的物质自我主要指人的形体及其与形体相关的各类财富；社会自我指人的各种身份和关系；精神自我比较特殊，不同詹姆斯心中指人能够指导日常生活的精神理性和精神气质，以实现对社会生活的应对。具体说来：

其一，不化的精神自我。庄子的精神自我是自我的归宿，是一种精神，是对现实的超越。例如，生死不入于心中，最终实现的是自我对自我的负责，而不是对社会的负责。在庄子看来，社会的名位是对自我的伤害，只有回避社会价值，回到自我，自我精神才能得到安顿。以孟孙氏之梦的故事来看，与其说孟孙氏在处理丧事，不如说是他在安顿自我，以顺应自然的方式安顿自我性灵的方面来安顿亡灵，本身才是最好的安顿。孟孙氏母亲去逝，他"哭泣无涕，中心不戚，居丧不哀"。这里的哭泣其实也不是真的，因为他只是"人哭亦哭"，因顺人心，不给自己留下麻烦，此谓"人之所畏不可不畏"（《道德经》）。此是社会自我的顺应。

值得注意的是，文中提到"且方将化，恶知不化哉？方将不化，恶知已化哉？吾特与汝，其梦未始觉者邪？"庄子借以告诉世人大化流行，人的知识有限，面对即将变化的情景，我们何以知道那不变化的情况？遭遇不化的境况，何以知道已然变化的情景？事物的变化何以多样，这是事物的常态，也是道的常态。于此，孔子感叹他俩执着于礼教之悲伤情感，固执于名实之别，而未能化。因此，相比于孟孙氏，他俩更像是在做梦还没醒过来呢？！为何孔夫子明明跟颜回谈论孟孙氏的事情，又何以说自己是在梦中呢？此处之梦更倾向于从常规意义上表述，那就是不真实的，虚空的，因为他们只拘泥于形式，而没有把握本真，以人之规范束缚了自我的身心，是一种"困"，一种"累"，如同噩梦一般萦绕在其身上，不得欢乐。因此孔子希望速速从中"觉"起。因此"觉"是一种破迷而悟的觉境了。孔子后文又强调如同做梦化为飞鸟而一飞冲天，化为鱼儿沉没于深渊，不知此时说话的我们是在梦中，还是在清醒状态？因为可能我们是做梦在一起说话，果真在一起说话了吗？最后作者表达了自己的看法："造适不及笑，献笑不及排，安排而去化，乃入于寥天一。"适，本身是一种身心安适的状态，这种状态不用情绪去表达，一落言诠，便不自然；不期然而笑，笑得那么自然，没有任何做作刻意安排于其中，总之，顺应自然的安排去变化，如此，便能进入寥远天然的纯一之境。无梦无觉，亦梦亦觉。

其二，"骇形旦宅"的物质我。我哭之时，旁人都以为这就是"我"，他们哪里知道我果真不是我。也就是说旁人看到的是人的形，而不是我的神。而他哭所以"无涕"乃是因为他不以心伤身，是谓"骇形而无损心，有旦宅而无耗精"。形可骇（变化）而心无损，有躯体的转化而没有精神的损耗。这种信念本是"通天下一气"的表现。此为庄子对形体我的态度，更不用说对财富名誉等均视为浮云，此为庄子的"物质我"。

其三，"是其所以乃"的社会我。孟氏的社会自我体现在"不知所以生，不知所以死；不知就先，不知就后"。常人的社会自我是有先后、生死所体现的利益关系的杯葛，而孟孙氏则"不知"，用现在的话说，他不把社会的规范内化我自己的规范。生死之哀不起，先后之得失不较。此时状态就好比随顺事物的变化，以此处置那人力不可知的变化。

三、自我与超我："庄周梦蝶"的"物化"启示

《庄子·齐物论》结语曰：

昔者庄周梦为胡（蝴）蝶，栩栩然蝴蝶也，自喻适志与，不知周也。俄然觉，

则戚戚然周也。不知周之梦为胡（蝴）蝶与，胡（蝴）蝶之梦为周与？周与胡（蝴）蝶则必有分矣。此之谓物化。

（一）"庄周梦蝶"：在本我与超我之间的梦境

"庄周梦蝶"的情境是庄周式的，但做梦变为某种生物，如鸟、鱼、花之类的，则是人类的常态。然而此故事寥寥数语，却有着无穷意境。其根源当在于对人性的追问。蝴蝶其实是自我的镜像，深入而言之，是超我的表征，蝴蝶不是当下的自我，而是自我的究竟，自我的了脱。因此，显而易见，"庄周梦蝶"直接表现的是庄周这个"自我"（ego），与蝴蝶则应是个超我的表征。当然，一定程度上也可以看作是本我（id），作为万物之一的我。因为庄周讲究的是物我两忘，当然，他反对以物役我，而是役物而不役于物，与物偕行。如此，我们则可以抽象地继承弗洛伊德的本我、自我和超我的自我观，但在内涵上加以改造。那就是，在庄周看来，本我是一种作为万物之一的我，没有人的特殊性，而具有物的共性，没有人的优势感与分别感。自我，则是处于社会情境中的我，是现实中操作的自我的提升与沉沦的我。超我，则是人作为类的存在的高尚性体现，抑或人作为文化的动物而产生的对终极真理的关怀与自我的永恒安顿的主体。其实，人作为进化中的过程存在物，时刻是本我，自我、超我共处于一身，本我的快乐原则易于迷失于众生之中，自我的现实原则则是在有时易于成为有违道义的凡人与有时易于成为不食人间烟火的神人这两端之间摆动，而端赖于自己的灵能如何驱使自我。"庄周梦蝶"则意喻自我的提升与超越。

有学者富有创意地将蝴蝶视为本我，将庄周视为弗洛伊德的自我，并认为本我有走向死亡本能，自我则有充满爱欲的力比多，展示求生的本能。庄周力图追求"本我（id）"对"自我"（ego）的战胜，这便是逍遥游。[①] 不过，笔者认为，梦蝶既然作为追求自由的象征，应当是"超我"的体现，而"庄周"则代表现实理性的自我。游之类的逍遥在庄子看来是可以实现的，那就是与道为一，也就是"物化"，亦即齐物，说道是自我的消融，本我与超我的贯通。但不能因此说明自我是障碍，恰恰需要"自我"的操控，自我最终埋葬了自我，这是自我的最大归宿 。自我遵循现实原则，一直探讨在本我的快乐原则与超我的自由原则的平衡。放纵快乐原则终究害人害己，而一味如果不安抚本我的快乐原则的，超我的实现是没有动力。本我与超我似乎是两极，其实，在庄子看来是相通的。这个相通的

① 马荟苓、王爱敏：《从弗洛伊德的精神分析解读庄周梦蝶》，《湖南第一师范学报》2010 年第 5 期。

桥梁便是"道"。道是"率性之谓道",道是性的本然实现,不过,性是"天命之谓性",是天然的,是纯粹的,而不是弗氏所强调充满性欲的本能。进而"修道之谓教",是需要在修之中,不断去磨合自己的心性,将本我、自我与超我合一,并以超我为主导。道虽然是不以人的意志为转移,却是人的意志可以感通的。因此,我需要去"修",这个"修"在庄子看来正是"心斋""坐忘",正是逍遥游。正是万物相和之境,"无死地"(《道德经》)也。"庄周梦蝶"所以流行,正是其文本的象征意义深远,富有无穷的诠释空间。本我是原始的,非理性的,本能的。而超我则是理想的自我,是道德理念,是富有升华的,悟性的,超越性的。没有本我何来超我。"庄周梦蝶",表面上只有庄周与蝴蝶两者,其实,还有道,亦即道我。因为一切都因为有我才有了意义。没有"庄周"这一现实的自我,蝴蝶和高远的道,没有任何意义。因此,笔者认为,蝴蝶与髑髅都是道的影子。

（二）梦：通向觉醒之知的媒介

庄周与蝴蝶之间所以发生关联是梦的接引。"梦"何以能接引,而发挥媒介的作用,则因主体必有所求。"求以得,以罪以免"的欲望实现,如同蝴蝶的自由飞翔,而这一切的前提是,要进入梦(道)。蝴蝶作为物的存在都是有限,有形的,有名的,短暂的,而只有道才是永恒的,无名的,无形的。正如梦境一般神妙奇幻。物不化,则有阻隔。因为庄周之为庄周,他意识到物必有分,正因为物之分,则物之为物,而不能为物物之物的道。

1. 梦：开启深层自我认知的按钮

"梦"的内向传播过程何在,关系互动性何在?唯在一"化"中,蝴蝶本身就是由毛毛虫转化而来的,喻示"道"具有化腐朽为神奇的功能。经历由蛹到蝶的转变,这个去茧的过程,是孕育着新生命的过程,即化的过程。必须有所舍弃,才能实现超越。具体说来,"化"体现为"坐忘",可以是"心斋",可以是"吾丧我"。在此类情景下,庄周易于梦为蝴蝶,易于进入自我超越之境。换句话说,在此心境下,自我易于退位,超我易于上位,本我则易于消隐转化,进而呈现一派"虚室生白,吉祥止止"的和谐场景。

吴光明在《尼采与庄子》一文中认为:

通过反思他的梦,庄子获得了一种觉醒之知:我们不能知道我们不变的身份。正是这种知,使做梦者(我们自己)从被客观实在论缠住的专横中解放出来。这是一种元知识,一种对自己无知的觉醒。这一觉醒的无知导致在本体论转化之流中的逍遥游。①

　　庄周梦蝶之梦所以是好梦，因为蝴蝶"栩栩然"生动活泼，而又"自喻适志"，即心灵似乎在尽情地诉说志向的舒适实现，即这种实现是没有代价的，是自然而然的。如同庖丁解牛一般，游刃有余，臻于舞曲之境。梦中之蝶已然不是现实中的蝶那样有生有死，而是不生不死的永恒自在，此时，蝴蝶的快乐是没有条件，也是不需要等待的，是谓"无待"。无待，即消融了现实的我与理想我的界限，即无我而有真我。无待本亦是无的一种形式，无是一种否定，更是一种超越。郑开亦解说："'无待'就是指我们所进入的独立且自由的状态。我们既不需要凭借某种东西，同时，又将所有的外部条件统统去除，进而，将真正的'我'释放、发挥出来，这便是'无待'思想的精义。"② 或者，无待就是物我距离消融了，物我合一，蝶我合一，是谓"物化"，此时"出于无有，入于无间"（《道德经》），即谓"适志"，心想事成。依徐复观所言"惟有物化后的孤立的知觉，把自己与对象，都从时间与空间中切断了，自己与对象，自然会冥合而成为主客合一。……此时与环境、与世界得到大融合，得到大自由，此即庄子之所谓'和'，所谓'游'"③。

　　2. 醒：梦后的大觉

　　海外华人学者吴光明指出"庄周梦蝶"还包含着梦与醒之外的第三个阶段——大醒。大醒即"从醒中醒"，即："庄周认为他不是蝴蝶为'醒'，庄周不确定他是庄周还是蝴蝶则代表他从这个醒中'醒来'。"④ 这种深沉的"大醒"，会带来"知不知"的认知转化。"知不知"的瞬间感悟，如同濒死体验一样，一下子便明白了活着时的迷昧而死时的明白。

　　庄周有名，成形了，则必有成心，而蝴蝶没有具体的名，故而是整全的，没有分化的，乃是永恒的。"蝴蝶的精髓在于'栩栩然'的翩翩飞舞——它从一个思想飞向另一个思想，从一个事件飞向另一个事件……它不否认梦与醒、现实与幻想、知与无知……它所能确定的，只是它从此'飞'到彼的状态。"⑤ 蝴蝶是庄周力欲超脱的精神指称。是精神形式的庄周，即自喻其适的庄周，而"蘧蘧然"觉醒

　　① ［美］爱莲心：《向往心灵转化的庄子：内篇分析》，周炽成译，南京：江苏人民出版社，2004年，第102页。
　　② 郑开：《庄子哲学讲记》，南宁：广西人民出版社，2016年，第207页。
　　③ 徐复观著，刘桂荣编：《游心太玄》，北京：北京大学出版社，2009年，第98页。
　　④ Wu Kuang-ming, *The Butterfly as Companion*, New York：State University of New York Press, 1990, p.217.
　　⑤ 郭晨：《吴光明与爱莲心"庄周梦蝶"的阐释比较》，《漳州师范学院学报（哲学社会科学版）》2013年第3期。

状态的庄周则是物质形式和社会形式的庄周。此二者是统一于庄周一身，又是分离的。因为精神状态的"我"是可以超越或忘记身体或关系形态的自我，故有"缸中之脑"一说。飞是一种穿越，从梦到醒到大醒，即悟，即由觉而悟。蝴蝶显然是庄周精神的投射。蝴蝶在别人看来可能是他者，但是蝴蝶在庄周看来则是从他者回归自身，进而反观自身，在这个过程中便是从与他者（蝴蝶）的对话（心灵感通）中，实现对自我与他者的同时"去蔽"，即同时实现对物化的顺应，而齐一，最终实现通过关注他者而实现回归自我的完整齐一，即灵与肉的统一。

正如汉学家爱莲心所说的，蝴蝶这一意象的选择，无论是有心还是无意，它本身是"化"的现实表征。蝴蝶从毛毛虫到蛹，到蝴蝶，实现了华丽的转型（transformation），即"转型为蝴蝶必须蜕掉原有的皮。这点表明仅有旧事物让位于新事物时，转型才会实现。且此种转型是一种内部转变，不需要任何外在媒介"。①

梦蝶中所提到的"物化"，在《天道》篇是这样表述的："知天乐者，其生也天行，其死也物化"，相似的表达亦现于《刻意》中（"圣人之生也天行，其死也物化"）。既然天行与物化对举，那么其含义就应当是相对的。物化即天行，是天道自然而然的一种运动。人主动地进入天行物化之境，是圣人之为，其境界是"天乐"，本然的快乐，而为人欲之乐。庄子在"寐"和"觉"的转变中其实亦即在"物化"中休会到了自身的酣畅淋漓。此正所谓"大醒"。庄子并不停滞于对觉中的懊恼，而是于这一转变中感悟到，自然之道不可违。唯与将自我与道相通，即主我与客我合一，才能形神俱妙，快意人生。以至于他以各类形体残缺，但精神圆满自足之人来进一步展现"齐物"的奥妙。即万物与我为一，"我"与万物在大化流行中互为主体，彼此相通相化，"物有分，化则一也"②。值得注意的是庄子学派在《知北游》篇中亦有言"古之人外化而内不化，今之人内化而外不化，与物化者，一不化者也"，似乎是否定"物化"，不过，此处表述是"与物化"，而非"物化"。罗勉道解得好："外化而内不化者，应物而心不与之俱，内化而外不化者，心无定而为事物所撑触也，与物化者，外化也，一不化者，内不化也。"③"古之人"是人心纯朴之世下的人，亦即庄子心中的理想人物，他们"外化而内不化"，是"承认并随顺外界的变化，与之一起迁移，但却保持自己的真然本性，保持内心的

---

① Robert E. Allinson, *Chuang-Tzu for Spiritual Transformation：An Analysis of the Inner Chapters*, New York：State University of New York Press, 1989, p.74.

② 马其昶：《庄子故》，引自钱穆：《庄子纂笺》，北京：九州出版社，2011 年，第 23 页。

③ 罗勉道：《南华真经循本》，《道藏》第 16 册，上海：上海古籍出版社，1996 年，110 页。

真宰，保持内心之真，不'丧己于物'"①。

可见，"与物化者"，是主体随着他者变化，丧失了主体性，失去了自由与自在，不由自主。而"物化"则是表征物的齐一性与贯通性，物与物，我与物都紧密无间，没有分别。"生物者不生，化物者不化"。②物化是物之常，道之常。"天地固有常矣，日月固有明矣，星辰固有列矣，禽兽固有群矣，树木固有立矣。夫子亦放德而行，循道而趋，已至矣。"（《庄子·天道》）人顺道而为，与物无伤。"至德者，火弗能热，水弗能溺，寒暑弗能害，禽兽弗能贼。非谓其薄之也，言察乎安危，宁于祸福，谨于去就，莫之能害也。"（《庄子·秋水》）

"庄周梦蝶"流露出，庄子自我超越的意向，表达出对物我两忘境界的追求与向往，同时也表达了物我二分的常规思想的批判。正如弗洛姆所言，人的创造性工作是一种物我合一状态："在每一种创造性工作中，创造者同他的工作材料结合为一，工作材料代表了整个外部世界。无论是木匠做一张桌子，还是金匠打一件首饰；无论是农民种庄稼，还是画家作画——在所有这些创造性工作中，工作者与对象都合二为一，人在创造过程中将自己与世界结合起来。"③此所谓"道进乎技"。而最彻底的创造性精神活动，便是自我的形与神的美妙统一，实现形之安顺，神之灵妙，梦当是其最贴切的表征。"庄周梦蝶"之梦不是精神狂乱之梦，身体狂躁之梦，而是形就神和之梦。此种吉祥之梦本身是身心放松的表现。

弗洛姆还认为："人——所有时代和所有文化之中的人——永远都面临着同一个问题和同一个方案，即：如何克服这种疏离感，如何实现与他人整合，如何超越个体的生命，如何找到同一。"④在庄子看来，人源于道（齐一），因此人从本性上有着向往"道"那齐一且永恒安顿的诉求。人总感觉自身是被抛到世上的孤独的存在者，生不却，死又不能止，即便他有亲人，有朋友，他们也都只是共同通向"一"的桥梁，人在和谐的关系上更易于趋向本质上是以和谐为特征的"道"。庄子学派意识到人在内心深入有着拘于形体的现实自我，追求现实原则，又有一个追求超越，不满当下，追求无形境界的超我。正因为有对超我的追求，才体现了人为万物之灵的高贵所在。一般人追求的是物与我的分别，于分别上显示自我的殊异性；而圣人则反之，在物与我差别的消融中，展现自我的高贵性。上文已言的"大圣梦"启示我们：梦是实现超越的媒介。因为（大）梦联系着醒（觉）与解。通常的睡与醒的反复如同人处于钧之上，苦不堪言。而庄周梦蝶式的大梦，

<hr/>

① 奚彦辉，高申春：《心理学视角的〈庄子〉自我观探究》，《心理研究》2008 年第 2 期。
② 杨伯峻：《列子集释》，北京：中华书局，1979 年，第 2 页。
③ [美] 弗洛姆：《爱的艺术》，赵正国译，北京：国际文化出版公司，2004 年，第 22 页。
④ [美] 弗洛姆：《爱的艺术》，赵正国译，北京：国际文化出版公司，2004 年，第 14 页。

则产生了对睡与醒（觉）界限的消解，不认为醒时才是真实的，而梦中是虚幻的。反而，正是因为有梦的触媒，让人放下了执着，达到"悟"的境地。梦真乃造化的神奇表现。不过，白龟之梦则既表明物我可以感通，但同时也说明了理性是有穷困之虞。

刘文英指明蝴蝶梦状态就是"与大道合二而一"状态："如果从艺术形象来看，我们可以把蝴蝶梦中的蝴蝶，视为大道的一个象征性符号，而'梦为蝴蝶'则意味着庄子得道，与大道合二而一。若就思想境界而论，蝴蝶梦中的'不知周也'，亦即'至人无己'的形象化，表明庄子自认为他已达到至人的境界了。"[1] 故而，蝴蝶梦暗示主体精神的自由快适，蝴蝶梦的境界也就是"至人无己、神人无功、圣人无名"的境界，是物我齐一的物化状态，是齐同物我状态下一种逍遥自得、无挂无碍的自由境界，是物化的最高境界。

综上所述，《庄子》书中的"梦"是通向自我内在结构（主我与客我）的消融的重要方式，也是实现自我升华的路径。因此，引入内向传播的理论视角，有助于我们更深入地剖析《庄子》的自我观，并进而实现中西内向传播理论的跨越时间的对话，意义深远！

---

① 刘文英：《庄子蝴蝶梦的新解读》，《文史哲》2003 年第 5 期。

先秦儒家"仁"观念的内向传播功能阐释*

谢清果　林凯**

摘　要: "仁"具有为己之学的意涵,展现出内向传播的特性。以先秦儒家为例,在内向传播理论的观照下,"修己成人"正是儒家对自我本质的追问与修为的集中体现。具体说来,是主我以"仁"为指向,以成就作为"仁人"(圣贤)的客我为目标。在这一过程中,充溢着自我内心对"仁"的领悟、参照、调整与升华,即主我不断召唤客我,而客我又不断地改造主我的过程,如此反复,以促成自己成为一个具有通达圆融的自我,而具有"仁"性的自我正是构建和谐通泰的现实社会的基石。

关键词: 先秦儒家;仁;内向传播

内向传播是传播形态谱系中的一个关键环节,是在人自身内部进行的传播,其过程包括思考、感悟、内省等,其"实质上是个人的意识与思维活动"[1]。这是人产生思想、改变行为的一种很重要的动力基础。也就是说,人能够适应社会和改变社会的基础正是内向传播。在中国先秦儒家文化中,"仁"占据着重要的地位,以至于其能够从一个侧面反映出华夏文明"心传天下"的特质,[2]这也反映了"仁"的生成与拓展根源在于人的内心。从这个意义上讲,先秦儒家关于"仁"这一德目的培养实际上是一种内向传播过程。可以说,二者具有相互印证和表征的勾连关系。

---

　*　本文原载于《宏德学刊》2018年秋季号,第3—16页。

　**　谢清果,厦门大学新闻传播学院教授,博士生导师,传播研究所所长。林凯,厦门大学新闻传播学院2017级博士研究生。

　①　董天策:《传播学导论》,成都:四川大学出版社,1995年,第101页。

　②　谢清果:《华夏文明与传播学本土化研究》,北京:九州出版社,2016年,第30页。

一、"为己之学"：先秦儒家内向传播的表征

孔子说："古之学者为己，今之学者为人。"①"为己之学"是儒家追求和倡导的理念，强调的是社会个体自身的学习和修养，提升内在素养水平和德性，人人参与学习和修养，最终实现社会的有序运转。《孔子集语·劝学》中提道："君子不可以不学，见人不可以不饰"②，要求君子必须学习，才能成为君子、圣人，才能规避一些危害。譬如在《论语·阳货》中提道："好仁不好学，其蔽也愚；好知不好学，其蔽也荡；好信不好学，其蔽也贼；好直不好学，其蔽也绞；好勇不好学，其蔽也乱；好刚不好学，其蔽也狂。"③这告诉我们，如果不学习总是会受到陷阱、轻浮弄巧、蛮横、恣意妄为等不利因素的危害。④所以孔子主张要不断学习以修己修德。应该看到，这种内省和修为是在个体自身内在意识中完成的，是通过不断进行自我创造而实现的，为此孔子坚决主张，"真正的学应当被界定为'为己之学'"。⑤其目标正是要引导人治心修身，不断完善自我，自觉向善。⑥因此，我们可以视之为儒家具有强烈的内向传播意识。

（一）"仁"之"为己之学"意蕴

"仁"是孔子倡导的核心观念，在其思想体系中占有核心地位，也是孔子留给后人的重要思想贡献。孔子在《论语》一书中多次谈到"仁"，譬如在《论语·颜渊》中就说道："克己复礼为仁"⑦。冯友兰先生认为这就是"仁"的定义。⑧克己就是克制自己，约束自己，学习、践行礼仪（周礼），朱熹在《四书章句集注》中解释说："仁者，本心之全德。克，胜也。己，谓身之私欲也。复，反也。礼者，天理之节文也。"⑨强调复归天理，进而达到"仁"的境界。《孟子·告子上》中也提道："仁，内也，非外也。"⑩概括地说，仁是指人的内心状态，这种内心状态可以指人的主观愿望，也就是我希望成为一个有德的人，这种内心状态也就是"仁"

①　杨伯峻译注：《论语译注》，北京：中华书局，1980年，第192页。
②　薛据：《孔子集语》，济南：山东友谊出版社，1989年，第153页。
③　杨伯峻译注：《论语译注》，北京：中华书局，1980年，第184页。
④　崔炼农：《孔子思想的传播学诠释》，长沙：湖南大学出版社，2008年，第65页。
⑤　杜维明：《儒家思想：以创造转化为自我认同》，曹幼华、单丁译，北京：生活·读书·新知三联书店，2013年，第94页。
⑥　黄文彩：《先秦儒家作为过程的"自我"蕴涵评析》，《鸡西大学学报（综合版）》2010年第2期。
⑦　杨伯峻译注：《论语译注》，北京：中华书局，1980年，第123页。
⑧　冯友兰：《论孔子关于"仁"的思想》，《哲学研究》1961年第5期。
⑨　朱熹：《四书章句集注》，北京：中华书局，1983年，第131页。
⑩　杨伯峻、杨逢彬注译：《孟子》，长沙：岳麓书社，2000年，第190页。

者心态。① 在先秦的特殊环境和历史背景下，仁的习得是一种要求，也是成为圣贤的一条途径，正如《大学》里说道："《诗》云：穆穆文王，于缉熙敬止！为人君，止于仁。"② 也就是说，做国君的内在要求是要做到仁。当然，要达到仁的境界是很不容易的，它是一种不断学习、反省和提升的动态过程。可以说，"仁"是个体修养水平的一种反映，也是社会对个体的评判和接纳的一项内容和标准。"仁"的实现和推广需要个体作为载体予以助推，也即"为仁"需要以"为己"为基础和依据，而个体的最终追求目标则是达到"仁"的境界。换句话说，就是"为己"是以"为仁"作为目标。③ "仁"是"为己之学"的一项内容，而"为己之学"则是学习"仁"的一种形式的总结和概括。

（二）"为己之学"的内向传播表征

内向传播（Intrapersonal Communication），也称自我传播。美国社会心理学家，象征互动理论的创始人 G. H. 米德（George H. Mead）将自我分为主我（I）和客我（Me）："主我"是有机体（自己）对他人态度的反应，"客我"是自己采取的一系列他人的态度或评价。他人的态度或评价构成了有组织的"客我"，然后个人作为"主我"对其做出反应。④ "主我"是内在的意识和处理信息的一种机制，而"客我"则是作为来自外界的信息传入人体内，"主我"对此进行调整、排除、吸纳，最终形成能够指导自我的思想和行为，两者相互作用成就了一个不断变化和提升的"自我"。这都是在个体内部进行的信息传播活动，是人能够以自身为对象进行传播的一种活动。可以说，"自我"是个反身词（Reflexive Word），表征着自我的独特品性。"自我的独特性在于：具有心灵的有机体首先能够成其为自身的对象。"⑤

先秦儒家的"为己之学"思想是修养德性，修成"仁人"。其出发点在于从人的内在修养出发，在经过对生命、自然和社会的思考之后，最后回归到对自我的提升和改造上来，而且这一过程是持续不断进行的，是一种过程化的提升。这种修养的过程和基本方式则是"内省、观照，是以浸染、消融的方式进行自我教化、

---

① 颜世安：《外部规范与内心自觉之间——析〈论语〉中礼与仁的关系》，《哲学研究》2007 年第 1 期。

② 王国轩译注：《大学·中庸》，北京：中华书局，2016 年，第 15 页。

③ 黄文彩：《先秦儒家作为过程的"自我"蕴涵评析》，《鸡西大学学报（综合版）》2010 年第 2 期。

④ ［美］米德：《心灵、自我与社会——从社会行为主义者的观点出发》，胡荣、王小章译，台北：桂冠图书股份有限公司，1995 年，第 175 页。

⑤ 王振林、王松岩：《米德的"符号互动论"解义》，《吉林大学社会科学学报》2014 年第 5 期。

发明"良心"的过程，侧重内向化"。① 可见，"为己之学"是内向传播在儒家语境中的一种独特表征。

二、先秦儒家的"主我"修行：为仁由己，而由人乎哉?

《论语·颜渊》中说："为仁由己，而由人乎哉?"② 朱熹注释说："为仁由己而非他人所能预，又见其机之在我而无难也。"③《孟子·公孙丑上》中也提道："仁者如射，射者正己而后发。发而不中，不怨胜己者，反求诸己而已。"④ 这说明在先秦儒家的观念中，"仁"的修行或成就在于自身而非他人，只要能够遵照礼和相应的规范去做，求"仁"得"仁"就不难了。这强调了"仁"的修行的"主我"角色的基础性作用，也就是成"仁"的成功与否都在于"仁"的观念和感悟是否能够在自身实现转化。也就是说，"每个人都具有自我转化的内在动力和资源，这一动力和资源是由天赋予的，但是，这种动力和资源毕竟只是一种潜能，需要个人努力才能得到完全的实现"，⑤ 由此也彰显"主我"修行的主体性和主动性。

（一）修"仁"的心境与觉悟

《孟子·告子上》说："仁，人心也。"⑥ "仁"是藏于内心的，或者说，修"仁"的过程就是从内心开始，也就是要有修"仁"的心境。在这一个过程中，需要个体以具有"仁德"的君子或圣贤为追求目标，一方面从自身的行为上能够排除外界的诱惑和干扰，选择"仁"的观念和行为等信息进入个体思想中，从而保持清净内心，坚持"仁"的修养。同时，在保持修养"仁"的心境时能够不断进行反省，及时调整处境和心态。《论语·学而》中载有曾子的言论——"吾日三省吾身"⑦，曾子强调每天都要对自己的言行进行多次反省检查，以求自己道德的不断进步。《论语·颜渊》中也提道："内省不疚，夫何忧何惧?"⑧ 只要不断地进行自我反省，就会做到心安理得，不会有忧愁和畏惧。⑨ 这也从反面说明修"仁"需要一个良好的心境而不能有忧愁等情绪。

---

① 谢清果：《内向传播视域下的先秦儒家"慎独"观》，《杭州师范大学学报（社会科学版）》2017年第5期。

② 杨伯峻译注：《论语译注》，北京：中华书局，1980年，第123页。

③ 朱熹：《四书章句集注》，北京：中华书局，1983年，第131页。

④ 杨伯峻、杨逢彬注译：《孟子》，长沙：岳麓书社，2000年，第57—58页。

⑤ 姚新中、何丽艳：《自我与超越：论儒家的精神体验和宗教性》，《江海学刊》2008年第4期。

⑥ 杨伯峻、杨逢彬注译：《孟子》，长沙：岳麓书社，2000年，第200页。

⑦ 杨伯峻译注：《论语译注》，北京：中华书局，1980年，第3页。

⑧ 杨伯峻译注：《论语译注》，北京：中华书局，1980年，第124页。

⑨ 陶雪玉：《儒家传播方式探析》，《广西民族大学学报（哲学社会科学版）》2009年第S1期。

《孟子·告子上》说:"恻隐之心,仁也。"①"恻隐之心,是人所独有的,是人区别于禽兽,人之所以为人之所在,所以说是'人心也';没有它,就不足以为人,所以又说是'人也'"。②在修"仁"的过程中,对个体的要求还需要有觉悟,也就是说要有对仁的觉察和感悟能力,对不仁的事件能够给予批评和抵制,个体要有一颗仁慈、爱人之心,正所谓"仁者爱人"③(《孟子·离娄下》),就是对身边所有事物都有仁爱之心,而不是"不仁"之心。这是修"仁"的一种觉悟和感知能力,在此基础上不断提高对"仁"的认识和实践能力,实现"里仁为美"④,实际上这也体现出"仁"是一种态度和涵化⑤。

修"仁"的心境和觉悟体现了"主我"内心的修行意识和对外在事物的态度。当然这种心境和觉悟在于我们自身内部,实际上是对"仁"的认同和理解以及由对"仁"的具体实践的感知而生成,是心灵世界的一次信息传导,是个体每时每刻都在进行的,能够实际提升感知和觉悟的过程。这个过程是"主我"对"仁"在自身内部深化的一个核心环节,也最能体现其价值。所以说,"'主我'的可能性只能属于那正在实际地进行、实际地发生和展开的现实的可能性,在某种意义上它是我们经验中最为迷人的部分,正是在这里产生了新奇的事物,正是在这里根植着我们最重大的价值。在某种意义上我们所寻求不懈的正是这样一个自我的实现"。⑥

（二）修"仁"的主体性和主动性

"主我"的修行则能充分体现现实个体的主体性和主动性。在主体性方面,修仁的发起者和受益者都是一个个鲜活的个体,正如《中庸》提到的:"仁者,人也,亲亲为大,义者,宜也,尊贤为大。"⑦朱熹对此注释说:"人,指人身而言。具此生理,自然便有恻怛慈爱之意,深体味之可见。"⑧在这里,同时应该看到先秦儒家古典人文主义的一面——讲求人的价值。因此,在先秦儒家观念中,人是处在社会的中心地位,是社会、天下和谐太平的主要推动者和实践者,具体来说,在孔

---

① 杨伯峻、杨逢彬注译:《孟子》,长沙:岳麓书社,2000年,第193页。
② 钱逊:《先秦儒学》,沈阳:辽宁教育出版社,1991年,第87页。
③ 杨伯峻、杨逢彬注译:《孟子》,长沙:岳麓书社,2000年,第147页。
④ 杨伯峻译注:《论语译注》,北京:中华书局,1980年,第35页。
⑤ 藤新才、曾超、曾毅:《仁》,载傅永聚编:《中华伦理范畴》(第1函),北京:中国社会科学出版社,2006年,第58—59页。
⑥ [美]米德:《心灵、自我与社会——从社会行为主义者的观点出发》,胡荣、王小章译,台北:桂冠图书股份有限公司,1995年,第204—205页。
⑦ 王国轩译注:《大学·中庸》,北京:中华书局,2016年,第105页。
⑧ 朱熹:《四书章句集注》,北京:中华书局,1983年,第28页。

孟看来，因为人具有区别于动物的道德理性和情感，这些共同的特征和本质将人聚集在一起，形成社会。[①] 正如《论语》中所说："鸟兽不可与同群，吾非斯人之徒与而谁与？"[②] 此外，"敬鬼神而远之""未知生，焉知死"等言论对鬼神的怀疑和回避，也体现出孔孟等先秦儒家先哲对人事的肯定。[③] 从这里不难看出，先秦儒家是肯定人的力量在人类社会的形成及其发展变化过程中的作用和价值的，正如《礼记·礼运》所言："人者，其天地之德，阴阳之交，鬼神之会，五行之秀气也。"[④] 由此体现出了人的主导地位。而修"仁"更是体现了人的主体性，如《孟子·尽心下》道："仁也者，人也。"[⑤] 只有人能够承受和践行"仁"的观念。明代著名哲学家王阳明认为，"仁"是一个天人合一的范畴，来源于天道、天德，并表现于人及人心。人人都有仁心，"是乃根于天命之性，而自然灵昭不昧者也"[⑥]。他的这种思想"揭明了人的主体意识，并以此实现人和社会、自然的和谐一致，带有独立性的个体特征"[⑦]。在自然万物中，也只有人能够独立于天地和万物之间而承受、领会、传达天道和天德，这也从另一个侧面说明了先秦儒家思想中预设的天与人相互分离，而逐渐重视人的作用的理论思路，即体现人的主体性。另外，修"仁"的主体性还体现在"仁"的实现还应该"推己及人"，最终实现万物一体的境界，仁者之心就成为绝对本体，由一个个体的内心推向万物，万物皆为己有，"也就是'万物皆备于我'之意，人的主体性也就得到了充分的展现"[⑧]。

米德（George H. Mead）认为，"主我"对透过接受他人态度而产生的自我做出反应。[⑨] 米德（George H. Mead）也曾阐述了"主我"和"客我"的关系，他认为，"如果没有以'主我'的形式做出的反应的话，将没有'客我'"[⑩]。由此看来，

---

① 乔根锁：《论中国先秦儒家哲学中的人文主义思想——道德人本主义和民本主义》，《西藏民族学院学报（社会科学版）》1998 年第 Z1 期。

② 杨伯峻译注：《论语译注》，北京：中华书局，1980 年，第 194 页。

③ 乔根锁：《论中国先秦儒家哲学中的人文主义思想——道德人本主义和民本主义》，《西藏民族学院学报（社会科学版）》1998 年第 Z1 期。

④ 陈澔注：《礼记》，上海：上海古籍出版社，1987 年，第 126 页。

⑤ 杨伯峻、杨逢彬注译：《孟子》，长沙：岳麓书社，2000 年，第 251 页。

⑥ 王守仁：《王阳明全集》（第 2 册），吴光、钱明、董平、姚延福编校，上海：上海古籍出版社，2012 年，第 799 页。

⑦ 滕新才、曾超、曾毅：《仁》，载傅永聚编：《中华伦理范畴》（第 1 函），北京：中国社会科学出版社，2006 年，第 271 页。

⑧ 滕新才、曾超、曾毅：《仁》，载傅永聚编：《中华伦理范畴》（第 1 函），北京：中国社会科学出版社，2006 年，第 232 页。

⑨ [美] 米德：《心灵、自我与社会——从社会行为主义者的观点出发》，胡荣、王小章译，台北：桂冠图书股份有限公司，1995 年，第 175 页。

⑩ [美] 米德：《心灵、自我与社会——从社会行为主义者的观点出发》，胡荣、王小章译，台北：桂冠图书股份有限公司，1995 年，第 182 页。

"主我"主动性的反应在内向传播中具有重要的先导作用。在修"仁"的主动性方面，需要依靠个体主动学习，而非被动接受"仁"的观念，进而实现心灵的感悟和思想上的认识；也只有主动去实践和学习——而不是由社会强加给个体——才能真切提升修身水平，推动"仁"的社会实现及其普及。《论语·述而》中谈道："仁远乎哉？我欲仁，斯仁至矣。"① 其意思是，"仁"离我们并不遥远，只要想要得到"仁"，"仁"就会得到。该含义中虽然有些主观唯心色彩，但却要求个体主动去"修仁"。在孔子看来，"仁"是个人修为的最高境界，并不是容易达到和实现的，正如《孔子家语·儒行解》中提道："夫温良者，仁之本也；慎敬者，仁之地也；宽裕者，仁之作也；逊接者，仁之能也；礼节者，仁之貌也；言谈者，仁之文也；歌乐者，仁之和也；分散者，仁之施也；儒皆兼此而有之，犹且不敢言仁也。"② 可见要实现"仁"并不是件轻而易举的事情，是需要全面系统且多维度的积极作为的。③ 所以，对"仁"的追求应该发挥更大的主动性，从而逐步接近"仁"。

三、先秦儒家"客我"的调整和完善："见贤思齐""见不贤而内自省也"

米德（George H. Mead）认为，"他人的态度构成了有组织的'客我'"④。这就是他人的社会评价和社会期待，⑤ 这部分的"客我"是来自外界的参考信息。在中国先秦儒家文化中，"客我"代表理想中的圣贤。圣贤是社会上有贤德的人，是具有仁、智、勇的特性，即《论语·子罕》中所说的达到"知者不惑，仁者不忧，勇者不惧"⑥ 的仁人。当然也有外界环境的评价或者圣贤他者对个体的态度和期待。所以，主体面对这些"客我"的时候，"见贤思齐"，向圣贤学习、看齐，或者"见不贤而内自省也"，反思自身有无同样的缺点，有则改之，无则加勉，正确对待"客我"，及时调整和在"推己及人"过程中不断完善自身，成就"仁德"的境界。

（一）修"仁"的调整：以他者为镜鉴

美国社会学家、心理学家库利（Charles H. Cooley）曾提出"镜中我"的概念，他认为，人的行为很大程度上取决于对自我的认识，而这种认识主要是在与他人的社会互动中形成的，"他人对自己的评价、态度等，是反映自我的一面'镜子'，

---

① 杨伯峻译注：《论语译注》，北京：中华书局，1980 年，第 74 页。
② 王肃：《孔子家语》，合肥：安徽人民出版社，2013 年，第 170 页。
③ 崔炼农：《孔子思想的传播学诠释》，长沙：湖南大学出版社，2008 年，第 45 页。
④ ［美］米德：《心灵、自我与社会——从社会行为主义者的观点出发》，胡荣、王小章译，台北：桂冠图书股份有限公司，1995 年，第 175 页。
⑤ 郭庆光：《传播学教程》，北京：中国人民大学出版社，2011 年，第 65 页。
⑥ 杨伯峻译注：《论语译注》，北京：中华书局，1980 年，第 95 页。

个人透过这面'镜子'认识和把握自己"[①]。在中国先秦儒家文化中,圣贤就是他者,他们的评价或形象就是一面"镜子"。《论语·雍也》中孔子说道:"回也,其心三月不违仁,其余则日月至焉而已矣。"[②]这一方面说明要达到"仁"并不容易,同时也表明在孔子的教育中对个人修身养性水平进行评价,也就是对"仁"的践行的期待。所以从孔子弟子颜回等的角度来看,他们"修"仁就是以圣贤形象或者圣贤评价和期待为"镜子",不断调整和监察自身。这也从一个侧面论证了自我不是一个独立的传播状态,而是处于社会关系网络中的状态,时刻与他者保持者联系,在时间推进过程中和与定向的他者联系中获得界定和理解。[③]通过交流,人们之间相互影响,并从无序中找到规则。[④]应该说,他者在先秦儒家的文化中具有重要的参照价值,他者的出现可以提供符号资源使"主我"得以丰富"客我"的内涵,[⑤]更进一步说,正如黑格尔所言,"没有他者就没有自我",[⑥]他者的镜鉴作用能够不断推进自我内心对"仁"的感悟和促进,保证"内向传播"的持续进行。

(二)修"仁"的完善:推己及人

内向传播中"客我"对"自我"的意义在不仅能为"主我"提供参照乃至镜鉴,而且还能够在经过"主我"反应作用之后对他者产生影响。也就是说通过将较完善的"客我"与他者再次产生互动,从而对这个"客我"再次提升完善。许慎《说文解字》中对"仁"的解释是:"仁,亲也,从人从二。"[⑦]关于"二"字,有学者对此进行过注释,如郑玄注云:"人也,读如'相人偶'之人,以人意相存问之言。"[⑧]所谓"相人偶"即互相以人意尊偶之,所有人都以富于良知的情意相互尊重、相互对待,可以简单地理解为"相亲相爱"的意思,即"谐和耦俱、彼此亲密之辞也"[⑨]。而清代学者阮元则认为:"相人偶者,谓人之偶之也。凡仁,必于身之所行者验之而始见,亦必有二人而仁乃见,若一人闭户斋居,瞑目静坐,虽

---

① 郭庆光:《传播学教程》,北京:中国人民大学出版社,2011 年,第 72 页。

② 杨伯峻译注:《论语译注》,北京:中华书局,1980 年,第 57 页。

③ Stephen W. Littlejohn, Karen A. Foss, *Theories of Human Communication*, Belmont, CA: Thomson/Wadsworth,, 2008, p.83.

④ George A. Borden, *An Introduction to Human-Communication Theory*, Dubuque, Iowa: W. C. Brown Co., 1971, p.2.

⑤ 卢崴翛:《符号互动论与儒家思想中的自我发展》,《学海》2013 年第 3 期。

⑥ [美]约翰·杜翰姆·彼得斯:《对空言说:传播的观念史》,邓建国译,上海:上海译文出版社,2017 年,第 166 页。

⑦ 许慎:《说文解字》,北京:中华书局,1963 年,第 161 页。

⑧ 郑玄注:《礼记》(影印本,卷 16),北京:北京图书馆出版社,2003 年,第 7 页。

⑨ 滕新才、曾超、曾毅:《仁》,载傅永聚编:《中华伦理范畴》(第 1 函),北京:中国社会科学出版社,2006 年,第 6 页。

有德理在心,终不得指为圣门所谓之仁矣⋯⋯是必人与人相偶而仁乃见也。"① 这说明,有两个人或者多个人在一起相互学习、相互参照时,"仁"的修养才能不断提高,因此最终形成对待别人跟对待自己一样的境界。《论语·雍也》中提道:"夫仁者,己欲立而立人,己欲达而达人,能近取譬,可为仁之方也矣。"② 这是修"仁"的方法,其中的要点是"能近取譬",即以自己作为一个比喻和对象,由此推想到别人。从忠的方面来说,就是"己欲立而立人,己欲达而达人";从"恕"的方面说就是《论语·卫灵公》中所说的"己所不欲,勿施于人"③,合起来就叫作"忠恕之道",也就是"为仁之方"。④ 即个人自身要时刻考虑他者,与他者形成参照和对比,两者之间没有强迫的力量干预,完全靠自律。反过来说,他者也应该以此作为为"仁"的方法,二者在互动中不断提升。

概而言之,"'客我'成为'主我'意识的内容与对象,而'主我'又在不断地成为自我意识的内容与对象,即成为'客我'"⑤。"客我"的完善,或者是为"仁"的方法在于能够以他者为"镜子"和榜样进行学习,更在于能够在个体与他者之间进行持续的互动,个体不断从他者身上习得更完善的"客我",逐渐提高"仁"的要求和境界。正如南怀瑾所说的,"仁"的体是内心修养,就是如何做到仁、爱人;"仁"的用就是有推己及人的精神,心胸宽大,包容万象,能够感化他人,体用一体,相互融合。⑥

四、先秦儒家"自我"的超越:思想和行动合于仁

自我是"主我"和"客我"的统一,即个体的思想意识以及对外界信息在人体内部不断整合的鲜活行动中,展现"自我"的独特存在。而这个"自我"具有较高的社会性,能够指导个体适应社会的行为。因此,自我概念如同太极图中的边界,它将"主我"与"客我"锚定在自身行动的理性意识中,"因为它是判断其他物体的最常见的参考框架,所有后来的行动计划主要源于自我概念"⑦。在先秦儒家文化中,对于"仁"的修养则要求在思想和行动上统一于"仁",也就体现"仁"的"克己复礼"内涵,自我修身成"仁",推动"礼"的践行,最终实现人与社会

① 阮元:《揅经室集》(第1册),北京:商务印书馆,1937年,第157页。
② 杨伯峻译注:《论语译注》,北京:中华书局,1980年,第65页。
③ 杨伯峻译注:《论语译注》,北京:中华书局,1980年,第166页。
④ 冯友兰:《论孔子关于"仁"的思想》,《哲学研究》1961年第5期。
⑤ 谢清果:《内向传播视域下的先秦儒家"慎独"观》,《杭州师范大学学报(社会科学版)》2017年第5期。
⑥ 南怀瑾:《论语别裁》,上海:复旦大学出版社,1990年,第177页。
⑦ Stephen W. Littlejohn, Karen A. Foss, *Theories of Human Communication*, Belmont, CA: Thomson/Wadsworth,, 2008, p.83.

和谐秩序的建构。

（一）以圣贤为目标，实现万物一体的圆融与和合

在"主我"和"客我"的统一下，自我的最圆满状态就是以圣贤为目标的成"仁"，实现万物一体的圆融和合。圆融是佛家用语，出自《大乘止观》，意为圆满通融。"和合"一词见于《国语·郑语》，[①]是万物和谐共通共融的一种完美整合状态，[②]也就是说，在修"仁"的过程中实现思想纯朴、通透的境界，具有容纳万物的胸怀和心境，甚至达到联通天地的超越自我的水平。也正如牟宗三所说："'仁以感通为性，以润物为用。'感通是生命（精神方面）的层层扩大，而且扩大的过程没有止境，所以感通必以与宇宙万物为一体为终极，也就是说，以'与天地合德、与日月合明、与四时合序、与鬼神合吉凶'为极点。润物是在感通的过程中予人以温暖，并且甚至能够引发他人的生命。这样的润泽作用，正好比甘霖对于草木的润泽。"[③]从这个意义上说，自我实现了从思想认识到与外界经验整合的超越，是思想和心灵的一次升华，并外化于外在的行动，沟通人与天道，践仁体道的道德实践，成为一圆教形态。[④]

当然以圣贤为目标的成"仁"和实现万物一体的圆融与和合是一种理想化的自我状态，只有以天地万物为一体才是"至仁"的境界。[⑤]这种自我不是抽象的自我，而是在日常生活行动中，追求思想和行为统一于"仁"的自我，这也是儒家思想中积极入世的一面，而不是悬挂于超自然的虚无存在，因此具有更大的现实意义。

（二）"仁"的修为与社会互动统一

米德（George H. Mead）曾说，"自我源于交流"[⑥]。自我的交流不仅在于人体内部信息的传导和流通，即内向传播，更在于与社会环境、社会他者和关系进行交流，因为个体是社会中的个体，个体的内向传播是在特定的社会中进行的，"没有一个个体能够拥有可以脱离社会生活过程而自我运作的心灵，正是在社会生活过程中萌生这种心灵，也正是在社会生活过程中，有组织的社会行为模式给这种

---

① 左丘明撰，鲍思陶点校：《国语》，济南：齐鲁书社，2005年，第251页。
② 屠忠俊：《自我传播与大众传播》，《华中理工大学学报（社会科学版）》1998年第3期。
③ 牟宗三著，罗义俊编：《中国哲学的特质》，上海：上海古籍出版社，2007年，第30页。
④ 牟宗三著，罗义俊编：《中国哲学的特质》，上海：上海古籍出版社，2007年，第9页。
⑤ 陈来：《仁学本体论》，北京：生活·读书·新知三联书店，2014年，第32页。
⑥ Judy C. Pearson, Paul E. Nelson , *Scott Titsworth and Lynn Harter, Human Communication*, Boston：McGraw-Hill, 2003, p.14.

心灵打上了自己的烙印"①。在米德（George H. Mead）看来，自我存在于社会之中，基于"主我"和"客我"的互动和张力，不断成就自我。②更进一步说，"'主我'和'客我'共同构成社会个体的整体自我。因此，它们作为这个整体自我的不同侧面，在参与社会互动过程的个体那里是相互转化、相辅相成的。'主我'使社会个体在互动过程中打破各种习惯模式和常规惯例，发挥个体的独创性，进而推动社会的不断进化和变迁。'客我'则使社会个体在互动过程中相互协调与合作，使社会在个体多样化的基础上保持稳定。"③可以说，主我和客我在特定的社会环境中互动统一，并作用于社会。实际上，通过对米德（George H. Mead）"主我""客我"和自我的描述和界定来看，他的自我理论具有一个明显的特点，即始终把社会性放在至关重要的地位，呈现了"个体进化生成社会性个体，以及社会把个体塑造成为社会性个体的双向动态过程。"④米德（George H. Mead）的这种突破"主我"和"客我"的二元结构而与社会相融合的观念和内涵正好与先秦儒家修仁、成仁的最终目的是切合的。

应该看到先秦儒家主张对仁的修养，对礼的尊崇，也是着眼于现实社会环境而提出的，是可以用具体行动践行的，按照孔子的说法，"仁是可以在我们眼前真实的生命里头具体呈现的"⑤。这也可以说明其理念来源具有社会性，只有通过社会中"主我"和"客我"的统一，思想和行动合于仁，实现完全的理想的自我，并且自我与社会形成互动统一，规范和稳定社会秩序，推动内向传播的生发及其社会功效的外溢，作为社会的"自我"也才具有生存的意义。

五、先秦儒家"仁"的内向传播实践具有形塑中华民族的时代价值

先秦儒家"仁"在"为己之学"意义上的内向传播，不仅对社会中其他传播形态具有很重要的奠基性作用，而且其立足于对"人"的思考，对大同世界的关怀，其最终的归宿和追求也在于实现人类生存和发展的价值，因此具有较强的社会现实意义。对个体而言，能够提升内在的修为水平，不断向圣贤的修为境界靠近；对社会而言，则能形成中华民族特有的社会文化理念，构建中华民族共同体，甚至人类命运共同体，实现一种完美的人与社会的和谐统一，世界大同。

　　① ［美］米德：《心灵、自我与社会——从社会行为主义者的观点出发》，胡荣、王小章译，台北：桂冠图书股份有限公司，1995年，第222页。

　　② 谢清果：《内向传播视域下的先秦儒家"慎独"观》，《杭州师范大学学报（社会科学版）》2017年第5期。

　　③ 李美辉：《米德的自我理论述评》，《兰州学刊》2005年第3期。

　　④ 李美辉：《米德的自我理论述评》，《兰州学刊》2005年第3期。

　　⑤ 牟宗三：《中国哲学十九讲》，长春：吉林出版集团有限责任公司，2010年，第31页。

（一）仁的修为：形塑个体的道德与世界观

"仁"是先秦儒家倡导的重要道德范畴之一，也是个体所应有的道德涵养，认为人应该进行"仁"的修养，并提出具体的标准，《论语·阳货》中记载："子张问仁于孔子。孔子曰：'能行五者于天下，为仁矣。'请问之。曰：'恭、宽、信、敏、惠。恭则不侮，宽则得众，信则人任焉，敏则有功，惠则足以使人。'"① 如果能够做到这五个方面，就能够实现仁了，这是人的美好品德的标准。"儒家以传者为本位，重视传者的道德要求与规范"，② 要求个人要用爱人之心、恻隐之心对待周围的人和物，要依靠内在的道德修为行事。当下社会各类复杂矛盾层出不穷，根本原因在于社会个体面对利益争夺时内心道德失范，而如果能够做到恭敬、宽容、信任、敏锐智慧、恩惠之心等，则能够有效化解社会矛盾，达到和谐状态。

同时，先秦儒家的"仁"也是具有世界观意义。孔子说："观过，斯知仁矣。"③（《论语·里仁》）就是说，从一个人的错误中，也可以看出来他的世界观。诚如冯友兰阐释说，"'仁'是人在世界观方面所可能达到的最高成就"④。更进一步说，"仁"的这种修为要求个体需要具有胸怀世界，放眼全球，对世界的和谐发展保持一种关怀的态度和情怀，能够遵从儒家天下大同的理想，实现人与社会互动，乃至国家与国家之间的和谐有效的互动。在当下中国社会转型及世界形势变化的大背景下，社会呼唤个体和自我的道德责任和世界观胸怀，先秦儒家的"仁"的修为在一定意义上提出了解决世界冲突不和谐的有效方案和策略，体现出内向传播的重要基础意义和社会功效，以及修"仁"的社会现实意义。

（二）构建和谐的中华民族共同体

滕尼斯（Ferdinand Tönnies）在《共同体与社会：纯粹社会学的基本概念》一书中提道："人与人之间表现为意志和力量的积极互动关系形成的族群，可以对内或对外发挥作用的人或物是一种结合，也即一种共同体。"⑤ 一般来讲，共同体通常被描述为两种类型，一是地域性类型（如村庄、邻里、城市、社区等地域性社会组织），二是关系性类型（如种族、宗教团体、社团等社会关系与共同情感）；其中，关系性类型更加讲求人与人、人与社会之间的感情和联系，这种关系型共同

① 杨伯峻译注：《论语译注》，北京：中华书局，1980年，第183页。
② 陶雪玉：《儒家传播方式探析》，《广西民族大学学报（哲学社会科学版）》2009年第S1期。
③ 杨伯峻译注：《论语译注》，北京：中华书局，1980年，第37页。
④ 冯友兰：《论孔子关于"仁"的思想》，《哲学研究》1961年第5期。
⑤ ［德］斐迪南·滕尼斯：《共同体与社会：纯粹社会学的基本概念》，林荣远译，北京：商务印书馆，1999年，第52页。

体在社会中显得愈来愈突出。① 这说明，共同体是借由一定的关系维系而存在，而且成员之间在行为上应该具有一致性。这种关系产生于对自己本民族和文化内涵的情感和认同，有着共同的道德价值追求。

我们认为，中华民族共同体是各个民族单位以中华传统文化为媒介，以习得和认同中华传统文化精神内涵为纽带而形成的一个结合体。如费孝通所言，中华民族是由许许多多分散孤立存在的民族单位，"经过接触、混杂、联结和融合，同时也有分裂和消亡，形成一个你来我去，我来你去，我中有你，你中有我而又各具个性的多元统一体"②。这里的中华传统文化是由先秦儒家思想部分构成的，是中华民族的人生观、价值观和世界观形成的源泉，也给予了中华民族自强不息、屹立于世界民族之林的强劲动力。"我国各族人民是同呼吸、共命运、心连心的共同体，有着共同的历史渊源，共同的民族文化和共同的国家——中国。"③ 在具体的思想观念中，先秦儒家尤其强调对"仁"的修养，个体通过修"仁"的内向传播实现一个理想的社会化的自我。按照米德（George H. Mead）的观点，这个自我是社会化的和主动性的自我，具有影响共同体和改变社会环境的能力，在社会个体的积极参与中，推动社会群体的发展，同时促进社会变迁。④ 通过"仁"的修养，中华民族共同构成一个具有高度凝聚力和认同感的命运共同体，正如习近平总书记指出的："我国 56 个民族都是中华民族大家庭的平等一员，共同构成了你中有我、我中有你、谁也离不开谁的中华民族命运共同体。"⑤

中华民族命运共同体的构建，强化了民族意识，凝聚了中华 56 个民族，这对于中国转型升级凝心聚力、提升中国在国际上的地位和话语权具有重要的意义。当然从更广泛意义上说，中华民族共同体也是世界共同体中的一员，先秦儒家思想也可为这一共同体的发展提供智慧思路，即在这个世界共同体中，每个个体共同接受"仁"的观念和"礼"的规范和约束，世界就会在统一的秩序中运转，从而避免冲突，构建一个和谐的共同体，走向"天下大同"的理想社会。

结语

从内向传播的角度来看，先秦儒家"仁"的内涵和践行具有内向性，其产生

① 李慧凤，蔡旭昶：《"共同体"概念的演变、应用与公民社会》，《学术月刊》2010 年第 6 期。
② 费孝通：《中华民族的多元一体格局》，《北京大学学报（哲学社会科学版）》1989 年第 4 期。
③ 邓新星：《论中华民族共同体认同感的建构》，《西北民族大学学报（哲学社会科学版）》2016 年第 5 期。
④ 乐国林：《米德自我概念述评》，《宁波大学学报（教育科学版）》2003 年第 3 期。
⑤ 习近平：《中华民族一家亲 同心共筑中国梦》，2015 年 9 月 30 日，http：//news.xinhuanet.com/politics/2015-09/30/c_1116727894.htm，2017 年 10 月 15 日。

和践行过程是一种内向传播的过程。内向传播包含"主我"和"客我"的互动，最后展现出能够自觉践行"克己复礼"的有社会担当的、自觉的自我。这种过程不是纯粹的生理内部的反应，而是具有很强的心理特点和社会性。通过内向传播，人能够在与社会他人的联系上认识自己，改造自己，不断实现自我的发展和完善，从而使得自己能够更好地适应社会的需要。①同样地，先秦儒家"仁"的内涵和践行也不单是内在的"主我"的德性修为，也同样需要对外在评价和期待的"客我"的反应和互动，形成一个能够适应和改变社会的自我，通过自我的社会关系网络的构织，使"仁"融入社会网络中，建构和维持社会秩序，"使社会的运行状态趋于通泰和谐，并最终实现和合圆融的完美整合"②。

从内向传播视角看待先秦儒家"仁"的观念，是为了能够更好地诠释"仁"的内涵在社会中的价值和意义。先秦儒家的"仁"是一种内向传播、自我之间的交流，更是对社会现实的仁爱关怀，由此也彰显了它的现实意义。人类交流的一个重要因素，就是与现实的接触。③也只有挖掘先秦儒家"仁"的社会现实意义，释放其中的交流、传播、感化的社会力量，才能准确地把握儒家的思想文化内涵，让其理念更好地引导自我个体融入社会，建立"大同世界"的规范和秩序。

---

① 陈力丹，陈俊妮：《论人内传播》，《当代传播》2010年第1期。
② 屠忠俊，《自我传播与大众传播》，《华中理工大学学报（社会科学版）》1998年第3期。
③ George A. Borden, *An Introduction to Human-Communication Theory*, Dubuque, Iowa : W. C. Brown Co., 1971, p.2.

第二讲
华夏人际传播研究

借势传播：中国人的关系交往取向 *

王怡红 **

摘　要： 本文所要探讨的"借势传播"是发生在关系交往价值体系中的，用来透视中国人交往行为动机、行动策略和交往方式的一个重要概念。这一概念是指：关系交往者通过向关系网络中借取"势"的讯息资源，以达到使用关系为目的的一种互动方式或变通增效的传播策略。本文的研究目的及主要观点是：借助于这个概念，传播研究不仅可以解释中国社会日常关系交往的主要方式，概括中国人关系交往的主要取向，而且还可以用来批判性地分析这种关系交往的定势对形成和发展健康的人际关系所产生的各种作用以及负面的影响。

关键词： 借势传播；关系交往；走后门；工具理性

借势传播：中国人的关系交往取向

对于中国这样一个具有复杂关系观念的社会，要透过人的日常交往，了解人们看待关系的特殊方式，认识人情关系的真实建构，不妨把探讨人的交往目的和关系交往策略的研究，当作理论方向上的一个预设，比如在中国人"拉关系"等日常交往现象中，就含有某种交往价值的实际关切或行为表现。

从"拉关系"一词来看，最能体现交往价值的并不是关系本身，而是"拉"这个动作的意义。汉语说"拉手"，是表达人与人见面时的一种喜悦。由于后面跟有发展关系的良好意愿，因此"拉"字里就颇有些表达亲昵关系的交流动作：比如牵、引、扯、拽、拉拢、联络和闲谈等。中国人把"拉关系"看作一种日常人情交往的一部分，"拉交情""套近乎""拉帮结伙""拉不下脸"等，都与"拉关系"中的传播行为有关。"托人""走后门""求情""套交情""过话""打听""沾

　＊　本文已由香港中文大学香港亚太研究所 2012 年出版。

　＊＊　王怡红，中国社会科学院新闻与传播研究所研究员。

光""请吃""串门"等，也都是一些与讲究"拉关系"不无瓜葛的沟通行为。由此来看，"拉关系"并非个人身体上的活动，而是一种朝向使用关系的交往行为，即"社会个体运用行动策略同现存的社会结构相权宜的产物"①。这种交往行为关乎关系双方在不同场合下说什么、怎么说和怎么做的问题，也凝结着中国人对关系交往的基本理解和切身观察。

人的关系交往是在人与人相遇中自然发生的，交往的结果必然会产生某种关系，这是一种存在论的事实，不需要特别讨论，但是"拉关系"者并非把关系仅仅当作社会和个人通过交往和互动所建立起来的自然联系，特别是在一个讲究人情，崇尚私人关系的社会里，人们更善于通过交往来使用关系，从"拉关系"等最熟悉、最日常、最具体的行为方式，来看待身边的传播事物或交往关系。有研究者指出：中国人社会关系行为的复杂性和重计策性主要表现在"讲究关系"上面。②

就关系交往而言，"拉关系"等交往行为并不在乎关系是否会成为传播或交往的最终结果，或关系本身是什么，会是什么，这些都是可以在交往的权宜和策略中发生改变的。讲究关系的交往者能看得到关系里的权宜和变通，关系交往互动中发生了类似"石头、剪子、布"的猜拳游戏，出现了"老虎吃鸡、鸡吃虫子、虫咬棒子，棒子再去打老虎"的变化。③关系一旦发动起来，人们真正在乎的是，用来实现关系价值的那种传播的中介性，即能否使用恰当的关系交往手段或交往策略，对所期待的关系能有所作为，或运用特殊的关系交往方式，以达到个人的实际目标、利益预期等。这种交往最终可以被当成使关系产生实际效用的沟通工具。

然而，关系交往在中国社会有着怎样特别的中介作用或工具性表现，人的关系在注重"拉"的行动策略中，又会向哪些个方向努力去发展，关系交往的目标和动机又是通过怎样的传播方式得以显现出来的？这些倒是我们应该从交往视角和传播理论的探讨上给予回应的研究或问题。探讨这些问题，需要找到一个恰当的传播概念，用来解释这种具有工具性特征的交往关系，分析交往行为策略可能对人的关系产生实际影响等问题。由于目前深入解释中国社会关系交往理论概念的不足，难于从隐遁于关系的交往行为中获取可能的答案。然而，如果找到这些问题的关节点，我们就可以恰当地解释类似"拉关系"等沟通现象对人际交往方式与关系的影响，也可以相应地理解人们为何乐于把交往、传播或沟通本身当作

---

① 翟学伟：《人情、面子与权力的再生产》，北京：北京大学出版社，2005 年，第 231 页。
② 翟学伟：《人情、面子与权力的再生产》。北京：北京大学出版社，2005 年，第 193 页。
③ 翟学伟：《人情、面子与权力的再生产》，北京：北京大学出版社，2005 年，第 227 页。

拉私人关系的手段或工具等问题。

本文所要探讨的"借势传播"是发生在关系交往价值体系中的，用来透视中国人交往行为动机、行动策略和交往方式的一个重要概念。本文提出的假设是：借助于"借势"这个概念，不仅可以解释中国社会日常关系交往的主要方式，概括中国人关系交往的一般取向，还可以用来批判性地分析这种交往关系的定势对于形成和发展健康的人际沟通所产生的负面作用和影响等。

一、借势传播：一个解释中国人关系交往的概念

中国是一个讲究关系的社会。在人情、面子、回报、送礼、权力等日常交往方面，几乎每个人都能对此心领神会，即使关系交往者使用某种特殊语词或暗示，人们对关系性讯息及其关系含义的理解，仍然会从交往者之间的一听一看，一举一动中流露出来，这种会心的领悟，无疑出于某种社会长期形成的价值判断，其默契也是以一个社会对关系交往所能形成的某种共识为前提的。

在"拉关系"的交往中，人们说话做事，通常是按照有无人情、回报和好处大小等交往的经验事实，来理解和期待关系的发生与使用。如果一个人想要占些便宜，想要抬高自己的身价，想要"走个后门"，包括想要寻求合作（包括虚假的合作）等，也都得依赖于类似"拉关系"的行为或关系交往作为中介或工具，来提供建立或使用关系的机会。俗话说"有人办事才成功"，若是拉得上一个有用的关系，在社会资源的分配上，一个人就可以多吃多占，在与他人交往时，才会有人情方面的往来，才有面子上的光彩，才能在别人走不通或碰壁的地方，为自己洞开一扇方便之门，发展广泛的人脉和关系交往，多联系人，少得罪人，不随便树敌等，这些观念都可能在日常关系交往中获得好处和机遇。

如果说中国人对关系的理解一般是通过人情、面子、权力、回报等交往行为得到表现的，那么我们可以从"拉关系"这类日常交往现象来做一个推论：中国人日常关系交往中具有马克思·韦伯（Max Weber）所提出的显著的工具理性倾向。这种倾向的最大特点是交往行为受到追求功利或利益动机的驱使，特别讲求实际和效果，交往者以实用的态度对待关系交往，寻求以此来满足个人自我发展的需要，或者达到个人利益的预期目标。中国人懂得通过关系交往发动借势传播，以使原有的，对从关系交往中获得好处的传播功效及其个人目标的期待等得到最大化的实现。

借势传播可能是我们抓住中国人日常关系交往的主要性质，破解日常关系交往行为倾向的一个重要概念。作者将从关系现象和本土问题出发，尝试提出"借势传播"这个交往概念，以此对认识与研究中国社会这种关系交往现象与求解做

些准备。需要说明的是，虽然"借势传播"也是人在日常关系交往中常见的沟通行为，但本文对这种交往现象或沟通事实的讨论，只能暂时局限于对中国社会关系交往的观察与概念的讨论中。本文所提出的"借势传播"这一概念是指：关系交往者通过向关系网络中借取"势"的讯息资源，以达到使用关系为目标的一种互动方式或变通增效的传播策略。首先，我们从中国社会文化的含义出发，对形成这个概念的五个关键词及其相互联系，给予更多的描述与解释。这五个语词是：关系、变通、借用、势和增效策略。

I. 关系

中国人最熟悉的日常交往语词是"关系"。这个语词在中文里具有多重含义。在中国人的实际生活场景里，"关系"具有缘、报、孝、礼物、面子、人情和权力等多种意义。[①] 尤其当关系被用作争夺利益的沟通交往手段时，关系总是与交往者期待得到的"势"的讯息资源与传递发生密切关联。一旦有心人使用对了头的交往手段，传播就能替人"成势"（materialize）。在牟宗三先生看来："成势"是指一种物质化的具体目标有了实现的可能，于是，处在关系中的人就带有面子上的耀武扬威，可以趾高气扬的意思了。[②] 这是从对关系含义的理解上面讲的。若从构成关系的本质上看，所谓关系，一定是指人性而言的，关系的内里总是流动着人的个性气息。这种由人（仁）构成的关系，无论关系中的角色是什么，地位如何，都必须是由人来扮演的，带着人的用心。可以说，关系者是与他人发生密切联系的人，一些生活在同一个屋檐下，带有"礼"的观念色彩的个体间的相互联系。在中国社会，这些个体常常是挂在关系网上的不同的"结"。关系与人实为一体，也是人与人之间发生的感应和沟通而论，若是在交往中把人的关系当作工具来使用，那么也就意味着把交往对象当作了工具来使用。

II. 变通

进一步而言，人的社会关系是通过人的交流或传播行为建构起来的，而非一种关系的自然存在。比如：关系交往里面不能缺少相互间的言说，不能缺少从事交往行动的动机、策略、机会和影响等。已有传播研究对关系交往的主要认识，

---

① 阎云翔：《私人生活的变革：一个中国村庄里的爱情、家庭与亲密关系（1949—1999）》，上海：上海书店，第 44 页。

② 牟宗三：《周易哲学演讲录》，上海：华东师范大学出版社，2004 年，第 84—85 页。牟宗三先生在这本书中提出了"成势"这个概念。他认为，西方人没有这种观念。他给这个概念找到一个对应的英文词。在他看来"成势"表现为"物质化"了，如果从"势"的更丰富的意义上看，"成势"不仅为物质化的，也为精神化的。

可用一句话加以概括：关系是人与人之间的交往行为。[①] 从传播研究的视角看，"关系交往"主要具有二层意义：一是指关系总是与人的交往行为联系在一起，二者具有无法分开的特点；二是指凡有关系出现的地方，传播或交往现象总是无处不在，无时不在的，包括关系交往在社会和心理层面的自然发生等。然而，从中国人所熟悉的日常沟通交往行为来看，交往的魅力和实际需要远远超越了已有理论的概括。中国人使用另外一些语词，比如"打交道""拉关系""搞社交"等，来描述和理解"关系交往"。

汉语里讲的"打交道""拉关系""搞社交"等，大都指关系的交往之道。在关系交往里，"打""拉""搞"是些动作含义相近的动词，都有做事，做出某种举动，通过一定手段的意思。虽然人人都会打交道，拉关系，搞社交，但这些关系交往并非指上传下达的线性传播或交往；也非是一个人的自言自语，更与创造共同理解的交往符号无甚关联。事实上，在家庭关系、朋友关系、熟人关系等交往关系里，人或关系都可能成为被使用的对象。从这些语词的熟识与使用上看，中国人口头上都在讲做事与做人，然而，从骨子里，又总是脱不开那些可能游走在个人利益与好处之间的观念纠缠。

对于重要的事物，中国人自认为是有"可道之道"的，对关系也是大有一些可以讲究的地方。处理关系需要动用心机，有恰当的技巧，有理智的动作，即使"打""拉""搞"，也都需要制造一些机缘巧合，比如时间性、空间性、地缘、血缘、亲缘等社会环境的配合等，这些都可以构成中国人的交往方式和交往之道。中国文化典籍里，比如《论语》《老子》《孙子兵法》等，也充满着对交往观念、技巧和策略的传授。尽管如此，中国人对关系交往的最大领悟还在于关系的变化或变通的经验方面。[②]

可以说，交往之道是在关系的使用与变化过程中呈现出来的。中国的阴阳之说在于讲究关系，也在于说明关系的变化。《易经》里讲"易穷则变，变则通，通则久""一阖一辟谓之变；往来不穷谓之通""变而通之以尽利，鼓之舞之以尽神。"[③] 从字面上来理解，"变"字本身来自"易"，易道重在"变通"。所谓"通"就是没有堵塞，走得过去的意思。《说文》里也有"通，达也"的解释。《易·系辞》里还这样说："往来不穷谓之通。"因此，汉语的"沟通""接通""传递""了

---

① ［美］斯蒂芬·李特约翰：《人类传播理论》，史安斌译，北京：清华大学出版社，2004年，第276页。

② 翟学伟：《人情、面子与权力的再生产》，北京：北京大学出版社，2005年，第202页。翟学伟提出中国人的社会行为取向具有变通性的特点。他将这种"变通性"称为"情境性"。这种深入中国文化中的交往观念，已经表现在人的交往行为中。

③ 臧守虎：《周易读本》，北京：中华书局，2007年，第2、11、12章。

解""通情达理""通和"里都含有"通"的意思，不通即是不和，不和则显凶，则弊多而利少。"通"则依靠"变"来达成。中国人的关系交往几乎就是从这种变通观念演义过来的。

变通的观念是指，中国人相信人和事物都在不断地发生着改变，会相互生成新的关系和机遇，比如在一个"层叠的关系网络"中，一个没有背景，无权无势的小人，如果善于交往，会使用拉关系等手段，也可以达到借权势关系来压人，"拥有他本不该有的权威"的效果。在日常交往里，人们通过沾光、托人，送礼等交往方式，使人的交情可以发生变化，名分可以变，资格可以变，身价也可以变，弱的角色可以变强，强的角色也能示弱等。

III. 借用

从前看见吸烟的人喜欢相互借火，借的时候都特别客气，满脸堆笑的样子。"借"是中国人最为熟悉的关系交往方式之一。所谓"借"是从"欠"上而来，也可以是从"礼"字上来讲的。"欠"和"借"常常是中国人礼尚往来的一种，但含义却有很大不同。"欠"是指应该还而不还，或者带有根本就还不起的意思，比如欠下的人情债等；"借"则带有缺少、舍得、求取、增加、临时、人情、回报等能使用的含义。虽然这些区别并不扎眼，但按照中国文化"借用"的交往体验，汉语说"借个火"却不说"欠个火"。

所谓"借用"本是因为自己有"缺少"或认为"不足"，才不得不与他人发生的交往行为。尤其是"缺少"一词，常常只用来指涉人们眼中好的事物。如果是好的事物，那一定是大家都想要得到的，即使得到了，也总是没有满足的时候。在这种交往需求中，借出的一方可称自己为"贷"者。在《说文》里该词与"施"或"给予"的含义是相同的。施者要把到手的好东西，在别人看见的时候，咬着牙分给别人一些。尽管名义上是给他人暂时借用的，从这一方移到另一方之后，"借"就有可能是白白地相送了。由于所借之物，常常是值得人珍惜的，因此好东西从别人的口袋里或嘴里掏出来，总不免要引起别人的心疼，包括有人珍惜的是时间，眼看着把自己的时间白白地给了别人用，没有在别人身上产生作用，也会感觉心中不快。尽管如此，碍于大家都有的人情和面子的缘故，相互"借用"的交往行为还是常常发生的。

尽管人们并不情愿被他人所借用，但"借面子"和"欠人情"算是例外的一件事。虽然脸上显得不悦，但中国人还是喜欢把自己的面子，借给他人来用的，也乐意他人总是欠着自己的一份情。越是有相互借着和欠着的交往活动，双方的关系才能牢固地保持下来，别人欠自己的人情越多，自己才越有身价，社会地位才显得越突出，这时的借势传播效果也就越有可能被发展和壮大起来。然而，有时是人们想不到的，借出去的是人情或面子，回报的意义就可能远远不止于这些了，兴许，还会出现以德报怨或恩将仇报等相反的含义。简言之，"借用"一语可以描述关系交往如何在传播或互动中得以实现的过程。"借"包括了人的关系在社会和心理层面的发生和变化，也包括了这种交往行为可能对关系双方个人利益的增加与交换产生影响等传播效果的问题。

IV. 势

在关系交往中，"势"（shì）既带有值得拥有、积蓄、传递、流通和相互借用的关系讯息的资源，也是一些帮助关系者实现个人意愿的传播增效因素。"势"虽然是好东西，得势者总是要兴奋的，中国俗语里说"得势便猖狂"；失势的人，那是狼狈的，走路也要低着头，但也不是人人都有的。"势"是可以在关系中生成的，也可以通过挪借的交往行为使之发生。在这种挪借的沟通行为中，"势"足以被当作为人情、人缘、面子、权力、权威、社会情势、语境、关系、时机、信源、关系者的信誉、地位、金钱、知名度、沟通能力、讯息的解读能力等诸多影响传播效果的因素来使用，也可以是充满工具性质的关系交往讯息的传播及其关系资源被使用的实际表现。从人的表情来看，如"陪笑脸""中山狼""笑面虎""两面三刀"等；从人的言语上看，有"打官腔""说好话"等；从人的行为上看，有"巴结""溜须拍马""仗势欺人"等传播行为。这些表情、言语和行为的传播都透出重要的关系性讯息，这些讯息也都会成为"势"的可表达和可利用的内容，也会成为影响关系交往的方式，增加关系交往效果的策略或手段。

除此之外，"势"的讯息含义也是复杂而多变的，主要包括：得势、失势、借势、顺势、生势和造势等内容，大有横扫一切的意思。在"势"面前，这个社会是没有局外人的。正如牟宗三先生所见：社会上一般人都是顺着势的，在势的范围里闹哄哄的。他说：人们对"势"要有敏感，一叶知秋才好，一旦"成势"，那就没有办法了。^①到了大势所成或大势已去的时候，就是什么也挡不住了。老子更是中国文化里对"势"做过高度概括的人。老子说："道生之，德蓄之，物形之，势成之。"^②他将"势"放在最后，这说明"势"是极有力量的，也是交往的最终结果。在关系交往里，个人往往根据自己在关系网中的重要程度，才能决定自己能借得到多少的"势力"，再根据这些，来决定自己的行为取向。

V. 增效策略

中国文化中有顺势，造势、生势等传播方式及策略的运用。这种借势传播表现为一种目的性明确的讯息传播和关系交往，经常带有一点个人试验的性质，因为这种讯息传递与关系交往的目的可能会让有的人如愿以偿或失之交臂。

将上述内容稍加总结，我们会看到，借势传播概括了中国人对"势"的用法和理解，挪借是使用"势"的一种主要交往方式。"借势"揭示的是中国人围绕"势"而进行的关系交往活动，特别是把"借势传播"作为一种关系交往方式或增效策略，在中国社会交往中有着广泛的应用。至此，我们对"借势传播"的主要理解是：交往者为增加传播效果，通过工具性的交往关系或沟通行为，向对方施以有效影响的手段、策略和获取变通的机遇等，以达到使用关系为目的的一种关系交往的互动方式。具体有如：拉关系、打听、劝服、道歉、召开新闻发布会、上互联网、会利用交往的时间、时机和地点等。这些都可以构成借势传播的增效方式，或给关系交往的现状带来发生变通或改变的机会。

二、"借势传播"的跨文化比较

我们在探讨"借势传播"这个概念时，会碰到一个跨语沟通中的翻译问题。面对"势"这个汉语词，由于该词的含义过于丰富，我们尚且找不到一个相应的

———

① 牟宗三：《周易哲学讲演录》，上海：华东师范大学出版社，2004年，第15页。另外，我们还可以看到，"势"在交往中所传递的讯息及其意义主要发生在11个层面：(1)权力，包括力量、影响、能力、金钱等；(2)面子，包括社会地位、声望、形象、尊严等；(3)影响，包括效果、改变、假冒、干预、损害、玩弄、贿赂等；(4)潜能，包括可能存在、发展、隐藏、秘密等；(5)形势，包括位置、情况、情形、铺设、立场、心境等；(6)姿态，包括行为举止、仪容、礼貌、神态等；(7)利益，包括金钱、好处、好事、地位、优势、重要性等；(8)职位，包括掌管、职权、责任、义务等；(9)气派，包括显露、风格、时尚、威风、骄傲、威慑等；(10)时机，包括场合、时间、机会、期限、转变、命运等；(11)环境，包括情境、外界、条件等。可见"势"是一个含义非常丰富的语词。势的日常用词有三十几个：得势、不得势、失势、去势、弱势、强势、优势、劣势、山势、水势、火热、趋势、大势、气势、声势、地势、人势、姿势、时势、形势、权势、运势、名势、乘势、借势、攻势、造势、势端、势力、势利、势能。似乎很少有词这样全面地概括天地人。势单力薄、势不可挡、势在必行、大势已去、审时度势、装腔作势、仗势欺人、势风日下、势如破竹等。李海波的研究从"力量与威力""形势与情势""趋势与时机""姿态""形状、样式、架势"等方面揭示"势"的含义。参见李海波：《势：人生谋势之道》，北京：中国经济出版社，2008年。

② 《道德经》五十一章。

英语词来翻译它。那么，这是否意味着：这个概念语词更具有中国人在交往行为与方式上的特定含义呢？如果坚持这种说法，也并非没有一点理由。

当人们发现因纽特人拥有描述"雪"的几十种不同表达或语词时，自然也会愿意相信，他们对这些来自天上的自然之物，有着更为独特而丰富的体认。即便不带着语言学和人类学视角的认识与判断，我们只当它是为着更丰富的交流而准备的，那么多多少少也会看得出来，这种语言现象是与实际生活环境及其本土的交往需要有关联的。因此，对于这样一些含义丰富的语词，进行跨语沟通的转换和寻找对应词可能会遇到很大的障碍。

"借势传播"这个概念带有中国社会与文化上的独特含义，带有中国人关系交往复杂性的认识。为认识这个概念所揭示出来的交往现象，我们还需要从关系交往的结果上，从相关概念的联系与区别中，对用"借势传播"表现中国人的关系交往行为取向等问题提出假设，同时，也需要对形成这一概念的内涵等，再从文化对中国人交往行为的影响方面，做一次"深描"性的探讨。目前，本文尚无力实现这样一些目标，只能做些初步的，带有与读者进行沟通交流性质的研究尝试。

美国传播学者韦尔伯·施拉姆（Willbur Schramm）使用"经验"一词对communication 的线性传播模式进行了修正。他认为：沟通者是在人的经验范围内创造和解释讯息。沟通者的经验场域越大，人们越容易相互理解。[①] 所谓"经验场"便是由文化、观点、态度、价值、经历、体验、遗传等构成。这些内容被交往者带到沟通的事件和过程中来，就形成一个"经验场"。交往者之间的"经验场"重合得越多，就越容易相互了解，建立关系，完成沟通等。实际情况也大都如此。人们理解任何一种关系交往行为，总是喜欢寻找和依赖相同的经验，在相似的环境里，在人所共认的社会与文化的交往规则中，才能获得足够趋于一致或相互接近的理解。因此，从这种意义而言，我们一边要注意到"势"这个概念语词所具有的中国社会与文化上的特殊性；一边也还要关照到"势"与现有概念之间的可能的相互联系与配合，包括在描述与概括人的交往行为时，一些概念语词之间存在的明显的差异与区别，比如"势"与"社会资本""社会交换"和"权力"等概念之间，就存在着一定程度的关联和分别。

I. "势"与"社会资本"的联系与区别

"社会资本"概念主要是 20 世纪八九十年代开始，由社会学、经济学和政治学等学科提出来的。这个概念把资本视为存在于社会关系中的，可以相互使用的重要资源。"社会资本"的主要研究者林南认为：资本是为了获取回报而在市场中

---

① 朱莉娅·伍德：《生活中的传播》，董璐译，北京：北京大学出版社，2009 年，第 19 页。

的资源投资。^① 在此，所谓社会资本中的"资源"，也可以等同于我们在这里提出的"势"的部分含义。人们之所以形成对"势"的争夺或谋取，这已说明"势"也是一种社会资本或资源了。若放在关系交往的视角下看，"势"也可以指"关系"而言，甚至在关系交往的研究中，"势"就等同于"关系"。中国人大都相信，无论多么难办的事情，只要"我有关系"，总是可以手眼通天的。

人们对所谓"资源"或"势"的理解，主要从两个概念而来：一个是"社会资本"，另一个是"关系"。翟学伟认为，从社会纽带的连接方式上看，这两个概念确实具有相似之处，但是"社会资本"却不能等同于中国人讲的"关系"，二者在各自的抽象度、对应性、社会形态和资源分配等方面，都有所不同，比如"关系"的研究基础是针对家族本位的社会，而"社会资本"的研究基础则是指向公民社会的。二者在交往个体的选择性、成员资格、公私利益、参与性和做人等方面也都存在着差异。^② 显然，这是作者从构成"社会资本"和"势"（即关系）所生长的社会环境和社会结构方面的差异而言的。

在类似"拉关系"的交往语境里，"社会资本"和"势"之间，既有相互的联系，又有明显的区别。表面上看，二者的相似性主要在于：首先，二者作为资源的流动与分配，都需要通过社会关系的交往、互动或连接的生产才能获得；其次，二者都具有较为明确的交往目的性，比如获得"回报""权威""利益"等传播效果；最后，二者都承认这些资源是能够创造这种关系交往价值的，相信无论"势"，还是"社会资本"都足以促进个人和社会群体目标的实现。这些相似性说明：生长于各种社会关系网络中的资源，同样都可能受到交往者的关注和使用，包括对构成重要"资源"的交往关系、物和人，情感与社会心理的使用和关注等。

从"社会资本"和"势"的比较来看，我们还可以见到一个关系交往中比较扎眼的词"使用"。"使用"也具有"运用"和"应用"的含义。"使用"可指：一种来自关系互动的生产和回报的自然结果。相对而言，"使用"也是一个比较单纯的行为。当"使用"的交往关系发生时，主要表现为在"使用"的动作和过程的程序上。然而，从中国人复杂的关系交往现象与交往经验来看，所谓"借势传播"并非较为单纯地在"使用"社会资源或关系。中国人对待关系或交往，还怀有更多的要"利用"的传播或交往目的。

在汉语里，"使用"和"利用"之间是有区别的。所谓"利用"是指：因发现

---

① Lin Nan, *Social Capital*, *A Theory of Social Structure and Action*, Cambridge: Cambridge University Press, 2001.

② 翟学伟：《是关系，还是社会资本》，社会学人类学中国网，2009 年 4 月 18 日。http://www.sachina.edu.cn/Htmldata/article/2009/04/1867.html。

自我缺少某种公开使用的交往行动的自由，随即只能对"用"发生一种变通的策略性的行为改变。因此说，"利用"不仅要对关系加以使用，带有或近或远的目的性，更含有一种为达到某种使用目的而采取的交往谋略性。如果一种看好的关系不是我的，那么我可以通过向他人借势，通过借用关系交往来达到使用关系的目的。因此，从对关系使用或利用的结果上看，中国人的"关系交往"可能比"社会资本"更具有中国社会与文化上的一种特色。从古典的《孙子兵法》到民间的《厚黑学》，讲的都是如何使用和利用关系及其交往的策略，达到利己或让自己有所收获的目的。

从使用和利用的异质性上看，二者之间有着明显的交往行为取向上的区别，后者更带有一种注重交往方式的特点。"利用"的交往谋略总是乐于更加隐讳些的。在中国人看来，"利用"这话总是不很好听。人们宁可说自己在使用关系，而不愿承认自己在利用关系。"走后门"准确地修辞了这种交往关系的不可见性，也是这种关系的生动表现和描述。人们避讳说自己在相互利用关系，但"走后门"一词是可以说出口的。"走后门"不仅起到避讳的作用，而且这种交往行为还把关系的交往过程变得更加隐晦，也更加复杂化了。

II. "势"与"社会交换"的联系与区别

"社会交换"概念常用来描述以平等的占有资源为交往目标的交流行为。通常，它以投入与回报的计算结果来评估交往关系，衡量关系的轻重，决定关系的去向，也可以从人决定留在关系中，还是决定中止关系等来加以判断。[①] 然而，"借势传播"则是把利用关系资源看作交往的目标，因此"势"的含义经常是无价的，模糊的，带有交往行为的灵活性，比如可以对目前的关系放长线，采取曲折或隐逸的处理办法，比如通过"挪借"的行为。当一个人不能借势时，他还可以顺势，不能顺势时，他可以忍受暂时的失势，在关系中继续等待，以获得重新得势的那一天。因此，借势的关系传播不完全是在平等交换的计较与算计之中，能一下子走向结束的终点，而是会在关系的长久权宜中，缓慢而自然地获得关系交往的延长或终结。因此，我们看到，在社会交换里，只有如何平等而互利，却没有什么人情价值等那些算不清的交换在其中的。

由于"社会交换"和"势"各自对应的交往主体和社会形态的特征有所不同，因此，在关系样式的产生及其交换的价值意义方面，也会有所不同。围绕"势"的交往，主要发生在以血缘、地缘为基础而建立的私人关系网络中，这是一种主

---

① ［美］理查德·韦斯特，林恩·特纳：《传播理论导引：分析与应用》，刘海龙译，北京：中国人民大学出版社，2008 年。

要以亲缘、地缘等关系为本位的社会交往活动。于是，这种环境中生长的"借势"不仅可以增加这些私人关系的交换强度，而且交往行为的发生也不完全是通过等价的交换关系，而是经由"借"或"欠"等特殊的人情关系的交往方式，通过获得更高的人情价值来实现的，因此，这岂能是物的价值可以算得清楚的！人情的价值在"借"过和"欠"了之后，都有可能是说不清的，永远都还不起的。由此，在借势传播的交往策略中，即使人情关系，在某种程度上，也可以被当作一种交换关系，有可能会变成只为独家占有更大资源的不平等的交换关系。

若从联系方面看，二者也具有相似性，比如"社会交换"和"势"的传播都有着重描述关系交往者的相互依赖性的特点。但是，"借势传播"的能量绝不止于依赖关系交往者，而是通过可以制造关系，比如人求人，人托人，关系的背后还能生成关系等线索。即使关系的发生需要通过重重的间隔，仍是可以发生交往行为的。"借势传播"就可以让沾光者与发光者在没有任何真实往来的情况下，发生一种虚拟的交往关系或间接的交往关系。沾得上权势的关系交往还可以借着名不符实，看不见的，基本上并不存在的关系传播网，在光天化日下，就去做招摇撞骗的事了。

III. "势"与"权力"的联系与区别。

从"势"的汉字结构来看，势从"力"，从"执"。因此，我们说"势力"会与"权力"相关，"势"与"权力"存在着必然的联系，有权有势，无权无势，都是看到二者之间的联系和区别，这一点都没有错。权力与势力一经结合，可以很容易地生出新的权势关系来，有权意味着得势，得势者还可以生成更大的权力或势力来。汉语里还有一个对"势"的生动形容，比如"势头"一词。用"势头"来形容"势"在万事万物中的第一位置和重要性。

中国文化里讲究的"势"，所包含的内容是极为丰富的：如气势、人势、形势、时势、地势、来势、去势等，而且还都是随着交往环境而变动不居的。关系的交往者可以从变动中谋得需要和适应，也可以谋得更大的权力或势力，使之变成权势。特别会"借势传播"的人，往往在一个崇尚变通、灵活或权宜的社会里是最吃香的。掌握这种传播或沟通手段的人，其权力关系会变得无比发达。其实，每个普通人的手中也都有权力的存在，就连大街上看停车位的人，也被认为手中握有权力。然而，在一个普遍懂得法制和注重法制的社会，权力不管大小，都会平等地受到法的制约，滥用权力是容易遭到反对的。当然，社会权力也带有一种社会契约的性质。这种权力追求合作性，也提倡自觉的遵守，这是一种契约式的"同意的权力"，是被普遍认可的，被赋予的一种有限制性的权力。①

然而，"权力"一经与"势力"相逢，权力就会不可避免地发生性质上的变化，由受到某种制约的"权力"，变为很难受到制约的"权势"。如果权力变成"权势"或"势力"，一经成势，就会带来不可遏制的权力的膨胀。权力的统治与支配能力自然就会无比强大起来。特别是在一个崇尚"势力"的社会里，白道的势力和黑道的势力，同样都是滥用权力或力量的象征，同样都得是依靠权势，来占有和获得更大的权力，从而对无权无势的人形成威胁和伤害。在崇尚"势"的社会面前，即使有契约，有规则，有法制，规则和法制也总是施展不开的，唯一能驾驭"权势"的，可能更多的是人的心机，那些带有追求权势的更大谋略罢。

与权势相对，权力是维持关系所必需的手段。无论关系是冲突的，还是合作的，都有权力的运作在其中。②正如费孝通先生看到的：虽然在人类社会里，权力本身是具有引诱力的，而且人人都有"权力的饥饿"，但更重要的是，权力具有工具性，这种工具性是为着个人利益而服务的。人们喜欢的是从权力中得到利益，如果没有利益在其中，权力也就没有那么大的诱惑力了。问题是，权力对利益的作用从何而来？权力必须与势发生密切关系。如果说权与势已经不可分离，那么"势"的作用就是生成更大的权力或扩大权力，而这些也一定是靠势的交往手段来实现的。

交往关系被注入"势"的权力是耐人寻味的。在现代社会，权力的含义已经变得更加日常化和普遍化了。围绕"势力"的争夺，权位高者可以让权力表面化，炫耀权力，以借权夺势，再以权势压人；权位低者也可能采取合作或掩饰的手段，直到得势者同意减少对"势力"的控制和占有，愿意把"势力"拿到私下的关系里去交换、分配或分享等，分一杯羹给他人，也是有面子的事。这些行为取向都表明"势"既可以是权宜和变通的产物，也是受到交往关系方式制约的传播行为的结果。实际情况是，围绕"借势"者之间的明争暗斗，不守规则的权宜变通等，往往造成了对正常的人际关系交往的破坏，形成或助长人的关系的虚伪性。

如果把已有的关系传播理论作为一种科学知识的参照系，将之放入文化的语境中，改变其研究对象，那么我们会清楚地看到，中国人的关系交往也许并不完全是遵循已有的关系传播理论的定势和原理的。我们一旦转换研究对象，研究中国人的关系传播行为及其特征，那么我们将看到更多的关系传播现象，比如"借势传播"等。这种研究对象的改变将会扩大关系传播研究的问题，甚至提出新的

① 费孝通：《乡土中国》，北京：生活·读书·新知三联书店，1985年，第66—70页。
② 费孝通：《乡土中国》，北京：生活·读书·新知三联书店，1985年，第60页。

研究问题来。

三、"借势传播"生长的社会文化语境

20 世纪 60 年代，美国有一个称作"帕罗阿尔托小组"（Palo Alto Group）的研究群体。一些来自不同学科的传播研究者通过对人类传播行为的研究，发现人类关系交往的一些基本原理。他们通过提出以下 5 条基本原理，来概括人类关系交往之道和交往行为的定势或法则：1. 一个人无法不传播；2. 交流双方是相互传递讯息的；3. 交往行为是由一连串有意义的言语和非言语行为组成的；4. 关系交往发生时，人们会同时使用数字式符码和类比式符码，来描述和评价与他人的关系；5. 交往中会发生讯息的组织与匹配问题。[①]对照这些已有的关系传播原理，我们可能会看到，人的关系是通过传播、沟通、交流或互动行为建立起来的，这就是说，关系并不是虚的，没有动作的，关系是可以看得见的，是可以由交往行为来解释的。所有人类行为都具有关系传播或交往的意义，比如"一个巴掌拍不响"的基本原理，首先就肯定了传播行为必然体现为关系的交往，关系是一种交往的实现等。但这些原理只能说明传播行为创造了关系，如何通过讯息传递或交往行为实现了关系，却无法解释交往行为若是受到某种文化与社会环境的影响，将会造成怎样的关系结果。

如果我们从研究的视角，把这些传播的基本原理界定为构成认识传播行为的基石、基础、基本条件、根本的，最终的、最后结论等，那么这些科学定理肯定具有普遍性意义。然而，一旦将关系传播的研究放入某种特定的社会文化的语境中，以中国社会"拉关系"等现象作为传播行为的研究对象，或者作为关系传播定势的研究发现，那么上述关系传播定理的解释力就会大打折扣。在中国社会文化语境中，"借势传播"是一个可以透视人类关系交往定势的有用的研究视角。其视角的差异主要体现在研究对象的不同上，体现在关系交往所发生的不同的社会环境、结构基础、理解的出发点、规则或规范之中。

（1）关系交往发生的社会环境、结构与基础

中国社会关系的构建或交往经常发生在具有乡土社会结构和小农经济特征的家庭、亲属、老乡等含义的血缘和地缘关系中，更复杂的还有团体、党派、阶级等关系中。这些形成了中国人运用看、听、说和做来发生关系交往的基础。现有的关系传播理论生长的环境则与此有所不同，人的关系主要是发生在具有个人特征的，扩大了的家庭、社区、社团和宗教组织中。

---

① 　Paul Watzlawick & Janet Beavin, Explaining Theories of Interpersonal Communication，Don Jackson：Pragmatics of Human Communication，1967，pp.54-55.

（2）理解关系交往发生的出发点

现有的传播概念大都把传播视为一种思想情感的表达，视关系交往为人的传播行为的最终实现等，进一步可明确为交往的目的性，以此建构起日常传播的概念及理论，如信息论、符号互动论等。这些概念与理论更多地指向：传播本身可以成为关系交往的目的。中国社会的情况则有所不同。传播的媒介性和工具性，被运用得更为明显和日常化。在"拉关系""打交道""搞社交"的交往沟通行为中，人们对关系交往对象是很有选择性的，面子和人情往来，也都要看看交往的对象是谁，而且把交往作为工具加以利用的目的性，却经常是被"拉关系"等表面的交往现象掩盖起来了。

（3）对传播或交往概念有不同翻译和理解

运用西方的传播或沟通概念认识人际关系，是以独立的个体之间的联系和互动为中心的。在中国社会，汉语的传播或沟通不仅表明通过沟通可以使关系得以实现，而且还带有对关系的期待，对关系结果的乐观预测等诸多问题。其中，"拉关系"式的传播或沟通行为是以个人背后的关系网络为中心的，在交往者个人之间，是费孝通先生所描述的"一根根私人联系所构成的网络"。

（4）关系交往中的规则或规范不同

原有的传播概念讲求传播行为的规则和规范，如面对面，相互吸引、交往伦理等原则；然而"拉关系"之类的传播行为，是可以伸缩、能权宜，能变通的，关系交往者可以不必太在乎交往规则和规范的，中国人使用的"打交道"等词，足以描述这种传播或交往行为的灵活方式和策略性。

（5）关系交往中的内容不同

原有的传播概念所揭示的交往内容不回避冲突，反而把冲突关系看作一种可以接受的关系或现实；而"拉关系"之类的传播行为则旨在使冲突关系得到缓和或消解，通过"拉关系"可以解决许多冲突的问题，不管是形成表面的和气，还是暗地里又去憎恨和捣乱去了，这种传播行为都是要尽可能地避免使关系出现不和或失和的。

上述的错位或差异表明，在中国人看来，人与人之间的交往并非简单地通过交往发生了关系，实质上，交往行为是凝聚在关系经验中的一种理性的，具有目标的，充满手段和策略的选择。在"拉关系""打交道"和"搞社交"等社会交往活动中，中国人更关注一种传播行为所能带出来的相应关系是什么，如何才能获得意愿中的关系样式，通过怎样的交往或传播方式，才能更顺利地实现自我对关系的使用目标，增加关系交往的实际效果，通过关系，来抬高自己的身价等。其实，中国人也可以不谈关系的，但不给别人好脸子看，常常就是对关系的一种解说。

以上研究允许我们进一步提出这样的研究假设：中国人在认识传播或交往这一事物时，重点考虑的并非是关系交往发生的定势和原理的作用等。中国人似乎更注重对交往经验的依赖和使用，注重与身处其中的社会环境与结构发生变通的影响，注重对关系交往的直接观察和亲身经历等。这些被看在眼里，记在心里的经验事实，经天长日久之后，自然形成了一种具有实用与工具理性特征的交往倾向。比如注重"借势"的交往关系，在对待关系和解说关系时，时常会采取一种现实的、患得患失的、带有功利心和满足感的，以求得关系平衡的经验主义态度等，而非已有的关系交往理论及其概念所描述的那个样子。

四、"借势传播"的关系交往特性

与中国社会学者吴思运用"血酬定律"的概念，[①] 揭示人类通过"低成本损害"的方式，凭借暴力，建立生命与生存资源的交换关系的直接性相比，"借势传播"更倾向于分析人们对复杂的关系交往的处理，以使传播效果或结果得到与自我利益相关的强调、提升或满足。[②]

借势传播的"势"可以指人，指事、指物，也可以指话语或表情，包括非言语传播的运用等。"势"也还可以指暴力，如家庭暴力、黑社会等。借势传播者常常用最具体的心态看待人，看待身边的事物，在说话和办事中，还会随时用到中国传统文化的教养，比如"得饶人处且饶人""人不可貌相""赖账不如赖人情，赖了人情难做人""拿人家的手软，吃人家的嘴短""你敬我一尺，我敬你一丈"等。在扩大的社会交往中，借势传播的形式还有许多形式表现，如"新闻发布会""记者招待会""饭局""打官腔""骂人""给面子"等，这些都是"借势"在社会事物上的表现。然而，日常生活里，最具有典型意义的是中国人的饭局。

中国人向来看重饭局。餐桌在中国人日常社会交往中，起着无可替代的重要作用。饭局不仅是设宴吃饭，请客是为了办事，食物通常是特殊活动的象征。中国人一直把请客吃饭当作最有效的交往手段，当作套交情、拉关系、办私事的一个地方。求学、升职、找工作、道歉、要账、收买人心、许诺、增加凝聚力等，都可能通过饭局的交往方式来获得实现。饭局的交往功能真是数不胜数。人们在餐桌上所悟到的，不是"吃饭"二字，而是要把"吃饭"变成一个饭局，借着酒桌上的力量，人们还能找到一种说真话的语境氛围。喝酒可以让想办事的人在喝了之后，都能进入办事的状态，至少能让人更方便地谈论要办的事情是什么，吃

---

① 吴思：《血酬定律》，北京：中国工人出版社，2003 年，第 1—203 页。
② 吴思：《血酬定律》，北京：中国工人出版社，2003 年，自序。

到好处，喝到好处，对方才能有求必应。

中国大陆零点公司的一项调查表明：当今中国人最喜欢"聚餐"，选择这种社交方式的人占 46%，排在第二位的体育活动只占 13%。[1] 中国餐饮业的增长率一直位居中国国民经济各行业之首。商务部官方网站的数字也显示，2005 全年餐饮业零售额实现 8806 亿元，同比增长 16.8%，高出社会消费品零售总额增幅 4 个百分点，占社会消费品零售总额的比重将达到 13.9%。这数字是 1978 年的 108 倍。连续 15 年都实现两位数以上的高速增长。中国目前有各类餐厅 400 多万家，从业人员多达 2000 万人。

饭局不仅在当今社会被看作一个首选的交际方式，据说中国人的"饭局"历史还可以追溯到新石器时代。[2] 有人考察"饭局"这个语词起源于宋代。历史记载的著名饭局有如"鸿门宴""青梅煮酒论英雄""杯酒释兵权""火烧庆功楼"等，与朝代的兴衰成败有关，与历史和政治也密切相关。虽然是非祸福自有历史去公断，但将吃饭设为饭局，则意在"局"的起伏冷暖。"局"本来是一个用于下棋的术语，带有"情势、处境"的含义，继而又被引申为"赌博、聚会、圈套"的意思。"饭局"不仅在古代社会，有成败兴亡，利害得失之论，而且在现代社会的流行观念中依然如故。从饭到饭局，从草根饭局到精英饭局，从联谊饭局到讨债饭局，从烛光饭局到谈判饭局，人们彼此敬酒、罚酒、拼酒、干杯、耍酒疯、抢单、较劲、酒后吐真言，都是借酒桌之势，以消除势利感，甚至胆怯，即使办不成事，也可以喝酒，既不伤面子，又让人感觉轻松，不见外。酒桌上，该敬谁，该谈些什么，该说些什么话，不能说什么话，该给谁做个人情等，借势传播在餐桌上找到了最适合于表现的地方。

无论是请客吃饭，借饭局沾光，向人道歉，还是打官腔骂人或送礼，这些传播行为生出的意义不光是为着利益交换的计算，倒是经常还带有某种欠缺、临时、短暂、权宜、变通、灵活的相互借用关系资源的借势交往趋向。如果我们假设："借势传播"是中国人在日常关系交往中使用的主要传播方式和交往策略，那么需要先弄清楚这种关系交往可能表现出来的主要特性是什么。研究中不难发现"借势传播"经常会带有我在这里提出的"欠缺性""发动性""屈伸性""权宜性"和"变通性"的交往特质，这些特性也构成了进一步认识"借势传播"概念的内涵与重要基础。

---

① 《中国人饭局里的潜规则你知多少》，新浪上海，2009 年 4 月 7 日，http://sh.sina.com.cn/citylink/en/e/2009-04-07/085028291.html。

② 《中国人饭局里的潜规则你知多少》，新浪上海，2009 年 4 月 7 日，http://sh.sina.com.cn/citylink/en/e/2009-04-07/085028291.html。

I. 欠缺性（deficiency）

在这个世界上，没有人不缺少。人生来就不是平等的，人与人也不是均质的，每个人身上多多少少都有欠缺的东西，无论我们对此有多少悲哀和怀疑，人一旦来到自己面前，总会觉得个人的力量是极其有限的，个人总有这样和那样的不完整。从一个人无法不传播，到与他人发生交往关系的必然性来看，有关个人资源的缺少和不足，都是一目了然的事，对于人的关系，也同样是如此

韦伯认为，在社会关系的现实中，就有一种欠缺，这就是互惠的关系。[①] 所谓互惠关系是指：双方都能从关系的交往中得到不同的好处，双方能通过关系的交往获得相互之间的帮助，比如社会交换就是一种相互帮助的交往方式。然而，如果关系的一方有，一方没有，一方有不足，另一方又拥有太多，不管差别在哪里存在，最不可改变的一个事实就是：无论谁都不愿意无缘无故地把自己拥有的，不管是多是少的生存与发展资源，随便地就给了别人，或者主动让别人来与自己分享，问题在于，人可利用的天赋资源经常是有限的，然而人对资源的欲望，包括人对谋取资源的创造力却是无限的。特别是在一个诸多事项都不是个人所能解决的社会里，为弥补个人某种社会资源的缺乏，人必须自己来想办法，解决这个问题。对于势力资源，靠暴力和公开争夺来获得，这只是一种方式；靠个人建立的关系网络，通过拉关系等交往手段来获得，也是一种方式。借势传播就是在需要资源，又缺少资源的情况下，才会出现的一种借与欠的关系交往活动。

II. 发动性（initiating）

在"借势传播"中，中国人讲究的是发动机会。机会常常是隐蔽在有无之间，动而未形之际。中国人强调机会，因为机会是一种非常重要的"势"的资源，机会经常藏匿于相互之间的讯息传递、关系的生成与意义的理解或误解之中。"拉关系"刚开始时，交往者也许没有明确而具体的目标，但关系一经发动起来，就进入了生成、实有或展开的状态。关系交往的发动最能体现中国人所信奉的"幾"的传播观念，这种传播是在悄然之间的，占卜也是最看重"幾"的。

"幾"发生在人与人气相感通之处，主要是指"动而未形，有无之间者"，常常是看不见，却能感应到的一种存在。一旦到了能看见的时候，所谓的"幾"就可能变成了"势"，因此处理麻烦的事，就要在凡事未形成恶势之前，或者能顺势发动起来。这种交往的感觉好像在为交往关系打一层底色，必要时就能创造出一个因果的链条，有了能借势传播的关系事实，交往才可以随机而动，产生或出现

---

① [德] 马克斯·韦伯：《韦伯作品集》，顾忠华译，桂林：广西师范大学出版社，2005 年，第 36 页。

人身难得难求的机遇，若是注意发动，顺势传播，交往便有了随时、随处、随身、随口、随心，随时夺势、随风使舵的选择性自由。

III. 伸缩性（flex）

在中国人的心里，"传播"或"交往""沟通"是些很实际的关系观念，就像"备物致用"，大小多少，总是在为发动关系而准备着，因此，传播并不完全是一个信息传递的概念。中国人对关系的理解是伸缩自如的，关系可大可小，可屈可伸，进退方便才好。有了这种关系传播的观念，"拉关系"的结果大都不是紧张的，不是僵硬的，也非只有一种形式存在不可的。关系不必受到限制，是随处可见，人为却自然的，随时都可以发生的。

这种关系的形态非常灵活，甚至是可以替代的，如中国人好认干亲。干妈干爸，兄弟姐妹，一个家族的关系纽带可松，可紧，能放，能收。这与西方社会的个体在交往中的个人之间的对等性含义有所不同。西方社会立足于个人来看待人与人之间的交往关系，如家庭关系的成员构成尽可能是清楚而有所确定的。中国人是从家、国、天下来看待人的关系，家可以扩展为四海之内皆兄弟，每个人背后都有一个不能确定的关系网。[①] 这种伸缩性使得人际关系网络越发具有了不确定性，关系交往也可深可浅，可远可近，能屈能伸。君子之交淡如水，保持距离和消除距离是同时存在的，交往者的关系圈子永远都是处在开放的，不断变化的状态。一般而言，关系的圈子越大，一个人就越有面子，被罩在关系中的人也是越多越好，究竟是多少人，伸缩自如，没人能说得清。

IV. 权宜性（contingency）

关系发动之后，光有伸缩性，还是不够的，还需要根据个人身份、地位、辈分、角色、关系等的思考，从天地、人心，身体，对关系进行仰观俯察。中国人懂得"远取诸物，近取诸身"。《系辞》里讲的这一套法则是指，人从自己的身体和周围环境发生的变化处来观察，用以进行或大或小的形势判断和结果的预测，决定交往中的人和事，决定交往活动的保持、变动和发展，以实现对关系最大化的追求。所谓权宜是指，按照事物的演化的法则，以自认为理性的行为、合理的判断，来权衡轻重，利弊得失，去粗取精，舍小就大等，顺着关系的前后轨迹，根据交往环境和场景的变化，进行个人行动策略和秩序上的调整，以达到借势传播的效果。

有研究者发现，在夫妻关系的互动过程中，关系定势、权宜性行动和权力策

---

① 费孝通：《乡土中国》，北京：生活·读书·新知三联书店，1985年，第27页。

略总是相伴相生的。① 知不可为而不为，中国俗语里讲，"嫁鸡随鸡，嫁狗随狗"，"好汉不吃眼前亏"，"一日夫妻百日恩"，"船到桥头自然直"，"跑了和尚跑不了庙"，顺道而行，敬天知命等，也都是权宜的表现。由于借势传播的权宜性，"势"所携带的讯息含义还包括"忍""和稀泥""各打五十大板"等等，也都含有"借势传播"的意义和表现。

V. 变通性（biantong）

有了权宜之计，就可以代替交往的规则，不受道德法制的约束，常常是靠了私下里的变通来实现的。在关系交往中，变通在于排除交往行动所遇到的障碍，寻找顺利通行的可能性。然而，无论是主动选择借势，还是被动选择借势，无论是借势给他人，还是向他人借势，变通的目的主要在于打破关系的僵局，扩大关系交往的空间，强化关系生存的余地。由于"变"是为着"通"，不通不称其为变，而"通"又是依靠"变"来达成的，因此"变通"里有交流者之间的相互呼应，你我之间权宜妥协后的结果，这是变通作为交往策略的一个重要方面。

虽然变通也讲究互动，更多的可能是善意的互动，如当关系遇到了障碍，想个变通的办法，把障碍挪走，大家都可以走过去，在这种意义上，变通有时也是一种积极的选择。但是，当变通受到个人利益的驱使，被关系者滥用时，就会灵活得没有了规则或原则，"原先的不是自家人的人可以成为自家人，原来摆不平的事可以摆平，原来的非礼可以变得彬彬有礼，原来的不服从可以转变为唯命是从，或相反"②。这样的变通就可能带来坏的、伤害关系的结果。

五、"借势传播"的增效取向

我们假设：首先，关系交往一旦受到"借势传播"讯息的影响，就会使原来的关系发生增强或改变，产生由弱变强的变化等，这种传播效果主要是由"借势传播"的关系交往行为造就和传递出来的；其次，"借势传播"的增效取向是被编织在交往关系发生的社会语境当中的。所谓"语境"是指：一些能影响传播效果发生的重要环境或情境因素。由于讯息内容问题过于复杂，我们在这里，只能先简要地讨论"借势传播"的增效取向和这种行为经常发生的语境。

I. 关系交往中的审势增效取向

关系交往情境中的"审势增效取向"主要指：交往者通过借势传播，增加双方对关系的相互依赖程度。"审势"是指：对关系性质的判断与试探的方式，包括

---

① 郑丹丹、杨善华：《夫妻关系"定势"与概力策略》，《社会学研究》2003 年第 4 期。

② ［美］理查德·韦斯特，林恩·H. 特纳：《传播理论导引：分析与应用》，刘海龙译，北京：中国人民大学出版社，2007 年。

对某种交往行为在关系发生、保持和发展中，处理得是否得当，对关系的发展形势与情势进行的必要判断，以增加对已有关系或交往行为的效果等。北宋苏洵著有《审势》一篇。[①] 他认为："势有强弱，圣人审其势，而应之以权""善制天下者必先审其强弱以为之谋。"这是因为，天下之势有强有弱，拥有天下者，必先审知天下之势。"审势"表明中国人懂得事物具有变易的妙处。明确自己的处境，可以通过借势传播，使关系发生改变，弱可以变强，必要时，强也可以变弱。乘强还是乘弱，用威还是用惠，都要拥有审时度势的讯息及其传递方式，以把握关系趋势的发展，判断借用关系的时机等。

II. 人情交往中的借势增效取向

在个人需要某些关系资源时，人情可以转变为用来争夺关系资源的重要工具。[②]中国社会的人情是以血缘亲情为基础的，关系交往中对人情的理解和操作主要受到家族亲缘等社会关系的影响。由于人情关系随处可见，在处理情理关系时，中国人往往重情不重理，讲究做事要合乎人情等。[③] 从中国人的传统文化来看，人情有时也被理解为同情。孟子说过："恻隐之心，人皆有之。"由于有了能得大家认可的同情，于是人情关系里又添了更为复杂的恩情等，于是，借势行为也就更容易行得畅通无阻了。

III. 面子交往中的顺势增效取向

中国人好讲面子。特别是对有头有脸、有名有利、有权有势、丰衣足食的人，人们经常愿意顺势而为，把面子借出去。中国人讲求"时变势变，顺势而动"。顺应事情本身的发展方向来做事，不必去强行改变，变无为而无不为，正如"势之所在，天地圣人不能违也"，对人与事，不必强行改变，这不光是用来自我安慰的，碍于面子做事，让人面子上过得去，总可以做到不伤了和气。人们可以看到，在面子交往的背后，总留着一条路。为了这条藏起来的后路，人心里尽管不愿意，也还是要陪着好面孔的。

IV. 权力交往中的造势增效取向

人们对于权力（power），总是又爱又恨的。然而，相互依赖的关系里，总会产生权力，有权力得以施展的地方。在黄光国看来：权力是在社会交往历程中，一方以其意志加诸另一方，使其改变态度、动机和行为的力量。在权力关系的交往中，交往的主要内容有权力者对资源分配的原则，权力对交往关系的影响，以

① 苏洵：《宋本嘉祐集》，北京：国家图书馆出版社，2019 年。

② 黄光国：《人情与面子：中国人的权力游戏》，杨国枢编：《中国人的心理》，南京：江苏教育出版社，1985 年。

③ 翟学伟：《人情、面子与权力的再生产》，北京：北京大学出版社，2005 年，第 85 页。

及人际关系的不同类型等。[①]借势传播在权力关系的交往中，寻求建立更大的，更具有控制性的、威慑力的、权威性的效果，如形成声势、声威和气势，如战争之前，需要进行造势一样。

V. 退隐交往中的蓄势增效取向

汉字里还有一个"萍"字，足以表现出中国人对关系从出现、变幻、上升、发展、破败等的变化，所抱有的苍凉和无奈之感。既然人与人能萍水相逢，那么人际关系也不会天长地久，随时都有浮萍易散、漂泊无定的可能。史记（《史记·货殖列传序》）里有言："富者得势益彰，失势则客无所之。"一个人失势了，就会变得势穷力屈，自然就处于劣势之中。在古代中国，女人被看作无势之人，宦人被当作去势之人，他们都是失势和处于劣势的人。然而，中国人也讲究哀兵必胜。失势之后，调整处境，还可蓄势待发。退后一步天地宽。卧薪尝胆之后，依旧可以实现一己抱负，于是又有"小隐隐于野，中隐隐于市，大隐隐于朝"之说。

六、结论

从以上的分析与描述中，我们暂时得出这样一些看法或研究假设：关系交往或关系的传播既有工具性的一面，也有目的性的一面，二者是互为表里的。对于"借势传播"而言，这不仅是中国人社会交往行为及其关系的发生，表示关系交往首先是人在心理层面的一种选择，而且更清楚地表明，人类的关系交往活动也是极富有社会关系特性和方向感的。有目的，有方向，更是一种有使传播增效的沟通方式，如挪借的变通等。"借势传播"作为一种使关系交往的结果获得增效的传播方式或使关系最大化被利用的策略，也是一种社会文化结构和生存环境对人的关系和传播行为产生影响的必然结果。

"借势传播"不仅是中国人一种很复杂的交往活动，甚至可以推及更远和更广泛的人类传播活动。这一研究可以产生一些意味无穷的研究假设，特别对认识中国社会的关系交往取向有重要意义。第一，中国人善于不断地同时保持关系的确定性和不确定性，以使个人交往的关系圈有不断变大的可能。关系的确定性和不确定性之间主要受到人情回报时间和回报方式的影响[②]。第二，由于"借势传播"已经成为中国社会交往者预知的社会事实，至少交往者在心理及行动上都给这种交往行为预设了增效的目的和结果。最后，"借势传播"的结果最终可能会产生导

---

① [美]理查德·韦斯特，林恩·H.特纳：《传播理论导引：分析与应用》，刘海龙译，北京：中国人民大学出版社，2007年，第214页。

② 黄光国：《中国人的人情关系》，文崇一，萧新煌编，《中国人：观念与行为》，南京：江苏教育出版社，2006年，第38—39页。

致人与人之间关系的媒介化和工具化的倾向。

以问题为导向的中国传播研究需要关注所研究的问题发生在哪里。如果是发生在中国社会，那么一定要有本土问题研究的思路或方法。从当今丰富的传播现象来看，我们缺少的不是研究问题，而是解决问题的方式或方法。特别针对一些复杂的问题，比如类似发生在中国社会的"借势传播"等。当我确定要通过"借势传播"这个研究视角，透视中国人的关系交往取向时，让我倍感困惑的问题不是去证明这种可以预知的社会事实存在还是不存在，而是困惑于我如何能从这个概念的理论义涵上、从建立事实解释的逻辑关系方面，对"借势传播"这个问题做出令人信服的论证。如果要突破这个瓶颈，必须有恰当的对本土问题研究的方法论和研究方法，才能深入到我们这个具有内向性特点的谋略社会中去。

先秦儒家人际交往思想重估与再释

——基于胡塞尔现象学视野 *

束秀芳　芮必峰 **

摘　要：中国传统传播学思想丰厚博大，习近平总书记关于文化自觉和文化自信的阐释进一步促使我们拓宽传播学研究视野，反观内窥中国传统文化中的传播思想内核。本文借用胡塞尔现象学方法，本着"中体西用"的原则，从"知识之母""本质直观""意义积淀"三个方面指出重估再释先秦儒家人际交往思想的必要性和可行性。

关键词：先秦儒家；人际交往；知识之母；本质直观；意义积淀

引言

进入网络时代，人与人的交往从现实世界延展到网络场域，交往更便利了，但交往中失礼、失信、失和现象却日显突出。面对这样的现实不止一位学者指出，西方传播学核心概念与基本理论"已经不足以有效地解释现实，更不用说有益地改变现实了，……与其他人文社会科学相比，中国传播学已经无法与当代中国及其传播实践展开生机勃勃的'对话'"①。要丰富当下的中国传播学，解决当下人际交往实践中遇到的问题，就要树立开放的学术视野，营造融洽的学术氛围，根基于中国社会的历史传统和文化逻辑，从中国文化的发端处找寻"中国式"的传播价值观。②这种找寻应该是对传统人际交往思想的重估与再释，绝不能出现"人们一时纷纷转向似乎最不需要理论只要'妙语'的'国学'，热衷于发感慨、谈体会和写

---

　　* 本文原载于《新闻记者》2018 年第 2 期，第 58—65 页。

　　** 束秀芳，安徽大学新闻传播学院副教授，历史学博士。芮必峰，安徽大学新闻传播学院教授，博士生导师。

　　① 李彬：《重思中国传播学》，《当代传播》2015 年第 4 期。

　　② 芮必峰，石庆生：《致中和：中国文化中的主流传播价值观》，《现代传播》2017 年第 2 期。

些'可读性'很强的漂亮文字"①。要重估与再释中国传统文化中人际交往思想的核心价值，其实就是要弄清楚以下这几个方面问题，我们的人际交往核心思想发端于哪里？核心内容是什么？历史上经历了怎样的重估与再释？今天又该怎样扬弃才能将传统思想有机地融入当代人际交往的传播实践中去。本文拟借鉴胡塞尔的现象学方法，对中国传统人际交往思想的重估与再释进行一种尝试。

一、"知识之母"：重新审视先秦儒家人际交往思想

面对晚期资本主义物化、异化的历史现状，西方现代性思想家的解救方案遇到了问题，德国哲学家埃德蒙德·胡塞尔试图拨开"科学"迷雾寻找历史"先验"，透过向本真的世界回归来寻找这个失序的世界牢不可破的价值根基。这样的"文化回溯"现象在胡塞尔看来就是"让生活世界浮现出来"，朝向世界基地之下发现"知识之母"②。胡塞尔理解的周围生活世界划分为本真的世界和非本真的世界，从马克思唯物主义的角度来理解就是现象的世界和还原现象之后的本真的世界。在胡塞尔看来本真世界具有永恒的价值，而现象世界的价值显现为相对的、变化的，不具有永恒性。胡塞尔认为本来存有的本真的世界，在历史的进程中意义不断被遮蔽，只要找到现象学的还原方法，就能直观到这个世界，重新回到这个本真的世界。③ 胡塞尔想要"还原世界本真"的对于整个现代哲学的"隐秘憧憬"想为晚期资本主义物化、异化现象寻找一套解救方案。这种寻找"知识之母"的现象学还原方法其实也值得当下中国重建传统文化学术思想体系借鉴，尤其值得中国传播学界借鉴，透过在"科学"名义下的西方传播学种种理论和套路去找寻中国传统人际交往思想的本真图景和实现"致中和"传播境界的合理路径。

马克思曾说："人并不是抽象地栖息在世界以外的东西。人就是人的世界，就是国家和社会。"④ 人的世界是怎样的世界？人的世界怎么就是国家和社会？构成人的世界的行为首先是交往和传播，是人的传播交往行为使"人的世界"有可能变成国家和社会。而传播学作为一门专门研究人类传播交往行为的学科，其发端发展远远落后于人类的传播实践。传播学或美国式的传播学研究在国内虽然只有三十多年历史，但"趋美国化"渐渐成为今日传播学的总体格局。这样的格局被有些学者认为暗藏危机，"传播学研究的发展已经步入一个困境：知识框架的缺失，理论描述的无序，以及学科体系的被边缘化，凡此种种，无不昭示着传播学的生

---

① 邓晓芒：《胡塞尔现象学对中国学术的意义》，《江苏社会科学》1995 年第 1 期。
② 任军：《理解胡塞尔》，北京：中国社会科学出版社，2010 年，第 225 页。
③ 张典：《胡塞尔现象学的方法》，《社会科学研究》2009 年第 5 期。
④ 《马克思全集》（第 1 卷），北京：人民出版社，1956 年，第 452 页。

存危机"①。而"我们需要重新反思的,就是这种总体格局"②。如何反思?陈力丹等认为仅"从修补的角度谈传播学的发展,恐怕是没有出路的"③。传播学既然是研究人类传播现象的学科,就不能仅仅将学术视野局限在"大众传播""媒介传播"中,而将其他人类传播现象置于学科边缘。杜骏飞认为传播学研究绝不能囿于对"经典理论"的膜拜而被"研究范式"束缚,"如果我们一再固守经典理论本身,而不回到问题导向,不回到现实追问,不回到作为研究者乐趣的求知导向,传播学理论便注定得不到真正的发展"④。学者们认为反思中国传播学,重构中国传播学,不仅需要向内的学科自我反思,更需要向外的学科全面拓展。如何拓展?清华大学李彬教授认为中国的传播学研究要根基于中国社会的历史传承和现实逻辑,正如美国传播学无不基于自身历史传统与文化逻辑而繁衍。"我们只有真正了解中国才能明白传播何为,学问所在。"⑤而挖掘、发现、重建融摄更多学术内涵的新型传播学,我们首先要做的就是"还原"和"回到事情本身",拨开传播学科的各种前置性"科学"理论,去除中国历史发展中加之于人的本性之上的各种道德解释和规范遮蔽,还原到我们对人性的第一印象从而对"发端处"的中国人际交往思想进行系统梳理。这种梳理绝不能又一次出现以美国式传播理论解读中国式传播思想从而陷入适足削履、东施效颦的尴尬境地。

突破传播学现有经典理论的围囿,对人和社会的传播关系做真正的扎根研究,发现中国传统交往思想的"知识之母",需要有强烈的文化自信与自觉。今年1月26日《人民日报》第六版全文刊发《中共中央办公厅、国务院办公厅印发"关于实施中华优秀传统文化传承发展工程的意见"》,认为要实现中华民族的伟大复兴"文化自信是更基本、更深层、更持久的力量"⑥。文化自信的前提是"文化自觉",费孝通20年前首次提出这一概念时认为"文化自觉"这四个字正表达了当时思想界对经济全球化的反应,"人类发展到现在已开始要知道我们各民族的文化是哪里来的?是怎么形成的?它的实质是什么?它将把人类带到哪里去"⑦。党的十八大以来,习近平总书记在多次发表的关于传承发掘中华优秀传统文化的讲话中努力回答了这些疑问。"中华文化在几千年的不断发展中,形成了以儒家倡导的仁孝诚信、

①　杜骏飞:《传播学的解放》,《新闻记者》2014年第9期。

②　李彬:《重思中国传播学》,《当代传播》2015年第4期。

③　陈力丹:《传播学面临的危机与出路》,《新闻记者》2016年第8期。

④　杜骏飞:《传播学的解放》,《新闻记者》2014年第9期。

⑤　李彬:《重思中国传播学》,《当代传播》2015年第4期。

⑥　《中共中央办公厅、国务院办公厅印发关于实施中华优秀传统文化发展工程的意见》,《人民日报》2017年1月26日第6版。

⑦　黄晓波,王贻正:《费孝通的"文化自觉"思想探究》,《经济研究导刊》2012年第19期。

礼义廉耻、忠恕中和为核心的一套完整的价值体系，也就是中华民族传统核心价值观。这套核心价值体系，是中华民族刚健不息、厚德载物精神的价值基础和根源，支撑了中国社会的伦理关系，主导了人们的行为和价值观念，促进了中华民族凝聚力的形成，构成了中国人之为中国人的基本。"① 仔细分析上面这段话，我们不难发现以儒家 12 字为核心的价值体系从本质上反映了中国哲学的研究对象是"人"，"仁孝诚信""礼义廉耻""忠恕中和" 12 个字关涉的内容都在"人"的交往关系范畴，这种关系包含三个层面即"人与社会或自然""人与人""人与自我（心）"，而在中国传统文化中处理这三种关系始终追求的价值目标是"中和圆融"。这 12 个字既是中国传统文化的核心价值体系，又是研究中国人际交往思想的"知识之母"。

儒家的这种价值体系对当下后现代社会或者对于拓展传播学的学术研究视野是否具有"普世价值"呢？德国哲学家卡尔·雅斯贝尔斯曾提出著名命题"轴心时代"，他认为"如果真有世界历史的轴心的话，那么它就应当是为世俗历史而存在的，并且是一种经验性的真实情况，有效于所有的人。"② 雅氏认为在时间区域上的"轴心时代"应该是公元前 800 年至公元前 200 年之间，尤其是公元前 500 年前后。而在空间区位上的轴心地区大概是北纬 30 度上下。对这一时空进行定位，中国先秦春秋战国时期诸子百家思想就是处于"轴心时代"的"轴心位置"，就应该"有效于所有的人"。"轴心时代"聚集了非同寻常之人，"在中国，生活着孔夫子和老子，产生了中国哲学的所有流派，有墨子、庄子及无数的人在沉思。"③ 人类轴心时代的精神生活被认为一直延续到今天，"虽然一再有新颖、博大的精神创造，但这些创造都是了解轴心时代所取得的成就而焕发出来的"④。"轴心时代"先哲们的思想被认为具有"普遍价值"和"普适意义"，即使是在人类历史已经进入"现代性"的今天，也依然是人类赖以生存的精神基础，当人类历经精神和社会危机之时，往往回溯轴心时代以寻求指引。⑤ 在现代社会，源自西方的"自由为体""民主为用"思想曾经作为一种"普世价值"唤起整个人类的自我觉醒，而在强调人与自我、人与他者和谐共处的当下后现代社会中，源自中国儒家的"和谐为体，中庸为用"人际交往价值资源体系理应可以成为值得整个人类社会借鉴的"普遍

---

① 陶传铭：《习近平治国理政方略与中国传统文化十论（下）》，《南京政治学院学报》2016 年第 6 期。

② [德] 雅斯贝尔斯：《哲学与信仰》，鲁路译，北京：人民出版社，2010 年，第 332 页。

③ [德] 雅斯贝尔斯：《哲学与信仰》，鲁路译，北京：人民出版社，2010 年，第 333 页。

④ [德] 雅斯贝尔斯：《哲学与信仰》，鲁路译，北京：人民出版社，2010 年，第 335 页。

⑤ [英] 凯伦·阿姆斯特朗：《轴心时代》，孙艳燕、白彦兵译，海口：海南出版社，2010 年。

意义"。① 胡塞尔"现象学还原"方法，可以帮助我们突破自然科学限制性，看到被实证之前的事实本身，这种方法还可以扩展成"突破民族文化的限制性，成为一个跨文化、跨历史地研究人性的普遍方法"。自然世界经过科学实践不断被异化，而人类的精神世界在物化的自然世界里也有被遮蔽和异化的可能，相比于自然世界去掉遮蔽于其上的"科学"迷雾，还原出它自身的原初状态，精神世界里的原初状态还原似乎更显急迫。"我们的兴趣应该是追溯一种最原初的意义，……在数千年间作为传统而存在，而且现在对于我们来说，仍然以生动的继续起作用的形式存在着。"②

二、"本质直观"：先秦儒家人际交往思想的核质

反溯人类文明史我们知道，几乎在同一历史时期，印度、中国和希腊分别产生了让当今人类取之不竭的精神渊薮，早期印度哲学充满神性，希腊哲学显示理性，而中国哲学相对感性。中国哲学尤其是早期儒家思想警句箴言似的引证比喻曾遭到黑格尔等西方现代哲学家的轻视，但它是否体现出对人性以及对于人的交往活动的"本质直观"呢？我们通常认为"本质"是从现象中抽象而来，但在胡塞尔这里，"本质是从直观中无间隔地呈现出来的"③。"本质"就存在于具体的感性素材及其关系之中。通过"本质看"和"本质直观"，"纯粹本质"可以"原初地""充分地"被看到。而通过这种"本质看"和"本质直观"获得的"纯粹本质"既存在于"哲学的开端"处，也存在于"历史反思"中。胡塞尔认为"开端只有在进行自我思考的开创者身上才能出现"④，如果我们"欠缺这样一种追求严肃开端的认识，也就失去了第一位的和最重要的东西"⑤，而人类的"历史反思"能力被胡塞尔解释为一种"追复"能力，"通过最内在的'追复生活'而'追复感受'和'追复观看'到那些制约着精神生活的动机，从而使历史得到理解和解释"⑥。透过胡塞尔"本质直观"的现象学方法，可以穿透历史事实把握"观念起源"，可以把握起源处的"观念"，也可以把握"观念"在"历史的纵向结构中"不断被"反思"不断被重新"意义建构"的过程。

如果我们用这种方法来"直观"和"反思"先秦儒家人际交往思想，我们不难发现作为儒家核心内容之一的"人伦"关系的探讨正是其在人际交往思想上体

① 王博：《中国儒学史·先秦卷》，北京：北京大学出版社，2011年，第51页。
② 栾林：《胡塞尔发生现象学研究》，北京：中国社会科学出版社，2016年，第94页。
③ 郑争文：《胡塞尔直观问题概论》，北京：中国社会科学出版社，2014年，第5页。
④ [德] 胡塞尔：《纯粹现象学通论》，李幼蒸译，北京：商务印书馆，1992年，第456页。
⑤ [德] 胡塞尔：《纯粹现象学通论》，李幼蒸译，北京：商务印书馆，1992年，第466页。
⑥ 任军：《理解胡塞尔》，北京：中国社会科学出版社，2010年，第254页。

现出的"本质直观",而这种"本质直观"不仅体现在交往的关系主体上,还体现在交往的行为方式上。同样,我们通过"本质直观"来"反思"这种"主体"和"方式",发现其对当代社会依然具有普适意义。有学者认为当今社会"遮蔽普遍人性的不是非人的科学逻辑,而是人性本身的特化和固化形态,我们所面临的危机不是科学的危机,而正是伦理的危机"①。如果我们能穿透过遮蔽人性的迷雾,用"本质直观"的方法找到不带任何先见的人性的"本质直观",我们就有可能"为失去秩序的现代世界寻找到一个稳定的、牢不可破的价值根基"②。

儒家人际交往思想的"本质直观"首先体现在其交往的关系主体上。在儒家看来,人是"能群"的存在,"人"只有在"群"中才能得以安顿,儒家对于"人"的"群"的本质的认识是其思想的根源和"本质"。《论语·微子篇第十八》记录孔子和子路周游列国由陈适蔡途中偶遇"避世"隐者长沮、桀溺的一段对话。在关于"避人"和"避世"的选择上,孔子怃然反问曰:"鸟兽不可与同群,吾非斯人之徒与而谁与?""我们不可与鸟兽合群共处,我们不与人群交往又与什么交往呢?"③在儒家看来,人类的生存首先必须是能"群",离群索居的"避世"生活不符合人类的生存本质,"每个人正是在与他人的关系中,而不是在与鸟兽的关系中确认自身的存在与价值"④。儒家关于人"群"的思想发端于孔子,而荀子表达得更为系统和彻底,并提出了"群"与"分"的辩证关系。《荀子·王制》有云:"(人)力不若牛,走不若马,而牛马为用,何也?曰:人能群,彼不能群也。人何以能群?曰:分。分何以能行?曰:义。"⑤荀子的这段表述里有三个关键字"群""分""义","分"和"义"正是儒家孜孜以求的"群"之"道"。"群"之"道"亦可称为"人伦"或"人道","人伦""主要指的是人的不同角色和身份,以及人与人之间的区别"⑥,也即是"分"。在儒家看来区分人与人的角色与身份是建立良好人际关系的前提。而"人道"指的是"对不同角色和身份的人的规定,以及处理他们之间关系的法则",也即上文提到的"义"。⑦根据当时可以"直观"出的人"伦"之"道",儒家的理想人际交往图景就是从"分"入手,在"义"的原则下把人类组织成有序的"群"。在"分"的层面上体现出的就是儒家人际交往的五伦关系主体,即君臣、父子、兄弟、夫妇、朋友,其中父子、兄弟这两对

　① 邓晓芒:《论中国传统文化的现象学还原》,《哲学研究》2016年第9期。
　② 张典:《胡塞尔现象学的方法》,《社会科学研究》2009年第5期。
　③ 陈晓芬、徐儒宗:《论语 大学 中庸译注》,北京:中华书局,2015年,第223页。
　④ 王博:《中国儒学史·先秦卷》,北京:北京大学出版社,2011年,第255页。
　⑤ 方勇、李波译:《荀子译注》,北京:中华书局,2015年,第127页。
　⑥ 王博:《中国儒学史·先秦卷》,北京:北京大学出版社,2011年,第277页。
　⑦ 王博:《中国儒学史·先秦卷》,北京:北京大学出版社,2011年,第549页。

关系主体被认为是"门内"关系，具有不可选择性，而君臣、朋友这两对关系主体被认为是"门外"关系，具有可选择性，夫妇这对关系介于"门内"和"门外"之间。先秦儒家局限于当时严密宗法制度下的小农社会格局，能够"直观"到的人际交往关系主体受到人际交往实践的制约只能在这五个层面展开。如果我们抛开历史进程中不断残留在人性上的"迷雾"，循着胡塞尔"本质直观"的方法"向本质看"，我们就能发现即使跨过数千年，当代社会所要处理和面对的依然是这五对关系主体的变异和延展。通过"本质直观"，儒家看到了"开端处"的人际关系实质，"当下的我们"也看到了这种"关系实质"在当下依然鲜活存在。

儒家人际交往思想的"本质直观"还体现在其关系主体的交往规则和交往制度上，也即上文提到的"义"和"人道"。在儒家看来，处理好"人伦"关系需要"人道"，也就是说要遵循人伦之理，人与人的交往最终要落实到具体的纲纪中去。《礼记·礼运》有云："礼义以为纪，以正君臣，以笃父子，以睦兄弟，以和夫妻，以设制度……"，[①] 这里指出以"礼义"为纪来规范各种关系。《礼运》篇接着又自问自答："何为人义？父慈、子孝、兄良、弟弟、夫义、妇听、长惠、幼顺、君仁、臣忠，十者，谓之人义。"[②] 这里"义"不同于德性范畴的"义"，"人义"可以理解为"人宜"，也就是"适合""适宜"做的为"人"之"道"。但儒家同时又有"仁"字这一核心范畴与"义"对应，并同时作为"人道"的概念范畴，认为在处理以上五对关系主体时，应该依据"门内""门外"之分而处以"内仁外义"亦即"内爱外理"。如果说"仁义"是根本的"人道"，那么"礼乐"在儒家看来就是体现"人道"、处理人类社会中各种关系的具体制度。而在"礼乐"二字中，儒家尤重"礼"字，"礼"是适应人"群"的需要并且是为了"群"的目的而制定的具体规范，"礼"的最高境界就是"内仁外义"的完美结合。抛开历史的局限性，摒弃"君臣"等封建礼数残余，"直观"人际交往的"本质"层面，先秦儒家强调的人际交往中角色的"适宜"性原则、行为的"规范"性原则、爱与理的"交互"性原则对于当下"失和"的人伦、人际关系具有十分积极的借鉴意义。其实，包括儒家人际交往思想在内的中国哲学孜孜以求的就是"天道"与"人道"的完美和谐，前者强调的是"人与自然"的关系，后者强调的是"人与人"的关系，处理好这两个关系，让人在自然与社会与他人的和谐统一中生存永远是人类面临的课题之一。处理好这两个关系，也应该成为当下传播学研究的重要命题。

---

① 杨天宇：《礼记译注》（上），上海：上海古籍出版社，2004年，第266页。

② 杨天宇：《礼记译注》（上），上海：上海古籍出版社，2004年，275页。

三、"意义积淀"：先秦儒家人际交往思想的价值更迭

胡塞尔所说的通过直观而得的"原初给予"既是静止的又是延续的，如果将这一"直观"的视角移植到被称为"历史现象学"的历史纵向维度中用来考察"历史观念"，胡塞尔认为"观念"在历史上包括"原初意义构成"和"意义积淀"两个阶段，他用 S 表示基底对象，P 表示经过"意义增值"以后的 S，"从 S 到 P 之间的过渡中，也就是基底对象 S 不断意义增值和自身丰富化的过程，……如果这个过程不断进行下去，S 在不断丰富自身后就会存在一种意义积淀的问题"①。"观念"是"意义"在历史进程中"积淀"的结果，而"积淀"是"增值"和"遮蔽"的复合产物。"历史具有观念本质，同时，观念本质也是有历史的。"② 我们借用胡塞尔的"历史现象学"视角来审视儒家人际交往思想，发现其正是在不断地从"意义增值"的基础上建构"原初意义"，又在新的"意义积淀"层面上不断被"激活"被"遮蔽"，从而不断实现"意义增值"，成为对中国社会甚至对人类社会影响深远的东方主流文化思想体系。

各类考证显示孔子之前"儒"生早已存在。据章太炎先生考察，"儒"字在古文字中本写作"需"，"需"是求雨的巫术，儒者术士也。③ 胡适在《说儒》中考证"儒"是"殷民族的教士"，以"治丧相礼"为职业。④ 此类考证不胜枚举。《汉书·艺文志》认为以孔子为代表的儒家"游文于六经之中，留意于仁义之际"，⑤ 而孔子更是以"述而不作"的师者形象著称于世，凡此种种无不指向孔子创立的中国儒家学派说到底是一种"意义增值"基础上的"原初意义"，儒家人际交往思想核心范畴"内仁外义""礼乐和合"的意义生成不是凭空直观臆造。相传孔子创立儒学时，曾向时任周王室皇家图书馆"守藏吏"的老子"问礼"，老子对孔子说："其人与骨皆已朽矣，独其言在耳。"⑥ 孔子正是基于这样的天下失礼的怅然而立志于"克己复礼"，终身投入六经的整理阐释教习传播以至"废而忘食，乐而忘忧，不知老之将至矣"。孔子不仅创立以"仁学"为核心的儒家人际交往思想，也与他的弟子们努力践行以"仁"为核心的行为规范体系，在"知行合一"的过程中实现"原初意义"的"意义积淀"。以"仁"字为例，"仁"字相对于儒家其他核心范畴在《论语》中出现次数最多，但孔子认为"仁"的核心意义在于"实行"，所以当鲁哀公十四年春孔子得知"西狩获麟"时怆然绝笔于《春秋》，不久与世长辞，

---

① 栾林：《胡塞尔发生现象学研究》，北京：中国社会科学出版社，2016 年，第 129 页。
② 任军：《理解胡塞尔》，北京：中国社会科学出版社，2010 年，第 257 页。
③ 章太炎：《章太炎政论选集》，北京：中华书局，1977 年，第 489 页。
④ 胡适：《胡适论学近著》（上册），北京：商务印书馆，1973 年，第 3 页。
⑤ 王博：《中国儒学史·先秦卷》，北京：北京大学出版社，2011 年，第 549 页。
⑥ 贾顺先：《儒学与世界》，成都：四川大学出版社，2006 年，第 4 页。

因为在孔子看来，麟是仁爱之兽，仁爱之兽被杀死被孔子认为"天下无道"。

"仁者爱人"，孔子在创立被称为"仁学"的"儒学"之初就给予了"仁"字最本质直观的内涵，把它提高到了儒家人际交往思想及其整个思想体系中的最高地位，"仁"字内涵在儒家后继思想家中不断被"积淀""激活"，至今仍有深刻意义和重要参考价值。使"仁"字内涵意义得以延展深化的首推孟子。孔子认为"为仁由己"，"我欲仁，斯仁至矣"。在《论语》一书中孔子根据对话对象和语义情境的不同，给予"仁"的释义多有不同，而到了孟子时代，"仁"字与"义""礼""智"四个德目成为根植于"人心"的"性"。孟子有云："恻隐之心，仁也；羞恶之心，义也；恭敬之心，礼也；是非之心，智也。"① "仁义礼智"被孟子认为善"性"之四端，是人内在固有的，而不是外力强加的。"仁义礼智，非由外铄我也，我固有之也。"② 孟子同时提出"仁内义外""仁是人之心，义是人之路"、人们在行为处事时是"由仁义行，非行仁义"的主张。当然，孟子给予儒家"仁"字最深厚的内涵是将其延展到了社会治理层面的"仁政"。儒家另一集大成者荀子显然走了与孟子完全不同的"意义增值"路径，主张"性恶"的荀子强调"礼"为"道德之极"，以"礼义"取代孟子的"仁义"，《荀子》中无一篇不言"礼"，在荀子看来，"礼"的存在是和人的"群体生活"密切相关的，"人"是能"群"的生命，而"礼不仅仅是对于欲望的节制，更是礼从最根本的意义上保证了欲望的合理满足"③。

先秦儒家孔、孟、荀三位集大成者的思想成为后世中国传统思想建构生成的"知识之母"和"原初意义"，原初的基底对象"S"不断变成"P"后又以新的"S"出现，意义不断被"增值""遮蔽"从而实现"积淀"，循环往复历经两千多年植根于中华文明的底色中。汉武帝时儒生董仲舒主张罢黜百家，独尊儒术，董氏定"三纲五常"，将先秦儒家提倡的"人伦""人道"定为纲常法纪服于封建专制，"君为臣纲，父为子纲，夫为妻纲"这样的封建教条一方面给予了儒家原初"人伦""人道"思想以新的"意义增值"，但同时也"遮蔽"了其"原初意义"。汉唐以降，佛教传入，道教兴起，玄学流行，儒释道三教兼收并蓄相互影响渗透，个中思想的意义"积淀""增值""遮蔽"更是皓首穷经亦不能尽述。如果我们借助胡塞尔现象学用"直观"的方法"回看"这段历史，发现儒家思想虽几经沉浮但从未间断，不断在各种历史阶段和社会背景下被"激活"。真正开启儒学新境界的当然应属宋明理学。面对佛老的挑战，唐末宋初的知识分子认识到儒家的价值原则和人伦规范根本无法抵挡佛老思想的冲击与否定，故必须在心性学领域有所建

---

① 方勇：《孟子译注》，北京：中华书局，2015年，第218页。
② 方勇：《孟子译注》，北京：中华书局，2015年，第218页。
③ 王博：《中国儒学史·先秦卷》，北京：北京大学出版社，2011年，第549页。

树。正是基于这样的时代背景，宋明理学以儒学为主干，融摄佛道智慧，在先秦儒家"仁学"尤其是孟子论"性"的"原初意义"统摄下生发出"理"学、"心"学，影响近世中国七八百年之久，使中国传统哲学思想发展进入巅峰。宋明理学缜密的哲学理路已完全超越先秦儒家感性"直观"的"人伦""人道"关系哲学。但历史上从来没有绝对的真理，"那些今天看来已经得到证明的理论，明天会被认作并非如此；一些人所说的可靠的规律，在另一些人那里则只被称作假设，或者被称作含糊的奇想"①。胡塞尔的这一哲学论断不幸被中国文化历史明证，伴随清代中期后国家遭遇严重民族危机而引发出对中华民族传统文化的不自信，紧接着是五四新文化运动以"打倒孔家店"为口号的对传统文化思想的断言式否定批判，再就是十年"文化大革命"对传统文化的彻底损毁以及改革开放时期西方文化的强势冲击，中华民族传统文化作为传承近 25 个世纪的"轴心文化"遭遇传播断层。②

　　面对这样的文化"断层"，结合传播学的研究现状以及当下人际交往中"失信""失和""失序"现象频发的现实图景，我们迫切需要大开学术之门，从古今中外的文化积淀中汲取理论营养，从重估和再释对后世影响极大的先秦儒家人际交往思想出发，提炼其思想精髓，发展中国传播理论的话语体系。以回应有些学者呼吁的那样"传播学所需要的不是向内的自我振兴，而是向外的彻底解放"③。而这种向外的解放首先可以尝试向中国文化的发端处汲取营养，从"人伦""人道"出发，重估"内仁外义""礼乐和合"等儒家人际交往思想的现代价值，实现新的"意义积淀"。这种解放和重构传播学的想法和路径在某种程度上和少数当代西方传播学者的思路达成契合。美国当代著名传播学者约翰·彼得斯在他的著作《对空言说：传播的观念史》中力主突破美国实证主义传播学研究传统，而将传播理论与实践的研究置于上下数千年的大背景中，从哲学、宗教、文学、历史等传统学科中汲取传播学的养分。彼得斯在此书的中文版序言中更是明确提出："哲学乃爱智之学，而传播哲学乃产生于哲学之始。"④ 彼得斯主张从苏格拉底和孔子等先贤的思想中汲取养分以丰富现代意义上的传播学研究。

　　当然，重估和再释先前儒家人际交往思想借以丰富和拓展传播学学科视野，绝不是全盘回到过去回到古人那里。如何既汲取精华又抛却糟粕，激活先秦儒家

---

① ［德］胡塞尔：《哲学作为严格的科学》，倪梁康译，北京：商务印书馆，1999 年，第 48—49 页。
② 高卫华：《中华民族传统文化三个传播断层的反思》，《现代传播》2012 年第 11 期。
③ 杜骏飞：《传播学的解放》，《新闻记者》2014 年第 9 期。
④ ［美］约翰·彼得斯：《对空言说——传播的观念史》，邓建国译，上海：上海译文出版社，2017 年，第 4 页。

人际交往思想中的"本质"恒量，实现文本意义上的"意义积淀"是摆在国内传播学研究者面前的一道迫切命题。有学者认为，传播学研究应该打破单纯针对信息传播的"机制"研究，而应更多转向人与人意义互通的"心传"研究。① 如果我们从把握"心"字入手，从永恒不变的"人性"出发，可能会找到"仁""义""礼"等核心价值的现实安放之处。正如笔者曾经撰文指出中国文化的传播价值观倡导的是"致中和"，② 而要实现"致和"首先要实现"致中"，用"中"字来衡量和界定人心的"仁"、人行的"义""礼"等，从而努力将"个人层面的正心诚意、社会层面的将心比心、天下层面的心心相印"统一作为"世道人心的命题"融入当下传播学的研究视域。③ 同时，研究和传承先秦儒家人际交往思想要密切联系当下社会文化生活现实图景，"使中华民族最基本的文化基因与当代文化相适应、与现代社会相协调，以人们喜闻乐见、具有广泛参与性的方式推广开来"④。

结语

胡塞尔坚持认为现象世界之中有一种理念世界的不变的形式，透过"本质直观"去除"意义遮蔽"，人类回到"知识之母"，就可以直观到现象界中的这种永恒的形式。综上所述，笔者认为胡塞尔现象学对于返归"本真世界"的"隐秘的憧憬"同样可以借用到当下传播学研究的学术视野。由于新媒体普及，信息传播比以往任何历史时期都更便捷，但人类交往中出现的问题却无法从现有的传播学理论中找到解释和解决的路径。借用狄更斯在小说《双城记》的开头中所说：这是最好的日子，也是最坏的日子。笔者想说：这是创新的时代，也可以是"保守"的时代。如果我们从"保守"中汲取养分，回到中国传统人际交往思想的"知识之母"找寻"原初意义"，对于当代中国文化建树抑或传播学学术体系重构或许都可以洞开一片新天地。

---

① 陈嬿如：《心传——传播学理论的新探索》，厦门：厦门大学出版社，2010年。
② 芮必峰，石庆生：《致中和：中国文化中的主流传播价值观》，《现代传播》2017年第2期。
③ 李彬：《重思中国传播学》，《当代传播》2015年第4期。
④ 韩振峰：《习近平关于中国传统文化的方法论思想》，《团结报》2014年11月1日第5版。

第三讲
华夏组织传播研究

经筵会讲：一种中国本土的政治传播仪式及其演变*

朱鸿军　季诚浩**

摘　要： 经筵会讲是中国古代中央政府内进行的一种政治传播仪式。从宋代始，经筵会讲在"士人对帝王进行儒学教化"和"士人向帝王提供政治咨询"两种传播行为的基础上，形成了"自下而上"的政治传播传统。但是在历史变迁中，它的传播机制和政治传统都发生了变化，进而影响了"建构政治共同体"的战略功能实现。通过对其演变历史的梳理，总结传播机制的变化对功能实现的影响，以此为当下的政治传播提供历史的借鉴和启示。

关键词： 经筵会讲；道统；政治传播；政治共同体

经筵会讲，又称"经筵"，历史渊源由来已久。早在先秦，就有在政权中设置天子"师傅"的制度，上至天子，下至诸侯与大夫，都需要先学习再执政。这可以说是经筵会讲的萌芽。西周时期设置为"太师、太傅、太保"合称为"三公"或"师保"。到了秦汉，"三公"成了"丞相、太尉、御史大夫"。虽然"太师、太傅、太保"位列"三公"之上，但由于地位太高，统治者基于巩固皇权的需要，往往只是虚设官位而无人任职。东汉年间，基于对帝王进行儒学教化的需要，同时又要确保皇权的权威，设置了"侍讲"，承担一部分"师傅"职能，并且扮演了帝王的政治顾问角色。在南北朝和唐代，"侍讲"制度得到进一步发展和丰富。到了北宋，宋太祖开创了"崇文抑武"的赵宋政权。在这样的政治环境下，文臣的地位得到提升，促进了"经筵制度"的形成。①

---

　*　本文原载于《现代传播（中国传媒大学学报）》2016年10期，第18—24页。

　**　朱鸿军，中国社会科学院新闻与传播研究所研究员；季诚浩，中国社会科学院研究生院新闻与传播学系硕士研究生。

　①　邹贺：《宋朝经筵会讲制度研究》，陕西师范大学博士学位论文，2010年。

宋代以后，经筵会讲成为中国古代中央政府内部的一项重要的政治传播仪式，参与者主要是士大夫与帝王。此后在中国古代大部分时期，经筵会讲不但成为儒家士大夫接近帝王以宣扬礼教以及教化帝王的唯一渠道，[①]并且在发展过程中衍生出政治咨询的功能，[②]逐步成为士大夫以"布衣"身份参与政治和协同帝王"治天下"的通道。[③]士人与帝王在经筵会讲这一场域逐渐建构了一种紧密关系，形成了政治共同体。

经筵会讲得以开展的理论基础是传统的"内圣外王"和"道统治统"儒学理论。其中"道统"，也就是儒学传播系统，是两对关系中的核心因素。具体来讲，"内圣外王"和"道统治统"，在理想的社会中当然都应该是前者决定后者，即"先具备圣人的才德，后对外实行王道"和"儒学传播系统的认同是统治合法性的基础"。理论上，"道统"被士人群体所掌握；"治统"则为帝王所有。但是，"治统"必须要得到"道统"的认可。帝王要对外实行王道，必须先具备才德，所以需要接受代表"道统"的士人的教化。但在现实中，"外王"未必已实现"内圣"，"道统"往往缺乏制约"治统"的能力。"内圣外王"与"道统治统"更多存在于理想化的礼教社会中。在中国古代，这种政治理想虽然遇到现实的羁绊和破坏，但在大部分情况下仍然被帝王、士人以及社会所认同。经筵也是建立在这样的理论基础之上。

总而言之，中国历史上的经筵会讲作为一种传统政治传播仪式，在古代政治系统里具有特殊的作用和地位。其中，设置经筵会讲的目的就是为士人对帝王进行教育提供一项制度保证。那么，经筵会讲发展的历史沿革是怎么样的，在各个朝代存在什么样的机制与功能，不同的机制与功能又存在什么样的关系，又有什么样的传统可供当下的政治传播借鉴？本文将从历史的维度出发，对不同朝代经筵会讲的传播机制和功能进行梳理，并在此基础上总结历史给予当下的启示。

一、经筵会讲：一种中国本土政治传播活动的形成及演变

当代中国处于社会转型时期，政治生活层面发生了结构性变化。一方面，传播技术的发展导致"时空压缩"和"时空延伸"，在政治传播中领导者由于运输和

---

① 杨念群：《何处是"江南"：清朝正统观的确立与士林精神世界的变异》，北京：生活·读书·新知三联书店 2010 年版，第 91、94、98 页。

② 邹贺：《论宋朝经筵会讲制度》，《兰州学刊》2013 年第 7 期。

③ 杨念群：《"儒学地域化"概念再诠释——兼谈儒学道德实践的若干形》，《清华大学学报：哲学社会科学版》2010 年第 3 期。

传播成本的下降，拥有了向更广泛和更分散的地区传播他们的决策的能力，[①] 政治传播对社会的影响空前扩大。另一方面，公众参与作为一种政治资源是建构政治共同体的力量和源泉之一，[②]"创造一个真正在思想和意愿层面上不需要持续控制操纵的共同体，仍然是一项更长久和困难的未完成事业"[③]，而传播活动是实现公众参与的有效机制。所以中国的政治传播对于建构和强化政治共同体的重要意义不言而喻。

历史是寻找经验和智慧的土壤。穿越历史的传统力量，对政治仪式的作用表现在提供范本参考和防止其断裂式发展。[④] 如果古代经筵会讲的传统仍然符合现代民主政治的精神，依然可以为政治建设提供素材和养分。

但是每逢鼎革之际，政治传统的延续都面临着社会变迁的挑战。中国古代政府每逢改朝换代都要经历各方面的破裂和调整。经筵会讲在历史变迁中形成了什么样的传播机制和政治传统？随着历史与社会变迁，经筵会讲的传播机制与政治传统是否发生变化？又对经筵的功能产生什么样的影响？

（一）宋代"经筵"：不止于"教化"

在中国历史上，"经筵"一词最早出现于宋代，意为"经典或经书的讲座"。[⑤] 回从宋代开始，经筵会讲开始制度化，机构、时间、地点、内容和参与人员开始固定。宋代经筵会讲的制度基本如下：

第一，设置"说书所"（庆历初年改称"讲筵所"）作为专门机构。

第二，设置"输林侍读学术""翰林侍讲学士""侍读""侍讲""天章阁侍讲""崇政殿说书"和"迩英殿说书"等经筵官职。

第三，宋神宗元丰二年（1079）制定专门法规《讲筵式》。

第四，经筵会讲定期举行，一般来说一年分春讲（二月至五月五日）和秋讲（八月至十一月冬至），期间隔日进行会讲。

第五，宋仁宗初年"迩英殿"成为固定场所。南宋地点固定，直接称为"讲筵阁"。

① ［美］文森特·莫斯可：《传播在政治和经济的张力下》，胡正荣译，北京：华夏出版社，2000年，第13—14页。
② 沈艳兴：《"两个转变"：政治资源的新生点》，《探索》1996年第3期。
③ Martin King Whyte, *Small Groups and Political Rituals in China*, Oakland:University of California Press，1974，p.235.
④ 王海洲：《论政治仪式变革中的政治传统———站在保守与激进之间的审查官》，《江苏社会科学》2010年第4期。
⑤ 陈东：《清代经筵会讲制度研究》，山东大学博士学位论文，2006年。

第六，经筵会讲的内容文本固定。大致有《周易》《诗经》《汉书》和《资治通鉴》等经典，另外还有专门编订的教材《帝学》《续帝学》等。①

在制度化过程中，经筵会讲逐渐形成一种士人教化帝王的"自下而上"的传播机制，并加入了"士人为帝王提供咨询"这一种新的传播途径。

首先是通过经筵会讲形成"自下而上"的传播机制，以此对帝王进行教化。经筵会讲中，士大夫对帝王的教化实际上是利用"道统"限制"治统"，从此开始了规范最高权力的尝试和努力。在这一过程中，士大夫从书童式的伴读，逐渐过渡为具有"师者"性质的道统拥有者。其中一个重要的表现就是在仁宗时期，经筵会讲的讲者已经跳出"侍者"身份，成为帝王的"师者"。在宋仁宗初年，孙爽等人承任"侍讲"。当时"王曾以上新即位，宜近师儒，故令爽等入侍"，在经筵会讲上作为讲官的孙爽"体貌必庄"，而宋仁宗"悚然必听"。② 这一有趣的情形表明了经筵讲官已经具有"师儒"或"师臣"的实际身份了。因为经筵讲官的"师者"身份，还发生过一场"经筵争坐讲"的讨论。王安石等人于熙宁元年士四月的一次经筵会讲讲席向宋神宗提出"坐讲"的要求："窃寻故事，侍讲者皆赐座。自乾兴后，讲者始立，而侍者皆坐听。臣等窃谓，侍者可赐立，而讲者当赐坐，乞付礼官考议。"③ "坐讲"的要求实际上是士大夫意图利用"师道"平视君权。虽然在当时遭到反对并未实现，但确实使得士大夫利用宋代"文治"的政治取向，逐渐取得了对君主的教化主导权，进而逐步确立起对帝王的师道尊严。经筵会讲逐渐成为"自上而下"教化帝王的制度保障。

除此之外，宋代经筵会讲中逐渐加入了"讲官向帝王提供咨询"的传播途径。庆历四年，宋仁宗的一段话说明当时帝王不避讳讲官的言论超出文化教化的范畴："朕每令讲读官敷经义于前，未尝令其有讳避。近讲《诗歌·国风》，多刺讥乱世之事，殊得以为监戒。"④ 在庆历五年，宋仁宗在经筵与翰林侍读学士丁度直接对时事政治事件进行讨论。"读《汉书·元帝纪》，上语及汉元、成二帝政理，丁度因言顷者臣下不知大体，务相攻，或发人阴私，以图自进，赖笔下圣明觉悟，比来此风渐息'。上因攻之弊，日'凡此皆谓小忠，非大忠也'。"⑤ 但这时关于时政的讨论，仍然不是一种直接的参政议政行为。

"经筵"成为士人直接参与政治的途径，与"经筵留身"紧密相关。熙宁元年，

---

① 邹贺：《宋朝经筵会讲制度研究》，陕西师范大学博士学位论文，2010 年
② 姜鹏：《北宋经筵会讲与宋学的兴起》，上海：上海古籍出版社，2013 年，第 55—56 页。
③ 姜鹏：《北宋经筵会讲与宋学的兴起》，上海：上海古籍出版社，2013 年，第 207 页。
④ 李焘：《续资治通鉴长编》，北京：中华书局，1995 年，第 3567 页。
⑤ 李焘：《续资治通鉴长编》，北京：中华书局，1995 年，第 3746 页。

在数次"经筵"后，宋神宗留王安石谈话。这种在"经筵"后留讲官咨询政事的行为被称为"经筵留身"，逐渐成为一种特殊的奏对机制。[①] 而经筵会讲的政治咨询功能的制度化起点，是宋神宗元丰年间经筵讲官在"讲读书内，或有所见，许读讲毕，具札子奏陈"[②]。这说明经筵讲官在对文化著作进行讲解之后，能够对相关内容发表见解，代表着"讲官向帝王提供咨询"作为一种新的传播途径得到皇权认可。

（二）元明"经筵"：宋代传统的继承与发展

元代统治者虽然也遭遇了汉族主义的抗拒性认同，但是当时文化政策的均衡色彩决定了"经筵"在拉拢士人阶层，建构皇权合法性方面，起到了不可忽视的作用。在元代，举办"经筵"的时间地点虽然不固定，规模和影响也不如其他汉族王朝，但其传播机制仍承宋制。第一，经筵讲官作为帝王"师者"的身份仍然延续。《元史》记载，阿邻帖木儿"善国书，多闻识，历事累"，一次元明宗见到他很高兴地说"此朕师也"。[③] 这充分表明了元代经筵讲官的"师者"尊严。在经筵讲席上，讲官也受到了帝王的礼遇。宋代部分士人的"坐讲"诉求在元世祖时期也得以实现，"世祖皇帝每召儒臣进对亦尝当赐坐"[④]。第二，经筵会讲中"教化帝王"和"咨询顾问"的两种传播途径都得到保留甚至强化。首先，其实在元代，"经筵"不仅限于帝王，还要对太子进行储君教育；另外，关于经筵官的咨询顾问职能，元末经筵官嵲嵲曾说："天下事在宰相当言，宰相不得言则台谏言之，台谏不敢言则经筵言之。备位经筵，得言人所不敢言于天子之前，志愿足矣。"[⑤] 可见当时，经筵讲官进言不废，甚至于宰相一样，充当了帝王的高级政治顾问。

明代经筵会讲与宋元两朝相比，也并没有发生实质性的变化，仍然秉承着原来"自上而下"的传播模式：讲官对帝王进行教化和为君主提供政治顾问和咨询。但是明代经筵会讲的聚集形态发生了变化，分为了经筵（大经筵）和日讲（小经筵）。

"日讲"仍然与前朝经筵会讲相似，但"大经筵"的聚集形态发生了空前的扩大化和仪式化，成为一场声势浩大的政治仪式。根据《大明会典·经筵》记载，明朝初年"经筵无定日，亦无定所"，正统年间开始固定为"以月之二日，御文华殿

① [日] 平田茂树：《宋代政治结构研究》，林松涛、朱刚译，上海：上海古籍出版社，2010年，第181页。
② 徐松：《宋会要辑稿·职官六》，北京：中华书局，1957，第322页。
③ 宋濂：《元史》，北京：中华书局，1976年，第137页。
④ 苏天爵：《滋溪文稿》，北京：中华书局，1997年，第232页。
⑤ 宋濂：《元史》，北京：中华书局，1976年，第1558页。

进讲，每月三次，寒暑暂免"。经筵初开，"勋臣一人，知经筵事。内阁学士，或知或同知经筵事。六部尚书、左右都御史、通政使、大理寺卿及学士等官侍班。翰林院春坊等官及国子监祭酒。二员进讲，翰林春坊等官二员展书，给事中御史各二员侍仪，鸿胪寺锦衣卫堂上官各一员供事，鸿胪寺鸣赞一员赞礼，序班四员举案，勋臣或驸马一人领军侍卫，礼部择吉题请"。① 如此人员配置，不可谓不声势浩大。在经筵会讲当日早上，仪式的准备工作按部就班："司礼监官先陈所讲四书经史各一册，置御案。又各一册，置讲案。皆四书东，经史西。先期讲官撰四书经或史讲章各一篇，预置于册内。"② 在鸿胪官宣布经筵会讲开始后，"讲官一员从东班出，一员从西班出。诣讲案前稍南，北向并立"③。经筵会讲由鸿胪官宣布结束，并"命赐酒饭"。④ 这样一种纷繁复杂的盛大仪式，与其说是教化帝王或提供咨询，不如说是一场政治盛典，也是一项建构"内圣外王"景观的仪式，同时象征着帝王"治统"对士人"道统"的认同与敬畏。

　　经筵会讲的仪式化和扩大化，象征着"道统"权威与士人政治主体性，可以激发士人政治参与的热情。但过高的参与度触碰了皇权专制的底线。例如在明代著名的"大礼议"之争就是典型的案例。"大礼议"是指明正德十六年（1521）到嘉靖三年（1524）一场因为明世宗以藩王身份继承大统、文官中的"继嗣派"集团要求他改换父母而引起的政治斗争。文官士人认为从皇权合法性继承考虑，按照儒学"继统"理论，应遵世宗生父母为"皇叔考兴献大王"和"皇叔母兴国大妃"。世宗拒不接受，双方僵持不下，最后互相妥协，尊世宗生父母为"本生皇考恭穆献皇帝"和"本生母章圣皇太后"。⑤ 这不仅仅是一场简单的政治斗争，更是"道统"与"治统"的矛盾凸显。"大礼议"之后，明世宗逐渐取得了政治斗争的胜利，也说明了中国的"治统"往往能够控制"道统"。

　　而朝堂上的政治斗争也波及经筵会讲，《明实录》记载了该事件的经过：（嘉靖六年）初，翰林院侍读汪佃进讲《尚书·洪范》九畴不称旨，上亲讲解其义，谓辅臣曰："人君能尽伦理以立于上，万姓化于下，伦序明而人道备，福将自至！""以佃讲读迟钝，令吏部改调外任。因命内阁选择翰林诸臣称职者留用，不称者量材除他官。"⑥ 表面是明世宗认为汪佃对文本的讲解过于迟钝，所以决定对其进行贬谪。而事实上汪佃是大礼仪反对派汪俊的弟弟，因此沦为君臣权力斗争的牺牲品。通

① 李东阳等：《明会典卷52·礼部十》，北京：中华书局，1989年，第338—340页。
② 李东阳等：《明会典卷52·礼部十》，北京：中华书局，1989年，第338—340页。
③ 李东阳等：《明会典卷52·礼部十》，北京：中华书局，1989年，第338—340页。
④ 李东阳等：《明会典卷52·礼部十》，北京：中华书局，1989年，第338—340页。
⑤ 张显清：《明嘉靖"大礼议"的起因、性质和后果》，《史学集刊》1988年第4期。
⑥ 《明世宗实录》，台北："中研院"史语所，1963年，第1183页。

过这一事件可以看到，皇权仍然能够突破"道统"控制"经筵"。

（三）清代"经筵"："自下而上"传播机制的丧失①

基于通过"得君行道"对帝王进行教化以及参与政治的诉求，清初士人们企图恢复经筵会讲。早在顺治元年，就有户科给事中郝杰进言：

> 从古帝王，无不懋修君德，首重经筵会讲。今皇上睿资凝命，正宜及时典学。请择端雅儒臣，日译进大学衍义，及《尚书》典读数条，更宜遵旧典，遣祀阙里，示天下所宗。②

此时士人理想中的"经筵"仍然包含了宋明以来的传播机制、政治传统和战略功能。然而，清朝经筵会讲的功能、传播机制及蕴含的政治传统都发生了变化。这种变化是如何发生的？清代经筵会讲又呈现出怎样的形态与特点？

1. 传播机制的假性继承

清朝入关后的第一任皇帝顺治一直对经筵和儒学经典不太上心，经筵会讲在顺治年间也没有制度化。但是，顺治仍然在一种质朴的状态中粗浅潦草地对儒学经典进行走马观花式的了解。比如，他根据自己较低的汉语水平和儒学素养，主持编订了《御制资政要览》《御制劝善要言》和《顺治大训》。通过这种"由文趋质"的方式，顺治在这些简易程序中获取了儒学文化的背景。

与顺治不同，康熙帝对经筵会讲非常重视。康熙九年，他将"经筵"确立为"日讲"。康熙帝的学习目的相当明确，他认为："虽古圣人，岂有生来无所不能者？凡事俱由学习而成。"他的学习态度也非常刻苦，在课余总是再三琢磨当天所讲的内容，一定求得道理彻才肯罢休。康熙帝在数十年的繁忙政各之余，抓紧时间学习儒学经典。每天天未亮就起床苦读，夜里又常学习到二更、三更，以至于劳累过度、痰中带血。他在听讲官讲授的同时，还下令刊刻《尚书讲义》《日讲易经解义》《日讲诗经解义》《日讲春秋解义》《经筵讲章》等，以备自己政务之余翻阅。③

随着满族帝王儒学素养的不断提高，士人对其"夷狄"身份的抗拒也不再过于强烈。在传统儒学理论中，道统先于治统，清代帝王只有认同、传承和弘扬儒

① 该部分参考了作者发表于《陕西师范大学学报（哲学社会科学版）》2016 年第 5 期的《被压抑的仪式传播——清初"经筵会讲"的文化涵化、移转和控制》一文。

② 《清实录第 3 册：世祖实录》，北京：中华书局，1985 年，第 93 页。

③ 万依：《清代宫廷史》，天津：百花文艺出版社，2004 年，第 120 页。

学，其统治才具有合法性。① 通过经筵会讲以及其他途径中对儒学的吸收和学习，清代帝王的文化背景已经被改造，拥有了较高的儒学文化素养，至少在表面上披着"儒学"的外衣。这为汉人士大夫在文化上认同"夷狄"帝王的合法性确定了基础。

但是经筵会讲中"士人对帝王进行教化"这一传播功能的保留，并不是因为帝王对儒学的心悦诚服。可以说这只是清朝皇帝一种帝王之策，以掩盖"私心"。对于清朝政权的"私心"，比如，从康熙帝开始，清代帝王都通汉文，但经筵讲官区分满汉两组，"满直讲官先，以清语进讲毕，汉直讲官继之。从这一点可以看出，事实上，清代帝王对汉族士人、汉人文化和汉人政治力量仍然心存芥蒂，② 所以，清代统治者是对汉族士人具有一种排斥性防备的。在经筵会讲之外，清帝王有意地保持了与传统汉族王朝的差别。钱穆曾评价清代："所有的制度，都是根据着明代，而在明代的制度里，再加上他们许多的私心。这种私心，可以说是一种'部落政权'的私心。一切由满族部落的私心出发。"③ 在这种"私心"驱使下，虽然清代经筵制度在表面上继承了前朝的机理，但实际上确实是一种假性的继承。这种继承是为了掩盖"满人部落政权的私心"，而非是建立在对"道统"、儒学和汉人传统文化的真正认同基础之上。

2. 皇权对"经筵会讲"的控制

表面上，清朝帝王的私心被经筵会讲"教化帝王"这一传播功能的保留所掩盖。然而，帝王开始了控制经筵会讲的尝试，皇权的强制力也发挥了重要作用，主要表现在经筵会讲原有传播机制的改变。

原本，经筵会讲是君主学习和聆听汉人经典的渠道。康熙曾经质疑了经筵会讲的讲授效果，他认为讲官只不过把理论和事实进行罗列陈述，通过自己研习也可以达到同样效果。到了康熙十六年五月，康熙提出自己要先于讲官先讲。这时，帝王和讲官的角色就彻底颠倒了，汉族士人成了皇权意识和思想的补充者。

通过强制力的皇权，帝王已经破坏了经筵"教化帝王"的传播机制，进而试图进一步将"道统"归为所有。康熙帝在经筵会讲中逐渐有了话语权甚至主导权之后，开始争夺道统。康熙十六年，康熙亲自为经筵日讲的《四书解义》作序，序曰："朕惟天生圣贤，作君作师，万世道统之传，即万世治统之所系也。"④ 在该

---

① 姜海军：《经筵会讲制度与清朝的儒化、汉化及文化认同》，见《"10—19世纪中国制度变迁与社会演进"国际学术研讨会论文集》，北京：北京师范大学，2013年。

② 张帆：《元代经筵述论》，见《元史论丛》（第5辑），北京：中国社会科学出版社，1993年，第159页。

③ 钱穆：《中国历代政治得失》，北京：生活·读书·新知三联书店，2001年，第141页。

④ 《清实录第4册：圣祖实录》，北京：中华书局，1985年，第899页。

序中，康熙还认为"道统在是，治统亦在是矣"。①他甚至直白地说："朕惟道统与治统相维，作君与作师并重。"②

在康熙时期，经筵会讲自下而上的传播机制被破坏，"讲官对帝王进行教化"的传播途径不复存在，更是失去了"提供政治咨询和顾问"的衍生传播功能。在乾隆时期，"经筵会讲"甚至充斥着对帝王的阿谀奉承之词。乾隆五年，大学士张廷玉在一次经筵会讲后说："圣训精微，实阐先儒所未发，臣等不胜钦服。"③对此乾隆并非不自知，却乐在其中，面对阿谀奉承之词曾说："此次经筵会讲讲章，规少多，甚惬朕意。"④

可见，经筵会讲虽然建构了"唯君上"的政治共同体，但是在其内部，只有君上对臣下的训诫和控制，原有的"臣下限制君上"的传统已然失去。

二、作为一种政治传播仪式的经筵会讲⑤

根据人类学家罗伊拉帕波特（Roy Rappaport）的定义，"仪式"是一种"有着恒常秩序和独立意义系统的言谈举止的操演"。⑥另外，美国传播学者罗森布尔（Eric W.Rothenbuhler）认为"仪式"是一种对于合理的模式化行为的自发性表演，以象征性地影响和参与到严肃生活中。⑦同时，"仪式"具备传播特性甚至被视作一种传播机制。⑧

根据上述定义，"经筵"在制度化、模式化的演变过程中，不但象征着政治力量的博弈，并且成为表示"缉熙圣学"的一种"政治传播仪式"。仪式传播的存在意义和功能在于"查以速进社会黏合，防止争端，消除可能影响共同体交际和谐的危险因素"。⑨在现实中，"经筵"确实具有调和君臣的对立关系并且建构政治共同体的战略性功能。

"经筵"仪式功能是在互动中实现的。参考兰德尔·柯林斯提出的仪式互动模

①　《清实录第 4 册：圣祖实录》，北京：中华书局，1985 年，第 899 页。

②　嵇璜：《清文献通考》，北京：商务印书馆，1995 年，第 1168 页。

③　《清实录第 10 册：高宗实录》，北京：中华书局，1985 年，第 967 页。

④　《清实录第 10 册：高宗实录》，北京：中华书局，1985 年，第 967 页。

⑤　该部分参考了作者发表于《陕西师范大学学报（哲学社会科学版）》2016 年第 5 期的《被压抑的仪式传播——清初"经筵会讲"的文化涵化、移转和控制》一文。

⑥　R.A.Rappaport，*Ritual and Religion in the Making of Humanity*，Cambridge：Cambridge University Press，1999，p.24.

⑦　E.W.Rothenbuhler，*Ritual Communication*：*From Everyday Conversation to Mediated Ceremony*，New York:Sage Publications，Inc，1998，pp：Preface.

⑧　刘建明：《传播的仪式观"与"仪式传播"概念再辨析：与樊水科商榷》，《国际新闻界》2013 年第 4 期。

⑨　G.Senft and E.B.Basso，*Ritual Communication*，*London:Bloomsbury Academic*，2009，p.82.

型可以总结出经筵会讲四种主要的组成要素和起始条件：1.帝王和士大夫聚集于同一空间，并且能够通过其身体在场互相影响；2.除了讲官和帝王，其余人不可以参与；3.帝王和士大夫的注意力都集中于相同对象（或是儒学经典或是时事政治）；4.帝王与士大夫分享相同的情绪或情感体验（对儒学或治国之术一致性认同和解释）。这些要素彼此形成反馈作用，特别是第3项和第4项互相强化。图1是描绘经筵会讲的仪式互动模型。

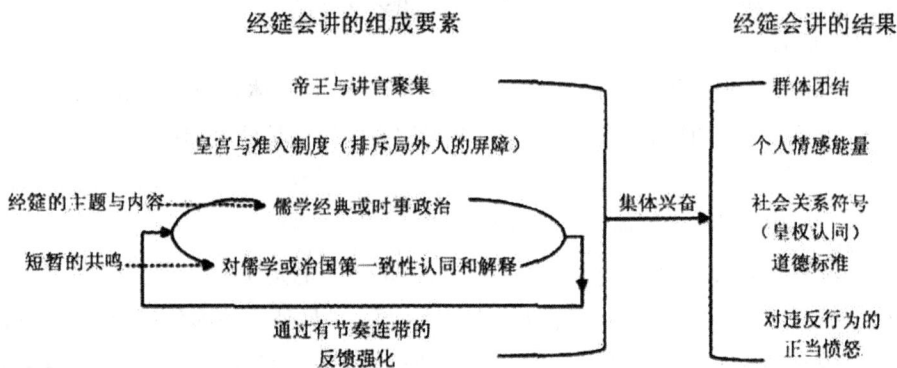

图1　经筵会讲的仪式互动模型

根据图1，可以看到经筵的仪式功能共有四点：1.促进群体团结；2.形成个体的情感能量，具体可能表现为对政治参与的积极态度；3.建构社会关系符号，也就是建构君臣之间的紧密关系，使参与者认同所在政府和皇权的合法性和权威性；4.产生道德感，进一步产生对违反行为的正当愤怒。但总而言之，这四项功能的集合作用实际上就是实现前文所提到的政治传播仪式的战略性功能"建构政治共同体"。

但是，"经筵"战略性功能的发挥是建立在"集体兴奋"之上的。而"集体兴奋"的产生需要四个要素共同作用，其中最重要的就是第三项（参与者关注点）和第四项（参与者情感）的互相连带和强化。讲官和帝王在经筵会讲中对儒学经典和政治时事越来越关注，当知道彼此的认知和解释具有一致性时，就会产生强烈的共鸣情感。[1]特别是像在小经筵或日讲这种规模不大的活动中，形成情感共鸣的关键一点是因为"会话随着互动变得越来引人入胜，参与者被谈话的节奏和气氛所吸引"。[2]也就是说，连带和强化是通过在会话或谈话为形式的"传播"中实现的。"传播"在经筵会讲中又以教化和咨询的具体形式得到体现，同时也是经筵

---

① ［美］兰德尔·柯林斯：《互动仪式链》，北京：商务印书馆，2009年，第86—87页。
② ［美］兰德尔·柯林斯：《互动仪式链》，北京：商务印书馆，2009年，第86—87页。

会讲战略性功能得到发挥的关键。

但是在"经筵"中，双方的互动受到各自的诉求、权力、地位以及政治力量左右。如果互动经常不能在一个平等的维度上进行，往往会出现问题甚至破裂。对于士人来说，经筵会讲不仅仅是为了"懋修君德"，说穿了就是要限制帝王专权。[①] 回换而言之，在这一政治仪式的场域中，士人试图通过"道统"干预政治生活和教化帝王。而帝王之所以愿意接受士大夫的教化，是因为其皇权的正统性和合法性是由"道统"阐释和赋予的。在中国历史上，"道统"理论上是掌握在士大夫群体的手中，而且高于治统。但是现实社会中，"道统"并不能对"治统"形成绝对的压制，反而处于弱势地位。

所以"道统"如果对"治统"形成实质上的威胁，"经筵"中"参与者对共同关注点不能形成一致性认同"，可能就会导致政治共同体的破坏，比如明代"大礼议"之争，进而破坏了"经筵"场域中的一致性认同，以至于讲官被贬。而清代帝王却用皇权强制力建构了一种压抑状态下的一致性认同。清代经筵会讲被皇权强制力改造之后，确实建构了一个更加稳固的政治共同体，但这种稳固不是建立在平等有效的传播互动基础上，而是建立在外在行为遵从于皇权专制主义之上的。

三、历史的记忆与启示

一种优秀的政治传统，如果能够延续至今，可以滋生出民主、科学而先进的政治制度和政治文化。"经筵"这样一种传统的政治传播仪式，在历史上长期保留了"自下而上"的传播机制，是一种宝贵的政治和历史资源。但是"经筵"却在特定的历史环境中遭遇皇权强制力的压迫，进而丧失了教化最高统治者、提供政治咨询和优化政治共同体的功能和传统。诚然，统治者基于当时的社会现实矛盾对"经筵"进行压抑巩固政权稳定，但是"被压抑"状态恐怕会造成政治文化的迷失与历史的断裂。特别是"经筵"这种代表官方正统学术与政治文化的仪式，如果长期处于一种形式主义的状态，那么皇权对"经筵"的控制与压抑，恐怕不仅仅实现了政权的巩固和稳定，还有政治干预文化后的涟漪效应，包括公共空间、政治批判意识和自我心灵的萎缩。[②]

被压抑的"经筵"、被改造的政治传统以及被重新书写的历史，"不只是积极

---

① 陈东：《清代经筵会讲制度研究》，山东大学博士学位论文，2006 年。
② 王汎森：《权力的毛细管作用：清代的思想、学术与心态》，北京：北京大学出版社，2015 年，第 406 页。

改造人们怎么想，而且要人们朝着其方向想，或是要人们什么都不想"。① 一个感知到下层意见和思想的最高执政者，一种没有自下而上传播机制的政治仪式，是很难避免陷入自我想象与形式主义的困顿的。被压制的"政治仪式"，用一种议程设置的作用机制，使执政者选择性了解社会和政治现实，进而做出主观性的政治决策干预社会生活，后果可想而知。

与经筵会讲相似，1949 年后的"政治学习仪式"是中国共产党保持自身先进性的一种传统的政治传播仪式。美国政治学家马丁·怀特在《中国小群体与政治仪式》一书中曾经讨论了"政治学习仪式"的活动形式，他发现在 20 世纪 50 年代至 70 年代，在以小群体为组织形式开展的政治学习中，成员们除了一起进行组织活动（比如劳动、军事训练或学术研究），还需要对政治学习形成共识以及开展日常的批评与自我批评。②

时至今日，中国共产党的政治学习活动已经建立起了更开阔的传播渠道，开创了诸如政治局集体学习这种由各路专家主讲、最高领导团体为主体的政治学习。2002 年 12 月 26 日，中共中央总书记胡锦涛邀请许崇德、周叶中两位法学家讲解宪法，从此将这种专家授课形式的集体学习确定为中共中央政治局成员的定期活动和正式制度。③ 十六届中央政治局一共进行了 44 次集体学习，取得了良好效果。④

在传播无所不在的当今社会，政治传播仪式的传播力和影响力恐怕不是古代能够同日而语的。所以政治传播仪式基于何种诉求进行，以一种什么样的形态出现，应当建构一种什么样的内部和外部传播机制，发挥什么样的功能，更值得我们思考。回答这些问题需要进行更多的调研和探索，但事实上"经筵"所包含的政治传统和历史记忆，已然给我们留下了珍贵的宝藏。

首先是士人的政治主体性。从唐代开设科举伊始，作为统治阶层主要成员的士人群体，在宋代发展成一个独立的阶层。士人阶层通过科举向不同身份背景的个体开放，形成共同的生活方式和文化基础，也成为参与政治的最主要主体。⑤ 士人的政治主体性身份促进了宋代儒学发展出道统观，⑥ 从而为"经筵"的形成和发展奠定了文化基础。但在清朝，一方面统治者利用文字狱等强权手段破坏士人的

---

① 王汎森：《权力的毛细管作用：清代的思想、学术与心态》，北京：北京大学出版社，2015 年，第 406 页。

② 沈艳兴：《"两个转变"：政治资源的新生点》，《探索》1996 年第 3 期。

③ 牛昊天：《"中共中央政治局集体学习"的实证研究》，中国人民大学硕士学位论文，2008 年。

④ 曹应旺：《十六届中共中央政治局集体学习综论》，《中国延安干部学院学报》2011 年第 6 期。

⑤ 宋燕鹏：《因文化而地位：南宋"士人社会"的成立及其意义》，《宋史研究论丛》2015 年。

⑥ 姜鹏：《北宋经筵中的师道实践》，《学术研究》2009 年第 7 期。

政治主体性；另一方面士人阶层采用了隐逸避世、不入城、不赴将会、不结社等消极行为主动放弃政治主体性。[①] 逐渐，士人阶层在统治阶层中不再扮演"共治天下"的角色，而成为帝王的统治对象。所以，士人"道统"失去了权力保障，进而导致"经筵"被皇权所压抑。

其次是"自下而上"的互动传播机制。从前文的历史梳理来看，自下而上的传播机制是"经筵"仪式功能得以发挥的保障。具体来说，互动性的传播机制可以使得帝王听取不同的意见，更加博文广志，有利于建构更加准确的认知，避免集权主义的形成。而对于士人群体说，能够把真正的思想、价值和理论进行表达，而不限于外在行为与最高意识形态的统一。同时，教化帝王和政治进言的机会，也是士人参与政治的一种激励。中国古代政府内部允许自下而上的传播机制存在，实际上在一定程度上也是建构士人政治主体性的策略。

最后是"道统"文化的主导地位。在传统的"道统"文化中，士人掌握对儒家经典的优先解释权。"治统"需要得到"道统"的认同，中国古代帝王虽然手握皇权，却仍要朝拜孔庙，尊敬孔夫子，同时接受正统儒学的教化。例如宋代，"道统"牢牢掌握在士人手中，逐步取得对帝王的教化权，并将道德规范加于君主权威之上，逐渐形成了"儒师"的身份，成为经筵会讲得以开展和发展的基础。[②] 反观清代，"经筵"彻底沦为帝王训诫臣下工具的根源在于士人"道统"的丧失。既然"道统"与"治统"已然合一，皆在皇权掌控中，帝王也没有理由再聆听士人群体的教诲。士人群体也失去了教化帝王的文化基础，从而"经筵"也沦为一种压抑的仪式传播。

---

① 王汎森：《晚明清初思想十论》，上海：复旦大学出版社，2004 年，第 188 页。
② 姜鹏：《北宋经筵中的师道实践》，《学术研究》2009 年第 7 期。

唐代的政治传播体系建设与国家整合 *

陈雅莉　　张昆 **

摘　要： 本研究采用历史研究和文本分析的方法，以传播学的视角，集中探讨了唐代中央为了促进国家整合所进行的政治传播体系建设活动。研究表明，在国家传播机制的设置上：唐代"三省一台"在政治信息传播方面协同合作，形成了唐代帝王与群僚百司、京府诸司与地方州府进行政治信息联通的有效传播网；"投匦"制度的设置，为基层信息由下至上传递提供了新的灵活渠道。在统治者的政治传播实践上，唐初统治者积极致力于"求谏"和"纳谏"以促进帝王与官僚集团的信息互动；同时又多次颁布《诫表疏不实诏》等诏令以革新官书文风，促进上下沟通。另一方面，为了整合王畿和地方社会，唐代积极建设以"官驿"为核心的官书传递系统，并通过"朝集使"等制度维护中央对地方社会的权威。这些举措为促进"王畿—地方"的政治文化交流提供了便利的渠道，有利于国家主导性规范在地方社会的推广，既是唐代中国促成制度和结构层面"大一统"的基础性条件，又很大程度上为"大一统"中国的建构开拓了新的想象的空间。

关键词： 唐代；政治传播；三省一台；投匦；官驿；朝集使

前大众传播时代，帝国权力对社会的组织管理成了早期政治传播活动的雏形，传播技术的相对落后，使得以官书、驿马为主导性媒介和渠道的政治传播活动成了古代君主国家强化认同的有效手段之一。唐代是中国在结束魏晋南北朝三百六十余年离乱之后重新统一和复兴的时期，即是西方东亚史学家所称的"中华第二帝国"的核心阶段。不论是在中国历史的时间纵轴上，还是在中古世界的空间水平坐标上，此时的中国在政治结构、社会组织以及文教水平上都崛起到了一个新

---

* 本文原载于《现代传播（中国传媒大学学报）》2016 年 10 期，第 36—41 页。

** 陈雅莉，江西师范大学传播学院副教授。张昆，华中科技大学新闻与信息传播学教授，博士生导师。

高度。这种物质上统一和复兴，首先应该来自唐初中央致力于帝国政治传播体系建设所带来的行政集团内部的关系的和谐和行政效率的提升。

一、中央传播体系建设与行政体系内部的关系整合

统治集团内部有效的信息互动，有利于提高行政体系的运行效率，亦能促进组织文化的共享和维持，对统治集团内的关系整合和凝聚力提升发挥着积极作用。社会集团"并不是界限导向和水平式的，而是向心而阶层式的"。[①]唐帝国时代的中国，其社会结构也具有类似向心层级式特征；统治集团内部的关系整合很大程度上可以给社会向心结构以稳固的内核，为国家认同建构提供了强大的动力来源。

（一）革新官书文风，促进上下沟通

隋由盛转衰，继之以李唐立国，前后不过数十年。杨隋在政治传播上的疏失必给李唐帝君以警示，故李唐在立国之初，高祖"思革前弊，念兹在兹……军书羽檄，日有百数。一言一事，靡不览焉，未明求衣，中夜不寐"。[②]

首先，唐初官吏上疏陈文之风气，多有沿袭隋末文书虚妄不实、谄媚赘言的弊端，故唐高祖武德元年发布了《诫表疏不实诏》，曰："四方州镇，习俗未惩，表疏因循，尚多虚诞，申请盗贼，不肯直陈。言论疾苦，每亏实录。妄引哲王，深相佞媚，矫诧符瑞，极笔阿谀，乱语细书，动盈数纸……表奏如是，稽疑处断，不知此者，谓我何哉。宜颁告远近，知朕至意。"[③]观此诏令，其明确地传播了唐中央在政治传播上的主导性理念，即为了保证政治信息传播的有效性，提高中央机构的行政效率，官方文书求：（1）针对民情国事、明确观点；（2）篇幅精简，切莫"乱语细书，动盈数纸"；（3）不可虚语逢迎，忌"妄引哲王，深相佞媚，狡诧福瑞"。

其次，唐初官僚集团内部的组织关系亦受到隋炀帝一朝遗弊的影响，官僚体系人情浮薄，如唐武德元年所颁之《令内外官人相存问诏》所言："自隋氏驭宇，政刻刑烦。上怀猜阻之心，下无和畅之志。遂使朋友游好，庆吊不通，卿士联官，请问斯绝，至乃里闬相接，致胡越之乖。艰棘在身，忘救恤之义。"针对此弊端，唐高祖始有革新组织风气、促进团结和睦之意，故颁《令内外官人相存问诏》诫谕百官："凡厥庶僚，咸使辑睦。君臣之际，期于无隐。……自今以后，内外官人，

---

① ［美］本尼迪克特·安德森：《想象的共同体：民族主义的起源与散布》，吴叡人译，上海：上海人民出版社，2005 年，第 14 页。
② 宋敏求编：《唐大诏令集》，北京：中华书局，2008 年，第 569 页。
③ 宋敏求编：《唐大诏令集》，北京：中华书局，2008 年，第 569 页。

须相存问，勿致疑阻。有遇疾疹，遽加诉候。营救医疗，知其增损。……斯则上下交泰，品物咸亨，惠政所加，达于四方。布告天下，咸知朕意。"① 按此诏令，唐高祖诏认为统治集团内部应该以存问、交游、慰省等日常活动消除猜忌、增进情谊、提升信任；惟有基于这种良性的组织关系，唐帝国的核心权力集团才能实现"品物咸亨，惠政所加，达于四方"的政治目标。

唐高祖所提出的官书谏言应直陈实录、篇幅精简，君臣群僚应上下交泰、辑睦无隐等政治传播观念，上革隋朝言路遗弊，下启太宗纳谏之风；从政治传播思想的导向作用看，实起到了承前启后之作用。观之于唐太宗时期，上下言路大开，其君臣间良性的沟通互动和关系结构，则不可不归功于高祖致力于政治传播改革的铺陈作用。

（二）求谏"和"纳谏"：唐初帝王与官僚集团的信息互动

吕思勉先生在《隋唐五代史》中议唐太宗曰："唐太宗不过中材。论其恭俭之德，及忧深思远之资，实尚不如宋文帝，更无论梁武帝；其武略亦不如梁武帝，更无论宋武帝、陈武帝。"然其能承隋末乱亡而致贞观之治，其过人之处，实在于其能够在统治集团形成一个宰相参与平章国计、谏臣从旁鲠议执论、君王导人使谏的良性互动的政治意见场。②

贞观初年，太宗尝谓公卿曰："人欲自照，必须明镜；主欲知过，必藉忠臣。……隋炀帝暴虐，臣下钳口，卒令不闻其过，遂至灭亡，虞世基等寻亦诛死。前事不远，公等每看事有不利于人，必须极言规谏。"③《贞观政要》载，唐太宗朝容庄重威仪，百官常为之慌张拘束而不敢直言应上；太宗得知后，则总是和颜悦色以导人从谏。④ 受到前朝为政疏失的影响，唐太宗对于政治信息的沟通非常重视，"求谏"成了唐太宗为政时期的重要执政方略。

所谓"求谏"，其一在于"兼听"，即主张扩展信源渠道：一方面，太宗非常重视谏官的作用。贞观元年，谏议大夫王珪曰："臣闻木从绳则正，后从谏则圣。故古者圣主必有争臣七人，言而不用，则相继以死。"⑤ 太宗以为甚是，即诏令自是谏官必须同随宰相入禁内参与平章国事。另一方面，唐太宗为了弥补自身见识之有限性，非常重视与不同官员之间的对话沟通。贞观初年，太宗"诏京官五品

① 宋敏求编：《唐大诏令集》，北京：中华书局，2008 年，第 569 页。
② 吕思勉：《隋唐五代史》，上海：上海古籍出版社，2005 年，第 66 页。
③ 吴兢：《贞观政要》，骈宇骞译注，北京：中华书局，2011，第 95 页。
④ 吴兢：《贞观政要》，骈宇骞译注，北京：中华书局，2011，第 95 页。
⑤ 吴兢：《贞观政要》，骈宇骞译注，北京：中华书局，2011，第 96 页。

以上，更宿中书内省。每召见，皆赐坐与语，询访外事，务知百姓利害、政教得失"。① 其二在于导人"谏诤"，即鼓励官员执言执论，批判性地提出建设性的意见。贞观三年，太宗谓侍臣曰："中书、门下，机要之司。擢才而居，委任实重。诏敕如有不稳便，皆须执论。比来惟觉阿旨顺情，唯唯苟过，遂无一言谏诤者，启是道理？……自今诏敕疑有不稳便，必须执言，无得妄有畏惧，知而寝默。"②

"求谏"，首先，必须建立在传授双方彼此信任的基础之上。对于君臣关系的维系和增进，唐太宗深谙君臣之间先义后利的道理。贞观五年，太宗曰："耳目股肱，寄于卿辈，既义均一体，宜协力同心，事有不安，可极言无隐。倘君臣相疑，不能备尽肝膈，实为国之大害也。"又贞观六年，太宗曰："公等但能正词直谏，裨益政教，终不以犯颜忤旨，妄有诛责……公等为朕思隋氏灭亡之事，朕为公等思龙逢、晁错之诛，君臣保全，岂不美哉。"③ 与太宗以"君臣保全"来建构君臣之义，即是在观念上将君臣关系由"我—他"关系重构为"我群"共同体。其次，"求谏"还必须以"纳谏"作为保证。君王纳谏，于群臣的进谏行为而言，本质上是一种积极的反馈模式，有利于刺激统治集团内部信息流的良性循环。太宗多以义、利兼施的方式回馈谏言者：所谓"义"的方面，即帝王对臣下的谏言予通过书面或口头的方式对谏言者予以礼谢和表彰；所谓"利"的方面，则是帝王用恩赏物质利益的手段回报谏言者。如贞观三年，太宗下书李大亮曰："卿之所言，深足贵矣。今赐卿金壶瓶、金碗各一，虽无千镒之重，是朕自用之物。卿立志方直，竭节至公。"又贞观十七年，陈疏朝政得失，太宗特赐钟乳一剂表彰高季辅，言"卿进药石之言，故以药石相报"。④

贞元十五年，太宗问魏征曰："比来朝臣都不论事，何也？"征对曰："人之才器，各有不同。懦弱之人，怀忠直而不能言；疏远之人，恐不信而不得言；怀禄之人，虑不便身而不敢言。所以相与缄默。俯仰过日。"⑤ 以此观之，虽然唐太宗积极求谏，然而在现实情况下唐中央亦存在言路不畅之处。究其原因，则在于魏征所言之传播者个体的差异性。至于唐太宗后期，则言路阻止更甚："谏诤空悬，逆耳之言罕进。谤木徒设，悱心之论无闻。"⑥ 故贞元二十年十二月太宗复颁《令群臣直言诏》以通言路。

①　吴兢：《贞观政要》，骈宇骞译注，北京：中华书局，2011，第 26 页。
②　吴兢：《贞观政要》，骈宇骞译注，北京：中华书局，2011，第 31 页。
③　吴兢：《贞观政要》，骈宇骞译注，北京：中华书局，2011，第 34、37 页。
④　吴兢：《贞观政要》，骈宇骞译注，北京：中华书局，2011，第 123、128 页。
⑤　吴兢：《贞观政要》，骈宇骞译注，北京：中华书局，2011，第 106 页。
⑥　宋敏求编：《唐大诏令集》，北京：中华书局，2008 年，第 536 页。

（三）唐中央以"三省一台"为架构的政治传播体系

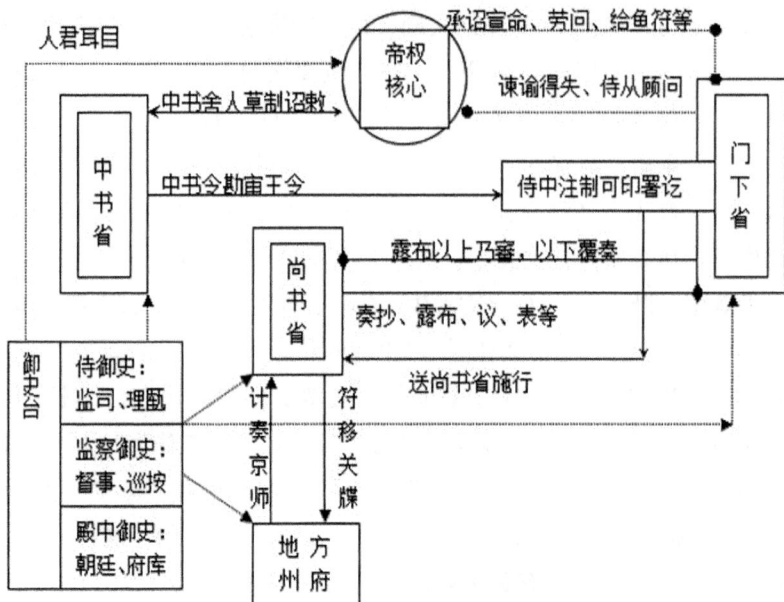

图一：以三省一台为架构的唐中央政治传播网络

从政治传播的角度观察，中书省，是为帝王向下发布政令信息的编码和发出机构；门下省，是为下层信息上递至帝王的接收和解码机构；尚书省，则为中央各司与地方州府进行政治信息交换的中转遣发机构。御史台本质上是唐中央基于信息收集和处理的政治纠察机构；御史台所行之监司、督事、巡按之职责，比之于门下、中书作为国家政令出纳之喉舌机关、尚书省作为国家政令施行之股肱部门，其角色则更近似国家行政系统有序运行的信息监控器和稳定调适仪。唐代"三省一台"在政治信息传播方面协同合作，形成了唐代帝王与群僚百司、京府诸司与地方州府进行政治信息联通的有效传播网（如图一）。

中书省，由中书令掌领，"掌佐天子执大政，而总判省事"①。从传播学看，中书省是为帝王政令的编码和发出部门。一方面，作为帝王诏敕的编码机构，中书舍人掌领此职："凡诏旨制敕、玺书册命，皆起草进画"；其中，"一人知制诰，颛进画，给食于政事堂，其余分属制敕"②。后因中书事务繁复，亦因帝王重用学士，翰林院遂逐渐演化成为掌管制诏书敕之所。另一方面，作为王命向下传播的中转机构，中书省的职责在于对帝王向下传递的政治信息进行审核勘对：帝王下达之

---

① 欧阳修：《新唐书》，北京：中华书局，1975 年，第 1210 页。
② 欧阳修：《新唐书》，北京：中华书局，1975 年，第 1211 页。

政令，按其内容和重要程度可分为册书、制书、慰劳制书、发敕、敕旨、论事敕书以及敕牒七种①，中书令"皆宣署申覆，然后行焉"②。《唐会要》载，武德三年，高祖因所发敕令中书省未按时宣行而责问其缘由，内史令萧瑀对曰："比每授一敕，臣必审勘。使与前敕不相乖背者。始敢宣行。迟晚之愆，实由于此。"又垂拱三年，凤阁侍郎刘祎之窃与人言反对则天临朝称制，肃州刺史"王本立宣敕示祎之，祎之曰：'不经凤阁鸾台宣过，何名为敕'（是时中书省名凤阁）"。③ 可见，中书省作为帝王书敕向下传播的中介机构，其所行使的"宣署申覆"职能对于保证王命的正当性和权威性具有不可或缺的作用。

门下省，以侍中为最高长官，"掌出纳帝命，相礼仪，凡国家之务，与中书令参总，而专判省事"。从传播学的角度看，首先，门下省作为"下之通上"的信息接收和解码机构，其职能在于对下级上递文书进行审核和校正：下级百司上呈之奏抄、奏弹、露布、议、表、状凡六种制式的文书，"自露布以上乃审；其余覆奏，画制可而授尚书省"；侍中所审核之文书（露布以上），给事中（四人，正五品上）将进行详细复核："凡百司奏抄，侍中既审，则驳正违失。诏敕不便者，涂窜而奏还，谓之'涂归'。季终，奏驳正之目。凡大事，覆奏；小事，署而颁之。"其次，作为帝王政命的对外传播机构，门下侍中承担着帝王下达政命的前导性和仪式性的宣布职能："四夷朝见，则承诏劳问。临轩命使册皇后、皇太子，则承诏降宣命……发驿遣使，则给鱼符。"第三，门下省之左散骑常侍（二人，正三品下）其职责在于"掌规讽过失，侍从顾问"，左谏议大夫（四人，正四品下）则"掌谏谕得失，侍从赞相"；由此观之，门下省的政治传播职能还在于通过讽谏、顾问等形式与帝王进行信息沟通，进而对帝王决策产生影响。④

尚书省，亦唐沿隋制所设，为中央政令的执行机关。下属有吏、户、礼、兵、刑、工六部，故国家之官吏、户籍、祭祀等诸般事宜皆属其所司隶，所谓"庶务皆会决焉"是也。尚书省由尚书令（正二品）统领百官，然由于唐太宗曾为尚书令，百官皆不敢当领此职，故由仆射为尚书省长官。从传播学的角度看，尚书省所涉之政治信息传播的书面载体，凡上情下达，皇帝所用的有"制""敕""册"，

---

① 册书，即为立后、封王、临宣策命时使用；制书，即为大行赏罚、授大官爵、赦免降恩使用；慰劳制书，即在褒奖和勉励贤良之士、勤劳之人时使用；发敕，即在州县废置、官员增减、发兵、除官、授六品以下官爵、发流放以下罪，以及使用一定程度的库务钱粮时则用之；敕旨，即为百司奏请被采用施行时使用；论事敕书，则用于诫约、慰谕臣下；敕牒，则用于不易典制、随事承制。（王溥：《唐会要》，北京：中华书局，1955年，第925—926页。）

② 欧阳修：《新唐书》，北京：中华书局，1975年，第1210页。

③ 王溥：《唐会要》，北京：中华书局，1955年，第926，933页。

④ 欧阳修：《新唐书》，北京：中华书局，1975年，第1205—1207页。

皇太子所用之为"令",亲王、公主之所用称为"教",上一级行政层级向下一级传播政治信息的文书制式曰"符",如省下文于州,州下书于县等;凡地方下情上传至中央的政治文书,则有六种制式:即为"表""状""笺""启""辞""牒";政府各部门之间的信息互通,则文书制式有三,即为"关""刺""移"。①按《唐会要·尚书省》记载:"京府诸司,有符移关牒下诸州府,必由都省以遣之。"②《新唐书·百官志》又言:"诸州计奏达京师,以事大小多少为之节。凡符、移、关、牒,必遣于都省乃下。天下大事不能决者,皆上尚书省。凡制敕计奏之数、省府宣告之节,以岁终为断。"③从政治传播的功能看,尚书省,既是京府诸司向地方州府下达各类政治文书、"诸司相质"文书往来的中介遣发机构,亦负责统计中央政令下达和地方计奏上传的年终数目——实为国家中央与地方政令信息往来的"喉舌"机关,诚如唐永泰二年四月十五日制所云"周有六卿,分掌国柄,各率其属,以宣王化。今之尚书省,即六官之位也。古称会府。实曰政源。庶务所归,比于喉舌"。④

　　唐帝国中央的耳目之司,是为御史台。就促进中央政治系统的整合而言,御史台的职能在于对京府诸司的运转进行监测和纠举。御史台之台院,由侍御史掌理,主要负责"纠举百僚及入阁承诏,知推、弹、杂事"。唐朝将京畿诸司和诸州分为东、西,侍御史中由一人"知西推、脏赎、三司受事,号副端";一人负责知东推、理"匦"等(所谓"推",即推按的意思)。⑤侍御史通过推按诸司行政和理"匦",为权力核心持续性地收集和上报了来自权力结构次中心和外圈层的运行信息,若发现百官有失范的情况则纠举之。御史台之察院由监察御史掌理,"掌分察百寮,巡按州县,狱讼,军戎,祭祀,营作、太府出纳皆莅焉"。⑥对比侍御史的监司之责,监察御史的工作在于"督事",即监督按察各部门断事的规范性:不论是战事告捷后对战利品信息的统计,还是对财政上的屯田、铸币等事宜的开展,抑或官司的审决,都须由监察御史参与和推按,并将相关信息上报君王。另一方面,监察御史的工作还在于"巡按",即巡行按察州县。如"十道巡按",其内容包括"察官人善恶""察户口流散""察农桑不勤""察妖猾贼盗""察德行孝悌,茂才异等""察黠吏豪宗兼并纵暴,贫弱冤苦不能自申者"。⑦作为"耳目"要司,

---

① 欧阳修:《新唐书》,北京:中华书局,1975年,第1184—1185页。
② 王溥:《唐会要》,北京:中华书局,1955年,第984页。
③ 欧阳修:《新唐书》,北京:中华书局,1975年,第1185页。
④ 王溥:《唐会要》,北京:中华书局,1955年,第986页。
⑤ 欧阳修:《新唐书》,北京:中华书局,1975年,第1237页。
⑥ 欧阳修:《新唐书》,北京:中华书局,1975年,第1239页。
⑦ 欧阳修:《新唐书》,北京:中华书局,1975年,第1240页。

御史台触角的多向延伸，体现了唐代国家政权核心对国家次中心、地方权力机构以及基层社会秩序进行控制和维持的渴望：其一方面，通过持续性收集、纠举京师诸府的日常行政信息以纠正中央行政体系中的运行失范；另一方面，则通过不定期地收集地方政情风俗，促进主导性规范在基层社会的推广与维持，进而得以宣慰地方、疏导基层矛盾，维持中央对地方社会的权威性。

（四）"投匦"：唐中央促进下情上达的侧面进状制度

所谓"投匦"，即唐中央为了防止下情上达之漏塞而设置的侧面进状制度。垂拱二年武后始议设"匦"。是时，鱼宝宗上书请置四色铜匦于朝堂四方以接收各方上书，东方列青匦，谓"延恩"，"告养人劝农之事者投之"；南方置丹匦，谓"招谏"，"论时政得失者投之"；西方放白匦，谓"申怨"，"陈抑屈者投之"；北方设黑匦，谓"通玄"，"告天文、祕谋者投之"（《唐会要》载北方置元匦，有能告以智谋者投之）；后四匦合而为一。[1] 知匦使和理匦使主责"匦事"：每日所有投书由知匦使负责日暮进呈。[2] 知匦使，始以"谏议大夫、补阙、拾遗一人充任"，宝应元年改为由中书门下择清廉官员一人充任，建中二年又改为由谏议大夫一人担任；理匦使，始"由御史中丞、侍御史一人充任"，宝应元年改为由给事中、中书舍人担任，建中二年又改为由御史中丞出任。[3]

开元三年，太玄宗颁《听百寮进状及廷争敕》曰："犹恐人或未安，政有不便，乃令外司置匦，听侧门进状，封章论事，靡所不达。"[4] 按《唐会要·匦》载："大历十四年，理匦使崔造奏：'亡官失职、婚田两竞、追理财物等，并合先本司。本司不理。然后省司。省司不理，然后三司。三司不理然后合报投匦进状'。"[5] 又唐开成五年四月敕曰："匦函所设，贵达下情。……实负冤屈有司不为申明者，任投匦进状。所由画时引进，其余并不在投匦之限。"[6] 由此观之，投匦制度所辖之诉状范围囊括了关于基层社会的所积滞之各类矛盾及冤枉之信息，所谓"靡所不达""任投匦进状"是也。

唐旧例，投匦之进状及书策文章皆备副本，应先呈匦使检验副本，以取舍是否能被递进。大历十二年十二月敕曰："理匦使但任投匦人投奏表于匦中，依进来，不须勘责副本。并妄有盘问，及方便止遏。"又开成三年八月，谏议大夫知匦使李

---

① 欧阳修：《新唐书》，北京：中华书局，1975年，第1206—1207页。
② 王溥：《唐会要》，北京：中华书局，1955年，第956页。
③ 欧阳修：《新唐书》，北京：中华书局，1975年，第1206—1207页。
④ 宋敏求编：《唐大诏令集》，北京：中华书局，2008年，第536页。
⑤ 王溥：《唐会要》，北京：中华书局，1955年，第957页。
⑥ 王溥：《唐会要》，北京：中华书局，1955年，第958页。

中敏奏曰："臣以为本置瓯函，每日从内将出，日暮进入，意在使冤滥无告。有司不为申理者，或论时政，或陈利害，宜通其必达之路，所以广聪明而虑幽枉。若使有司先具裁其可否，即非重密其事。俾壅塞自申于九重之意也，臣伏请自今以后，所有进状及封章，臣等但为状引进，取舍可否，断自中旨。"① 唐中央两度废除瓯使验副本的决定，表明了唐中央对投瓯制度所寄予的畅通下情上达渠道的政治意图。

二、唐中央与地方行政系统的信息互动与"中央—地方"关系整合

（一）以"驿"为基础的传播渠道建设

《尚书·旅獒》云："惟克商，遂通道于九夷八蛮。"② 交通建设与强化权力整合之间的关系，早在周朝就已经为统治者所深谙。后世王朝都有类似的大兴交通建设的举措。秦始皇修驰道以通九原，汉武帝时通道西南夷，又通道至西域，"自敦煌西至盐城（罗布泊），往往起亭"。③《元和郡县图志》记隋修大运河言："公家漕运，私行商旅，舳舻相继，隋氏作之虽劳，后代实受其利焉。"④ 至于唐代，"大抵唐代交通以长安、洛阳大道为枢轴，汴州（今开封）、岐州（今凤翔）为枢轴两端之延伸点，由此两轴端四都市向四方辐射发展，而以全国诸大都市为区域发展之核心"。⑤ 在媒介技术尚处蒙昧期的前大众传播时代，区域社会的联系大大依赖于交通渠道和邮政系统的建设，这为地处远东的"中国"在相对封闭的地理条件下获得了较为开放的社会结构。

以官驿建设而言，唐代交通"凡三十里有驿，驿有长，举天下四方之所达，为驿千六百三十九；险阻无水草镇戍者，视路要隙置官马。水驿有舟"⑥。"水驿船数自两支至四支，陆驿马数自八匹至七十五匹，……驿距疏密无定准，交通繁忙大道或不到三十里，而边远地区，有疏距八十里以上者，平均距离在四十里以上，则全国驿道逾六万五千里。"⑦

在传驿配套制度方面，按照《新唐书·百官志》所述，唐代车乘、传驿的牧马之籍均由兵部之驾部郎中、员外郎司领，按照官员品次高低而给马数量各有

---

① 王溥：《唐会要》，北京：中华书局，1955年，第957，958页。
② 纪昀等撰：《四库全书》，北京：线装书局，2007年，第524页。
③ 严耕望：《唐代交通图考》，上海：上海古籍出版社，2007年，第5页。
④ 严耕望：《唐代交通图考》，上海：上海古籍出版社，2007年，第5页。
⑤ 严耕望：《唐代交通图考》，上海：上海古籍出版社，2007年，第5页。
⑥ 欧阳修：《新唐书》，北京：中华书局，1975年，第1198页。
⑦ 严耕望：《唐代交通图考》，上海：上海古籍出版社，2007年，第5页。

差："凡给马者，一品八匹，二品六匹，三品五匹，四品、五品四匹，……给传乘（zhuǎn shèng，转乘他车）者，一品十马，二品九马，三品八马，四品、五品四马……三品以上敕召者给四马，五品三马，六品以下有差。"于蕃邦入朝者，其乘驿之事则由礼部的主客郎中负责，具体规定，"乘传（马拉的车）者日四驿，乘驿（马骑）者六驿"。①

唐代对于官驿的使用具有严格的审核和限定机制，其中"传符"为官驿使用资格之有效凭证。《旧唐书》云："传符，所以给邮驿，通制令"；"若发驿遣使，（门下侍中）则给其传符，以通天下之信"。②"其传符，通用纸券，乘驿使人所至之处，事虽未讫，且纳所司，事了欲还，然后更请，至门下送输。"③《新唐书·车服志》云："有传符、铜鱼符者，给封符印，发驿、封符及封鱼函用之。"④ 为了保证"传驿"的时效性和准确性，唐朝更以法令予以了明文限定。《唐律疏议》"驿使稽程"条，疏议曰："量事缓急，注驿数于符契上。据此驿数，以为行程。稽此行程，一日杖八十，二日加一等，罪止徒两年。""驿使以书寄人"条云："诸驿使无故以书寄人行之及受寄者，徒一年。若致稽程，以行人为首，驿使为从。"又"文书不依题署"条云："诸驿使受书，不依题署，误诣他所者，随所稽留，以行书稽程论减二等。若由题署者误，坐其题署者。"⑤ 唐开元中期始，官方为了强化对传驿系统的管理，更以御史台为依托，启动了对传驿、驿馆的巡查机制。《新唐书·百官志》载："初，开元中，（十道巡按）兼巡传驿，至二十五年，以监察御史检校两京馆驿。大历十四年，两京以御史一人知馆驿，号馆驿使。"⑥

岑参在《初过陇山途中，呈宇文判官》中云："一驿过一驿，驿骑如星流。平明发咸阳，暮及陇山头。"⑦ 当时驿马交通之快捷，也必然与国家对于传驿系统的严格管理有莫大之关系。以私驿而言，民间置有客舍、寺庙以供私人行外出之便。《通典》云："（开元十三年）东至宋、汴，西至岐州，夹路列店肆待客，酒馔丰溢，每店皆有驴赁客乘，倏忽数十里，谓之驿驴。南诣荆、襄，北至太原、范阳，西至蜀川、凉府，皆有店肆以供商旅，远适数千里，不持兵刃。"⑧ 观唐世民间交通之活络，则可见当时国内社会沟通互动之频繁。

---

① 欧阳修：《新唐书》，北京：中华书局，1975年，第1198，1196页。
② 刘昫：《旧唐书》，北京：中华书局，1975年，第1847，1843页。
③ 丘纯之点校：《唐律疏议》，上海：上海古籍出版社，2013年，第177页。
④ 欧阳修：《新唐书》，北京：中华书局，1975年，第525页。
⑤ 丘纯之点校：《唐律疏议》，上海：上海古籍出版社，2013年，第172—175页。
⑥ 欧阳修：《新唐书》，北京：中华书局，1975年，第1240页。
⑦ 中华书局编辑部点校：《全唐诗》，北京：中华书局，1980年，2024页。
⑧ 杜佑撰：《通典》，王文锦等点校，北京：中华书局，1988年，第152页。

（二）朝集使："地方—中央"的仪式传播和信息传递

《资治通鉴》云："诸州长官或上佐岁首亲奉贡物入京师，谓之朝集使，亦谓之考使。"[1]"朝集使"制度的重要内容在于"朝贡"，即"入贡"和"入朝"两端。

"入贡"的象征意义更远大于贡物的实物本身[2]。《贞观政要·论贡赋》云："贞观二年，太宗谓朝集使曰：'任土作贡，布在前典，当州所产，则充庭实'。"[3]从仪式传播的角度看，其一，"朝集使"制度下本质上就是地方权力以向中央政权贡献土物的形式，承认和维护中央对于地方权威的特殊政治仪式，是国家政权统一、地方社会安顺的重要象征，所谓"所宝惟贤，则尔人安"[4]。如《旧唐书·德宗本纪》云："（建中元年）十一月辛酉朔，朝集使及贡使见于宣政殿，兵兴已来，四方州府不上计、内外不朝会者二十有五年，至此始复旧制。州府朝集者一百七十三人，诏每令分番二人待诏。"[5]。其二，中央政权为了维持和强化来自地方的政治认同，往往会在具有浓厚政治文化意义的场所（明堂）和场合（拜谒先圣）进行各种政治仪式，以从信念层面向地方政治代表推广一种以中央集权为核心的主流政治文化。如《新唐书·儒学中》云："武后诏百官议告朔于明堂，读时令，布政事，京官九品以上、四方朝集使皆列于廷。"《新唐书·选举制》云："（玄宗开元五年），国子监谒先师，学官开讲问义，有司为具食，清资五品以上官及朝集使皆往阅礼。"[6]

"入朝"的具体内容主要包括"述职"与"考绩"。《尚书·舜典》云："五载一巡守，群后四朝，敷奏以言，明试以功，车服以庸。"其中，"敷奏以言"即职官述职，"明试以功"即君王对诸侯职官的考绩，"车服以庸"乃是君王对职官的表彰。[7]《新唐书·柳芳列》云："商、周之盛，五岁一见，以考制度。汉法，三载上计，以会课最。盛唐稽古，天下朝集，三考一见，皆以十月上计京师，十一月礼见，会尚书省应考绩事，元日陈贡棐，集于考堂，唱其考第，进贤以兴善，简不肖以黜恶。"[8]《旧唐书·本纪七》云："诏九品以上及朝集使极言朝政得失，兼举贤良方正直言极谏之士。"[9]《旧唐书·本纪八》云："癸酉，令朝集使各举所部孝悌文

① 司马光编著，《资治通鉴》，胡三省音注，北京：中华书局，1956年，第6205页。
② 纪昀等撰：《四库全书》，北京：线装书局，2007年，第524页。
③ 吴兢撰：《贞观政要》，骈宇骞注释，北京：中华书局，2011年，第556页。
④ 纪昀等撰：《四库全书》，北京：线装书局，2007年，第524页。
⑤ 刘昫：《旧唐书》，北京：中华书局，1975年，第327页。
⑥ 欧阳修：《新唐书》，北京：中华书局，1975年，第5672、1164页。
⑦ 纪昀等撰：《四库全书》，北京：线装书局，2007年，第425页。
⑧ 欧阳修：《新唐书》，北京：中华书局，1975年，第4537—4538页。
⑨ 刘昫：《旧唐书》，北京：中华书局，1975年，第137页。

武，集于泰山之下。"① 《新唐书·食货志》云："中书令李林甫以租庸、丁防、和籴、春彩、税草无定法……乃与采访朝集使议革之。"② 从信息传递的角度看，一方面，朝集使的作用在于将基层有价值的政治、民生信息向上汇报，主要包括上陈地方政教得失以考核业绩、赏善罚恶，向上举荐贤良方正之人，以表彰典型、收集人才；另一方面，朝集使的作用还在于作为地方代表，通过陈疏地方民情，参与中央对于地方食货、户籍等政策的议定。

三、结语

中国古典政治认同的来源，除了王权在文化上的正统性，还在于其对基础农业社会的管理能力。从政治传播的角度看，最基本的一点就是王朝对于所主张的政策制度的传播和内化能力。户口和赋税制度的推广效果关系着农业帝国持续稳定的财政收入；赋役和兵制的推广效果，则关系着中原帝国国家安全的至高利益。而帝国这些主导性制度规范的推广，则取决于政治传统系统的建设。

唐代中央机构的政治传播效率和各部门的沟通质量，大大提高了帝国核心机构的行政效力和效率，成了国家中央凝聚力和向心力形成的重要引擎。在国家传播机制的建设上，唐代"三省一台"在政治信息传播方面协同合作，形成了唐代帝王与群僚百司、京府诸司与地方州府进行政治信息联通的有效政治信息传播网；"投匦"制度为基层信息由下至上传递提供了新的灵活渠道。在统治者的政治传播实践上，唐统治者亦注重君臣之间的信息互动效率和传播关系改善。在提升王畿与地方的政治互动能力方面，唐代致力于通过驿马驰道建设和"朝集使"制度促进中央与地方的政治信息互动和文化共享。这些举措为促进"王畿—地方"的整合提供了便利的渠道和想象的空间，既是唐代中国在制度和结构层面实现"大一统"的基础性条件，又很大程度上为"大一统"中国的观念建构开拓了新的认知维度。

---

① 刘昫：《旧唐书》，北京：中华书局，1975年，第188页。
② 欧阳修：《新唐书》，北京：中华书局，1975年，第1345页。

第四讲
华夏大众传播研究

从礼乐传播看非语言大众传播形式的演化 *

黄星民 **

摘　要：本文以中国礼乐传播为主线，追溯大众传播中非语言符号传播形式的演化过程，其中包括原始礼仪、古代礼仪、戏剧、电影、电视与计算机网络等，本文同时还涉及了这些非语言符号大众传播与语言符号大众传播形式口语、书、报、刊等之间的关系，力图廓清人类大众传播发展史上的若干重要环节、主要原因和基本轮廓，使我们对人类大众传播发展史能有一点新理解。

关键词：礼乐传播；非语言符号；大众传播；演化

非语言符号在人类大众传播史上占有重要地位，它与语言符号互相渗透，并有着自己的发展规律，值得我们加以单独考察。然而，非语言符号在大众传播发展史中的地位和它的发展规律还没有得到应有重视，迄今还未能见到有人对它的发展基本过程做过描述。我们已经在《礼乐传播初探》①一文中对中国重要的非语言大众传播形式礼乐做过微观的考察，现在，我们准备以人类大众传播史为背景对礼乐传播再做个宏观考察，并以它为主线，力图廓清人类传播史上的原始礼仪、古代礼仪、戏剧、电影、电视与计算机网络等非语言大众传播形式（nonverbal

---

　　* 本文原载于《新闻与传播研究》2000 年第 3 期，第 35—44 页。（本文中关于大众传播中非语言符号的诸多问题，笔者于研究生在学期间（1983—1986）与学兄朱家麟，学弟陈金武时常讨论。1995 年朱家麟博士与本人各从日、美游学返厦相聚，两人时常旧题重话，朱兄时有发人深省之言。文中诸多观点，实多年讨论中所成，不敢私美，故此注出。作者注）

　　** 黄星民，厦门大学新闻传播学院教授，博士生导师。

　　① 黄星民：《礼乐传播初探》，《新闻与传播研究》2000 年第 1 期。按：该文从微观角度考察了礼乐传播，发现礼乐是个完整的大众传播过程，甚至还包括效果反馈这一环节。本文则从宏观角度考察了礼乐传播的发展历史，并涉及了它与其他大众传播形式的关系。两文是姐妹篇，合看将对礼乐传播有一个较完整的印象。

mass communications）[①] 的演化过程。希望通过这种考察，使我们对礼乐传播的性质能有更好的认识，并了解礼仪等非语言大众传播形式的发展基本脉络，以及它们与语言大众传播形式（verbal mass communications）之间的关系，从而能使我们对这部波澜壮阔的人类大众传播发展史有新的理解。

一、口语传播时期的非语言符号大众传播：原始礼仪

考古的材料和学者们的意见，都十分清楚地告诉我们，中国的礼乐起源于原始礼仪。原始礼仪不是中国史前社会独有的现象，它普遍存在于所有的人类原始社会。原始礼仪具有多种社会功能，传播功能是其中最重要的一种。可以说，它是原始人最主要的大众传播活动，在其中孕育着后世所有的大众传播形式。因此，我们有必要对它做个简要的考察。

考古发现旧石器中期的尼安德特人已经出现墓葬，可见原始礼仪在距今 15 万至 20 万年前已经出现。从传播史的角度来观察，也支持考古这个观点。在这个时期，群体内部通婚的血缘家庭开始慢慢地过渡到以族外群婚为基础的氏族，原始群体之间的交流活动开始大量增加。这种交流促使原始群体自我意识的产生，这就出现"图腾"。图腾具有重要的传播功能，对外它作为区别其他群体的标志，对内它成为凝聚群体的意识观念的象征。原始礼仪是图腾文化重要的组成部分，以图腾为标志的原始群体意识要通过原始礼仪来传播。到了旧石器晚期，氏族组织成熟，各类原始群体，如氏族、胞族、部落之间的联系进一步加强，交流增多。这种日渐频繁的传播活动和其他历史因素一起，促使人类的文化有个爆发性的发展，出现了所谓的"史前文艺复兴时期"，原始礼仪也随之进入了繁荣时期。在新石器时代，氏族制度繁荣，人类社会组织进一步扩大，在部落联盟基础上开始形成了国家。这时还出现商品交换萌芽，物质的交流进一步刺激了信息交流。在这种时代的背景下，原始礼仪得到进一步的规模化和规范化，达到全盛时期。

原始礼仪相当普遍，它们渗透到原始社会生活的方方面面。原始人的生、老、病、死、狩猎、采集、饮食、迁居、战争、盟会都有礼仪。这些各种各样的原始礼仪，都具有一定的传播目的，原始人为了能达到传播目的做了不懈的努力。原始洞穴壁画就是很好的一例。传播学者施拉姆根据某些洞穴中舞蹈足迹等线索，

---

① 本文的"非语言大众传播形式"实际上应是"侧重于非语言符号的大众传播形式"，它以非语言符号为主，也可能有语言符号。因为，语言符号与非语言符号常一起出现，例如口语是语言符号，但其中也有非语言符号成分，即类语言（paralanguage）。类语言包括音型（voice set）与非语言语声（nonverbal vocalization）两类，在传播中有相当大的意义。"拟似语言"（按：大陆通译为"类语言"或"准语言"）有关内容。参见李茂政：《传播学通论》，香港：时代文化出版公司，1984 年，第 136—137 页"拟似语言"（按：大陆通译为"类语言"或"准语言"）有关内容。

猜想这里是原始人举行典礼的地方，并且进一步指出："在洞穴中老师可以带领学生到达某一位置，使他们能在某种角度或火光的照明下看见壁画而印象深刻；长者可以要求学生爬行过深坑与狭窄通道，然后遽然看见栩栩如生的巨大兽类图而铭记在心。"① 考古学家雷茨尼科夫等人通过对洞穴各部分回声的测定发现，"回声最大的那些区域也是很可能藏有绘画或雕刻品的地方"，从而提醒人们"注意音乐和唱歌在早期祖先的仪式中很可能具有的重要性"②。这两位学者颇有说服力的推测告诉我们，原始人在礼仪传播中如此巧妙地利用光和声，为之付出了巨大的努力。在那么艰难的岁月中，原始人为之付出了这么大的努力，可见在传播上原始礼仪有相当大的意义。

　　我们认为，原始礼仪的意义在于它在一定程度上解决了当时传播上的矛盾，这就是大众传播需求与传播媒介落后之间的矛盾。原始社会存在着进行大众传播的需求。我们知道，信息是社会的黏合剂，要形成一个社会，必须在整个社会范围内进行大众传播，使社会成员能获得必要的共同信息，才可能整合成一个整体。社会的大众传播需求多种多样，有纵向传播的需求，使知识和经验能穿越时间代代相传；也有横向传播的需求，使观念和信息能跨越空间沟通群体。到了新石器时代横向传播尤其重要，各氏族之间没有传播沟通，就不可能整合成部落联盟，进而发展成国家。我们又知道，要在较大的范围进行传播活动，必须有能够大规模复制与传递信息的媒介。然而，这一时期人类使用的媒介还相当原始，主要是口语与体语。约在 250 万年前，人类创造了石器等原始生产工具，开始迈上了完全脱离动物界的漫长征程。在这期间，人类不仅改善了从动物界继承下的非语言符号体语，同时还创造了人类独有媒介口语，从而完全脱离了动物界，成为真正意义上的人。体语和口语在一定程度上能有效地解决面对面的人际传播问题。然而，当要进行大众传播活动，它们就无法胜任了。显然，原始社会存在着落后的传播媒介难以满足大众传播需求的尖锐矛盾。

　　原始礼仪依靠它在复制与传递信息方面的特点，在一定程度上解决上述矛盾。首先，原始礼仪利用特殊方法复制信息，这就是程式化的体语和曲调化的口语。一般的体语和口语容易变形，因而无法准确复制信息。于是，原始人把体语程式化成为礼节，把口语曲调化成为歌曲。礼节与歌曲，再加上礼器，这就是原始社会普遍存在的各种原始礼仪，包括巫术礼仪、原始宗教礼仪等。程式化的礼节容易重复，曲调化的歌曲便于记忆，信息也就得到了相对准确的复制。在当时的传播

---

① ［美］Wilbur Schramm：《人类传播史》，台北：远流出版事业股份有限公司年，1994 年，第24 页。

② ［肯尼亚］理查德·利基：《人类的起源》，上海：上海科学出版社，1995 年，第 85 页。

技术条件下，这无疑是大规模复制信息的最佳方法。原始礼仪不仅在复制信息方面有特点，在传递信息方面也有特点，这就是"定期传播"与"多层传播"。原始礼仪不是种纯粹的传播活动，它还是原始社会重要的组织方式。由于组织活动的要求，原始礼仪必须定期重复举行，这种"定期传播"方式使信息能在时间中流传延续。由于组织结构具有层次，如新石器时代后期的部落联盟、部落、氏族、胞族等，原始礼仪层层举行，把信息传播到各层中去，这种"多层传播"使信息在空间上扩散传播。礼仪既可以复制信息，又与"定期传播"和"多层传播"等传递信息的方式相结合，这就能在较长的时间和较大空间中形成大规模的传播活动，满足原始社会大众传播的需求。

考古材料也可以说明这一点。我国考古已经发掘出不少规模宏大的上古祭坛，如我国新石器时代的辽西东山嘴祭坛，其长达 60 米左右，宽达 40 米左右。这些规模宏大的祭坛，使我们今天还能想象出当时传播规模。值得注意的是这些祭坛还存在着某种联系。玉器专家杨伯达曾指出，从辽西东山嘴、牛河梁开始，南下经山东临朐，安徽含山、太湖，江苏武进寺墩，上海青浦福泉山，终于浙江余杭瑶山，自北至形成的一条线，恰好位于我国东部原始社会弧形玉器带内。这些祭坛内都发现了玉器，而且大都有龙的形象。[①] 可见，新石器晚期中国东部存在过规模相当大的传播活动，遍及从辽西到浙江余杭这么广大的地区。值得注意的是，这些绝对年代并非完全一致而又分布在广大地区的祭坛，却发现共同礼器玉龙（很可能就是图腾标志）。相类似的重要礼器出现于不同的年代，这可能就是"定期传播"造成的；而它们又分布于辽阔的地区，这很可能是"多层传播"造成。正因为有这种"定期传播"与"多层传播"形成大规模的原始礼仪传播活动，使分布在辽阔的地区的众多原始先民形成共同的观念，从而成为一个整体，最终形成国家。

上面我们勾勒了原始礼仪的轮廓，现在我们来讨论它的性质。我们认为原始礼仪不仅是人际传播，它还是种原始的组织传播，甚至是种原始的大众传播。把礼仪传播视为人际传播和原始组织传播比较容易理解，要把它视为原始大众传播就要做点解释了。原始礼仪的传播范围已经不再限于氏族组织内部，受众不再只是确定的组织成员，因此单用"组织传播"界定它显然不合适了。实际上，在某种程度上原始礼仪的受众已经是"分散各地，互不认识的为数众多"的大众。因此，

---

① 参见闻思言：《千禧之年筑圣坛，一脉承传五千年》，《文物报》2000 年 1 月 2 日第 4 版。此资料是厦门大学人类研究所蔡保全先生提供，特此致谢。

如果从研究传播发展史需要出发，对"大众传播"做广义的界定①，我们可以把这种"定期传播"和"多层传播"而形成的大规模的原始礼仪称为原始大众传播。我们把原始礼仪视为人际传播、组织传播，同时又视为大众传播，也许会有人为此感到困惑。实际上，这正是传播学范畴划分上的一个特点，大众传播、组织传播、人际传播、自我传播分别依次向下兼容。例如，现代大众传播下面也包含着记者采访等人际传播和媒体内部的组织传播。

原始礼仪载歌载舞，既有语言符号又有非语言符号，但非语言符号更为突出。为了能更清晰表达抽象内容，原始礼仪衍生出史诗来②。史诗侧重语言符号，世代反复加工吟唱，诗人又把它带到广大地区，是原始社会的另一种大众传播形式。原始礼仪擅于传情，史诗擅于达意，两者彼此补充，互相配合。可以说，原始礼仪与史诗是原始社会，特别是在新石器时代晚期的主要的大众传播形式，两者在不同的社会条件下从不同的侧面担负起那个时代的大众传播的任务。

二、文字传播初期的非语言大众传播：古代礼仪

一万年前左右，世界几个地方独立地发明了农业技术。农业的出现使人类得以定居，为文字的产生提供了可能性。至今 5500 年左右，人类成功地创造出文字，进入了文字传播时期。文字传播举步维艰，由于书写材料和书写方法的限制，在相当长的时期内，文字得不到广泛的流行。然而，刚从原始社会母体中诞生出来的国家，对大众传播的需求却有增无减。既然文字还不流行，那么，原始社会遗留下来的礼仪与史诗，就自然而然地被加以改造，用来满足这一时期的大众传播的需求。

先来看看史诗。既然有了记录口语的文字，史诗便被记录下来，慢慢淡出历史舞台。记录下来的诗，与先前零星散见的文字汇集成编成册，这就是书，从书又衍生出报与刊。书、报、刊等语言大众传播的研究较为充分，发展线索也相对清晰，对此我们不再展开论述，而把叙述的重点放在非语言大众传播的发展脉络上。

---

① 笔者曾以是否在传播过程中使用机器媒介为划分标志，把"大众传播"一词分为广狭义。狭义"大众传播"使用机器媒介，而广义"大众传播"既可以使用机器媒介，又可以使用非机器媒介。作用广义"大众传播"一词，我们可以把大众传播史的研究范围扩展至古登堡印刷机发明之前的一切面向大众的传播形式。参见黄星民：《"大众传播"广狭义辨》，《新闻与传播研究》1999 年第 1 期。

② 专门研究史诗的学者潜兹明先生说："创世史诗的流传和保存，主要得之于原始宗教的祭祀活动、宗教经典和巫师。"参见潜兹明：《论史诗》//《史诗探幽》，北京：中国民间文艺出版社，1986 年，第 5 页。按：史诗的源起，与原始礼仪有密切的联系。但它在形成的过程也吸收其他文化因素，潜先生后来也补充了自己的观点。见同书第 3 页。

随着原始社会的解体，人类进入了文明时期，原始礼仪发展成古代礼仪。早期的古代礼仪主要是宗教礼仪。这些宗教礼仪在不同的自然环境和社会环境中，朝不同的方向发展。在世界大多数的地区，继续朝着以"神"为中心的方向发展，演化成以世界三大宗教为主的宗教礼仪体系。而在我国，却转向以"人"为中心的方向发展，形成世界文化史上独特的礼乐制度。

夏商时期，礼仪还带有浓厚的"神"的色彩。夏禹重视祭祀："伤先人父鲧功之不成受诛，乃劳身焦思，居外十三年，过家门不敢入，薄衣食，致孝于鬼神。"[①]商人重鬼，祭祀之风极盛，他们甚至发展出一种"周祭制度"，一年三十六旬旬旬轮番祭祀[②]。到了西周，礼仪出现了由"神"向"人"的转变。"天视自我民视，天听自我民听。"[③]周初统治者在王朝的兴衰中悟出了民意能决定天意的道理，从而提出了"敬天保民"的统治思想，"人"的地位开始突出，礼仪也就随之发生了历史性的转变。西周初年，周公旦在其摄政七年期间，在周人原来的制度基础上，参酌殷礼，有所损益，制定了礼乐制度，这标志中国的礼仪转到以"人"为中心的发展轨道上。周室东迁之后，国力日衰，出现了礼崩乐坏的局面。孔子栖栖惶惶，知不可为而为，力图恢复周礼，最终归于失败。但在复礼努力中，孔子修订、演习、解释、传授礼乐，把"仁""中庸"为核心的儒家政治道德观念与礼乐的形式成功结合起来，礼乐被改造成儒家的传播工具。汉儒追随孔子，继续对礼乐的含义进行探讨，并把这些探讨结果汇编成《礼记》。同时，他们重建礼制，把它进一步规范化，形成了六礼、七教、八政等细密的礼教，礼乐进一步渗透到人们日常生活中去，成两汉重要的传播现象之一。

比起原始礼仪来，礼乐传播已经是更加成熟的大众传播形态。首先，由于规范化，礼乐能更准确地复制与传播信息。原始社会礼仪"自发"状态，还谈不上什么规范化。有了国家，人们就对它开始进行规范，礼仪进入所谓的"人为"阶段。[④]夏的考古材料还不足，不好轻下论断。商代礼仪的规范化已经较为明显，上述商代"周祭制度"便是个例证。西周初年周公旦制礼作乐，从制度上对礼仪进行了规范。孔子及其后的儒家对礼乐形式和内容进行了进一步的规范，礼仪的规格时间地点，与礼者的揖让周旋升降，礼器的质料形状尺寸，都有了严格的规定，

①　《史记·夏本纪》，北京：中华书局，1982年，第51页。

②　参见杨华：《先秦礼乐文化》，武汉：湖北教育出版社，1997年，第44—45页。

③　《十三经注疏·尚书·秦誓》，北京：中华书局，1980年影印版，第44—45页。

④　这里借用恩格斯的"自为宗教"与"人为宗教"这两个概念来说明礼仪在国家出现前与出现后有所不同，国家出现之后礼乐即由统治者制定，所谓的"礼乐征伐自天子出。"（《论语·季氏》）。恩格斯关于"自为宗教"与"人为宗教"的论述，参见陈荣富：《宗教礼仪与文化》，北京：新华出版社，1992年，第58—60页。

礼乐的内容也有了统一的解释。《三礼》成书之后，礼乐的规范化还得到文字有力的支持。礼乐形式的规范化提高了复制与传播信息的准确性。孔子曾经说过："吾自卫反鲁，然后乐正，《雅》《颂》各得其所。"[①] 南朝儒家学者皇侃《论语义疏》对此解释道："乐音得正，所以《雅》《颂》之诗各得其本所也。《雅》《颂》是《诗》义之美者，美者既正，则余者正亦可知也。"[②] 也就是说，孔子对《诗》乐的规范后，《诗》乐的传播内容更为准确了。实际上，基督教礼仪也有过规范化历史。基督教最早，也是最重要的礼仪据说是耶稣亲自订立的圣餐礼和洗礼。圣餐礼和洗礼早在 1 世纪初使徒教会时代已经施行了，到 2 世纪中叶圣餐礼形式才基本定型，而洗礼则衍生出按手礼、坚振礼、忏悔礼、终傅礼、婚配礼等规范化的"圣事"。[③] 可见为了提高传播效率，保证传播内容的相对准确，礼仪规范化是势在必行的措施。

其次，礼乐传播更加成熟还表现在规模化。随着华夏文明的扩展、汉民族人口的繁衍，礼乐传播的规模比原始礼仪大多了，这是不言而喻的事。我们在《礼乐传播初探》一文中已经对它传播的规模做了点探讨。我们发现即使是在礼崩乐坏的春秋时期，礼乐传播还是遍及华夏各地，包括武城这种小地方。礼乐的"定期传播"，特别是"多层传播"的方式比原始礼乐完善。在原始社会中，由于考古的材料不充分，原始礼仪的"多层传播"方式还较模糊，我们只能通过考古材料去推测。礼乐传播的"多层传播"就十分清楚了。它依靠的是与周王朝的宗法制度，天子、诸侯、大夫、士等阶层各有与之相应的礼乐。礼乐层层举行，把信息传播到华夏地区各阶层。这种类似的情况在宗教礼仪也出现。在历史上，基督教使用了与礼乐相同的"多层传播"的方式来扩大传播规模，不过礼乐是以宗法制为基础，而基督教是以教皇、红衣主教、大主教和主教为基础。

以中国礼乐为代表的古代礼仪比原始礼仪成熟多了，但我们还不能认为古代礼仪是种完全成熟的大众传播。首先，古代礼仪不是种纯粹的传播活动，它同时还具有法律、政治、民俗等社会功能。其次，古代礼仪传播中传者与受众没有明确的分化，某些古代礼仪中虽然有观众，但更多的时候礼仪传播的表演者就是受众本身。因此，我们认为它只是古代大众传播的初级形态。然而，在文字尚未普遍流行时期，古代礼仪是向大众传播信息主要的手段。随着书写材料改进，特别是纸的出现，文字慢慢流行起来，手抄书报等古代大众媒介日益成熟。古代书报一个方面对古代礼仪传播进行补充，用文字帮助礼仪的内容规范化；另一个方面

---

① 《论语·子罕·第十五章》
② 参见程树德：《论语集释》，北京：中华书局，1990 年，第 609 页引注。
③ 参见罗竹风主编：《宗教通史简编》，上海：华东师范大学出版社，1990 年，第 334—335 页。

又向古代礼仪发出了挑战，迫使古代礼仪在传播抽象内容的方面慢慢地让出地盘。

三、文字传播后期的非语言大众传播：戏曲

章学诚曾经说过："后世竹帛之功，胜于口耳；而古人声音之传，胜于文字；则古今时异，而理势亦殊也。"[①] 在不同的历史时期，古代礼仪与文字在传播中有不同的地位。在文字不能普遍流行的年代，大众传播的主要形式是古代礼仪。随着文字的日益普及，古代礼仪也就慢慢地让位于文字媒介书籍以及后来的报刊。

书取代礼乐成为中国大众传播的主流，这是个相当长的历史过程。这个过程早在战国时期已见端倪。章学诚又指出："故专门治术（引者按：指兵、法、农、阴阳等诸家），皆为《官礼》之变也。情志荡，而处士以横议，故百家驰说，皆为声《诗》之变也。战国文章，先王礼乐之变也。"[②] 社会变革促使了媒介的变革，中国以礼乐为代表的口述传统在战国开始变为文字传统，私门著述开始出现。秦代"书同文"，并创造了小篆和隶书，书写方便了。汉代造纸技术成熟，晋代纸开始广泛使用，解决了书写材料的问题。唐宋雕版活版的发明，更使中国的文字传播媒介和发展势不可挡。"以数量来说，直至十五世纪末年，中国书籍比世界上各国书籍的总数还要多。"[③]

文字流行之后，礼乐传播受到文字和冲击，出现了颓势。一方面是礼乐的语言符号传播功能被转移到文字媒介，引起礼乐内容空洞化，形式随之简约起来；另一方面是新的传播方式戏曲兴起，礼乐非语言符号传播地位下降。不言而喻，在传播抽象的方面，书报比礼乐具有更大的优势。文字流行之后，人们自然倾向于使用文字媒介书报来传播语言，而不愿再借用繁缛的礼仪，礼乐传播的内容便慢慢地被转移出去。礼乐传播的内容转移出去后，礼乐的形式也就慢慢地简约了。到了宋代，朱熹便明确地说："古礼繁缛，后人于礼日益疏略。然居今而欲行古礼，亦恐情文不相称，不若只就今人所行礼中删修，令有节文、制数、等威足矣。古乐亦难遽复，且于今乐中去其噍杀促数之音，并考其律吕，令得其正；更令掌词命之官制撰乐章，其间略述教化训诫及宾主相与之情，及如人主待臣下恩意之类，令人歌之，亦足以养人心之和平。"[④] 这种礼仪形式简约化的现象，也发生在基督教的历史中。17 世纪末，在印刷文字的冲击下，繁缛的天主教礼仪开始给简洁

---

① 《文史通义校注·诗教下》，北京：中华书局，1985 年，第 78 页。
② 《文史通义校注·诗教下》，北京：中华书局，1985 年，第 78 页。
③ 钱存训：《中国古代文字记录的特色》，《中国书籍纸墨及印刷史论文集》，香港：中文大学出版社，1992 年，第 2 页。
④ 《朱子语类》卷第八十四《论考礼纲领》，北京：中华书局，1981 年，第 2177 页。

的新教礼仪让出地盘。美国纽约大学媒介生态学教授耐尔说："天主教仍然维持着一种印象的宗教，持续地加强信徒的偶像崇拜，并过度注重教会和仪式的种种规范。相反的，基督新教则演变成一种书籍的宗教，禁止偶像崇拜，倡导严谨修身主义。"[1] 正因为由于马丁·路德大力倡导的印刷《圣经》的流行，新教才有可能摆脱天主教会的繁缛礼仪，走向"因信称义"的新道路。

礼乐形式简约起来，不能满足人们非语言符号传播的需要。于是，戏曲这一新的传播形式也就兴起。抽象的语言符号擅于达意，形象的非语言符号善于传情，大众传播对达意和传情都需要。礼乐形式简约，其大量的非语言符号消失了，再也无法满足大众的传情娱乐的需要。因此，在其他社会因素的共同作用下，新的传播形式戏曲兴起。与古希腊的戏剧直接从礼仪发展出来不同，中国戏曲有其十分悠久曲折的形成过程。王国维在其《宋元戏曲考》中认为，中国的戏曲起源起于巫，战国时与俳优合流，至汉的角抵，又增加了故事情节。至南北朝，出现《代面》《踏摇娘》，合歌舞以演故事，而成后世戏曲源头。也就是说中国戏曲起源是原始巫礼，长期以来再吸收各种表演艺术的因素而形成。宋室南渡前后出现的南戏，标志中国戏曲成熟。在这之后，戏曲这种传播形式在中国迅速发展起来。南戏有《荆》《白》《拜》《杀》《琵琶》诸名剧，元剧则涌现出关、白、马、郑诸大家，明传奇则有与莎翁同时于东西方各领风骚的汤显祖。到了清中叶，各种地方戏曲兴起，熔铸西皮与二黄的京剧脱颖而出，成为全国最有影响的剧种。中国的戏曲传播蔚为大观，在中国的大众传播史上占有重要的地位。值得注意的是中国戏曲传播与希腊戏剧有明显不同。希腊戏剧深受希腊史诗的影响，悲剧之父埃斯库罗斯（Aeschylus）甚至被说成"从荷马的桌子上收集残屑"。[2] 希腊戏剧语言符号占相当重要地位，"舞台上动作很少，演员主要的事是背诵观众早已熟知的情节中的事件"[3] 而中国的戏"曲"的名称告诉我们，它"更倾向于服从感情表现方面的规律，而具有音乐、舞蹈等艺术的表现性，因而与音乐舞蹈的表现性艺术相类似"[4]。音乐、舞蹈、动作等非语言符号在中国戏曲中占有重要位置，就是"对

---

① [美]Neil Postman：《童年的消逝》，台北：远流出版公司，1994 年，第 49 页。

② Susan B. Franklin，Traces of Epic Influence in the Tragedies of Aeschylus，1895.（《伊斯喀拉斯悲剧中史诗影响之踪迹》），转引自 [加]Harold A. Innis：《帝国与传播》，台北：远流出版公司，1993 年，第 104 页下注释。按：Aeschylus 国内通译为"埃斯库罗斯"，他首创三联剧的悲剧形式，使登场的演员由一个增为两个，并缩减合唱，把韵文对白变为悲剧的主要部分，其间深受荷马史诗与品达（Pindaros）所改良的合唱抒情诗（choral lyric）的影响。希腊悲剧自此日趋完善，故埃氏被称为希腊的"悲剧之父"。

③ [美]菲利普·李·拉尔夫、罗伯特·E. 勒纳、斯坦迪什·米查姆、爱德华·伯恩斯：《世界文明史》，北京：商务印书馆，1995 年，第 244 页。

④ 蓝凡：《中西戏剧比较论稿》，上海：学林出版社，1992 年，第 124 页。

白""独白"也被曲调化。希腊戏剧重在语言符号，中国戏曲重在非语言符号，是个耐人寻味的问题。原因之一可能是希腊戏剧出现在文字流行之前^①，语言符号的传播还要依靠戏剧，所以语言在戏剧中还占有相当重的分量。而中国社会早期已经有了礼乐，能在一定程度上满足大众传播需要，所以没像希腊那么早就出现戏剧。中国戏曲兴起时文字已经流行，抽象的语言可以用文字来传播，所以语言在中国戏曲中不像古希腊戏剧那么重要了。文字无法传播的非语言符号则由戏曲来表现，音乐和舞蹈的元素在中国的戏曲中也就占有突出的地位了，故称之为戏"曲"而不称为戏"剧"。

包括中国戏曲在内的世界戏剧无疑是比古代礼仪高级的大众传播形态。它们的发展较为复杂，不同地区有不同的发展线索，本文难于一一追溯。单从中国情况来看，戏曲是比礼乐更成熟的大众传播。首先，戏曲已经是纯粹的传播活动，不像礼乐那样同时还混有法律、政治、风俗等其他社会功能。其次，传播形式也更为成熟，传者与受众已经分离了。再次，戏曲能更准确地复制信息。虽然它还用曲调化的口语与程式化动作来复制信息，但动作的程式化更严格，如元剧里的"科范"，口语的规范化得到文字（剧本）的有力支持，这都保证了信息复制准确性比礼乐传播进一步地提高。最后，在传递信息方面，戏曲不再用"定期传播"的方式，而是"随时传播"，也不再是"多层传播"，而是"多场传播"，这就使信息的传递更加灵活准确。因此，如果说礼乐是中国古代大众传播的初级形态，那么，戏曲则是中国古代大众传播的高级形态。戏曲在中国的大众传播历史上占有重要的地位。唐雕版与宋活版印刷出现之后，文字开始广泛流行，中国的大众传播活动既有手抄与手工印制的古代书报^②，又有衰落的礼乐和新兴的戏曲。古代书报善于传播语言符号，向识字的群体传播抽象的内容，满足大众交流意见传播思想的需求。戏曲礼乐善于传播非语言符号，既向识字群体，也向不识字群体传播形象的内容，满足大众沟通情感寻求娱乐的需求。两者互相渗透，彼此补充，共同满足大众传播活动中传播思想与交流感情两个方面的需求。在世界范围内，戏剧也

---

① 按：埃斯库罗斯于 BC 472 年在表演中加入第二个演员而奠定了希腊戏剧的基础时，文字在希腊尚不流行："公元前 470 年，希腊还没有阅读大众，但到了公元前 430 年，希罗多德（Herodotus）却已发现他的演说很容易就变成书籍流传。在培里克里斯（引者按：即 Pericles，大陆通译为'伯里克利'，其时代是指 BC443—BC429 伯氏连任首席将军希腊内部极盛时期）时代的雅典，'阅读普及各处'，但散文要到伯罗奔尼撒战争（Peloponnesian War）开始之后才发扬光大。"转引自 [加]Harold A. Innis：《帝国与传播》，台北：远流出版公司，1993 年，第 106 页。

② 按：中国的雕版与活版印刷术与德国古登堡的印刷机不同。雕版活版还不是机器媒介，古登堡的印刷机才是人类历史上的第一个机器媒介，因此我们把古登堡印刷机视为现代大众传播时代开始的标志。在现代大众传播时代之前的古代大众传播时代的书报我们称之为古代书报，包括手刻书、手写（抄）书和手工印制的书报等。而印刷机印刷的书报我们称之为现代书报。

应该视为比古代礼仪进步的大众传播，它们在不同的社会中以不同的方式与古代礼仪、古代书报互相配合，使人类大众传播史更加丰富多彩。

四、印刷与电子传播时期的非语言大众传播：电影、广播、电视、网络等

15 世纪中叶出现的古登堡印刷机是第一个插入人类传播过程的机器媒介，把人类带入了现代大众传播时代。古代手抄和手工印刷书报变成了现代印刷书报，大众传播事业有了长足的发展，特别是报纸出现了质的飞跃。17 世纪以来的资产阶级革命为报业的发展扫除了政治上的障碍，18 世纪以来的工业革命又为报业的发展提供了经济的支持，19 世纪商业报纸出现，报业出现了空前的繁荣。尽管印刷机在人类传播史上有巨大的意义，但从传播非语言符号的角度看，印刷机印制主要是文字和少量的图片，实际上它只是书写文字的延伸，对于体语、音调、活动画面等非语言符号来说，它就无能为力了。可以说，印刷机对非语言符号的传播意义并不大。所以，印刷机诞生后人类进入了现代大众传播时代，戏剧和礼仪等还是非语言大众传播的主要形式，这种情况直到电子大众传播媒介的诞生才告结束。

电子传播媒介的出现使人类有可能用机器来复制和传播活动画面和声音等非语言符号。19 世纪末出现第一个电子大众传播媒介无声电影，给大众带来了活动图像却缺少了声音。第一次世界大战后发展起来的广播，给大众带来了声音却缺少了图像。20 年代末的有声电影，则把活动图像与声音结合起来，但从传播过程来讲，它还只是半电子化，电影拷贝依然还需要依靠交通运输的传递。第二次世界大战后兴旺起来的电视，传播全过程实现了完全电子化，声音与活动图像通过电子模拟信号形式以光速瞬时传遍全球。当前，计算机网络又在数字化的基础上对电子传播媒介进行一次大综合，具有空前强大的传播能力。今天，它不仅能传播报纸的文字，还能传播电台的声音，在带宽足够的地方它已经可以流畅地传播电影电视的活动图像，显示了强大的综合性传播功能，语言符号与非语言符号再次统一。不久的将来，它还可以向人们传播可视可听、可触可摸、可漫游其中的虚拟实境（Virtual Reality），把人类带入崭新的传播时代。

在这个异彩纷呈的电子大众传播时期，非语言符号大众传播方式也发生了巨大的变化。首先，人类复制非语言符号的方式发生了革命性的飞跃。电子传播媒介之前，人类复制非语言符号只能依靠程式化动作与曲调化声音。程式化动作与曲调化声音复制信息虽然比一般的人际渠道准确，但还是容易失真变形。就像机器生产出高度规范化的工业产品一样，电子大众传媒能生产出高度规范化的信息产品，电子大众传播媒介使人类准确地复制非语言符号的能力空前地提高了。其

次，人类传递非语言符号方式也产生了革命性的变化。体语等非语言符号本来无法脱离人体，要把它们传递到远方，只能采用"多层传播""多场传播"等方式。现在，电子大众传播媒介理论上能够以光速传递各种信息。人们又根据种种需要铺设了海底电缆，建设了陆上微波中继站、发射了通讯卫星，这个由有线无线构成的流动着模拟或数字化信号的海陆空立体电子通讯网络，使地球上的任何距离都不再有意义。大众传播的规模已经全球化，语言符号和非语言符号通过这个当代的电子通讯网络瞬间传遍全球，"地球村"呼之欲出。

在电子大众传播媒介的冲击下，礼仪和戏曲等非语言大众传播形式也发生了急剧的变化。在中国，西学东渐，教育传播体制发生了根本性的变化，科举的废除和学校的兴办，使中国的"士子"变成"知识分子"，礼乐传播的社会基础不复存在，早就窘态毕露的礼乐传播随中国封建制度的崩溃退出了历史舞台。戏曲传播也受到前所未有的挑战，观众先是涌入了电影院，接下来待在家里看电视，有的甚至变成"沙发土豆"（couch potato）。观众的锐减使中国戏曲感到沉重的生存压力，人们正为它的生存与变革进行思索与探索。与此同时，宗教礼仪传播也受到了冲击。礼仪是宗教的要素之一，它不可能从宗教中消失。然而，部分宗教活动已经转移到电子媒介中去了，20年代美国库格林神父用电台建立起来的"空中帝国"，当今每星期天上午的"电视礼拜"节目，都使受众对其礼仪参与程度大为降低。

虽然由于电子大众传媒的出现，礼仪传播地位下降了，然而传播学的研究中，礼仪传播还应受到必要的重视。今天，礼仪并没有完全消失，各种各样的礼仪仍然在许多宗教、外交、婚丧等特定场合中举行，传递各种各样的特定信息。从礼仪发展出来的音乐、舞蹈和戏曲则走进了电影、广播、电视，以及VCR、VCD、DVD等媒介，以更快的速度在更大的范围中传播，给大众传播增加更为丰富的色彩。今后，它也不可能完全消失。结构主义人类学认为，人生全过程存在着许多"界"（categories），从界到界的跨越必须有跨界仪式（boundary rituals），"所以在所有的社会里，在度过'生命与无生命'过程时，都要举行仪式，赋予意义，无论这个过程是诞生抑或死亡。同样地，在单身与结婚、童年与成人的过渡阶段中，无可避免地都有精致的仪式，使得这个跨越类目分界的过程显著而具有意义"[①]。事实上，近年来国际上部分传播学者对礼仪传播的研究十分重视，并出现了与"传播派"相对的"仪式派"。仪式派确实非常深刻地理解了礼仪传播现象。在他们看来，媒介的力量不仅在于它提供真实的内容，更在于它提供真实内容的形式。人

① ［美］J.Fiske：《传播符号学理论》，台北：远流出版公司，1995年，第159页。

们接受新闻不仅只是了解世界，而是在履行一种仪式，人们可以从参与这个仪式中获取满足感和安全感，就像参加宗教仪式或民间传统活动那样①。确实，我们可以把人们在自己家中看电视的活动，看作类似过去的宗教仪式和民间传统活动，人们参与其中，不仅仅只是从其中获得信息，还从其中感到参与、满足和安全。只不过现在有了能把信息送进千家万户的当代电子大众传媒，人们再也不必像过去那样集中在一起，能以一种更为自由的方式参与社会仪式。

综上而言，波澜壮阔的人类大众传播发展史极其错综复杂。语言大众传播形式与非语言大众传播形式两者互相渗透，你中有我，我中有你；两者互相影响，此长彼消，你追我赶；两者又互相配合，共同满足大众理性与情感两方面的传播需求。早在原始社会，为了整合社会，满足那个时代的大众传播需求，人类就以原始礼仪的方式进行了大规模的原始大众传播活动。随着社会的发展，既有语言符号又有非语言符号的原始礼仪传播朝着两个方面发展。一是朝侧重语言符号发展，原始礼仪中分化出史诗，进而分化出文字媒介古代书报与现代书报。一是朝侧重非语言符号为方向发展，以原始礼仪中的非语言符号为主，混杂着尚存语言符号则发展成古代礼仪、戏剧、电影、电视等侧重非语言大众传播形式。从原始礼仪分化出来的并行发展而又互相渗透的语言符号与非语言符号，在不久将在计算机网络中再次得到统一。看来，我们正处在一个伟大的传播革命的前夕，我们对我们的过去有多少了解，我们对我们的将来又做了多少准备呢？

---

① 参见孙皖宁：《传播研究中的仪式派》，《新闻与传播研究》1994 年第 4 期。

媒介与诗歌：宋代邸报诗的新闻传播活动价值 *

刘大明 **

摘　要：在中国古代新闻史上，邸报作为官方信息发布的主要媒介载体，满足了士大夫阶层了解朝廷动态的信息需求，成为宋代独具特色的新闻信息传播活动。对于士大夫来讲，他们不仅对官方信息有了精神依托，而且有了评价对象，并由此产生了"读邸报诗"。这些随感而发的邸报诗，其内容涉及政治活动、军情战报、社会文化等方面，对于研究宋代新闻传播活动均有重要的价值。

关键词：宋代；邸报诗；新闻传播活动；价值；士大夫

从中国古代新闻史看，宋代无疑是以邸报 ① 为代表的新闻传播活动相当活跃的时期。宋代的邸报不但成为官方信息发布的主要媒介载体，保证了政令畅通，而且满足了士大夫群体了解朝廷动态的欲求，进而形成了对邸报的精神依托。士大夫群体以邸报为题作诗，由此产生了一种邸报与诗歌相结合的诗文题材，即"读邸报诗"。宋代的邸报诗作为士大夫们随感而发的产物，其内容涉及政治活动、军情战报、社会文化、个人遭遇等诸方面。因此，本文拟对邸报诗进行开掘，以窥探宋代邸报诗的产生环境、读报群体的社会生活及邸报的传播情况等问题，并深入探寻邸报诗与宋代新闻传播活动的密切关系。

一、邸报与"邸报诗"的缘起

关于邸报诗的产生，需要先来探讨下邸报的起缘及发展。尽管有学者推测邸报起源于汉代，但从传世的史料看，邸报应出现于唐代。据唐代孟棨《本事诗》：

---

　　*　本文原载于《国际新闻界》2019 年 06 期，第 164—176 页。

　　**　刘大明，西南政法大学新闻传播学院副教授，博士。

　　①　本文邸报不是某一种报纸的专名，而是对中国古代所发行的官报总称，如"朝报""进奏院状""除目""邸状""报状"等。

"留邸状报制诰阙人"。① 又据《旧唐书·李师古传》记："师古近得邸吏状。"② 据戈公振、方汉奇等新闻史学者所论唐代邸报的产生，实与安史之乱后藩镇割据局面的出现密切相关。当时地方藩镇势力膨胀，在京城设置进奏院，派遣进奏官刺探朝廷内外信息，以手抄节录的方式向地方传递信息，其读者主要是藩镇等少数官员。可以说，唐代的邸报在某种程度上类似于"谍报"性质的情报。在这种情况下，当然更谈不上唐代出现"邸报诗"。

与唐代相比，宋代的邸报事业进入一个黄金时期。首先，为了吸取晚唐五代混乱的教训，宋初帝王在加强中央集权的同时，也将藩镇驻京的进奏院收归中央，邸报被改成处朝廷管理下统一发布。宋太宗太平兴国八年（公元 983 年），朝廷重新设置都进奏院，任命张文粲、王礼等官员，对其职能、人员编制及编报程序做出规定，"凡朝廷已行之命令、已定之差除，皆以达于四方，谓之邸报"。③ 随着邸报发行机制的逐步完善，邸报的传播范围和社会影响也在不断扩大。其次，在"与士大夫共治天下"的治国理念影响下，士大夫群体踊跃参政议政，经常将邸报作为排忧解难的论政载体。最后，随着宋代商品经济繁荣、印刷技术推行及邮驿交通畅通，为邸报的广泛传播提供了便利条件。由此，北宋末年开封"凌晨有卖朝报者，并所在各有大榜揭于通衢云，云金人许推择赵氏贤者"④《西湖老人繁胜录》载，南宋中期临安诸市"四百四十行"，其中有"卖朝报"一行。无独有偶，南宋周密《武林旧事》列举了临安市面上"一百八十种"行当，其中有"供朝报"。⑤虽然这些"朝报"是指小报，但是说明以邸报为代表的新闻事业在宋代已经有了长足发展。反过来说，当时社会形成一个相对固定的读报群体⑥。换言之，宋代繁荣的新闻事业为形成以邸报信息为评价对象的诗歌提供了成长条件。据载，流传下来的有关宋代邸报诗如下：

① 孟棨：《文渊阁四库全书》第 1478 册《本事诗》，上海：上海古籍出版社，1987 年影印版，第 235 页。
② 欧阳修：《旧唐书》卷 124《李师古传》，北京：中华书局，1975 年，第 3538 页。
③ 徐松：《宋会要辑稿》卷 2—125《刑法》，北京：中华书局，195 年 7 影印版，第 6503 页。
④ 汪藻：《靖康要录》卷 15，台北：台湾文海出版社，1965 年，第 956 页。
⑤ 周密：《武林旧事》卷 6，杭州：西湖书社，1981 年，第 103 页。
⑥ 尹韵公：《南宋都城临安的"卖朝报"与"消息子"及其他》，《新闻与传播研究》1998 年第 3 期。

宋代邸报诗数量统计表 ①

时代	诗人	邸报诗
北宋	10	10
南宋	25	29
合计	35	39

来源：四库全书、宋诗钞等（尚未考证除目、除书及边报诗等未载入，存在偏差）

从表中看出，南宋诗人、邸报诗数量均高于北宋，反映了南宋时期从事信息传播的人们和行当十分活跃。

客观上讲，宋代繁荣的新闻事业推动了一种以邸报信息为评价对象的诗歌出现。关于"读邸报诗"，"即诗人在阅读了邸报上刊载的各类信息之后，以此作为评价对象，有感而发，进行的诗歌创作"②。据史料考证，邸报诗最早出现于宋太宗至道二年（公元996年），文学家王禹偁读邸报后，获知恩师、朝廷重臣贾黄中去世，写了一首带有悼念性的诗作《有伤》："壁上时牌催昼夜，案头朝报见存亡。悬车又丧司空相，延阁新薨贾侍郎。陶铸官资经化笔，品题名姓在文场。緬帷一恸无由得，徒洒春风泪数行。"③由此可见，邸报诗内容多出自邸报，并且经过形象化的描写等手法进一步加工，将邸报中涉及朝政新闻的内容表现出来。刘埙在《隐居通议》卷十一《观邸报题诗》中写道："丹瑕先生张诚子自明，尝有一绝句云：'西风飒飒雨萧萧，小小人家短短桥。独倚阑干数鹅匹，一声孤雁在云霄。'前题曰《观邸报》。见者辄不解，曰：'观邸报而其诗若此，何也？'有一士独太息曰：'此诗兴致高远，真得作诗之法，何也？彼以《观邸报》为题，而其旨如此，甚不难见。'风雨萧飒'夕，兴国事风尘也；'小小人家'兴建都钱塘仅得一隅也；'短短桥'，兴朝廷无长策济时也；'独数鹅匹'，兴所属意者卑污之人也；'雁在云霄'，兴贤者高举远引也，当时必有君子去国，故为是语。试以此意吟咏，则得矣。不然，则诗与题奚关哉？'此盖善于评诗者，大抵诗以兴意为主，是诚可为作诗法。"④这段记载表明邸报诗是诗歌一种，是诗人对邸报新闻关注的精神依托与评价

---

① 关于宋代邸报诗的数量统计来源：影印文渊阁四库全书、四部丛刊、全宋诗等（尚未考证除目、除书及边报诗等没载入，偏差）。

② 沈文凡：《唐宋诗分题材研究与构想——以考古诗、邸报诗及类分意识为中心》，《吉林大学社会科学学报》2003年第6期。

③ 王禹偁：《小畜集》卷10，上海：商务印书馆，1922年影印版，第803页。

④ 刘埙：《文渊阁四库全书》第866册《隐居通议》，上海：上海古籍出版社，1987年影印版，第113页。

对象，这是要讲清的一点。

　　值得一提的是，自宋代以降，邸报诗在后世作家的继承与发展中不断成熟，如明代陈献章《邸报刘亚卿先生以今冬十月得请还东山喜而有作》、清代查慎行《阅邸报知撰恺功改官翰林侍讲喜寄二首》、钟惺《邸报》等。虽然邸报一直到清代才消亡，但是这种诗论新闻的创作传统并没有消失。近代以来，邸报诗的指称对象伴随报纸变化而变化。著名诗人陈三立在《酬涛园》中有"断烂贪看朝报在，阳狂屡杂市人过"一句，所指对象为近代报纸无疑①。当代《七律·读报闻吕日周升任山西省政协副主席》中有"垂眸休管黎元事，朝报传看颂国恩"，所指为现代报纸②。可见，邸报诗的指称对象处于不断变迁之中，但是始终与复杂的传播媒介有关，这折射出中国新闻事业发展的历史轨迹。

　　二、"读邸报诗"与邸报的传播情况

　　在宋代文献中关于邸报诗的记载，可谓比比皆是。这些记载涉及邸报的传播者、传播范围、传播影响等方面，以下进行较为全面的剖析。

　　（一）士大夫群体成为监视政治环境的传播者

　　宋人称："近事邸报中当得之"，"近事邸报中可得大略"③。"故岁，过里中一士夫家，见旧邸报一沓，借归读之，其间一二口言事之得害，民之休戚，皆切于实用可举而行异乎。"④可以说，士大夫群体从邸报获取最新的时事消息，并以此为重要依据，评判朝政得失。《周易艾变易组》卷八载："宋张咏初为枢密尚书出知陈州，一日方食，邸报至。公且食且读，既而抵案坳哭，久之哭止，复弹指久之，弹止，复骂詈久之，乃丁谓逐寇準于雷州也。"⑤元丰八年（公元1085年），年幼的哲宗在高太后辅佐下即位，造成朝廷的政治风向标变化。被贬的苏轼前往汝州途中阅读邸报后，获悉保守派人物司马光进入朝廷，感到施展抱负的时机到来，兴奋之余赋诗："坐观邸报谈迂叟，闲说滁山忆醉翁。"⑥可见，像张詠、苏轼等诗人兼具官僚和士大夫身份，"开口揽时事，论议争煌煌"，是这批人的共同特征。

　　当时大多数朝野士人怀着强烈的政治责任感，具有不计于个人得失，不汲于

①　陈三立：《散原精舍诗文集》，上海：上海古籍出版社，2003年，第319页。
②　廖基添：《"朝报"一词的源流与演变》，《国际新闻界》2009年第7期。
③　吕祖谦：《文渊阁四库全书》第1150册《东莱集》，上海：上海古籍出版社，1987年影印版。
④　刘宰：《文渊阁四库全书》第1170册《漫塘集》，上海：上海古籍出版社，1987年影印版。
⑤　陈应润：《文渊阁四库全书》第27册《周易爻变易缊》，上海：上海古籍出版社，1987年影印版，第183页。
⑥　苏轼：《苏轼诗集》第五册，北京：中华书局，1982年，第1368页。

当前时局的广阔胸怀，表现出一种"关心时事，忧乐天下的情怀"。张自明从邸报上读到有关"国事"的文章，心中慷慨不平，赋一首《观邸报》曰："西风飒飒雨潇潇，小小人家短短桥。独倚阑干数鹅匹，一声孤雁在云霄。"① 南宋王迈为官清廉公正，敢于直言强谏，却始终得不到朝廷重用。所以，他在寄给朋友《春月阅报成诗寄呈方漕信儒孚若》诗，表达对宋蒙之战中朝廷决策、战争惨烈程度及其百姓苦难的关心："边耗邈如许，庙谟先定无。书生良不武，夜半说长吁。关与表余几，山阳援正孤。黄尘号鬼魅，落日走猩鼯。甲士疲鏖战，丁夫困转输。临淮一带水，诸将万金驱。宛地谁收马，延秋忌有乌。"② 上述这些邸报诗看出，文人们通过阅读邸报来表达其所面临的现实处境及生存发展的一种心理诉求。

（二）反映了邸报传播的沟通性与及时性

宋代邸报的传播也为士大夫交流增添了一条沟通渠道，他们需要眼观六路、耳听八方，关注最新的舆论话题和思想动态，并且与好友交流自己对邸报新闻的看法。庐陵名士杨万里与同乡周必大往来频繁，被时人誉之庐陵"二大老"。杨万里在致周必大的信中提道："近读邸报，得感事诗：去国还家一岁新，凤山锦水更登临，别来蛮触几百战，险尽山川多少心。何自闲人无藉在，不妨冷眼看升沉。"③ 随着邸报的作用增强而日益加深他们的邸报情结。有人邸报读时，远在天涯海角不觉寂寞，"时时得新语，谁谓山县僻"④。而诗人这样的感受，"近复关原旧，频看邸报新"⑤，"边事廷伸奏，朝除邸报驰"⑥，也可从侧面验证当时邸报的发行比较规范、及时、迅捷。许多文人通过邸报诗表达其关心朋友的科场仕途情怀："几度观朝报，差除不到君。山林自台阁，文字即功勋。"⑦ 由此，我们有理由相信，在宋代的邸报新闻与读者关系中，只能是读者去适应邸报新闻，而非要求邸报新闻去满足读者的需要。

① 刘埙：《文渊阁四库全书》第866册《隐居通议》，上海：上海古籍出版社，1987年影印版，第113页。

② 王迈：《文渊阁四库全书》卷14《臞轩集》，上海：上海古籍出版社，1987年影印版，第1178页。

③ 张世南：《游宦纪闻》卷3，北京：中华书局，1981年，第27页。

④ 唐庚：《四部丛刊三编》卷12《眉山唐先生文集》，上海：商务印书馆，1936年影印版。

⑤ 许及之：《全宋诗》第46册《再次韵》，北京：北京大学出版社，1998年，第28217页。

⑥ 舒岳祥：《全宋诗》第65册《夏日山居好十首》，北京：北京大学出版社，1998年，第40987页。

⑦ 戴复古：《戴复古诗集》卷2，杭州：浙江古籍出版社，1992年，第38页。

（三）反映当时邸报的信息传播效果

《建炎以来系年要录》卷八十载："国家法度森严，讲议画一。凡成命之出，必先录黄；其过两省，则给，舍得以封驳；其下所属，则台谏得以论列；已而传之邸报，虽遐方僻邑，莫不如家至户晓。"①不难看出，邸报的信息传播范围广，但与今天报刊相比，古代邸报是一个相对封闭的媒体，文人士大夫只能借助邸报诗反馈邸报中感兴趣的话题内容。尤其一些退隐文人雅士大多怀才不遇，壮志难酬，残酷的现实使他们遭到了冷遇，报国无门，更加酷爱邸报诗，并追求一种心理和精神上的解脱。黄彦平在《读邸报有感》中说："江城留滞鬓毛斑，六县三年几往还。迁客东流惊建德，怀人秋浦更齐山。平生深愧田园志，陈迹真成俯仰间。同学少年都上道，欲将长铗向谁弹。"文人游山玩水的心情也借邸报诗这个载体来阐释发挥。陈宓《阅邸报》诗："虚名空自喜，丛谤亦难逃。望重瑕来众，官高磬折劳。应酬书脱腕，思虑雪侵毛。何似山林士，琴床梦日高。"有人借邸报诗阐释佛道经义："试拈朝报一转语，以道观之无损心。"连隐居文人雅士都不忘阅读邸报。刘克庄《春旱四首》诗："林下散人看邸报，也疏把酒废游山。"②可见，退隐文人的生活丰富多彩，常常品味自然、寄情于景、饮酒赋诗，甚至把读邸报的生活情结带入新闻活动之中。

从上述来看，宋代邸报的新闻内容涵盖丰富，造成了不少文人士大夫群体赋诗描绘相关朝野政治的新闻活动轨迹。

三、有关邸报诗的新闻内容分析

宋代的邸报诗数量众多，题材广阔，其中蕴含了相当浓厚的政治色彩的新闻内容。这主要体现在以下五个方面：

（一）皇帝的起居及治国理政活动

在帝制时代，国家的各种权力系于统治者一人身上，故其起居及治国理政活动成为邸报内容的重要组成部分。因此，宋代皇帝除借邸报宣扬自身至高无上的权威，还要向臣民宣示勤政爱民的形象。"臣某言，准都进奏院状报，五月朔，皇帝御太庆殿，行受贺之礼者。"③郑獬在《读朝报》诗中描述了皇帝上朝的天子威仪及其理政程序，如："天子晓坐朝明光，丞相叩头三拜章。乞还相印避贤路，愿为

---

① 李心传：《文渊阁四库全书》第326册《建炎以来系年要录》，上海：上海古籍出版社，1987年影印版，第118页。
② 刘克庄：《四部丛刊初编·后村先生大全集》第1289册，上海：商务印书馆，1922年影印版。
③ 陆佃：《丛书集成新编》卷8《陶山集》，台北：新文丰出版公司，1985年，第85页。

天子专城隍。上恩深厚未闻可，丞相退让闻四方。浓书大纸批圣语，鸣驺却入中书堂。"可见，士大夫们可以通过邸报了解皇帝治国理政的信息，如"夜访宰臣忧卧榻，昼延学士论危竿"。有关皇帝参与的重要皇家活动内容也要被记录下来之后，除了备作修史之用外，往往也择要在邸报上发表。元祐六年，宰相吕大防、刘挚率百官随从哲宗前往太学、武成王庙视察。在颍州的陆佃阅读邸报后，高度赞扬君臣视察学校的活动，并赋诗《依韵和门下吕相公从驾视学》："纁帛升龙日月章，平明鸾辂幸胶庠。侍臣独恨身千里，邸报空看字数行。故事一遵皇考庙，余波仍及武成王。谁知玉尺横经处，犹是当时旧讲堂。"① 此类邸报诗表达官员对皇帝勤政治国的丰功伟绩进行歌颂。

（二）关注朝政近事

有关朝政近事信息在邸报中占据十分重要位置，这部分内容主要包括朝廷的政治动态、各种政事措施及官员从邸报获悉后，发表对具体事宜的看法。由此，也就产生了他们迫切希望借助邸报与朝廷沟通的诗歌。一类是关于朝廷政治动态及政事措施的看法。郭祥正《邸报》："立法新三省，论材只数公。簿书期口正，风俗见闻同。民物疮痍后，气口中。不才思献赋，天路恐难通。"② 本诗作者从邸报上看到朝廷实施新政后，带来的一系列新气象，为之振奋，同时也表达了一种愿为国家效力，而担心报国无门的复杂情绪。唐庚《读邸报》："当今求多闻取士到蓬莱。时时得新语，谁谓山县僻？昨日拜御史，今日除谏官，立朝无负汉恩厚，论事不妨晁氏安。台省诸公登衮衮，闭门熟睡黄绸稳。"③ 可见，作者从邸报新闻中看到，朝廷多次下诏求贤任能，使得那些来自社会底层的人才担任台谏官的重要职责。但是，有些人以持禄保位为处事之道，却将国事置之度外。

另一类关于官员品行及政绩评价。邸报诗经常不厌其详地对官员品行的前因后果、来龙去脉报道与评价。魏了翁在权臣韩侂胄死后所作的《次韵□丞兄闻丁卯十一月三日朝报》："龙章晨下九重关，帝敕元凶出羽山。揭日行空破昏暗，乘风纵燎绝神奸。须看文正昭陵日，孰与忠宣元祐间。更原和平培治体，儒臣千岁侍天颜。"④ 刘克庄《读邸报二首》对当朝执政者的好坏行为带有个人色彩评价："并驱华毂适通逵，中路安知判雨歧。邪等惟余尤甚者，好官非汝孰为之。累臣放逐

① 陆佃：《丛书集成新编》卷8《陶山集》，台北：新文丰出版公司，1985年，第89页。
② 陈思编：《文渊阁四库全书》第1362册《两宋名贤小集》，上海：上海古籍出版社，1987年影印版。
③ 唐庚：《四部丛刊三编》卷12《眉山唐先生文集》，上海：商务印书馆，1936年影印版。
④ 魏了翁：《四部丛刊初编》第1241册《鹤山先生大全文集》。上海：商务印书馆，1922年影印版。

无还理，陛下英明有悟时。闻向萧山呼渡急，想追前事亦颦眉。"①除中央官员外，邸报对地方官员政绩好坏的报道也会借助邸报诗所呈现出来。洪适《八月下旬观邸报二绝句其二》："琴堂少值烹鲜手，壮县空遭沸鼎名。止火艾薪俱下口，风移全在长官清。"②本诗是作者读邸报的情绪反应，高度赞扬了宗人宗贤为官清廉、治理有方，得到百姓拥戴的事迹。从侧面看，朝廷及时、准确地发布朝政信息，满足了人们对重大事件的新闻信息需求。

（三）官员的迁授降黜信息

宋代邸报常刊登官员的调动、选拔、降黜等信息，也是朝野人士关注的焦点之一："别后人事，益多端倪，但见邸报。"③"时于邸报上，屡见得祠官。"宋初"三先生"石介在嘉州为官时，从邸报上读到好友张叔文升迁的消息，心情舒畅，"惊闻除目到遐荒，病眼偏明喜倍常"④。该诗中"除目"即邸报。这类的邸报诗也有不少，如王十朋《嘉叟宗丞浔郡喜成一绝》："邸报枭闻见姓名，甘棠家世旧专城。伯鱼诗礼趋庭处，五马旌旗夹道迎。"可见，健康清新的"话题新闻"使人获取知识和经验，受到启发和激励，得到愉悦和享受。对于官员迁授的新闻，宋人的邸报诗不仅表达自己的心情，而且对朝政官员升迁现象做一番评价。宋伯仁在《看邸报》诗中指出："朝家日日有迁除，休说人才愧国初。岩穴几多茅盖屋，安知不是孔明庐。"洪咨夔《天象》言："昨朝忽见邸状报，诏答丞相辞公师。"正如朱传誉先生所说："官吏最关心的是除目，也就是官员的任免消息。尤其是地方官员，他们完全靠邸报了解朝政、朝臣的任免。"⑤

（四）关心国家发布的军情战报

宋代特殊的政治军事形势，需要加强对邸报、图书出版等方面泄漏有价值的情报防控。当时不少敌方间谍深入宋境内窃取情报，"中国动静，毫发皆知"。对此宋廷召集"边臣与之谋议，外人往往知之，亦有邸吏传报四方"，就可能使军情被敌谍窃取⑥。当然，邸报对有些军情战况并不是一点都不报道，而是有选择地报

① 刘克庄：《四部丛刊初编·后村先生大全集》第 1289 册，上海：商务印书馆，1922 年影印版。
② 洪适：《四部丛刊初编·盘洲文集》第 1169 册，上海：商务印书馆，1922 年影印版，第 140 页。
③ 欧阳修：《欧阳修全集》卷 146，北京：中华书局，2001 年，第 2393 页。
④ 石介：《徂徕石先生文集》卷 4，北京：中华书局，1984 年，第 46 页。
⑤ 朱传誉：《宋代新闻史》，台北：商务印书馆，1967 年，第 3 页。
⑥ 司马光：《宋朝诸臣奏议》卷 136《上神宗论纳横山非便》，上海：上海古籍出版社，1999 年，第 1528 页。

道胜利消息，借此鼓舞士气。薛季宣《读邸报二首》诗："捷奏腾千里。"[①] 开禧二年（1206）权臣韩侂胄起兵伐金，诗人陆游作《观邸报感怀》诗中感叹道："六圣涵濡寿域民，耄年肝胆尚轮囷。难求壮士白羽箭，且岸先生乌角巾。幽谷主盟猿鹤社，扁舟自适水云身。却看长剑空三叹，上蔡临淮奏捷频。"[②]。可见，有关重大的军事事件在突然之间爆发，新闻信息在一瞬间传递，单位时间内爆发出来的信息量十分巨大，故容易引起士大夫们的关注。

（五）官场上人际交往的信息

古代社会交通不发达，造成人们"相见时难"，尤其对流动的官员，更成为士人关注邸报的重要因素。可以说，邸报不仅通过新闻媒介将人们连接起来，织了一张有形之网，而且借助信息将人们沟通起来，成为他们关心亲朋好友或同道中人的重要渠道，如"家书远寄凭游子，邸报频看念故人"[③]。王迈也在《春月阅报成诗寄呈方漕信儒孚若》说："边耗遽如许，庙谟先定无。书生良不武，夜半说长吁。"此外，邸报刊登一些重要的官员去世消息，以便引起同僚故友的注意。"张忠定阅邸报，忽再言可惜。门人李畋请问之，曰：'参政陈恕亡也'。"[④] "而一日邸报至，王贻永卒。"[⑤] 因此，同僚故友通过写文悼念，赋诗表达惋惜之情。叶梦得《赠胡季昭》诗曰："我时阅报痛生哀，洒泪南詹吊象台。"[⑥] 姜特立在《邸报京丞相薨背》的悼念京镗诗云："丞相今朝薨相位，衣冠赠典一番新。"[⑦] 同样，官员陈卓卿一生光明磊落，不畏权贵，秉公执法，广受士林拥戴。王十朋从邸报上了解到陈卓卿去世，便赋诗《哭陈卓卿》："邸报知凶讣，伤心不忍言。"[⑧] 邸报诗也为读者与被关注者之间建构了一张官场人际关系网。

总之，宋人不仅需要了解发生在他们身边的事情，而且需要了解与国家利益、个人利益紧密相连的全局性新闻信息，包括政治、军事、社会趋势，以便于他们对国内外形势和重大事件做出自己的分析和判断。

---

① 薛季宣：《文渊阁四库全书》第 1159 册《浪语集》，上海：上海古籍出版社，1987 年影印版，第 185 页。

② 陆游：《剑南诗稿校注》卷 67，上海：上海古籍出版社，1985 年，第 3763 页。

③ 高翥：《文渊阁四库全书》第 1170 册《菊磵集》，上海：上海古籍出版社，1987 年影印版。

④ 张咏：《文渊阁四库全书》第 1085 册《乖崖集》，上海：上海古籍出版社，1987 年影印版，第 144 页。

⑤ 陶宗仪：《文渊阁四库全书》第 878 册《说郛》，上海：上海古籍出版社，1987 年影印版，第 372 页。

⑥ 叶梦得：《全宋诗》第 24 册《赠胡季昭》，北京：北京大学出版社，1998 年，第 16185 页。

⑦ 姜特立：《文渊阁四库全书》第 1170 册《梅山续稿》，上海：上海古籍出版社，1987 年影印版。

⑧ 王十朋：《王十朋全集》卷 23，上海：上海古籍出版社，1998 年，第 298 页。

四、邸报诗对研究新闻传播活动的价值

宋代邸报作为官方的主要传播工具的同时，邸报诗对于研究宋代新闻传播活动均有重要的价值。具体来讲，主要有以下几个方面。

（一）作为政治空间互动的新闻传播载体

著名新闻史学家戈公振指出："邸报之产生，为政治上之一种需要。"同时，关心时事，关心政治，这是宋代士大夫的时髦和风尚，因此邸报成为他们政治生活中的必读之物，丰富了他们之间交流的形式。特别在社会变动期间，邸报不仅满足了人们的信息需求，也产生了对社会舆论的影响。庆历初年，宋仁宗任命范仲淹、韩琦等执政，欧阳修、蔡襄等为谏官。王安石在出使辽国途中读到邸报后，对新政抱有很大期望，撰写《读镇南邸报癸未四月作》诗："赐诏宽言路，登贤壮陛廉。相期正在治，素定不烦占。众喜夔龙盛，予虞绛灌险。太平讵可致，天意慎猜嫌。"[1]宋人陈杰阅读邸报后，对内忧外患的危机深表痛惜，赋诗"战骨如山血未干，补疮遮眼肉都剜。向来手诏真哀痛，间者人言已治安。"不少文人对于当时的政治信息往往借邸报诗发表个人的评价。洪适《八月下旬观邸报二绝句》："黄卷漫穷年，天梯欲上难。闾阎听小子，竞欲裂儒冠。叹息东坡老，聪明误一生。不须多识字，捷径自横行。"[2]当然，邸报诗作为一个传播中介，联结了政治与读者之间的关系，使政治不再囿于读者内部或与政府的行政关系中。晁说之的邸报诗："伊昔中山胜事赊，初当三五便开花。君能选色沉醉倒，我自伤心深感嗟。聚散十年逢节序，穷通百态各天涯。使君绮席谁同乐，莫遣灯花照鬓华。"[3]我们可以从这些邸报诗中发现，许多文人士大夫并不是邸报新闻被动的反应者，往往是有选择性、有目的性的行动者。这也提示我们，邸报诗无形中充当了宋代政治空间的传播载体。

（二）邸报诗具有传播学研究价值

从传播学角度看，宋代的邸报诗作为受众对媒介反馈的产物，构成了一个新闻传播活动过程。在传统社会中，朝廷是传播者，邸报是承载信息的媒体，兼具官僚与士大夫身份的诗人是受众，被动地接受邸报传递的信息。正是如此，士大夫只能围绕朝廷的这些"关注点"和"兴奋点"，对朝廷的方针、政策、重要部署

---

① 王安石：《临川先生文集》卷16，北京：中华书局，1959年，第129页。
② 洪适：《四部丛刊初编·盘洲文集》第1169册，上海：商务印书馆，1922年影印版，第140页。
③ 晁说之：《四库丛刊续编·嵩山文集》第382册，上海：商务印书馆，1934年影印版。

和重大举措进行及时的解读，来尽量满足他们"知情知政"的需要。而邸报诗的出现正是对这种信息传播的反馈与总结。一方面，传播者借助邸报平台传播信息，需要更多读者关注及参与。裘万顷在《读邸报》诗中认为邸报是了解天下事的载体："纷纷天下事，翻覆良难期。不知窈冥中，主张者云谁。工拙判两涂，人谋岂容施。得非欲平治，机械遂潜移。目前三四公，并用无一遗。毋嫌滞一州，民实邦之基。乡来番江头，亲见国子师。德行渊与骞，千载如同时。斯人使临民，儿不赖母慈。人言致泰和，须索登皋夔。位崇泽斯均，否则失所宜。天乎悦人从，何时可臻兹。"①

另一方面，读者需要通过邸报诗发表自己对社会的种种认识，往往带有很强情绪色彩的事情。在通常情况下，读者与邸报报道事件的利益关系越密切，则读者对新闻信息的感受度就越敏感，应激反应也就表现得越强烈。王迈《二月阅邸报》："闻道边头数万兵，倒戈归我我遗民。处降失策国非国，清野无粮人食人。关外数州城不猎，山阳孤戍草无春。书生忧愤空头白，自有经纶社稷臣。"②这些诗通过作者与读者之间的诗歌交流，逐渐形成一个志同道和的群体，推动了邸报诗的广泛传播。

（三）弥补了宋代新闻史研究长期资料不足的缺陷，具有丰富的新闻史料研究价值

从事古代新闻史研究，一个不可忽略的材料来源就是文人留存下来的著作。古代文人著作的特点，不仅在于其囊括的内容十分广泛，散发出那个时代所具有的历史特色，更在于他们能够亲历、亲闻的感受，在其对于古代新闻传播的记述十分具有代表性。此类文献亦可看作对当时新闻的记忆。这些记忆与官书、史书、志书相比，有时远远超乎我们的想象。因此，我们可以把古代文人的著作纳入新闻传播谱系当中，使它们大体反映人类随着时光的流逝而对于某代历史的记录和记忆的过程。

关于新闻史研究，我们要坚持"论从史出"的方法，必须搜集和掌握丰富的资料，进行整理、考订，去粗取精，去伪存真，清除掉蒙在史料上的厚厚尘埃，使史实显露其本来面目。所以，史料的搜集是新闻史学研究中极其重要的部分。长期以来，宋代新闻史研究资料相对匮乏，主要依据正史、小说笔记、文集和其他历史文献。正因如此，宋代新闻史研究在资料方面无法取得进一步创新。恰好，

---

① 裘万顷:《全宋诗》第 52 册《读邸报》，北京：北京大学出版社，1998 年，第 32277 页。
② 王迈:《文渊阁四库全书》第 1178 册《臞轩集》，上海：上海古籍出版社，1987 年影印版。

长期被忽视的宋代诗歌既可弥补古代新闻史研究存在史料不足的困境，又可以以诗歌内容的史实功能拓展学术研究空间，如宋诗对传统新闻史研究具有较高的学术价值。尤其，宋代文人所关注的邸报，留下了许多新闻史料，也反映了社会各个阶层人士的生活状况以及纷繁的社会矛盾[①]。王安石将《春秋》戏作"断烂朝报"，宋人诗云，"穷阎无邸报，病耳信涂传"等[②]。相比，有些士大夫即使无法为朝廷献计献策，也心怀天下。如郭祥正《邸报》诗："边塞疮痍后，朝廷气概中。不才思献赋，天路恐难通。"[③]时人有诗云："淮蜀军书急，襄樊邸报迟。空传廷试策，韦布说边陲。"[④]因此，通过这些资料来研究邸报与读者关系、印刷、发行和传递等问题，有助于拓宽中国古代新闻史研究的学术视野。

---

① 雷家宏：《宋诗的史料价值》，《文史博览》2005 年第 4 期。

② 周孚：《文渊阁四库全书》第 1154 册《蠹斋铅刀编》，上海：上海古籍出版社，1987 年影印版。

③ 郭祥正：《文渊阁四库全书》第 1116 册《青山集》，上海：上海古籍出版社，1987 年影印版。

④ 乐雷发：《文渊阁四库全书》第 1182 册《雪矶丛稿》，上海：上海古籍出版社，1987 年影印版。

礼之起源：中国古乐的媒介功能观新探 *

谢清果　张丹 **

摘　要：礼乐是中国传统文化的主干，华夏文明也被冠以"礼乐文明"之称。"相须以为用"的礼与乐，经历氏族社会到夏商周三代的不断接合、发展、演进，才逐渐形成中华礼乐文化的基本形态。本文试图从"乐"的媒介性出发"以乐观礼"，检视中国古乐在"礼"文化滥觞期所处的地位和媒介功能，从而为阐明"礼乐协作"成为中国传统社会治理系统而完善的政治符号媒介，提供一种媒介学视角的思考向度。

关键词：礼；乐；复合媒介；符号媒介；政治传播

礼之滥觞，古今多有讨论，然而却始终没有普遍接受的定论。比如，司马迁在《史记·礼书》中曾言："缘人情而制礼，依人性而作仪。"认为礼出于"人情"。刘师培认为礼源于上古社会之风俗，即"上古之时，礼源于俗"[1]。郭沫若依考古学材料推测："礼之起，起于祀神，……其后扩展而对人，更其后扩展而为吉、凶、军、宾、嘉的各种仪制。"[2] 杨向奎认为古礼最早出于人们对上帝或自然恩惠的"还报"，其后这种"原始交往"的关系转移到物物交换领域[3]。台湾学者何联奎在《中国礼俗研究》中将礼之诞生，视为"人类一种自然的表示，如磕头跪拜，打躬作揖，对神表示崇拜以及对人表示敬意"[4]。李泽厚则认为礼是"由原始巫术而来的宇宙（天）—社会（人）的统一体的各种制度、秩序、规范，其中便包括对生死联

---

　* 本文原载于《郑州大学学报（哲学社会科学版）》2019 年 03 期，第 104—112 页。

　** 谢清果，厦门大学新闻传播学院教授、博士生导师，传播研究所所长。张丹，安徽大学新闻传播学院教师，博士。

　① 刘师培：《古政原始论》卷十《礼俗原始论》，《刘师培全集》（第 2 册），北京：中共中央党校出版社，1997 年，第 54 页。

　② 郭沫若：《十批判书》，北京：东方出版社，1996 年，第 96 页。

　③ 杨向奎：《礼的起源》，《孔子研究》1986 年第 1 期。

　④ 何联奎：《中国礼俗研究》，台北：台湾中华书局，1973 年，导言第 2 页。

系的人的喜怒哀乐的情感心理规范"①。

　　语言是文化的"密码"，文字包含先人认识事物的最初意象，因此我们不妨先从"礼"字入手，去探究早期中国的礼乐世界。《说文解字》："禮，履也，所以事神致福也；从示从豊，豊亦声。"许慎训礼为履，而履有禄、福之意，譬如《诗经·鸳鸯》篇中"福禄绥之"，福禄连言同一，礼是"事神致福"祭祀中"承天之祜"的产物。但是，《说文解字·豊部》所云："豊，行礼之器也，从豆象形。"豊作行礼之器几无异议，若作象形解而从豆形，似乎就有些牵强了。王国维先生认识到这点，便从甲骨文入手，对此提出"新解"。在《释礼》一文中，他认为"豐"即礼字，上半部分乃"象二玉在器之形"，其内即珏（双玉），这是由于"古者行礼以玉……盛玉以奉神人之器谓之若豐"。②不过，关于"豐"的下半部分，王氏付之阙如。对此，郭沫若先生指出，这部分其实是"鼓之初文"③，这种观点也得到了裘锡圭等人的认可④。林沄先生在《释豊豐》沿袭郭、裘之说，直言"豊字原先确系从壴从珏无疑"，其文化学意义上的解释是"反映古代礼仪活动正是以玉帛、钟鼓为代表物"。⑤如今，郭、裘、林等人的解读已得学界普遍认可。

　　值得注意的是，从"礼"字造型来看，它与音、声、乐存有紧密联系，它是"乐（音）"在礼文化形成之初具有重要职能和地位的体认。或许，正如有些学者推测："礼就是以礼器（玉）与乐器（鼓）相互配合以事神致福，这可能就是礼的原初含义"⑥。笔者以为，且不论学界对礼之滥觞的争议，至少在两方面：一是礼源于早期社会，二是礼的形成或依赖于某些原始神秘力量的介入，而这种"神秘"力量或许就包括音与乐，此两者应是学界所共识的。既若如此，我们将进一步追问，"乐"（音）何以在"礼"字的造型中占据重要地位？"乐"是否在社会秩序与礼文化建构中充当了何种作用？是否具有传播"中介""媒介"的效力？如果有，它的"媒介性"如何在礼之萌发中得到关联与凸显？两者之间的勾连机制和各自的嬗变逻辑是什么？笔者认为，要回答这些问题，需要将"乐"放置在礼之初的夏商周三代及其早期氏族社会仪式活动和一般性生活中考察。

---

　　① 李泽厚：《华夏美学》，桂林：广西师范大学出版社，2001年，第24页。

　　② 王国维：《释礼》，《观堂集林：外二种》（上册），石家庄：河北教育出版社，2001年，第177页。

　　③ 郭沫若：《卜辞通纂》，《郭沫若全集·考古编》第二卷，北京：科学出版社，1983年，第321-322页。

　　④ 裘锡圭：《甲骨文中的几种乐器名称》，《裘锡圭学术文集》第一卷《甲骨文卷》，上海：复旦大学出版社，2012年，第41页。

　　⑤ 林沄：《豊豐辨》，《古文字研究》第十二辑，北京：中华书局，1985年，第183页。

　　⑥ 方建军：《音乐考古与音乐史》，北京：人民音乐出版社，2011年，第199页。

一、以乐通神：乐作人神（祖）之间信息传递的通天媒介

早期文明是一个巫术在人们意象思维、生产、祭祀等活动中占据主导作用的时代，这是人类社会的普遍现象。在文字未出现的口传时代，声音是口传时代最主要的交流媒介，但声音本身往往具有一定的"神异色彩"，饶宗颐认为，古人对于声音的神秘联想有一种"原始崇拜"①。人类学家马林诺夫斯基（B.Mal-inowski），将声音视为与语言、仪式等同的巫力信仰的标准成分，具有"巫术地发动天上所代表的现象"的能力②。当声音被规律化的拣选、加工、定型为乐音后，在特定场合下就易转化为可以被主观利用具有普遍效力的"通神"媒介。考古发现，史前时期的乐就已经具备这种职能。比如，舞阳贾湖出土的乐器文物中有一种龟铃（又称龟响乐器），这种乐器一般用小石子装在龟甲壳内摇动进而产生音响。一些学者称："它的出现表明，古人以龟灵崇拜为特征的原始宗教萌生，因为龟铃是乐器和法器的结合。与之伴出的骨笛也有可能充当通神的工具从而更具有法器的性质，由此可以推断，贾湖人已经形成了'以乐通神'的思想观念。"③

当乐在巫祝、祭祀、战争等仪式活动（如祭天、地、鬼的吉礼）中，充当连通人神（祖）间的"灵媒"时，首先要考虑的是，仪式活动下信息传播渠道的通畅，即确保"下情上达"和"上情下达"，乐的传输能力是重要考量内容。史前文化遗址如贾湖文化、龙山文化、偃师二里头文化发现的骨笛、特磬、陶铃和青铜铃等古乐器，似乎都与神秘巫术活动有一定关系。④但这些乐器的拣选与使用，却存在迥异的偏好。考古学界将骨笛而非打击乐器，视为最早的乐器。比如，法国比利牛斯发现了一支旧石器时代的骨质笛管。中国河南舞阳贾湖遗址出土 25 支骨笛，最早可追溯至 7800—9000 年前，而我国出土的最早打击乐器中，大汶口遗址中的陶鼓和陶寺遗址中的特磬、木鼍鼓等，却只有约 5000 年的历史。⑤但是早期中国，以鼓、磬、玉等为主的打击乐乐器，在巫祝、典庆等仪礼活动中却始终是"主导性"的。这点，"禮"字造型中已有反映。另有，《礼记·礼运》："夫礼之初，始诸饮食。其燔黍捭豚，污尊而抔饮，蒉桴而土鼓，犹若可以致其敬于鬼神。"强调礼在萌发初期，人们是通过摆放饮食和击鼓的方式，传达对鬼神的崇敬之情，这里的选用的祭神礼器就是土鼓，而"击鼓"就有向神"告知"的意味。

---

① 饶宗颐：《古代听音之学与"协风成乐"说溯源》，载饶宗颐：《饶宗颐史学论著选》，上海：上海古籍出版社，1993 年，第 84—87 页。
② [英] 马林诺夫斯基：《巫术科学宗教与神话》，李安宅译，北京：中国民间文艺出版社，1986 年，第 56 页。
③ 夏静：《礼乐文化与中国文论早期形态研究》，北京：中华书局，2007 年，第 46 页。
④ 刘再生：《中国古代音乐史简述》，北京：人民音乐出版社，2006 年，第 23—32 页。
⑤ 王子初：《中国音乐考古学》，福州：福建教育出版社，2002 年，第 51、81 页。

此种仪式用乐对打击乐器的偏好，贯穿至商周。商中期的殷墟妇好墓中出土的乐器为 5 件石磬，但在更早期的龙山文化陶寺遗址中，却发现了木鼓与石磬同出，这表明，商代或商以前，鼓和磬配合使用已经被用于祀礼之中。① 《礼记·郊特性》中记述："殷人尚声，臭味未成，三条荡其声，乐三阙，然后出迎牲。声音之号，所以昭告于天地之间也。"同时明确地指出，商人"尚声"作"乐"行礼的目的，就是一种信息传播——"昭告"。商代甲骨卜辞："辛亥卜，出贞：其鼓告于唐，九牛，一月"（《甲骨文合集》22749），说的就是"击鼓传音"祭于唐。到了周代，古乐器虽有长足进步，仅文献记载就达 70 多种，出现了依制作材料而分的"八音"乐器（《周礼·春官·大师》），即"金、石、土、革、丝、木、匏、竹"八类，比如，编钟、镈、钲、铃等金属制器被划归入"金"类，磬、编磬等用石或玉而作被归入"石"类，鼓、鼗鼓、健鼓等用动物皮革作为鼓膜，归入"革"类，琴、瑟等用丝线作为琴弦，归入"丝"类等。然而，在郊祀、朝觐、锡命、聘问、飨燕等重大宫廷活动、贵族礼仪中，乐器的选择却有明显的层级划分，其中金石乐尤为显贵。周代乐官分类繁杂，职能各异，但最基本职责却是："掌凡乐事，播鼗，击颂磬、笙磬"（《周礼·眡瞭》）。《周礼·考工记》记载大量器物制作工艺，但涉及乐器却仅有钟、鼓、磬，显然在作者眼中，这三种才是"最重要的"。周代"五礼"最为隆重的吉礼（祭祀礼）用乐中，金石乐始终具有主导性，而"八音之中，金石为先"，也成为西周宫廷"雅乐"的基调。在具体使用中，金石打击乐器甚至被视为"重器"（礼器）而特殊对待，它将"放置在显要的位置……以显示主人的社会地位和权势"②。

乐在不同场合的选择显非偶然，而是历时弥久不断被人为"拣选"的结果。但是，古人为何对金石打击音情有独钟，后世却鲜有提及。孔颖达在疏《尚书·尧典》中，给出类似解释是："八音之音，石磬最清"。沈括在《梦溪笔谈》中，对古乐器多选铜而非铁，做出推测："铁性易缩，时加磨莹、铁愈薄而声愈下，乐器需以金石为准。"《孟子·万章下》："集大成也者，金声而玉振之也。"朱熹注："金，钟属。声，宣也，如声罪致讨之声。玉，磬也。振，收也，如振河海而不洩之振。"③ 这里"清""振""不洩"，表明打击乐音传输清远，具有强大的传播力和感召力。譬如北京大钟寺内明代永乐皇帝敕造的"永乐大钟"，被称为中国的"钟

① 中国社会科学院考古研究所编：《殷墟妇好墓》，北京：文物出版社，1980 年，第 198 页；中国社会科学院考古研究所山西工作队、临汾地区文化局：《1978—1980 年山西襄汾陶寺墓地发掘简报》，《考古》1983 年第 1 期。
② 伍国栋：《中国古代音乐》，北京：商务印书馆，1991 年，第 27—28 页。
③ 朱熹：《四书章句集注》，北京：中华书局，2011 年，第 294 页。

王"，声音洪亮圆润，重击一次，钟声可持续三分钟，传数十里。此凡种种，均显示打击乐音得天独厚的传播优势。可以想象，大型祭祀场合中，"通天"性应是古人乐器选择的重要依据，而打击乐恰可以确保先祖（神）"听到"后人"告知"祈愿，这或许是它被倚重的原因之一。

然而，作为一种通天媒介，"乐"不仅要确保传播渠道的通畅，还需传达"情意"旨要的妥帖合宜。这需要对乐之"信息性"进行区分、界定，或对乐器使用的表意，进行编排与限定。事实上，周代已有完备的"乐以饰情"系统，乐官鼓人"以雷鼓鼓神祀，以灵鼓鼓社祭，以路鼓鼓鬼享"（《周礼·鼓人》），即依祭祀对象的不同，而选择不同音色的鼓器。《周礼·大司乐》载：

> 凡乐，圜钟为宫，黄钟为角，大蔟为徵，姑洗为羽，雷鼓雷鼗，孤竹之管，云和之琴瑟，《云门》之舞，冬日至，于地上之圜丘奏之，若乐六变，贝天神皆降，可得而礼矣。
>
> 凡乐，函钟为宫，大蔟为角，姑洗为徵，南吕为羽，灵鼓灵鼗，孙竹之管，空桑之琴瑟，《咸池》之舞；夏日至，於泽中之方丘奏之，若乐八变，则地示皆出，可得而礼矣。
>
> 凡乐，黄钟为宫，大吕为角，大蔟为徵，应钟为羽，路鼓路鼗，阴竹之管，龙门之琴瑟，《九德》之歌，《九韶》之舞；于宗庙之中奏之，若乐九变，则人鬼可得而礼矣！

在祭祀天神、地示、人鬼时，乐音亦是迥异。祀天神表演律吕，使用雷鼓、鼗鼓、孤竹之管、云和之琴瑟；祀地示，为灵鼓、灵鼗、孙竹之管，等等。其中，"乐六变"郑玄释为："变犹更也。乐成则更奏也。此谓大蜡索鬼神而致百物，六奏乐而毕……凡动物敏疾者，地祇高下之甚者易致，羽物既飞又走，川泽有孔窍者，蛤蟹走则迟，坟衍孔窍则小矣，是其所以舒疾之分。"（《周礼注疏》卷二十一）郑玄之意，"六变"指乐音的舒缓差异，天神因居高位而不易传达，故用最为缓慢的演奏（"第六变"）以求其能够听清。由此想到，《国语·周语》所言，只有"人神以数合之，以声昭之，数合声和"，"天神皆降"臻于人神和合的境界，才能"可得而礼矣"。当然，这些都建立在"乐"作为通天媒介的基础上。

二、百兽率舞：乐作引渡神性的沉浸式复合媒介

事实上，原始"乐"集诗、乐、舞于一体，并非仅是一种声音媒介。德国社会学家格罗塞（Ernst Grosse）针对原始声乐与舞蹈的关系时强调："他们从来没

有歌而不舞的时候，也可以反过来说，从来没有舞而不歌的"，舞蹈、诗歌和音乐是"一个自然的整体"。[①]中国古乐亦是如此。《吕氏春秋·古乐篇》："昔葛天氏之乐，三人操牛尾，投足以歌八阕。"《尚书·尧典》记述虞舜时代的典乐官夔"击石拊石，百兽率舞"。《诗·商颂·那》："猗与那与，置我鞉鼓。奏鼓简简，衎我烈祖。"商朝子孙祭祀成汤时，同样伴随着鼓声与舞蹈，两者相须相合，只是到了周代，在"大司乐"的辖制下乐舞才被定制，明确分化出羽舞、皇舞、旄舞、帗舞等多种样式（《周礼·春官·大司乐》）。

乐（音）、舞合一在宗教性巫觋仪式中的展演，或是基于"巫""舞"间存在着某种同源性。《说文解字》中的"巫"就是"以舞降神者"。郭沫若认为，甲骨文"巫"（"𢀚"）与"舞"（"𣥺"）一体，均指以双手持牛尾或鸟羽起舞的人。陈梦家比照甲骨文与金文，提出歌舞或起源于"求雨"巫术。[②]刘师培在《舞法起于祭神考》中确言："古代乐官，大抵以巫官兼摄"，"掌乐之官，即降神之官"，"三代以前之乐舞，无一不源于祭神。钟师、大司乐诸职，盖均出于古代之巫官"[③]。此外，人类学与宗教学的研究也印证此说法。比如，土家族"梯玛"（巫师）意为领头跳舞之人，"萨满教"的"萨满"（Saman）一词在满语（通古斯语）中也意为"兴奋而狂舞的人"。[④]事实上，正是"巫""舞"间的连通性，为"乐"的"与神交通"媒介职能提供了合法性依据。庞朴先生敏锐地捕捉到了这点，他声称，早期社会正是通过组建"巫""无""舞"三位一体文化共通符号以实现天人联结，其中"舞"是沟通人（"巫"，即主体）与神（"無"—无形—客体）的中介手段。[⑤]倘若具体到古人日常祀礼和占卜等仪式活动中，乐（舞）并非仅是"天人"沟通媒介，它的展演更像一种"人人"间的宣示手段，一场围绕神性降格者（巫师），多人参与、共享、共创意义空间的传播活动。笔者以为，祀礼仪式场域下的意义生产与流转，"乐"的参与至少应存有两重媒介特性：

其一，乐是一种既可聆听，又可观赏，集视听于一体的复合媒介。"听"得部分主要集中在于上告诉求和下达神谕，譬如商代的卜人、贞人、占人就构筑了"上听下达"完备的信息传播闭合回路[⑥]。"视"的部分则体现在作为信息传递和神性降格中枢的巫师，伴随着声乐手舞足蹈式的展演，而这种仪式的推进往往会衍生

---

①　[德]格罗塞：《艺术的起源》，蔡慕晖译，北京：商务印书馆，1984年，第214—215页。

②　陈梦家：《商代的神话与巫术》，《燕京学报》1936年第20期。

③　刘师培：《舞法起于祭神考》，《刘申叔先生遗书》第53册《左庵外集》卷13。

④　任继愈主编：《宗教词典》，上海：上海辞书出版社，1981年，第928页。

⑤　庞朴：《说无》，载庞朴著，刘贻群编：《庞朴文集》第4卷《一分为三》，济南：山东大学出版社，2005年，第57—70页。

⑥　巫称喜：《神权政治与商代信息传播》，《新闻与传播研究》2009年第8期。

出两重"观看"机制：向上渠道上，对以神明为主体的观看，有着"作用、影响、强迫甚至主宰"的主动精神，目的是促使上天消灾赐福。向下渠道上，则是对仪式参与者观看下的神性"昭示"，带有政治加冕和确权之意。李泽厚提醒我们，巫术礼仪"是身心一体而非灵肉两分，它重活动过程而非重客观对象"，因此要关注"巫术礼仪"中"内外、主客、人神浑然一体"性。[1]"神性"被乐舞引渡与附裹至仪式场域中的焦点——巫师身上，制造了"身体的景观"，达致观看中的灵肉一体，这时的巫师必然具有某种超绝的地位。米歇尔·福柯（Michel Foucaul）将所有的"观看"，都转义为在场的权力"质询"[2]，这是一种对下的权力宣示机制，参与主体在进行一种"与神同在"式的自我心理规训。现实也确实如此，巫王合一成为早期中国政治赋权的常用手段，并持续到西周初年政治领袖（王）与宗教领袖（巫）的分离。[3]潘祥辉教授对早期社会的政治领袖进行"传播考古学"式的考察，认为圣人"克理斯玛"（Charisma）式的光环就来自某种"巫力"——具有巫师般超凡的"听力"，这是"圣"（聖）字造型从耳、从口的原因。[4]笔者以为，这种说法颇为新颖，但若仅偏私圣人的"耳听口传"的能力，或许就有遮蔽圣人非语言传播能力之嫌，倘若"圣力"确由"巫力"承袭而来，那么这种承袭方式也应是兼具视、听、感等多元传播渠道下共谋完成的。

其二，早期中国的古乐特性决定，它可充当一种"沉浸式媒介"[5]效力。仪式活动本身展演的意义在于促进集体意识与信仰的流转、体验与形塑，即偏向于情感/意识的沉浸（Flow）。这并非一种单向传递，而是泛众、弥散、共享式的，它不仅担当沟通天人的职能，还要发挥彰显神性、制造狂欢和形塑集体记忆等责任。乐的介入将所有参与者以"链条节点"式联结在一起，推动着共享意义的衍变与流转（传播）。这即是说，它是一种泛众式的仪式传播过程。无论是《周礼》中提

① 李泽厚：《说巫史传统》，上海：上海译文出版社，2012年，第15—16页。
② Michel Foucault, *Power/Knowledge：Selected Interviews and Other Writings 1972-1977*, Great Britain：The Harvester Press，1980，p.152.
③ 童恩正：《中国古代的巫》，《中国社会科学》1995年第5期。
④ 潘祥辉：《传播之王：中国圣人的一项传播考古学研究》，《国际新闻界》2016年第9期。
⑤ "沉浸式媒介"（沉浸媒介），指具有沉浸传播特征的媒介形态的总称，具有以人为中心、无时不在、处不在、无所不能的传播功能，传播者也是接受者，共同进入沉浸体验，是共创共享的泛众媒介。沉浸媒介中，人、媒介、环境互为彼此，互相交融。它具有四个特征：1.泛众式——全体大数据连接之上，以每个个人为中心；2.体验式——传播过程也是体验过程，没有体验就没有完整的传播；3.共享式——媒介内容和形式为所有人共有，是共享经济的媒介形态；4.共创式——媒介内容及传播形态，都由泛众共同创造。"沉浸媒介"的提出，是在VR、人工智能等新技术冲击下的第三媒介时代下，传播学界对传统媒介形态的内涵与外延的重新思考。笔者以为，中国早期社会的古乐在媒介内涵、形态与作用上都具有"沉浸媒介"的影子，或可对两者进行关联式思考（参见李沁：《沉浸媒介：重新定义媒介概念的内涵和外延》，《国际新闻界》2017年第8期）。

及的黄帝、尧、舜、禹、汤的乐舞，还是《吕氏春秋·古乐》所载的葛天氏、阴康氏、朱襄氏之乐，都体现了这点。这种群体性仪式活动的创造与维系，通常要诉诸两个步骤：首先，乐提供一种连接人神（鬼、祖）与生死之界的沟通平台，使主客体在交流中始终存续共通的传播渠道。"乐"的这种效力在原始世界具有普适性，例如，乌戈尔人和拉普兰人的萨满在对病人进行治疗时，便是"从击鼓以及弹奏六弦琴开始，直到进入迷幻状态。萨满的灵魂离开自己的身体后，直接进入冥界去寻找病人的灵魂。在那里他劝说死者让他将病人丢失的灵魂带回人间"[①]。这里的"迷幻"状态，就是以"乐"为媒烘制而成的传播情境场域，仪式不止，传播渠道不息。其次，乐的介入影响了场域中的交流双方主客体的精神状态，"乐音"往往具有很强的目的性。加州大学的罗杰·沃尔什（Roger Walsh）通过实验法得出鼓音成为做法工具，至少在情绪、心理和脑电波三个层面上影响人们的意识。"巫术的目标越明确，……音乐节奏也就越具体，其表现也就越强烈。"[②] 在此仪式场域构筑一种萨满神力的集体氛围，始终是古代原始信仰活动追求的状态。美国音乐史学家 C.sachs 在 20 世纪 40 年代就已发现，"巫咒治病与祈求幸运的术士们所必需的精神状态，是通过早期音乐带来催眠与恍惚的"。[③] 张光直对此亦有生动描述："（他们是）使用占卜术而能知道神与祖先的意旨的；是使用歌舞和饮食而迎神的；是使用酒精，或其他兴奋药剂达到昏迷状况而与神界交往的。"[④] 在这种迷幻癫狂的氛围中，"鼓声与舞蹈并作，使他（巫觋）极度兴奋……并在迷昏中像鸟一样升向天界，或像驯鹿、公牛或熊一样降到地界。"[⑤]

梁漱溟先生声称，早期社会中的宗教活动，是原始礼仪萌发的基础："人类文化都是以宗教为开端，且每以宗教为中心。人群秩序以及政治，导源于宗教。"[⑥] 笔者以为，这种说法是有一定"媒介学"依据的，乐传播媒介依托材料的音高、音强、音长、音色和节奏结构的变化，共同构筑了音乐在实践中存在的物质基础，虽然乐在多大程度上参与并影响了早期社会秩序与道德（礼）的形成，或许很难界定，但它在仪式（秩序）场域中，发挥沟通天人、传递神性和创造"沉浸"氛围等作用，应是毋庸置疑。笔者以为，这种媒介力是催生出早期社会的基本制度

---

① M.Eliade, *Shamanism*, Princeton：Princeton University Press, 1964, p.220.
② Roger N. Walsh, *The Spirit of Shamanism*, Los Angeles：Jeremy P.Tarcher, Inc, 1990, pp.174-175.
③ C.sachs, *The Rise of music in the Ancient World*, New York：W.W. Norton & Company Inc, 1943, p.22.
④ 张光直：《考古学专题六讲》，北京：文物出版社，1986 年，第 99 页。
⑤ 张光直：《美术、神话与祭祀》，郭净译，沈阳：辽宁教育出版社，2002 年，第 48 页。
⑥ 梁漱溟：《中国文化要义》，上海：上海人民出版社，2005 年，第 86 页。

萌芽的因素之一。涂尔干（Émile Durkheim）在《宗教生活的基本形式》中提出原始社会秩序形成依靠的"社会力"，很大程度上依赖于聚会时期的"集体欢腾"（collective effervescence）：个人情感的"出离"与共同情感的"汇合"形成社会的统一是道德良心显现与绞合的基础。[①] 中国古代的原始秩序（礼）往往是在漫长历史演变中潜移默化地逐步实现的，对此，葛兆光先生有非常精到的见解，他认为："当这些祭祀仪式与宗法制度渐渐被政治的权威与普通的民众确认之后，在这些仪式和制度中包含的一套技术，就可能被当作很实用的生活策略而普遍适用，而背后隐含的一套观念就被当作天经地义的东西而不必加以追问，人们在这些仪式中获得生活安定，也从这套制度中获得秩序（原始礼）的感觉。"[②]

三、省风宣气：乐作解密"天启"信息的阐释媒介

当仪式性的"欢腾"逐渐从狂热中冷却与抽离出来之时，取而代之的是对日常生活一般性知识的追逐与依赖，当然这种知识仍然带有深深的蒙昧色彩。人们相信神（祖）鬼主导世界运行的"神谕"与"警示"等"天启"信息，往往潜藏于自然界中易接近的普遍之物中，这是早期人类社会的共识。法国人类学家列维·布留尔（Lucien Lévy-Bruhl）称其为原始思维中的"集体表象"（Collective Rpresentations）："很容易由于凭空加上的神秘属性而具有神圣的性质。江、河、云、风也被认为具有这种神秘的能力。"[③] 在中国古人眼中，风就是这样一个被"选中"和赋予某种神异色彩的"特殊"信息载体，它不仅携"天启"，更是上天"使者"。

《河图帝通纪》云："风者，天地之使。"《周礼·春官·保章氏》："以十有二风，察天地之和，命乖别之妖祥"。视"风"为祸福贞祥之兆，这在殷商时期已不鲜见。甲骨卜辞"于帝史（使）凤（风）二犬"，意为用两只犬祭祀上天的使者风神。[④]《甲骨文合集》14294 与 14295 版中收录了几段商武丁时期的卜辞，显示商人"求年"（祈求丰收）活动的中介和对象分别是"四方风"与"四方神"，据胡厚宣、陈梦家、于省吾、李学勤等人考证，商人信仰体系中四方、四风与四神之间关系紧密，风作为使者的中介性不仅具有"通神性"，也代表"社会生活的刻

---

① ［法］爱弥儿·涂尔干：《宗教生活的基本形式》，渠东、汲喆译，北京：商务印书馆，2011年，第504、576页。

② 葛兆光：《中国思想史第一卷：七世纪前中国的知识、思想与信仰世界》，上海：复旦大学出版社，2001年，第112—113页。

③ ［法］列维·布留尔：《原始思维》，丁由译，北京：商务印书馆，1986年，第30页。

④ 郭沫若：《卜辞通纂》，《郭沫若全集·考古编》第2卷，北京：科学出版社，1983年，第398页。陈梦家：《殷墟卜辞研究综述》，北京：中华书局，1988年，第575页。

度"。① 虽然到了周代，测卜对象开始由简单的四风转变为日月星辰，但这"未完全掩盖掉自古流传的四神、四方与四季的密切关系，……商周两代观（风）象授时制度的发展流变，其脉络是基本清晰的"②。

　　然而，风中携带信息却并非可以直接"显现"于凡世，它需有专门的媒介者（机构）通过一系列有序的操演仪式，才能将隐秘天机释读出来，而这种仪式活动在古代被命名为"省风"，早期的乐官（或圣王）就充当这种信息解密者角色。《国语·周语上》："瞽告有协风至。"韦昭解说："瞽乐太师知风声者也。"《左传·襄公二十一年》："天子省风以作乐，器以钟之，舆以行之。"笔者认为，所谓"省风"，其实就是天人融通下完备的信息传播活动，"乐"充当天人信息"阐释媒介"或"解密者"角色，其职能至少反映在三方面：

　　首先，在"吉礼"祭山林川泽时，乐媒介能捕获指导农业生产的"时令""节气"等信息，其功能是"化育万物"。又《国语·郑语》："虞幕能听协风，以成乐物生者也。"韦昭解说："虞幕，……言能听知和风，风时顺气，以成育万物，使之乐生。"这说明自上古虞幕能听协风以来，瞽师音官的职责就是用"乐"听测和监察"风"。音乐史学家蒋孔阳认为，其可行的理由是："不同季节来自不同方向的风，能够发出不同高度和不同性质的声音。"③ 李纯一先生推测："先民根据长期的生产实践，得知那种适于春耕的协风所发出的声响，常和某个特定音高的乐音相一致，因而用乐音来测知协风的到来与否，成为当时农业生产的一件大事。"而在当时的历史条件下，这种做法无疑要"赋予巫术意义或神秘意义"④。

　　其次，乐媒介除了可以知悉"成育万物""以正田役"的奥秘外，还能"以和军旅"（《周礼·地官·鼓人》），成为"军礼"活动中释读预示战争胜负的"符码（code）"。《周礼·春官》上有这样一段记载："大射，帅瞽而歌射节。师执同律以听军声，而诏吉凶。"他们相信"凡敌阵之上，皆有气色。气强则声强，声强则其众劲。律者所以通气，故知吉凶也。"事实上，在杀戮不息的春秋战国，乐官用音律占卜战争是非常普遍的现象。《左传·襄公十八年》："楚师伐郑，次于鱼陵。……晋人闻有楚师。师旷曰：'不害。吾骤歌北风，又歌南风，南风不竞，多死声。楚必无功。'"就是师旷（晋国乐师）省风卜军事的例子。唐人张守节在《史记正义》

---

　　① 参见胡厚宣：《释殷代求年于四方和四方风的祭祀》，《复旦学报（人文科学）》1956 年第 1 期；陈梦家：《殷墟卜辞综述》，北京：科学出版社，1988 年；于省吾：《释四方和四方风的两个问题》，载《甲骨文字释林》，北京：中华书局，1979 年；李学勤：《商代的四方和四时》，《中州学刊》1984 年第 5 期；饶宗颐：《四方风新义》，《中山大学学报（哲学社会科学版）》1988 年第 4 期。

　　② 李传军：《四时八风：风与中国古代民众的时间生活》，《中原文化研究》2017 年第 2 期。

　　③ 蒋孔阳：《先秦音乐美学思想论稿》，合肥：安徽教育出版社，2007 年，第 44 页。

　　④ 李纯一：《先秦音乐史》（修订版），北京：人民音乐出版社，2005 年，第 4 页。

也强调："夫战，太师吹律，合商则战胜。"

此外，"省风作乐"的另一种传播形态在于"宣气"，"宣气"活动在先秦时期较为普遍。"气"在中国古代朴素哲学观中地位特殊，它常被视为与"阴阳""五行"有关的构建宇宙万物的基本元素之一。[①]日本著名汉学家户川芳郎，将"宣气"称之为接收"天地之间，变化着，起着作用，与生命现象有关的气概念的原型（信息）"[②]。此时"气"与"风"的功能一致，两者均为蒙昧性质的"信息源"，"宣气"亦是一种传播实践，"乐"再次充当一种信息阐释媒介，"向上承袭""向下传达"世界运行奥秘（如阴阳五行等信息）。《左传·隐公五年》孔颖达《正义》："八方风气，寒暑不同，乐能调阴阳，和节气。"强调从"乐"可从"气"中可获致世事和谐。司马迁《史记·律书》中记载武王伐纣时，"吹律听声，……杀气相并，而音尚宫"。乐在"宣气"中将传递战争胜负的信息。《白虎通·礼乐》："八风、六律者，天气也，助天地成万物者也。"表明"乐"能从"气"中发现"育万物""和阴阳"的奥秘，显然也都是将乐视为通天（神）的媒介。秦汉以降，及至魏晋，随着谶纬之术的盛行，乐作为"省风宣气"的阐释媒介功能也得到进一步延展。譬如，广泛流行于汉代的"风角五音法""葭莩候气法""律气法""卦气法"[③]等卜法，均由"宣气"拓展而来，以"五音""十二律"关联"五方""十二辰"等，进一步发挥"乐"的阐释（解密）功能。汉代著名解乐之书《乐纬》将"气"分为"天气""地气""人气""风气"并统试图统筹起一套由天、地、人、万物组成的完整宇宙系统，它"和谐与否的关键是'气'的通畅，……（只有）通过音乐的'省风宣气'，才就能使宇宙万物处于和谐的状态之中"[④]。换言之，这个系统正是以"乐"为信息传递枢机建构而成的。

即使脱离夏商周三代，"省风"与"宣气"的信息释读活动，依然在相当长的历史时期指引着人们的日常生活。倘若将研究视线拉长，我们就会发现，上文提及的出于汉代的"葭莩候气法"，在唐宋时期的《隋书·律历志》和《梦溪笔谈》

---

① 刘起釪：《"五行说"起源考论》，载 [美] 艾兰等编：《中国古代思维模式与阴阳五行说探源》，南京：江苏古籍出版社，1998年，第133—161页。

② [日] 户川芳郎：《原始生命观和气概念的成立——从殷周到后汉》，载小野泽精一等著：《气的思想：中国自然观和人的观念的发展》，李庆译，上海：上海人民出版社，1990年，第20—23页。

③ "律气法"就是将音乐十二律和十二辰、十二月、二十四节气等相对应，用于占验的一种方法，始见于《后汉书·律历志》。"风角五音法"，是通过五音来占验四方四隅之风一种方术，由"律气模式"发展而来。"卦气法"，是将易卦的某爻与二十四节气或固定时日相配合，以测吉凶的一种方术。"葭莩候气法"，是选取尺寸不同的十二支律管，里面装上葭莩之灰，并用薄膜将管口封住，埋于密室之中。到了固定时间，相应律管内的葭莩之灰就会冲破薄膜而飞出，乐官以此定节气。（参见王铁：《汉代学术史》，上海：华东师范大学出版社，1995年，第61—75页。）

④ 付林鹏，曹胜高：《论〈乐纬〉解乐模式及其思想背景》，《天津音乐学院学报》2010年第2期。

中也屡有提及，诗人杜甫与李商隐所言的"吹葭六琯动飞灰"（《小至》），"玉管葭灰细细吹"（《池边》）说的就是这种卜法。可见，这种脱胎于原始巫术的知识系统，并未随魏晋之后谶纬之术的式微而销声匿迹，反而逐渐沉淀为葛兆光所言的人们思考生活的"一般知识、思想与信仰"①。"乐"在吉礼、军礼等仪式活动和日常生活秩序中，所发挥阐释媒介作用，释读、预测、指引、规范功能客观上影响不同时期仪礼的发展，也让日常生活承袭浸润了上古记忆的流风遗俗，并不能斥归为"愚昧"。正如童恩正先生，在考察中国巫祝社会时所言："没有巫师集团的'制礼作乐'，就可能没有现在我们所能观察到的带有'中国特征'的古代社会。"②

四、制礼作乐：从"通天媒介"到"社会整合媒介"再到"政治符号媒介"的跨越

中国古乐的一大特色，在于并未停留在"百兽率舞"的巫性媒介或"宣风省气"的信息阐释媒介，而是实现了"通天媒介"向世俗世界中"政治媒介"的转变，从宗教信仰领域进入社会实践领域，发挥政治沟通、社会整合之功能。质言之，乐的媒介性由"人—神（祖）"间下放迁移至"人—人"间，"乐"被嵌入礼制文化的改造与定型中。

这种转向大抵发生在社会巨大变革的商周时期。王国维先生在《殷周制度论》认为，"文化大变革"最重要的依据，当属周公摄政六年的"制礼作乐"（《尚书·大传》），这是中华文明"精神状态"的"源头"，它"奠定了中国文化大传统的根本"。故而，清末史学家夏曾佑与近代钱穆等人，将周公视为黄、孔间"于中国大有关系的唯一人"。③据王国维先生的考订，周礼引发的社会变革广泛涉及立嫡之制、丧服之制、天子君臣诸侯之制、庙数之制、不婚之制等各方面，而改造的核心在于"纳上下于道德，而合天子诸侯卿大夫士庶民以成一道德之团体"④。换言之，在于彰显"道德之器械"，而"礼乐相须以为用"（《礼记·月令》）下的"乐"自然也是形成社会秩序与显现道德合力的媒介（器械）。

首先，周公以降，乐的媒介性改造，开始被注入"德"的维度。"德"的观念

---

① 葛兆光：《思想史的写法：中国思想史导论》，上海：复旦大学出版社，2001年，第13—16页。

② 童恩正：《中国古代的巫》，《中国社会科学》1995年第5期。

③ 参见夏曾佑：《中国古代史》，石家庄：河北教育出版社，2000年，第37页。钱穆：《周公》，北京：九州出版社，2011年，前言1—2页。杨向奎：《宗周社会与礼乐文明》，北京：人民出版社，1997年，第141页。

④ 王国维：《殷周制度论》，《观堂集林：外二种》（上册），石家庄：河北教育出版社，2001年，第288—289页。

似乎出于周人①。与殷商不同，西周信仰崇拜对象也非"实体指向"的"帝"（或称"上帝"，常与先祖有关），而是更具"虚拟意义"的"天"，但两者位格一致②。只是，周人的"天"不仅可"令风""令雨"左右世间祸灾福辱，还似万物法则，王权政治合法性也需"德"性加持，即"天生蒸民""受命于天"下"惟德是辅"。通俗地说，"周人把德看作君主个人品行，既含有对王的意志行为的某种规范意义，同时又认可了王对德的垄断特权。唯王可以'以德配天'，使神权和王权在周天子身上得到了统一"③。因此，"乐"在政治仪式中如何传递和彰显"德配天"，并嵌入周初政治秩序的构造与维持中，才是此时制乐与用乐的核心。

以周公亲自参与的"乐"为例，他在摄政期间先后制作的、表现武王武功的武舞《象》和表现周公、召公分职而治的文舞《酌》（合称《大武》），在洛邑告成之际，为祭祀文王又制作了表现文王武功的武舞《象》。这些乐舞，都具有"明德"倾向。比如，《大武》乐歌"六成"共七章（加尾声），以宣揭"禁暴、戢兵、保大、定功、安民、和众、丰财"等武之七德为宗旨，乐舞对历史事件的道德赋意是很清晰的：乐章以咏王季、文王之明德的《昊天有成命》始，以咏武王"定功"之德终，这种章法结构突出了周礼宗法制度（传子制度）的要领；以禁暴、定功之德配武王之事，则具有教化意义，勉戒子孙勿忘"克明德慎罚"（《召诰》），以防"早坠厥命"（《康诰》）等。音乐史学家杨荫浏先生认为，这些作品是新兴统治者取得政权后的必要政治实践，乐被不断地加工、利用，目的在于产生"夸大、炫耀和威慑"作用。④再如《清庙》乐，《诗经·周颂》中称周公作此乐是为了"秉文之德……不显不承，无射于人斯"（使文王之德显耀后世，仰慕之情永无穷）。《毛序》云，周公"朝诸侯，率以祀文王"就采用了《清庙》乐。《尚书·大传》对此祀礼情境有过生动的描述："周公升歌文王之功烈德泽，苟在庙中尝见文王者，愀然如复见文王。"在《清庙》乐舞的浸淫下，不仅可以承召先祖德性之光，或可"复见"文王。可以发现，这里的"乐"无论是"劝诫"，还是"显现""昭示"，都具有鲜明的政治传播倾向。

这种"德"性嵌入方式，更多体现在对乐媒介的乐器拣选、程式搭配、场域限定等内部结构的改造中，"乐"媒介的信息性在不同的乐章片段中被程式化扩充，催生出具有本土特色的原生"政治媒介"。据王国维在《释乐次》中的考证，

① 郭沫若：《中国古代社会研究：青铜时代》，《郭沫若全集·历史编》第一卷，北京：人民出版社，1982年，第324页。陈梦家：《殷墟卜辞综述》，北京：科学出版社，1988年，第581页。
② 陈来：《古代宗教与伦理——儒家思想的根源》，北京：生活·读书·新知三联书店，1996年，第171页。
③ 刘泽华：《中国传统政治思维》，长春：吉林教育出版社，1991年，第72页。
④ 杨荫浏：《中国古代音乐史稿》（上册），北京：人民音乐出版社，2004年，第33页。

诸侯以上的礼之盛者用乐次第是：金奏始，次升歌，次下管，配以舞。升歌、下管用《颂》，有管必有舞。下管之诗，天子《象》也。虽然在《礼记》的《仲尼燕居》《明堂位》与《祭统》中，两君相见的大飨礼与某些特定祭礼，用乐有相异之处，却基本遵循"升歌主声、下管取义，舞以象事"。① 依现代学者的研究，周公早在作乐之始就已经对乐舞的数量、结构、使用的歌诗及以乐舞行礼的合用或分用都做了清理，并形成三种基本而固定的"行礼用乐"程式。② 张国安认为，《大武》舞等，"以法天象地为构成舞蹈语汇原则的九成万舞的基本体例，创造了取向现实历史事件以构成舞蹈语汇的新的舞蹈编创体例"，奠定了此后周代礼、乐相合制度的基本性质，"在中国礼乐文化史上当有'哥白尼'般的意义"③。

其次，自周代始，乐的社会整合功能，虽被拓展到政治生活与社会生活的各个方面，但乐的"巫性"却并没有被彻底剪除，在"礼有五经，莫重于祭"（《礼记·祭统》）的三代，祭礼依旧是社会活动的最重要部分。《礼记》中强调的"殷人尊神，率民以事神，先鬼而后礼"，到"周人尊礼尚施，事鬼敬神而远之，近人而忠焉"从"万世求卜"的殷商时代跨越到"敬天崇德"的西周时期，只是离"天"远近的问题，神性钳制力并没有被彻底扼杀，相反，却有可能成为社会礼制形成最原始的驱动力。因为，在商周之际"一元多神""部落至上神信仰"的国教中，祭祀仍是这个体系的核心。④ 犹如宗教社会学家彼特·贝格尔（P.L.Berger）所说，"在人类文明发展史中，宗教一直是历史上流传最广、最为有效的合理化工具"，它是一种"用神圣的方式进行秩序化的活动"。通过将难以稳定的社会结构与一种终极性的存在联结在一起，使社会结构获得一种神圣性的根基，并用来解释、维持人类文明秩序的合法性。⑤

周礼定制的五礼中"以吉礼事邦国之人鬼神祇，以凶礼哀邦国之忧；以军礼同邦国；以宾礼亲邦国；以嘉礼亲万民"。据《周礼》《仪礼》《礼记》等文献记载，最重要的乐却集中在吉礼和嘉礼⑥。其中，尤以帝王主持的郊庙祭祀吉礼规制最为宏大，在祭、祀、享三方面与之配合的乐（即"六代乐舞"）的限定也最为严苛。《周礼·春官》：

---

① 王国维：《释乐次》，《观堂集林：外二种》（上册），石家庄：河北教育出版社，2001年，第46—59页。

② 贾海生：《周公所制乐舞通考》，《文艺研究》2002年第3期。

③ 张国安：《从〈武〉〈三象〉至〈大武〉看周公制礼作乐》，《学术月刊》2008年第10期。

④ 张荣明：《中国的国教：从上古到东汉》，北京：中国社会科学出版社，2001年，第85页。

⑤ [美]彼德·贝格尔：《神圣的帷幕：宗教社会学理论之要素》，高师宁译，上海：上海人民出版社，1991年，第40—41页。

⑥ 杨晓鲁：《中国音乐与传统礼仪文化》，长春：吉林教育出版社，1994年，第20页。

大司乐……分乐而序之，以祭，以享，以祀。乃奏黄钟，歌大吕，舞《云门》，以祀天神。乃奏太簇，歌应钟，舞《咸池》，以祭地示。乃奏姑洗，歌南吕，舞《大磬》，以祀四望。乃奏蕤宾，歌函钟，舞《大夏》，以祭山川。乃奏夷则，歌小吕，舞《大濩》，以享先妣。乃奏无射，歌夹钟，舞《大武》，以享先祖。

这些吉礼的用乐庄严、肃穆、庙堂气氛浓郁，且每种乐舞都是表意特定政治内涵。"六代乐舞"（即黄帝的《云门》、尧的《咸池》、舜的《韶》、夏的《大夏》、商的《大濩》、周的《大武》）在宫廷礼乐活动中的保存，是氏族社会到夏商周三代礼仪制度的延承本身，在礼乐活动中，"通过严格遵守的法规、礼节，以制约社会群体与个人的行为，使之在心理上适应和服从社会伦理规范，其根本上仍是维护有序的、以亲缘关系为纽带的宗法制度与王权统治"①。贾克·阿达利（Jacques Attali）指出，音乐的这种政治功能"在先天上是仪式性的"，依靠"它和权力符码的神秘契合，以及它如何有秩序地参与社会组织的成型过程"②。美国学者 Robert Futrell 等人强调音乐与政治的关联是自然而然的，这是因为，音乐在很多政治仪式中习惯于扮演一种"指挥官"（commander）的媒介角色，它"作为一种组织原则"（An organizational principle）通过对仪式的节奏气氛调节将参与者带入特定政治情感体验中，而实现某种"政治定调"（define or reaffirm political world）的动机。③

对周代而言，乐作为媒介的"政治定调"性是将所有参与者，围绕在受天确证下的"德"为中心。周礼"损益"地承袭了夏殷二代天神、地祇、人鬼的宗教信仰及祭祀仪礼的总体方向与大经大法。这当然是一种政治制度上的安排，其背后的精神"是由周初天命观和忧患意识所产生的、对德行德政及人伦教化的深刻体认"，因为"礼实乃古代中国文明所独有的一套制度与文化的架构，是一种政治、教化、道德和刑法合一的文明体系，在古代社会里具有定名分、序民人、别尊卑、明贵贱的社会整合功能和政治功能"④。事实上，周公所制礼典与刑典，正符合后人对其"制礼作乐"的想象："则以观德，德以处事，事以度功，功以食民。"

---

① 修海林：《古乐的沉浮：中国古代音乐文化的历史考察》，济南：山东文艺出版社，1989 年，第 21 页。

② [法] 贾克·阿达利：《噪音：音乐的政治经济学》，宋素凤、翁桂堂译，上海：上海人民出版社，2000 年，第 33 页。

③ Robert Futrell, Pete Simi, Simon Gottschalk, "Understanding Music in Movements: the White Power Music Scene," Sociological Quarterly, vol.47, no.2（2006），p.30.

④ 陈剩勇：《礼的起源——兼论良渚文化与文明起源》，《汉学研究》1999 年第 1 期。

（《左传·文公十八年》）以"德"入"乐"，并浸入礼制的途径大抵有两种。其一，是"以乐育人"。周代设立的"春官"可能是世界最早的音乐教育机构，机构的最高行政者"大司乐"所包括的职责就包括用"乐德""乐语""乐舞"施教，即：

掌成均之法，以治建国之学政，而合国之子弟焉。凡有道有德者，使教焉，死则以为乐祖，祭于瞽宗。以乐德教国子中、和、祇、庸、孝、友。以乐语教国子兴、道、讽、诵、言、语。以乐舞教国子舞《云门》《大卷》《大咸》《大磬》《大夏》《大濩》《大武》。（《周礼·春官》）

"乐"媒介中包括的各种典礼仪式及社会交往的各种规则、法度等记忆在历时性维度上得到绵延，"通过诗、书、礼、乐、射、御等教学内容的实施，最终完成对培养对象的人格塑造，即从礼的实施与乐的表演上完成教育对内在心理素质、思维、行为模式等方面的培养，于其心灵上建立一种合乎礼乐规范的道德标准与艺术审美趣旨"[1]。另一种方法是"以乐定级"，例如在编钟、编磬的组套使用上，"正乐县（通"悬"）之位：王宫县；诸侯轩县；卿大夫判县；士特县"（《周礼·大司乐》），在乐舞行列（即"佾数"）上，"天子用八，诸侯用六，大夫四，士二"（《论语·八佾》）等划分用乐者的身份等级，此时的"乐"作"礼亦异数"下的表征媒介是非常明显的。

值得注意的是，历经商周两代，古乐无论是种类还是程式体例都取得了巨大发展[2]，但随着周王朝的式微，到了春秋战国时期"礼崩乐坏"，世俗对乐媒介的关注与讨论，最终似乎有逐渐脱离了特定的仪式场域，升华为政治符号媒介的倾向。社会动荡与理性世界的开放，礼、乐之间严苛的权力映射关系被肢解，客观上为"乐"之媒介偏向从使用属性的跨越至符号属性，提供了滋生的土壤。这一时期，对"礼"与"乐"关系的阐释，似乎成了诸子们各抒己见与争取舆论话语权的焦

---

[1]　修海林：《古乐的沉浮：中国古代音乐文化的历史考察》，济南：山东文艺出版社，1989年，第27页。

[2]　这点可由考古发现的各种乐器为佐证，据马承源《中国青铜器》载，商代到战国期间已经发现铙、钲、钟、铎、铃、钩鑃、錞于、鼓等出土乐器，而且春秋战国时期又是青铜器的新式期，加之金属冶炼技术的成熟，此时的乐器种类是十分丰富的，见于《诗经》的就有29种之多：贲鼓、鞉、镛、征、磬、缶、柷、圉、鸾、埙、簧、笙、瑟等等，而且还有成套的编钟（商代虽有，但出土极少，且多为3件或5件一套；周代多为9件一套），最多的是1978年在湖北随县曾侯乙墓出土的战国早期的64件一套的编钟，加上楚惠王赠送的镈一件，共八组分三层悬于钟架之上，此外还有涪陵编钟、蔡侯铜编钟、六台编钟、河南信阳编钟、河南固始县侯古堆编钟等等，音乐的发展与进步程度可见一斑。（参见马承源：《中国青铜器》，上海：上海古籍出版社，1988年，第280—294页。孙星群：《音乐美学之始祖〈乐记〉与〈诗学〉》，北京：人民出版社，1997年，第21—22页。）

点。比如，儒家在追授周公"先圣"身份时，更加强调他对礼乐精神创造性改造的重要性："把以祭祀为主的事神模式转变为以德政为主的保民模式……礼也由最初主要处理神人关系变成处理人和人之间的关系。"[①]孔子对礼乐制度失去整合功能，只剩徒有形式的虚文，发出感慨："礼云礼云，玉帛云乎哉？乐云乐云，钟鼓云乎哉？"（《论语·阳货》），并反思："人而不仁，如礼何？人而不仁，如乐何？"（《八佾》）进而寻求以"仁"释礼，援"仁"入乐的解决路径（刘宝楠《论语正义》）。而道家庄子等人则视"乐"与"礼"是对本真性的干扰与遮蔽，"性情不离，安用礼乐？"（《马蹄》），"退仁义，宾礼乐，至人之心有所定矣！"（《天道》）墨家通过攻讦儒家的繁饰礼乐，而宣扬"非乐"务实的主张，说儒者是"弦歌鼓舞以聚徒，繁登降之礼以示仪""盛以声乐以淫遇民"（《墨子·公孟》）。可见，这一时期，"乐"已开始从仪式场域繁杂缜密的具象内涵限定中解脱出来，在与"礼"结合的社会舆论中开始转而向符号化媒介"跳跃"。

结语：礼之滥觞中灵动的"乐"媒介

《左传·昭公二十五年》："礼，上下之纪，天地之经纬也。"孔颖达疏："言礼之于天地，犹织之有经纬，得经纬相错乃成文，如天地得礼始成就。"指出礼诞生于天地之始，源远流长。《礼记·礼器》曰："礼也者，合于天时，设于地财，顺于鬼神，合于人心，理万物也。""礼"是合天地人心和自然秩序的"理"，规定了中国传统社会生活秩序、人伦典范。学者刘昕岚认为，"礼"包罗万象，它治理并规范中国人生活处境的各个方面，不仅具有格尔兹（Clifford Geertz）"意义之网"式的文化模式概念，包括"西方文明中的'culture'（文化）、institution'（仪式）、'convention'（常规）、'etiquette'（礼仪）、'code'（法典）、'cultivation'（教化）等概念上的意义"，还包括"人现世的生活（人与外在自然世界及人与人之间的关系）以及和超越世界之间的沟通往来"[②]。

从古至今，学界对礼乐的研究可谓汗牛充栋。礼乐"相须合用"常被视为"天经地义"，事实上，萌发于早期社会的礼、乐文化不但有着各自独立的演进路径，它们之间的交合却是从原始氏族社会到夏商周三代中逐步实现的。在这一过程中，礼乐协同不断发展完善，进而成为华夏文明传播的基本范式和中华文化绵延五千年的内在机制与关键动力[③]。

---

① 王博：《中国儒学史》，北京：北京大学出版社，2011年，第22页。
② 刘昕岚：《论"礼"的起源》，《止善学报（台湾朝阳科技大学学报）》2010年第8期。
③ 谢清果、林凯：《礼乐协同：华夏文明传播的范式及其功能展演》，《新闻与传播评论》2018年第6期。

　　以传播学立场看，媒介与社会制度之间始终存在着某种"耦合性"（coupling）。哈罗德·英尼斯（Harold Adams Innis）、马歇尔·麦克卢汉（Marshall McLuhan）、雷吉斯·德布雷（Régis Debray）与中国学者陈卫星、吴飞等人，提倡以一种"媒介学"视角考察历史变迁的动因，因为这种转向或许可发现某种被遮蔽的"新面貌"。毋庸讳言，乐媒介当然很难成为中国礼制变化的决定性因素，不过，从"媒介学"的视角来关照礼乐，探讨乐作为一种媒介下的"礼乐文化"何以可能，乐媒介是如何承载礼的内涵、在共时性维度上传达社会规范、在历时性维度上构建社会现实与传承礼制记忆，两者具体的"勾连""耦合""嵌入"机制又是什么，这些才是我们希望改变以往礼乐文化研究中重礼轻乐偏向，以至对"以乐观礼""宣礼"的媒介学意义加以细致考察的内在动因。

第五讲
华夏跨文化传播研究

跨文化传播视角下中国传统文化智慧的当代启示 *

摘　要：人是文化的创造物，携带异质文化的人在跨文化传播活动中容易以文化中心主义、民族优越论之姿态彼此"矮化""妖魔化"对方。欲从"非我族类，即为异端"思维定式中挣脱出来，现代人应该学会总结与汲取中国传统文化持中守庸、和而不同、入乡随俗等交际思想智慧，将其运用到世界跨文化传播的实践当中去，如此，人类生活的世界就会越来越具有包容性，越来越变得友善与和谐。

关键词：跨文化传播；持中守庸；和而不同；入乡随俗

新世纪以降，伴随着网络媒体传播活动的无远弗届与无疆不破，整个世界俨然成为一个"地球村"，跨文化传播与交流更是日益成为当代人的基本生活样态与生存手段之一。跨文化传播研究的中心课题就是研究不同文化背景的人们，如何睿智地汇聚人类智慧，搭建沟通的桥梁，进而成功地进行跨文化交际。近年来，随着欧美部分主流价值观在世界各地强行推进时的水土不服，以及西方文化中心主义在跨文化传播中所扮演的负面角色越来越受到世人的警惕与诟病，世界许多有识之士开始把寻觅破解跨文化传播迷局与困境（predicament）之良方的目光投向东方世界与中国传统文化思想。1998 年 1 月，世界诺贝尔奖得主们在巴黎集会的宣言中宣称："如果人类要在 21 世纪生存下去，必须回首 2500 年去吸取孔子的智慧。"① 这是世界知识界对中国文化价值的高度肯定。全球文化界提醒西方社会"吸取孔子的智慧"，正好说明了"中国传统文化思想"在跨文化传播时代世界文化发展中的价值和作用，所以，站在人类文化和跨文化传播发展需要的高度来看，我们更应该把中华文化精神与宝贵思想进一步发扬光大。然而，吊诡的是，此方

---

* 本文原载于《陕西师范大学学报（哲学社会科学版）》2011 年 02 期，第 143—151 页。
** 朱清河，陕西师范大学新闻与传播学院教授，复旦大学新闻传播学在站博士后。
① 董凤基：《推动对孔子和儒学的研究》，《走向世界》1994 年第 5 期。

面研究在国内却没有引起足够的重视与关切，从中国学术遍寻到的有关跨文化与中国传统文化方面的论文不过区区 20 来篇，且选题多是《跨文化视野中的我国传统节日变迁》①《林语堂中国文化观的建构与超越——从传统文化的批判到中国智慧的跨文化传播》② 等微观层面的具象耙梳，高水准的宏观与中观研究成果几近阙如，此种状况不能不引起国人，尤其中国知识界的深刻反思与高度关注。笔者此文尝试从中国传统文化精神与思想智慧关照跨文化传播问题，就是针对当前国内此方面研究不足的一种弥补，以期抛砖引玉，引起各界学者同仁的共同研究兴趣，为全球跨文化传播的健康、合理、稳定、顺利实践，提供中国文化智力支持与中国"元素"襄助。

一、"和而不同"：跨文化传播的终极关怀

人类跨文化传播的密度与强度，伴随着其物质与精神双向交往需求驱动而渐成加速发展态势。特别是工业革命后，在"历史向世界历史转变"之中，这种态势越发不可逆转。五百多年前，哥伦布远航美洲大陆，把东西半球第一次连接在一起，使人类交往史上真正有了全球跨文化传播的意味。当今，在经济全球化的巨浪裹挟下，世界真正进入了"全球跨文化传播"时代。依借媒介技术的突进，各大洲、各民族现如今都处在一个紧密联系、彼此相依的文化互动之中，大家都试图"通过交流、融合、互渗互补，不断突破本民族文化的地域和模式的局限性而走向世界，不断超越本民族文化的过节并在人类的评判和取舍中获得文化的认同、不断将本民族文化区域的资源转变为人类共享、共有的资源"③。然而，现实的发展却不那么令人乐观，跨文化传播表象的纷至沓来、轰轰烈烈，既没有带来世界"文化兄弟"们的"取长补短、互通有无、相安而居、相扶而行"④，更没有带来文化中人（people-in-Culture）的"心有灵犀，相聚甚欢"。那么，究竟是什么原因导致了这文化中人在文化之间"跨"而不"通"、"通"而不"共"（共享）呢？强烈民族（文化）中心主义当属最核心阻障因子。

随着世界各地民族冲突问题的日益突出，种族中心主义（ethnocentrism）已成为人们越来越警惕与关切的社会问题。由于受大众传媒宣传报道的影响，一提到种族中心主义，一般人脑际涌现出的不是南非的种族隔离、美国白人对黑人歧视，

① 陈麦池：《跨文化视野中的我国传统节日变迁》，《河南工业大学学报（社会科学版）》2009 年第 4 期。
② 冯智强：《林语堂中国文化观的建构与超越——从传统文化的批判到中国智慧的跨文化传播》，《湖北社会科学》2008 年第 11 期。
③ 杨海庆：《文化全球化与跨文化交际心态》，《沧桑》2005 年第 4 期。
④ 姜飞：《跨文化传播的后殖民语境》，《新闻与传播研究》2004 年第 1 期。

就是二战德国、日本、意大利的法西斯主义，并对之仇恨有加。其实，他们所看到的仅仅是种族中心主义（消极的）一面，而不是事实的全部。美国社会学家威廉·格哈姆·苏默（William Graham Summer）（1940）对这一概念曾做过详细的解释，认为它是指某个民族把自己当作世界的中心，把本民族的文化当作对待其他民族的参照系；它以自己的文化标准来衡量其他民族的行为，并把自己与其他文化相隔离开来。①

民族中心主义，常常是从属于某种民族与文化的人难以摆脱的下意识心理倾向。人们常常理所当然地认为，自己民族的价值观、社会习俗、思维方式、伦理规范等要比其他民族的更加合情、道义、理性、正确。从心理学角度讲，就是对本民族文化持宽容、认同、嘉许的态度，而对其他民族文化则持怀疑、躲避、排拒的态度。事实上，世界上无论何国、何民族、何种文化部群，也无论是东方人或是西方人，都常常有意识和无意识地表现出不同程度的种族中心主义。古希腊人把非希腊人都称为"barbaros"，本意是"外国人"，但这个词很快就具有了文化价值判断的意味，带有"野蛮"的贬义，而原因仅仅是非希腊人不会讲希腊语。②同样在古老的中原大地，春秋以后，华夏文化慢慢形成了东夷、西戎、南蛮、北狄的观念；在儒家经典里，经常贬斥中国四边的文明水平很低，充满了民族优越论和汉族中心主义的思想。

民族中心主义有积极与消极的两面性。学者贾玉新认为，适度的种族中心主义可以"使人们倾向于同本民族的文化保持一致，避免不同的文化同化本民族文化，进而有效地保护本民族文化，并建立起一套本民族的文化信仰"③，对本国文化一定程度的优越感是有利于抵制外来文化的强势入侵，保护和推动本国社会政治、经济、文化等各方面发展的。④消极方面，主要表现在跨文化传播中对待异己文化的态度上。在跨文化传播中，民族中心主义常常易演化为两个极端：强国或强大民族往往会认为其他民族什么东西都不如自己，试图以本民族的文化取代其他民族的文化，这种情况下的民族中心主义就演变为文化霸权主义；而相对较弱的民族在国门打开之初，处于自尊及谨慎的原因对外国文化普遍持排斥态度，这种排斥心态的极端表现就是文化自闭（割据）主义。两种文化差异越大，这种相互排拒心态就越彰明。文化霸权主义者，鄙视一切"他者"文化，把自身文化视作普适性标准，强力（甚至武力）四处兜售；文化自闭主义者视一切外来文化为"异

---

① 贾玉新：《跨文化交际学》，上海：上海外语教育出版社，1997年，第108页。
② 张隆溪：《中西文化研究十论学》，上海：复旦大学出版社，2005年，第72页。
③ 冯寿农、姚丹：《反思世界主义——从法国种族中心主义谈起》，《法国研究》2007第4期。
④ 贾玉新：《跨文化交际学》，上海：上海外语教育出版社，1997年，第110—111页。

端邪说"拒之千里，不惜以身殉道地去维护"纯而又纯"的本土文化。其实，文化自闭主义也是一种变相的文化霸权主义，他们也是要用他们所坚持的信念来统摄别人、强制别人，只不过他们所能及的范围很小。民族中心主义心态对跨文化传播的影响最直接后果就是导致文化冲突和传播距离，文化冲突和传播距离常常会导致跨文化传播的无功而返。

为消减文化霸权主义与文化自闭主义等对跨文化传播的宰制，世界各国人民都曾为此做出并正在做出不懈的探索，但至今仍未找到恰当妥帖的应对智慧。在此，人们不妨把寻觅的脚步踏入中国传统文化的沃土，就会很快发现，中国文化的"和而不同"观念不啻为消解文化霸权主义与文化自闭主义、推动跨文化传播与交际不断深化的一剂"灵丹妙药"（panacea）。"君子和而不同，小人同而不和。"《论语·子路》流传两千五百年的这句孔子的话，告知今人这样一个道理：要想成为一个有见地的君子，就得既要善于听取别人的不同意见，又能够用自己的正确意见去影响、感化、纠正他人的错误观念，与其搞好团结，而不是附和与盲从，只有小人才会只附和盲从，而不肯坦诚，也不能从别人的不同意见中汲取裨益，同人家真正搞好团结。尽管，这里孔子的"和而不同"，所指偏向于处理人际关系时一种态度与道德境界，但当我们把它移植到跨文化传播的语境中时，我们会发现，它对当下跨文化传播活动的启迪意义，不但绝无牵强附会之嫌，更是善莫大焉。它让我们认识到：真正的跨文化传播不是没有文化交锋、思想碰撞的一团和气，也不是"非我族类，皆为异端"的当头痛击，而是通过不同文化价值观的交流、对话、切磋、讨论，从而达到文化间的互相理解，互相容忍，协调统一，和谐互动。

从现有的文献资料来看，"和"与"同"作为不同内涵的两个对立哲学范畴，最早是由西周末年的史伯提出来的。"和实生物，同则不继"（《国语·郑语》）。史伯认为"百物"都是"土与金、木、水、火杂"而生成的，人类社会与自然界中的一切事物，都是由于不同的"他"物相互影响、彼此作用、和合演化而来的，所以"和"是世间万物形成、生长、发展的根本法则。"以他平他谓之和，故能丰长而物归之。若以同裨同，尽乃弃矣。"（《国语·郑语》）。他对"和"与"同"的含义做了明确的阐析：这就是说，"和"是指众多不同事物之间的和谐，矛盾诸方面的平衡，亦即事物多样性的统一。只有以"他"来平服、和合"他的他"，即两个以上不同性质的事物聚集、组合在一起，才能产生新事物。相反，"同"则是指无差别的同一。"以同裨同"是把相同的事物加在一起，简单地重复，只有量的增加而没有质的变化，那么就不可能产生新事物，世界也就"尽乃弃矣"。这就是所谓"声一无听，物（色）一无文，味一无果，物一不讲"（《国语·郑语》）。五声和谐才能成为好听的音乐，单调的一种声音就不好听；同样道理，一种颜色就没有文彩，一种味道势必倒人的胃口，只有一种东西就无从比较好坏。没有多样性的绝对同一只能使这个世界"不继"，即停止了发展的生机。

"和实生物，同则不继"是一个朴素的但也是相当深刻的哲学命题。它反映了客观现实世界事物产生、发展的基本逻辑，即宇宙万物都是由相反的事物组成的，不是简单的同一，而是多样性的统一才构成了这个不断发展着的丰富、生动的世界。同时，它也以相当简洁、准确的语言，揭示了两种根本对立的同一观，指出"和"是包含着差异、矛盾与多样性，强调相反相成、对立统一的辩证同一性，而"同"则是形而上学的无差别同一，简单重复，绝对等同。世界上的一切事物都是包含着差异、矛盾、多样性的对立统一物，不同事物、相反方面的存在及其细蕴激荡、和合演化才构成了无限丰富多样、永恒发展着的世界。因此可以说，"和而不同"就是世界的本来面貌与状态。在约三千年前，中国文化就有如此明晰的"和同之辨"，说明中华民族有着深厚的"和""同"的辩证思维传统。

在中国传统文化发展史上，人们仅对"和"境界的追究，就是一个萦绕不逝、历久弥坚的哲学命题。儒家、道家都有涉此的论述。《周易》中有"保合太和"。孔子主张"和为贵"，"君子和而不同"。老子强调"合异以为同"。惠施宣扬"泛爱万物，天地一体"。《春秋繁露》中主张"天人之际，合而为一"。张载明确提出"天人合一"。中国的先哲首先从观察阴阳交合、五行生克产生万物中认识到了"和实生物，同则不继"的道理，形成了重"和"的辩证宇宙观。他们不仅重视自然界的和谐，人与自然的和谐，而且尤其重视"和而不同"的原则在处理各种人际关系时的重要性，即所谓"天时不如地利，地利不如人和"。这里的"人和"既包括家庭"和睦"、邻里"和顺"、国人"和敬"等内容，更应该包括在不同国家、民族、文化之间的"睦邻友邦"。因为实现了不同国家、民族、文化的关系"和谐"，国家才会真正保持住社会的长期、稳定、健康发展。这一切表明"和"是中国传统文化的主要特征及精髓所在，其中蕴含的深刻哲理为我们今天构建跨文化传播的美好愿景提供了丰富的思想源泉。这种"和而不同""尚和去同"的价值取向对中华文化走出国门、远播寰宇，对千百万华人浪迹天涯、四海为家，产生了重大影响。

在经济全球化当下，世界各民族文化的相互联系日益密切，文化全球化与多元化的关系，不同文明、不同民族文化之间的跨文化传播问题日益紧迫地摆在全人类面前。20世纪末，文明冲突理论的提出者美国人赛缪尔·亨廷顿曾指出，后冷战时代的世界冲突主要根源已经不再是经济和意识形态，而在文明之间的差异上，并断言，在可见的将来，冲突的焦点将发生在西方与几个伊斯兰—儒家国家之间，也就是西方世界与非西方世界的冲突。为此，他还站在维护西方文化霸权的立场上，为美国设计这样的应对战略：团结欧美西方文明世界，加强同俄罗斯和日本的合作，抑制伊斯兰和儒家国家的军事扩张，制造儒家与伊斯兰国家之间的差异和冲突等等。①笔者认为，在以和平与发展为时代主题的当今世界，"文明冲突论"显然有违时代进步主调。众所周知，不同文明之间的关系，不是只有对抗和冲突，而且也有相互交流、协调、互动、融合与共生。从世界文明的总体发展趋势来说，不同文明之间的交流互动、彼此借鉴融合始终是主流，对抗、冲突只不过是暂时的、局部的现象。不同文明是在既冲突又融合、既对立又统一的关系中发展共进的。亨廷顿显然夸大了文明冲突在历史发展中的地位和作用，而对文化交流融合这一面视而不见，更不理解"和而不同"的文化发展规律，因此得出了文明冲突不可避免的错误结论。这可能与西方人的那种重分不重合、求同不善和的思维方式有关。

"'全球化'不是一个全球单一化的过程，而是一个逐渐地尊重差异性的过程。尽管差异性面临的处境很艰难，但是必须尊重它。我不认为全球化时代全世界所有的语言都消失，只剩下英语；全世界的所有文化都慢慢被整合，只剩下西方文化；全世界一切的意识、一切的文明都慢慢地被同化，多元的历史终结了。相反，全球化是一个学会尊重差异性的多元化过程，是东方西方共同组成人。"②文化的多样性与不同文化的"差异构成了一个文化宝库"，能够"经常诱发人们的灵感和创造性而导致革新"③。"文明冲突"论与"和而不同"论作为当今世界上两种最有影响的文明关系理论，充满睿智与理性的现代人对其做出了明确的价值选择并不为难，难的是如何落实到具体行动中去。文化的差异"贵在兼容、互补且点缀世界文明"④。用对话代替冲突，以尊重置换攻讦，取"和"而去"同"，推动各种文明的互相交流、互相借鉴，以求共同发展、共同进步。这正是全世界人民所期望的"各美其美""美人之美""美美与共"之文明格局形成希望所在。

"在不同文化传统中应该可以通过交往和对话，在讨论中取得某种共识，这是一个从'不同'到某种意义上的'同'的过程。这种'同'不是一方消灭一方，也不是一方'同化'另一方，而是在两种不同文化中寻找交汇点，并在此基础上推动双方文化的进展，这正是'和'的作用。"⑤全球化背景下的文化冲突表现在不

① 亨廷顿：《文明的冲突》，[美] Foreign Affairs，1993（夏季号）。
② 王岳川：《全球化语境与当代中国文化转型》，《求是学刊》2002年第5期。
③ 乐黛云：《跨文化之桥》，北京：北京大学出版社，2002年，第16页。
④ 万晓艳：《从跨文化交际的视角解读中西方幽默》，《黑河学刊》2010年第1期。
⑤ 汤一介：《多元文化共处》，杨晖主编：《思想无疆学》，长沙：湖南大学出版社，2002年，第5页。

同文化和不同民族之间各种文化的相互激荡，文化冲突的未来走向将是人类共识领域逐渐扩大、文化交流与融合的障碍逐渐减少，在全球化背景下演变为相互共存的多元文化体系。由此看来，中国传统智慧中的"和而不同"的思想资源，在今天看来，更有着特别重要的现实价值和世界意义，它是医治文化霸权主义与文化自闭主义的一剂良方，它是全球化场景下文化发展和文化共生的必由之路，它应可成为多元文化共处的终极原则与价值追求。

二、"持中守庸"：跨文化传播的普世伦理

跨文化态度是人在跨文化交往的实践活动中，处理本、异文化之间关系的态度。合理的跨文化态度应遵循跨文化传播的伦理原则，使跨文化交往顺畅而有成效。在全球化与多元文化挑战的背景中，采取合理的跨文化态度特别重要。笔者认为，中国传统文化"持中守庸"的"中庸"思想，应可成为世间跨文化传播的核心伦理原则。

"跨文化传播是一种伴随着人类成长的历史文化现象，也是现代人的一种生活方式，更重要的是，它一直是文化发展的内在动力。"① 换句话说，缺乏跨文化传播，任何文化的发展与繁盛都只能是水中月、镜中花，甚至或有日渐凋敝、被逐出世界文化谱系之虞。中国文化源远流长，奔腾不息，拥有强大的生命力，正是出于它能不断地处在与其他民族文化的跨文化传播之中（历史上中国文化曾受惠于印度佛教，后者传入中围，促进了中国文化在哲学、宗教、文学、艺术等方面的发展；近代中同文化又不断吸收西方文化，更新自己的文化；改革开放以来，中国文化正是在与世界各民族文化的交流过程中进行着综合性创造）。再往深处探究，中华民族之所以在世界文化之苑中，拥有宏阔舞台与华彩乐章，除了上文提到的自身所拥有的"和而不同"的文化韬略与思想智慧因素外，更应该归因于它的"持中守庸"的"中庸"之道。如何体认与把握"中庸"精髓古为今用，不但是一个重大的哲学理论问题，而且是一个具有重要实践意义的现实问题，可以为当前跨文化传播提供思想资源、价值范导与伦理向导。

在一般人的眼里，"平庸"者是平常、普通和不出众的代名词，好像既缺乏锐利的棱角，也没有木秀于林的傲气，所以人们曾对中庸之道多有微词。一提中庸好像就俗不可耐，令人生厌。其实，很多人之所以对"中庸"没有好感，皆拜对其望文生义、积习化、浅表化理解所赐，这需要我们对"中庸"不断做出必要的、全面的、深刻的、与时俱进的认识。那么原典意义上的"中庸"内涵到底是什么

---

① 单波：《跨文化传播新论学》，武汉：武汉大学出版社，2005年，第5页。

呢？"中庸"思想，源于上古时期的尚中与尚和思想，最早为孔子所倡导。《易经》中说："日中而斜，月圆而缺。"子华说："圣人贵在中，君子抱守中。"孔子说："君子行中庸之道，小人不行中庸之道。"东方朔说："智者处世，无不尚中。"宋代儒家程颐解释说：不偏之谓中，不易之为庸。中者，天之正道；庸者，天下之定理。"中庸"经过历代儒学思想家不断地进行总结、思索和充实发展形成的，其思想早已融入我国社会的运行和发展之中，并成为中国传统文化的核心组成部分之一。综合历代先贤的生发、探索与阐释，我们不难理解："中"就是不偏不倚，不上不下，不左不右，不及不过，不内不外，公平公正，持中可遍览天下，持中可统摄全局，让人处于可进要退，可方可圆之佳境，时时处处均可做到通权达变，攻守自如。"庸"就是居常不偏，居平不斜，中正平和，左右逢源，恰到好处。"中庸思想是道德的最高标准，而且是方法论，更是一种世界观，这种世界观是以道德作为衡量标准的。"[1] 正因为此，中庸才被历代智者奉为天之正道，天之定理，成为人们做人处世必须遵循和把握的最佳价值标尺与品行操守；也正因为此，"持中守庸"才有了可被视作跨文化传播的道德伦理的本钱、"和而不同"交际观得以贯彻兑现的手段。

孔子是"中庸"思想的集大成者。孔子"中庸"思想的核心要义是："去其两端，取其中而用之。"[2] 也就是手持两端，持中守庸，不偏不倚，选择正确的道路。不偏的前提是把握两端，既不激进也不保守，多一分则长少一分则短，不多不少正好恰好。关于儒家"中庸"思想的具体蕴藉，学者杨庆中曾做过深入缕析与精当描述。他认为，孔子中庸之道分四个向导与层次，即所谓"尚中""时中""中正""中和"，其内部有着严密的内在逻辑："尚中"表征"无过无不及"，是中庸的逻辑起点；"时中"讲究"无可无不可"，是中庸的内在本质；"中正"仰赖的是"礼义"，是中庸的规范准则；"中和"，追求的是天人和谐之美，是中庸的理想目标，是孔子对传统"尚中"观念的丰富和发展，也是孔子中庸思想的核心之所在。[3]

儒家经典《礼记》有一篇文章叫《礼运》，里面有一段是孔子讲的关于"大同社会"的话，所谓"大同"社会就是儒家和谐完美的理想社会。从跨文化角度说也就是各种文化"和而不同""和谐相处"的"'大同'社会"。但如何才能达到和谐境界呢？传统文化认为必须坚持中守庸，恪守中庸之道，以中庸为手段，达到"中和"的目的。但中庸之道常被人误解，以为是折中调和，不分是非、不讲原则，推

---

① 丁晓武：《儒家中庸思想的"至诚"主张及现代意蕴》，《青海师范大学学报（哲学社会科学版）》2009 年第 1 期。

② 石建莹：《中庸思想与构建道德化和谐社会》，《中共成都市委党校学报》2007 年第 6 期。

③ 杨庆中：《论孔子中庸思想的内在逻辑》，《齐鲁学刊》2004 年第 1 期。

行文化相对主义，凡文化中物不论良莠，不管糟菁，一律等同处之。实际上中庸是要求在跨文化传播与交流时，对待各种民族文化"不因似己而厚之，不因异己而恶之"，不偏不倚，恰如其分，恰到好处。也就是把握准确的度，对各色文化的接近度、亲进度、礼遇度、亲疏度、收纳度，既不要不到位，也不要太过分，"过犹不及"。

在跨文化传播时代，作为一个文化中人，要处理各种文化的差异、分歧、矛盾与冲突，更必须具有"度"的意识，注意把握分寸。假如事事处处要么以我为是、唯我独尊，要么自暴自弃、自我贬低，态度绝对化，行为极端化，一味任性妄为，那么不是文化霸权主义、民族中心主义、种族优越论，极端民族主义、狭隘爱国主义、大国沙文主义、东方主义、后殖民主义等漫天恣肆，就是文化自闭主义、文化割据主义、历史虚无主义、文化媚外主义、小国寡民意识等四处漫溢。前者会妨碍自己认清其他民族的优点和自身的弱点，因而不能向外部世界虚心学习，进而成为阻碍民族进步的绊脚石，更有甚者，最终导致对其他民族的敌视甚至战争；后者会"灭自家志气，长他人威风"，自惭形秽，迷失自我，少思进取，难免陷入"画地为牢""作茧自缚""自毁前程"文化窒息境地。以上两种情势，无论对人对己都是很不利的。所以"持中守庸"应是人类文明交往的明智抉择，对解决世界上各种矛盾冲突都是很有用的。

在跨文化传播中，实行中庸之道、把握对待各种文化态度的度是很不容易的，这要求至少做到以下两点：第一，要承认各种文明、各色文化互不相同，各有特色，这是客观事实，不以人的意志为转移。所以这个世界只能"和而不同"。第二，要仁爱、宽容、有忍让意识。处理问题最好彼此有益，"仁者爱人"，"己所不欲，勿施于人"，实现"双赢"。"双赢"虽好，但有时实在做不到。为了避免冲突的恶性发展，造成严重的后果，有时就只能单方面让步，达成某种妥协。无论"双赢"或单方面让步都需要一定的忍让。忍让的精神在东方文化中往往受到赞扬。

近年来，一些国际知名学者如杜维明、刘述先、成中英等都在谈论普世伦理或全球伦理问题。他们探讨了儒学与非儒学的沟通交流及实现儒学创造性转化的思想，并在行动上积极参与推动普世伦理。那么，所谓普世伦理或普世性价值观是否存在？中国传统文化智慧对于当代或未来世界的"普世伦理"建设可能做出什么贡献？这是值得我们认真思考的问题。随着中西跨文化传播的加深，全球化呼唤一种新的普世伦理范式以适应当代人新的交往模式。作为中华文化核心价值，中庸就有可能成为一种跨文化传播语境下全球普世伦理范式，因为按照有关学者的总结，至少存在以下三种理由：一，中庸根植于中西古典伦理思想中，是一种各大文化传统可以共享的伦理资源；二，中庸具有伦理常识的特性，在中西伦理

的不同历史演变中，中庸成为终结伦理偏执的最佳选择；三，中庸适应各有传统
的伦理互动的需求。在普世伦理的建构中，中庸是道德准则与实践原则的基准。^①

　　从人类各种思想、文化、价值观发生、演变的历史看，无论是宗教的追求还
是世俗的理想，其实在终极宏观境界上是共通的，即对于真、善、美的共识与诉
求。诸如基督教之"天国"、儒家之"王道乐土"、佛教之"净土"等，都是一种
真、善、美的理想境界。从这个意义上说，全人类应该有一个普世性价值观的。
但在中、微观层面上，不同族群、不同文化或宗教信仰就出现了价值观与风俗礼
仪的较大分歧。从佛教的原苦到儒家的原善，再到道家的原虚，从基督教的礼拜，
到伊斯兰的斋戒，再到道教的扶乩画符、儒家的拜天祭祖，彼此之间真可谓或"道
不同，不相为谋"，或嗤之以鼻、水火不容。从这个意义上说，价值观是形形色色
的，只要存在着国家民族与宗教、文化传统的差异，全人类就不可能拥有一个人
人认可、放之四海而皆准的"价值体系"。

　　再从当代世界发展的基本趋势看。当今世界正处在经济全球化、政治多极化、
社会现代化、文化多元化的时代。在这个大趋势的推动、影响之下，不同质文化
的相互沟通、交流日益频密，从而形成了文化互补、价值互补的形势，于是产生
了价值观念趋同化的趋势。一些原本分属于东方或西方的价值观念，在全球化时
代正在冲破各自的文化版图和"思想辖地"而日益为全人类所"共有""共识"与
"共享"。譬如，原属西方的民主、自由、人权、法治观念，与原属东方儒学的仁
爱、和谐、诚信、中庸等等观念，正在成为全人类普遍认同的基本价值观念。从
这个意义上说，"持中守庸"，可以成为跨文化传播"全球伦理"的命题，是可以
成立的。

　　三、入乡随俗：跨文化传播的应急策略

　　尽管，在学术层面上，跨文化传播研究的历史仅仅不过半个世纪（始于"二
战"后的美国。20世纪50年代，服务于美国国务院外国服务所的人类学教员霍尔
（E.T.Hall），根据学员的要求，率先将课程的重点从宏观文化知识转向微观文化
知识，如声调、手势、表情、时间与空间的概念等，向学员传授如何与不同文化
背景的人沟通的知识。1955年，霍尔在一篇题为"礼仪人类学"*the Anthropology
of Manners* 的论文中提出了跨文化的范式；1959年，他出版《无声的语言》一书，
使跨文化传播研究自此走向了学科成熟的道路），然而跨文化传播的实践却是由来
已久。不同文化间的人们之间的交往究竟是从什么时候开始的，这是个很难给出

　　① 鲍宇：《中庸思想及其现代意蕴》，《湖北经济学院学报（人文社会科学版）》2006年第3期。

确切答案的问题。但有一点可以肯定，不同文化群体的人相互交往，至少在已存在有数千年的历史，它以货物交换、跨国旅行、民族战争、宗教传扬等形式，呈现了斑斓多彩、喜忧参半的跨文化传播历史景观。尤其在拥有浩瀚领土的古老中国，多样的民族构成，多元的文化脉系，使得每一次社会冲突、转型、巨变与改朝换代都伴随着中华各民族跨文化的相互冲突、互谅、求同存异、认同融合等，并最终融入"华夏文明""天朝上国"的文化疆土中来。古老中国各民族之间的交流、激荡在华夏文明的历史长河中的此起彼伏，也使中国文化最早在跨文化传播活动汹涌澎湃的春秋战国、百家争鸣时期就渐渐孕育出了"入乡随俗"（"入国问禁""入境问俗""入乡随乡"）的跨文化处事品格与交际智慧。从现存史料看，中国文化中的这种"随乡入俗"思想，至少在春秋末年的老子的"入其俗，从其令"（《庄子·山木》）的警言中已展露跨文化传播智慧的端倪。两汉以后，经过佛教的助推，这种"随乡入俗"跨文化交际观已渐成蔚为大观之势。

伯叔二人，各资国货俱之裸乡。叔曰："夫福厚者衣食自然；薄佑者展乎筋力。今彼裸乡，无佛无法无沙门众，可谓无人之土矣。而吾等往，俯仰取其意岂不难哉。入国随俗，进退寻仪。柔心言逊，匿明扬愚大士之虑也。"伯曰："礼不可亏，德不可退。岂可裸形毁吾旧仪乎？"叔曰："先圣影则陨身不陨行戒之常也。内金表铜，释仪从时。初讯后叹，权道之大矣。遂俱之彼。"伯曰："尔今先入观其得失，遣使告诚。"叔曰敬诺。旬日之间使返告伯曰："必从俗仪。"伯勃然曰："释人从畜。岂君子行乎。叔为吾不也。"其国俗以月晦十五日夜常为乐，以麻油膏膏首，白土画身，杂骨璎颈，两石相叩，男女携手，逍遥歌舞。菩萨随之，国人欣叹，王爱民敬宾俟相属。王悉取货十倍雇之。伯车乘入国，言以严法辄违民心。王忿民慢，夺财挝捶。叔请乃释，俱还本国。送叔者被路，骂伯者聒耳。（《六度集经·之裸国经》）

《六度集经》是西域高僧康僧会于三国时期在孙吴境内译出的一部宣传佛教教义的故事集，在佛法中具有纲领般的重要意义。汉译成书时间约在 247 年他抵达建业（今南京）会见吴主孙权之后。该书编撰者按其内容分别归入"布施""持戒""忍辱""精进""禅定"和"般若"等"六度"之中来组织篇章结构，故名《六度集经》。上文即是其中《之裸国经》的故事主概，大意是说：有兄弟俩一起去到裸人国做生意，弟弟认可了当地的礼仪程度，也和当地人一样不穿衣服，每逢初一十五便用油膏涂脸，用白土在身上画上图案，带着兽骨穿成的饰物唱歌跳舞。国王见这个商人尊重自己国家的风俗，便也很喜欢他，用重金买下了他的所有货物。而哥哥随后赶来时，却不肯入乡随俗，还把裸人国上至国王下至百姓统统都训斥了一遍，说他们违背了礼教。这样一来，全国人人讨厌他，生意自然做得一塌糊涂。

二千年前的佛教经典中的这个"裸人国"故事，用现代的眼光看，是一个典型的跨文化传播的案例，该案例生动展示了跨文化传播的成功经验（入乡随俗）与失败教训（入乡不俗）。一般认为，佛教从两汉之间传入中国后，经魏晋至隋唐始臻极盛。任何一个外来宗教（文化）想要在新的地域传播都无可避免地要与当地的本土文化发生冲突，在冲突中互相排斥，吸收，融合，才能形成最终的稳定形态。佛教传入中国也无可避免地要经历这个阶段。但应该说，佛教的中国化既有普遍意义，又有特殊意义。普遍意义即如上所说，事实上当佛教传入泰国、越南、日本等地，也无可避免地适度地当地化（入乡随俗）了。但佛教中国化的特殊原因在于中国文化固有的强大包容力（允许别人入乡随俗与自身善于入乡随俗）。中华民族比较淡薄、宽容的宗教文化观念，而佛教传入时恰好又填补了我们古代哲学思想、性命修炼上的很多空白。在这些原因综合作用下，终于诞生了佛教中国化的结晶，儒释道三教融汇的禅宗。宋·释普济《五灯会元·卷十二大宁道宽禅师》上说："上堂：'真空为体，妙有为用。虽然如是，且道入乡随俗一句作么生道？'良久曰：'西天梵语，此土唐言。'"意思是说，大宁道宽禅师上堂说：真如佛性之体为体，妙有为用。入乡随俗是什么意思呢？良久又说：这就是妙用。比如，佛法的讲述，在西方印度用的是梵语，而在我们这里，则是用汉语讲的。"酒肉穿肠过，佛祖心中留。"只要坚持内在的修行法则，暂时的改变外形，损毁了外在的一些东西，也是允许的。

中国式佛教——禅宗，所倡导的入乡随俗、圆通应变的处事观，很快与中国文化"入其俗，从其令"的跨文化交际智慧交汇、叠加、放大，随之"入乡（国）随俗"理念逐步深深嵌入到跨文化交际的路标之上。"天涯节物遮愁眼，且复随乡便入乡"，宋朝诗人范成大《秋雨快晴　静胜堂席上》中的这句警句，所彰显出的中国文化"随乡入俗"品格是对中国式跨文化传播不断成功的绝佳注解，它使得中国文化一旦溢出中土的疆界，就很快凸显出其"物竞天择，适者生存"的生存耐性与生命禀赋。

人作为让会性的存在，总是生活于一定的文化情境之中，并时时处处受到这种文化情境的制约和指引。换句话说，人是文化的产物，文化为人类所独有。当下，放眼四海，中国人"广泛地散布在全球各地，从东南亚、东亚、整个亚太地区，到欧洲、美洲、大洋洲和非洲等地，特别是在全球化浪潮下华人新移民不断涌向世界各地，可以说有人的地方就有华人"。① 设若我们不质疑"世界上有人的地方就有中国人"这句取得世人广泛共识的话的真实性，那么就应该更有理由相信"世界上只要有文化的地方就会有中华文化"。华人的身影何以活跃在世界各地，中国文化面对异己文化，何以具有如此开疆拓土、所向披靡的超凡生存、成长之道？应该说"随乡入俗"的文化智慧是其跨文化传播屡试不爽的主要方略之一。

中国文化的善于"入其俗，从其令"，从某种意义上说，成就了中华文化的世界性生存张力与中国文化圈的不断扩容。诚如台湾学者高明士所言："东亚世界在地理上是以中国为中心，包括今天的韩国、日本、越南等地，这个地区是以中国文化为主要成分，与其他历史世界显然不同，称为中国文化圈并不为过。"② 不过，我们也不能把它看作只是中国文化的"土特产"，只是说，中国文化表现在此方面的智慧可能更明显、更坚定、更实效罢了。只需少做历史顾盼就会发现，"入乡随俗"的跨文化交际智慧并非中国所独占，而为世界诸多文化所"共有"。基督教文明涵化下的西方人对此也有精到的洞见与卓越实践。意大利传教士利玛窦为了实现其"感化异教徒使他们皈依天主教神圣信仰"的目的，于16世纪末到中国后，将中国传统文化（主要是儒家思想）与基督教的部分教义相结合，学汉字、说汉话、穿儒服，"面对中国文化，在与其信仰不冲突的前提下，采取灵活的，有时甚至是妥协和忍让的方法"③。这种"随乡入俗"态度与策略，使得日后利玛窦的生涯较之他的此前、此后及其同时代的西方同胞，取得了难以企及的跨文化传教的巨大成功。

"入其俗，从其令"观，给当下跨文化传播实践最大的启示是：一种文化传播到另一种文化时，必须适应这一种文化的特殊情形，否则，传播就无法进行。为了增强在跨文化传播的效果，传者应该恪守"内外有别"原则，应当更多地考虑受者，了解受者，研究受者。受者不是被动的接受者，它对信息的注意和理解是有选择的。文化"他者"因其意识形态、文化背景、接收习惯的不同而显现出更大的选择上的差异。如果意识不到这一点，只是试图以自己固有的编码、解码信号去影响、感化另一个语境中的译码者，其结果必然造成要么事半功倍，要么得不偿失。当前，在信息全球化的时代，无论是在重大突发性危机事件，抑或日常成就性事件的对外传播中，我们的新闻报道在国际上普遍缺乏亲和力、竞争力，其根本原因就在于：在跨文化新闻传播中，我们有意无意抛弃了祖先留下的"入其俗，从其令"古训，自觉不自觉地作茧自缚于"舆论一律，内外一致"的"传

---

① 邵允振、郑永辉：《海外华人资本特点及其对外投资动因分析》，《求实》2002 年第 6 期。

② 胡礼忠、汪伟民：《东亚文化圈：传承、裂变与重构——"东亚汉文化圈与中国关系"国际学术会议暨中外关系史学会 2004 年会述评》，《国际观察》2004 年第 2 期。

③ 张梅贞：《从文化适应理论看明朝利玛窦的跨文化传播》，《理论界》2000 年第 2 期。

播苦旅"之中。此当引起我们的深切反思与高度警醒。

当然，"入乡随俗"，只能被视作跨文化传播行下之器、策略之术，它最多可令异（他者）文化"开门接客""笑脸迎宾"，本（自家）文化"四处播撒""遍地开花"；"和而不同"，虽可谓跨文化传播的终极原则与处世哲学，有望让本文化"落花结果，果落生根"，有可能实现各种文化的求同存异、和平相处，但若缺乏切中肯綮的方法论引领，这种美好愿景与期许或可成为"海市蜃楼"，可望不可级。因此"入乡随俗"为表，"和而不同"为里，表里只有结合在"持中守庸"之本上，跨文化传播才能酷似有本之末、有源之水，生生不息、活力永驻；"入乡随俗"与"和而不同"为点，"持中守庸"为线，两点只有被一线所牵，跨文化传播才能在"合作性的自我解释"和"相互构建过程"中形成"交迭共识"，才能最终实现"一种基于文明多样性与同一性的人性化的全球化"①。

四、结语

我们现在正处在全球跨文化传播与交际时代，这个时代急切需要集中人类所有文化智慧来破解摆在人们面前、阻遏人们交际的种种阻障与壁垒。文化殖民主义与文化保守主义，文化霸权主义与文化媚外主义，东方主义与"西方主义"，② 文化普世（普遍）主义与文化（绝对）相对主义，③ 文化中心主义与文化自戕（自我贬损）主义，种族优越论与种族劣等论等等，在当下世界文化场域中的文化过滤和思想博弈的巨大脉动中，必然发生一系列的文化折射和问题变形，杂交出"出人意料"的跨文化传播新"迷失"。笔者认为，以"随乡入俗"为器、"持中守庸"为用、"和而不同"为体，器、用、体三位结合，互为结果，中国文化中的这些智慧将能够支撑、承担起叩问这些新"迷失"的文化道义与理论勇气。

---

① 姚介厚：《跨文化交往和世界文明共同进步》，《浙江大学学报（人文社会科学版）》2007 年第 4 期。

② 东方主义，论述非西方人对西方世界（欧洲、美国、澳大利亚，有时包括现代日本）的偏见以及去人性化（dehumanizing）的理解。Ian Buruma 和 Avishai Margalit 合著的书《西方主义：在敌人眼中的西方》*Occidentalism: the West in the Eyes of its Enemies*（2004）令西方主义开始普及。萨义德的东方主义论及西方人对东方世界的偏见，西方主义则为它的反向论述。

③ 文化相对主义，是针对文化普遍主义或文化普世主义的一种反击。美国文化人类学家梅尔维尔·赫斯科维奇说，文化相对主义的核心是尊重差别并要求相互尊重。在这个意义上，相对主义的具有一定积极作用。但若把文化的相对性推到绝对，只承认文化的相对性，不承认这种相对性之中有着绝对性的东西，即稳定的可以超越特定主体、特定时空和在不同的文化主体之间传播、交流、转换、共享的东西；实际上也就是只承认每种文化的独立性、个性或特殊性，不承认不同文化之间的相关性、共性、普遍性，那也是我们所不能同意的。文化绝对相对主义认为，文化如同一阵风般飘忽不定，文化间没有任何最起码的"共同语言"，对之没有任何可比性，什么也不能说。对于这种绝对相对主义，有的学者称之为极端文化相对主义或强文化相对主义。

1988 年诺贝尔和平奖颁奖之后，74 位委员一致宣言称"人类要想永远和平，需要从 2500 年前的孔子学说中寻求和平共处的方案。在不久的将来，儒家学说会被越来越多的人接受，逐渐成为人类文化的中心。"[1] 这种看法属一家之言，虽未免有夸大之嫌，但至少从某方面可以说明，以儒家思想为核心的中国传统文化存在着非常有价值的资源，其现代价值已经逐渐被越来越多的东西方持不同文化见解的人所认同。当然，我们还应当对中国传统文化在未来世界文化格局的位置与作用，保持足够清醒的认识与把握。以"中庸仁学"形态存在的儒家文化，只能扮演世界多元文化中的一元（道德人文主义的角色），它对于人类的和谐稳定、素质的全面提升与永续性发展，将起一种社会解压器和精神调节器、心灵抚慰器的作用，而不可能包打天下。那种试图"以儒学包打天下"、主张"东风压倒西风"的一元化思维方式，是一种"同而不和""执偏居端"的思维方式，本身就背离了中国文化"持中守庸""和而不同"的价值追求与精神境界。

"跨文化传播的伦理合法性应是合于人的文化创造自由与文化选择自由，合于文化生态的多样性平衡和文化意义的共同分享，合于人的文化传播无限可循环性的要求，合于文化创造所内含的超越文化限制的精神。"[2] 为在跨文化传播日益浸寓于我们的日常生活、学习之中的当下，作为受中国传统文化涵化、哺育、庇佑下的我们，更有必要、有责任对其思想菁华与精神智慧进行不断检视、挖掘、咀嚼、"建构"与弘扬，以期为各国、各民族、各地区间的"合乎文化创造与选择自由""合于文化生态多样性和意义共享"等的跨文化传播与交际活动顺利、高效地开展，提供思想资源与智力支持。注重从传统思想文化中发掘一些有意义的思想资源，为跨文化传播服务是非常重要的。当然建设和谐社会、和谐世界不能完全照着过去人的想法，需要我们在不断实践的过程中间积累经验。司马迁说："居今之世，志古之道，所以自镜者，未必尽同。"[3] 我们学习、阐发先贤的思想，就是为了能得到一些智慧的借鉴，以备今日之所需。此方面，已故著名社会学家与人类学家费孝通先生曾给我们做出了表率。他从"和而不同"观念中申发出的"文化自觉"理论，至今有重要的现实意义，是对人类文明的一大贡献。各国各民族文化都有一个文化自觉的问题，处在弱势地位的文化应该"自觉"，处在强势地位的文化更应该"自觉"。大家应该一道摒弃猜忌，优势互补，打破文化的封闭状态，承担起引导、促进不同文化交流对话、良性互动与和谐共进的责任。

　① 赵吉惠：《论 21 世纪的中国文化在融合中创新》，方立天、薛君度主编：《儒学与中国文化现代化》，北京：中国人民大学出版社，1998 年，第 52 页。

　② 单波，王金礼：《跨文化传播的文化伦理》，《新闻与传播研究》2005 年第 1 期。

　③ 汤一介：《儒家"和谐"思想的现代诠释》，《人民论坛》2006 第 22 期。

跨文化传播理解的实现路径：
以中国儒释道文化沟通为例 *

赵立敏 **

摘　要：跨文化传播理解强调不同文化的差异性和自主性，主张基于差异上的沟通与协商。纵观中国古代儒释道的冲突和融合，冲突的根本原因在于儒释道三种文化各自功能领域与逻辑的混淆和入侵。而代表三种文化和谐、融合的"三教合一"，就在于三教进行了功能区分，从"释教为内，儒教为外"到"以佛修心，以儒治世，以道养身"的提出，构建了一种基于差异之上的文化秩序。它对世界跨文化传播理解模式的启发在于：在多元文化或文明频繁相遇和冲突的时代，不同文化应基于自身差异和特性，界定各自的功能分区，形成某种特定的文化层级或嵌套关系，由此形成的文化秩序，才是化解文明冲突，增进文明理解、交流的有效路径。

关键词：跨文化传播理解；儒释道；文化差异；功能分区；文化秩序

一、从文化同化走向文化差异，是实现跨文化传播理解的前提

20世纪50年代，跨文化传播研究兴起，又在20世纪70年代迎来了早期发展的第一个高峰。随着全球化和国际互联网的发展，跨文化传播呈现繁荣景象，但无论如何变，不同文化之间的冲突与融合始终是跨文化传播研究的两个主旋律。[①] 概而言之，跨文化传播研究学者主要从个体或群体的行为、认知和理解三个层面来考察文化冲突与融合现象。例如，从行为层面看，Berry根据一种文化与其他文化交流的倾向性和保持自身文化倾向性的不同程度，区分了四种文化适应策略：分离（separation），边缘化（marginalization），同化（assimilation），整合

＊　本文原载于《宁夏社会科学》2019年第5期，第194—198页。

＊＊　赵立敏，衡阳师范学院新闻与传播学院副教授，中国人民大学传播学博士，厦门大学与中盐金坛联合培养博士后。

① 车英、欧阳云玲：《冲突与融合：全球化语境下跨文化传播的主旋律》，《武汉大学学报》2004年第4期。

（integration），[①]而这些行为又分别对应着人们对所处主流文化和自身文化不同的态度，这些态度包括：否认、防卫、最小化、接受、适应、整合，[②]这里反映出人们对自我与他者文化的复杂的心态和敏感的程度。随着对跨文化传播研究的不断深入，人们逐渐意识到单纯的文化同化或文化自闭都是不可取的，化解文化冲突的办法还是在于不同文化应在保持自身主体性的基础上积极展开交流与对话。

跨文化传播的理解模式（IMIC）就认为跨文化传播是一个不同文化彼此协商建构意义的象征性过程。[③]例如，在这种模式中，文化融合理论（Cultural fusion theory）就指出个体可以在坚持自我为核心的前提下融入东道国文化。[④]马克·奥比（Mark Orbe）在 20 世纪 90 年代后期提出了共文化理论（Co-culture Theory）。他认为对于处在边缘或弱势群体顺应主流文化并非是融入主流社会的唯一选择，他们还"可以在主流社会结构中凭借特定的传播和交流方式与主流社会群体进行差异的协商，以获得某种程度上的成功"[⑤]。例如文化旅居者，这类人"既无意去同化他者，也不会轻易地被他者同化；他们肯定差异，并且还能够生产差异"[⑥]。赫斯科维奇同样指出："文化相对主义的核心是尊重差别并要求相互尊重的一种社会训练。它强调多种生活方式的价值，这种强调以寻求理解与和谐共处为目的，而不去评判甚至摧毁那些不与自己原有文化相吻合的东西。"[⑦]

跨文化的理解模式试图勾勒出一种不同文化相遇时对各方都有利的美好图景，它一改过去跨文化传播理论的同化视角，指出并非一方必须去顺应另一方。这一理论更加注重不同文化的自主性和差异性，认为通过基于尊重甚至利用基于差异上的协商，才可以实现一种对各方都比较有利的结果：和谐共存，多元共生。

然而，很多跨文化传播研究者依然认为差异是产生文化冲突的一个潜在诱因。因为差异意味着不同语言及语境，这就可能造成不同文化人们的沟通困难，进而

————————

①　J.W.Berry，"Conceptual approaches to acculturation，"in K.Chun，P.B Organista and G.Marin，eds.，Acculturation：Advances in Theory，Measurement，and Applied Research，Washington DC：American Psychological Association，2003，pp. 17-37.

②　[美] 杰拉尔德·格林伯格，罗伯特·A. 巴伦：《组织行为学》，范庭卫译，南京：江苏教育出版社，2005 年，第 561—565 页。

③　常燕荣：《论跨文化传播的三种模式》，《湖南大学学报》2003 年第 3 期。

④　E.M.Kramer ，*Cultural Fusion and the Defense of Difference*，New York：University Press of America，2000，p.133.

⑤　Mark P. Orbe，*Constructing Co-cultural theory：An Explication of Culture，Power，and Communication*，Los Angeles：SAGE Publications Inc，1998，p. 105.

⑥　刘学蔚：《从"陌生人"到"旅居者"：西方移民研究思潮略论》，《湖北社会科学》2013 年第 10 期。

⑦　Melville J. Herskovits，Frances Herskovits and Margaret Mead，*Cultural Relativism：Perspectives in Cultural Pluralism*，New York：Random House，1972，pp. 32-33.

引发文化冲突。① 过分强调差异也可能导致沉浸于文化自身的扩张与防御机制，由此产生不同文化的不对等性，进而引发冲突。② 很多跨文化冲突都是"主客二分的唯我思维、中心化思维之下的文化主体性冲突"。③ 相比这些学者而言，跨文化传播理解模式则敏锐地指出冲突并不源自差异，而是源自对差异的消除。当人们主动或被动地以一种文化去同化或顺应另一种文化时，个体层面和群体层面之间的文化冲突就在所难免。

跨文化理解模式不仅认为差异与冲突不存在必然关系，还认为差异是不同文化和谐共处的前提。不可否认，文化上的差异确实可能诱发文化冲突，但并不必然导致文化冲突。差异仅仅只是不同文化的自然状态，若要避免冲突，还必须有其他路径，那就是从差异走向分区。社会学者一般认为社会越是往高级发展，就越是在文化功能的差异和功能发生的领域分区上越明显。艾伦·麦克法兰（Alan Macfarlane）就说："旧制度将生活互不相干的领域混成一锅粥，在部落社会，亲属关系作为调节器，将所有人团结在亲属关系之内，在农民社会，社会与经济彼此不分，宗教与政治不分你我……相反，现代社会对不同领域进行了深入划分，致使生活中没有任何一个领域，无论是亲属关系、宗教还是其他能够提供一种基础性原则。每一个领域都被另一个领域所制约。"④ 而现代社会的困境，也在于当其中某一文化逻辑过度扩张时，这一逻辑最终混淆、干扰了其他文化的运行逻辑，哈贝马斯（Jürgen Habermas）曾区分了文化领域具有三重逻辑：认识领域、规范领域（或称道德领域）、趣味领域（或称艺术领域）分别代表了文化的真、善、美。认识领域以理性逻辑为指导，道德领域则以价值逻辑为指导，趣味领域则以审美逻辑为指导。⑤ 他进一步指出，随着现代自然科学和社会科学的扩张，理性逻辑压制了价值逻辑和审美逻辑，强行入侵了"善"和"美"两大领域，这种以"目标—手段"为导向的工具理性的过度膨胀，导致不同领域及运行逻辑的区分最终被一种单一的文化逻辑所取代，以至于最终使人们沦为"现代性囚笼"中的困兽，理性的神话走向了启蒙的反面。⑥

---

① 孔繁霞、姜姝：《DMIS 模型与跨文化冲突解决关系》，《青海社会科学》2014 年第 4 期。

② 李礼、李超民：《论中西文化冲突的主要表现及成因》，《求实》2015 年第 12 期。

③ 汤先萍、夏天成：《主体性反思下的异质文化冲突与适应：兼论文化融合与文化共建》，《新疆社会科学》2014 年第 4 期。

④ ［英］艾伦·麦克法兰：《现代世界的诞生》，管可秾译，上海：上海人民出版社，2013 年，第 89 页。

⑤ ［德］哈贝马斯：《西方理性主义》，《哈贝马斯精粹》，曹卫东译，南京：南京大学出版社，2004 年，第 10—15 页。

⑥ ［德］阿多诺，霍克海默：《启蒙辩证法》，曹卫东译，上海：上海人民出版社，2006 年，第 81—85 页。

二、从文化差异走向文化功能分区，是实现跨文化传播理解的路径

考察佛教传入中国之后儒释道文化发生冲突的症结，也是在于它们各自的功能领域与逻辑的混淆或相互侵入。长期以来，中国的世俗生活领域尤其是政治领域一直是儒家的势力范围，所以一旦道家和佛教进入这个领域，去干扰儒家作为治国理政的功能，往往会遭到儒家激烈的反对。所以，佛教和儒家的矛盾最常发生的地方不在别处，而在世俗领域和政治领域的争权。佛教和道家的矛盾则最常诉诸精神领域的话语主导权的归属问题，因为这才是他们共同的竞技场。

仅从佛教的角度来看，佛教在理论上形成了一套完备而严密的系统，传入中国以后，又经过佛经在翻译上的格义以及理论上的调适、融合，最终实现了佛教的中国化，其作为"夷"的外来身份也不再是困扰中国人的难题。这时儒释道三教的冲突就由理论冲突与身份冲突转为政治权力层面上的冲突。事实上，魏晋以后，儒家知识分子对佛教幽深的宗教义理和哲学思想不仅不再反对，还至为服膺。他们所反对的只是过度发展的佛教在政治层面与国家争劳力、争财税，而这些其实都是政治问题，不是宗教问题。范缜如此批评佛教："浮屠害政，桑门蠹俗……致使兵挫于行间，吏空于官府，粟罄于惰游，货殚于泥木。所以奸宄弗胜，颂声尚拥，惟此之故，其流莫已，其病无限。"[1] 韩愈在《送灵师》中更直言："佛法入中国，尔来六百年，齐民逃赋役，高士着幽禅，官吏不之制，纷纷听其然，耕桑日失隶，朝野失遗贤。"[2] 李翱驳斥佛教说："故其徒也，不蚕而衣裳具，弗耨而饮食充，安居不作，役物以养己者，至于几千百万人。推是而冻馁者几何人可知矣。于是筑楼殿宫阁以事之，饰土木铜铁以形之，髡良人男女以居之，虽璇室、象廊、倾宫、鹿台、章华、阿房弗加也，是岂不出乎百姓之财力欤？"[3] 就国家层面而言，国君佞佛，以致不理朝政，就会导致政治紊乱，乾纲解纽。佛教过度发展，寺庙林立，僧尼激增，正常从事生产的劳力和从事战争的兵丁就会锐减。根据唐朝慧琳所撰《辨证论》统计，佛教发展到北魏时期，全国佛寺已超过了 30000 所，僧尼达到 200 多万。[4] 据《法苑珠林》记载："元魏君临一十七帝。一百七十年。国家大寺四十七所。北台常安。镌石置龛。东三十里。王公等寺八百三十九所。百姓所造寺者三万余所。总度僧尼二百余万。译经四十九部。佛教东流此焉为盛。"[5] 佛教既是方外之宾，然而正因为此，也极易成为窝藏奸邪和犯罪的不法之地，所以

① 释僧佑：《弘明集校笺》，上海：上海古籍出版社，2013 年，第 198 页。
② 韩愈：《韩昌黎文集校注》，上海：上海古籍出版社，1998 年，第 123 页。
③ 李翱：《李文公集》，北京：商务印书馆，1929 年，第 98 页。
④ 张伟然：《南北朝佛教地理的初步研究》，《中国历史地理论丛》1992 年第 1 期。
⑤ 释道世：《法苑珠林》，北京：中华书局，2003 年，第 1278 页。

后期的儒家知识分子多不从理论上去反对佛教，而是从国家治理和社会控制层面去反佛，因为此时佛教的问题，已不再是它那个神圣领域内的宗教问题，而是一个对世俗社会产生极大干扰的政治问题。历史上著名的"三武灭佛"，多半不是因为佛教信仰或思想本身有什么问题，而是统治者已深切感受到佛教过度膨胀严重危及了统治和国运。此时佛教已经由一个"协契皇极，大庇生民"的宗教变成了一种危害国家政治运行和引发社会动荡的"顽凶"，这时执政者才会采取强力手段予以打压。而每一次佛教在经历重创之后又总是重新恢复元气，回归到本来的位置。尽管有时会矫枉过正，但人们并非真要完全推翻它，而只是要防止它对其他领域的扩张。这不仅让人想到托克维尔（Alexis de Tocqueville）笔下法国大革命的目的同样不是要推翻基督教。托克维尔这样写道："基督教之所以导致如此强烈的仇恨，并非因为它是一种宗教教义，而是因为它是一种政治制度，并未因为教师们甘愿对来世的事务进行统筹管理，而是因为他们是尘世的地主、领主、什一税的征收者、行政官吏；并非因为教会不能在即将建筑起的新社会享有一席之地，而是因为在正被摧毁的旧社会里，它占据的地位是最有特权、最有势力的。"① 佛教与基督教的问题都在于它们不安于自身本来的宗教领域，而试图侵入或同化其他文化领域的地盘和逻辑。

要规避不同文化相遇时的冲突，就必须对这些文化进行分区。儒释道之间的冲突可以看成三者功能领域的混乱和相互干扰的结果，而它们之所以能从早期的冲突最终走向融合，也是因为三种文化的功能和各自的功能领域终被厘清，基于差异上的分而治之成了三种文化共同接受的规范，于是三种文化各自恪守它们的边界和秩序，互不侵犯，却又相互制约。面对佛儒的冲突，早期的高僧们提出了"释教为内，儒教为外"的化解策略，② 内与外的分区说明了人们试图消解佛儒两种文化冲突的努力，然而这一区隔还未把道家也容纳进来。直至南宋孝宗赵昚综合儒释道三家优劣，在学理上均齐三家，正式提出"以佛修心，以儒治世，以道养身"，③ 以此规定儒释道三家文化各自的功能和边界，由此儒释道才从冲突为主走向和谐共处为主，中国古代基本文化秩序也才得以形成。概而言之，中国文化秩序把儒家的功能领域主要限定在政治领域和世俗领域，道家的功能领域主要限定在身体领域，佛教主要限定在精神领域。这种功能区分与分层逐渐成为中国世代沿袭的基本文化构架，它改变了儒释道三家彼此竞争的格局，转向了彼此和谐相处、多元共生的秩序。在宋孝宗看来儒释道三教义理看似有别，实则相通，只不过"所

① [法]托克维尔：《旧制度与大革命》，北京：商务印书馆，1992年，第46页。
② 释慧皎：《高僧传》，北京：中华书局，1992年，第521、188页。
③ 赵昚：《原道论》，陈梦雷等编：《古今图书集成》，北京：中华书局，2001年，第6043页。

施不同耳"。所谓"所施不同耳"正是基于差异上的一种功能区分。后蒙古帝国宰相耶律楚材继承宋孝宗之论，重提"以佛治心，以儒治国"的治理主张。清朝时雍正皇帝也说："朕惟三教之觉民于海内也。理同出于一原。道并行而不悖。"①

究而言之，"三教合一"表面上看是"合"，其实质却是"分"。"分"是通向"合"的桥梁，正如差异是走向统一的纽带。这还体现在儒释道三家的社会功能以及它们各自作用的具体场景和时空上的分别。譬如当形势有利时，一个中国人可偏向于选择儒家，当形势不利时，可偏向于选择佛教或道家。当一个人年少时，正好放手一搏，建功立业，所以学儒出仕是最佳选择；当一个人年老时，暮气沉沉，便可修身养性，沉潜回归，所以学佛入道是最好的修行。当一个人意气风发时，会偏向儒家，当颓靡退缩时，会偏向佛道；当国君英明有为、求贤若渴时，应该选择儒家；当国君昏庸无道、纲举不振时，可以选择佛道，从此出走红尘，不问世事；得势时可倾向儒家，失势时可依靠佛老；若想通过身体获得保全和延续时，则可信奉道教，而想在精神上获得自由和延续时，可委身于佛教。于是，儒释道在不同时空发挥不同的功能，而一个人的一生总会经历不同的生命阶段和起伏颠簸，在不同的阶段都有不同的文化与之适应，于是一个人才能进有所据，退有所守。无论生存环境多么有利或变得多么恶劣，都能让生命有所归属。

"以佛修心，以儒治世，以道养身"这个最初由帝王提出的文化秩序很好地管控了三教的冲突，很快就受到中国古代社会担纲者——士大夫阶层的推崇，并被内化为每一个中国人个体的心灵秩序。因为佛教的作用已不再局限于宗教和僧人，佛教思想就不再只是一种宗教观了，还成了一种人生观。从方外之宾到人间佛教的转变，从宗教教义到普适性世界观的迁移，从僧人的修行到人生哲学的华丽转身，是佛教跨文化传播过程中里程碑式的一步，佛教从宗教正式走进了日常生活世界。最终，儒释道三家形成了日常生活普适性的文化标准，成为一个人人都可采用的日常生活实践模式。

三、从文化功能分区走向文化秩序，是实现跨文化理解的理想状态

当今，习近平曾在多个场合强调差异之于文明交流与互鉴的重要性，他说："每个国家、每个民族不分强弱、不分大小，其思想文化都应该得到承认和尊重"。"我们应该维护各国各民族文明多样性，加强相互交流、相互学习、相互借鉴，而不应该相互隔膜、相互排斥、相互取代"。②

① 周振鹤撰集：《圣谕广训：集解与研究》，上海：上海书店出版社，2006年，第335页。
② 习近平：《在纪念孔子诞辰2565周年国际学术研讨会暨国际儒学联合会第五届会员大会开幕会上的讲话》，《人民日报》2014年9月25日。

　　自新中国成立以来，中国的对外交往就一向主张以"求同存异"来消弭分歧，化解冲突。通过对差异搁置或忽略而形成共识，这种方式有利于在剑拔弩张的谈判桌上很快达成短期的一致，但是如果是作为长期的文明或文化交流，视差异为潜在的敏感因素，只是搁置或忽略差异，这只能暂时避免文明多元带来的冲突，是一种相对有限的包容，并不能从根本上消弭文明冲突。因为被搁置的差异犹如被刻意隐藏的病灶，迟早有一天会爆发出来。既然文明对话必须是基于差异上的对话，这意味着既不能让差异消失，也不能以冷处理的方式消极逃避差异，对差异视而不见。与其如此，还不如直面差异。与其避开差异，还不如主动利用差异，让"异质性"去创造价值，把"同"建立在"异"的根基之上。习近平的文明交流与互鉴思想正是在继承新中国外交思想基础之上的重大创新，这一新型文明观强调对差异性的尊重与利用。他这样说道："人类文明因多样才有交流互鉴的价值；因平等才有交流互鉴的前提；因包容才有交流互鉴的动力。"

　　儒释道三教合一，便是从历史经验为文明交流互鉴思想提供行动的示范，是从差异到区分的成功案例。三国时期居住吴国的高僧康僧会曾对吴主孙皓说道："虽儒典之格言，即佛教之明训。"吴主问："若然则周孔已明，何用佛教？"康僧会答："周孔所言，略示近迹，至于释教，则备极幽微。故行恶则有地狱长苦，修善则有天宫永乐。举此以明劝沮，不亦大哉。"① 在孙康的一问一答中，吴主其实指出了症结所在："若然则周孔已明，何用佛教？"这句话的意思是说如果佛教与儒家两种文化同一的话，那么只需要一个就可以了，何必再用另一个？然则康僧会的回答却反映了古代高僧在弘教时难免落入的一个误区：总想在佛儒道之间分出一个高低优劣，以"我比你更高一等，所以世人更应选择我"的姿态把对方比下去，这种传播方式不免会遭到儒家和道家的激烈反对，这也是当前一些盲目的跨文化传播存在的通病。自康僧会以后，传教者转变传播思路，"把对方比下去"变成了"我与你都是独特的，谁也无法替代"，于是儒释道三教界限逐渐厘清，分工渐次明白，最终形成"以儒治世，以佛修心，以道修身"的文化秩序，儒释道各依不同的逻辑和秩序在各自时空下发挥作用，既相互分别又相互补充，既相互关联又相互制衡，如此开创了中国多元文化繁荣的文化生态。

　　由于不同文化拥有各自的价值逻辑，而不同逻辑往往又具有适合发挥作用的不同时空场景，所以在不同文化之间往往会形成一种基于层级关系的文化关系，这种层级关系或是匹配关系，或是主次关系，或是内外关系，或是上下关系，就像不同的原子，以一定的方式相互嵌套构成一个整体结构或价值链条，在适合彼

---

① 释慧皎：《高僧传》，北京：中华书局，1992年，第238页。

此的位置上发挥作用。这种基于差异性的文化秩序，可以很好地避免不同文化在相同领域内的竞争和排斥，化解冲突，形成一个一体多元的文化共同体。

当多元文化相遇时，建立在文化层级关系基础上的文化秩序是化解跨文化冲突的有效手段，这种层级关系不是"我比你更优"，而是"相互配套、相互嵌套、相互促进"的分工合作关系，而这一切又建立在文化各自的特性与差异基础上。"异"让每一种文化或文明各成其所是，区别于其他文化或文明的特质构成了文化主体性的基石。如果说"同"可以产生文化上的亲和性，那么"异"则形成了文化上的互补性，真正的"同"不应是追求"同一"，而是要同时共存，共同服务于"人"这个目标。文化的异质性，既可以是冲突的导火索，也可以是交流互鉴的一面镜子，关键是如何对待差异。文化的异质性不应是文化走向自我封闭的通道，更不是走向文化同化的理由。正如在传播思想史上，无论是走向封闭的不可沟通，还是走向同一的共同性，都不是交流（Communication）理想的选择，倒是应该提倡一种"免于交往的自由"，"我们不应强求别人与我们一致，不必把自我投射到他人身上"①。交流的目的是"保护人们免遭他人骚扰,然而又使人们能够享受彼此的相伴"②。显然，交流是为了各自的共存与繁荣，辉映各自的光芒，让自身变得更加光彩夺目。也就是说，相互交流与借鉴最终要建立在让各自身上的"异"在自足中更加闪耀这一基座之上。章太炎早就意识到"差异性"的重要性，于是融合佛道思想和西方哲学，创立了"不齐而齐"的齐物哲学。③这一哲学省思的宝贵之处在于肯定了每一个体和每一文明的价值，试图拯救被泛滥的"公理"和"普遍原则"同化掉的个性，重新回归不同文化或文明的内在性和相对性。日本的池田大作也曾试图从佛教思想中去获取文明交流互鉴的灵感，他把差异当作创造价值的源泉，用佛教话语来说就是要"自体显照"。此外，他还用佛教中的"梅樱桃李"来说明特性的宝贵，指出在"具体的生活中没有必要也不可能让所有的花都变成樱花或梅花。只要樱花作为樱花，梅花作为梅花，遵循各自的真理和法则，光彩夺目就好"。④而这与习近平的"一枝独秀不是春，百花齐放春满园"有异曲同工之妙。

诚如费瑟斯通（Mike Featherstone）所言："在不同的民族国家、政治集团和文明之间展开更大规模的对话，不仅是在一块工作和形成共识，而且是一个可预

---

① ［美］理查德·桑内特：《公共人的衰落》，李继宏译，上海：上海译文出版社，2008 年，第37 页。

② 卞冬磊：《传播思想史的"两条河流"》，《国际新闻界》2016 年第 8 期。

③ 章太炎：《齐物论释》，武汉：崇文书局，2016 年，第 23 页。

④ 温宪元：《池田大作文明观的特点和影响》，《广东社会科学》2011 年第 4 期。

见大量分歧、立场碰撞与冲突的对话空间。"①"差异"是一个产生各种可能和机会的场域，是通往"同"的桥梁，也是走向人类命运共同体的阶梯。正如儒、释、道在不同领域以及不同时空发挥不同作用一样，三种截然不同的意识形态也因此最终得以汇流。从"求同存异"或"和而不同"的思路向"不同而和"转变，从"交流是为了同化、替代或影响"向"交流在于彼此辉映各自的光芒"的宗旨转变，文明交流互鉴把跨文化传播提升至了又一重新的境界，增添了又一层新意。反思儒释道的"三教合一"，在正视差异的基础上对不同文化进行功能上的区分与嵌套，按照彼此的逻辑规范它们各自的疆域，形成一种多元文化的层级关系和内在秩序，这正是儒释道跨文化沟通向文明交流与互鉴提供的一条颇具启发性的历史路径。

---

① ［美］迈克·费瑟斯通:《消费文化：全球化、后现代主义与认同》，杨渝东译，北京：北京大学出版社，2009年，第142页。

第六讲
华夏身体传播研究

身体交往观视域下的老子思想*

谢清果　赵晟**

摘　要： 老子思想蕴含着丰富的身体思想。在身体交往观的视域下，以诠释学的方法分析下，老子的身体交往观分为身体内部的交往，即所谓贵身养生、修身体用的工夫，也就是社会化的个体对自身的认知、情感、意志和行动，属于内向传播的范畴；而身体外部的交往，是以修身体用得来的整全身体来影响、反哺人类社会与自然世界，即是在与他人身体关联中展开的整体且系统的交往观念，并观照到人际传播、组织传播、大众传播、跨文化传播以及天人传播等场域。

关键词： 身体交往观；老子思想；修身；体用；整全身体

"道"是老子思想的核心概念。在老子看来，道不仅仅是宇宙的起源，也是万物存在的依据与发展变化的原动力。在《道德经》中，老子为了将其核心概念的"道"阐述清楚，运用了大量的以身体为载体的比喻、暗喻来进行解释与说明。《道德经》全篇共有九章二十三处直接提到了"身"字，还有许多具有身体意象的表述。如此看来，"身体作为隐喻常是中国思想家进行各种论述，尤其是进行政治论述的重要工具"[①]，同时，在当时以治身喻治国的先秦时期，基于"文化即传播"的观念，这样论述文本的背后，也自然而然地反映着作者及其所处时代的身体交往观。

一、"身体交往观"的提出

随着西方哲学界"身体意识"的觉醒，"身体性"理论日趋成熟。学界对身体的研究主要有三种进路：一是以胡塞尔、梅洛庞蒂为代表的现象学派提出的"物

---

　*　本文原载于《文化研究》2018 年第 33 辑，第 304—319 页。

　**　谢清果，厦门大学新闻传播学院教授，博士生导师，传播研究所所长。赵晟，广西师范大学文学院 / 新闻与传播学院教师，中盐金坛博士后工作站与厦门大学博士后流动站在站博士后。

　①　黄俊杰：《东亚儒家思想传统中的四种"身体"：类型与议题》，《孔子研究》2006 年第 5 期。

质的身体";二是以福柯为主的批判现象学家们提出的"文化的身体";三是考虑到技术的因素和作为技术建构的身体①。梅洛庞蒂提到"我所知道的是根据我对世界的看法或体验才被我了解的,如果没有(身体)体验,科学符号就无任何意义"②,因此他将身体(体验)视为主客体交互的媒介。而福柯则通过对性的研究而将身体视为一种话语即政治实现的媒介,认为权力正在"通过对性的控制来控制肉体"③。布莱恩·特纳则将身体视为自我与社会的媒介,认为身体、社会和文化的互动是社会实践的关键特征。④库尔第纳从艺术和美学的角度总结"身体即媒介,身体即作品"⑤。而直到 1989 年奥尼尔引用现象学的观点,写下了《传播的身体》一文时,才直言身体的感知活动其实就是一种传播的实践,即身体是传播的媒介。台湾学者陈明珠提出"身体主体可以说是整个文化社会互动的根基与语言系统运作的负载体,身体不但是与生活世界产生主体间性关系的主体,也同时是处在生活世界中被再现与被观看的客体"⑥。把身体作为主体间性的主体,是传播得以进行的基础,如奥尼尔所说:"我们所拥有的并正在加以思考的交往身体是我们的世界、历史、文化和政治经济的总的媒介。"⑦

　　在生活世界中围绕着对身体媒介的使用,必然会产生一系列的认识和方法,也就是身体交往观。在本研究中,我们将身体交往观初步定义为:"在传播活动中,社会化的个体基于对自身和他人身体的认知、情感、意志、行动而展开的整体且系统的交往观念。"在考察中国文化语境下的身体交往观时,以保生全真为指向的道家思想和文化显然是极好的研究样本,本文就意图从《道德经》入手,探讨身体交往观视域下的老子思想这一崭新命题。

---

①　杨庆峰:《物质身体、文化身体与技术身体——唐·伊德的"三个身体"理论之简析》,《上海大学学报(社会科学版)》2007 年第 14 期。

②　[法]梅洛·庞蒂:《知觉现象学》,姜志辉译,北京:商务印书馆,2001 年,第 3 页。

③　[法]米歇尔·福柯:《性史》,张廷琛、林莉、范千红等译,上海:上海科学技术文献出版社,1989 年,第 8 页。

④　[英]布莱恩·特纳:《身体与社会》,马海良、赵国新译,沈阳:春风文艺出版社,2000 年,第 63 页。

⑤　转引自[法]乔治·维加埃罗主编《身体的历史·卷一》,张竝、赵济鸿译,上海:华东师范大学出版社,2013 年,第 333 页。

⑥　陈明珠:《身体传播》,台北:五南图书股份有限公司,2006 年,第 26 页。

⑦　[美]约翰·奥尼尔:《身体形态:现代社会的五种身体》,吴旭春译,沈阳:春风文艺出版社,1999 年,第 3 页。

二、"涤除玄览"：老子身体交往观下的内向传播

"道可道，非常道"①，道是难以言说，难以描述的，所以老子为了"强说道"，使用了一种"减损"的方式，即"为道日损"，用损之又损的方式来逼近对道的了解。老子这种"日损"的为道方法所对应的研究对象正是人的身体，因为老子有言："五色令人目盲，五音令人耳聋，五味令人口爽"（12 章），确切地说，就是通过对身体感官的规训，通过引导人体内部的信息处理活动来修持"道"。传播学上通常认为内向传播（或称人内传播、内在传播、自我传播）就是指一个人接受外部信息并在人体内部进行信息处理的活动。②而老子的内向传播智慧则是"为道者在充分认知自我、社会和自然的基础上，在内心进行的以道的形象为媒介而实现的由俗人向圣人境界升华为目标的信息互动过程"③。可以说，老子是基于一种身体的思考来"悟道"的，身体的"属性和特点成了论述'道'的宇宙含义的类比物"，④可见，在老子那里身体的媒介属性是十分突出的，它是作为宇宙本体、本源的"道"与人之间沟通的媒介。为了更好地体悟"道"，老子提出了一系列针对身体这一媒介的"修身"策略，就是意图"通过内向传播排除智识的蒙蔽，认知和把握最高的'道'"，⑤而所谓智识的蒙蔽就来自身体的感官，而只有通过"涤除玄览"（10 章）的工夫，将感官所带来的"五色、五音、五味"此类的负担给去除掉，才能回归一个健康的身体媒介。老子甚至还说："塞其兑，闭其门，终身不勤。开其兑，济其事，终身不救"（52 章），更是猛烈地抨击了眼耳口鼻等器官所生的过度欲望，认为要用塞兑闭门的方式才能让平凡人抵挡住感官欲念的侵袭，可见"涤除感官"的重要性。老子提出"涤除玄览"的观念，正是基于心是思维的器官，是其他感官之主宰，因此，只有心灵保持灵明，其他感官才能各当其位。正因如此，老子认为尽可能避免受单一感官带来的割裂式理解的蒙蔽，老子云"道之出口，淡乎其无味，视之不足见，听之不足闻，用之不足既"，（35 章）割裂的、单一的身体感官是无法达"道"的，而只有一种整全式的身体体悟，方能近"道"，就是老子所说的"视之不见名曰夷，听之不闻名曰希，搏之不得名曰微，此三者不可致诘，故混而为一。其上不曒，其下不昧，绳绳不可名，复归于无物。是谓无状之状，无物之象。是谓惚恍"（14 章）。这种"惚恍"的状态正是老子理想的作为修道媒介的身体体验状态。这种状态是人与道相通的，没有区分的状态，这

---

① 楼宇烈校，王弼注：《老子道德经注校释》，北京：中华书局，2008 年，第 1 页。后文所引《道德经》原文皆出此校释版本，只出出章数。

② ［美］赫伯特·马尔库塞：《单向度的人》，上海：上海译文出版社，2006 年，导言第 1 页。

③ 谢清果：《内向传播的视阈下老子的自我观探析》，《国际新闻界》2011 年第 6 期。

④ 董碧：《老子思想中的道与身体》，《商业文化月刊》2012 年第 2 期。

⑤ 仝冠军：《先秦诸子传播思想研究》，北京大学博士学位论文，2005 年，第 183 页。

种状态下的人才是真正的自我主人，也才能洞察宇宙人生的本质奥妙。

在米德那里，内向传播常常被理解为主我与客我间的交流互动："'客我'表现了使行为举止在其中发生的情境，而'主我'则是个体对这种情境所实际作出的反应。"① 而在现象学看来是在"有一个身体"（having a body）、"作用于一个身体"（doing a body）和"是一个身体"（being a body）之间的互动，认为意识或更可说是经验，是世界、身体与他人的内向传播。② 在老子看来，则是"视之不见、听之不闻、抟之不得"的惚兮恍兮的整全身体功能态，和"目盲、耳聋、口爽、心发狂"的被蒙蔽的身体之间的交流互动，惚兮恍兮的整全身体可以大致对应"客我"，而遵从动物本能追逐贪欲和享受的被蒙蔽的身体大致对应"主我"，老子曰："是以圣人为腹不为目，故去彼取此。"（12章）"为腹"代表了原生的、整全的、追求清静生活的身体，"为目"则代表了一切多余的身体欲望。老子还提道："朝甚除，田甚芜，仓甚虚。服文彩，带利剑，厌饮食，财货有余。是谓盗夸。非道也哉！"（53章）在此，他进一步讲述了"为目"的危害，进一步论证了"肉体比精神（带来多余的身体欲望）更加的淳厚，更加接近于道"③，老子所讲的修身至圣就是在内向传播过程中不断地破除蒙蔽、不断地整全身体以近道的过程。

三、"含德赤子"：老子身体交往观下的人际交流

"修身犹如巩固根基，是建立自我与处人治世的基点。"④ 在"涤除玄览"的工夫之后，老子又是如何构建其人际交往上的身体交往观的呢？

（一）柔弱、处下、不争：身体交往观下的人际交流法则

众所周知的，《道德经》讲的是"柔弱胜刚强"，讲"知其雄，守其雌"的雌柔文化。在老子那里，当破除了身体所遭受的蒙蔽，而得到的整全的理想的身体应当是一种柔弱的身体，是如婴儿一般的身体，进而用于为人处世。老子云："专气致柔，能婴儿乎？"（10章）"我独泊兮其未兆，如婴儿之未孩。"（20章）"复归于婴儿。"（28章）"含德之厚，比于赤子。"（55章）婴儿的身体是极致的柔弱，但却在老子那里胜过成年人健壮的身体，这是老子"反者，道之动"（40章）辩证思想的表现，而婴儿柔弱之体的优势与老子的身体交往观，也正是在婴儿与成年

---

① [美] 乔治·赫伯特·米德：《心灵、自我与社会》，霍桂桓译，上海：上海译文出版社，1992年，第299页。
② [法] 梅洛·庞蒂：《知觉现象学》，姜志辉译，北京：商务印书馆，2001年，第96页。
③ 甘露：《论〈道德经〉中的身体问题》，《湖北社会科学》2013年第3期。
④ 陈鼓应：《老子注释及评价》，北京：中华书局，1984年，第275页。

人身体的对比之中表现出来的。老子所要阐明的"柔弱"与我们日用平常所理解的柔弱是不一样的。"弱者道之用",在老子那里柔弱是"道"得以发挥和显现的一种状态,是在与刚强的对比中显现出来的更具有生命力且能战而胜之的一种状态,老子以水做比,认为"天下莫柔弱于水,而攻坚强者莫之能胜,其无以易之"(78章),又说"人之生也柔弱,其死也坚强"(76章),都是在说婴儿的柔弱是一种极具生命力的表征,是一种隐藏在"柔弱"外表之下的强大,而这种柔弱的外表能够让婴儿的身体在与外界的互动中处于一种有利的地位,这种外界包含了物质世界更包含了人类社会。还用水和岩石做比,在岩石与岩石的刚强互撞中往往是两败俱伤的结局,而湍流的溪水却能够在岩石的共存中不知不觉地磨平其刚硬的棱角。在社会传播活动中同样如此,过于直率与坚持只会引起争执与对抗。当代电视荧幕上的谈话节目大多都使用女性主持人,其实就是为了运用女性柔美的一面化解对话中可能产生的冲突,而近年来热播的亲子类节目则更是将儿童的柔弱和童真的展现当成了保障收视率的法宝。柔弱是一种保护的力量,在人际交往的交锋中,伸缩自如,进退有据,即是对自己,也是对他人的保护。婴儿的柔弱让他处于整个成人世界关注和保护的中心,这不正是柔弱的身体的强大之处么?

而柔弱的身体表象自然而然带来的就是处下和不争的身体交往特征。老子曰"夫唯不争,故天下莫能与之争"(22章)。在日常生活交往中,婴儿弱小的身体注定了其无法参与到"有为"的世故人情的攀比争抢中去,但其"不争"的身体交往特征反而是收获了人们最多的关爱与保护,这也就是老子所提倡的"无为"的身体交往观,"为天下溪,常德不离,复归于婴儿"(28章)。只有为"天下溪",处天下之下,才能保有"赤子之德",如同婴儿一般与世无争。老子用"溪"、用"水"来意指"处下"与"不争"的赤子之德,正是说明了这种"处下"并不是毫无人格原则的一味退让,而是一种摒弃了无谓争强争胜欲望的包容式的"处下",如同溪水虽不争却能让万物众生得到滋养,婴儿式的身体交往也同样激发着人们对于创造与新生的向往。

(二)虚己无我:身体交往观下的人际出发点

中华文化讲求"天人合一"的身心互渗,如吴光明先生所说的中国思想是一种具体性的"身体思维"。[①]婴儿的身体必然指向一种婴儿的思想。老子云:"圣人在天下歙歙,为天下浑其心。圣人皆孩之。"(49章)在老子那里,圣人的思想与婴儿的思想是一致的,初生婴儿的思想还未成型,是混混沌沌"如婴儿之未孩"

① 转引自黄俊杰:《中国思想史中"身体观"研究的新视野》,《现代哲学》2002年第3期。

的，圣人则是"圣人无常心"，都是一种极具可塑性，对世间万物都没有刻板印象的"无"的状态，正是这种"无"的状态才能在与他人的交往中避免思想的冲突和矛盾。老子倡导的"复归于婴儿"指的就是让世人摒弃成见，复归于彼此交往的同一性，平等地对待万物和世人。这种"无"的思想也反映在婴儿和圣人的身体态度上，就是老子主张的节制和对人欲望的管理。"是以圣人之治，虚其心，实其腹；弱其志，强其骨。"（3章）就是一种对身心欲望的调节。只有既不纵容贪欲，也不绝情寡欲，保持一种自然而平衡的身体态度，才能达至"骨弱筋柔而握固，未知牝牡之合而全作，精之至也。终日号而不嗄，和之至也"（55章）的状态。这种"虚己"和"无"的状态，就是要排除过度欲望对身体的侵蚀，排除刻板印象对于交往活动的不良影响，如"含德赤子"一般用柔弱身体和单纯的思想处世，这是老子关于人际环境中的身体交往智慧。

四、"爱民治国"：老子身体交往观下的组织沟通

老子云："专气致柔，能婴儿乎？涤除玄览，能无疵乎？爱民治国，能无知乎？"（10章）可见，在老子的逻辑中，只要能够做到涤除玄览、如婴如孩，就能自然而然地过渡到爱民治国，也就是说组织沟通的基础依旧是建立在活生生的人类身体的交往之上的，对自我身体的修行和把控，是同样可以对组织对国家产生重大的影响的。所以老子说："故贵以身为天下，若可寄天下；爱以身为天下，若可托天下。"（13章）就是将修身与身体的自我表达作为国家治理、天下大同的起点，如《淮南子》中说"未尝闻身治而国乱者也，未尝闻身乱而国治者也"[1]，就是对这一老子思想的最好阐述，也即是"从治身的原理出发向外推到政治之道，以治身之道来治理天下的道家'身国同治'论。"[2]美国学者对组织传播下过一个定义："指导一个团队实现一系列共同目标所需的互动被称为组织传播。"[3]而老子的治国理政思想则为这个定义加上了一个主语即"圣人"。在老子看来治国理政、组织传播归根到底都是要依托领导者即"圣人"这一主体才能达成对共同目标的实现，而且"互动"主要是自上而下的，以圣人"言传身教"的身体交往为主的，所以老子说"是以圣人之治，虚其心，实其腹；弱其志，强其骨。常使民无知无欲，使夫智者不敢为也。为无为，则无不治"（3章），就是从治身之道推及治国

---

① 顾迁译注《淮南子》，北京：中华书局，2009年，第211页。

② 李刚：《杜光庭〈道德真经广圣义〉"身国同治"的生命政治学》，《宗教学研究》2007年第1期。

③ [美]埃里克·艾森伯格：《组织传播——平衡创造性和约束》，白春生等译，北京：北京广播学院出版社，2004年，第4页。

之道的例子。"在老子看来，组织传播的顺利进行主要看组织中领导者的'言传身教'，即通过组织管理者的治身即自我管理来引导组织成员对'道'的遵循。"① 与儒家倡导的"修身齐家治国平天下"思想做对比，儒家修身更注重理想道德人格的树立进而以德治国；而老子思想中的修身理念则更重"贵身"和"爱身"，提倡"养生之道"，所以老子所提倡的"持柔""处下""贵身"的身体交往观反映到治国理政的组织传播活动中，就是"无为而治"的思想。但这并不是说老子"爱民治国"思想中对于"身体"的关照就止步于对物质的肉身的养护，而是一种动态的身体交往思想：老子说其为人处世有"三宝"，即"一曰慈，二曰俭，三曰不敢为天下先。慈，故能勇；俭，故能广；不敢为天下先，故能成器长"（67 章），即是要求要在日常生活中身体力行地履行慈、俭和不敢为天下先的道理，在不断的体用中，通过内向传播的修身将"三宝"从思想浸润到身体的日用寻常当中，便能"成器长"让肉身长生久视，更能够在治国理政的组织传播中展现出"无为而治""能慈能勇""能俭能广"的理想治理形态。

所以，前述身体交往观应该包含两个层次的意蕴，如下图所示：

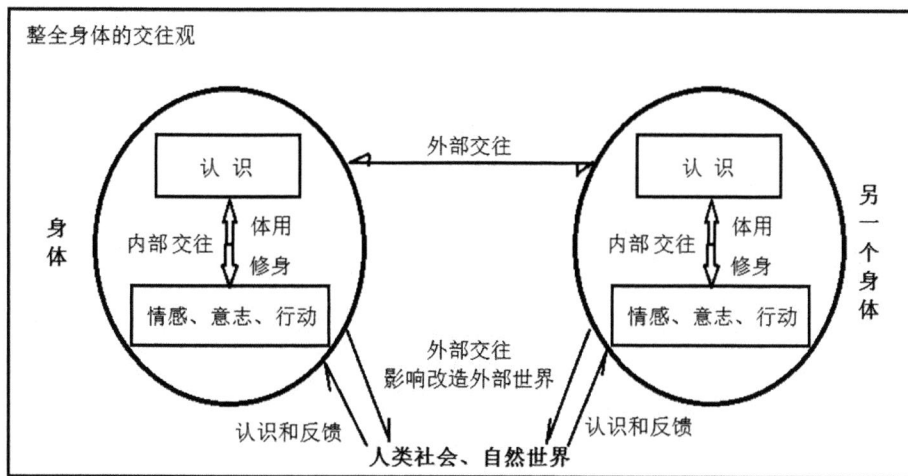

第一层次是身体内部的"社会化的个体对自身的认知、情感、意志和行动"，个体受社会化的影响，势必会产生本我与客我的分立、欲望肉体与灵肉整全身体的分立，而包括老子在内的先贤则在不断地阐释着整全身体的重要性。在日常生活中，我们常说"知易行难"，常说"道理都懂，但就是做不到"，这都是认知到实践的距离，而外在的认知只有通过情感和意志的强化才能够转化为行动，进而身体力行地内化为身体的认知，这一过程是"修身"，是"体用"，也是内向式的

---

① 谢清果：《老子的组织传播思想纲领初探》，《今传媒》2011 年第 3 期。

身体交往。著名社会学家马克斯·韦伯说过："人是悬挂在自我编织的意义之网上的动物。"^①如同蜘蛛靠躯干与丝囊打造蛛网一样，人类也同样需要身体与意识来共同编织属于自身的意义之网，"纸上得来终觉浅，绝知此事要躬行"^②，只有通过修身体用、身体交往所获得的认知才是真正能够悬挂起人生意义的认知之网，才是信息传播的真正意义所在。而第二层次是身体外部的，是"对他人身体展开的整体且系统的交往观念"，在人们对于自己的整全身体有了充分认识后，就能够对于如何影响他人、影响他人的外向式的身体交往观和整全身体的认知与形成进行系统性的思考。而本节所述的老子对于组织沟通、治国理政的身体交往观，就是这样一种整体而系统的观念，即"身国同治"，即将一切治国理政的认知、思考都内化为了整全身体的本能，才能在组织传播的外显层次上表现出"无为而治"的终极追求。

五、"祭祀不辍"：老子身体交往观下的大众仪式传播

美国学者凯瑞将传播的定义分为两大类，即传播的传递观和传播的仪式观，并提出仪式的传播并非分享信息，而是在共享信仰，重在对原有认知和态度的确认和加强^③，也诚如黄星民教授所言，在古代中国礼乐传播就属于仪式传播，也是在当时最普遍的一种大众传播形式。^④在老子生活的时代，以祭祀为代表的礼仪活动正是一种十分普遍的社会性活动，应该也是当时最具代表性的大众传播形式。老子云："众人熙熙，如享太牢，如春登台。我独泊兮其未兆，如婴儿之未孩。儽儽兮若无所归"（20 章），就描述了在一场祭祀中的热闹景象，并通过"众人熙熙"与"我独泊兮、儽儽兮"的对照，用一种视觉修辞的对比手法，在一众一独、一动一静之间将礼仪活动中老子理想的身体交往观展现了出来。但这并不是说老子对于祭祀这一类的礼仪活动持反对的态度，老子云："善建者不拔。善抱者不脱，子孙以祭祀不辍"（54 章），就是以肯定的语气表达了"祭祀"的历史延续性，并将祭祀作为其"修道论"的重要组成部分。^⑤所以在前述《道德经》第二十章的内容中祭祀活动背景下的对比，是老子刻意为之的一种以身体为媒介的大众传播

---

① P.Pedersen, "Three ways of looking at Clifford Geertz (1926-2006)：Man is an animal suspended in webs of significance he himself has spun：Weber or Geertz," Informanten, no.7 (2007), p.8-11.
② 陆游：《冬夜读书示子聿》，引自祁冰编：《那些千古流传的经典名句》，北京：中国纺织出版社，2016 年，第 12 页。
③ [美] 詹姆斯·凯瑞：《作为文化的传播》，丁未译，北京：华夏出版社，2005 年，第 4—7 页。
④ 黄星民：《礼乐传播初探》，《新闻与传播研究》2000 年第 1 期。
⑤ 詹石窗、杨燕：《老子对祭祀文化的哲学升华》，《哲学研究》2007 年第 2 期。

活动，借由热闹的祭祀活动，以"独泊兮、儽儽兮"的身体视觉形象来传达其意欲表达的思想观点，即祭祀活动是法相天地自然的途径，是将精神的认知与身体的体用结合的途径，是借之修道进道、整全身体以身合道的途径。"天地不仁，以万物为刍狗。圣人不仁，以百姓为刍狗。天地之间，其犹橐龠乎？虚而不屈，动而愈出。多言数穷，不如守中。"（5 章）老子以祭祀活动中常见的祭品"刍狗"为例，讲述了天地自然之间万物平等的道理，并进一步批评了众人熙熙的"享太牢""春登台"，直言"多言数穷"一类的做法只会模糊了祭祀活动原本以身体道的重要作用，而"不如守中"则强调了只有在虚静无为的心境下祭祀才能以身合道，体悟宇宙自然间的平衡至理。

所以在老子看来，祭祀礼仪之于其身体交往观同样是包含了两个层次的含义的，在"对自身的认知、情感、意志和行动"这一层次而言，是借助祭祀活动来感悟天地以身合道，如同道教就一直专注于严格斋醮礼仪的身体规制来达到天人感应、涵养道德的功能，是修身与体用的层次。而在"对他人身体展开的整体且系统的交往观念"的第二层次上，老子提倡"我独异于人，而贵食母"（20 章），不像"享太牢"的一般人那样满足于丰盛的筵席，而是以"食母"即对"道"的追求为贵，提倡在众人熙熙的祭祀礼仪传播中通过"我独泊兮"的特立独行的身体交往形象来试图在大众中树立对"道"的追求的向往。

六、"持大象，天下往"：身体交往观下的跨文化交流

通过前文所述的老子的身体交往观来看，老子除了着重关注用以整全身体，沟通意识世界与物质世界的"修身"与"体用"之外，也十分关注人类整全身体所展现出来的"具象"对于人类交往、信息传播所带来的重大影响。所谓具象"既包括了图像中的具体视知觉对象，也包括了由其他符号系统塑造的非直接视知觉的形象"[①]。人的整全身体便是这样一种具象，不仅仅包括肉体的具体视知觉对象，整全身体凝结着人对自身的认知、情感、意志和行动，是一个动态的整体。其表现出来的是一种视知觉与非直接视知觉整合的圆融具象。老子所提倡的，正是这样一种具象传播方式，其描绘和传播的不再只是身体外在之"形"的具体再现，而是借此以打开一扇通往纯粹精神领域的隐喻之门。[②]老子《道德经》中多次提到"言"，比如"行不言之教"（2 章）、"希言自然"（23 章）、"知者不言，言者不知"（56 章），可见老子早已关注到语言之于人类社会的局限性，在面对母语沟通失效的跨文化传播语境中，如何最大程度地提高传播效率减少信息误读，老子提

---

① 杨钢元：《具象传播论——形名学之形学》，北京：人民文学出版社，2008 年，第 146 页
② 谢清果：《和老子学传播——老子的沟通智慧》，北京：宗教文化出版社，2010 年，第 197 页

出了自己的身体交往观点："执大象，天下往；往而不害，安平太。乐与饵，过客
止。道之出口，淡乎其无味，视之不足见，听之不足闻，用之不足既。"（35章）
"大象"可以理解成老子对于无限接近"道"的道体即整全身体所表现出来的身体
具象，也就是说在老子看来即使在语言沟通失效的跨文化交往中，身体依然可以
通过展现出一种"大象"而使得"天下往"，"道"也许是不可尝、不可见、不可闻
的，但有了身体具象的中介就可以"以可见者捕捉不可见者，其目的是捕捉无形
的作用……并通过不断地穿越有形使其生动"①，于是其所能起到的作用却也同样是
绵绵不绝没有穷尽的。

所以在老子看来，人包括人的身体交往外显的具象本身就是最好也最重要的
传播媒介，是一种可以在任何语境下传递信息的普适媒介。美国著名社会学家彼
得·贝格尔认为由于人类有机体建立于不稳定之中，所以社会有一个外在化的过
程，即人通过其肉体和精神活动，不断地将自己的存在倾注入这个世界的过程。②
这种外在化的过程正是身体交往的过程，正是修身体用而出的身体具象影响人类
社会的过程。陈嬿如教授将这一外在化过程中闪亮的光点定义为"英雄"，认为今
天的人们深深地受到英雄的影响，无论物质或是精神方面，人崇拜什么样的英雄
就会成为什么样的人，社会崇拜什么样的英雄就会按什么样的模式成长。③而在老
子那里，英雄就是"执大象"的圣人。在今人看来，牛顿、爱因斯坦、霍金是全
人类的英雄，因为他们象征着科学昌明的时代，他们的思想与成就无视国家、民
族和语言的边界传遍整个人类社会；同样的，在老子的时代，"圣人无常心，以百
姓心为心。善者，吾善之；不善者，吾亦善之，德善。信者，吾信之；不信者，
吾亦信之，德信。圣人在天下歙歙，为天下浑其心。圣人皆孩之。"（49章）圣人
同样靠着"以百姓心为心"的思想、"无为无不为"的身体交往观跨越了无数人心
与地理上的疆域，将古老华夏凝聚成了统一的国度。

七、"知子守母"：老子身体交往观下的天人传播

老子用前述的身体意象解决了人类社会中的各种传播与交往问题之后，将其
身体思维推及天道，提出："谷神不死，是谓玄牝，玄牝之门，是谓天地根。绵绵
若存，用之不勤。"（6章）将女性的身体进一步阐释为比"赤子"更高一级的完美
身体，是前述几近于道的"大象"的具体表征。《道德经》中大量出现"母"的意

---

① [法]弗朗索瓦·余莲：《本质或裸体》，林志明、张婉真译，台北：桂冠图书公司，2004年，
第51页。
② [美]彼得·贝格尔：《神圣的帷幕》，上海：上海人民出版社，1991年，第8—36页。
③ 陈嬿如：《让高尚成为自然》，厦门：厦门大学出版社，2005年，第74—75页。

象，如"有名万物之母"（1章），"周行而不殆，可以为天下母"（25章），"天下有始，以为天下母"（52章）等。而且，这些"母"字都是直接或间接地意指女性身体的。因为有"子"方为"母"，在老子那里，女性身体之所以能比"赤子"身体更进一步，成为"大象"的具象归根结底也就在于女性身体的生殖功能上。"玄牝之门是谓天地根"，生殖的功能就是生生不息的"道"的具象，而有子之"母"字正是在意指具备生殖能力的女性身体。陈鼓应先生解释"谷神"说：在中国古代，溪谷常用来指代和象征女性或女性的生殖器官。① 吕思勉先生也说："玄者，深远之意。牝，犹后世言女，言母，物之所由生，宇宙之所由生，故曰玄牝。"②

老子在"赤子"的层面上肯定了柔弱的身体意象在人际交往中的实践意义，而到了"谷神"或者说女性身体的层面上，则又提出并强调了生生不息与创生、创造的能力。"道生一，一生二，二生三，三生万物"（42章），就是女性身体的"生"的属性与"道"的"生"属性进行了对应，也就是说在跳脱出人际交往圈子后，老子的身体交往观主要表现在"生"字上，表现在对女性身体"绵绵若存，用之不勤"的造化能力之上。老子云："大国者下流。天下之交，天下之牝。牝常以静胜牡，以静为下。"（61章）就是在讲国与国的交往背景下，女性身体所象征的柔弱与创生能力的作用。《淮南子·地形训》曰"丘陵为牡，溪谷为牝。"③ 高诱注云："丘陵高敞，阳也，故为牡；溪谷污下，阴也，故为牝。"④ 可见在老子那里，女性的身体还隐喻了与"高上和阳"相对应的"污下和阴"。这些在常人看来极为负面的意象却是老子看来是女性身体最强大的地方，老子曰："是以圣人云，受国之垢，是谓社稷主；受国不祥，是为天下王。正言若反。"（78章）受"国之垢"与"国之不祥"正是对应了"溪谷污下，阴也"的女性身体，将上升到国与民层面的交往观尽数寓于女性的身体意象之中，同时强调了"正言若反"的道理，揭示了许多在常人眼中看来附着于女性身体上负面信息是蕴含着至理的。在国与国、国与民的层次之上，老子还运用女性身体为媒介思考了人与道、人与万物之间的沟通交往。老子云："天下有始，以为天下母。既得其母，以知其子；既知其子，复守其母，没身不殆。"（52章）老子由母生子类推出道生万物，也由子回归到母，类推出万物回归道。⑤ 所以在老子看来，人与道和万物的交流沟通要通过"复守其母"来实现，意识到人与自然世界类似于子与母式的关系，"守其母"要求人类作

---

① 陈鼓应、白奚：《老子评传》，南京：南京大学出版社，2001年，第46页。
② 肖冰、叶舒宪：《老子的文化解读》，武汉：湖北人民出版社，1994年，第603页。
③ 顾迁译注《淮南子》，北京：中华书局，2009年，第64页。
④ 转引自陈鼓应，白奚：《老子评传》，南京：南京大学出版社，2001年，第46页。
⑤ 左克厚：《论老子的身体理想》，《青海民族大学学报（社会科学版）》2013年4月期。

为"子"要时刻意识到自身来自大道母亲，学会感恩和回馈自然，意识到母子间亲情与血脉的联系，意识到"天人合一"的人与自然和谐共处之道。老子说"天门开合，能无雌乎？"（10章），又云"知其雄，守其雌"（28章），是在告诉世人女性身体所象征的最高级的天人交往观是一种知易行难的境界，需要"为雌""守雌"的付出。

在老子看来，人体是小宇宙，而宇宙是大身体，女性的雌柔与生育隐喻着宇宙化生万物于无形的能力，同时又以"利而不害"的慈母般养育儿女的崇高品格。如此看来，天人传播则以母性身体为媒介隐喻，纳入老子身体交往观的视域中。老子的天人关系乃是母子传播关系，天人没有高下之别，而是具有平等"主体间性"，这也是为什么老子能提出"道法自然"这一石破天惊观念的思想基础。

八、结论

本研究所采用的是如下图所示的逻辑：

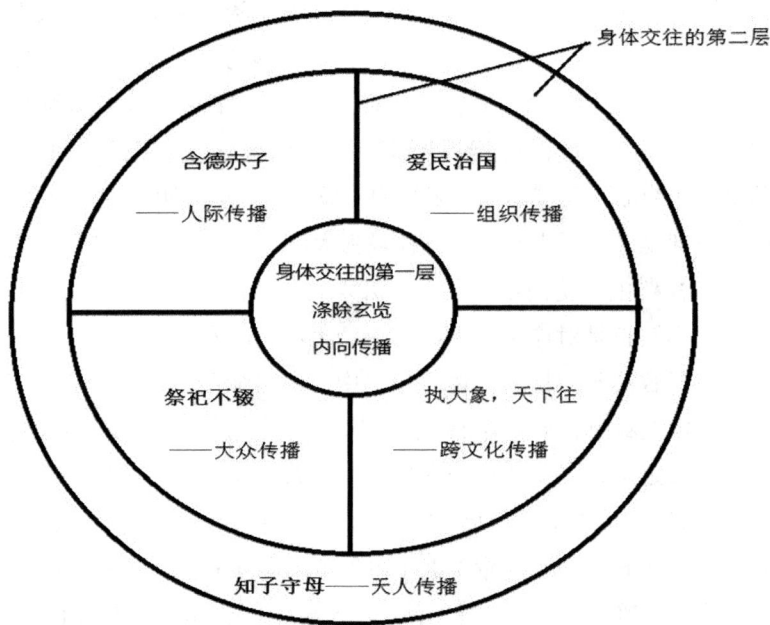

由"涤除玄览"到"知子守母"，象征着老子对于身体意象的一种递进式思考。本文将之与传播学经典式的"内向传播、人际传播、组织传播、大众传播和跨文化传播"相对照只是一种基于方便理解与新体系建构上的大致对应。且需要说明的是图示三层结构是一种同心圆式的包含结构，是三位一体式的结构。"人类正是借助内向传播，不断地进行着人际传播、组织传播、大众传播、跨文化传播等传播活动，而这些类型的传播活动又必将为内向传播提供丰富生动的素材。这里的关键是要有一颗'道心'。"①换句话说，象征着母性的"不死谷神"是一种道之化身式的身体形象，其天人传播的传播思想包含有独特的中国古典智慧，而"含德赤子""爱民治国""祭祀不辍"与"执大象，天下往"则是一种教化圣人式的身体形象，为了实现这样的道成肉身，老子认为就需要不断地通过涤除感官式的内向传播来整全身体，只有和合于内才能显现于外，对于整全身体的追求是老子所设想的人类交往活动的基础。其实在这一点上福柯与老子不谋而合，福柯主张人类在生产技术、符号技术和权力技术之外还有第四种即自我技术。其所谓的自我技术就是指"人能通过自己的力量或者他人的帮助，进行一系列对他们自身的身体及灵魂、思想、行为、存在方式的操控，以此达成自我的转变，以求得某种幸福、纯洁、智慧或不朽的状态"②。与老子一样，都在强调用身体的内向传播与相互交往来实现"以身合道"式的终极追求。

　　涤除玄览的内向传播是身体交往的第一层次也是一切人类交往活动的基础，为了让这一基础得以顺利进行，为了"不出户，知天下；不窥牖，见天道"（47章），老子提出了"看"的工夫，即"故以身观身，以家观家，以乡观乡，以国观国，以天下观天下。吾何以知天下然哉？以此"（54章）。这里的"观"就是一种看的工夫，其出发点和立足点是"以身观身"正是一种以身体为媒介达知天下的身体交往观，也是一种"对社会事件的自我内在省思"。此外老子还使用了视觉修辞的手法，试图将其理想的身体媒介形象内化为每一个传播者心中的"客我"——那个"为腹不为目"的身体，曰"古之善为士者，微妙玄通，深不可识。夫唯不可识，故强为之容。豫兮若冬涉川，犹兮若畏四邻，俨兮其若容，涣兮若冰之将释，敦兮其若朴，旷兮其若谷，混兮其若浊"（15章）。如陈汝东先生所说：语言视觉修辞是指以语言文字符号为传播媒介，以取得最佳视觉效果为目的的修辞行为，突破文字符号的抽象性，从而在心理上再现出视觉形象。③老子也用文字再现出了一具栩栩如生的"为士者"即修道者的动态而具体的身体形象。通过这种"看"的工夫，在老子的逻辑中实现了身体交往观中外显的第二层次向内敛的第一层次的回归，其理想的整全身体是可以通过第一层次的身体交往即修身，将对外部世界信息的认知与身体的情感、意志、行动结合在一起，进而以身体交往活动为媒介来影响外部世界；也可以通过外在的看的功夫，通过身体交往活动的展示，

---

①　谢清果：《内向传播的视阈下老子的自我观探析》，《国际新闻界》2011 年第 6 期。

②　[法] 米歇尔·福柯：《福柯读本》，汪民安主编，北京：北京大学出版社，2010 年，第 241页。

③　陈汝东：《论视觉修辞研究》，《湖北师范学院学报（哲学社会科学版）》2005 年第 1 期。

来体悟人丰富多彩的内心世界。诗云"鸢飞戾天，鱼跃于渊"[1]，子曰"故君子语大，天下莫能载焉；语小，天下莫能破焉"[2]，说的都是这样的道理，即通过修身体用、以身合道来理解无限宏观的外部世界，也通过"看的工夫"以身体为媒介观察无限微观的人内意识世界，这与现代科学公认的认识世界的两大途径是不谋而合的。

"人即讯息"，陈嫦如教授认为关于人与讯息的制造、传播这些概念"在中国文化传统中有着悠久的历史渊源。早在先秦时代，哲人笔下那些化道和践道的'真人''至人''圣人'和'高人'无一不是以自己的心态、言语、行动实践他们自己所宣扬的"道"——也就是他们所信奉的某种真理"[3]。在老子那里，人不仅蕴含了"道"的讯息，人是"道"的媒介，人是动态的、交往着的身体，老子的身体交往观是与"道"紧密相连的动态的"修身"观，而这种动态"修身"观中，也就蕴含了以身体为媒介交通自我、家国、天下的身体交往观，老子用"涤除玄览""含德赤子""爱民治国""祭祀不辍""执大象"和"知子守母"的身体意象，层层递进地讲述了从自我达至自然的"修道"路径。而这层层递进的路径中，始终是以身体的内向传播"涤除玄览"的工夫作为基础的。老子曰"修之于身，其德乃真"（54 章），只有通过不断"涤除玄览"，以老子用"看"的工夫、用视觉修辞的手段描述的"为士者"的动态而整全的身体形象为"客我"，才能不断地自我省思，才能外显于身体的心态、言语和行动，以整全身体的交往达至"道通天下"之和谐境界。

---

① 周振甫译注：《诗经译注》，北京：中华书局，2002 年，第 408 页。

② 王国轩译注：《大学·中庸》，北京：中华书局，2006 年，第 70 页。

③ 陈嫦如：《心传：传播学理论的新探索》，厦门：厦门大学出版社，2010 年，第 81 页。

论汉字的媒介特性与汉语文化的新机遇

——由麦克卢汉"声觉空间"理论引发的思考*

李庆林**

摘　要：作为一种象形文字，汉字言文分离的特点深刻塑造了汉语文化的品格和特质，某种程度上也造成了和西方拼音文明的差距。但是在网络赛博空间里，汉语文化保留完整的"声觉空间"和独特的"象思维"具备了重新焕发活力的机遇和条件，汉语文化有机会跨越文明进步上的"卡夫丁峡谷"，实现新的繁荣和复兴。

关键词：汉字；声觉空间；机遇

随着中国经济实力的迅速增强，中华文化的海外传播受到了人们更多的重视。"一带一路"倡议的顺利实施，除了依靠经济、社会、政治、军事等硬实力基础外，还需要以文化影响力为核心的软实力相配合。而文化的基础就是文字。语言是文化的边界，同样也是文化的精髓。汉语文化是中华文化的主干，"汉语文化圈"的标志就是汉语言的使用。清华大学程曼丽教授认为："在对外传播中，我国拥有其他发展中国家不具备的资源优势，这就是由中华民族的发展、中华文化的历史积淀而形成的汉语言文化圈和中华文化影响圈。"她据此提出用"汉语战略"来进行对外传播，营造有利于中华文化传播的氛围。①

汉语言其实包括汉语口语和汉字。对外传播的"汉语战略"能否顺利实施，其中一个重要因素就是汉语作为一种传播媒介在当今时代是否仍有传播适宜性或者说传播优势？本文受麦克卢汉"声觉空间"理论的启发，试图探讨在网络赛博空间的背景下，汉语的使用和发展是否迎来了新机遇。

---

* 本文原载于《现代传播（中国传媒大学学报）》2018 年第 12 期，第 19—23 页。
** 李庆林，广西大学新闻与传播学院教授，传播学博士。
① 程曼丽：《对外传播需要新视野》，《新闻与写作》2010 年第 3 期。

一、拼音文字的发明使人类的认识从"声觉空间"进入"视觉空间"

从发生学的角度看，人类最早的传播媒介无疑是体态和声音，后来声音渐渐突出出来，简单的叫声形成了有一定规律的语言，即口语。口头语言是人类信息传递的首要工具，这一点包括汉语、英语在内的世界所有语言都是一致的。语音能够在人类传播中扮演重要的角色，是因为语音与人的精神运动有着所有其他感觉所不具备的高度适宜性。洪堡特指出："语音首先具备一种能够渗透和震撼所有神经的力量。……声音从胸腔的深底向外冲出，在空气这种最精微、最易于流动的元素中觅得一种极其合适的媒质，而这一媒质表面上看并不具备实体性，这使得它在感觉上也与精神相一致。……语音的清晰性这一特点允许它拥有大量变体，这些变体的数量难以确定。但相互间明确区别开来，不会发生混淆。显然，任何其他感觉渠道都不可能达到如此丰富的变异程度。……发音器官发出的声音恰似有生命体的呼气，从人的胸中流出，即使在未使用语言的情况下，声音也可以传达痛苦、欢乐、厌恶和渴望，这意味着，声音源出于生命，并且也把生命注入了接收声音的感官；就像语言本身一样，语音不仅指称事物，而且复现了事物所引起的感觉，通过不断重复的行为把世界与人统一起来。"[①]

声音是最适宜人类精神交往的传播媒介。人类精神的一大特征就是变幻多端，并且具有抽象的性质，这一点只有声音能够与之相适应。"因为精神努力要借助语音经由嘴唇而开辟通向外部的道路，同时这一努力的结果又折回讲话者自己的耳朵。这就是说，表象获得了真实的客观性，却并不因此而失去主观性。这一过程唯有借助语言才能完成。语言始终参与了表象的转化，即使在沉默不语的情况下，表象也会借助语言而获得客观性，然后再回到主体上来。没有这种过程，就不可能构成概念，不可能有真正意义的思维。所以，即使不考虑人与人之间交际的需要，讲话也是个人在与世隔绝的寂寞中进行思维的一个必要条件。"[②]笔者在这里大段引用洪堡特的论述，就是想说明"说话"对一个人精神发展的重要意义。口语的产生极大地促进了人类社会的进化和发展，直到今天，口语依然是人类最基本最常用和最灵活的交流工具。

从历史发展上来看，口语传播是人类传播活动的第一个发展阶段，在这一时期，按麦克卢汉的观点，人类生活在一种"声觉空间"（Acoustic space）中，这是"一个用前文字的眼光来看待的世界，一个没有边际的世界。在这个世界中，信息

---

① [德]威廉·冯·洪堡特：《论人类语言结构的差异及其对人类精神发展的影响》，姚小平译，北京：商务印书馆，1997年，第63—64页。

② [德]威廉·冯·洪堡特：《论人类语言结构的差异及其对人类精神发展的影响》，姚小平译，北京：商务印书馆，1997年，第65页。

不是从固定的位置冒出来的，而是从任何地方和所有地方都可以冒出来的。这是一个音乐、神话的世界和全身心浸染其间的世界"①。在"声觉空间"里，世界主要是听觉的，人的所有感觉处于平衡之中，正如麦克卢汉的老师英尼斯所言："在口耳相传中，眼睛、耳朵、脑袋及感官和官能之间都协同运动，忙于合作和竞争，在功能上互相引导、刺激和补充。"②发音清晰的说话需要许多器官精妙的配合，比制造工具等人类其他活动更为复杂。

声音尽管与人的精神密切相关，但是作为一种传播载体和媒介，其转瞬即逝的局限是显而易见的。如何跨时空保留语音（同时保留语音所表征的人类精神活动）就成为文明进步必须解决的问题。在人类文明史上，对这个问题的解决主要采取了两者不同的方案，字母文字的发明是其中一种解决方案。

拼音（字母）文字技术是人们"不断试图对声觉空间进行视觉转化"③的结果，它以26个字母为物质载体，通过这些字母的不同组合表达一种语音形式。以字母文字表达口语，就是把人类的听觉（口语）转化为视觉（文字），由此，口耳相传而形成的"声觉空间"被打破，人类开始进入"视觉空间"时代。

文字的发明在人类文明发展史上产生了极其深远的影响。麦克卢汉把媒介当作人体的延伸，在这种延伸中，绝大多数都是一种感官的顺向延伸，如对听觉的延伸产生了电话机、录音机和广播，对视觉的延伸产生了电视机，对人脑的延伸产生了电脑，这些延伸本质上是感官功能的量上的强化；只有拼音文字的发明是一种感官的异向延伸，通过视觉表现听觉，这是一种质的改变。这种改变形成了西方文明裂变的原生逻辑和张力，也内在地定制了西方文明的基本形态。

麦克卢汉认为，在声觉（口语）表征和视觉（文字）表征这两种形态之中，前者涵盖面更宽广、更有力；而表示语音的字母表本身是无意义和抽象的，字母表在降低听觉、触觉、味觉和嗅觉等其他感觉地位的同时，提高了视觉的地位。这一抑一扬造成了人类感官的第一次失衡，作为结果，整体的人变成了支离破碎的人。

沃尔特·翁指出："视觉起分离的作用，听觉起结合的作用，视觉使人处在观察对象之外，与对象保持一定的距离，声音却汹涌地进入听者的身体。毛利斯·梅

① ［美］保罗·莱文森：《数字麦克卢汉》，何道宽译，北京：社会科学文献出版社，2001年，第65页。

② ［加］哈罗德·伊尼斯：《传播的偏向》，何道宽译，北京：中国人民大学出版社，2003年，第105页。

③ McLuhan, M. The hot and cool interview. In S. Ostrow（ed.）, Essays by Marshall McLuhan. Corte Madera, CA: Ginko Press. P73. 转引自高慧芳：《论麦克卢汉的声觉空间与视觉空间——对麦克卢汉媒介思想的一种新理解》，《国际新闻界》2016年第4期。

洛庞蒂（Merleau-Ponty）对视觉的解剖作用做了研究（1961）：视觉形象一次只能够从一个方向映入人的眼帘：要看一个房间，或是一处风景时，我不得不把目光从一个对象转移到另一个对象。然而当我聆听时，声音同时从四面八方向我传来：我处在这个声觉世界的中心，它把我包裹起来，使我成为感知和存在的核心。声音有一个构建中心的效应，⋯⋯你可以沉浸到听觉里，声音里。相反，沉浸到视觉里的办法是不存在的。"①当我们听音乐时，喜欢闭起眼睛欣赏，就是因为闭起双眼会减少因视觉信息的输入而造成的干扰，使自己可以更纯粹地沉浸到音乐的世界里。

用眼睛代替耳朵，文字实现了对声觉空间某种程度的视觉转化，但这毕竟是两种不同的感官，不可能彻底代替；由于这种不彻底形成了一种反转的张力，推动媒介技术不断革新，直到迎来电子时代。

二、汉语的声觉空间和视觉空间是分离的

麦克卢汉关于"声觉空间"和"视觉空间"的分析，主要针对的是拼音文字。在拼音文字里，文字只是记录语音形式的工具，除此之外，字母组合本身没有任何意义，它自己没有独立的价值。

但是，这种情况并不符合汉字。

在汉语符号系统里，汉字直接与"象"（而不是与音）相关联，"意"也是靠"象"（而不是音）来表达的。汉字作为与汉语口语同等重要的表达概念的符号，始终保持了相对于口语的独立性和自足性，二者的发展好像是走着两条平行的互不相干的路。李泽厚甚至认为汉语的书面语言要压倒口头语言："汉字接纳、交融口头语言而成为书面语言（汉字文言文），但仍然与口语保持相当距离，始终不是口头语言的表现和记录。所以与其他书面语言（文字）大不相同，在这里，不是语言主宰（支配、统率、规范）文字，而是文字主宰（支配、统率、规范）语言。"②

按照西方主流语言学的标准，汉字其实算不上一种真正现代的文字。索绪尔认为："语言和文字是两种不同的符号系统，后者惟一的存在理由是在于表现前者。"③而"对中国人来说，表意的文字和口说的词语同样都是概念的符号；在他看

---

① [美]沃尔特·翁：《口语文化与书面文化：语词的技术化》，何道宽译，北京：北京大学出版社，2008年，第54页。

② 李泽厚：《论中华文化的源头符号》，《原道》2006年第1期。

③ [瑞士]索绪尔：《普通语言学教程》，高名凯译，北京：商务印书馆，1980年，第47—48页。

来，文字是第二语言"①。在这里，笔者不想陷入语言优劣论或语言相对论的争论，但是从文化传播的角度来看，媒介塑造文化，其中又以文字为甚。汉字在处理与口语的关系时走了一条言文分离的道路，这一特性深深地影响了汉语文化的品格。

从不利方面看，由于试图用图像（而不是语音）去模拟（而不是表达）观念，汉字变得十分繁难；由于模拟要素的限制，汉字无法保证足够的精确度。不让形声意分离，这直接影响了中国人抽象思维能力的发展，使得我们不能很好地建立工业和应用知识中的功能专门化和分割体系，在近代科技发展和产业革命中长期落后。另一方面，由于言文分离，汉语口语表达中长期形成的丰富的认识和智慧却得不到很好的记录和保留，造成了浪费，而不与口语相连，汉字也失去了源头活水，日益变成一种专门技艺，一个封闭体系，以"难"为炫耀，以"美"为标榜，甚至形成文字崇拜。

作为一种观念表达和文化传承的工具，汉字对中华文化的保留和传承发挥了巨大作用，也为世界文明的发展贡献巨大，然而，"客观理性地分析这一知识体系，则不难发现，其基本上是一个由经验和基于经验的概念和命题知识所构成的体系，并且主要是为了满足实用的需要，而并没有像古希腊文明那样，萌生和发展出基于纯思的第二类概念和命题知识，即基于论证或形式化的数学、逻辑学和形而上学知识"②。

海然热认为，汉字"这种文字系统从前是、现在仍然是对中国的一个巨大障碍，因为构成一个词的不同文字都要会读会写，这是很困难的。中国文献大量写出之前，中国人还不知道有简单的字母，等到知道的时候，他们已不愿意放弃长期受到尊重的文字系统了"③。自清末以来，我国屡受西方列强欺凌，在反思国家积弱积贫的原因时，也有许多学者归咎于汉字，认为汉字是导致我国文化封闭、保守和科技落后的主因。为此产生了两个运动：一个是白话文运动，一个是汉字拼音化运动。白话文运动是新文化运动的核心，它直接催生了五四运动。在那一时期，钱玄同、赵元任等著名学者甚至倡议用罗马字母取代汉字。这种观点和思潮一直延续到新中国成立后的汉字简化运动和拼音化热潮。

然而，汉字言文分离的特点不只有坏处。麦克卢汉最早看到了这一点："作为视觉功能的强化和延伸，拼音字母在任何有文字的社会中，都要削弱其他官能（声觉、触觉和味觉）的作用。这一情况没有发生在诸如中国这样的文化中，因为它

---

① ［瑞士］索绪尔：《普通语言学教程》，高名凯译，北京：商务印书馆，1980 年，第 51 页。
② 郦全民：《论汉字的表征效应》，《中国社会科学》2015 年第 2 期。
③ ［法］海然热：《语言人：论语言学对人文科学的贡献》，张祖建译，北京：生活·读书·新知三联书店，1999 年，第 15 页。

们使用的是非拼音文字，这一事实使之在经验深度上保留着丰富的、包容宽泛的知觉。"① 以至于麦克卢汉用他习惯性的语言风格，将中国人称为"听觉人"。

字母表是以拼音文字为代表的西方文明的隐喻。这一文明曾无比辉煌，引领了世界一个时期的发展。但是，诚如麦克卢汉所言，这种发展是以人的感官失衡为代价的。中国人固然在近代历史的文明竞赛中处于下风，但是精神却没有经历这种撕裂的痛苦。汉字长期言文分离，文字的发明并没有以对"声觉空间"的破损为代价，使得汉语文化的"声觉空间"得以完整保留并异常发达，国人在"声觉空间"里长期保持着感官的平衡。

由于"声觉空间"与"视觉空间"的分离，中国人的"视觉空间"也保持了相对的完整，在创造丰富深邃的口语文化的同时，也形成了独树一帜的思维方式——"象思维"。

"象思维"是对中国传统思维方式基本内涵和特征的概括，由国内著名哲学家王树人提出。王树人认为，"象思维"首先体现为《周易》的"观物取象"和"象以尽意"。正是汉语语言文字的这个象形性根基，对中国传统思维方式产生了本质性的影响。这种思维方式是由中国思想文化最高理念的性质即非实体性所决定的。"象思维"是比理性的逻辑的概念思维更加基础和本原性的思维方式，具有"原发创生性"和保持动态整体平衡的特性。"象思维"与概念思维可以互补而不能替代。② 麦克卢汉也有类似的观点，在一次讲演中他说："中国人的会意文字是感知整合的美妙工具。汉字的整合性非常丰富，所以 20 世纪的大多数人已经开始仔细研究汉字，把它作为我们过度专门化的拼音文字的矫正手段。"③

汉字到底好不好，至今难有公论。不过，媒介发展的内在逻辑似乎正在使情况发生改变。网络时代的到来，给我们提供了一个重新认识问题的机会。

三、网络时代"声觉空间"的回归给汉语文化的复兴带来了新机遇

字母文字媒介通过对话空间与传递空间的分离，交流从双向变成单向而极大地（但也是片面地）发展了人类文明，由于眼睛代替了耳朵，使人的听觉和视觉分离，人的整体知觉场遭到破坏。代价最终需要得到补偿或某种形式的回归。在电子媒介时代，这种回归越来越成为现实。电子媒介的同步化性质使人类结成了

① ［加］马歇尔·麦克卢汉：《古腾堡星系：活版印刷人的造成》，赖盈满译，台北：猫头鹰出版社，2008 年，第 52 页。

② 参见王树人：《中西比较视野下的"象思维"——回归原创之思》，《文史哲》2004 年第 6 期；《中国的"象思维"及其原创性问题》，《学术月刊》2006 年第 1 期。

③ ［加］马歇尔·麦克卢汉著，［加］斯蒂芬妮·麦克卢汉、［加］戴维·斯坦斯编：《麦克卢汉如是说：理解我》，何道宽译，北京：中国人民大学出版社，2006 年，第 155 页。

一个紧密的小社区。信息传播瞬息万里，空间与时间距离差异已不复存在。人从"被分裂切割的、残缺不齐"的非部落的人，变成了在"更高层次"重新部落化的人。麦克卢汉据此形成了"地球村"的概念。"村"这个词很形象地指出了电子时代人们交往的特点。而这种最典型的"村"的形态，存在于中国传统社会里。费孝通在其著名的《乡土中国》一书里，以生动的笔触描绘出了这种温情脉脉的交往形态。其中特别提到，在这种农村社会里，交往是不需要文字的。[①]

麦克卢汉在他所处的那个时代已经看到，凭借电子革命，"声觉空间"正在战胜由文字传播和视觉传播形成的"视觉空间"，一个新的世界正在从"前文字时代"中再现出来。由于麦克卢汉所处的时代，网络还没有出现，因此，在他的观念中，字母表之后走向我们的声觉世界，其形态多半是"像电视的形态"。电视的世界还不是完整的"声觉世界"。麦克卢汉的学生保罗·莱文森依据互联网的现实对麦克卢汉的"声觉空间"进行了修正："我们主张，他所谓的声觉空间如今主要见诸赛博空间那种'在线'的、字母表似的环境中。"[②]换言之，在莱文森看来，电视不是典型的"声觉空间"，赛博空间才是真正意义上的声觉空间。

"电子世界"也好，"赛博空间"也罢，麦克卢汉的基本思路是，"声觉空间"和"视觉空间"形成一个否定之否定的循环。拼音文字出现之前世界是"声觉空间"，拼音文字出现之后，"声觉空间"弱化，"视觉空间"强化；电视出现之后，"视觉空间"弱化，"声觉空间"强化，声觉世界重新走向我们。按照这一思路，在莱文森所言的"赛博空间"时代，"声觉空间"全面回归。

这使我们想到，在"赛博空间"，以上所谈到的汉字的不表音和象形的特点或许具有了某种特殊的价值和意义。至少从以下两个方面，我们看出了某种端倪，使得我们对汉语文化的前景充满信心：一是中国人在长期的"声觉空间"里所展示和积累起来的丰富的表达方式、浩如烟海的语料以及其中蕴含的高超的智慧，在"赛博空间"里具有了展示和发挥的条件；二是汉语文化圈由于长期使用汉字，以此形成的具象的思维方式——"象思维"，在影像时代也具有某种难以取代的优势。

首先，在网络时代，我们看到了中国传统的口语文化得到了极大的复兴，就像是费孝通在《乡土中国》中所描绘的乡土社会搬到了网络，越来越多的人利用语音来交流，形成了各种各样的"部落"（群）。这些动态的口语表达中蕴含着丰富的民族文化信息，包括思维方式、生活智慧、地域习性、社会心理、审美情趣、

---

① 费孝通：《乡土中国》，北京：生活·读书·新知三联书店，1985 年。

② ［美］保罗·莱文森：《数字麦克卢汉》，何道宽译，北京：社会科学文献出版社，2001 年，第 46 页。

价值观念等，这是一个巨大的宝库，如今有了保存和展开研究的条件。这或许再一次证明，汉人的祖先之所以选择汉语言这种表达形式，是与他们最深层的精神追求和旨趣相关的："汉语文化于初始之时表现出的听觉迷恋，在本质上属于对生命根基的坚守，是始终为归属感所牵挂的心灵回眸。它对于'原本'的执着可让世人晓悟，最初的便是永恒的，天赋才最为可靠。所以，坚持总是针对被给予的底线的坚持，它远远比扩张与征服更加重要。"①

"听觉转向"近来已成为国内外学界文化研究的热点。2015 年 12 月，"听觉与文化"学术研讨会在江西南昌召开，这是国内首次就"听觉与文化"论题展开研讨。②2017 年 11 月，"2017·听觉文化国际学术研讨会"在天津举行，来自中国、美国、法国、日本等国家和地区的几十名专家学者与会参加了研讨。

其次，汉语文化的"象思维"更加契合全媒体"读图"时代。当下流行的"视觉思维"的概念本身还是建立在字母表思维的基础上，因为字母虽然是一种视觉对象，但它所代表的其实是一种"视觉抽象"，这与"象思维"的内在特质是不同的。字母是一种"符号"而不是"图像"。

沃尔特·翁从"技术化"（也即媒介化）的角度来论述口语文化和书面文化的区别。他说："视觉是解剖性的感知，和它相比，声觉是一体化的感知。典型的视觉理想是清晰和分明，是解剖……与此相对，听觉的理想是和谐，是聚合。"③在这里，沃尔特·翁把视觉当作一种"解剖性的感知"，这就是一种从拼音文化视角来观察所得出的结论。国内青年学者刘涛教授近年来专注于"视觉修辞"的研究，其研究的理路，也是对视觉符号做一种"解剖性的"分析，类似于西方绘画对光与影的讲究。然而，汉字所代表的"象思维"是不能简单归结为以上学者所谈到的"视觉"的。王树人指出："正是汉语语言文字的特性，规定着中国传统思维成为富于诗意的悟性的'象思维'。悟性的'象思维'是比西方理性的概念思维更为本原性的思维，它的动态整体性和诗意的灵动性是开启一切原发创生性之源。"④在新媒体所开创的"读图时代"，真正与之相契合的思维范式其实是汉字所体现的"象思维"。

"象思维"原创性的一个证明，可以从新科技的代表性人物、苹果公司的创始人乔布斯身上看到。乔布斯经常提起他之所以能设计出漂亮的苹果产品，来源于

---

① 文彬：《论中国文化的听觉审美特质》，《中国文化研究》2006 年秋之卷。

② 路曾斌、易丽君：《重返"听觉"：听觉研究中的众声协奏——"听觉与文化"学术研讨会综述》，《江西师范大学学报（哲学社会科学版）》2016 年第 2 期。

③ [美] 沃尔特·翁：《口语文化与书面文化：语词的技术化》，何道宽译，北京：北京大学出版社，2008 年，第 54 页。

④ 王树人：《中国的"象思维"及其原创性问题》，《学术月刊》2006 年第 1 期。

他早年不经意间学习的书法课，因此能够设计出美观、工整、有韵味的字体，成为早期苹果产品的主要卖点。乔布斯年轻时还专门到印度学习佛教，经常打坐参禅，相信东方智慧曾带给他无穷灵感。而他招收的员工，不仅只懂电脑科技，大都需要同时具有艺术天赋。如果乔布斯可以把字母书法引入现代科技，我们知道，书法艺术真正登峰造极的发展是在中国。可以想见，如果博大精深的中国书法艺术运用在电脑技术中，将呈现出一种如何激动人心的画面！

马克思在谈到落后国家可以不经过资本主义制度而直接进入社会主义的问题时，曾以俄国农村公社为例指出，资本主义现代化大生产的发展为俄国农村公社提供了集体劳动的一切条件，使它有可能不通过资本主义制度的卡夫丁峡谷而占有资本主义制度所创造的一切积极的成果，使自己成为现代社会所趋向的那种经济制度的直接的出发点，"不必自杀就可以获得新的生命"。[①]可以参照的是，网络和新媒体是西方字母文明自我修复的产物，它同时也给了东方汉字文明跨越发展的机会。当今世界，由于数字网络的发展，人们所处的媒介环境已经发生了根本的变化。如果说，汉字曾经一度阻碍了中华文明的进步，以至于近代以来不断有"废除汉字"的呼吁；那么在新的时代条件下，汉字能否"不必自杀就可以获得新的生命"？

事实上，"大量研究表明，汉语加工有不同于拼音语言加工的脑机制。在加工汉语时，激活的脑区和在加工拼音语言时激活的脑区不同，母语为汉语的人和母语为拼音语言的人在脑的形态结构上也存在显著差异"[②]。越来越多的人认识到，汉字和拼音文字是两种完全不同的文字，不存在谁取代谁的问题。我们在这里探讨的，是汉语本身在当代世界的生存活力和潜力问题。这当然首先来源于中国经济增长等硬实力，但是从媒介技术（汉字和拼音文字都是一种媒介技术）特性本身进行的分析和论证仍然是必要的。麦克卢汉以上所谓"声觉空间"和"视觉空间"的论述，连同他的其他观点，虽一度被批评为"技术决定论"，但是借助麦克卢汉所提供的分析视角，重新审视汉语言的当代际遇，却不乏启迪。文化自信需要建立在坚实的基础上，而对汉语文化特质的分析，特别是网络新媒体条件下汉语文化的发展和走向的分析，是新时期建立文化自信的重要议题。需要做扎实的研究和论证工作。

---

① ［德］马克思、恩格斯：《马克思恩格斯选集》（第 3 卷），北京：人民出版社，1995 年，第 767 页。

② 刘丽虹、张积家、谭力海：《汉语加工脑神经机制研究的新进展》，《心理科学》2004 年第 5 期。

第七讲
华夏家庭传播研究

家庭传播研究的逻辑起点、历史演进和发展路径 *

朱秀凌 **

摘　要：传播学自诞生以来，学术版图不断扩大，产生了各种分支学科。作为新兴分支学科，家庭传播因其对传播学的理论和实践的重要贡献而广受关注。虽然家庭传播研究起步较晚，即使在美国，至今也不过 30 年的历程，却发展成为一个较为系统的研究领域。相比在美国发展的日臻成熟，家庭传播在中国属于尚未开垦的研究绿地。扎根中国本土文化，建构出中国家庭传播研究的自主性，应成为中国传播学研究的历史担当：即立足中国日常家庭生活实践，提炼核心命题；借鉴吸收西方研究成果，构建科学的方法论体系；凝聚学术共同体，强化主体性认同。

关键词：家庭传播；传播学；逻辑起点；历史演进；发展路径

传播学自 20 世纪 40 年代发端以来，不断开疆拓土，并与相关学科融合，学术版图不断扩大，产生了各种分支学科：健康传播、政治传播、跨文化传播、科学传播、人际传播、组织传播、环境传播、视觉传播、危机传播……每一个分支都以其对传播学的独特贡献，丰富了传播学的内涵，拓展了传播学的外延，推动了传播学的快速发展。作为新兴的分支学科，家庭传播（Family Communication）因其对传播学的理论（发展了一种系统模式，而不是个人模式；从现象研究转向过程研究；研究方法的创新）和实践的重要贡献（贴近现实生活，能够切实解释和解决家庭生活中的行为和问题）而广受关注。

然而与其他分支学科相比，家庭传播研究起步较晚。即使在美国，家庭传播从人际传播和群体传播中剥离出来，吸收、借鉴了其姐妹学科——社会学、心理学和家庭学的成果，成为传播学的分支学科得到广泛认可，至今也不过 30 年，却发展成为一个较为系统的研究领域。它主要关注父母与子女的沟通、夫妻之间的

---

*　本文原载于《国际新闻界》2018 年 09 期，第 29—46 页。

**　朱秀凌，广东外语外贸大学新闻与传播学院副教授、博士。

交流、父母对子女接受媒介信息的影响等。虽然这些研究问题很微观，但是很贴近现实生活，与普通人的生活密切相关，体现了传播学作为一门社会学科应有的人文关怀，这也是每一个社会学科努力的方向：既要在宏观上能解释和研究社会现象与社会规律，也要在微观层面上能够切实解释社会生活中的一些行为现象。

相比在美国发展的日臻成熟，家庭传播研究在中国属于尚未开垦的研究绿地。由于各国家庭植根于不同的自然、经济、政治和文化情境，因此中国的家庭传播既具有与美国家庭传播相通之处，又呈现出自己的独特之处。那么，如何吸收借鉴美国家庭传播的研究成果，建构出中国家庭传播研究的自主性？中国家庭传播研究的核心概念和轴心命题是什么？其学科逻辑和范式是什么？其学术视野在哪里？哪些现实问题值得关注？如何凝聚学术共同体，强化主体性认同……这一系列未来中国家庭传播研究发展必须回答的问题，不仅在一定程度上有利于促进家庭传播理论在中国的发展，而且有助于理解信息时代我国家庭传播面临的问题和挑战，指导我国家庭传播实践，进而为家庭治疗提供参考和指引，解决我国的家庭传播问题，促进家庭的和谐与发展。

一、理论溯源：家庭传播的本体论

家庭传播研究如何强调自身特性，从而与其他学科相区别——这是"家庭传播"诞生之初就需要回答的问题。因为在这之前，社会学、经济学、法学、人类学、伦理学等不同学科都对"家庭"现象进行了研究。

（一）概念范畴

家庭是人类传播的一个独特情境。人人似乎都知道"家庭"和"传播"的含义，但是人们对于他们的界定却不径相同。

1.家庭：数十年来，家庭的定义虽然经历了变迁，但是总的来说，可以从结构、功能和互动三个原则来界定。

结构定义：是通过考虑家庭的形式，以确定一个社会群体是不是家庭。过去人们把家庭看作通过法律和生物关系构成的个人组合，像1964年的《婚姻和家庭手册》指出："家庭包括合法结婚的伴侣和他们的后代，这种界定包括原生家庭和拓展家庭，即一个人通过血缘、婚姻和收养关系成为家庭的成员。"[①] 但是这种界定代表的是过去的家庭，并不能反映20世纪90年代以后的家庭结构现实，因为在现代社会，未婚同居、未婚生子、单身、同性恋等家庭屡见不鲜。

---

① H. T.Christensen，*Handbook of Marriage and the Family*，Chicago：Rand McNally，1964，p.3.

功能定义：从社会心理学角度，指出一个家庭就是一个心理社会群体，它是由两个或者更多的成员组成的，这些成员为完成彼此需要的满足、养育和发展等任务而努力[1]。这种定义的优点在于可以把非传统家庭关系包含在内，比如同性配偶以及非婚生育孩子；弱点在于概念的模糊边界。

互动定义：将家庭界定为：两个或两个以上人组成的一个社会群体，其特征是持续的彼此依赖，植根于血缘、法律和喜爱的长期承诺[2]。互动定义不那么强调结构、功能，而是强调彼此的依赖和承诺，拓展了家庭的边界，使学者们得以把各种各样不同的家庭类型涵盖在内。但是这种定义的不足之处在于概念的模糊性，为研究者的研究带来困难。

从家庭传播研究的视角来看，其对于家庭的界定是基于对最具包容性定义的偏好，即互动定义。因为在他们看来，长期承诺和相互依存的特性是凌驾于其他家庭特性之上[3]。

2. 家庭传播：在界定家庭传播之前，我们先来看看什么是传播。家庭传播学者大多将注意力聚焦于传播上，把它界定为人类用来创造意义的象征性过程。美国学者斯图亚特[4]从这样的视角来界定传播：传播是人类构建现实的方法。人类世界不是由对象组成的，而是由人们的反应对象或是他们的意义组成的。而且这些意义是以传播方式进行协商。传播不仅仅是分享意见的方式，更是人类用来定义现实的过程。

以这种方式来界定家庭传播，传播不仅仅是将信息从一个人传递给另一人。家庭传播是指我们在社会交往中共同创造和协商意义、身份和关系的方式；也就是，我们如何构建自己和我们家庭关系的方式[5]。从家庭传播的视角来看，传播不仅仅是家庭的一个方面，而是作为家庭的核心过程，即家庭是如何在话语中共同构建、协商和合法化。

---

① M.A.Fitzpatrick and F.S.Wamboldt, "Where is All Said and Done? Toward an Integration of Intrapersonal and Interpersonal Models of Marital and Family Communication," *Communication Research*, vol.17,no.4（1990），pp.421-430.

② D. O. Braithwaite and L. A.Baxter, *Engaging Theories in Family Communication*：*Multiple Perspectives*, London：SAGE Publications，2006，p.4.

③ D. O. Braithwaite and L. A.Baxter, *Engaging Theories in Family Communication*：*Multiple Perspectives*, London：SAGE Publications，2006，p.3.

④ J.Stewart, "Interpersonal Communication：Contact Between Persons," in J.Stewart,Bridges Not Walls，New York：Random House，1999，pp.13-43.

⑤ L.A.Baxter, "Theorizing the Communicative Construction of 'Family'：The Three R's," in L.A.Baxter, ed.，Remarking "Family" Communicatively，New York：Peter Lang，2014，pp.33-50.

（二）研究目标、范围和视角的独特性

一门学科是否成立有两个基本指标：一是"内化"指标，在研究对象、研究方法及理论体系上是否有本体意义上的凝聚；二是"外化"指标，是否有专业的研究人员、代表作、教育、学术机构、学术刊物等[①]。而家庭传播研究符合了以上学科生成的内在逻辑。

1.研究目标：家庭传播所关注的是传播在家庭中的角色和功能，其研究目标不仅在于理论建构，而且在于运用传播理论和研究方法来解决影响家庭的问题：比如萨布林（Sabourin）发现，传播模式的干预对于减少配偶间的虐待行为是至关重要；弗格森和迪克森（Ferguson and Dickson）指出，通过修辞策略和互动，可增加孩子接受单亲父母约会行为以及约会对象的概率。

2.研究范围：家庭传播研究的研究范围不仅包括整个家庭，而且包括家庭各个分支。像米勒（Miller）研究同一家庭四代女性的代际传播模式致使自杀未遂；相比萨布林的研究对象为配偶双方，斯坦普和萨布林（Stamp & Sabourin）专门研究丈夫[②]。

3.研究视角

随着学科交叉和融合趋势的不断增强，任何学科都很难通过独占某种研究对象而划定学科边界。在此大背景下，家庭传播的"合法性"来源于其独特、新颖与不可取代的研究视角：

（1）完形变化：代表着一种家庭生命周期视角，勾勒了研究家庭阶段的方法，即"关系系统的膨胀、收缩、重组来支撑家庭成员的加入、存在和发展"。连续性概念是家庭生命周期视角的重要议题，这种以时间为单元，强调长时间以来变化的性质和家庭固有经历的增长，包含了家庭的建立、发展和解体消亡的。换句话说，这种完形变化提供了一种总体测量家庭生命周期里家庭传播潮起潮落的方法。

（2）事件变化：更为特殊，家庭传播研究者把互动界定为随时间流逝发生的特定事件。例如，家庭庆典事件（如结婚纪念日）是年复一年、周期性地出现，我们可以考察事件语境中的互动作为传播的诱因，比较不同时间的变化和相似之处。

（3）偶发事件变化：偶发事件变化也是研究家庭传播互动模式必须考量的。比如配偶会在婚姻的早期采取一种冲突解决模式，在婚姻的后期会改变模式，以

---

① 王文利，艾红红：《"广播电视学学科体系建设研究"学术研讨会综述》，《现代传播》2007年第4期。

② G. G.Whitchurch and L. M.Webb, "Applied family communication research: casting light upon the Demon," *Journal of Applied Communication Research*, vol.23, no.4（1995），pp.239-246.

更好地解决关系中的冲突。追踪家庭传播模式的建立、发展和变化，有助于更好地理解家庭生活和传播的其他类似问题①。

（三）家庭传播之于传播学学科的理论和实践贡献

1. 发展了一种更多地关注家庭成员相互关系的系统模式，而不是个人模式

相比以往的人际传播研究经常把个人作为研究单位，家庭传播研究把家庭整体作为研究单位。它较少关注个人层面的传播，而更多地把家庭成员的传播作为一个系统来进行研究。这种研究的贡献在于更多地了解具有多层次共识的人们的互动方式。由于家庭是一个复杂的系统，家庭成员共处同一环境和历史；单纯个人无法解释传播议题。只是了解个人如何做出选择和决策，无法解释其他成员是如何决策；个人的研究也无法说明家庭成员如何协调他们之间的互动从而达成共识。因此，家庭传播研究的研究者不得不考虑长时间历史的影响和家庭成员之间亲密关系的动力。

2. 从点的现象研究转向多点变化的过程研究

与群体传播、组织传播相似，家庭传播研究把相互关系作为研究的重点。它关注了家庭人际关系如何随着时间变化而发展，家庭传播如何随时间而变化，这种过程视角将有助于我们转向过程取向的传播模式研究。

3. 研究方法的创新

研究方法是衡量一门学科是否进入科学性、系统性研究之列，也是实现其理论创新和发展的重要手段。由于家庭传播研究是从发展的视角把家庭当作一个系统，因此严格的定性研究和定量研究在家庭传播中都是有效的研究方法。

（1）想象互动（Imagined Interactions，IIs）：罗森布拉特和梅耶提出"想象互动"概念，即研究者请受访者选择一个或多个目标人物，构建与他们的对话。②想象互动理论是建立在符号互动主义基础上的一种社会认知和人际交往理论。通过想象互动行为，人们想象着自己为了各种目的与他人进行谈话。想象互动具有多种功能，包括信息预演、自我理解、关系保持、冲突处理、情感宣泄和补偿真实互动的缺失等。家庭传播研究者会请家长和孩子各自构建"想象互动"，并比较他们的不同结果，它为研究亲子之间的传播冲突提供了有益的工具，很好地替代自

① S.Petronio and D. O.Braithwaite, "The contributions and challenges of family communication to the field of communication," *Journal of Applied Communication Research*, vol.21, no.1（1993），pp.103-110.

② P.Rosenblatt and C.Meyer, "Imagined interaction and the family," *Family Relations*, vol.35, no.2（1986），pp.319-324.

我报告式的问卷调查法。

（2）自然观察法：这种方法的关键之处在于研究家庭传播中公共行为与私人行为的关系，比如说观察在公共场合家长如何约束孩子；观察婚礼和婴儿洗礼等传播仪式；运用观察法和话语分析来研究夫妻之间的抱怨。

（3）日记访问法：是家庭传播研究者最近经常用到的方法。研究者让家庭成员观察并记录他们的行为和发生的事件，以获得家庭这一特定语境中对于事件变化的多重解释。

（4）媒介分析法：媒介提供了绝佳的家庭传播系统模板，因此家庭传播研究者经常运用大众媒介作为信息的来源。这方面的例子包括引用在杂志和电视节目中出现的家庭关系的态度。

（5）实验法：对于很多传播研究是主流，但对于家庭传播研究来说，却面临着诸多困难，其中最大的困难在于道德问题：因为把夫妻双方或整个家庭带到实验室，操纵诸如家庭隐私的变量，对于研究者来说无疑是巨大的挑战。但这并不是说实验法是不合适或不可行的，只是要注意在控制的实验室里研究家庭，控制会带来复杂、不可预料的系统效应。

（6）问卷调查：问卷调查法是家庭传播研究中运用最多的一种方法。但是以往的数据收集仅局限于个人，而家庭传播研究者则设计问卷来收集夫妻双方或亲子双方的回答，以期获得多重视角；此外，与其他传播研究不同之处，家庭传播研究的受访者是描述关于自己生活，而不是回答假设问题[1]。

二、他山之石：美国家庭传播研究的历史演进

梳理和回顾美国家庭传播的演进历史，对于把握家庭传播的发展规律，展望我国未来家庭传播的发展前景具有重要的借鉴意义。

（一）孕育萌芽：20世纪50—70年代

早在20世纪50年代初期，维琴尼亚·萨提尔和保罗·瓦兹拉威克就专门聚焦家庭互动和家庭治疗（Family therapy）。60年代末，人际关系学者呼吁人们关注持续的关系，并开始关注于包括婚姻在内的长期关系的开始、维护和瓦解。1968年的言语传播协会（Speech Communication Association，SCA）大会通过一项决议，号召开展包括家庭在内一系列情境的传播研究。帕罗阿尔托（The Palo Alto

---

① S.Petronio and D. O.Braithwaite，"The contributions and challenges of family communication to the field of communication"，*Journal of Applied Communication Research*，vol.21，no.1（1993），pp.103-110.

研究小组对家庭互动的研究，推动了家庭传播理论和研究在重要概念上的进展[①]。

以前，传播学者研究家庭一般是作为考察群体历程的工具；随着论文《家庭传播研究》[②]《家庭传播研究的概念前沿》[③]的发表，家庭传播开始形成自己的身份。70年代末，不同学科的学者开始关注家庭功能，开始探讨日常家庭生活的复杂性，试图识别"正常"家庭功能的特征。但是这时的家庭传播研究，绝大多数是由非传播学科领域里的学者进行，尤其是心理学、家庭治疗学和社会学。

（二）发展壮大：20世纪80年代

尽管在20世纪70年代的人际传播教材中出现了与家庭传播相关的章节，但是第一本家庭传播教材——《家庭传播：聚合与变化》，直到1982年才出现[④]；之后，《家庭谈话：家庭里的人际传播》[⑤]《家庭里的传播：在流逝时间里寻找满足感》[⑥]陆续出版。同一时期，人际传播学者开始关注家庭互动模式、婚姻类型、冲突与决策。

80年代中期起，家庭传播的课程开始出现在美国校园，研究项目日益增多。家庭传播作为传播学的分支学科得到确认是在1989年，美国最大的传播专业学会——全国传播学会（National Communication Association，NCA）成立了家庭传播委员会（Commission on Family Communication，CFC）。自此之后，CFC发起家庭传播研究的论文工作坊[⑦]。

（三）日臻成熟：20世纪90年代至今

20世纪90年代，传播学者开始从不同的理论视角接近家庭，并达成一种共识，家庭传播具有与非家庭的人际传播（比如说朋友群体）不同的特质。随着言语传播

[①] K.M.Galvin, "Family communication instruction: a brief history and call," *Journal of Family Communication*, vol.1, no.1（2001）, pp.15-20.

[②] A.Bochner, "Family communication research: a critical review of approaches," Methodologies, and Substantial Findings. Paper presented at meeting of the Speech Communication Association, Chicago, 1974.

[③] A.Bochner, "Conceptual frontiers in the study of communication in families: an introduction to the literature," *Human Communication Research*, vol.2, no.1（1976）, pp.381-397.

[④] K.M.Galvin and B.J.Brommel, *Family communication: cohesion and Change*, Belmont, CA: Wadsworth, 1982.

[⑤] S.A.Beebe and J.T.Masterson, *Family talk: interpersonal communication in the family*, New York: McGraw-Hill, 1986.

[⑥] J.C.Pearson, *Communication in the family: seeking satisfaction in changing times*, New York: HarperCollins, 1989.

[⑦] D.O.Braithwaite, E.Suter and A.K.Floyd, *Engaging theories in family communication: multiple perspectives*, New York: Routledge, 2017, p.3.

大会中家庭传播论坛的兴盛和越来越多的家庭传播研究教材的问世：《理解家庭传播》①《家庭关系传播》②《家庭传播的视角》③，家庭传播研究在传播学领域日臻成熟。

家庭传播研究的丰富特性，催生了《家庭传播杂志》（2001）的诞生，它标志着家庭传播向专业化领域迈出重要一步④。2002年，在洛杉矶的新奥尔良召开的NCA会议上评估了家庭传播理论和研究的未来。家庭传播已从聚焦婚姻或家庭教养到转向更为广泛的家庭关系和家庭形式。家庭传播的研究在很多方面成了最尖端的知识，包括评估生理标记和统计分析，这在以前是不可想象的⑤。

家庭传播研究已从首先是传播学科之外的人加以研究的领域，走向传播学者在其中扮演中心角色的领域。据美国学者统计，在《传播学季刊》《传播学研究》《传播学报告》《传播理论》等21本学术期刊上，1990—2003年共刊登了471篇家庭传播论文，平均每年33.6篇；2004—2015年486篇，平均每年40.5篇。刊登家庭传播论文最多的是《家庭传播杂志》，其次是《社会与个人关系杂志》⑥。

是否有自己原创性的理论是一门学科成熟与否的重要标志，研究者也会自觉地使用这些理论开展研究。在家庭传播研究中，经常使用的理论包括关系传播理论（Relational Communication Theory）、符号聚合理论（Symbolic Convergence Theory，SCT）、情绪调节理论（Emotion Regulation Theory）、情绪评估理论（Appraisal Theories of Emotion）、作为控制理论的不协调培育理论（Inconsistent Nurturing as Control Theory，INC）、叙事表演理论（Narrative Performance Theory）、弹性沟通理论（Communication Theory of Resilience）、符号互动论（Symbolic Interactionism）、社会学习理论（Social Learning Theory，SLT）、压力与适应理论（Stress and Adaptation Theories）、自然选择理论（The Theory of Natural Selection，TNS）、使用与满足理论（Uses and Gratifications Theory）等⑦。以2004—2015年发表的486篇家庭

---

① J.Yerby，N.Buerkel-Rothfuss and A. P.Bochner，*Understanding family communication*，Scottsdale, AZ：Gorsuch Scarisbrick，1990.

② P.Noller, M. A. Fitzpatrick，*Communication in family relationships*. Englewood Cliffs, NJ：Prentice Hall，1993.

③ L.H.Turner and R.West，Perspectives on family communication，Mountain View, CA：Mayfield，2002.

④ D. O.Braithwaite，E. Suter and A. K.Floyd，*Engaging theories in family communication：multiple perspectives*，New York：Routledge，2017，p.3.

⑤ K.M.Galvin，"Family communication instruction：a brief history and call，" *Journal of Family Communication* ，vol.1，no.1（2001），pp.15-20.

⑥ D. O.Braithwaite，E. Suter and A. K.Floyd，*Engaging theories in family communication：multiple perspectives*，New York：Routledge，2017，p.9.

⑦ D. O.Braithwaite，E. Suter and A. K.Floyd，*Engaging theories in family communication：multiple perspectives*，New York：Routledge，2017，p.1.

传播研究论文为例，在这些论文中引用 4 次以上的理论如下图（表 1）[①]。

表 1：2004—2015 家庭传播研究的理论图谱

引用理论	引用次数
传播隐私管理理论（Communication Privacy Management Theory，CPM）	34
家庭传播模式理论（Family Communication Patterns Theory，FCP）	20
关系辩证理论（Relational Dialectics Theory）	29
叙事理论（Narrative Theory）	21
系统理论（Systems Theory）	14
依恋理论（Attachment Theory）	11
情感交换理论（Affection Exchange Theory）	8
传播适应理论（Communication Accommodation Theory，CAT）	6
女性主义理论（Feminist Theory）	5
关系动荡理论（Relational Turbulence）	5
社会建构理论（Social Construction Theory）	5
归因理论（Attribution Theory）	4
平等理论（Equity Theory）	4
面子理论（Face Theory）	4
多元目标理论（Multiple Goals Theory）	4
社会认知理论（Social Cognitive Theory）	4
结构化理论（Structuration Theory）	4
不确定管理理论（Uncertainly Management Theory）	4
动机信息管理理论（the Theory of Motivated Information Management）	4

三、移植与突破：建构中国家庭传播研究的主体性

相比在美国发展的日臻成熟，家庭传播研究在中国属于尚未开垦的研究绿地。如何避免"传播学本位"或"家庭学本位"的"学科褊狭"，建构"与中国时代发展相匹配的中国特色、中国气派、中国风格的家庭传播体系"；明确家庭传播的不足，实现不同学科的"共振"，应成为家庭传播研究的历史担当。

（一）立足日常家庭生活实践，提炼核心命题

一个较为成熟的学科，一般拥有支撑学科大厦的核心命题，这些核心命题具

---

① D. O.Braithwaite，E. Suter and A. K.Floyd，*Engaging theories in family communication*：*multiple perspectives*，New York：Routledge，2017，p.10.

有较强的稳定性，经得起时间的检验[1]。

就家庭而言，它是一个具有浓郁文化色彩的语汇。在不同的文化场景中，家庭可能衍生出不同的意义。因此我们必须建立中国家庭传播研究的学术视野，思考家庭传播在中国本土文化土壤中落地生根的基本理论和原则问题。

既然家庭传播是一门新兴的应用社会科学，具有浓厚的知识应用特性，是一门解决实际问题的实用学科，那么它的意义就在于与日常家庭实践对话。从本土国情出发，深入挖掘我国优秀的传统文化思想，聚焦我国社会变革中家庭传播实践出现的一系列矛盾、问题和挑战，把研究议题与我国亟须解决的现实问题结合起来，以解决中国家庭传播问题为导向，从日常生活实践中提炼出具有中国特色，又具普遍意义、全球视野的核心命题，进而凝练出适合中国家庭传播的概念体系、理论体系和话语体系，来表达和理解我国鲜活的家庭传播实践。因为一门学科的发展源自社会的认同，只有为社会实践提供更多的指导、帮助和服务，社会才会承认该学科的价值。

具体来说，借用拉斯韦尔（Lasswell）的 5W 模式，再结合"社会情境"和"传播史"这两个重要变量，笔者尝试勾勒出我国家庭传播研究的五个方向：

1. 家庭传播的传受双方研究

传受双方研究是家庭传播研究的核心议题，也是理解家庭传播问题的基本起点。就家庭传播的角色和类型来看，不仅包括了夫妻关系、亲子关系，也包括兄弟姐妹、拓展家庭关系（祖孙关系、婆媳关系、翁婿关系、同居关系等）。在传播过程中，究竟是谁主导了家庭传播？传受双方的关系如何？谁为主体，谁为客体，或者互为主客体？他们分别扮演何种角色和功能？传受双方受到哪些因素的影响：除了社会统计学变量（如年龄、性别、地域、社会经济地位等）之外，是否与传受双方的人格心理特质差异（性格、自信自尊、价值观、态度等）、传播气质（攻击性、传播忧虑、支配与服从、关系气质等）和认知能力相关？

不仅如此，家庭传播是否受到中西家庭伦理的影响？首先，中国家庭是宗法人伦关系，以强大的父权家长制为基础，家庭成员之间是宗法等级关系，主张"父慈子孝，父为子纲；兄友弟恭，长尊幼卑；夫义妇顺，夫为妻纲"；西方家庭是契约人伦关系，强调个体独立，家庭关系相对平等[2]。这就决定了中国亲子之间、夫妻之间、兄弟之间的家庭传播，与强调"民主平等"权力分配的西方家庭有着显著的差异；甚至可能因为囿于阶层化家庭结构和孝道伦理的规范，不能站在对等

① 张涛甫：《影响的焦虑——关于中国传播学主体性的思考》，《国际新闻界》2018 年第 2 期。
② 李桂梅：《中西传统家庭伦理的基本特点》，《深圳大学学报（人文社会科学版）》2008 年第 3 期。

的位置进行沟通，而无法解决家庭问题。因此，中国传受双方在家庭中的角色和地位，在多大程度上决定了家庭传播模式、内容及方向，制约着传播效果？

其次，中国是家庭本位，强调家庭利益，要求个人服从家庭；西方家庭主张个人本位，重视个人的利益，主张个人的独立和自由，要求家庭服从个人[①]。因此，与西方相对独立的家庭传播过程相比，中国家庭传播的传受双方怎样受到错综复杂的家庭关系网络（父母、兄弟姐妹，甚至还有关系密切的亲戚，如公公婆婆、岳父岳母、姑嫂、妯娌等）的影响，有时甚至是决定性的影响？例如在恋爱择偶传播过程中，西方人主要把感觉放在第一位，相信缘分，较少受到家庭成员的影响；而中国人的婚姻大事往往不是个人所能决定的，它涉及的是一个家庭或家族，古有"父母之命，媒妁之言"，直至今日虽有所改善，但是父母的意见甚至是亲戚的看法仍然起到重要的作用。

这种家庭本位及宗法人伦的家庭伦理，也使得中国家庭的隐私边界与西方家庭有所不同，特别是在亲子隐私传播方面，有些中国家长将查看通话记录、聊天记录、日记等当作了解孩子思想动态和关心孩子的表现，甚至有一些家长很少把孩子看作独立、有意识、平等的个体，认为子女在父母面前应该没有隐私。那么，中西家庭隐私传播有何不同？现代家庭的隐私传播又发生了哪些变化……这些都是未来中国家庭传播研究要探讨的问题。

2. 家庭传播内容和形式研究

传播学的核心概念在于"意义的共享"，重点在于人类讯息的交换。那么，中国家庭传播的主要内容和形式是什么？随着时代的变迁，中国家庭传播内容和形式发生了哪些变化？其发生变化的动力是什么？和西方相比，中国家庭传播内容和形式上又存在哪些差异？

比如说，国外家庭代际传播内容涵盖了酗酒、吸毒、性、器官捐献等敏感问题的传播[②③]，国内受家庭伦理的影响，父母更注重孩子的学业，认为这是光宗耀祖，为家庭赢得荣光的最一目了然的方法，因而家庭代际传播的内容主要是学习和生活，一般不会涉及敏感问题。随着红黄蓝幼儿园虐童事件的曝光，如何对孩子进行家庭性传播，成了很多家长关注的焦点。因为家庭作为性教育的第一阵地，

① 李桂梅：《中西传统家庭伦理的基本特点》，《深圳大学学报（人文社会科学版）》2008 年第 3 期。

② M. NAskelson，S. Campo and S.Smith，"Mother–daughter communication about sex：the influence of authoritative parenting style," *Health Communication*，vol.27，no.5（2012），pp.439-448.

③ M.Miller-Day and A. K.Jennifer，"More than just openness：developing and validating a measure of targeted parent–child communication about alcohol," *Health Communication*，vol.25，no.4（2010），pp.292-302.

本应发挥着最重要的作用。可是长期以来，由于中国宋代以来，儒家文化对性的蔑视和禁锢，把性功能规定为生儿育女，认为性是不登大雅之堂的苟且之事，只可以做不可以说，因此很多家长在对孩子（特别是未成年人）进行家庭性传播时，要么讳莫如深，要么羞于启齿，或者想进行传播，却不知应该传播什么。研究性问题的家庭传播（如青春期保健知识、健康性心理知识、性发育知识、婚前性行为、性暴力、避孕及性病/艾滋病知识等），无疑具有重要的社会现实意义。

在传播形式上，西方鼓励家庭成员之间要自由、公开地表达个人的情感、情绪与意见，甚至是愤怒和不满。而"贵和"是中国传统家庭伦理的基本精神，强调平衡、和谐，抑制冲突、对立，因而强调家庭成员尽量控制自己的负面情感，尽量避免与家人的直接或正面冲突；面对家庭冲突，往往以否认和逃避的方式处理；特别重视"情"，在家庭范围之内"诉诸理"的传播方式是不合适的；家人对彼此的情感是"内敛"与"含蓄"，不仅影响家人"感情"的话不能言说，即使是表达亲密关系的话也不去表达，否则就有"肉麻"之嫌。那么，中国的家庭压力处理、家庭冲突传播、亲密关系传播与西方有哪些不同？在现代社会，中国的家庭传播形式是否发生了变迁？如果有变化，变化的轨迹和制约变迁的决定力量有哪些，其内在逻辑又是什么？这些都需要结合中国具体的传播情境做深入的分析。

3. 家庭传播媒介与效果研究

媒介与效果研究由家庭传播媒介研究与家庭传播效果研究两部分组成，具体包括：哪些大众传播媒介和人际传播媒介在家庭传播中起作用？它们各自的角色和功能如何？具有什么优势？又存在哪些不足？如何比较不同媒介（口语媒介、书信媒介、电子媒介）在不同历史时期对家庭传播的影响？

特别值得一提的是，在中国的家庭传播中起到了举足轻重作用的媒介——家书、家训（作为中国传统社会一种极富特色的家庭教育形式）：从《颜氏家训》《朱子家训》到《曾国藩家书》《钱氏家训》《傅雷家书》……它们承载着哪些家庭传播的道德伦理准则？到了电子媒介时代，家庭成员不仅共同观看媒介，讨论媒介，而且将媒介内容整合到他们的关系和家庭中；那么，电子媒介（电视、电脑、手机等），特别是社交媒体给传统的家庭形态带来何种挑战和冲击？为家庭传播引入了哪些新的概念和互动模式？赋予家庭和家庭成员哪些新渠道？家庭亲密关系在信息时代（"后传统"时代）的语境下是如何得以重构的？网络家庭给传统家庭传播伦理带来哪些冲突？如何拓展并建构新型的家庭人际交往网络？

与此同时，家庭传播也影响了媒介的形式和实践。考量媒介在家庭情境中的使用状况如何？为什么大致相同的媒介，在不同家庭会产生迥异的传播效果？或不同的媒介在相同的家庭传播情境，传播效果应如何测量和评估？如西方学者运用家庭沟通模式、父母介入等理论探讨家庭传播对于青少年的电视[①]、电脑、手机使用[②]的影响。而这些理论在大陆传播学领域尚未有人涉及。

4. 家庭传播的社会情境研究

作为社会的一个子系统，家庭如同其他社会关系一样，不能脱离社会而独立存在。它总是随着社会发展而发展，社会变革而变化，社会影响家庭传播，家庭传播也影响社会。因此，考查家庭传播的社会情境研究包括政治情境、经济情境、文化情境等社会情境对家庭传播的影响，比单纯的效果分析更有价值，其不仅在于方法论的变化，更是研究视角的转变。在这部分需要探究的是：中国的家庭传播如何受到这三个因子的影响？这三个因子所起的作用如何？各自影响的力度有多大？

特别是探讨我国的国家政策（计划生育政策、二孩政策、养老保障制度等）对家庭传播的影响：独生子女家庭传播、二孩家庭传播、留守儿童家庭传播、失独家庭传播……这些都是中国文化情境下家庭传播独有的问题，西方文化无法做出，却具有普遍社会现实意义。

不同文化（少数民族文化、地域文化、中西文化）背景下的家庭传播比较研究：少数民族与汉族家庭传播有何不同？东部与西部地区的家庭传播呈现何种差异？儒家文化浸润下的中国家庭传播与西方家庭传播有何异同等。

现代家庭与传统家庭在家庭传播过程中的文化差异：经济发展、全球化思潮和新媒介的蓬勃发展，家庭结构的核心化、小型化，家庭功能的外移，家庭模式的多元（如丁克家庭、单身家庭、单亲家庭、空巢家庭、同居家庭、网络虚拟家庭等），改变了传统的家庭传播模式，带来了家庭传播角色和关系的变革，使中国家庭也遭遇传播伦理的考验和挑战；与西方国家同性恋家庭的合法化不同，中国一些同性恋者迫于社会和家庭的压力，选择与并不相爱的异性组成家庭，那么这些家庭内部如何进行传播的……

反过来，作为家庭和社会透视镜的家庭传播本身也是自变量，具有能动反作用于社会的能力，是理解社会转型、时代变迁的重要中介。那么，将家庭传播研究置于社会变迁或社会转型的时空下，深入研究家庭传播与社会互动关系，解读家庭传播如何折射出家庭权力的变更，乃至不同历史时期的政治、经济、文化和社会的演进轨迹；建构或解构家庭传播所蕴含的文化内涵，都将突破将家庭传播作为单一研究对象的分析模式，使其具备成为透视家庭和社会研究视角的可能性。

---

① M.Krcmar, "The contribution of family communication patterns to children interpretations of television Violence," *Journal of Broadcasting & Electronic Media*, vol. 42, no.2（1998）, pp.250-265.

② L. S.Clark, "Parental mediation theory for the digital age," *Communication Theory*, vol. 21, no.4（2011）, pp.323-343.

5. 家庭传播史研究

历史研究往往是一门学科最基本的研究方向。对于中国家庭传播史研究来说，它应该包括两层含义：

一是宏观家庭传播史：研究人类历史长河中中国家庭传播的演进历史，它将回答我国家庭传播的起源与本质；在不同的历史时空中，有着古老历史渊源的中国家庭传播经历了哪些变迁？追根溯源，探究中国古代家庭在传统儒家思想的"三纲五常"中的"夫为妻纲，父为子纲""亲亲、尊尊、长长，男女有别，人道之大者也""家国一体、家国同构"等思想的影响下，家庭传播行为呈现与西方哪些不同的基本特征？与现代家庭传播行为进行纵向的历史比较分析，密切关注社会转型期家庭传播的新常态和新特征，思考中国家庭传播的独特性，回应社会和时代的关切议题，这无疑是中国家庭传播研究与实践的重要财富。

二是微观家庭传播史：侧重于探究单个家庭内部传播的发展历程，以及家庭内部个体成员之间交流互动的博弈关系，强调家庭传播自身变化的动力。因此，从一定程度上来讲，微观家庭传播史蕴含了个人、家庭和社会的三重变奏。

从家庭传播史的角度关注家庭传播的发展与变迁，将家庭传播放入历史大变迁中探讨家庭传播与社会发展的互动关系，进而探讨社会变迁的原因与动向，将成为家庭传播学领域的主要研究范式之一。

总而言之，从拉斯维尔的 5W 模式出发，聚焦恋爱与择偶传播、婚姻与亲密关系传播、代际传播、兄弟姐妹传播、其他拓展家庭关系传播；研究家庭压力处理与传播、家庭角色与类型传播、家庭决策传播、家庭冲突传播、家庭暴力传播、亲密关系与家庭传播、家庭隐私传播、家庭性传播问题……都成了当前我国家庭传播研究迫切需要解决的核心命题。

（二）借鉴吸收西方研究成果，构建科学的方法论体系

作为国内的新兴研究领域，中国家庭传播研究应经常与国外学者进行交流，及时译介国外家庭传播研究的著作和论文，清楚洞悉国际家庭传播研究的前沿问题，善于辨析他们做研究的规范和方法，准确把握国际家庭传播研究的发展趋势，借鉴他们较为成熟的方法论体系，构建我们科学的方法论体系。因为方法论对于学术研究的规范性和科学性具有决定性影响。

方法论是指"以方法为研究对象，探讨方法的形成、变化和发展的规律，方法的性质和作用、特点和功能以及各种方法的联系等问题"。它由三个层面组成：（1）本体论和认识论组成的哲学层面；（2）各种前提假设、定律及其逻辑推理等组成的范式层面；（3）各种具体研究手段组成的方法层面。其中本体论、认识论属于

哲学层面的范畴，研究范式反映了研究思路和视角，方法是工具性手段，由此形成了哲学观—价值观—工具手段的方法论体系[1]。

这种从哲学的本体论、认识论的体系结构和思维方式出发，在实践层面和理论层面建构包含本体论追问、认识论根基、研究范式和具体分析方法的方法论体系，不只是对家庭传播研究方法的内涵、特点和应用进行解析，而是探究方法自身的理论体系何以可能，如何在不断变换的时间维度中塑造一个相对稳定的空间理论维度，以此为具体研究方法的变化、选择和运用提供理论指导（具体见表2）。

表 2：中国家庭传播研究的方法论体系建构表

本体论追问	何为家庭传播研究方法
	为何需要家庭传播研究方法
	家庭传播研究方法何以为能
认识论根基	理论和方法的辩证关系
	西方家庭传播研究方法的理论基础（如家庭周期理论、生命历程理论等）
	中国家庭传播研究方法的理论基础
研究范式[2]	后实证主义研究（逻辑经验主义研究）：通过变量来寻求对社会世界的因果解释，即自变量导致对因变量的影响或结果
	诠释研究：侧重于意义和意义的形成，并在研究特定群体或语境的成员之间理解共同的意义模式
	批判研究：依靠组织或意识形态力量的理论来提供分析指南，以理解和解释为什么一些声音边缘化或沉默，而另外一些声音却居于主导地位
具体分析方法	想象互动、自然观察法、日记访问法、媒介分析法、实验法、问卷调查法、访谈法、民族志……

（三）凝聚学术共同体，强化主体性认同

构建中国家庭传播研究的主体性，还要看家庭传播研究是否已经形成学术共同体，研究者是否在关键问题、知识生产和建制上形成共识。

学术共同体指具有相同或相近的价值取向、文化生活、内在精神和具有特殊专业技能的人，为了共同的价值理念或兴趣目标，并且遵循一定的行为规范而构成的一个群体[2]，其构成要素包括：学术共同体的主体、主体从事活动的领域、共

[1] 胡宗山：《西方国际关系理论方法论体系初探》，《社会主义研究》2003年第4期。
[2] D. O.Braithwaite，E. Suter and A. K.Floyd，*Engaging theories in family communication：multiple perspectives*，New York：Routledge，2017，pp.5-7.
[2] 吴飞，吴妍：《中国新闻学十年研究综述（2001—2010）》，《杭州师范大学学报（社会科学版）》2011年第5期。

同的奋斗目标、相应的内在制度、成员之间归属感①。

　　对照以上标准，西方的家庭传播研究已然形成了一个较成熟的学术共同体，拥有专业的研究人员、代表作、教育机构、学术机构、学术刊物等，学术共同体内部交流比较活跃，专业方面的看法比较一致②。通过共同的语言，西方家庭传播研究学者很好地理解学术领域，分享资源，进行交流沟通，成员之间形成了相互影响、相互促进的人际联系；改变了单个学者孤立的状态，知识的验证、联合和适用性，更多地取决于共同的质疑、讨论和争辩③。

　　相比之下，近年来我国的传播学研究大多是从宏观层面上进行媒介的政策解读、理论探索，聚焦媒体大方向（媒介融合、大数据、人工智能等），而对于微观层面却很少关注，几乎很少有学者去关注家庭内部的传播现象，而这和我们每个人的生活却是息息相关，密不可分的。即使少数学者的家庭传播研究，基本上也是属于自发、松散式的，且呈现碎片化的特点，如关注微信红包在中国人家庭关系中的运作模式④，探讨亲子之间的数字代沟、数字反哺、远距离的数字沟通问题，⑤聚焦家庭仪式传播⑥等。学者们大多是站在各自的研究视角上自说自话，并未在关键问题和核心知识能力上达成共识，相互之间也难以进行对话、沟通与争鸣，更谈不上在知识谱系上形成强有力的逻辑勾连。

　　因此，凝聚中国家庭传播研究的学术共同体，以学术为中心，以提升共同体的学术创新能力、话语权和归属感为核心使命，形成广泛认同的学术理念和共同的价值追求，强化主体性认同，是促进家庭传播研究繁荣和学术创新的重要路径。

①　裘光锤，李福华：《学术共同体理论研究综述》，《中国电力教育》2010年第7期。

②　[美]托马斯·库恩：《必要的张力》，范岱年、纪树立译，北京：北京大学出版社，2004年，第288页。

③　[美]弗兰克·罗德斯：《创造未来》，王晓阳、蓝劲松等译，北京：清华大学出版社，2007年，第55—56页。

④　张放：《微信红包在中国人家庭关系中的运作模式研究——基于媒介人类学的分析视角》，《南京社会学科学》2016年第11期。

⑤　林枫，周裕琼，李博：《同一个家庭不同的微信：大学生VS父母的数字代沟研究》，《新闻大学》2017年第3期；吴炜华，龙慧蕊：《传播情境的重构与技术赋权——远距家庭微信的使用与信息互动》，《当代传播》2016年第5期；周裕琼：《数字代沟与文化反哺：对家庭内"静悄悄的革命"的量化考察》，《现代传播》2014年第2期。朱丽丽，李灵琳：《基于能动性的数字亲密关系：社交网络空间的亲子互动》，《中国地质大学学报（社会科学版）》2017年第9期。张煜麟：《社交媒体时代的亲职监督与家庭凝聚》，《青年研究》2015年第3期。朱秀凌：《青少年的手机使用与家庭代际传播研究》，北京：中国社会科学出版社，2017年。

⑥　杨立川：《论家庭仪式传播的意识形态作用及其特征》，《中国地质大学学报（社会科学版）》2015年第4期。

融入"家"文化：央视公益广告的文化传播符号分析 *

吴来安 **

摘　要： 公益广告具有文化传播的独特性，在国家日益重视文化建设和国际传播能力建设的大背景下，担当了传承历史文明内涵、传播当下社会主流价值、引领未来文明风尚等重要角色。然而当下的问题是，不少公益广告中所使用的文化能指与所指张力拉大，呈现出一定程度上文化符号的断裂现象，使得传播效果大打折扣，引发我们进一步思考，如何充分发挥公益广告这个独特的载体，进一步推进中国文化传播效果，或成为当前亟待解决的问题。基于此，本文选取两则央视公益广告为样本案例，对之进行符号学分析，提出：央视公益广告以"家"为核心，深入挖掘"家"文化中各重要元素为符号，以小见大，用接地气的方式深入公众内心，可有效弥补当前文化传播的符号断裂问题，达到讲好中国故事，传播中国好声音的目的；同时，本文也借由这样的个案分析，为符号学视角下传播学理的延伸做了一定的尝试，以求教于方家。

关键词： 公益广告；文化断裂；文化符号；家文化

一、研究缘起

当前，我国处于社会转型期，"精神文化层面的文化生态问题复杂和迫切"[①]，出现了道德滑坡、行为失范、审美异化、价值错位等问题。近年来，国家高度重视文化建设，大力推进社会主义文化强国建设，弘扬社会主义核心价值观。习近平总书记于 2014 年 10 月 15 日在北京主持召开了文艺工作座谈会，强调了文艺作品在文化建设中的重要地位，认为"文艺是时代前进的号角，最能代表一个时代

---

　*　本文原载于《新闻大学》2018 年第 2 期，第 138—148 页。

　**　吴来安，安徽师范大学新闻与传播学院教授，复旦大学新闻学院博士后。

　①　仲呈祥、胡智锋：《文化复兴的理想与现实》，《现代传播》2012 年 1 期。

的风貌，最能引领一个时代的风气"①，并强调要"努力创作生产更多传播当代中国价值观念、体现中华文化精神、反映中国人审美追求，思想性、艺术性、观赏性有机统一的优秀作品"②。

公益广告作为一门实践性很强的艺术，是文艺作品以公共利益为导向来传播文化，进行公众教育及舆论引导的一种表达形式。可有效从提升受众艺术审美水平及媒体传播广度/深度的角度推进精神文明建设，在传播当代中国价值观念、弘扬中华文化精神、提升公众审美等方面，均可起到积极作用，呈现出文化传播的某种独特性。

有鉴于公益广告的特征及重要作用，大批支持公益广告创意和制作的政策，甚至是硬性指标相继出台。如，2013 年 1 月，中宣部、中央文明办、国家网信办等七部委联合发文，成立公益广告制作中心，动员并倡导社会力量，以及全国各类媒体积极制作和播出公益广告③。2013 年 12 月，中共中央办公厅印发《关于培育和践行社会主义核心价值观的意见》，在第十九条明确指出，要"运用公益广告传播社会主流价值、引领文明风尚"④，并对公益广告的"选题、创意、内容、刊播力度、时段、媒体平台"等都做了明确要求。

国家政策的支持，为公益广告的大量涌现提供了有力的保障。以《人民日报》、中央电视台、中央人民广播电台、中国网络电视台等为代表的中央各媒体，积极响应，设计制作并投放了大量公益广告。于是，车站、社区、街道、饭店等，只要是公众目之所及的地方，几乎随时随地都能捕捉到公益广告的身影，更不用说报纸、杂志、电视、广播、互联网等传统和新兴媒体了。

公益广告的大爆发，让其迅速成为媒体和公众关注的焦点。然而，随处可见的公益广告却并未能获得公众的一致认可，无论是学界、业界，还是普通公众，对公益广告的表现都存有一定程度的存疑。如认为"公益广告作品大路货多，精品少，创作样式单调，口号化"⑤，"总体而言，所刊播的公益广告还是多少存在空洞说教、老生常谈、没有新意、没有美感等问题"⑥，认为《文明旅游之熊猫篇》公

①　习近平：《坚持以人民为中心的创作导向　创作更多无愧于时代的优秀作品》，《人民日报》2014 年 10 月 16 日第 1 版。

②　习近平：《坚持以人民为中心的创作导向　创作更多无愧于时代的优秀作品》，《人民日报》2014 年 10 月 16 日第 1 版。

③　人民网：《七部委联合发文成立公益广告制作中心》，人民网，2013 年 2 月 1 日。http：//politics.people.com.cn/n/2013/0201/c1001-20407836.html

④　中共中央办公厅：《关于培育和践行社会主义核心价值观的意见》（2013 年 12 月 11 日），北京：人民出版社，2013 年，第 18 页。

⑤　丁俊杰：《中国公益广告年鉴：1986—2010》，北京：中国工商出版社，2011 年，"序言"。

⑥　曹鹏：《公益广告：传统媒体大有用武之地》，《新闻记者》2013 年 6 期。

益广告"带有针对中国游客的歧视和偏见"①，认为《埋儿奉母》公益广告"是一种愚孝，不值得赞美，更不应该作为公益广告"②……

图 1 《己所不欲　勿施于人》公益广告　　图 2 《直心为惪》公益广告

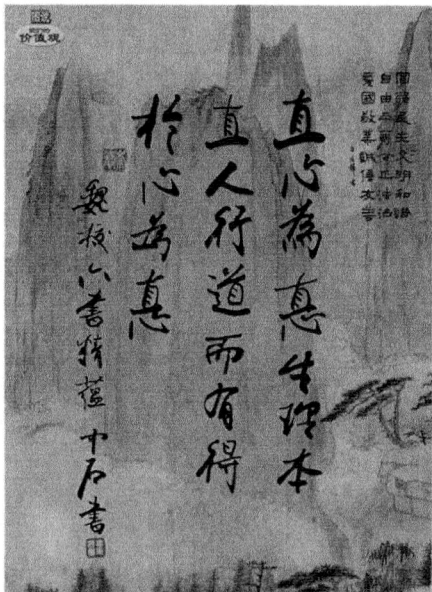

　　还有一些公益广告图文牵强，普及性差。如《己所不欲，勿施于人》公益广告（见图 1），运用户县农民画为广告的主体画面，这和广告文案所要传达的主题"己所不欲，勿施于人"，以及"社会主义核心价值观"并没有明显的直接关联；再如《直心为惪》公益广告（见图 2），运用欧阳中石书法搭配国画山水为背景的画面展示方式，广告中"直心为惪生理本直人行道而有得于心为惪"无任何断句及解说，普通公众很难理解，遑论传播效果。

　　现状显示，现有公益广告数量虽多，但质量却不容乐观。在文化传播方面并不成熟，面临诸多问题。概括并综合来看，公益广告传播行为和人文价值提升目标之间，存有严重的缺憾——文化符号的断裂。即，现有公益广告中使用的，诸如仁、孝、德、礼等传统文化符号，在艺术传达上过于生硬，导致公众的文化接受与传承间产生了断裂，而这种断裂，甚至在当代新兴传播技术的拉扯下，张力愈来愈大，较难弥合。

---

　　① 《央视公益广告借熊猫讽讽国人不文明出国游被撤》，观察者网，2014 年 10 月 19 日。http：//www.guancha.cn/Media/2014_10_19_277524.shtml

　　② 新安晚报：《安徽六安街头"埋儿奉母"公益广告被批愚孝，安装单位将替换》，彭拜新闻网，2014 年 10 月 26 日。http：//www.thepaper.cn/newsDetail_forward_1273262.

　　那么，公益广告该如何寻找有效途径，去弥补这一文化符号上的断裂？本文以此为研究缘起，从符号学的视角切入，尝试对两则公众口碑优秀的央视公益广告案例进行符号学分析，提炼和归纳符号背后所显现的文化意义，希望能找到某种元素或规律，来推动解决这一难题。

　　二、研究方法

　　本研究以目标广告的文本及图像为分析单位，解析文本和画面中最为核心的符号单位进行考察，希望能从这些符号中找到某种关联、运行规律，或是关键性意涵，并以此为依据，总结经验，为公益广告未来该如何合理运用文化符号进行创意制作，以达到良好的传播效果，从而弥补文化符号的断裂提供借鉴。涉及的理论依据及样本选择如下：

　　（一）学理依据及理论框架

　　符号学兴起于 20 世纪，由瑞士语言学家菲尔迪南·德·索绪尔（Saussure, F.）首先提出。"法国著名的符号学家，也是社会评论家和文学评论家罗兰·巴特在 1950 年首次把符号学方法应用于对传媒文化的洞察和理解"[①]，符号学理论很快便进入到非常广泛的文化研究当中。按照结构主义语言学的分类，符号学原理主要有 4 大类："Ⅰ.语言和言语；Ⅱ.所指和能指；Ⅲ.系统和组合段；Ⅳ.直接意指和含蓄意指"[②]。索绪尔在其《普通语言学教程》中指出，"语言符号连接的不是事物和名称，而是概念和音响形象。……我们建议保留用符号这个词表示整体，用所指和能指分别代替概念和音响形象"[③]，并认为"能指和所指的联系是任意的"[④]。索绪尔的意思即是"符号（sign）= 能指（意符 Signifier）+ 所指（意指 Signified）"，并认为这二者之间的关系是任意的。

　　索绪尔将语言体系解释为具有横向组合和纵向组合之分，他在《普通语言学教程》中将之定义为"句段关系"和"联想关系"。认为"在话语中，各个词，由于它们是连接在一起的，彼此结成了以语言的线条特性为基础的关系，排除了同时发出两个要素的可能性。这些要素一个挨着一个排列在言语的链条上面。这些

　　① 李思屈等：《广告符号学》，成都：四川大学出版社，2004 年，第 6 页。
　　② [法] 罗兰·巴尔特：《符号学原理：结构主义文学理论文选》，李幼蒸译，北京：生活·读书·新知三联书店，1988 年，第 115 页。
　　③ [瑞士] 菲尔迪南·德·索绪尔：《普通语言学教程》，北京：商务印书馆，1980 年，第 101-102 页。
　　④ [瑞士] 菲尔迪南·德·索绪尔：《普通语言学教程》，北京：商务印书馆，1980 年，第 102 页。

以长度为支柱的结合可以成为句段"①，这里的句段就是指组合；"另一方面，在话语之外，各个有某种共同点的词会在人们的记忆里联合起来，构成各种关系的集合。……我们可以看到，这些配合跟前一种完全不同。它们不是以长度为支柱的；它们的所在地是在人们的脑子里。它们是属于每个人的语言内部宝藏的一部分。我们管它们叫联想关系"②，即聚合关系。

罗兰·巴特（Roland Barthes）在图像修辞（Rhetoric of the Image）中分析图像文本，认为图像信息扮演了两大功能：预设功能（anchorage）和情境功能（relay）③。预设功能是指文本通过文字所指向的意义，帮助辨识图像，预设图像的意义；情境功能是指文本和图像两者互补并结合，以解释图像意义。孙秀慧、陈仪芬（2011）④认为罗兰·巴特这一观点，是对索绪尔组合和聚合语言体系的发展，是将索绪尔所认为的语言链条替换成了图文之间的关联。

广告作为一种独特的信息传达模式，实际上是通过图像和文本因素，对符号意义进行解构并重构，以此来满足受众需求，达到营销目的的行为。"任何广告效果的实现都离不开受众的理解和接受，而受众的理解和接受总是对应于具体的广告作品，对应于广告符号和广告中的符号。"⑤因此，在公益广告的创意制作和传播过程中，如何将广告中要体现的公益理念，用符号的方式进行构建，吸引公众的目光，并达到影响公众改变行为的目的，相当重要。而如前所述，当前不少公益广告的传播预期和传播效果间出现了某种缺失，从符号学视角来看，即是公益广告中的能指和所指之间出现了文化传播上的断裂。如何非常恰当地通过能指来建构，或深度阐释所指，是目前公益广告创意制作中所亟待解决的问题。因此，本文将综合运用索绪尔和罗兰·巴特所提出的符号学理论，进行具体公益广告案例的剖析，来尝试做出回答。

（二）样本选取

在全国众多媒体投放的公益广告当中，以央视播出的公益广告在近年来整体表现最为突出，不仅在国际和国内多次获奖，公众口碑也异常优秀。本研究以央视两则公益广告《打包篇》和《门》为样本案例，进行公益广告的符号分析。之所以选取这两个案例，是因其独特性和领域典型性：首先，中央电视台是我国公

---

① ［瑞士］菲尔迪南·德·索绪尔：《普通语言学教程》，北京：商务印书馆，1980年，第170页。
② ［瑞士］菲尔迪南·德·索绪尔：《普通语言学教程》，北京：商务印书馆，1980年，第171页。
③ Roland Barthes, *Image Music Text*, London：Fontana Press，1977，pp.38-41.
④ 孙秀慧，陈仪芬：《结构符号学与传播文本理论与研究实例》，新北市：正中书局，2011年，第74-75页。
⑤ 李思屈等：《广告符号学》，成都：四川大学出版社，2004年，第50页。

认的，最重要的思想文化阵地和主流媒体之一，具有权威性和核心性。其次，中央电视台于 2013 年经中宣部、中央文明办等六部委联合授权，成立"中国公益广告影视中心"，随后成立专门的"公益广告部"，播出公益广告的数量突出，质量优秀，形成了"央视公益传播"的品牌效应，作品具有标杆和代表意义。第三，央视公益广告在全国的覆盖面广，其社会影响力已经通过多次年度竞标的"标王"现象足证。第四，《打包篇》和《门》都较为典型地表达了中国的传统文化，并在国际国内都具有良好的公众口碑。

《打包篇》于 2013 年 2 月在央视多个频道播出后，立即引发大批观众的情感共鸣，网络转发及评论量超过百万[①]，获得 2013 年第 60 届戛纳创意节"影视类"铜狮奖，以及第一届全国电视公益广告大赛银奖。

2013 年以来，"春节公益广告"已成为央视传递家国情怀、弘扬中华传统文化的一张名片，受到社会各界的重视和关注。《门》即是 2016 年的"春节公益广告"之一，播出后受众口碑优异，并在 2017 年春节期间，由中宣部对外推广局通过央视网、新华网、人民网等中央媒体涉外网页端、客户端和境外社交官方平台推送，在包括美国纽约时代广场中国屏、美国探索频道《神奇的中国》、国家地理频道《华彩中国》、美国 ICN 电视联播网、英国普罗派乐电视台、法国华人卫视等海外主流平台播出[②]。

（三）分析流程

罗兰·巴特（1977）[③]认为图像具有多义性，受众在读图时很容易产生多义性解读，文本的介入，将会有效帮助受众理解图片，实现预设意义的功能。由于本文所选样本皆为电视广告，是以动态的视频方式呈现，包含图像，文字和声音这三个重要的组成部分，表现较为复杂，在分析时需综合考量所有因素。因此，具体分析步骤为：首先对广告进行文本拆解，截取广告的分镜头画面，划分出图像符号，依据视频画面和声音找出文本符号（文字及声音）；对图像符号、文本符号以及叙事结构进行分析；再依据"能指与所指，组合与聚合"的关系，分析整个广告所表现出的符号意涵；最后，归纳其运行规律，以期寻找能弥补当前文化符号断裂的表达方式。

① 央视公益广告《打包篇》获戛纳创意节铜狮奖，中国广告网，2013 年 6 月 24 日。http：//www.cnad.com/html/ Article/2013/0624/20130624090815517.shtml.

② 中央电视台．十支春节主题公益广告亮相海外主流平台，中央电视台门户网，2017 年 2 月 7 日。http：//www.cctv.cn/2017/02/07/ARTIcOW7uPdgWwclrY2IEgS1170207.shtml

③ Roland Barthes, *Image Music Text*, London：Fontana Press, 1977, pp.32-51.

三、分析及探讨

(一)《打包篇》符号学分析

《打包篇》公益广告以儿子的口吻讲述了患有"阿兹海默症"的父亲在餐厅将饺子打包给儿子的故事。具体的文本拆解见表1。

表1 《打包篇》公益广告文本拆解

	镜头1	镜头2	镜头3	镜头4	镜头5
分镜头画面					
文字文本	无	无	无	无	无
声音文本	儿子：爸，爸！	儿子：爸，开门啊！	无	儿子：我，我是你儿子，我没带钥匙。	无
	镜头6	镜头7	镜头8	镜头9	镜头10
分镜头画面					
文字文本	无	无	无	无	无
声音文本	父亲：我不认识你！	旁白：不知道从什么时候开始	旁白：我爸的记性啊，就越来越差	无	无
	镜头11	镜头12	镜头13	镜头14	镜头15
分镜头画面					
文字文本	无	无	无	无	无
声音文本	旁白：冰箱在哪，厕所在哪	旁白：他刚刚做过的事儿都忘了	无	旁白：他不记得刚刚吃过饭	旁白：有时候走到门口，他都不记得这是他的家

续表

	镜头 16	镜头 17	镜头 18	镜头 19	镜头 20
分镜头画面					
文字文本	无	无	无	无	无
声音文本	旁白：有一天中午，我带他到餐厅吃饭	旁白：我爸发现那个盘子里啊，有两个饺子，他竟然用手直接拿饺子装进了口袋		儿子：爸，你干嘛呀？	旁白：你猜我爸怎么说？

	镜头 21	镜头 22	镜头 23		
分镜头画面					
文字文本	无	无	他忘记了很多事情，但他从未忘记爱你（字幕）		
声音文本	父亲：这是留给我儿子的，我儿子最爱吃这个！	无	无		

可以看出，《打包篇》讲述的这位父亲，因为患病而渐渐忘记了穿衣盖被、忘记了回家的路，甚至忘记了儿子的脸。但是在餐厅吃饭时，他却仍旧牢记儿子最爱吃饺子，失态地将饺子装进口袋，要带回家。嘴里还念叨着："这是留给我儿子的，我儿子最爱吃这个"。

1. "能指"和"所指"

研究者依据文本拆解的内容，分别对图像符号和文本符号（含声音和文字）进行符号分析，见表 2。

表 2 《打包篇》公益广告符号细分

		能指	所指	所指"意指"
图像符号	主角	父亲	父亲是生病的老人	"父亲"需要有人照顾和孝顺
	地点	家里、家外、餐厅	父亲生活无法自理	
	行为	忘记盖被子、找不到回家的路、抓起饺子放进口袋	父亲行为失当	
图像叙事		父亲生病，遗忘越来越严重，一次和儿子聚餐，将饺子放进口袋		
		能指	所指	所指"意指"
文本符号	声音文本	对话	儿子：爸，爸！爸，开门啊！ 儿子：我，我是你儿子，我没带钥匙。 父亲：我不认识你！ 儿子：爸，你干嘛呀？ 父亲：这是留给我儿子的，我儿子最爱吃这个！	患病父亲发生巨大的改变，并对儿子的生活造成很大影响	要孝顺"父亲"
		旁白	不知道从什么时候开始，我爸的记性啊，就越来越差。冰箱在哪，厕所在哪，他刚刚做过的事儿都忘了。 他不记得刚刚吃过饭，有时候走到门口，他都不记得这是他的家。 有一天中午，我带他到餐厅吃饭，我爸发现那个盘子里啊，有两个饺子，他竟然用手直接拿饺子装进了口袋。你猜我爸怎么说？	父亲内在健忘，外在举止不当	
	文字文本		他忘记了很多事情，但他从未忘记爱你	伟大的父爱	
文字叙事		患阿兹海默症的父亲渐渐丧失记忆，外出吃饭时做出异于常人的举动		

表 2 显示，《打包篇》公益广告塑造了一个患有"阿兹海默症"父亲的形象，他虽然忘记了很多事情，甚至忘记了儿子的样貌，却仍念念不忘关心儿子。图像方面，故事的主角父亲作为能指符号，所指的是生病的老人这一弱势群体；"家里，家外和餐厅"作为能指符号，指向"父亲无论在哪里，生活都无法自理"的所指意义；行为表现的能指"忘记盖被子、找不到回家的路、抓起饺子放进口袋"用非常直观的画面展示了父亲行为失当的所指。而上述主角、地点和行为的所指作为能指，又共同指向"父亲作为一个病人，需要有人照顾和呵护"的意指。

文本方面，父亲和儿子的对话，所指为"患病父亲对儿子的生活造成很大影响"；儿子的内心旁白，所指为"父亲健忘，举止不当"；文字文本"他忘记了很多事情，但他从未忘记爱你"，所指为"伟大的父爱"。文本的所指，虽表达了父亲病重，举止不当，却仍然关爱儿子的言行，最终所要传达的却是呼吁"儿子要不忘父亲的关心，时刻尽孝道"的深刻意指。

整体来看，该广告的符号主体和灵魂是"父亲"这一人物，所指可概括为父亲"患病严重、无法自理、行为失当、爱护儿子"，而上述这些所指，同时又作为能指，共同指向了要尽孝心，孝顺父亲这一最终的所指，也是广告所要传达的公益目的（见图 1）。

图 1 《打包篇》公益广告"能指和所指"细绎

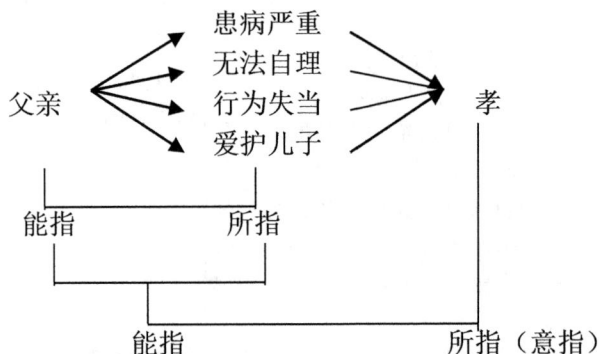

2. "组合"和"聚合"

"能指"和"所指"揭示了符号本身的结构关系，而"组合关系"和"聚合关系"展现的则是符号与符号之间的逻辑关系。索绪尔认为"句段关系（即组合关系）是在场的，以两个或几个在现实的系列中出现的要素为基础。相反，联想关系（即聚合关系）却把不在场的要素联合成潜在的记忆系列"①。可以看出，"组合关系"是一个横向的，符号间彼此组合成一个整体的关系，而"聚合关系"则是纵向的，在纵向的轴线上，处于类似位置的符号或是元素可以相互替代。

---

① [瑞士]菲尔迪南·德·索绪尔：《普通语言学教程》，北京：商务印书馆，1980 年，第 171 页。

图2 《打包篇》公益广告"组合关系和聚合关系"分析

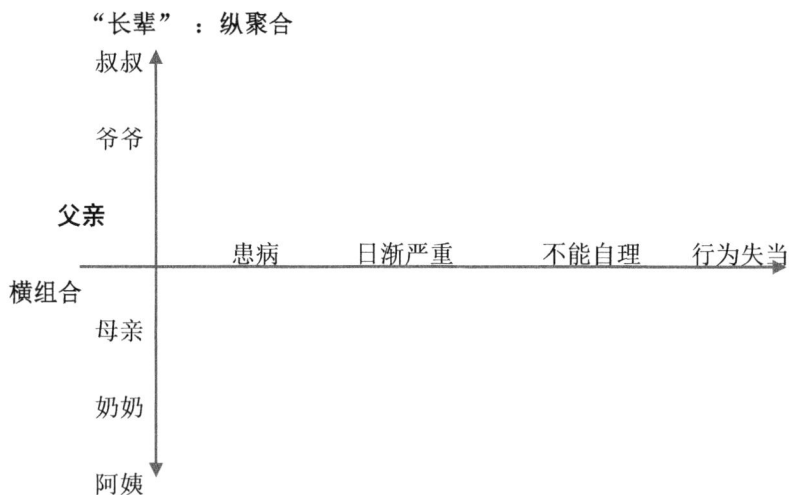

分析《打包篇》公益广告的组合和聚合关系（见图2），横向维度的组合是由"父亲患病健忘，病情日渐严重，生活不能自理，行为表现失当"这些事件的综合表现所构成。纵向的聚合表现为，公众欣赏广告时，如若能加以联想，将广告中的父亲替换成母亲，或者爷爷、奶奶、叔叔、阿姨等，皆可成立，而并不会影响到广告的完整性及感染力。

（二）《门》符号学分析

《门》是2016年CCTV猴年春晚中插播的一则公益广告。具体的文本拆解见表3。

表3 《门》公益广告文本拆解

	镜头1	镜头2	镜头3	镜头4	镜头5	镜头6
分镜头画面						
文字文本	河北 井陉	无	无	无	无	进门 尊亲
声音文本	奶奶：宝贝抬高脚	奶奶：别踩到门槛，乖	母亲：辉辉	母亲：是啥儿子：核桃	无	儿子：妈妈，吃
	镜头7	镜头8	镜头9	镜头10	镜头11	镜头12
分镜头画面						

续表

文字文本	无	上海静安	无	无	无	无
声音文本	无	孩子：躲起来，躲起来	邻居：小朋友，蛋饺好了，过来吃	孩子：等等我，等等我	邻居：我们上海人吃蛋饺，团团圆圆	邻居：幸福美满
	镜头13	镜头14	镜头15	镜头16	镜头17	镜头18
分镜头画面						
文字文本	串门　睦邻	广州西关	无	入门　传承	四川万源	无
声音文本	无	学生：何老师，恭喜哦	学生：何老师，我好挂念你	众人：聪明伶俐，勤勤恳恳，生财有道	村民：天长地久，凤凰鸳鸯配成双	村民：百年偕老幸福长
	镜头19	镜头20	镜头21	镜头22	镜头23	镜头24
分镜头画面						
文字文本	过门　连理	唐人街	无	认门　望乡	无	无
声音文本	村民：进了门，就是一家人	众人：新年快乐	女儿：Daddy，中华门	父亲：Yes，中华门	媳妇：妈请喝茶　婆婆：我会好好对待你的，跟自己妈妈一样	无
	镜头25	镜头26	镜头27	镜头28	镜头29	镜头30
分镜头画面						
文字文本	无	无	无	一门	一家	门外世界，门里是家
声音文本	邻居：过年一定要吃蛋饺	无	无	无	无	无

《门》公益广告积聚了五个不同地方的场景：河北井陉，奶奶教孙子跨过门槛，儿子兴奋地用门将妈妈买回家的核桃压碎，送核桃仁给妈妈吃；上海静安，邻居

叫门口嬉戏的小朋友们一起吃蛋饺；广州西关，老师取下门前悬挂的生菜，让学生挂上，等待舞狮者取下后，共同拿着入门；四川万源，新娘在众人的见证下过门，和新郎喜结连理；唐人街，女儿指着中华门的牌匾告诉爸爸，那是中华门，父亲饱含深情地回答："Yes，中华门！"

这五段不同的场景，都与"门"有着密切的关联，孩子进门，用"门"压碎核桃仁回报母亲的关爱，寓意"尊亲"；邻居邀请孩子们一起到家中"串门"吃蛋饺，寓意"睦邻"；学生们一起拿着舞狮者取下的生菜，陪同老师一起进入"家门"，寓意"传承"；新娘跨过新郎家里的"门槛"，寓意"连理"；女儿指着牌匾上的文字大喊着"中华门"，寓意"望乡"。

1."能指"和"所指"

依据上述文本拆解的内容，分别对图像符号和文本符号进行分析，见表4。

表4　《门》公益广告符号细分

		能指	所指	所指"意指"
图像符号	主角	门	房屋的出入口，以及能开关的障蔽装置，包含书面文字外形	家文化
	地点	河北井陉、上海静安、广州西关、四川万源、唐人街	不同环境里门的各种展现	
	行为	儿子给妈妈剥核桃；邻居邀请孩子吃蛋饺；学生在门前挂上生菜；新郎新娘喜结连理；孩子认出中华门	门在不同场合里扮演着不同的角色	
图像叙事		从河北到上海，到广州，到四川，再到唐人街，展示了不同地域里不同的门各种功用		

		能指	所指	所指"意指"
文本符号	声音文本	奶奶：宝贝抬高脚，别踩到门槛，乖 母亲：辉辉 母亲：是啥 儿子：核桃 儿子：妈妈，吃 孩子：躲起来，躲起来 邻居：小朋友，蛋饺好了，过来吃 孩子：等等我，等等我 邻居：我们上海人吃蛋饺，团团圆圆，幸福美满 学生：何老师，恭喜哦 学生：何老师，我好挂念你 众人：聪明伶俐，勤勤恳恳，生财有道 村民：天长地久，凤凰鸳鸯配成双，百年偕老幸福长 村民：进了门，就是一家人 众人：新年快乐 女儿：Daddy，中华门 父亲：Yes，中华门 媳妇：妈请喝茶 婆婆：我会好好对待你的，跟自己妈妈一样 邻居：过年一定要吃蛋饺	不同场合里，门连接了亲情、和睦、习俗、爱情和思念	家文化
	文字文本	河北井陉，进门尊亲；上海静安，串门睦邻；广州西关，入门传承；四川万源，过门连理；唐人街，认门望乡。 一门一家，门外世界，门里是家。	尊亲、睦邻、传承、连理、望乡	
文字叙事		门依次在河北、上海、广州、四川、唐人街这五个不同地方，由不同人群演绎出不同的文化意涵		

表 4 的细分可以看出，图像符号方面，《门》公益广告的主角为"门"，所指的不但是文字的外形，还有作为实体的房屋的出入口，以及能开关的障蔽装置；河北井陉、上海静安、广州西关、四川万源、唐人街这五个不同的地点，为"门"的展示提供了不同的环境；儿子给妈妈剥核桃、邻居邀孩子吃蛋饺等不同行为，都指向了"门"在不同场合里会扮演不同角色的意义。

文本符号方面，五段不同场合的对话，为公众展示了"门"与亲情、和睦、习俗、爱情和思念等连接的现象；文字文本精炼的解释，将"门"的"尊亲、睦邻、传承、连理、望乡"指向解释得非常清晰。

概括而言，在这则广告中，"门"这一生活物件，是贯穿所有画面和各分镜头片段的主线，是广告的符号主体。"门"在中华传统文化中，象征意义远超于其实用价值，在不同场合会被赋予不同的含义，因此，广告中五个不同场景的"门"作为能指符号，根据每个不同的场景的设定，分别指向了多个所指意义"尊亲、睦邻、传承、连理、望乡"，而这五个所指，同时又作为能指，共同指向了中华民族的文化基因及核心精神"家"这一最终所指（见图3）。广告语"一门一家，门外世界，门里是家"则更道出了"门"是中国文化、文明、情感的象征，体现了家庭亲情的味道，让人看后倍感亲切和温暖。

图 3 《门》公益广告"能指和所指"细绎

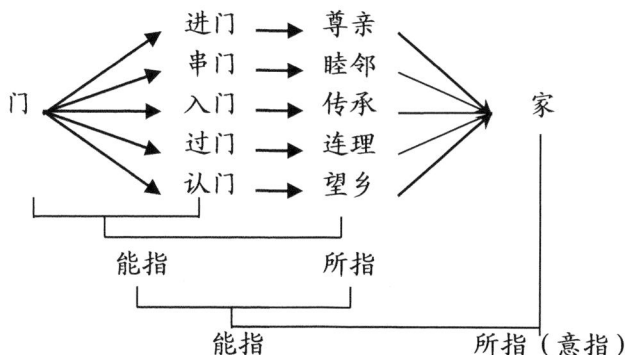

2."组合"和"聚合"

《门》横向维度的组合关系，是"门"与不同时空产生的链接。即从母子、邻舍、师生、夫妻、父女间的情感组合，再加上河北井陉、上海静安、广州西关、四川万源、唐人街这五个空间组合，这种对不同中国人时空上的全面表达，共同构成了《门》广告以"门"为主线的，独特的横向组合关系。当公众欣赏这件广告作品，展开丰富的想象时，可以将广告中的文化符号"门"，替换成筷子、窗户、锁、名字、毛笔等，这种替换不影响广告的完整性，也可以展示广告的信息和内容，这是纵向上的聚合关系（见图4）。只要选取的这一符号元素，能契合广告的主题，便都能深刻地诠释出中国人对"家"文化情结的依恋。

图4 《门》公益广告"组合关系和聚合关系"分析

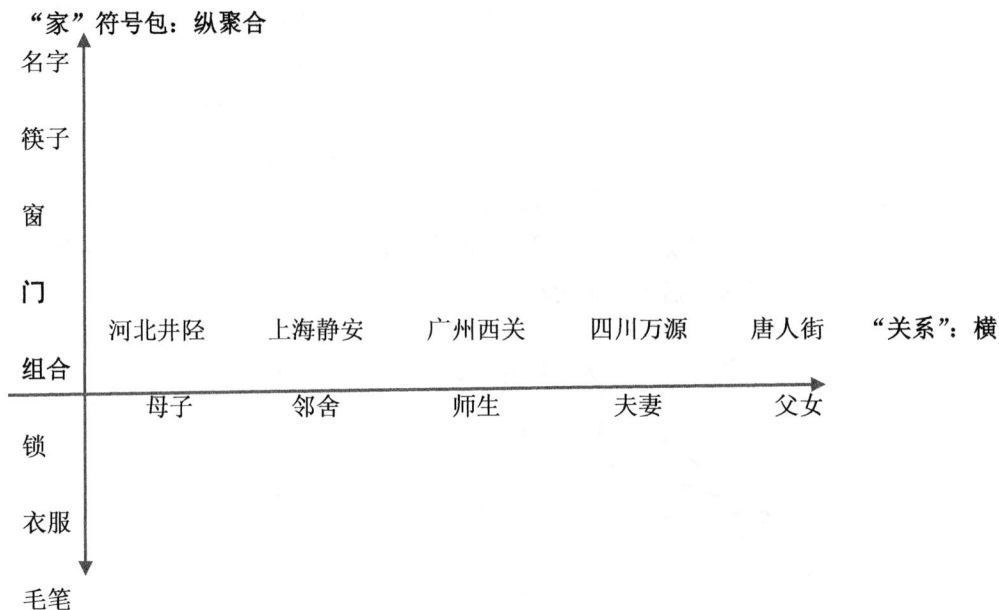

"家"符号包：纵聚合

名字

筷子

窗

门

组合

锁

衣服

毛笔

河北井陉	上海静安	广州西关	四川万源	唐人街	"关系"：横
母子	邻舍	师生	夫妻	父女	

（三）公益广告中"家"文化元素的探讨

千百年来，中国人一直十分重视"家"的观念，认为"家"不但"是个人的经济，安全，教育和游乐中心"①，亦是社会细胞和文化符号，将"家"视之为生命中最为重要的物质和精神皈依，具有十分特殊的文化意涵。

古典文献中对于"家"的解释非常详尽。《说文解字》中，将"家"解释为"居也"②，《易·丰》中"丰其屋，蔀其家，窥其户，阒其无人"③，以及《庄子·山木》中"夫子出于山，舍于故人之家"④所用的"家"，皆是此意。除此之外，中国传统文化中，"家"还有更为广阔的引申意涵。《诗·周颂·桓》中"桓桓武王，保有厥士，于以四方，克定厥家"⑤的"家"有家族，家庭之意；《左传·桓公十八年》中"女有家，男有室，无相渎也"⑥，杨伯峻注"家室犹夫妻也"⑦，即"家"指夫或妻；《周易·家人》中提到"父父子子，兄兄弟弟，夫夫妇妇，而家道正。正家而

① 殷海光：《中国文化的展望》，上海：上海三联书店，2002年，第98页。
② 许慎著，班吉庆，王剑，王华实校点：《说文解字校订本》，南京：凤凰出版社，2004年，第204页。
③ 来知德撰，张万彬点校：《周易集注》，北京：九州出版社，2004年，第547页。
④ 郭庆藩撰，王孝鱼点校：《庄子集释》，北京：中华书局，1961年，第667页。
⑤ 陈戍国撰：《四书五经校注本》，长沙：岳麓书社，2006年，第1623页。
⑥ 杨伯峻编著：《春秋左传注》，北京：中华书局，1981年，第152页。
⑦ 杨伯峻编著：《春秋左传注》，北京：中华书局，1981年，第152页。

天下定矣"①，以及《近思录》中的"伊川曰：正伦理，笃恩义，《家人》之道也"，"人之处家，在骨肉父子之间，大率以情胜礼，以恩夺义"②，是对于家之"理"，即家庭规范，道德伦理等的解说；再有，《礼记·大学》中的"一家仁，一国兴仁；一家让，一国兴让"③，梁启超的"吾中国社会之组织，以家族为单位，不以个人为单位，所谓家齐而后国治是也"④，又说明了"家"不但是中国社会的结构单元，还是国家兴盛的重要元素。

在当下，政治、经济、文化、社会、生态文明等的进步让"家"与国之间的关系更加凸显，"家"成了国家发展、民族进步、社会和谐的重要基点。习近平在2015年春节团拜会的重要讲话中强调："家庭是社会的基本细胞，是人生的第一所学校。不论时代发生多大变化，不论生活格局发生多大变化，我们都要重视家庭建设、注重家庭、注重家教、注重家风，发扬光大中华民族传统家庭美德。"⑤2016年12月12日，第一届全国文明家庭表彰大会上，习近平再次强调要重视家庭文明建设，认为"'天下之本在家'。尊老爱幼、妻贤夫安、母慈子孝、兄友弟恭、耕读传家、勤俭持家，知书达礼、遵纪守法，家和万事兴等中华民族传统家庭美德，铭记在中国人的心灵中，融入中国人的血脉中，是支撑中华民族生生不息、薪火相传的重要精神力量，是家庭文明建设的宝贵精神财富"⑥。

综合来看，从古至今，"家"都和我们每一个人，和国家有着相当紧密的关系，既包含着物质层面的"成员"和"居所"，又具有"规范、情感、伦理"等丰富的精神意涵，有着深厚的历史和文化积淀。因此，对"家"的眷恋和依赖，不但是我们每一个人的心理需求，更是带有历史和现实双重烙印的，中华民族的"深层集体心理"。

根据前文的符号分析可以看出，本研究所列举的两则广告分别从"成员"和"居所"的不同符号视角，来体现"规范、情感、伦理"等，和"家"有着紧密文化勾连的公益主旨。

1.《打包篇》与"家"文化

改革开放以后，我国城乡家庭结构和生活方式发生了巨大的变化。人们对经

① 来知德撰，张万彬点校：《周易集注》，北京：九州出版社，2004年，第417页。
② 朱熹，昌祖谦编订，陈永革注评：《近思录》，南京：江苏古籍出版社，2001年，第188页。
③ 郑玄注，孔颖达疏，李学勤主编：《十三经注疏·礼记正义》，北京：北京大学出版社，1999年，第1600页。
④ 梁启超：《饮冰室合集——新大陆游记节录》，上海：中华书局，1936年，第121页。
⑤ 习近平：《要注重家庭家教家风》，人民网，2015-02-18。http://politics.people.com.cn/n/2015/0218/c70731-26581147.html。
⑥ 习近平：《在会见第一届全国文明家庭代表时的讲话》，新华网，2016年12月15日。http://news.xinhuanet.com/politics/2016-12/15/c_1120127183.htm。

济利益的追寻大大增加，外出打工成为普遍现象，家的情感价值被经济的理性价值所冲淡。于是，"空巢"老人增多，高龄、患病和失能等问题日益凸显。年轻人对家庭仪式的缺席，造成了亲情的疏离，及孝道伦理的式微。同时，随着当前社会老年化趋势的日益严重，越来越多的老人缺乏关爱，孤独感和危机感并存，他们渴望得到亲情的安抚，对"家"的依赖成了普遍的心理。

《打包篇》即是在此背景下，通过一则真实故事而创作的公益广告。广告以儿子的眼和内心独白的叙事交叉，来审视生病父亲对他的关爱。公众既可通过儿子的眼，观察到父亲的行为，又能感知到儿子的所思所想，体会其内心情感的变化。最后，借助父亲对儿子真挚的爱，来打动儿子，引导公众对亲情孝道的顿悟，同时，也呼吁公众去关注这些弱势群体，提高对"家"更深层次的认识。

该广告以"父亲"这一家庭中的重要成员作为符号的主体，通过一个小"家"的故事，来传播家庭美德。广告自 2013 年 2 月在中央电视台等多个频道播出后，赢得了无数赞扬。"他忘记了很多事情，但他从未忘记爱你"的广告语很快便成为网络上广为传播的流行语。网络转发、评论量也超过百万[1]，并获得第一届全国电视公益广告大赛银奖和第 60 届戛纳创意节铜狮奖。

2.《门》与"家"文化

社会经济的飞速发展，使得人们纷纷离开家，去到更远的地方谋求发展，家庭亲人间的距离日渐扩大。同时，信息科技的大爆炸，又让亲人间短暂的相聚时间，被手机、电脑等网络空间所占据。亲人之间，人们与"家"之间的关联和情感日渐淡漠。

2016 年春晚播出的公益广告《门》，是以"门"这一我们家居生活中必不可少的物件为主线，集合了"进门、串门、入门、过门、认门"这五种不同地域，不同层面的"门"，以隐喻的方式，表达了"尊亲、睦邻、传承、连理、望乡"的情感。广告运用叙事上时空的交叉，汇聚成了情感上的张力，将不同事件、不同人物、不同地点串联在一起，组成了一个流淌的"家"的立体影像世界。

同时，《门》公益广告借助"春晚"这一举国欢庆、目光聚焦的平台进行播放，通过对传统文化和家文化的勾连，巧妙地让公众由"门"联想到与"家"的互动，和家人间的情感，进而瞬间回味起一直深埋在我们内心深处的，与我们的骨血紧密相连的"家"文化情结。

---

① 《央视公益广告〈打包篇〉获戛纳创意节铜狮奖》，中国广告网，2013 年 6 月 24 日。http：//www.cnad.com/html/ Article/2013/0624/20130624090815517.shtml。

四、结语

央视公益广告除了《打包篇》和《门》这两个案例，还有很多使用"家"文化元素的公益广告，都获得了非常好的受众口碑。如《妈妈的等待》《爸爸的谎言》《父亲的旅程》等，是以"父亲""母亲"这样的家庭主要成员为广告的符号主角或能指符号，进行有关"孝""德"等"家庭美德"叙事的公益广告案例；还有《筷子篇》《红包篇》《中国字中国年》等，分别使用了"筷子""红包""文字"这些日常生活中常见的物体为能指符号，表现出其在"家"中的使用，以传递出情感和规范的文化寓意。这些广告在满足"家"文化"能指"和"所指"的同时，亦符合"组合"和"聚合"关系，广告中如将"母亲"替换成"父亲"，将"门"替换成"筷子""红包"，都可以表达出浓厚的"家"文化底蕴，符合中国人的公众情感和文化心理。如，《筷子篇》在 2014 年春晚的播出现场就收到了热烈的反响，主持人董卿当即表示："我被它深深的中国情结打动了。我的眼睛湿润了……"无数观众，随后也来电表达自己的观点，他们纷纷表示："家是我们的血脉，更有我们的文化命脉"①。

央视公益广告中对于"成员""居所""规范""情感""伦理"等"家"文化元素的使用，仅是央视在实践活动中所体现出的创作规律。事实证明，非常符合中国的国情及公众心理，能成功唤起公众的情感共鸣，达到讲好中国故事，传播中国好声音的宣传效果，和助力精神文明建设的公益目的。当然，中国的"家"文化博大精深，还有很多有待发掘的元素，需要我们在实践过程中不断去尝试和挖掘。

因此，本研究依据两则央视公益广告所进行的符号学分析认为，公益广告在未来的创作中，如能以"家"文化为立足点，深入剖析中国"家"文化的深刻内涵，找出"家"文化丰富内涵中所包含的每个元素，提取元素内部所包含的更多细节，并以此为符号能指，讲好中国故事，将能更好地从细微处触动人心，抓住中国公众的眼球，从而改变当前多数公益广告所面临的简单化、模式化、普及差等弱点，有效弥补当前文化符号的断裂问题，从而真正落实弘扬传统文化、规范文明礼仪，树立文明风尚等公益目的。

---

① 石正茂：《家对中国人有多重要——央视公益广告中的家文化系列谈》，《国际品牌观察》2014 年 5 期。

"家国情怀"：媒介视角下华夏家文化的情感解析 *

田素美 **

摘　要：家不仅是中华文化传播的基本单位，中国文化的基本表征，更是中国人情感的归宿和爱的生发地。本文从媒介隐喻的角度分析家作为媒介符号的文化意涵及情感功能。探讨家庭传播的华夏文明特质，探寻当今家庭传播研究的时代意义。

关键词：家国情怀；媒介；家庭传播；心传天下

社会学家说，家是社会的基本构成单位；教育学家说，家是人生的第一所学校；文学家说，家是爱的港湾……到底何为"家"呢？

一、家的情感文化意涵

古往今来，国内外不同学科的学者对家的文化意涵探讨成果非常丰富。主要研究视角有：结构视角、关系视角、功能视角和情感视角等。笔者拟重点从情感视角阐释家的文化内涵，解析中国家庭的情感意蕴。

（一）结构、关系和功能视角的家庭内涵阐释

奥古斯特·孔德（Comte Auguste）和中根千枝（Nakane Chie）从家庭的结构如房屋、土地、生产资料等出发阐释家庭，他们认为家庭是构成社会的最基本的单位，是社会的细胞，家庭情感是维系家庭的基础。威廉·J.古德认为，家庭是建立在血缘关系之上人际关系的共同体。家庭具有如下特征：（1）至少有两个不同性别的成人居住在一起。（2）他们之间存在着某种劳动分工，即他们并不都干同样的事。（3）他们进行着许多种经济交换与社会交换，即他们互相为对方办事。（4）

---

* 本文原载于《教育传媒研究》2020 年 03 期，第 86—91 页。
** 田素美，厦门大学新闻传播学院 2017 级博士研究生，贵州师范大学国际旅游文化学院副教授。

他们共享许多事物，如吃饭、性生活、居住，即包括物质活动，也包括社会活动。
（5）成年人与其子女之间有着亲子关系，父母对子女拥有某种权威，但同时对孩
子承担保护、抚育与合作的义务，父母与子女相依为命。（6）孩子们之间存在着
兄弟姐妹关系，共同分担义务，相互保护，相互帮助①。古德从关系视角剖析了家
庭的组成结构和功能。马克思和恩格斯指出了家庭的"生产"功能——物质资料
的生产和"增殖"，并且凸显了夫妻关系的主体地位。② 为了保证两种生产的顺利
进行，家庭会以房屋（建筑）、土地、生产资料等财产的物态形式呈现，以各种关
系和情感来维系。在中国，家庭往往和家族血脉的延续密切联系在一起，婚姻被
视为"成家"的标志。《礼记·昏义》云："昏礼者，将合二姓之好，上以事宗庙，
而下以继后世也，故君子重之。"③ 由此可见，家是生命延续和文化传承的主体。

（二）家的情感阐释：家是人类情感的归宿、道德和爱的发源地

爱米尔·涂尔干（Émile Durkheim）则认为，家庭是具有神圣色彩的宗教性共
同体，家庭关系是具有神圣宗教性的道德关系。"即使不再有家祠，不再有家神，
人们对家庭也会矢志不渝地充满了宗教之情；家庭是不容触动的一方圣土，其原
因就在于家庭是学习尊敬的学校，而尊敬又是重要的宗教情感。此外，它也是全
部集体纪律的神经。"④ 涂尔干不仅指出了家庭的道德化育的功能，更指出了家庭情
感的神圣性。

费迪南·滕尼斯（Ferdinand.Tonnies）把家庭当作社区的最初起源形态，基于
新生命的出现，透过母子等关系联结在一起。父母子女同居共食，共同利用物质
资源，并同享精神之乐，抚育家庭成员，使之顺利成长，并经由对死者灵魂的敬
畏，维持家庭的温馨生活。顾里（C.H.Coy）认为人类社会中，最亲密性、面对面
的结合、合作关系的初级团体应以家庭为典型代表。冈堂哲雄把家庭界定为"由
夫妻、父子、兄弟等少数近亲这些主要的成员组成的彼此之间，具有深厚感情结
合，并共同追求生活福利的团体"。⑤ 滕尼斯、顾里和冈堂哲雄都强调家庭成员在共
同空间里生活的真挚情感，凸显了家庭的情感要素。

海德格尔从哲学的高度诠释"家"。"家宅（园）"意指这样一个空间，它赋予
人一个处所，人唯在其中才能有"在家"之感，因而才能在其命运的本己要素中

---

① ［美］威廉·J. 古德：《家庭》，魏章玲译，北京：社会科学出版社，1986 年，第 13 页。
② 《马克思恩格斯选集》（第 1 卷），北京：人民出版社，1972 年，第 3 页。
③ 王文锦：《礼记译解》，北京：中华书局，2016 年，第 820—821 页。
④ ［法］涂尔干：《乱伦禁忌及其起源》，汲喆译，上海：上海人民出版社，2003 年，第 62 页。
⑤ 林显宗等：《家庭社会学》，台北：空中大学出版社，2011 年，第 6 页。

存在。① "哲学是真态的怀乡病,一种对总在家状态的本能渴望。" ② 在这里,海德格尔突出了"家"的空间意义(住所)和情感寄托。用"在家"之感,体现人的存在感及对家的眷恋,即海德格尔所说的"牵心"。与此对应的便是"无家状态",这里所说的"无家状态"包括两种:一种是流浪状态,无空间意义上的家;另一种是有家园的无家,即精神和心灵上的无家。前者叫作"不真正切身的"或"非真态"的无家,后者叫作"真正切身的"或者"真态的"无家。③ 由此可见,这里的家,不仅仅是指空间意义上、建筑形式上的有形的"物态的家",同时更包括精神意义上的无形的"情感的家"。海德格尔的"家"是情感的高度凝结,家庭情怀对他一生的学术研究都产生了深远的影响。

张祥龙认为:"儒家的全部学说之根扎在家里边。" ④ 他指出儒家文明的一个重要特点就是以家庭为根基,传统的文教、名教的根基就在家庭、亲情,即"仁者,人也,亲亲为大" ⑤。"修身、齐家、治国、平天下",以家为起点,体现了爱家—爱国—爱天下的情感升华。

纵观古今中外学者对家庭意涵的阐释,我们可以发现其共通之处:1.家庭基于婚姻或者血缘基础;2.以家庭关系为纽带,包括夫妻关系、父子关系、兄弟姐妹关系及其他亲属关系;3.依附于物态的符号形式,表现为房屋(建筑)、土地、生产资料等;4.在共同生产和生活过程中,产生了深厚的情感。因此,家庭就是建立在血缘基础之上,依附于生产和生活资料,以各种亲密关系构建起来的具有深厚情感的社会构成单位。本文拟从家庭构成的物态媒介符号出发,基于媒介隐喻来探讨家庭的文化及其情感意蕴。

二、家作为媒介的符号表现形态及文化解析

马歇尔·麦克卢汉(Marshall McLuhan)曾提出"媒介即人的延伸"的著名媒介理论。在特定条件下,万物都有可能成为媒介。"万物皆媒"并非是指"媒介即隐喻",而是说媒介背后蕴含着社会与文化变迁的丰富内涵。把媒介当作某种形式构建的意义空间,透过它能够"看到重组着生活世界的各种社会关系并由此反观

① [德] 海德格尔:《荷尔德林诗的阐释》,孙周兴译,北京:商务印书馆,2000年,第16—17页。

② 张祥龙:《家与孝:从中西间视野看》,北京:生活·读书·新知三联出版社,2017年,第19页。

③ 张祥龙:《家与孝:从中西间视野看》,北京:生活·读书·新知三联出版社,2017年,第33页。

④ 张祥龙:《家与孝:从中西间视野看》,北京:生活·读书·新知三联出版社,2017年,第18页。

⑤ 王国轩译注:《大学·中庸》,北京:中华书局,2016年,第105页。

我们存在的意义"[①]。把"家"作为媒介研究中国文化，可以拨开血缘基础上建立起来的亲密人际关系网络，深入家庭的文化肌理，透视中国文化的本初面貌。在技术变迁、媒介融合、社会转型和价值重塑的今天，审视中国的家庭关系和社会关系，反思中国人交往的逻辑，观照中国文化变与不变的规律，反思传承华夏文明，为时代发展和家庭和谐、社会和谐提供借鉴。家作为媒介是由构成家庭的具体的物态符号（房屋、土地等）来呈现的，承载了中国家庭文化、家庭情感、乡愁及家国情怀，成为华夏文明传播的重要载体。

（一）物态的媒介

中国家庭独特的媒介形态表现在两个方面：一是物态媒介，包括房屋建筑、宗族祠堂、家书家训、水井、石磨等一切与家庭有关的可视、可触的物态；二是精神和情感媒介，主要包括由家庭物态媒介引发的家庭情感、思乡之情、爱国情怀等。精神和情感媒介往往依托物态媒介来承载、传递情感信息，二者密切相关。现选取房屋建筑、家训和祠堂等最能体现中国家庭文化的家庭媒介来加以阐述。

1. 家（房）屋建筑

房屋是构成家庭的要素，是衡量一个人有无"家"的重要标志。房屋是家庭物态形态最重要的构成要素，是家庭生产和生活功能的强有力保证。房屋对于家庭成员不仅仅是遮风避雨的安全场所，更是产生"有家"感觉的基础和家庭情感的萌发之地，也就是海德格尔所说的"牵心"。房屋在家庭存系过程中，不仅是生产资料和生活资料，作为一种文化符号，同时也是家庭财富和社会地位的象征。中国自古就有达官贵人居住高门大院，平民百姓居住茅草屋之说。"君子之德风，小人之德草。草上之风，必偃。"[②] "草"覆于地面，顺风而倒，地位低下，柔弱无力。由此引申出"草屋""草民""草菅人命"等。用茅草搭建的房屋，在高度和气势上都很难与砖瓦和栋梁之材建筑的高门大院相匹敌。通过房屋的建筑材料和建筑规模的不同，彰显出主人的财力和社会地位的不同。不同的地域和民族房屋的建筑风格不同，展示的家庭文化和社会文化也不尽相同。方正整齐、主次搭配俨然的四合院，造就了北方人方正内敛的性格，尊卑有序的人际交往规则。亭台轩榭、错落有致的庭院则促成了南方人灵秀跃动的品性和收放自如、张弛有度的交往风格。因此，房屋建筑是一个展示社会文化、人际关系和人际交往的媒介，发挥着强大文化展示功能。

① 胡翼青，张军芳：《美国传播思想史》，上海：复旦大学出版社，2019 年，第 189 页。

② 杨伯峻：《论语译注》，北京：中华书局，2017 年，第 183 页。

2. 家训

家训，又叫作"家范""家规""家仪"等，家训既有父祖对子孙、家长对家人、族长对族人的教诲训示，也有一些是兄弟姊妹间的诫勉、劝谕，夫妻之间的嘱告。家训文化的基本形式和载体有两种：一是指规范、准则意义上的家规族训；二是指家庭、家族的教化训诫或规范活动。[①] 家训是中华民族独有的精神文化财富，是家庭传播的独特的媒介形态，是中国家庭文化传承和传播的精神核心，同时也是家庭荣耀的标志。我国家训文化丰富，从创作者来看，既有帝王将相、达官贵人的家训，也有普通百姓的家训。家训的媒介表现形态呈多样化的特征，有诏诰类、诗词、碑铭等多种形式。无论哪种类型的家训，最终的目的都是"整齐门内，提撕子孙"[②]。中国著名的家训有《帝范》《颜氏家训》《了凡四训》《曾国藩家书》《朱子家训》《家范》等。这些优秀的家训作为中华民族宝贵的精神财富，无论在传统的宗法社会还是今天都对家庭教育、社会教化、社会治理和文化传承起重大的作用。传统家训是了解中国社会和文化的"窗口"，诚如国学大师钱穆所说，"欲研究中国社会与中国文化，必当注意研究中国之家庭，此意尽人皆知"[③]。家训是在日常的家庭沟通与传播过程中所形成的精华"传播内容"，它又在家人居家安身、修身处世、人际往来过程中起到纲常规范作用，并随着家族血脉的延续一代代传承下去。颜之推在《颜氏家训》中指出："夫同言而信，信其所亲；同命而行，行其所服。禁童子之暴谑，则师友之诫，不如傅婢之指挥；止凡人之斗阋，则尧、舜之道，不如寡妻之诲谕。"[④] 足见家训的家庭教育功能。家训媒介对家庭或者家族文化的传承和精神激励作用，是其他任何媒介无可替代的，传播效果极佳。

3. 祠堂

祠堂，旧时又称祠庙、家庙，是祭祀祖先和先贤的地方，也是族人办理婚、丧、寿、喜等事情的重要场所。祠堂在古代宗法社会和今天都具有重要的政治、经济和文化功能。民俗学家认为，祠堂是"用自己的存在方式诠释时代文明"。

祠堂是家庭财富和社会地位的重要象征。中国祭祀文化源远流长，追远报本，祠祀为大，殷商时期就有完备的祭祀制度。祠堂的建立遵循严格的社会地位和等级标准。天子和士大夫建宗祠都有严格规定。《礼记·王制》记载："天子七庙、诸侯五庙、大夫三庙、士一庙、庶人祭于寝。"[⑤] 由此可见，一个家族能够建造祠堂，

① 陈延斌、田旭明：《中国家训学：宗旨、价值与建构》，《江海学刊》2018 年第 1 期。
② 颜之推：《颜氏家训》，吉林：吉林摄影出版社，2003 年，第 1 页。
③ 韩复智编著：《钱穆先生学术年谱（卷 5）》，北京：中央编译出版社，2012 年，第 1449 页。
④ 颜之推：《颜氏家训》，吉林：吉林摄影出版社，2003 年，第 1 页。
⑤ 王文锦：《礼记译解》，北京：中华书局，2016 年，第 160 页。

已经表明了主人身份，祠堂建造的规模、使用的材料、祠堂的装饰及其匾额、碑刻等更彰显了家族财力和社会地位。因此，家族子孙在祠堂举行祭祀及相关的活动会产生强烈的家族荣誉感。

祠堂是家族祭祀的场所，是家庭"敬""忠"情感形成的发源地，是家庭"归属感""使命感"的由来之一。祠堂最主要的功能是祭祖，是个神圣的地方。祠堂里存放着祖先的灵位和家谱、家训，是家人灵魂最终的安顿之处，也是家人德行考量的标尺。只有在生前功德圆满、无重大的德性污点、"不辱没祖先"的人，死后灵牌才能进入祠堂，接受后人的祭拜；德性不良之人，无资格参加祠堂的祭祀活动。因此，灵位进入祠堂实质已经经历了家族的家规、家训、家法对其生前德行的考量，位列祠堂是一种永久的荣耀。祠堂的神圣性，萌生了祭祀之人对祖先的"敬畏"，对家族的"忠诚"。家谱对家族延续的谱写，家训对家风的记载，又增强了家人对家族的"归属感"，这种归属感，又强化了对家庭的"敬"与"忠"，激发了自身延续家族血脉，完成家族遗愿，传承家族优秀家训家风的神圣"使命感"。

祠堂是冠、婚、丧等重要人生礼仪的见证地，是"家庭伦理"和"家庭责任感"的生发之地。古人的冠礼、婚礼、丧礼等重要的人生礼仪一般都是在祠堂举行的。祠堂的神圣庄重性，彰显了人生礼仪的庄重性。"冠礼"在古代乃成人之礼，代表一个人从孩童到成人的转化，是对其社会身份的一种认可。因此，重礼仪、懂尊卑是其必须应该具有的素质。"婚礼"是一个成年人成家立业的标志，是一个新家庭的开端和由来。夫妻之别、父子之义、兄弟之情是其必须承担起的家庭责任。"丧礼"是一个人一生的归结，是对其生前德行的终极评判。中国重丧礼，有"死者为大"的说法，这不仅体现中华传统文化的"恕"，更包含了对死者生前和死后的"敬重"。祠堂通过对人生重要礼仪的见证，形成了完备的"家庭伦理"，神圣之地的庄严仪式也强化了家庭成员的"家庭责任感"。

除上述功能外，在中国宗法制社会中，祠堂还发挥着宗法治理功能，家法祖律常常替代了法律，以《乡约》延展出去，成为评判是非、黑白的标准，在发挥匡扶正义、惩治邪恶功能的同时，也常常带有封建思想的糟粕。

随着时代的变迁，祠堂的上述媒介功能虽然发生了变化并呈现日益消解的趋势，但是其在家庭演变的历史中，对家庭文化的塑造、对社会文化形成和承载发挥了不可磨灭的历史作用。今天的祠堂文化已经和公共空间文化融为一体，在传统文化和礼仪复兴的时代，同样具有重要的文化价值和教化作用。

（二）精神和情感的媒介

1. 家庭情感、思乡情怀

"人类几乎所有最真挚、最强烈的感情和体验，都与家庭、亲人相关"①，人类对家庭和亲人的情感，通过离乡而被唤醒，通过思乡、返乡而得到强化和升华，且往往寄情于物态的媒介。海德格尔说："诗人的天职是返乡，唯通过返乡，故乡才作为达乎本源的迫切国度而得到准备。守护那达乎极乐的有所隐匿的切近之神秘，并且在守护之际把这个神秘展开出来，这乃是返乡的忧心。"②这种思乡、返乡的言说，包含着游子对故乡的回望和追忆，不仅仅是对乡愁的抒发，也是民族灵魂在人心中的扎根。人对家庭的情感，往往通过对家庭的人、物所形成的意象得以表达。这种意象作为一种情感媒介传递了人的思乡之情，充分发挥了媒介的隐喻功能。父亲的形象、母亲的白发、故乡的明月、乡间的小路等这些和家庭、家乡有关的意象都成为离乡之人抒发情感的媒介。

思乡之情首先表现为对父母的强烈情感。母亲与子女的情感天然而生，在子女心中化为慈爱与柔情。父亲的情感是在养育子女的过程中日积月累形成的，强烈、丰富，在离乡之人心中高度凝聚为一个"父亲的身份"或"父性"的意象。这一意象承载了儿女对父亲的敬畏、忠诚和依赖。在家庭中，父亲对子女的贡献不仅仅是养育，更重要的是"施加精神影响以塑成后代"③。"父性"是家庭的精神灶火，中国的父性受到华夏古文化和广义儒家的塑造，与西方父性，特别是埃涅阿斯式或罗马式的父性有共通之处，但又有重大的、深刻的不同。最大的两个不同是：（1）由阴阳观指示的华夏古人的思想方式；（2）儒家提倡的孝道对家庭基本结构包括父性的反哺。④《周易·序卦》云："有天地，然后有万物。有万物，然后有男女。有男女，然后有夫妇。有夫妇，然后有父子。有父子，然后有君臣。有君臣，然后有上下。有上下，然后礼仪有所错。"⑤《易经》从阴阳的对立互补、循环相交来探讨"生生"世界。抑阴重阳的思想调和了中国传统社会"男主女附"，男主外，女主内"尊卑有序"的夫妻关系。"男尊女卑""男刚女柔"成为中国传统社会家庭关系和家庭伦理的基础，至今影响家庭夫妻性别角色的定位和社会的两性审美标准。在子女眼里母亲更多的是慈爱与阴柔；"父亲的形象"更多的

---

① 张祥龙：《家与孝：从中西间视野看》，北京：生活·读书·新知三联书店，2017年，第2页。
② [德]海德格尔：《荷尔德林诗的阐释》，北京：商务印书馆，2004年，第31页。
③ 张祥龙：《"父亲"的地——从儒家和人类学的视野看》，《同济大学学报（社会科学版）》2017年第1期。
④ 张祥龙：《"父亲"的地——从儒家和人类学的视野看》，《同济大学学报（社会科学版）》2017年第1期。
⑤ 黄寿祺，张善文：《周易译注》，上海：上海古籍出版社，2018年，第816页。

是阳刚、坚毅、勇敢与担当。父亲对子女的精神影响和人格塑造通过自身日常行为的涵化与中国家庭独特的"孝道"文化结合在一起，并在家庭的各种祭礼中得到强化。从古代的祠堂祭祖、家屋膜拜，到今天的清明墓碑坟前的悼念，父亲的家长地位，"天"的高大形象得到确立。"祖在祖为家长，父在父为家长，长兄如父。""父性"在历次追忆祖先丰功伟绩、家庭荣誉的过程中，通过家庭特殊的媒介（家书、家训和家谱）得到强化，父亲形象遥远高大、阳刚、忠诚而使人敬畏。父亲对子女的精神影响，还通过日常生活的言谈举止深深影响和塑造孩子。父亲在以身作则的日常之中，以"孝道"为核心，向子女传达家庭的"仁义""忠孝"情感。这种情感又反哺了子女对父亲的情感，加强了父性的仁义化，塑造了父亲仁义忠孝的高大形象。以"父慈子孝"为根基的仁义文化协调了中国家庭的夫妻关系、父子关系、兄弟关系。这种代际不断，绵延不绝的父子关系，形成了中华五千年绵延不断的文化，即使中国历史经历了数次大动乱，国破家不亡，文明从未间断。至此父亲的形象完满塑造，高大刚毅、仁义忠孝，由远及近深入人心。

思乡之情还体现在游子对家庭、故乡的眷恋中，凝结在乡愁中。这种情感诉诸家里的老屋、看门的黄狗、耕地的老牛、门前的小河（溪）、故乡的明月、最爱吃的妈妈做的一碗手擀面，儿时父亲亲手给做的一个柳哨等物态媒介借以抒发，每逢节日便愈加强烈，高度凝结在游子的诗词歌赋中。思乡与怀远曾被认为是中国文学中最常见的意象母题之一。[①]"昔我往矣，杨柳依依。今我来思，雨雪霏霏。行道迟迟，载渴载饥。我心伤悲，莫知我哀"（《诗经·小雅·鹿鸣之什·采薇》）。离乡作者通过故乡杨柳抒发思乡之情，以归家的辛苦强化对家的哀思。唐朝诗人张九龄留下了很多脍炙人口的思乡诗："海上生明月，天涯共此时""悠悠天宇旷，切切故乡情"。空旷天宇中，以明月寄托思乡之情。随着媒介变迁和技术的进步，凝结着乡愁的家庭符号通过多样化的传播渠道得到立体化、形象化的表达。《舌尖上的中国》节目中那碗手擀面，包含着家乡淳朴的民风和无私亲情。

2．爱（家）国情怀

爱家的情感有一个不断升华、超越的过程，这便是爱国情怀。爱国情怀的产生离不开家庭的重要构成要素和情感媒介——土地。土地是农耕社会家庭赖以存在和发展的物质生产资料和生活资料。从古至今，土地也是家庭财富和社会地位的象征。"天子之田方千里，公侯田方百里，伯七十里，子男五十里。"[②]在封建社会，王侯将相、公卿士族都拥有大量土地，封侯、拜相总是和土地、封地紧密相

---

① 尹建民：《比较文学术语汇释·意象母题》，北京：北京师范大学出版社，2011年，第422页。

② 王文锦：《礼记译解》，北京：中华书局2016年，第148页。

连，贫苦百姓也会把土地当作自己的生存命脉。土地对于一个家庭，不仅承载着家屋和庭院，更承载着对家的情感。属于家庭的土地界线和区域，让家人有了明确的"我"和"你""我家"和"你家"的清晰概念与意识。这种界线和区域形成了国家层面的"国土"和"疆域"。"爱家"升华为"爱国"，"爱国"等同于"爱家"，"护家"升华为"戍边""卫国"。"乾，天也，故称乎父。坤，地也，故称乎母"，[①]对家庭土地的热爱升华为对母亲的热爱和对国家的热爱。"祖国母亲"便是对家、对母亲热爱的形象表述。学者潘祥辉认为，"祖国母亲"是一个将人伦伦理转化为政治伦理的隐喻概念，具有重要的政治功能。它通过"拟血缘关系"映射了个体与国家间的关系，建构了国家的合法性，也塑造了公民的国家想象和国家认同。[②]由此，从某种意义上讲，母亲就是国家，国家就是母亲。爱国就是爱家，就是爱母亲。

这种"土地"与"国家"的关联情感，在现代诗歌里得到了充分的诠释，表现了赤子热爱国家、守护国家、报效国家的深厚情怀。从国家主题的角度来看，书写土地很容易和爱国的情思联系在一起，无论是写灾难深重的土地，还是异域渴望归来的游子，还有土地日新月异的变化，土地和祖国的亲缘关系决定这些作品大致都可以归结到一种对于祖国深挚的爱，这不但是土地书写成为国家主题的前提，也是其成为国家主题的重要旨归。[③]"我是生自土中，来自田间的，这大地，我的母亲"（李广田：《地之子》）；"为什么我的眼里常含泪水？因为我对这土地爱得深沉……"（艾青：《我爱这土地》）。这些诗歌里土地的意象都指向了祖国，表现了诗人对祖国的热爱。"新边塞诗"更是将对土地的抒写，从对热爱国家的层面推到了顶峰。"今天，在这小岛上，像站在祖国的阳台上，我用世界上最慈厚、最深沉的感情，轻轻地呼唤你的名字……我的神圣的祖国的泥土……""求忠臣必于孝子之门""自古忠臣出孝子"。[④]儿女把对父母的"忠孝"之情上升为对国家的"忠诚"，把对家、土地和母亲的热爱上升为爱国之情。

在共建人类命运共同体的今天，"家庭情感"与"爱国情怀"往往交织在一起，这便是"家国情怀"。而"家国情怀"在和平年代则呈现出新的样貌——"职业情怀"，就个人而言，忠于岗位、恪尽职守、爱岗敬业，这不仅是一种爱家的表现，更是一种爱国的表现，体现了对国家和人民的忠诚。"爱国情怀"成为新时代

---

① 王文锦：《礼记译解》，北京：中华书局 2016 年，第 796 页。
② 潘祥辉：《"祖国母亲"：一种政治隐喻的传播及溯源》，《人文杂志》2018 年第 1 期。
③ 张立群、田盼：《现代诗歌中的土地意象》，《长沙理工大学学报（社会科学版）》2015 年第 1 期。
④ 范晔：《后汉书·韦彪传》，北京：团结出版社，1996 年，第 254 页。

影视作品经常讴歌的主题。庆祝新中国成立 70 周年，《中国机长》《我和我的祖国》《登山者》三部主旋律"中国式大片"，8 天创下了 50 亿元人民币的票房，充分彰显了国人的爱国情怀、文化自信及中国文化创意产业的飞跃和提升。其中《中国机长》票房超过 26 亿元人民币，令人瞩目。影片根据 2018 年 5 月 14 日四川航空 3U8633 航班机组的真实经历改编而成。影片以"家国情怀"为贯穿剧情始终的媒介情感线，将普通人物的微视点和国家层面的大叙事巧妙结合起来，引起观众的强烈情感共鸣，特别是在新中国成立 70 周年国庆档期传播效果尤佳。社会学家滕尼斯在著作《共同体与社会》中把"共同体"分为三种形式：即血缘共同体（主要源于血缘关系）、地缘共同体（主要源于邻里关系）和精神共同体（主要源于友谊或者同志式的精神关系）。[①] 这种中国人所熟悉的基于血缘、地缘和业缘的"共同体"嵌入《中国机长》内容里，容易引起观众情感的共鸣，达到文化和价值认同。广阔的天空中，在狭小的机舱空间里，来自全国乃至全世界不同地区、不同民族、不同信仰、不同职业的人汇聚在一起，在生死存亡，命悬一线的时刻，人性中最真实的一面展露无遗，虽然形态各异，但是有一点是共同的，那就是——"回家"，对家的热爱和眷恋，对亲人的不舍。在这里，机长、乘务长、副机长、乘务员不再仅仅是一般人眼里拥有光鲜亮丽的职业形象符号，更是一个个普通的血肉丰满的家庭角色：父亲、丈夫；妈妈；相爱的恋人……对家的情感（为了所有乘客都能安全"回家"）支撑着机长及全体机乘人员，以顽强的毅力克服困难，与乘客通力合作，结成超越血缘、地缘、业缘的"生命共同体"，创造了世界飞行史的奇迹。机乘人员为了所有人都能安全"回家"，"敬畏生命、敬畏职责、敬畏规章"，体现了对党和人民的忠诚。在这里爱家的个人情怀在恪尽职守中完美实现了向"家国情怀"的转化和提升。

　　"爱国情怀"总是在国家、民族和社会危难之时变得异常凸显，转化为一种感人的正义力量，凝聚和鼓舞无数的中国人"保家卫国，守护家园"，谱写中国历史进程中的奋进之歌。2020 年新冠肺炎疫情发生后，在全国人民都"居家防疫"的时候，无数的医生、记者、警察、工人和志愿者，勇敢冲到疫情一线，不顾个人安危，舍小家顾大家。他们恪尽职守，无私奉献，将职业操守、道德情操、爱家情怀转化为对国家、民族和对人民的热爱，用真情、汗水，甚至生命谱写了一首感天动地的"家国情怀"之歌。

　　谢清果教授认为，华夏传播以仁兼济天下，具有"心传天下"的理论特质，

---

① ［德］斐迪南·滕尼斯：《共同体与社会》，张魏卓译，北京：商务印书馆，2019 年，第 87 页。

区别于西方的"理剖万物"。[①]"仁者爱人","仁"即爱,"爱"是人类最为高贵真挚的情感,是保证社会和谐发展的基础。人性中的至善至真、至深至纯的情深深根植于家庭之爱。家是情感的归宿、爱的源泉。"亲亲而仁民,仁民而爱物",[②]爱家人才能爱别人,爱家才能爱国,爱国才能爱天下。中国人用心爱家,用情爱人,用仁义兼济天下。中国的家以它独有的媒介符号,向世人诉说着内涵丰富的"爱"的情感故事,表达着永不磨灭、大爱无疆的"家国情怀"和"天下情怀"。

---

① 谢清果,祁菲菲:《中西传播理论特质差异论纲》,《现代传播》2016 年第 11 期。
② 杨伯峻:《孟子译注》,北京:中华书局,2008 年,第 252 页。

第八讲
华夏说服传播研究

说服的艺术：华夏"察言观色"论的意蕴、技巧与伦理考察 *

谢清果　米湘月 **

摘　要: "察言观色"是中国古代"家天下"文化背景养成的说服传播技巧。本文在梳理"察言观色"词源学与哲学意蕴及其历史流变的同时，引入戈夫曼的社会情境理论与米德的符号互动论来加以阐释，从而论述了"察言观色"在中国说服传播视域中的深刻内涵，剖析其产生的社会制度背景和传播结构，总结出其技巧，并在与古希腊说服的比较中阐发出背后蕴含着的中国古代传播技艺伦理。

关键词: 华夏传播；察言观色；情境社会学；符号互动论；说服技巧；说服伦理

导言

华夏传播中的说服传播研究主要围绕说服制度以及说服策略两个方面展开。在已有的中国古代说服传播的研究成果中，有两个不足之处：一是碎片化。体现在集中于对说服策略和技巧的研究，而这种研究从理论上看，由于策略和技巧是无限的，因此如果离开具体情境来讲策略与技术，是没有意义的。二是由碎片化研究所导致的研究深度欠缺。即研究更多地停留于介绍说服技巧，而没有努力勾勒出完整的理论框架。[①] 换言之，尽管前人已经针对华夏说服技巧进行了详尽的梳理，但是仍缺乏一个脱离具体情境的共通的基本准则；且目前华夏说服传播研究缺乏对于说服传播技巧及其背后社会结构、文化背景进行系统性的挖掘。

针对以上的问题，我们认为"察言观色"论是一种中国传统文化中孕育出的有关说服传播的理论概括与实践技巧的系统总结，且因其具有能有极大的包容性

---

　* 本文原载于《现代传播（中国传媒大学学报）》2019 年 10 期，第 98—104 页。

　** 谢清果，厦门大学新闻传播学院教授，博士生导师，传播研究所所长。米湘月，厦门大学新闻传播学院本科生。

　① 谢清果:《华夏传播学引论》，厦门：厦门大学出版社，2017 年，第 253 页。

与含摄力，体现出华夏传播以不变应万变的理论特质与殊异技巧，从而能够妥当地解决策略技巧离开具体情境就失去意义的问题。"察言观色"论包含人们交往实践中对所处情景言语与非言语层面的全面考量，是说服沟通过程中不断进行的对被说服者的综合评估，进而影响到在沟通中双方如何运用具体说服技巧与说服策略以达成最佳说服效果，从而体现出高超的说服艺术。因此，可以说是说服艺术的展演贯穿于说服活动乃至人际沟通的全过程，从这个意义上讲，华夏说服传播理论就是"察言观色"论。"察言观色"论源自中国人千百年的交往实践，也包括对蕴含在中国传统典籍中信息（意义）接受观的归纳提升，因此具备足够的抽象度和解释力，[①] 能够展示中国人在说服实践中的整体思想脉络和丰富多彩的沟通艺术。"察言观色"论强调的是受者视角以及其对符号的观察与领悟的传播艺术，都体现出说服过程的具身性与艺术性。同时"察言观色"论既是对具体说服艺术的理论提升，又涵盖了说服艺术背后的社会结构与文化惯习，能够从小见大，展示说服艺术的纵向全景。因此以"察言观色"论来呈现中国人说服的艺术，进而构建中国说服传播理论是可行的。因此本研究就"察言观色"这一富有中国特色的说服理论表述与艺术表征，进行系统全面的剖析，力求系统阐释中国古代说服艺术的思想内涵与文化特质，从而为建构中国风格、中国气派的说服学理论和传播艺术体系奠定基础。

一、作为华夏说服艺术理论表征的"察言观色"论

"察言观色"已然成为中华民族生存的基本法则，越能够"察言观色"的人，就越能够在中华文化的社会情境中如鱼得水。那么，究竟从传播学角度考察，"察言观色"的社会实践背后蕴藏着何等丰富的说服思想与艺术技巧？

（一）在说服艺术传播视角下的"察言观色"

从说服传播理论而言，"察言观色"是以"传播的接受观"为立足点的。斯图亚特·霍尔提出的编码和译码理论认为，事物本身没有意义，意义生产依靠于诠释的实践，而诠释又靠我们积极使用符码编码以及人们对意义的解码。而在中国古代，人们有关"译码"即接受的核心词汇就有"观"与"察"两个概念。与西方个人主义下崇尚的"表达观点"不同，中国古代文化一直尊崇"慎言"精神，而"察言观色"则是"慎言"这种文化精神的落实与体现。"观"是一种细致而优雅

---

① 姚锦云、邵培仁：《华夏传播理论建构试探——从"传播的传递观到传播的接受观"》，《浙江社会科学》2018 年第 8 期。

的意义接受，强调从整体的角度观察对象的多样性与矛盾性。① 世界上的一切事物、言语与意义通过人的观察能够融为一体，达到物我通融的境界。"观"与"察"实际上是关注信息接受一端对意义的接受，这与中国古人的"接受主体性"不谋而合。也就是说，在古代传播效果研究中，古人更加注重的是观察的技巧这一环。庄子在《齐物论》中提道："欲是其所非而非其所是，则莫若以明。"② 而墨家学派也提出："言无务为多而务为智，无务为文而务为察。"③ 墨家认为，语言并不是人的存在的本体世界。人的本体是心和行。心的本性是智，是慧，而智慧是明辨事物。可见，在华夏说服传播中，是特别强调受众主体性的观察体验。

要达到说服的目的，"察言观色"是说服者思考说什么话和如何说的前提。在《韩非子·难言》中记载韩非子提出传播中传者与受者的差异导致说服效果的迥异："故度量虽正，未必听也；义理虽全，未必用也。大王若以此不信，则小者以为毁訾诽谤，大者患祸灾难死亡及其身。"④ 彼得斯也在《交流的无奈》中提出对于情境的不同理解导致人们难以达到真正的交流。可见，传播的过程中，注意考察接受者接受情况是一个重要的艺术问题，接受者的文化教育水平、心情状态、个人喜好以及价值观等都影响着传播者的说服艺术策略运用的效果。只有站在说服沟通的接受者的立场上，察明其心思与喜好，才能使得说服艺术的策略运作得以有效运行。如果没有"察言观色"，只是将前人的说服技巧生搬硬套，而忽视传播中的接受者，说服沟通自然将无法达成目的。从这个层面而言，"察言观色"是以说服沟通中"接受者"为核心视角，以不变应万变，抽象出的说服沟通艺术。只不过，在人际互动中，传受双方是不断易位，且双方始终都应当"察言观色"从而保证沟通艺术的高效与深入。

（二）"察言观色"在说服艺术传播中的含义

1."察言观色"：一种体认传播的理性思索

"察言观色"一词最早出自《论语·颜渊》："夫达也者，质直而好义，察言而观色，虑以下人。"这是孔子教导学生时，强调要善于观察别人说话的脸色，从而体察心意。从词源学上，《说文解字》中许慎对"观"的解释是一种融合了视觉活动与心灵活动的理性直观的活动。"观"与"察"作为动词，最基本的含义是用眼

---

① 姚锦云、邵培仁：《华夏传播理论建构试探——从"传播的传递观到传播的接受观"》，《浙江社会科学》，2018 年第 8 期。

② 徐林旗主编：《老庄之道》，北京：中国纺织出版社，2014 年，第 97 页。

③ 贾太宏主编：《墨子通释》，北京：西苑出版社，2016 年，第 8 页。

④ 韩非子：《韩非子》，长沙：岳麓书社，2015 年，第 6 页。

睛去看的视觉活动，但却不只是这个动作本身。它们在词源学意义上是指洞见，此洞见不同于一般的"视""见"，它虽具有"视""见"的动作，却同时具有洞察本质的意义，[1]而要洞察本质则必须从整体角度观察对象的多样性与矛盾性。从哲学历史上来看，"观"无论是在纵向历史的流变中，还是在横向的各家传统哲学学派里，都越来越强调"观"的"理性思考"的内涵。孔子讲"观"与"兴、群、怨"并列在一起，认为"观"可以考察国家的得失，而这里的"观"必然已经超过了"看"的动作，建立了视觉与心灵的联系。宋明理学集大成者朱熹也认可了"观"的认知作用："予尝窃推《易》说以观天下之人"，"磊磊落落，无纤芥可疑者"，"闪倏狡狯，不可方物者"。[2]除了儒家学派，"观"还是佛教的一种修行方式，"直指人性，见性成佛"[3]成了其认知本体与客体的方式。道家老庄也深入探讨了"观"的理性思考方式，建立了"观"与"道"的联系，提出"以道观之"的角度。因此，"察言观色"论是基于观色与察言的艺术在人际互动中实现的对事情本质的一种深刻洞察，即所谓"世事洞明皆学问，人情练达即文章"，"察言观色"论可谓体悟中华文化精神的一扇窗户。

2."察言观色"：儒道法墨潜心探讨的方向

从"察言观色"的传播学含义上看，首先是言，突出言为心声，即察言是要听心声，注意弦外之音，这要求说服者对言语传播具有较高的掌握能力。其次，注意观色，色即表情，相面是在非言语传播环节里需要掌握的功夫。"察言观色"是说服传播艺术中的基本原则，一直受到古代各家学派的重视。于儒家文化中，孔子很讲究不直接用言语，而多用姿态容貌等方式进行人际交流。与人交际，先要"察言观色"。应对不同的人，就要付之不同的言语及非言语符号，强调"敏于事而慎于言"（《论语·学而》）、"讷于言而敏于行"（《论语·里仁》）。道家更是强调"希言自然"（《道德经》第 23 章），要力争做到"善言无瑕谪"（《道德经》第 27 章），努力行"不言之教"（《道德经》第 23 章），也就是说，更多地通过自己的身体力行，即榜样的力量（就是"色"的一种体现）去感染他人，而不是付诸言语。法家学派的代表韩非子认为，用各种手段察知被说服者的特性是说服传播成功的前提。在《韩非子·说难》篇一开始就指出："凡说之难，非吾知之有以说之之难也。又非吾辩之能明吾意之难也，又非吾敢横失而能尽之难也。凡说之难，在知所说之心，可以吾说当之。"[4]他认为说服沟通过程中接受者的心理是造成说

---

① 吴海伦：《中国古典美学范畴"观"研究》，北京：中国社会科学出版社，2018 年，第 25 页。
② 于民：《中国美学史资料选编》，上海：复旦大学出版社，2008 年，第 271 页。
③ 潘明权：《走进佛教文化》，北京：宗教文化出版社，2014 年，第 326 页。
④ 马亚中，钱锡生，严明：《诸子曰》，福州：福建教育出版社，2014 年，第 288 页。

服困难的主要因素，要想克服这样的困难，说服者最重要的，同时也是最难获得的就是洞察力。墨家也十分注意说服沟通中语言的技术。《墨子·修身》有言："慧者心辩而不繁说"，"言无务为多，而务为智"。言语要有智慧，体现在内心有个不动声色的"辩"的过程，而不轻易去说，如此才能在说服中掌握主动。《墨子·非命中》更是直接提出"言有三法"的学说："凡出言谈，为文学之道也，则不可不先立仪法。若言而无仪，譬由立朝夕于运钧之上也。则虽有巧工，必不能得正焉。然今天下之诚伪，未可得而识也，故使言有三法。"墨家认为通过掌握言语的法则，既可以认知他者的心思，也可以把握自己的心思，如此方可以通畅沟通。由此可知，无论儒道法墨各学派都认为"察言观色"在古代的说服传播艺术实践中是十分重要的。

3."察言观色"：社会情境论的中国表达

"察言观色"论强调针对特定对话情景下的特定说服对象的把握，揣摩对方的心理。观察的对象包括谈话对象的言语、表情、性格、社会地位和谈话场景等多重因素。这种对于具体情况和对象分析的标准与方法，与戈夫曼研究的"情境社会学"不谋而合。戈夫曼提出，社会情境是研究互动秩序的基本单元，各种偶然性（能动性与风险）及其初始效应都发生于社会情境之中，它也是一切身体性展示的自然剧场。[①] 在情境社会学中，沟通场景是可以被单独列出进行探讨的符号单元，人们在不同场景，面对不同的人，会表现出不同的非言语符号，表达出不同的语言符号，强调对情境的洞察。这一点与"察言观色"的含义中的视觉活动与心灵活动共同作用，进而洞察本质相通。言语行为是构建情境社会学的出发点。情境社会学将言语行为分为两类：一类是相关性分析，包括年龄、性别、阶级、种族、宗教、代际、国别、教育、文化认知假定、双语能力等因素，实质上是从人的社会属性上来讨论，与之相对应的是中国古人在说服前察言观色时考量的阶级、教育水平等；另一类是指示性分析，包括语音、音素、语素和句法之间存在各种关系，与之相对应的是中国古人在说服时对被说服者的神态、精神状态、心情、语调等因素。实质上，在中国先贤提出的"察言观色"论，其实际上在潜意识里已涉及观察言语、身体语言等符号以及文化教育、社会地位和时机等社会属性，只是尚未将其划分明确的类别，也未将其归纳为统一的研究路径。例如孔子认为要了解客方的身份地位为前提才能通过说服达到"正名"的效果。又如鬼谷子总结的说服术中"量权"也属于这里的社会属性观察范畴。"将叛者，其辞惭；中心疑

---

① Erving Goffman, The Interaction Order, *American Sociological Review*, 1983, p.48.

者其辞枝；吉人之辞寡；躁人之辞多；诬善之人其辞游；失其守者其辞屈。"[1]这里对不同性情和状态的人语音语调以及言语内容的总结归纳，可以体现中国古代的"察言观色"也将指示性分析纳入说服的考量层面。在《吕氏春秋》中的记载中，东郭牙便是对表情、动作等非言语传播符号具有高超洞察力之人：尽管听不见朝堂内的人说话，他通过表情、表情、口形以及指点的方向便能猜出谈话内容。他还善辨别君子之"三色"，即"钟鼓之色""衰绖之色""兵革之色"等三种不同的神色。[2]

　　此外，对于面对面互动系统而言，作为一种社会事实的情境具有外在性和强制性，情境亦会产生"社会结构效应"。[3]不同的社会环境下，对社会属性与言语本身的属性的各个因素的强调程度不同。在中国古代社会权力高度集中政治制度与文化下，阶级这一社会属性因素最为突出，说服传播过程大多出现在以下对上的交流中，是"察言观色"论的研究主体部分。《史记·孟子荀卿列传》记载了这样一件事：有人曾两次将齐国人淳于髡引荐给梁惠王，但每一次梁惠王单独接见他的时候，本该他进谏，他却选择了沉默。当被问及为何如此的时候，淳于髡说第一次从大王的表情和神态上看出他正想着骑马奔跑，第二次从大王的表情和神态上看出正想着美妙的旋律，因此他认为这不是说服的最好时机，进而选择了沉默。当梁惠王知道他不说话的原因的时候，他大吃一惊，对淳于髡的智慧留下深刻印象，又再一次召见了淳于髡。这次梁惠王处于专注状态，两人一口气谈了三天三夜，最终梁惠王听取了淳于髡很多的建议。首先，淳于髡在这次说服案例中的分析要素就包括了社会属性以及言语符号。梁惠王是君主，考虑到阶级属性，他不能很强硬地要求梁惠王关注进而灌输自己的观点，必须选择梁惠王想听的时机。在言语属性上，通过观察梁惠王两次情境下的精神状态，淳于髡分析其非言语行为，得出梁惠王实质是身在神离的状态，进而选择沉默。其次，从这里我们可以看到，淳于髡对情景进行了分析，找到了说服的最佳时机。所谓最佳时机，没有一个具体或统一的标准，需要说服者在说服过程中，从说服目的出发，根据对象的性格特点、精神心理状态来判断和捕捉具体时机，这是对于"情景"的把握。

　　此外，古人常常通过"潜语"传播艺术来创造合适进谏的情境。恰逢岁饥，宋代马光祖为了创造进谏的机遇，"光祖谒王，辞以故。明日往，亦如之。又明日

---

①　杜占明主编：《中国古训辞典》，北京：燕山出版社，1992 年，第 113 页。

②　龚文庠：《说服学——攻心的学问》，北京：东方出版社，1994 年，第 71 页。

③　Erving Goffman, The Interaction Order, American Sociological Review, 1983, p.48.

又王，卧客次，王不得已见焉"①。此时，"潜语"不仅为说服创造了情境，还进行了气氛的铺垫。

从淳于髡以及"潜语"修辞的例子我们可以知晓，古人在特定的情境框架下，通过面部表情和神态判断出接受者在沟通中的心理，加上阶级身份的判断，准确把握并创造了说服传播的时机。这样的说服活动也体现了中国古人同戈夫曼有着如出一辙的关注对不同情境不同人进行分析的取向。

4."察言观色"：符号互动理论的中国阐述

"察言观色"论强调观察沟通中言语和非言语的细节，是人的心灵与社会经验的结合，是选择说服策略的前提，影响着具体说服策略的实施。米德的符号互动论认为，人类的语言、文字、手势、表情等姿态，就是包含着交往双方共同理解的"意义"的符号。符号互动论有一个重要的推论是，共享"意义"的符号是在不同的社会政治条件、经济基础与文化环境下的人经历社会化过程而得出认知的。在社会化的历程中，人们逐渐获得社会经验，对不同的符号产生了文化圈层内共同认知的意义。"察言观色"论的核心是对言语与非言语符号的解读，需要建立在人社会化的经验对符号的解读，与符号互动论的结论是一致的。所谓"圣人相谕不待言"便是指不用讲话便可以领会彼此的意思。基于共同的文化环境，"圣人"凭借非言语符号以获取信息，听于无声。例如管仲对神态揣摩便达到圣人之境。有一次桓公与管仲本密谋伐卫，第二天上朝桓公还没有说话，"以容貌音声"管仲便知道桓公改变了自己的主意。同时，符号互动论认为，人会先对当下的情境进行判断解读，再思考何为最适宜的举动，进而行动。"察言观色"实践对弦外之音和面相的关注表明了首先对行动主体的人、角色关系、人的行为、时间、地点和具体场合这些符号构成的系统要有个人理解，这是环境与心灵相互作用的认知路线。同时，符号互动论认为个体对情境的主观解释会直接影响他的行为。个体的主观解释既有个体的因素，也有社会经验，包括了个体对不同因素重要程度的考虑以及个体通过社会经验得出的符号意义阐释，同时人可以通过自己的说服行为推动不同的情境的转化。其中，鬼谷子提出的"钓语"修辞，是察言观色后遣词用句的法则。他强调说服者若能通过冷静观察把握言与无言的辩证关系，灵活运用反语等修辞揣测真情，即"钓语合事得人实"。在针对说服沟通的受者有言语及非言语各类符号的判断基础上，说服者会选择使用中心说服策略还是边缘说服策略达成效果，才会衍生出中国古代各种具体的说服技巧。因此，我们可以将"察言观色"论表述为，在心灵与社会化的相互作用下中国人对各种符号产生将文化共性

① 黄鸣奋：《说服君主——中国古代的讽谏传播》，北京：文化艺术出版社，2001年，第81页。

与个性融于一体的情境化理解，进而将其产生的理解转化为有效地指导着自身的交往实践，从而达到展现自己观点与形象，说服他人接受的系统进程。

以《水浒传》中"智多星"巧说三阮为例，智多星吴用为了说服阮氏三兄弟加入智取"生辰纲"，在相约阮氏三兄弟的时候两易其地，体现了他面对不同情境的社会经验化考量。第一次他与三阮所选的地方是水阁酒店，第二次他提出将地点转化为阮小二家。首先，由于身处在同样的社会背景下，对于两个不同的环境符号，吴用和三阮共享着同样的意义。其次，吴用对不同"情境"的把握源自他对于被说服者的性格与关系的审视与考察，进而创造了更加适合心灵交流的情景。水阁酒店的景色优美，环境十分幽静，营造了身心放松的氛围，同时吴用提前交代好用好酒好肉招待三阮，这里的美食对拉近双方关系具有重要的作用，同时请客者为主，这也占据了心理优势。至于第二次之所以提出更换地点是因为公共场所人多嘴杂，不便沟通，通过察言观色，吴用意识到双方都认识熟悉了，关系也拉近了，于是便到更隐秘的阮小二家里这一情境，来探测三阮本心。再次，人们对符号的理解会影响到互动中说服技巧的选择。吴用在营造了良好的对话情境后，他的"察言观色"活动便通过正话反说来推进。比如为了探明三阮对官府和梁山好汉的看法，故意正话反说："这等人，（梁山好汉）学他做甚么！"通过这句话，吴用意在激发三阮的真实想法，即通过三阮听其话语后的表情与言语，探明了他们的真实想法：他们对官府的种种软弱行为不满，向往梁山好汉天不怕地不怕的绿林生活。这里的正话反说，便更好地实践"察言观色"的意旨，通过相反的话，将被说服者的真实表情与话语探明，进而影响着其后的说服策略。最后，在了解到三兄弟实际上是重情重义，敢于赴汤蹈火之人后，他就选择了中心说服策略，晓以大义，最终达成了说服目的。从这一例子可以管窥古人在说服传播中的"察言观色"活动，本质上，首先建立在社会经验形成的共享意义符号之下，再考察具体情境，通过个体行为选择说服策略，推动情境转化，以达成说服目的。

二、"察言观色"论形成的社会传播结构

政治制度与文化环境深深影响着古代说服传播活动。追溯华夏"察言观色"论的产生原因，不难发现，其实际上是受到中国古代社会政治文化的影响。由于中国古代社会结构的特殊性，即中国有着严格的等级制度与"家天下"的文化特征，说服传播活动便在古代更多地体现为下对上的进谏。

（一）"家长制"传统是"察言观色"产生的制度背景

中国古代的政治制度尽管经历了具体管理制度的种种流变，但是其本质核心仍是"家长制"。为了巩固统治，周朝通过分封子孙建立一个以血缘为纽带的政治集团，防止政权颠覆。同样的思路为后世王朝继承，将天下合理化成为天子的天下，天子是管理整个大家族的"家长"，形成"家天下"的政治制度。而面对广阔的国家管理统治范围，天子开始选拔官吏来管理各地，形成了天子、三公、诸侯、正长构成的层层机构，形成一个权力圈层，天子在权力圈的最内层，按照官职大小权力圈也层层变化。但是由于天子一人无法时刻监管各地，权力交付给各级官员后，各级官员对权力的支配具有一定自由度，各级权力圈的官员通过勾连关系形成了"潜权力圈"。同时由于实质上管理百姓的是各地官员，百姓心中有关天子权力的概念较为抽象。"家天下"的统治思想使得"家长"在"权力圈"中的作用被夸大，在被抽象化和实际上的大大小小的"范畴化"，形成了具体权力范畴和权力关系网络。① 在这样的封建制度下，人与人之间存在着严格的等级分化，进而为说服关系的不平等埋下了伏笔。

（二）集体主义意识是"察言观色"运作的行动指南

为了维护统治，统治者同时在思想上对百姓进行意识形态的影响。农耕文化将中国人紧紧联系在一起合作，孕育出集体主义意识。上层建筑的施力更强化了中国文化中对集体的重视。统治者为了维护自身统治延伸出的人伦关系约束着国人。中国古代文化下的人不具有独立性，其行为不是个体的意识使然，始终受着传统文化的纲常伦理约束，也只有恪守中国传统文化价值观，个人的价值才得到实现，人的存在才得到认可。中国人生来就必须"做人"，而不是像"西方人则'是'（to be）人，一个只'是'他自己而不肯在别人面前去'做'的人"。② 在中国古代社会，"身"与"心"既相联系又不完全重合。"心"寄托于个体的"身"，但同时在传统文化"君君、臣臣、父父、子子"的影响下，需要肩负人伦与社群关系责任。中国古代社会的个体尽管能在一定程度支配自己的身体，但是个体的身体也在传统文化中"身体发肤受之父母"的忠孝观念产生了联系。作为个体，中国人整个"人"被组织的方式，就是让自己之"身"由人伦与社群的"心"去加以组织，而不是由自己去组织的；因此，就总会觉得能对自己加以肯定的力量是来自"身"外——它就是别人、众人、集体、国家、民族等。③ 在中国传统"家天下"的文化中，只有恪守家族伦理，达成家族设定的价值标准，才能使得身心安放。

---

① 高欣：《浅论"家国同构"背景下的传统文化》，《文史杂志》2002 年第 4 期。
② 孙隆基：《中国文化的深层结构》，桂林：广西师范大学出版社，2004 年，第 108 页。
③ 孙隆基：《中国文化的深层结构》，桂林：广西师范大学出版社，2004 年，第 133 页。

（三）纵向传播强于横向传播的社会传播结构是"察言观色"存在的现实规范

可以说，政治上，上级与下级有着严格的分界，导致华夏说服传播成了传受双方不平等关系的沟通。文化上，正是为了追求身心安顿的"家天下"文化的影响下，古人在说服传播行为中，才格外讲究"察言观色"。

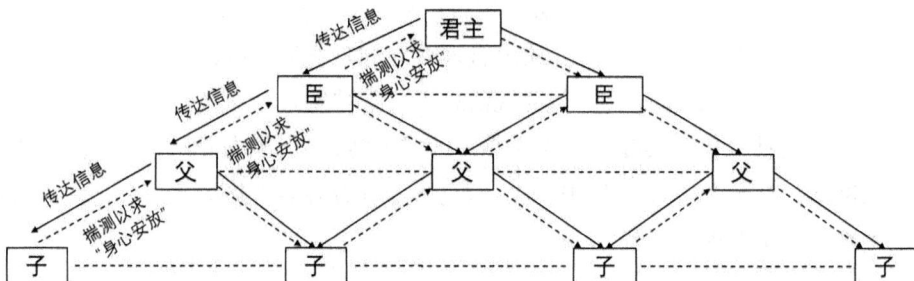

枝杆型传播结构图

中国古代政治制度与传统文化深深影响着中国社会的传播结构。中国古代的说服传播深受枝杆型的社会传播结构影响，而"察言观色"则是此结构下达成说服目的的必备能力。一个文明的生长发展所经历的意义创造和秩序建构过程伴随着的是传播结构的形成，"家天下"的政治思想塑造除了以纵向传播为主，少有横向传播的层级传播结构——枝杆型社会传播结构。枝杆型的社会传播结构是指特定组织结构的最高主宰，如君、父、师、长等，他们是整个组织的信息总汇和发源地，没有与之平行的制衡因素。从信息的发源地开始，信息传播是纵向的条贯联系，逐层垂直沟通，形成了上层高度的集中与下层普遍分散的形状。[①] 在这个传播结构中，几乎没有真正独立的承担着为全社会发布信息的机构设施，这就使得社会成员只能够透过各阶层意向的栅栏来猜测信息与发布者的喜好。在这样的社会结构下，"察言观色"论在说服传播中应运而生。信息需要从下级往上级传递的过程则属于说服传播过程，在这个过程中，"察言观色"能够使得说服者体察到真实信息，是有效说服的前提。

三、"察言观色"论蕴涵的传播艺术与伦理

"察言观色"论是华夏传播理论与实践寓于一体的特色在说服观念及其传播艺

① 吴予敏：《无形的网络——从传播学的角度看中国的传统文化》，北京：国际文化出版公司，1988年，第211页。

术上的体现的统称。上面已探讨了"察言观色"论作为华夏说服艺术理论的可行性，并探讨了这种说服艺术理论形成的社会文化与心理结构。而本部分则着重探讨这一具有鲜明中华民族特色的说服观念在传播艺术上的具体体现，进而剖析其实践过程中蕴涵着的伦理精神。

（一）作为说服艺术的"察言观色"

在中国传统思想中，"察言观色"一直被视为说服传播艺术重要的环节。框架分析理论认为人们对具体场景赋予的意义叫作"框架"，当人们对一个具体的情境产生共同认知的恰当行为时，便形成了社会秩序，这就是"框架型构"。可以看到社会秩序的形成体现着人的社会化过程，其影响因素包括具体的政治制度、经济基础、社会文化等因素。并且，通过人际互动，这种社会秩序不断得到巩固与维持。我们对社会现实进行思考的反身性特质本身亦是一种框架。框架概念将更多的细节带入到情境性之中，情境并非是无法解释或理所当然的，它们能够通过详细考察其周围的框架而得到阐明。[①]也就是说，当古人在"察言观色"思考分析当下的具体情境的时候，有其文化背景下的社会秩序特征，体现着中国传统文化价值。对于中国传统社会，情境的主要特征是一种结构化的实体。情境是预先便存在的，体现着社会现实，我们每个人只能走进或离开不同的情境而无法使得一个情境从无到有，也就是说，人扮演的是对情境的解释角色。通过社会经验的总结，人们能够得出一种情境向另一种情境转变的原因，因此，人们可以预见自己行为施加给情境的影响。也就是说"察言观色"实际上不是一个无迹可寻、只关注特殊性的说服艺术，相反，他是对情境的预见与把握。

前人有关"察言观色"的说服技巧主要从"观察"和"试探"为出发点。黄鸣奋在《说服君主——中国古代的封建传播》一书中谈到讽谏君主的说服艺术时，强调对"潜语"的运用。在说服传播中，"潜语"主要表现为听觉语和视觉语。通过观察被说服者的潜语，加以判断，能够更好地把握整个说服过程中，包括说服的一开始是什么样的情境、说服的进展如何以及最后是否有达成说服效果。龚文庠在《说服学——攻心的学问》一书中提出要想达成说服效果，首先要对说服对象进行准确的分析，即鬼谷子所言的"量权"与"揣情"，最常用的办法就是察言观色，即"听其言也，观其眸子"。他认为通过言语能得出被说服者的内心隐秘，这样的机会稍纵即逝，同时观察神情也是重要手段。但他认为从辞则乱，表面言

①　David Diehl，Daniel Mc Farland，Toward a Historical Sociology of Social Situations，*American Journal of Sociology*，2010，p.115.

语可以隐藏真实想法，因而需要进行进一步的探查，引导对方突破语言的藩篱，进一步来考察语言。马兰州的《中国古典说服传播范式及隐喻叙事研究》一书则探讨了"正言直谏"的局限性，从反面为"察言观色"提供了论据。他认为直谏属于线性的劝服性传播模式，容易使对方感到自由被剥夺的威胁，唤醒对方的自我保卫功能，阻止对方的态度改变。[①] 因此，在说服中，时常需要"巧辞谲谏"，其前提是需要对被说服者的内心实情有完整而清晰的了解与把握。

因此，综合有关古人说服技巧的典籍，要想更深入掌握"察言观色"的要领，应该以"观察"和"探测"为出发点，总结出以下三点说服艺术要领：

第一，以静观动，认真聆听。《鬼谷子》提出"人言者，动也；已默者，静也。因其言，听其辞。"[②] 强调说服者要成为一个良好的倾听者，才能不放过隐藏在信息中的蛛丝马迹。孔子也强调聆听的重要性："多闻阙疑，慎言其余。"[③]"侍于君子有三愆：言未及之而言谓之躁，言极之而不言谓之隐，未见颜色而言谓之瞽。"[④] 可见，在孔子的说服艺术观念中，很讲究不直接用言语，而多是聆听并从对方的言语中把握其真实意图。聆听是有效沟通的重要环节之一，只有对想要说服的对象进行仔细的聆听，才能有准确的理解。这里的聆听不仅是指言语的字面意识，还包括了弦外之音。在沟通有着许多例如个人成见以及社会环境等噪音，只有以静观动，才能尽量规避不必要的噪音。在去除噪音的同时，还要将具体的场合、人物关系等符号作为一个系统纳入聆听的范围。

第二，反复验证。《鬼谷子》提出："以反求复，观其所托。"[⑤] 运用反语来反复验证对方的含义，从而对对方所言有一个更精准的把握。老子在其言语实践中亦具有"正言若反"的特色，注重利用矛盾修辞以激发受众的深层次思考，如"将欲歙之，必固张之；将欲弱之，必固强之"。[⑥] 首先，反复验证能够帮助说服者透过表象看到实质，得出对方的秉性与品格。如《韩非·内储上》记载的，燕相假装对他的左右说他看到一匹白马跑出了大门。于是其左右出门探寻实情，说确有其事，但是实际上这只是燕相为了考察其左右是否真信随意说的谎言。其次，从心理学而言，反语也更容易激发人的解释欲望。古人亦常将其观点隐藏于在反语中，

---

① 马兰州：《中国古典说服传播范式及隐喻叙事研究》，天津：天津古籍出版社，2011 年，第 25 页。

② 汪奠基：《中国逻辑思想史》，武汉：武汉大学出版社，2012 年，第 84 页。

③ 彭诗琅主编：《中国古典文学文库（第 1 卷）》，长春：吉林科学技术出版社，2003 年，第 110 页。

④ 张岱年主编：《中国哲学大辞典》，上海：上海辞书出版社，2010 年，第 103 页。

⑤ 人文素养丛书编写组编著：《一本书读通国学经典》，北京：石油工业出版社，2013 年，第 202 页。

⑥ 谢清果：《华夏传播学引论》，厦门：厦门大学出版社，2017 年，第 263 页。

从反面出击，巧妙地实现说服目标。回应是聆听阶段的最后一环，而如何回应对探寻的技巧提出了较高的要求。简单的重复容易忽视理解的微妙差异，但运用反语，能够激发对方对自己的观点进一步解释，从而得出其观点背后实质的含义。上文所举吴用试三阮的例子便是明证。运用此艺术运用的关键在于把握住客双方的辩证关系。

第三，象比结合。《鬼谷子》指出："言有象，事有比"，即言语有外在的形象，而事理也有可类比的范围，只有当语言和事理互相契合，才能判明对方讲的是不是实情，进而洞悉人心。墨家学派概括了四种修辞技巧："举也（者），物而以明之也；体也者，比辞而俱行也。援也者，曰子然，我奚独不可以然也。推也者，以其所不取之，用之其所取者，予之也。"① 这里提到的譬喻、排比、引喻、转喻等修辞与象比结合相似，都是将所指物和其他相似物进行对比的修辞方式，也都是分析语言交流的方式。象比结合除了作为说服说辞中的具体表现形式，还可以运用比喻在一开始探测与揣摩被说服者的实意与言外之意。这样的方式好处在于更加形象地理解对方的意思，而不会使得说服者的目的性过强。类比的方式与二次编码相似，需要对信息进行解码后，再进一步根据理解进行二次编码，选择一个受者能够理解的方式类比，进而探询其真实含义。正确理解说服者的原本立场与所言之意是选择说服策略的基础，而象比结合通过情景化的比喻能够帮助说服者更好地探测表象之下的真心，考察对方言语字面意思之外的弦外之音。为了使象比结合有道，往往需要注重遣词用句的使用，以及隐喻范式的运用。例如淳于髡在向君主进谏时，通过大鸟"不飞不鸣"投射君主无所作为，大鸟"一鸣惊人"投射君主奋发有为，在二者中建立起一一对应的关系，将陌生的认知领域转换为熟悉的领域②，十分讲究遣词用句的修辞艺术。

需要强调的是，上述三个技巧之间既彼此独立，又存在着递进关系。"以静观动"强调的是察言观色中的"观察"部分，而"反复验证"与"象比结合"强调的是通过言语技巧来引导被说服者进行言语或非言语的反应，进而达成探测实情，实质上是一种说服方确认被说服方立场的目的。然而，探测的方式有二，无论是"反复验证"还是"象比结合"都需要首先"以静观动"，对被说服者的性情和立场有一个基本的把握，再以此为基础通过两种探测方法引导对方说出更多，以考察言语本身的含义与弦外之音。

---

① 李敬一：《中国传播史·先秦两汉卷》，武汉：武汉大学出版社，1996年，第127页。
② 马兰州：《中国古典说服传播范式及隐喻叙事研究》，天津：天津古籍出版社，2011年，第181页。

（二）"察言观色"论发扬的伦理精神

说服是一个注重效果的实践性传播活动，但同时也要注重说服艺术的灵活运用和社会道德原则的遵循这一二元平衡。《说服学——攻心的学问》一书便归纳探讨了几组说明艺术与道德规范的几对辩证关系："君子必辩"与"讷近仁"、"道德原则"与"灵活性"。他认为，孔子的讷言是针对巧言令色而言的，说话要讲究慎言，慎言既包含了考察具体情况，也包括了言行统一，重视社会效果。同时，"时然后言，人不厌其言"①。光讲究道德，而不分时间场合，达不到说服效果。最终他得出结论：说服者应该坚持道德原则，但同时也要具体分析是大信还是小信，大义还是小义。可见，古人在讲究功效的活动上，仍提倡道德先行，在伦理支撑的框架下再灵活运用各种说服艺术。

与"巧言令色"不同，"察言观色"作为说服传播的手段，不仅仅具有达成说服目标的实际效用，还承载着中国古人坚守的伦理道德。

其一，"察言观色"论的要旨在于不仅为了独善其身，更是为了兼济天下。尽管孔孟与韩非子阐述了"察言观色"在说服中的首要作用，但他们仍强调"察言观色"不能沦为追名逐利的手段，而是要成为拯救时世的崇高理想的实现手段。在孔孟的说服思想中，说服被纳入了"礼制"的社会体系，强调说服者在说服的过程中讲求道德。随后，韩非子明确提出"听用而振世"的说服观。他明确提出说服是为了拯救时世，服务社会，使得说服传播不再是一种为了个人利益而不择手段的艺术。在《说难》一文中，韩非子写道："伊尹为宰，百里奚为虏，皆所以千其上也，此二人者，皆圣人也；然犹不能无役身以进，如此其污也！今以吾言为宰虏，而可以听用而振世，此非能仕之所耻也。"②这说明韩非子认为"察言观色"要目的纯正，心系天下，而不是牺牲个人的名利。相比较而言，同一时期的古希腊，从智者学派运用修辞机制达到个人目的到亚里士多德的《修辞学》提出的"修辞是在一个特定情境中，揭示所有可以达到劝服方法的艺术"，同时期古希腊的修辞学一直没有明确将说服传播提升到社会道德层面。可以看到，中国古人对于说服艺术和伦理道德的分寸拿捏有着较早的觉醒，而"察言观色"即扮演着达成目的手段的角色，同时也是古人风骨与心怀天下的凝结精华。

其二，"察言观色"论是为了维护社会秩序。面对伦理差异究其根源，与社会意识形态下的集体意识与个体意识相关，而集体意识和个体意识的形成与经济基础和上层建筑相关。得益于黄河与长江流域适宜的气候与肥沃的土壤，中国农业

---

① 龚文庠：《说服学——攻心的学问》，北京：东方出版社，1994年，第61页。
② 王世朝：《中国古代主流文学思想论》，合肥：安徽人民出版社，2016年，第21页。

文明迅速发展，而以农耕为本的方式使得人们依赖土地维持生存。"家天下"的封建世袭制政治制度通过掌握全天下的土地，对天下实施管制。统治者综合运用各种政治制度加强自身统治，最终以取得统治权的整个家族的家长的血缘关系为基点和中心，形成扩展性家族组织。这种以土地为依据的家族社会制度绵延千年，构成一个层层分级、脉络分明的庞大集体，①形成了集体意识。因此，在中国古代社会，个体与群体具有紧密的联系，个体的价值实现与群体的伦理观念相关，进而在"察言观色"时，需要先遵循传统社会的伦理道德价值，再去实现个人目标。

但是对于古希腊而言，社会个体与个体之间没有形成较为紧密而联系的关系，口语传播的表达更多影响着个人利益的实现。地处欧洲大陆的古希腊由于地中海气候以及土地的破碎，没有形成大集体，同时濒临海岸促进了他们出海进行商业贸易活动，最终形成松散的城邦。城邦中人们追求的是个体的平等，强调个体的自我意识。文化方面，苏格拉底强调"认识你自己"和"美德即知识"都是侧重对自身的关注与审视，较少提及与集体相关的意识。也正是在这样的条件下，"察言观色"对于古希腊文明更倾向于一种说服策略与艺术，而少提及社会责任层面的伦理道德。

综上所述，"察言观色"论是一种体现华夏说服传播观念与艺术于一体的理论表征，其"言"与"色"所展现的是中国人对语言与非言语符号的情境化理解与运用，更是符号互动论的中国式表达。其"察"与"观"则体现出中国式的实用理性，一方面反映出中国人的生存艺术，另一方面则呈现出中国人的沟通智慧，尤其是说服智慧，将人的内在自我传播与人际的说服活动美妙地统一起来，从而含蓄地达到了建构和谐关系的目的，灵妙地实现着说服效果。

---

① 刘思静：《中国集体主义与西方个人主义价值观之对比》，《文教资料》2017 年第 6 期。

管窥中西方传统说服的原型及其内在逻辑 *

宣长春　　林升栋 **

摘　要：对于"说服"这一话题，中西方都有着久远的传说和记载。本文以墨子《公输》和亚里士多德《工具论》中相关案例为其原型，以《九章算术》和《几何原理》中相关案例为其内在理路，在平行比较和纵向观照中认为，西式说服偏向"形式推理"，中式说服偏向"直觉推理"。从说服起点来看，西方是主客两分，中国是心物相合。从说服过程来看，西方是剥离情境之后的客观化形式，说服路径封闭标准单一；中国是置身具体情境的直觉体悟，说服路径开放多元，价值观隐藏其中。从说服结果来看，西方是对照已确立的形式进行工具理性判断；中国是依直觉体悟进行情理判断。

关键词：说服；形式；直觉；中西

一、引言

近些年来，中国社会关于中西医、转基因，甚至小孩教育方式等话题一直争论不休，论争双方往往各有一套说服逻辑，彼此攻讦互不相让。以影响深远的方舟子和崔永元关于转基因的争论为例，两人在微博隔空论辩数月非但没取得共识，反而将严肃的社会问题探讨演变成了网络骂战。究其原因，方舟子接受的是西方教育，整个说服逻辑深受西方影响，而崔永元的说服中则是带有深刻的中国文化印迹。由此可见，中西方说服的差异不仅存在于国家之间，也存在于当代中国社会内部的不同群体之间。近代以来，中学与西学、传统与现代就一直处在碰撞和融合的过程中。要像佛教在魏晋南北朝时融入中国文化那样，研究者需要先对中西双方说服的方式追根溯源，然后在平行比较中寻找接合的可能。

---

　　* 本文原载于《学术研究》2019年06期，第30—36页。

　　** 宣长春，厦门大学新闻传播学院教师，博士。林升栋，中国人民大学新闻学院教授、博士生导师。

通常来说，我们自小生活在某一种文化中，对许多问题都有先入为主的判断，经常不自觉地将自己稔熟的理解强加于另一个文化中看似平等或对等的概念上，比如将西方基督教的和谐（harmony）等同于儒家的和谐。本文尝试通过客观的分析，在大量的文本阅读中寻找中西说服中的平行案例，从墨子《公输》和亚里士多德《工具论》中对攻打邻国的辩论，到《九章算术》和《几何原理》中求高和求圆的方法，加以详细的注释和描述，并提炼出中西说服各自的特色和内在理路。今日之世界，中国倡议的"一带一路"正成为全球化的新模式，这一倡议的基本要义就是互联互通，既要推动物理联通，更要实现"人心相通"。本研究着力于揭示中西方传统说服的内在逻辑，不仅借此促进中西融合与社会和谐，而且希望在文化间传播研究方面有所贡献，促成中西方之间形成相互理解、相互尊重、相互欣赏的人文格局。

二、中西方说服原型

所谓"原型"，简单来说就是"最初的模式"，[①] 这种原型的表现有依赖于一定文化和社会的塑造，任何原型无法脱离具体的文化而存在。[②] 在西方哲学、心理学和美学等研究中，一直都有追溯"原型"的传统。[③] 说服研究亦有必要对其原型进行考察，回溯到说服发轫的最初场景，进而勾勒出中西方说服的初始样态，并借此了然中西方对说服的想象。毫无疑问，中西文明在各自的童年期便都认识到了说服的重要性，并视之为个体的在世状态，亦是治理邦国天下的"机枢所在"[④]。有鉴于此，若想一窥中西方说服的最初样貌，必须努力回到"中西文明各自的童年期"这一历史起点，去找寻和确认说服发轫的原型。

中西方文化传统的丰富性和复杂性，某种程度上维系了各自的一套文化体系，而各自文化孕育出来的说服的实践自然其趣迥异。亚里士多德在批判和总结了前人（包括智者学派）的说服理论和实践的基础上，写出了西方传播学史家公认的第一部系统、科学的说服学著作。[⑤] 而中国虽没有类似的理论专著，却也从不缺乏相关实践，尤其是以墨家为首的诸子百家进行了大量的游说活动，墨子更是在其著作中有意识地展开了关于如何说服的探讨。以汪奠基、刘培育和崔清田等为代表的学者更是将《墨辩》作为他们研究中国逻辑理论的纲领性文献。由此，笔者

---

① 夏秀：《原型理论与文学活动》，北京：中国社会科学出版社，2012年，第1—2页。
② 夏秀：《原型理论与文学活动》，北京：中国社会科学出版社，2012年，第71页。
③ ［瑞士］卡尔·荣格：《集体无意识的原型》，《荣格文集》，冯川、苏克译，北京：改革出版社，1997年，第40页。
④ 胡百精：《说服与认同》，北京：中国传媒大学出版社，2014年，"前言"第2页。
⑤ 龚文庠：《说服学——攻心的学问》，北京：东方出版社，1994年，第12页。

将亚氏和墨子的思想著述分别作为中西方说服研究的重要原型进行考察。

案例 1：《工具论》

底比斯人同福申人战争是罪恶／底比斯人同福申人战争是同邻国战争／所以，所有同邻国的战争都是罪恶

所有同邻国的战争都是罪恶／雅典人同底比斯人战争是同邻国战争／所以，雅典人同底比斯人战争是罪恶 [①]

案例 2：《公输》

子墨子见王曰："今有人于此，舍其文轩，邻有敝舆欲窃之；舍其锦绣，邻有短褐而欲窃之；舍其粱肉，邻有糠糟而欲窃之，此为何若人？"王曰："必为窃疾耳。" [②]

上述二例分别出自亚氏和墨子，具有很好的代表性。主题都是论述战争是否合理的问题，因此也有可比性。当然，二者的说服对象不同，体裁和形式亦有差异。

案例 1 中，亚氏首先通过"底比斯—福申"这一"个别"抽象出一个"形式"——"同邻国战争就是罪恶"，而"雅典—底比斯"符合这一形式要求，进而推导出"罪恶"的结论。而这种逻辑框架无法复制到案例 2 中，这是因为案例 2 中找不到所谓的"形式"，即超越个体直觉体验的形式存在。究其根本，墨子的论述中并没有从"客观"视角抽象出"形式"，至少从说服的字面上是无法看到这一抽象后的"形式"。中国说客们广泛采用的一种说服方式是"类推"，即将"强国攻邻"类推为"富人窃邻"，这种类推是从一种主观体验到另一种主观体验。由此可见，西方说服是从客观视角出发，被当作既定前提来接受，而中国说服则是从主观视角出发，是直觉经验的产物。

西方说服所展现的逻辑是：从客观视角出发，对"个别"进行归纳，进而抽象出一定之"形式"，再利用这一"形式"进行具体演绎。在西方，如何确立"底比斯人同福申人战争是罪恶"，不得而知，却被作为前提性的事实来接受。在这个既定前提下，亚氏展现了从个别（"底比斯人同福申人的战争"）抽象出一般（"所有同邻国的战争"）的过程，这个过程在中国人看来多少有点偷梁换柱。这种既定

---

① ［古希腊］亚里士多德：《工具论》，李匡武译，广州：广东人民出版社，1984 年，第 143—144 页。

② 孙诒让：《墨子间诂》，孙启治点校，北京：中华书局，2001 年，第 485 页。

前提所带来的直接后果就是"形式"的明晰和客观，说服变得简单明了：符合"形式"，即为罪恶，不应该去打仗；不符合"形式"，则未必为罪恶，可以选择打仗。西方辩论的焦点就在于：既定前提是否正确，有什么证据；建立"形式"的过程是否有问题；在明确"形式"后，只要套入其形式，即可做出对错判断了。

墨子没有那种由"个别"归纳"形式"的内在逻辑，换言之，中国说服不仅在说服情境和说服对象上，而且从逻辑的起点开始就和西方大不一样。中国没有西方那种既定前提，底比斯人同福申人战争是罪恶，很难说服中国人接受。西方的这一套归纳逻辑在中国人看来，无疑是一种一刀切式的、剥离了具体情境的推理方式，而这种推理方式显然和中国传统文化语境是格格不入的，中国文化向来反对过于绝对的、脱离情境的、抽象静止的判断，而充分尊重事物的情境性，并认为一切事物都处在变化发展之中。[①] 由此，也就不难理解为什么中式说服中没有"形式"，中式说服同个体的直觉经验相连，置于具体的时空背景中，在"强国攻邻"和"富人窃邻"的类推中，却带着一致的"不恃强凌弱"的价值观。

中式说服所展现出的逻辑是：从主观视角出发，依据自己的直觉体验展开说服，并将这一说服过程置于具体的时空情境之中。具体来说，墨子从自己的生活经验出发，将"强国攻邻"类推为"富人窃邻"，这里其实就已经暗含了一个不应"恃强凌弱"的价值观，墨子试图利用窃邻情境把楚王带入一个坑中。当楚王沉浸于"富人窃邻"的具体情境之中时，自己做出了推断"必为窃疾耳"，进而，楚王可能会反省自己攻打宋国的行为是不是也是一种"恃强凌弱"的不道德行为。这种试图让楚王反躬自省的迂回策略，一方面是由说服中上下的地位决定的，另一方面，这种迂回的方式，很容易让被说服者跳出原先的思维框架，从另一个视角顿悟自己行为的错误所在。从某种意义上讲，中式说服更贴近说服对象的心境，并且让说服者自己在模糊的地带中穿越，进入柳暗花明的又一村。

"形式"的建构往往独立于主体经验之外，相对客观；而"直觉"的阐释则无法摆脱具体的时空以及主体的参与，因而相对主观。亚氏一例落脚在"雅典人同底比斯人战争是罪恶"，就战争说战争，就事论事，罪恶的"形式"是西方人用来说服的一套工具，他们的判断完全是在这一框架约束下的一种工具理性判断。而墨子一例则以"此为何若人？"为问题，抛开了战争转而谈论人，实际上是用"恃强凌弱"这一价值观直接对人做情理判断，人事不分。作为两种文化津津乐道的原型，它们充分揭示了中西文化初始对说服的想象和理想。而在某种程度上，这两种原型也局限了各自对说服的想象和理解。

---

① 梁漱溟：《东西方文化及其哲学》，北京：商务印书馆，2010年，第132页。

三、中西方说服内在逻辑

中西方说服各有其内在逻辑。胡适曾说，中国逻辑法式的一方面，自然远不如印度的因明和欧洲的逻辑，但另一方面，他又认为中国逻辑有学理的基本，却没有形式的累赘。[①] 张东荪更进一步指出逻辑为文化中的范畴所左右，在他看来不但中国人，即中国以外的其他民族，如果其文化与西方不同，自可另用一套思想程式。[②] 由此，逻辑是有文化相对性的，[③] 不同文化土壤滋养出的逻辑自然会在各自的说服现象中有所体现。而要把握一种现象，就是要把握其内在的数理结构，再反省出一套逻辑架构。[④] 从知识的发展来看，数学可以说是一种具有创造性的活动，它很好地接续了感性的经验和纯理性的逻辑，是一种理智建构的创造。更重要的是，数学最大化地分离出说服中内容和情境的影响，相对纯粹地留下推理过程。由此观之，在通达说服的内在理路的过程中，数学或数学思想是一个重要的纽带，它可以在最初的、更偏向于从感性经验生发的原型和高度抽象的逻辑架构之间发挥桥梁作用。本文将以中西方古代数学中的推演过程作为观察中西方说服的内在逻辑的重要视角，并希望通过这一借镜过程，进一步提炼中西方说服的内在理路。

（一）案例选择

《九章算数》和《几何原本》是数学史上东西方辉映的两本巨著，也是现代数学思想的两大来源。[⑤] 两书成书年代相近，《九章算数》的成书年代虽有较多争议，但基本都认可在西汉到东汉期间著成，[⑥] 而《几何原本》大约成书于公元前 300 年左右。[⑦] 因此，无论从代表性上，还是从成书年代而言，两书都是比较适合的比较研究样本。遍读两部著作后，笔者选择了两对合适的配对案例进行分析，一为求高，二为求圆。

（二）求高案例

第一个配对样本的比较可以追溯到明代科学家徐光启。他曾根据利玛窦的口

① 胡适：《中国哲学史大纲》（卷上），《胡适学术文集》，北京：中华书局，1991 年，第 154—155 页。
② 张东荪：《理性与良知——张东荪文选》，上海：上海远东出版社，1995 年，第 387 页。
③ 鞠实儿：《论逻辑的文化相对性——从民族志和历史学的观点看》，《中国社会科学》2010 年第 1 期。
④ 成中英：《论中西哲学精神》，上海：东方出版中心，1991 年，第 2 页。
⑤ 吴文俊主编：《〈九章算术〉与刘徽》，北京：北京师范大学出版社，1982 年，"前言"第 1 页。
⑥ 吴文俊主编：《〈九章算术〉与刘徽》，北京：北京师范大学出版社，1982 年，第 28—34 页。
⑦ ［古希腊］欧几里得：《几何原本》，燕晓东译，北京：人民日报出版社，2009 年，第 4 页。

述翻译了《几何原本》。他认为此二例"其法略同，其义全异"，[①]但遗憾的是，徐光启并未具体解释其"义"异在何处。

案例3：《九章算术》解法

欲测甲乙之高，其全景乙丙为五丈，立表于戊为丁戊，高一丈，表景戊丙为一丈二尺五寸，以表与全景相乘，得五万寸为实，以表景百二十五寸为法，除之，得甲乙高四丈。[②]

案例4：《几何原本》解法

权线恒与物之高为平行线。何者？两线下至乙丙，皆为直角故。即丙丁戊角与甲角等，而乙与丁戊丙两直角又等，则甲乙丙、丁戊丙为等角形。是甲乙与丁戊之比例，若乙丙与丙戊。[③]

案例3的解法的要旨是利用具体情境中的物影关系求解。具体来说，首先满足甲乙和丁戊两物体在有太阳光照射的同一时空之中，进而根据在同一时空条件下，物体和影子的关系是确定的这一朴素观察进行求解。案例4的解法的重点在于"形式"。它需要借助这些被高度抽象的公理和定理来进行确证，就本案例而言，只要满足相似三角形的定理即可得证。

首先，我们必须承认二者在最终解法上殊途同归，都是借助线段的比例关系进行求解。然而，对比两者不难发现，《几何原本》是通过"形式"来获得了对两个三角形的认知，相似三角形这一定理放之四海而皆准。它是高度抽象的结果，摆脱了具体时空情境的限制。相反，《九章算术》解法则来自人们生产实践中的朴素观察，[④]同一时空条件下物体越高影子越长，这时物影的关系是确定的，因此可以从短物推理出长物的高度。如果两个物体不在同一时空条件下，则无法求得正解。中国古人似乎对抽象的直角、锐角不感兴趣，这种高度依赖情境的求解就体现出中国古人直觉型推理和实用主义取向。

---

① 朱维铮主编：《利玛窦中文注译集》，上海：复旦大学出版社，2001年，第611页。
② 朱维铮主编：《利玛窦中文注译集》，上海：复旦大学出版社，2001年，第611页。
③ 朱维铮主编：《利玛窦中文注译集》，上海：复旦大学出版社，2001年，第596页。
④ 吴文俊：《关于研究数学在中国的历史与现状》，《自然辩证法通讯》1990年第4期。

（三）求圆案例

第二个配对样本是两本著作中关于"圆"的面积求解。这样选择的原因有二：其一，圆是几何中的基本图形之一，所以通过对圆的面积的求解过程的分析，可以很好地概括和总结东西方逻辑思维的差异；其二，圆又是基本几何图形中较为特殊的，它很难进行有理化，这和西方历来追求的理性相冲突，而逻辑就是理性最主要的工具之一。因此，从这一案例切入进行分析，既恰如其分，又充满意趣。

案例 5：《九章算术》解法

为图，以六觚之一面乘一觚半径，三之，得十二觚之幂。若又割之，次以十二觚之一面乘一觚之半径，六之，则得二十四觚之幂。割之又割，所失弥少。割之又割，以至于不可割，则与圆周合体而无所失矣。[1]

案例 6：《几何原本》解法

夫甲乙丙，不得与圆之大于丁戊己者，小与丁戊己者，为甲丙与丁己再加之比例。则止有元两圆为其元两径再加之比例。[2]

案例 5 的解法的关键在于——"以方求圆"。当"圆"的面积不可直接求得时，中国古人直觉地想到了用"方"来代替。这种割边的方式使得"方"和"圆"之间有了趋同的可能。案例 6 的解法，严格意义上讲只解答了一半，只给出了一个圆的面积和直径之间的关系式，并没有完整的求解。就它采用的解法而言，它依然追求的是"形式"。众所周知，圆是以某一点为圆心，以某一长度为半径画出来的，即由线到面的过程。从这一意义上说，建立起圆的面积和直径（半径的两倍）之间的关系是在把握圆的本质内涵的基础上抽象而得出的。按照这一方式，如若想比较任意两圆的大小都是可以的，因为抽象出来的这一"形式"可以不受具体时空条件或情境的限制，只需有相应的工具完成测量即可。

对比两者不难发现，除了前述谈到的差异之外，《几何原本》更强调脱离时空的抽象性，建立一种相对完美的"形式"的呈现方式。而中国古人这种以方求圆的办法，是一种依赖直觉的求解方式。它是一种对永远在流动的"关系"（如方圆）的体悟，而不是一种对凝固不变的永恒"形式"的追寻。此外，就上述两种解法

---

① 郭书春：《九章筭术译注》，上海：上海古籍出版社，2009 年，第 39 页。
② ［意］利玛窦口译，徐光启笔受：《几何原本》（本四），北京：中华书局，1985 年，第 338 页。

而言，可能最显在的区别在于解答的完整程度不同，《几何原本》并没有直接求得圆的面积。这种不完满和圆形本身的完满似乎形成了巨大的反差，时至今日，毕达哥拉斯的传人们还在为圆形本性的数学表达方式（例如无理数 π）的不可通约性而痛惜不已。①《几何原本》之残解可能就是为了将圆理性化而不得的产物，遂只能提供一种近似精确的形式。相形之下，中国人对圆就没有这种抽象化的执着。

（四）小结

毕达哥拉斯学派认为，数学的始基就是一切存在物的始基。②虽然这一观点有些偏颇，但不可否认的是，两本著作对相同题目的不同推理过程淋漓尽致的展现了中西方逻辑的内在理路。当然，东西方推理过程中的漏洞或缺点也一览无余。如西方求高过程中如何确定大三角与小三角的角度，小三角固然易测，大三角角度却不易测。西方的完美公式是建立在现实残缺的基础上，也因此他们孜孜不倦地寻找精确的测量仪器，发展出现代科学。中国古人求解的方法固然灵巧，却也因此错过了抽象的思考以及对精确性的追求。

本文认为，从上述两对案例来看，中西方逻辑推理的过程显然不同。西方逻辑推理重"形式"，这种完全标准化了的"形式"之所以得以提炼出来，并具有广泛的适应性，主要在于它把握了所有特殊事物所共有的性质，它提炼出了可通约的本质。无疑，这是一种精致的逻辑工具，这种确定性使得它无须考虑问题出现的情境。"确定"是西方思想家在构造一切理论时所秉持的动机，而这一点恰恰有别于中国。中国的逻辑推理重"直觉"，这种"直觉"也是普适性的，因为它往往来源于人们共有的生产实践和生活经验，但另一方面，它必须在一个具体的情境／时空中。西方的数学推理是先以"客观"视角归纳，个体的直觉经验被排除在外，提炼出超越个体直觉体验的形式，然后就可以在一个个具体问题中演绎和应用。中国的数学推理则从个体的直觉经验（心物相合）出发，与具体时空密切相连，从"主观"视角直接演绎，带有一种天然的模糊性和流动性，寻找解决问题的方法和路径，同样也起到举一反三的效果，成为效仿的做法，就像《九章算术》中根据求高案例的解题逻辑，进而解决了求井深、求湖深等问题。

---

① ［美］郝大维、安乐哲：《期望中国：中西哲学文化比较》，施忠连等译，上海：学林出版社，2005 年，"导言"第 11 页。
② ［德］黑格尔：《哲学史讲演录》（第一卷），北京大学哲学系外国哲学史教研室译，北京：生活·读书·新知三联书店，1956 年，第 218 页。

四、结论

(一)西方说服逻辑:形式推理

与中国哲学不同,西方哲学一直追求的是一种"外向型超越",其主要特点就是超越世界和现实世界的分离,而超越世界是现实世界的一切价值之源,它不但高于现实世界,并且也外在于现实世界。[1] 正是这种超越世界和现实世界的分离,西方文化走上了明显的"主客两分"道路,而这种主客的对立使得主体感到虚悬在外,因此,必须要自己掌握自己的命运,其中最为突出的表现就是他们试图通过理性对"外在实体"进行认知和把握。"形式"亦是从"主客两分"这一根本起点出发,运用理性认识外在实体的一种具体方式,尤其是它的这种固定性,使得主体对它可以产生一种依赖感,[2] 也正因为如此,西方哲学对"形式"的渴求远超过中国哲学。

本文在经过数对案例的跨文化比较分析后认为,西方说服的逻辑亦无法跳脱"形式"其外,故不再标新立异寻求新的名词进行概括,而是沿用西方的理论概念。西方说服的"形式推理"的起点是主客两分的客观视角。西方说服始终是始于一个既定前提,而这个前提又是被大家当作事实或真理来接受。在亚氏看来,科学知识不能通过感觉和知觉来获得,因为感觉和知觉必定都是关涉特殊的。[3] 因此,若想获得知识,必须高扬理性,而理性的生发前提就是主客两分的客观视角出发,否则就无法进行有效的推理和证明。[4]

从这一客观视角出发,西方说服的过程经历了从"个别"到"一般"的抽象过程。在此过程中,本质和由具体情境构成的现象进行了深刻分离,进而试图走向最纯粹的可能性。当"个别"的具体情境和时空条件被剥离后,作为本质的"形式"就开始显现和确定。"底比斯人同福申人战争"就是一个"个别",这一"个别"本是具体而特殊的,西方通过对这一"个别"进行归纳,进而抽象出"同邻国战争"这一形式。从客观的视角出发,基于个别抽象出的"形式",无疑也是客观的和确定的。拒绝了情境性的这种客观性,保证了"形式"的强大约束力,就像《九章算术》中求高必须依赖具体的时空条件,而《几何原本》中求高则完全不需如此。

---

① 余英时:《现代危机与思想人物》,上海:上海三联书店,2004年,第10页。

② 成中英:《中国语言与中国传统哲学思维方式》,《哲学动态》1988年第10期。

③ 苗力田主编:《亚里士多德全集》(第九卷),颜一译,北京:中国人民大学出版社,1994年,第305页。

④ 苗力田主编:《亚里士多德全集》(第九卷),颜一译,北京:中国人民大学出版社,1994年,第353页。

当然，在西方的说服中，我们时常是见不到这个"形式"被抽象出来的具体过程的，说得更通俗一点，就是没有了那个最开始的"个别"，而直接出现"一般"。这种情况主要是因为有些"形式"已经被作为真理来接受了，如"定理"和"公理"等，就像《几何原本》求高这一案例中所运用的"相似三角形定理"，没有人会再将它是如何被证明出来的推理一番。

西方说服的这种客观视角带来了客观化的"形式"，这种约束性极强的"形式"使得西方的说服效果的判断成了一种相对机械化的过程。一方面，它为说服者提供了非常好用的工具，另一方面，它也为被说服者的理解提供了清晰明了的判断标准。无论是说服者，还是被说服者，他们都共享这一套"形式"。所以，西方说服效果的判断相对简单，只需要检查几个关键步骤即可：首先是判断既定前提是否正确，有什么证据；其次是判断建立"形式"的过程是否有问题；最后，在明确了"形式"后，只要套入这一形式，即可做出对错判断了。这种基于"形式"的判断，反映出西方说服具有一种明显的工具理性倾向，所以西方的说服基本上就是就事论事，不会进行过多的价值判断。

（二）中国说服逻辑：直觉推理

如果按照西方的理论划分方法，这里，中国说服的逻辑就应该被命名为"非形式推理"，因为在西方语境中，与"形式"（formal）相对应的是"非形式"（informal），所以，一切不是"形式推理"的方式都应被归结为"非形式推理"。一方面，这是一种非常典型的西方中心主义式的理论概括；另一方面，经过本文对数个中国案例的分析和概括，"非形式推理"亦不能准确体现中国说服的特色。有鉴于此，本文基于中国文化语境，结合数个案例分析结果，提炼出中国说服的逻辑，即"直觉推理"。

回到哲学这一根本上来看，中西方哲学都曾涉及"直觉"（intuition）这一概念，然而背景却大不相同。毋庸置疑，西方哲学一直追求的认知对象是外在实体，"理性"和"科学"是其主旋律，"直觉"的兴起则是相对晚近的事，它是西方传统理性主义和科学主义走向极端的产物。[1] 而中国文化是在"心物相合"的大框架下展延而来。金岳霖先生说，"中国思想中最崇高的概念似乎是道"，[2] 而这一概念亦不是外在的，而是伦理本体。由此可见，这种直觉体悟和中国哲学的思想主题密切相关，中国哲学要寻求"道"，而"道"又不可道，无法通过固定的模式或

---

[1]　杨谦：《如何理解中国传统哲学的思维直觉性特征》，《南开学报（哲学社会科学版）》2004年第4期。

[2]　金岳霖：《论道》，北京：商务印书馆，1985年，第16页。

程序得"道"，只能在日常生活中不断体悟觉解。所以，中国哲学一直强调的是对"道"的直觉体悟，而不是西方那样的对象化的理性认知过程。[①] 这种伦理性的直觉体悟几乎贯穿于中国古代思想史，历代思想家的思想之中均都有所体现，从老庄到孔孟，再到宋明理学等。[②] 某种意义上可以说，中国哲学中的"直觉"是"理性"和"科学"不足之产物。这在《九章算术》中体现得最为明显，相较于高度抽象和概括化的《几何原本》，《九章算术》的解题方法有着明显的实用主义倾向和中国古人实践经验的痕迹，而这些特质都在一定程度上决定了中国人的思维方式偏向直觉性。

本文认为，中式说服的"直觉推理"的起点是"心物相合"的主观视角。"直觉"这一概念在中西方都有所研究。张岱年先生认为，"直觉"在中国文化语境中，更应该从"体认"和"体验"的角度加以理解。[③] 无论是"体认"还是"体验"，都有一个"体"字，即身体、主体之意，换言之，"体认"和"体验"都是主体的行为表现，都带有明显的主观色彩。由此，本文认为"直觉推理"重要特质之一就是它的主观视角。再回到具体案例中，墨子说服楚王中，用"富人窃邻"来类推"强国攻邻"是明显的主体基于自身体验或直觉经验的产物，它是一种说服主体对于对象的"直接"把握，其中并不涉及西方说服的"形式"归纳，诚如严羽在《沧浪诗话》中所概括的那样，"不涉理路，不落言筌"。而且这种主观视角，使得说服者在说服中往往会"人""事"不分，在谈论事的过程中亦会或多或少地掺杂关于人的价值判断。如墨子说服楚王中就暗含着一个"恃强凌弱是不道德的"价值判断，虽然在说服文字中未见这样的表述，但这种意味却流淌在字里行间，而且相信楚王亦是可以体会的。西方的说服则鲜有这种情况发生，他们从客观视角出发，往往是就事论事，不会掺杂价值判断。

从这一主观视角出发，中式说服走上了和西方说服完全不一样的道路。"直觉推理"的主观视角给中式说服带来了"情境性"，正是由于这种挥之不去的主体性的存在，中式说服的过程一直无法忽略情境性的影响。而且这种情境性贯穿于整个说服过程之中，换言之，从说服的起点来看，是说服者的主观视角，而到说服的终点，则是被说服者的主观参与。主观所给的都是具体而又特殊的，具体之所以为具体，特殊之所以为特殊，从形式上来说就是时间和空间，而这种由时空所

---

① 胡海波、荆雨：《中国古代哲学"悟道"思维与"德性"精神的文化传统》，《吉林大学社会科学学报》2015 年第 4 期。

② 杨春时：《中国哲学的失落与重建》，《求是学刊》1995 年第 2 期。

③ 张岱年：《试谈价值观与思维方式的变革》，《现代化》1986 年第 10 期。

构成的具体情境就是一种主观之形式，它由主体而发，为心灵之主观构造，[①] 而中式说服就是被安排在这主观的时间空间之形式里边。如《九章算术》求高案例中，如果不是同一时空条件下，高度就是不可求的；求圆案例中，不在规定之圆内，画方亦无任何意义。相反，《几何原本》中无论是求高还是求圆都摆脱了情境的限制，顺利实现了求解。

"直觉推理"的主观视角带出了情境性，而这种情境性又是贯穿于说服全过程的。所以，中式说服的结果亦是在这种情境中获得，说服判断离不开被说服者的主观参与和体验，这种带有主观性的判断往往就是一种人事不分的情理判断。"直觉推理"是基于说服者的朴素观察和直觉体验，某种意义上就像心理学中的"黑箱"一样，对于被说服者而言，他们始终无法看到西方说服中所展现的那套清晰的"形式"，因此，只能发挥自己的主观能动性，在具体情境中去进行直觉体悟。由此可见，中式说服是一个从主观开始再回到主观的过程，而说服效果的好坏主要取决于说服双方在多大程度上能够做到直觉相通情理相合。也正因为此，中式说服路径相对多元开放。

（三）中西说服的逻辑"间距"

本文对不同面相的数对样本进行跨文化分析，着力拉开中西方说服的逻辑"间距"。从说服起点来看，西方是主客两分的客观视角，中国是心物相合的主观视角。从说服过程来看，西方是剥离了情境之后的客观化形式，说服路径封闭标准单一；中国是置身于具体情境的直觉体悟，说服路径开放多元，并且价值观隐藏其中。从说服结果来看，西方是说服者与说服对象对照已确立的形式进行工具理性判断；中国则是说服者与说服对象之间各依直觉体悟进行情理判断。

中西方说服逻辑的这种分野，归根究底还是要溯源到中西方哲学的差异上。在中国哲学中，"心""物"这样的概念往往是浑融不分的，即"心物相合"。所以，中国自古以来就有一种整体直觉的思维方式，这种方式没有西方那种忽略具体情境，进而进入到某一细节或特质的片面性，但这种不片面性却是建立在一种模糊直观的基础之上，所以它亦没有西方那一套清晰的"形式"。据侯外庐先生考据，《论语》就不是以自然为知识对象而发现规律，而是依直觉的自然知识为媒介而证明人事范围的道德规范。[②] 与之形成鲜明对比的是，西方哲学对这些概念有着清晰的二分，"主体"和"客体"对立二分。西方人从一开始就对"主体"和"客体"

---

① 牟宗三著，罗义俊编：《中西哲学之会通十四讲》，上海：上海古籍出版社，2007 年，第 115 页。

② 侯外庐：《中国思想通史》第 1 卷，北京：人民出版社，1957 年，第 178 页。

进行了严格区分，他们排斥主观直觉，认为需要将主客进行分离，进而依靠对客体进行认知，在他们看来，唯有如此，才能接近科学和真理。然而，随着科学日益发展，越来越多的科学现象无法依靠理性去解释，如量子力学等。这个时候，西方又开始将视野转向东方，他们开始努力从中国古代的哲学思想中寻求启示。①

　　由此可见，每一个社会，每一种文化，都应有其自身的说服特色和说服逻辑，并不存在所谓的"高下之分"，更没有谁能"一统天下"。因此，在当今世界格局中，中国学者亟须在全球化坐标中，清晰而又勇敢地表达出"中式说服逻辑"。这样，我们不再从局部上与西方一争长短，走上西方"形式"说服的道，而是从整体上直接声称我们就是按照这样一整套"直觉推理"的方式来说服的。

---

① 张岱年、成中英等：《中国思维偏向》，北京：中国社会科学出版社，1991年，第81页。

第九讲
华夏公共传播研究

"做事"：日常语言中朦胧的公共交往伦理观念 *

廖申白 **

一

在汉语日常语言的用法上，"做事"一词有两种主要的意义。一种指生产性、职业性活动。例如，当一个徒工没有完成好一件交代他做的工作时，人们会指教他说"做事要认真"等等。即使在这种意义上，"做事"也同完成一项生产的、技艺性的制作活动的态度上的规范含义相关，而不单纯地是描述性的。另一种指交往性、实践性活动。这似乎是它的更主要的意义，尽管这种意义很少被同前一种意义明确地相互区分。"做事"的"事"所指的大都是同"人"有关的"人事"。就这种主要的用法而言，"做事"是一个有关交往实践事务的规范性语汇，与"做人"一词一道，是日常语言中表达交往实践事务的规范含义的两个基本语汇。对于这两个语汇的一般性质，以及"做人"观念，我已在其他地方做了探讨①。本文的目的则是对在日常语言中经常伴随着"做人"观念的"做事"观念做一个批评性的考察。这种目的将限制在几个初步的问题上："做事"观念具有怎样的性质？它是否含有某些规范性的含义？如果是，含有哪些规范性的含义？它在现代化进程中会发生哪些变化？不过，由于"做事"观念同"做人"观念有内在的关联因而讨论在许多地方需要借助与"做人"观念的对照和联系来进行。

这样一种考察的主要意义在于，日常语言中尚保持着生命力的实践性观念表现着一种伦理传统积久塑成的日常意识中根深蒂固的东西，从这样的观念入手，更容易看清这种传统在向现代交往社会转变中的境遇。对于研究这类日常语言中

---

* 本文原载于《哲学研究》2005 年第 7 期，第 68—74 页。

** 廖申白，北京师范大学哲学与社会学学院教授。

① 参见廖申白：《我们的"做人"观念》，《北京师范大学学报》2004 年第 2 期；廖申白，孙春晨：《伦理新视点》，北京：中国社会科学出版社，1997 年。

的伦理观念的起点，我已经做过一些说明。[①]需补充的是，"做事"与"做人"观念在这里一道被看作这类尚保持着生命力的伦理观念，被看作日常语言中表达着交往实践事务的规范性意义的最重要的观念。这一考察所期望的仅仅是，它能够与日常语言中对"做事"这个语汇的主要用法一致，能够得到一些基本的哲学思考的支持。

二

这一考察需要从日常语言中"做事"观念的性质入手。"做事"观念的第一个重要性质在于，与"做人"观念一样，它是关于交往实践事务的总体性观念。这与实践概念本身的情形是一样的。实践在这里被理解为一个人同自身的关系和同他人的相互关系上的行为活动。实践如亚里士多德所说属于具体的范畴，关乎具体的交往活动[②]。它包含一个个行为活动，然而又不能化简为这一个行为或那一个行为。"做人"和"做事"也是这样。它们都是在交往实践事务方面的总体的伦理观念。"做人"是私人交往方面的。它包含了做一个好儿子/女儿、好丈夫/妻子、好兄弟/姐妹，好朋友/伙伴等等，而不等同于这其中的某一项。它毋宁说是"做本己""做好人"这样的总体观念。"做事"也是这样。这种总体性在考察"做事"观念时甚至更为重要。

"做事"的"事"在日常语言中有两个相近的意义：一是事务，二是事情。事情是具体的、有始有终的事。事务则一般指经常性的、需要不断处理的事。"事"有道德意义上的和非道德意义上的。道德意义上的"事"都影响到一个人对待他自身、对待他人和处理同他人的关系方面的品质。非道德意义上的"事"表现一个人的性格和习惯，在广义上也同人的品格（广义地理解的品质）相关。"做事"的"做"是行动、实践的意思。

"做事"一词有相当广泛的意思：外出经商是"做事"，担任公职是"做事"，从事科学研究也是"做事"。在日常语言里，"做事"的从事职业的、生计的活动的意义与同外面的人打交道的意义交织在一起，因为从事职业的、生计的活动就意味着同各种各样的人打交道。"做事"是在笼统的、总体的意义上指从事职业和生计活动而同各种人交往的事务，而不是指做一件具体事情的活动及技艺。如果一个生意人在做一件具体的事，人们会说"他在算账""他在盘库""他在和客人说话"等等，只有说起某人在"外面"的总体活动时，才说"他在做事"。所以，"做事"是关于一个人在职业生涯方面同他人的交往活动的总体的观念。在这个观

---

① 同上。
② [古希腊] 亚里士多德：《尼各马可伦理学》，北京：商务印书馆，2003 年，第 60 页。

念里，事的具体性隐退了、消失了，它的总体的意义则具有了可理解性。

中国的父母们常常劝导子女和年轻人"学着'做人'、'做事'"，"好好'做人'、'做事'"，而关于"做人"和"做事"的意思则很少加以解说，因为这种意思被认为是每个听讲者（包括年轻人）的日常意识所明了的。另一个原因是，这两个关于交往的实践事务的总体观念的含义很难用清楚而概括性的语言说明白。日常语言在关于人生的内容方面常常含义朦胧，很少有人尝试明白地说明。中国的思想，像一些哲学家认为的，是整体性的、非分析的，似乎非要借助含义朦胧的语言才能使人意会，若将它分析了反而会害其本义。另一方面，"做人""做事"通常被看作"怎样"的问题，对其含义的了解主要是通过生活观察，而不是通过讲解。很少有人会发问"做人""做事"意味着什么。看着别人，特别是年长者，怎样同周围的人说话，怎样有时注意礼节有时又不拘礼节，特别是，怎样对待父母亲，怎样同亲戚朋友等等交往，就懂得了"做人"的意思。看看人们怎样出门做生意，同各种人打交道，就懂得了"做事"的意思。在这样的日常教养中，"做人""做事"两个语汇纳入了种种复杂内容，成为要求人们在交往事务方面通过观察学习恰当的态度与方式的暗示语。

三

"做事"观念的第二个重要性质在于，它所指的交往实践事务对于说者和听者都意味着相对于某个"内部"而言的外部性。当村落里两个人谈到他们共同认识的一个人，说他"在外面做事"时，这个谈话确定着一个他们共同认定的"内部"范围，并且这个范围一般地也是那个被谈论的人所分享的。这个"内部"范围的大小取决于言说的具体上下文，甚至取决于说者和听者构成的谈话共同体的独特性质。两个家庭成员的谈话所指的"内部"可能是他们的家庭，两个村邻的谈话所指的常常是他们的村子，两个狱犯所指的则很可能是他们共在服刑的监狱。家庭与村落通常是这个"内部"所指的稳定范围。这是中国村社社会的独特性质决定的。在城市社会，社区不再是村落，村落的概念消失，家庭与私人交往的范围通常构成这个"内部"的观念边界。不过，由于城市中私人交往关系的频繁变化和家庭生活的边缘化，城市社会在更大程度上表现为"做事"观念所言说的范围。

相对于这个"内部"，"做事"的世界显现为一个外部的世界。这是一个远为广阔的世界，人们似乎探寻不到它的边际。它给予人们一种同在"内部"生活世界里异样的感觉。在这个外部世界，一个人同他人的交往不再是私人间的稳定交往，而是同偶然际遇的私人的偶然交往。交往关系因此也不再是私人的特殊交往关系。每一个他人似乎都隐退到匿名的人群之中，失去了他的具体性。这个交往的世界于是表现为一个同陌生人交往的世界。在这个世界里人们感到陌生和紧张，感到自己的孤单和力量的弱小，因而也时时警惕地注视着这个世界，筹划着应对的策略。

这个"做事"的外部世界所显现的外部性并非在它的所有部分都没有程度上的差别。过去时代的职业生涯通常受着地域和交往手段的限制，范围很狭小。生意人和工匠通常主要同一些老客户做生意。孤单的感觉也使得生意人和工匠们通过直接间接的血缘地缘关系联合起来，形成行会和同业公会。行业同仁的关系和同生意主顾的关系渐渐地成为一种"准熟人"社会，一种特殊的生活与交往共同体。[①]这个共同体与更广大的同陌生人的交往世界在很多方面显现出有意义的区别，兼有私人的熟人交往世界与陌生人交往世界双重性质。一方面，它本质上属于同陌生人的交往领域。另一方面，由于交往范围的相对窄小和自由的市场体系不发育，这个领域中的经常性交往对象又在一定程度上具有"面熟"的特点，因而不同于通常意义上的陌生人世界。

四

由于"做事"观念的"外部"性和"做人"观念的"内部"性，这两个观念一起构成对人的交往世界范围的完整概括。"做人"是一个人关于他的"内部世界"中的交往事务的观念，表现为一种处理这类事务的实践要求，一种他感觉到别人会对自己提出、他自己也应当对自己提出的要求。同时，生活观察也使他体会到身边的每个其他人也同样感觉到这样的要求。"做事"则是一个人关于他在外部世界中的交往事务的观念。它同样表现为一种要求，一种为获得生计资料和财富而同他人打交道的半是策略性、半是同自己关于"人"的观念结合着的要求。就策略性方面来说，这是一种被动的、反应性的要求；就同"人"的观念相关联这方面说，它又具有一个人自我规范、自我约束的性质。在外部世界的两个相对区别的部分，这两种因素各自起作用的程度又有所不同。在"准熟人"社会，一个人在他的私人交往生活中形成的"人"的观念常常起着比在那个纯然陌生的交往世界里更大的作用。但是这一点又依那种"人"的观念以及通常伴随着它的"良心"观念对人的影响的强弱程度而不同。总体上说，在"内部世界""做人"，在"外部世界""做事"，这两个方面构成了中国人日常意识中交往生活世界的整体，构成了人的实践的生活世界的全幅图景。

总括而言，"做事"是人们对于在密切生活共同体之外的、同陌生人交往的世

---

① 在这点上我受益于与苏晓离的讨论。

界中的交往实践事务的朦胧的观念。人们习惯于把一个人在自己人的内部的实践事务，即他在家庭、在私人交往的范围之内同他人共同生活和交往方面的事务，表象为"做人"；而把他在这个范围之外的同他人的交往事务，表象为"做事"。一个人在家里是"做人"而不是"做事"，在外面是"做事"而不是"做人"。在这"内"与"外"之间存在着重要区别。在"内部"，一个人应当是他本己，应当做一个好儿子、好女儿、好丈夫、好妻子、好父亲、好母亲、好朋友、好邻居等等，简言之，做一个好"人"。在"外面"，在那个陌生的世界，由于一个人仿佛不得不扮演某种其他角色，而不是他的本己，因而他不是在"做人"，而只是在"做事"。

<h2 style="text-align:center">五</h2>

但是，在"内部世界""做人"也包含着做各种各样的事情，为什么不说那是"做事"？在"外部世界""做事"也意味着同各种各样的人打交道，为什么不说那是"做人"？日常语言为何不用同一个观念，而是用两个相异的观念区分这两种交往事务？合理的解释似乎是：通过这样的命名，日常语言不仅将这两者相互区分，而且确定了它们的一种排序："内部"事务优先于"外部"事务。

两个观念传递的这种含义是同中国社会生活的性质吻合的。中国村社社会的基础造成的不仅是"内外有别"的交往世界的格局，即"内部"的关系、准则、态度不为"外部"世界分享，"外部"的关系、准则、态度也不可以移入"内部"，而且是内先于外、由内及外的优先性排序。这原因在于，"内部"世界是通过血缘、地缘的关系组织起来的，"内部"的关系因此都是以感情做纽带的、密切交往的生活共同体。这个共同体是分"层"的：最坚固的内核是家庭，然后依次是朋友或伙伴邻里和近亲，同乡或面熟的人们。朋友和邻里两层可称为私人交往圈；到第三圈，即同乡或熟人，可以总合地称作熟人社会圈。熟人社会以内的交往事务都可以算作私人交往事务。从家庭逐层外推，越推越远，感情的联系也就越来越薄。[①]推到熟人社会以外的"外部"世界，感情的联系就不存在了，所以要通过法律和政治把人们联系起来。重视"内部"的尤其是家庭的人际关系，将"内部"的人际关系看作重于"外部"的人际关系，是中国农耕社会积久形成的基本的交往观念。[②]

---

① 费孝通：《乡土中国·生育制度》，北京：北京大学出版社，1998年，第27页。

② 杨国枢：《中国人的心理行为》，北京：中国人民大学出版社，2004年，第115—116页。

六

　　那么，为什么在日常语言中"内部"交往事务同"人"联系起来，而"外部"交往事务则同"事"联系起来呢？

　　对这种特殊的联系需要借助对日常语言中"人"与"事"这对范畴的理解来做出解释。日常语言中对"人"与"事"这对范畴的理解似乎含有一些公认的定式："人"是人的本身，"事"是附属性的；"人"是主体，"事"是主体行为的印迹；"人"重于"事"，"事"轻于"人"。"内部"交往事务被同"人"联系起来，是因为它们被看得最为重要；"外部"交往事务被同"事"相联系，是表明它们被看作不如"内部"交往事务那么要紧，那么关乎"人"本身。日常语言中的"人"是儒家"成仁（人）"这一核心思想在人们的日常意识中积淀而成的观念，是儒家"仁"的概念的折射物。儒家最重视"仁（人）"即大写的"人"（"好人"或真正的"人"、完善的"人"），日常意识也最重视"人"的观念。"成为人"是儒家哲学的基本核心，也是日常意识中最重要的关切。"人"的观念在儒家哲学中具有反思主体的性质。"人"自身既是一个积极的行动主体，又可以作为对象来思考："人"是人的对象物，人把他自身当作他的对象；日常意识也同样把"人"看作可以也必须由人自己去"做"的。儒家哲学认为人是在其人伦日用的实践中"成为人"的，家庭与私人交往生活实践是人之"成为人"的最重要的场所，日常意识便把这种生活过程表达为在人伦日用实践中"做人"，把"人"表达为通过"做"而"成为"的。在这个交往范围内，一件件交往事件被看作同一个人的"成为人"、同他的品行和人格紧密联系着的，所以被命名为"人"：它们的具体性隐去了，同它们相关的实践也在一种朦胧的意义上被称为"做人"。

　　"事"被看作轻于"人"则因为"事"被看作对"人"自身只有偶然性的影响。这种偶然性要从几个方面理解。首先。"人"是人的自身，"事"则只是加在"人"身上的外来物。人要"成为人"是因为他本身的缘故，做"事"则是由于生计条件这类外在的原因。出于外因的事务对"人"的影响是偶然性的，尽管不是毫无影响。"做事"似乎是一个人人生的一种经验、一些插曲，是他的独特生活的一部分，而不是他的"人"本身。其次，人在"外"不同于在"家"：在"家"他是他自己。在"外面""做事"则可能"身"不由己。既然"事"有时不是出于己愿，它对人自身就只有偶然的影。"事"也是有分别的，有些"事"对"人"有较大的影响，有些"事"则不大影响、决定"人"。人们常常说"对事不对人"，这意思是某个人虽然做了不正确的事，但他不是那种"人"，不应当以对待那种"人"的方式对待他；或者，即使他做了那样的事他还是"人"，应当以对待"人"的方式对待他。第三，同样的交往事件，发生在"内部"还是"外部"产生的影响非常不同。一件非常棘手的交往事件，在私人交往圈里引起"这叫我怎么做人"的问题，在"外部"交往的范围中引起的则是"这让我怎么办"的问题，与"我"的"做人"没有直接关系。第四，"成为人"是在一个人能力以内的（"成仁由己"）成就一项事业（同众多的人打交道）则不取决于人自己（"成事在天"）。因此，是否成就了一项事业并不被看作是决定人的"为人"的，而只被看作衡量他的能力的尺度。最后，决定着人的"为人"的是他在其"内部"世界中而不是"外部"世界中的交往行为。所以，一个人在"外面"做了坏事并不妨碍他仍然是一个好"人"——好儿子／女儿、好父亲／母亲、好朋友／伙伴等等。在极端的例子里，甚至一个在"外面"杀人越货的人也在人们的日常意识中有理由在"家"里得到庇护。这就是法律不能完全有效的重要原因。这类庇护在儒家思想的义理层面是讲不通的，但是在人们的日常意识中却被看作自然而然的。

七

这种植根于日常意识的"做事"观念是否可能包含规范性的内涵？如果是，又包含着哪些规范性的内涵？

对中国人来说"内部"的世界始终是有规矩的，这规矩就是日用人伦的礼俗。在这种规矩失效的"外部"世界，当人们同陌生人的关系还没有成为重要的生活关系，对陌生人还普遍抱着排斥心理，而不是把他们当作与自身地位同等的公民而尊重地对待时，这个世界就在人们的日常意识中呈现为一个朦胧的、无规矩的世界。中国人在这样一个世界中的总体的实践态度是复杂的。由于"做事"仅仅是一个朦胧的总体性观念，形成于公共交往生活不发育的漫长历史时期，所以它不包含明确的规则。但"做事"又必然意味对"做事"方式上的要求。这种要求通常表现为出于谋生计的需要的策略主义态度与私人自身业已形成的"人"的观念的某种混合。策略主义不是旨在与陌生人的交往中建立共同规则，而是谋划权宜之计。它本质上是"内部"私人交往的特殊主义的一种延伸：在不存在私人感情纽带的情况下，这种特殊主义在极端情况下蜕变为一种纯粹的"策略主义"，即根据交往的对象和场景而决定应对策略。"见什么人，说什么话"这句常识劝告，很好地表达了纯粹"策略主义"的要旨。它的注解是"见人说人话见鬼说鬼话"：没有什么是真实的、必须说的，一切都随对象、场合和气氛而变。这种注解又构成另一常识劝告——"逢人只说三分话，未可全抛一片心"的注解：与"外人"交往不同于家人的共同生活和私人交往，一个人的内心即他的自身要深藏不露，因为在这种交往中倾心相待很可能遭损。

不过这并不意味着在这个交往世界的不同部分，以及职业生涯领域中的所有私人，都同样没有明确规则。在那个相对狭小的"准熟人"社会，由于人们从其私人交往生活中体验到的"人"的观念对他们有较大的自我约束力，因而常常存在着一些交往的规则。在这个范围内，"策略主义"态度的影响相对较弱。但是在这些规则中，有些规则含义朦胧，在实践中给因人而异的特殊主义留下过大空间；另一些规则又很脆弱①，违反行为时常发生，规则形同虚设。在更广大的陌生人世界，规则变得更为朦胧和脆弱，随意行为变得更为普遍，策略主义的实践态度也就变得更为流行。当然人是分为不同类型的：那些对于在私人交往生活形成的"人"的观念有较深入体验的人，甚至在同陌生的人交往时也自有准则；而那些没有或缺少这种理解的人，则在同熟悉的人交往中也会毫无操守。

从这里便容易理解，为什么诚实在中国主要被当作私人德性，而没有被当作公共交往生活所必需的要求。在私人交往中，由于一个人履行他所处社会关系赋予的各种特殊责任成为首要要求，诚实下降为一种次要要求。所以日常语言常常忽略老实与诚实的区别，把诚实归入老实一类，并将老实视为一种弱者的可欺的品质。在私人交往生活中，诚实只在朋友间的交往方面才被看作一种要求，因为朋友间会相互要求友谊和忠诚。由于公共交往关系极不发育，并且被看作私人交往关系的简单延伸，诚实在中国从未成为公共交往生活的要求，尽管它恰恰是健全的公共交往生活所必需的。公共交往借助规则与契约维系，它只有依靠人们对公共规则与私人契约的尊重和诚实承诺才能成为人们可以信赖的联系纽带。诚实只有在公共交往关系发育到人们可以相互地提出这样的要求时，才可能作为公共交往方面的规范发展起来。而在不健全的公共交往中，产生的只能是单方的"策略主义"。

八

另一方面，私人交往生活中形成的"人"的观念是一个人在"外部"世界赖以把持内心的朦胧观念，它对人在"外部"世界的交往行为间接地发生影响。从"人"的观念中产生了两个同样朦胧的要求。一个是"凭良心做事"。在这一信念下，"做事"朦胧地含有要以"人"的方式处理同他人相关的事的意义。"凭良心做事"在某种程度上是一个人的"自我规则主义"，而不是可以相互提出的要求。另一个朦胧的要求表达在"认认真真做事"的信念中。"认真"就是要尽力做好，不要马虎对待。"认真"并不是一个伦理的劝诫，它要人努力避免的不是一种伦理过失，而是因疏于认真考虑和未尽力而犯下的错误。在免除了伦理的关切之后，

---

① 我在这一点上也受益于与苏晓离的讨论。

一件事是认真做的还是不认真做的这种区别就非常微小了。前已说明，"做事"本质上被看作同人的能力而不是德性相关。既然"做事"并不必然影响到一个人的"为人"，因而没有"做人"重要，"认真"二字便仅仅是一种弹性的要求。一个人不可以不"做人"，"事"却可做可不做，可做大可做小。从这里便容易理解，人们为什么常常在私下里把在"外面""做事"称作"混"。"混"是"认真做事"要求的反面，是它的蜕变形式。一个人如果在私人生活圈子里"混"，大家就会远离他、回避他，但在"外面""混"，则被看作自然而然的，因为透过这种日常意识的眼光，人人都在"外面""混"。

这两种朦胧的要求虽然不包含明确的规则，但同"策略主义"仍然可能发生冲突，因为它们诉诸的根据不同。"凭良心做事"诉诸的是好"人"的"心"——主体性，这种主体性拒绝以"非人"的方式对待哪怕一个素不相识的人。"认真做事"诉诸的是与人交往的规则主义，这种态度拒绝放任主义。所以在根基上，这两种朦胧的要求都与单纯的"策略主义"相矛盾。在"做事"的观念中，交织着各种观念的片段，它们之间时常会发生矛盾、冲突，但它们中间的每一个都不能够发展成为贯通整个交往实践观念的中心线索。

九

既然"做事"观念与"做人"观念一样，产生于公共交往不发育的历史生活，那么它会不会随着现代化的进程、随着交往生活的公共性转变而死亡呢？

认为现代化就要抛弃传统中保持的所有东西这种看法是未经反思的。现代性并不意味着同前现代文化传统的彻底断裂，而是意味着一种文化的嬗变，即传统中有生命力的因素与新生活方式的文化内涵相互嵌入，共生为新的文化体系。西方民族的基督教并未因现代性而丧失存在的根据，其他一些民族的宗教也是如此。中国没有全民宗教传统，它的世俗传统中那些尚未失去其激励人心的生命力的哲学与伦理精神，可能就是它的可以经现代性文化嬗变而保留下来的东西。一种传统中，只有那些仍然在日常语言所表达的日常意识中具有意义的文化成分才保持着生命力。在交往生活的转变中，有些曾经是核心的成分逐步地边缘化，而有些原来是边缘性的成分逐步核心化；这些成分中的更微观的要素也将不断发生变化：有些渐渐失去生命力，有些则涵入现代生活的文化意蕴而获得新的意义；有些新的要素加入进来，并与那些获得新内涵的要素相互作用、相互吸纳，形成新的成分。现代交往生活在令传统逐步剔除旧成分、改变旧形态的同时，又嵌入到它们共同生成的新文化体系之中。

注意到"做事"与"做人"都是仍然活在人们日常意识中并保持着意义的观

念是十分重要的。"做事"观念之所以能够保持着生命力，可能同它的三个主要优点有关。首先它同"做人"观念一道，以通俗的方式在日常意识水准上合理划分着私人交往生活和公共交往生活这两个对中国人而言有着重要区别的生活世界。第二，抛开其蜕变形式"做事"观念同中国人私人生活中的"人"的观念和"心"的观念有相容性，使人们在公共交往事务上能获得某种朦胧的方向感。第三，"做事"观念同中国人总体地、朦胧地把握实践事务的方式相合。

有理由做这样的展望：在现代性文化嬗变中，"做事"观念会比"做人"观念发生更大变化。因为，尽管数千年的文化积淀使中国人重视家庭亲情，使父代与子代家庭间保持着密切联系，使中国人的私人交往生活呈现出与西方不同的面貌，但随着公共交往生活的扩展和发育，大家庭正在分解，家庭正在边缘化，成为更纯粹意义上的私人生活和私人关系的领域。虽然"做人"观念在这个逐渐变得窄小却仍然重要的世界里还有意义，但它在人们日常意识中的地位将会下降，并且将不断地纳入与公共交往生活方面那些有效性要求相容的内容。"做事"观念的情形则可能十分不同。"做事"一向被理解为离开家庭核心世界的、与"外部"陌生人的交往实践。在日常意识中，这种交往实践与其说是出于人的自愿，不如说是出于繁荣家庭的责任和使命。而今，那个不发育的公共交往领域不仅正在迅速发育，而且开始排挤原来的核心世界。这意味着，在这种交往生活方式中人们可以相互提出的有效性要求将变得更重要。当这种要求具有了公共性时，所形成的公民权利、公民关系、民主观念便将塑造这种交往生活的新面貌。问题是，那个被看作"做事"的目的的核心世界在边缘化之后，它的繁荣是否还将在日常意识中表现为"做事"的目的？这个正在边缘化的核心世界，现在仍表现为中国人的私人感情的寄居之所，那么它是否将以这种"身份"存活于中国人的未来生活世界？或许，如同今天可以观察到的那样，它将仍然是中国人的目的和生活意义的所在，但是它将不再是唯一的目的和生活意义。不言而喻，这些发展都将使一直被理解为"做事"的世界极大地扩展其范围和生活内涵。这种发展未必使"做事"的观念失效，而是将使它具有新的内容。日常语言中的"做事"观念的笼统的总体性，恰好使它能够容纳这些新的内容。

先秦修辞思想与中国古代公共关系史 *

胡百精 **

摘　要：先秦是中国文化的童年期，在很大程度上确立了后世中国文化的总体格局和价值底色。中国公共关系的言说观念和表达策略，亦可追溯至先秦修辞思想。在今日的公关和说服实践中，这些思想仍然堪为智慧和德性之源。本文对先秦修辞思想与公关史进行分析和总结，重点是先秦的言说和修辞观、修辞原则、修辞主体、修辞的价值追求和策略选择。

关键词：先秦；修辞；公共关系；说服；古代公共关系史

　　西方公共关系史研究大多将起点置于古希腊，一则由于作为独立个体的公民走到历史前台，争取公众支持成为统治者必不可少的政治活动，而修辞和说服乃是赢得支持和认同的基本方式；[①]二则由于亚里士多德写出一本《修辞学》，论述修辞和说服的基本概念与观念、方向与方法，成为西方公关理论中的修辞思想来源。与此相应，中国公关史研究也大多回溯至与古希腊处于同一时代的先秦，以清理和继承文化童年期的公关思想遗产。中国文化的根底生发于春秋战国，尽管历史迁转流变，但源自文化童年期的思想底色却不曾褪去。

　　从现象层面看，公共关系活动应与人类社群的形成同时发生。当交往、认同、信任、协作在社群生活中必不可少，公关行为就会自然出现，并逐渐转化为一种主观自觉。随着社会发展和文明进步，社群的内部结构和外部环境日益复杂，先前应激性、分散化的公关自觉，就普泛为争取支持、建立秩序、塑造观念的持续性努力。与刑罚和征战不同，公共关系强调借由说服而非压服赢得理解和协同。当然，在奴隶制和封建制下，说服从未替代压服成为统治者的底线。拥有专制传

---

　　*　本文原载于《当代传播》2014年第2期，第11—15页。

　　**　胡百精，中国人民大学新闻学院教授、博士生导师，中国人民大学新闻学院执行院长，教育部青年长江学者（2017）。研究方向为传播学与公共传播，近年主要关注领域为传播与社会认同思想史。

　　①　E.L.Bernays, *Crystallizing Public Opinion*, NY：Liveright, 1961, p.vii.

统的中国社会更是如此，在建构认同与秩序的诸多手段——暴力、等级、人伦、习俗、宗教乃至神秘主义力量之中，说服只是当事者耐心耗竭之前的选择。

一、嘉言罔攸伏

在思想和理论层面，中国虽未出现类似于亚氏《修辞学》那样的专著，但有关修辞与说服的论述，在《尚书》《论语》《易经》《道德经》《孟子》《荀子》《左传》《战国策》等先秦著作中却处处可见。这些思想确立了修辞与说服在邦国治理和社会交往中的地位、价值及原则，并提供了丰富而精细的修辞策略和方式。虽经天地人事之沧桑巨变，先秦修辞思想依然可以成为今日中国公关理论和实践的源头活水。只是接续和激扬这源头活水，尚须重振先秦修辞的道德前提——修辞立其诚。这也正是中国文化的命脉和个性所在，离开道德前提的凝摄、导引和规约，那些辉煌的思想便沦为迷幻的空花了。

中国历史上最早的可信且典型的公共关系案例，当属《尚书》记述的盘庚迁都。为了躲避洪灾和止息权力斗争，商王盘庚决意将都城从奄（今商丘）迁至殷（今安阳），一些贵族动以浮言，煽动百姓拒迁。盘庚并未专横、粗暴对待群臣和万民，而是再三动员、软言劝慰，最终得以成行。所谓专欲难成，众怒难犯，盘庚应该意识到这一点，并采取说服而非压服的动员策略。明代吕坤对此评价说："虽以至公无私之心，行正大光明之事，亦须调剂人情，发明事理，俾大家信从；然后动有成，事可久。"[①]

《尚书》是中国现存最早一部历史文献，书中有60余处与"言辞"直接相关的语句。譬如"唯口出好兴戎"，意即说话可能产生善果，也可能结下寇仇，唇舌鼓动，福祸无常；又如"嘉言罔攸伏，野无遗贤，万邦咸宁"，即嘉言无遮，贤人得任，天下便可安宁和谐——嘉言乃是理想政治的重要前提和路径。实际上，《尚书》之后的大量先秦典籍，都强调言之重、言之难。这大抵与当时人们对言说、修辞功能的认识有关：大者，关乎治国安民；小者，指涉经事修身。孔子将《尚书》的"唯口出好兴戎"之论，直白地表述为"一言可以兴邦，亦可丧邦"（《论语·子路》）。这就将言说与治国联系起来。

在个人层面，"言语者，君子之枢机。枢机之发，荣辱之主"（《易经·系辞》）。《易经》所言不虚，言语实为君子求荣取辱的根本所在，此为经事。"彼都人士，狐裘黄黄。其容不改，出言有章"（《诗经·小雅》），辞章通达、雅言脱俗乃是君子风度和人格魅力的重要标志，此为修养。唐代徐洪将先秦的言说修养问题概括

---

①　吕坤：《呻吟语·应物》，北京：商务印书馆，2005年。

为："言者，德之柄也，行之至，志之端，身之文也。君子之枢机，动则物应，得失之见也。可以济身，亦可以覆身，否泰荣辱一系之。"[①]

由此可见，言说几乎就被理解为"人之为人的规定性"了，颇有亚里士多德意义上的逻各斯（言说与理性）意味。亚氏认为人在天性上乃是政治动物，而逻各斯是政治动物的重要特质。在希腊词源上，逻各斯有两个主要含义：既可以指理性、论证，又含有语言、修辞的意涵。[②]简言之，基于理性的言说和修辞，乃是人之本性和在世状态。

先秦中国和古希腊都肯定言说的重要性，而中西文化理路迥异，对待言说的态度亦分殊鲜明。在古希腊人看来，既然言说如此重要，那么研究和训练如何有效、灵动地表达——修辞，便成为城邦生活中的要务。为此，以柏拉图、亚里士多德为代表的古希腊先贤发展出"科学的修辞"，并将之力行于城邦生活。雅典开办了大量修辞学校，以教育和训练拥有卓越表达能力的公民。尽管当时技巧派、智辩士派导致诡辩和相对主义盛行，但修辞在总体上还是被认可为一种基本公民素养。这种素养可以促进人神对话、公民自由、政治清明，使真理闪现于意见交换之中。

以孔子为代表的中国先哲，则因言辞之"重"而持之以"慎"。既然言说如此重要，且祸从口出，因此多说无益，更不可巧言令色。久而久之，寡言希声被推崇为一种美德和智慧，直至"轻言避辩"竟成为金科玉律。当公都子问孟子："外人皆称夫子好辩，敢问何也？"孟子反驳说："余岂好辩哉？余亦不得已也。"林语堂对此批评说，我国的读书人……把这"辩"字看作好像是一个不干净的东西……对于辩论术不但不敢彻底地研究，并且提都不敢提及。

总体来看，自先秦以降，中国人在言说问题上形成三种"顽固的态度"，或可称为三种表达境界：最高者为"忘言"，得意而忘言（《庄子·外物》）；其次为慎言、寡言、讷于言，强调少言厚德，认为少说话本身即是浑厚、淳朴、深沉、贞静之德的体现；最后才是工于修辞或辞令，而这又被视为小人之道——嘴边天花乱坠，腹中矛盾森然，非至诚君子所取。在某种程度上，这三种态度至今仍是中国人信奉的"言之纲纪"。公共关系以言说为业，以巧言美辞为本事，在中国文化语境下遭受非议和贬抑，可谓渊源有自，实非偶然。

然而，除了少数一心奔着自然、大道而去的圣人，大多数人是靠说话活着的。诚如朱自清所说，人生不外言动，除了动就只有言，所谓人情世故，一半儿是在

---

① 徐彦伯：《枢机论》，上海：上海古籍出版社，1990年。

② 胡权威：《说服与判断：古典修辞对当代民主的启发》，《政治科学论丛》2013年第55期。

说话里。尤其是在春秋战国时代，言说和生产、征伐一样，堪为立国图存的基本依凭，即刘勰所谓一人之辩，重于九鼎之宝；三寸之舌，强于百万之师。《史记》中说："春秋之中，弑君三十六，亡国五十二，诸侯奔走，不得保其社稷者，不可胜数。"及至战国初期，原有140余个诸侯国被齐、晋、楚、秦等强国吞并了110个。据统计，《春秋》一书在其起讫的242年间，记载列国战争483起，朝聘会盟450次。天下失序之际，进退战和之间，言说自然是关系到生死盛衰的大问题。

二、修辞立其诚

深究先秦修辞思想就会发现，中国先贤对于言说的态度，并非如后世想象那般保守和严苛。先秦修辞观实际上是一分为二的：一方面崇尚寡言、讷于言；另一方面则鼓励说话，言之多寡本身不是根本问题，关键是要发出合乎道与德的嘉言。这也是中西修辞观的重要差异所在：西方致力于把修辞科学化，发展出一套从理念到技巧的知识体系；而中国则考虑到言说的重要性，着力强化言说的道德规训。在漫长而严酷的专制传统中，如是规训逐渐演化为中国人保命顺生的生活哲学。所以，慎言而非寡言，也许更能准确地反映先秦修辞观。《左传》记述孔子的话说："非文辞不为功。慎辞也！"下面以道家和儒家为例，考察这种"一分为二"、注重道德的修辞观。

道家对待言和辩的态度，带有"超语言学"色彩——言无言。言当自然，而自然者无为。老子提出："信言不美，美言不信。善者不辩，辩者不善。"庄子继承此说，认为"大道不称，大辩不言……道昭而不道，言辩而不及"。在老庄看来，辩不如默，辩无胜，辩无当。理由在兹："即使我与若辩矣，若胜我，我不若胜，若果是也，我果非也邪？我胜若，若不吾胜，我果是也，而果非也邪？其或是也，其或非也邪？其俱是也，其俱非也邪？"大意是，假如你和我辩论，你胜了我，那么你一定是对的而我一定是错的吗？反之亦然。是你我当中一人对了而另一人错了？还是你我都对或都错了？

既然事物自有是非，彼此各有情执，不如不议不论不辩。倘若就此把道家的"言无言"理解为"言无用"，那就犯了庄子所说的"小言詹詹"的错误。老子并非要求"废言"，而是承认言说的价值，主张契入自然、大道的"贵言"，"悠兮其贵言。功成事遂，百姓皆谓我自然"。至于庄子，他本人就是杰出的修辞大家，言道言人言事，气势凌云，惊梦于内，外周八荒，浑然天成。道家对语言问题的根本看法是"大言炎炎"，即有如烈火燎原一般通达、明朗、周遍的表达。与琐细纠结的"小言"不同，"大言"依了大道，顺了自然，因而信、美、灵动、自然而然、来去通达，若大鹏于飞。倘若人皆言近乎道，大道临照言说和内心，自然会达及共识和无争。

儒家的修辞之道，集中体现为一句"修辞立其诚"（《周易·文言》）。孔子说："君子进德修业。忠信所以进德也。修辞立其诚，所以居业也。"《文言》中的修辞不单是辞令之意，而是包含整个文教、文辞在内，孔子认为所有这些皆应以道德修炼为根本。非诚勿辞思想并非孔子独创，《尚书》对"嘉言"和"偏言"的区分已见其端："嘉言者，善言、良言、德言也；偏言者，诞言、淫言、逸言也。"在儒家看来，"诚"为里，"辞"为表。宋代王应麟将之精当地表述为："修其内则为诚，修其外则为巧言。"①

修辞立其诚的"诚"，应用到辞令上，是指辞令内容信实和言说者情感真实两个方面，诚哉斯言。内修之"诚"指向事实和价值两个层面：内容可信，情感真诚。同时，按照儒家的理解，"诚"既是与人为善的原则，也是对待自我的方式——不自欺。清代章学诚认为，持之有故即为"诚"，而"故"者，合理合情合德之谓也，舍此而求言辞工巧即为鄙悖。②

儒家学说的一个重要特点，是以道德为原点解释和解决问题，而问题的解决最终还是为了增益道德。归根结底，"修辞立其诚"就是良善表达、表达良善。实际上，"诚"只是儒家秉持的道德准则之一。在儒家道德体系中，"诚"与"信"相通，与仁、义、礼、智诸范畴并置。诚信之外，仁义礼智也莫不与修辞和公共关系活动紧密关联。以下择其要者，分而述之。

仁在儒家五常中居于统领和核心位置。孔子对"仁"的定义，一是仁者爱人，即尊重、护念、关心人；二是克己复礼为仁，即借由"薄责于人"而实现"天下归仁"；三是仁者人也，即以仁为人的本质，成就仁、完善人。如是，仁的基本信条可归结为：爱人，克己，完善自他。而在自他关系上，孔子又提出被后世奉为"金银律"的两条处世和交往准则：银律者，己所不欲，勿施于人；金律者，己欲立而立人，己欲达而达人。以中国文化语境论，公共关系的道德理想，正当以仁的信条和原则为基准——发展自我，成就他人，增益公共之善。

儒家认为，"义者，宜也"（《礼记·中庸》），即公平、合理、正当地获取利益。孔子宣称："不义而富且贵，于我如浮云。"义利是儒家区分君子与小人的重要尺度，君子喻于义，小人喻于利。君子为人处世、安身立命当以义为重，见利思义。同时，儒家并不简单否认"利"，而是强调取之有道。孔子主张"义然后取"；孟子告诫人们"穷不失义，达不离道"。儒家更追求大义——公共利益，赞颂"雨我

---

① 周振甫：《中国修辞学史》，北京：商务印书馆，2004年。
② 陈彦辉：《春秋辞令研究》，北京：中华书局，2006年。

公田，遂及我私"(《诗经·小雅》)，即雨下到公田里，也就惠及我的私田了。

儒家之"智"，不单指头脑聪慧，也是最基本的德目之一。首先，智与"通"相连，即在知识、技能和智慧上通彻无碍，这是修身、齐家、治国、平天下的基本要领和德性。其次，智与"德"相连，德能生智，智可修德；无德之智，常以害人；无智之德，常为人害。最后，智与"学"相连，"好知不好学，其蔽也荡"(《论语·阳货》)。智使人锋锐，学使人浑厚，锋锐而失之浑厚，则易沦为放荡。儒家将"智"的获得分为五个步骤：博学、审问、慎思、明辨、笃行，缺一不可。现代公关业自我宣称为智业，端的要求通彻、明德、笃学。

"礼"最早反映人天秩序，即人敬天法天的规程："礼者，履也，所以事神致福也。"① 及至周朝，事神向着安民、天命向着文教发生转换，礼随之成为维系人伦、社会秩序的程式和尺度，即荀子所谓"先王恶其乱，故制礼以分之"。到了春秋时代，周室衰微而礼乐之风犹劲，加之时局纷乱，礼乐更被儒家视为救治社会病症的良药，因而成就了一个礼乐被强调被坚持被建设的特殊时代。② 儒家的礼治思想与修辞、说服和公共关系最为贴近，这主要表现在三个方面：

第一，礼首先意味着人际和社会交往规范，即礼式节文。作为儒家五经之一，《礼记》对人们在日常生活中的视听、言行、仪容、文饰、器物使用做出详细规定，也在更高层次上确立了天地祭颂、诸侯交往的共识性约定。20 世纪 80 年代，西方公共关系引入中国后的一个重要"变异"，即是礼仪化趋向。许多人认为公关即礼仪，至少礼仪是公关的重要内容，公关人一度被定位为传统社会的"礼官""知客"。礼仪的效用，不在形式，关键是诚敬。《礼记》开篇第一句就是"毋不敬，俨若思，安定辞"。《左传》也说："敬，礼之舆也。不敬则礼不行；礼不行则上下昏，何以长世？"鲁成公十三年，诸侯朝周天子，相约伐秦。成肃公在朝见仪式中行色不敬，刘康公预言成肃公必短命，理由是"勤礼莫如致敬"，"能者养以之福，不能者败以取祸"。后果应验。在春秋典籍中，类似因言辞、礼式不敬而遭鄙视、斥责、诅咒和驱逐的故事屡见不鲜。缺少诚敬谦恭之心，礼就只落下一个空壳——仪。所谓屑屑焉习仪，即形式大于内容，本末倒置。于天敬畏，于人尊重，礼仪才是顺天应人的轨范。

第二，在儒家五常中，礼是仁义智信的外化。这既体现为前述的礼式节文、典章制度和伦理约定，也表征为一种以仁为内核、以礼为程式的文化和集体记忆。儒家对礼治的理解，绝非局限于礼式节文，而是强调其"定亲疏、决嫌疑、别同

---

① 许慎：《说文解字》，北京：中华书局，1963 年。
② 傅道彬：《"诗可以观"——春秋时代的观诗风尚及诗学意义》，《文学评论》2004 年第 5 期。

异、明是非"（《礼记·曲礼》），以及"经国家、定社稷、序人民、利后嗣"（《左传·隐公十一年》）的文化价值。换言之，礼是轨范、程序、典章、仪式，也是一种文化精神和信条。用后世政治学、社会学的话语来说，儒家意义上的礼治，乃是承载价值理性（譬如仁）的程序理性，是引导社会交往、促进族群认同的社会契约。现代公关未必因循儒家礼治的细目，却应借鉴其理性精神。下面以《诗经》在诸侯交往、会盟中的作用为例，说明礼的文化价值。

春秋时代，《诗经》不只是一部广为流传的文学作品，赋诗、歌诗、引诗本身即是礼的一项重要仪轨，是修辞和交往的重要文化资源。

《汉书》记载："古者诸侯卿大夫交接邻国，以微言相感，当揖让之时，必称《诗》以喻其志，盖以别贤不肖而观盛衰焉。"按照今人傅道彬的说法，春秋贵族举手投足之间，都合乎《诗》与礼的节奏。君臣朝对，列国会盟，皆以诗酬酢，借讽诵旧章而言志。《左传》记载郑穆公与鲁文公的一次会饮，即是典范。

冬……郑伯与公宴于棐。子家赋《鸿雁》，季文子曰："寡君未免于此。"文子赋《四月》。子家赋《载驰》之四章，文子赋《采薇》之四章。郑伯拜，公答拜。

鲁文公到晋国访问，归途与郑穆公相会于棐。穆公设宴招待，希望文公再返回晋国，以协助调节一度紧张的郑晋关系。在宴会上，郑大夫子家赋《鸿雁》，取其"鸿雁于飞，肃肃其羽……爰及矜人，哀此鳏寡"之意，喻郑国为鳏寡，求文公帮忙；鲁大夫季文子赋《四月》，"四月维夏，六月徂暑。先祖匪人，胡宁忍予"，意即文公在外日久，思念家国祖先，不堪此任。子家再赋《载驰》，"控于大邦，谁因其极"，表示郑国弱小，受控于大国，如今只能靠文公仁慈救拔了。鲁文公被说服，属下季文子便赋《采薇》："戎车既驾，四牡业业。岂敢定居，一月三捷"，表示愿意为郑国再次奔走。整个对话过程，并无直白的请求、回绝、允诺，然而礼尚往来之间情真意切，军国大事遂被敲定。显然，可以兴观群怨的《诗经》，既是子家和季文子对话的内容（价值），也是他们彼此致礼的方式（程序）。

第三，礼表征了中国文化强烈的秩序情结，即对"和"的追求，所谓"礼之用，和为贵"。孔子以他一贯的君子、小人二分法提出，"君子和而不同，小人同而不和"。和而不同乃是中国文化的精髓，它所包含的修睦、协调、均衡而又不混除多样性、差异性的德性和智慧，堪为后世公共关系的逻辑和现实基点。在孔子之前，西周末年的太史伯阳父就认为"和实生物，同则不继"。和的价值在于多样共生、互生、创生，同则无以彼此增益，导致死气沉沉、止步不前。孟子的观点则更为直接，"天时不如地利，地利不如人和"。那么，何以实现人和？孟子的答案是"得道者多助，失道者寡助"，若欲求得人和与多助，且须依道而行。这就又回到道德规训上。

如是道德规训，反映在春秋时代的公共关系活动上，就是说服行为皆以道德为尺度论轻重、决进退。《左传》《史记》记述着一个后世广为流传的"楚王问鼎"故事，堪为中国传统公共关系的典范。鲁宣公三年，楚庄王在讨伐陆浑（今河南嵩县东北）的少数民族后，来到洛阳，在周天子的地界上耀武扬威。周定王派王孙满安抚他。楚王问九鼎之大小轻重，意欲取鼎而霸天下。王孙满说，治理天下所靠的是德而不是鼎。楚王说，楚国实力强大，足以问鼎天下。王孙满说，大王忘记了吗……有德小为重，奸诈大为轻，鼎之轻重不能问。楚王无奈而归。

《左传》中类似王孙满这样经过一番口舌，使相犯者退兵的故事较多。因辞令而息怒、解怨、止戈，固然是利害权衡的结果，却也有道德上较计酬量的因素。或者说，至少在春秋时代，道德合法性仍然是人们最看重的利害之一。鲁襄公二十五年，郑国攻克晋国的盟友陈国。为化解晋之不满，郑大夫子产赴晋游说。晋人质询子产三项罪名：为何伐陈？为何以大欺小？为何穿着戎服？子产纵论古今、对答如流，为此次征伐提供了事实和道德依据。晋大夫赵文子认为子产的说法在道德、道理上站得住脚，便决定不再为难他："其辞顺。犯顺，不祥。"

孔子论及言说和修辞的一句名言，正是出自他对子产辞令的赞扬："言以足志，文以足言。言之无文，行而不远。"借由这句"言之无文，行而不远"，孔子在一定程度上平衡了儒家修辞观对道德的极端强调。至此，我们可以将儒家的修辞观概括为三个层次：首先是敏于行、讷于言——强调行的优先性；其次是据于德、游于艺——强调德的优先性；再次是在敏于行、据于德的基础上，文采卓然便是值得追求的了。所以，在儒家视域中，第一位的是行胜于言，第二位的是修辞立其诚，第三位的是文质彬彬。事实上，孔子、孟子、荀子皆为修辞大家。孔子一句"逝者如斯夫，不舍昼夜"可谓道破宇宙、人生之真相；孟子的论述宛若惊涛拍岸，又如银珠落盘；荀子亦是"言语之美，穆穆皇皇"（《荀子·大略》）。

《左传》被认为是一部充分阐释儒家思想的重要史书，而它本身就是一部春秋辞令经典，或可视之为一部中国传统公关案例集。唐代刘知己评价《左传》说："其文曲而美，其语博而奥，述远古则委曲如存，征近代则循环可复。"另一部精彩的辞令经典是《战国策》，记录了哓哓嚷嚷、豪气凛然、风云变幻的战国时代，而自身也文采风流，情信辞巧，焕乎为盛。但是，与《左传》命运不同，《战国策》在儒家学派那里遭到极大的贬抑，原因是《战国策》的主角乃是纵横家，而不再是《左传》着意刻画的仁义道德至上的春秋士大夫。

三、立德立功立言

《左传》的起讫时间是鲁隐公元年（公元前 722 年）至鲁哀公二十七年（公元前 468 年），是一部"春秋史"；《战国策》记事则上起公元前 490 年智伯灭范氏，下至公元前 221 年高渐离刺秦王，是一部"战国史"。后世习惯统称春秋战国，实则春秋与战国两个时代分殊甚巨。春秋尚能宗周崇礼，以仁义道德为重，战国则苟以强取、道德大废，二者在文化上大不相同。而时代之轮转，自然深刻影响了言说、修辞的思想和实践。

春秋是典型的城邦时代，贵族政治决定了礼式节文和社会秩序，即使在战争中也讲诚信、仁义、恭让甚至幽默。及至战国，诸夏和平联盟之锁链已断，各国遂争趋于转换成一个新军国，俾可于列国斗争之新局面下自求生存。①汉代刘向认为秦孝公时代是春秋、战国转向的一个历史节点："至秦孝公，捐礼让而贵战争，弃仁义而用诈谲……夫篡盗之人，列为侯王，诈谲之国，兴立为强，是以转相仿效，后生师之，遂相吞灭，并大兼小，暴师经岁，流血满野……上无天子，下无方伯，力功争强，胜者为右。"（《战国策·叙录》）文化亦随政治军事之时势而发生剧烈转型。仅以对《诗经》的态度为例，春秋士大夫以《诗经》为对话的语境、内容和程式，《左传》所载赋诗引诗共 256 处，征诗 74 首，约占《诗经》篇章总数四分之一，足见"不学诗无以言"洵非虚语。战国纵横家则对《诗经》无甚强感念，《战国策》仅载《诗经》5 处，春秋气象黯然消隐。《诗经》的衰落乃宗周文化、崇礼秩序坍塌的直观反映，礼之为理、可以讲理的时代，已然让位给礼之为利、唯利是图的时代。

战国的纵横家又称策士，既是战国分裂的产物，也是其分裂的因素，策士成为战国时代的主角。而在阐述战国策士的言说、修辞及其历史实践之前，尚须简要介绍他们的先行者。据今人陈彦辉考证，殷商即有职业的邦交执事者——"史""使"，甲骨文中出现"史""使"字样的卜辞有 232 处之多。有周以后，周天子建立行人制度，设"大行人，中大夫，三人；小行人，下大夫，四人"。大行人掌大宾之礼，及大客之仪，以亲诸侯；小行人掌邦国宾客之礼籍，以待四方之使者。②除大小行人外，周朝还设有司仪、行夫、环人、象胥、掌客、掌讶、掌交、掌察、掌货贿等邦交、礼仪职官。就大小行人的执事内容……沟通诸侯、宣告政事、操持仪式、礼待宾客看，他们简直就是最早的国家或政府公共关系人员。

及至春秋时代，士大夫阶层中有一些人专司沟通、出使之职，他们一般被称

---

① 钱穆：《国史大纲》，北京：商务印书馆，1996 年。
② 孙诒让：《周礼正义》，北京：中华书局，1987 年。

为行人、行李、行理、使人、使。这些介于贵族与庶人之间的"士",有的从贵族阶层滑落而来,有的出身庶人,因教育、邦交、军功等机缘而实现阶层上升。在天下失序、百家争鸣的时代,到处晃动着博学善辩的春秋行人的身影。值得追问的是,春秋行人如何看待自己的使命?换言之,行人如何理解自己的职志、生命价值和终极追求?鲁国大夫、行人叔孙豹与晋国范宣子的对话做出回答。鲁襄公二十四年,叔孙豹出使晋国,范宣子向他讨教何为"不朽",高官厚禄、世袭罔替堪称不朽吗?叔孙豹回答说:"豹闻之,太上有立德,其次有立功,其次有立言,虽久不废,此之谓不朽。若夫保姓受氏,以守宗祊方,世不绝祀,无国无之,禄之大者,不可谓不朽。"(《左传·襄公二十四年》)

叔孙豹提出的"三不朽"——立德、立功、立言,简练而深刻地反映出当时士大夫、行人的价值追求。在随后两千多年间,以立言为路径,以立功为导向,以立德为根基的"三不朽",一直是中国士大夫或知识分子阶层人生价值和在世意义的基本参照。只是在有些时代和有些人那里,立德遭到鄙弃,或者仅仅沦为一种说法。

战国就是这样一个时代。立言、立功务以立德为基的观念被颠覆,诚信、仁义、礼智作为言说的道德规约和精神信条被弃若敝履,邦交的主角也由微言相感、温文尔雅的春秋行人,转换为铺张扬厉、势位富贵的战国策士。"功德观"为"名利心"所取代,策士孜孜以求的是"实得所利,名得所愿"(《战国策·燕策一》)。身挂六国相印、天下争慕效之的苏秦对此毫不掩饰:"且夫信行者,所以自为也,非所以为人也,皆自覆之术,非进取之道也。"在苏秦看来,诸如诚信之类的品质,纯属个人修养之术,根本就不是人生进取的正道。

在战国时代,图强争霸的君王自然是主角,而他们身边的策士亦非配角,甚至成为一些重大历史事件的导演。这些策士"日夜扼腕瞋目切齿",腾说以取富贵,一怒而诸侯惧,安居而天下息。在功名刺激和邦兴国亡的幻灭感之下,策士们言则恢奇雄浑,行则虎虎生气,改变自己也创造历史。而驱动策士之嘴和腿的,正是一个"利"字。

苏秦的际遇,在利字当头的策士中最具代表性。他初为策士,说秦失败,归家之时"负书担橐,形容枯槁,面目黧黑,状有愧色。归至家,妻不下纴,嫂不为炊,父母不与言"。面对如此窘境,苏秦喟然感叹说:"妻不以我为夫,嫂不以我为叔,父母不以我为子。"待到苏秦功成名就,"庭说诸侯之主,杜左右之口,天下莫之伉"。他再次归家时:父母闻之,清宫除道,张乐设饮,郊迎三十里。妻侧目而视,侧耳而听。嫂蛇行匍伏,四拜自跪而谢(道歉)。苏秦曰:"嫂何前倨(傲慢)而后卑也?"嫂曰:"以季子(指苏秦)之位尊而多金。"苏秦曰:"嗟乎!贫

穷则父母不子，富贵则亲戚畏惧。人生世上，势位富厚，盖可忽乎哉？"（《战国策·秦策一》）

一如个人追求，战国时期的军国大政亦是取势为资、市利图强。苏秦的师弟兼敌人张仪，游说秦惠王伐韩，所用言辞皆为春秋行人所轻视的商偿之语："争名者于朝，争利者于市。今三川、周室，天下之市朝也。"同为诸侯，乃至天子之城，不过求名逐利者的市朝。春秋行人断然不会公开讲出此等"悖逆"之词，他们当然也很难想象战国策士朝秦暮楚，"所在国重，所去国轻"（《孟子·滕文公下》）。

然而，这并不意味着战国策士全部是追名逐利、趋炎附势、人格空洞之辈。他们之中一些"义士"的独立人格、潇洒自信，不能因后人对纵横家的激烈批评而被忽视和湮没。兹举《战国策》颜斶说齐王一例，以显战国纵横家的主体意识和士人风骨。

齐宣王见颜斶，曰："斶前！"斶亦曰："王前！"宣王不悦。左右曰："王，人君也。斶，人臣也。王曰'斶前'，亦曰'王前'，可乎？"斶对曰："夫斶前为慕势，王前为趋士。与使斶为趋势，不如使王为趋士。"王忿然作色曰："王者贵乎？士贵乎？"对曰："士贵耳，王者不贵。"（《战国策·齐策四》）在颜斶来，你是王我是士，既然见面，凭什么让我靠近你跟前？你靠近我是"趋士"，乃是王道精神的体现；我靠近你是"慕势"，不过是小民之志，孰重孰轻？最后齐宣王感慨万千，颜斶却毫不领情，飘然而去。

唯利是图、倨然傲气、卓异才情，战国策士的这三项人格质素混杂一体，也因之创造了与春秋行人大不相同的修辞风格。今人李永勃、蔡英杰论述了修辞从春秋到战国的四个嬗变：

一是从简约到繁丰。春秋"辞以简称美，意以微妙见深"，多为只言片语，《论语》中最长的篇章亦不过200字；战国修辞锋芒毕露，多为长篇大论，《庄子》最长一篇可达2000多字，韩非子在《亡征》中一口气用了37个排比，可谓中外文章史上的奇观。二是从质朴到夸饰。春秋行人追求"辞达而已"，巧言则不信；战国策士要的是打动人、说服人，凡有利于此的，夸张、敷衍、狡辩在所不惜。三是从温婉到峻切。春秋修辞含蓄蕴藉、言近旨远；战国修辞则容不得温吞水，句句剑拔弩张，章章绘声绘色，赞的美轮美奂，骂的辛辣无比。四是从叙述到议论。春秋行人叙事明理，寓理于事；战国策士议论风生，铺张扬厉，甚至强词夺理，信口开河。

陈彦辉对春秋、战国两代修辞风格进行比较的结论，与李蔡二人的观点大抵相当：信诚与诈谲、简约与铺陈、求实与夸张、含蓄与直露等。除此之外，陈彦辉明确提出两代修辞的根本差异，乃在于"晓之以礼"与"诱之以利"的分殊。

实际上，"礼"与"利"的转换，加之前述策士的傲气与才情，使"力"成为战国修辞最鲜明的风格。

在修辞方法上，战国策士几乎使用了后世常见的所有辞格，诸如譬喻、类比、比较、夸张、引用、双关、借代等等。在说服策略选择上，策士们采纳了神启叙事（天命、天意和其他神秘主义解释）、召唤集体记忆、恐惧诉求、情感诉求、正反两面诉求、道德审判、转移视线、求同与"招魂"、咒骂、粉饰、从众、分化、归谬、证言等所有可能达到预期目的计谋和辩术。

只是机关算尽，也未必善终。苏秦后来遇刺伤重而亡。且死之际，不知是否犹记传自春秋行人的"立德、立功、立言"不朽之训。

自秦统一天下后，中国进入漫长的封建专制的循环。在文化上，除了魏晋、盛唐等少数历史时期，再无春秋战国的光景。历史车轮自然向前碾去，修辞思想走向精细，公关活动也在社会发展实践中展开。只是天下传播格局已然定于一尊，百家争鸣、游说八方的公关活动，几无存在的合法空间。来自统治阶级的传、播、扬、流、布、宣、通、递、诏、敕、呈、奏、表、议、谏、书、檄等宣传或类公关活动，主要服务于帝祚永延和利益集团之间的斗争。至于后世津津乐道的诸葛亮七擒孟获、唐太宗以人为镜等公关案例，不过是传统时代相对开明、慈悲、迂曲的政治权谋和管理艺术罢了。

现代公共关系的产生和发展，所应齐备的基本条件乃是民主政治的进步、商品经济的发展和公民权利的崛起。对中国而言，这就是20世纪80年代以后的事情了。

第十讲
华夏舆论传播研究

华夏舆论传播的概念、历史、形态及特征探析 *

谢清果　王昀 **

摘　要: 华夏舆论传播研究是针对中国古代传统社会舆论传播活动、现象的研究。在长期中央集权体制下，中国古代之舆论一度受上层建筑的影响较大，并在后期集权政治的制度运作中逐渐调整为以上层建筑"舆论监督"为主导的舆论传播模式。伴随封建王朝的兴衰轮替以及传统士族、地主、士大夫、乡绅等不同社会阶层之更迭、介入，舆论生态环境多少呈现出极权政治下的生动面貌。回溯华夏舆论传播，有利于通过历史梳理，进而探究当代中国目前舆论传播机制乃是如何成型的。

关键词: 华夏舆论传播；舆论监督；表现形态；基本特征

一、华夏舆论传播研究的价值、对象及意涵

近年来舆论事件频发，管控舆论成为政府不得不面对的新课题。因此伴随新媒体舆论研究的兴起，华夏舆论传播研究对于梳理中国当代舆论传播的社会基础和文化背景有着重要的助益，因此备受关注。

（一）为何研究华夏舆论传播："两种范式"之下的提问

依照西方语境，舆论与公众意见（public opinion）一词较为接近。而"公众"与"意见"合为一个术语，往往用来形容在行政领域之外，依社会、经济、政治形势而出现的，影响政治决策的集体性看法（collective judgments）。[①] 因而，舆论通常亦用来反映公众与国家机器之间的互动关系，表达出强烈的政治诉求。

在古典自由主义代表洛克看来，国家是"基于每个人的同意"而组成的共同

---

* 本文原载于《现代传播（中国传媒大学学报）》2016年第3期，第32—40页。

** 谢清果，厦门大学新闻传播学院教授，博士生导师，传播研究所所长。王昀，浙江大学传媒与国际文化学院2014级博士研究生，华中科技大学新闻与信息传播学院讲师，硕士生导师。

① V. Price，Public Opinion，Newbury Park, California：SAGE Publications, 1992,p.8.

体,当其作为整体行使权力时,需要经过"大多数人的同意和决定"①。其通过"契约论"明确了舆论的合法化地位,暗示舆论是公众实现言论自由权利的必然产物。而据 Noelle-Neumann 考证,"公众舆论"(opinion publique)一词首次出现于卢梭1744 年左右出版的《社会契约论》。②卢梭在书中将舆论推上更为神圣的地位,其强调公众舆论来自理性表达,"公意永远是公正的,而且永远以公共利益为依归"③。

早期启蒙运动者的观点对后世舆论研究的影响相当之大。利用舆论实现市民社会与上层建筑的政治对话,进而维护社会正义,一时之间成为西方舆论研究的主流范式。在被认为是舆论作为独立学科的奠基之作《舆论学》中,李普曼便谈到,因为能综合社会意见从而影响政府意图,舆论故而成为"民主政体中的原动力"④。舆论被视为可以成为公众抵抗政治压迫的手段,其相较于暴力而言,是一种理性的社会改良方式。⑤此种范式视域下的舆论成为公民社会自下而上的压力机制,其通过建构社会话语,刺激社会运动,对于公共政策有着显著影响。⑥因而,尽管如哈贝马斯所说,"公众舆论既不受制于公众讨论的规则或其表达形式,也不一定非得关注政治问题或向政治权威发言"⑦,但是,向来的研究实践仍然一直试图将舆论与政治目标协调起来,舆论的被关注焦点始终徘徊于公共领域所发挥的政治功能。

随近现代西方选举制度而兴起的"民意测验"(public opinion research),更强化了舆论研究的政治对话色彩。民意测验与近代资本主义市场需求下诞生的市场调查(marketing research)渊源颇深,⑧这一方式较早可以追溯至由美国新闻界发起的模拟投票(straw poll)。1824 年,美国一家名为 *Harrisburg Pennsylvanian* 的报纸通派记者调查、测算特拉华州威尔明顿市的选民对当年总统候选人的评价,

① [英]洛克:《政府论》(下篇),叶启芳、瞿菊农译,北京:商务印书馆,1996 年,第 59—60 页。

② E.Noelle-Neumann, *The spiral of silence: public opinion—Our Social Skin*, Chicago, Illinois: The University of Chicago Press,1993.

③ [法]卢梭:《社会契约论》,何兆武译,北京:商务印书馆,1980 年,第 39 页。

④ [美]沃尔特·李普曼:《舆论学》,林珊译,北京:中国人民大学出版社,1984 年,第 197 页。

⑤ [英]威廉·葛德文:《政治正义论》,何慕李译,北京:商务印书馆,1991 年,第 167—292 页。

⑥ P. Burnstein, "The impact of public opinion on public policy: A review and an agenda,",*Political Research Quarterl*, vol.56, no.1 (2003), pp.29-40.

⑦ [德]哈贝马斯:《公共领域的结构转型》,曹卫东等译,北京:学林出版社,1999 年,第 291 页。

⑧ A. M.Crossley, "Early days of public opinion research," *The Public Opinion Quarterly*, vol.21, no.1 (1957), p. 159.

试图了解选民对总统候选人的投票意向。① 此后，各种民意测验形式蔚然成风，经久不衰。舆论亦与选票意向相联系，成为可以被数据检验而具化的形态。②

依照这种"投票箱"式的共同体运作模式，全民意志有了表达渠道。社会冲突自身将按规定路线发展，其将"讨论作为行动的开端，并且鼓励采取讨论的方法，然后利用可能存在的自我约束和宽容的传统"③。总的来说，舆论固然可以利用公关（public relation）等方式来加以引导，却绝非可以完全控制的对象。这种"选举舆论"标榜的前提乃是社会政治动力源自民意，"民意，即绝大多数国民的见解和意见，是决定社会和政治问题的最后判决"④。因而，政治家不得不顾忌公众意见以及舆论情绪，在制订社会政策之时考量舆情意向。⑤

不过，值得注意的是，上述民主式的意见依然存在一些问题。美国学者Burstein 曾反思美国社会科学界的民主实证研究，认为过分强调公众意见对于政策变化的影响，使得其他一些影响因素遭到遮蔽。⑥ 公众舆论对于政府的影响效力，始终存在疑问。而与西方传统自由主义相对应，以苏联为代表的社会主义体制则运用了另一种舆论传播模式。其中，列宁在《党的组织和党的出版物》中的观点被广为引用："出版物应当成为党的出版物。"与一般自由主义有关言论自由或报刊自由的看法不同，此模式的观点在于："所谓自由的报刊是指它不仅摆脱了警察的压迫，而且摆脱了资本，摆脱了名位主义，甚至也摆脱了资产阶级无政府主义的个人主义"。⑦ 在此观点下，舆论不仅仅是民众自由意见的表达，亦可以成为国家/政党用以完成其政治目标的手段。其强调了舆论可以被主动控制与建构，并重点关注了媒体在公众舆论与国家意见之间的联结作用。

新中国成立后，由于社会结构借鉴的是苏联社会主义模式，国内舆论传播自然也向其靠拢。在中国语境内部，舆论很多时候不一定指代公众舆论，而与新闻

---

① A. H.Cantril, "The press and the pollster," *The Annals of the American Academy of Political and Social Science*，AAPSS，1976,p.46.

② E.Goldman and T. S. Auh, "Public policy issue analysis: A four-posted research design," *Public Relations Quarterly*，vol.24，no.4（1979），p.20.

③ [美]新闻自由委员会编：《一个自由而负责的新闻界》，展江等译，北京：中国人民大学出版社，2004 年，第 115 页。

④ [日]佐藤彰，铃木荣，船津好明：《民意调查》，周金城、张蓓菡译，北京：中国对外经济贸易出版社，1989 年，"序言"第 2 页。

⑤ D.Stevens, "Public opinion and public policy: The case of Kennedy and civil rights", *Presidential Studies Quarterly*，vol.32，no.1（2002），p.111.

⑥ P.Burstein, "Bringing the public back In: Should sociologists consider the impact of public opinion on public policy?" *Social Forces*，vol. 77，no.1（1998），pp.27-62.

⑦ [苏]列宁著，列宁斯大林著作编译局编：《列宁选集》（第一卷），北京：人民出版社，1995 年，第 662—667 页。

舆论有关，两者在社会意识内有着一定区别。郭镇之即提到，"舆论监督"可能更需中国特色，因为相较于西方守望监视（watch）作用的媒体表达，作为政党"喉舌"的中国媒介更具有"监督"的权力实质。[1]这意味着，媒体在结构上更为接近国家意识形态，其新闻舆论往往带有官方性质。受到传统"开、好、管"方针的影响，国内的新闻批评往往还要配合党的介入与回应。[2]

从传统西方自由主义前苏联社会主义模式，舆论传播模式观念之不同，根植于社会历史渊源与国家体制建设。回溯华夏舆论传播，试图通过历史梳理，探究当代中国目前舆论传播机制乃是如何成型的。其至少有助于回答以下问题：

1. 华夏舆论传播的历史进程为何，其与中国社会历史结构有何关系？

2. 华夏舆论传播有哪些特征，当代中国舆论传播模式是否体现了这些特征的历史性继承与蜕变之结果？

3. 当今中国之舆论模式何以成形，其是否能够回应过去与现在的具体社会现实诉求？

（二）华夏舆论传播研究现状及概念辨析

据《说文解字》，舆论之"舆"，"车舆也，从车舁声"[3]，始作"车厢"解。《道德经》即有曰："虽有舟舆，无所乘之。"此处的"舆"，便是车的意思。同时，"舆"又往往和赶车之人、造车之人相联系，指代从事差役工作，身份相对低微之人，如《周礼·考工记·舆人》言"舆人为车"，便是指造车之人。尔后，"舆"的词性逐渐变化，渐渐作"众、多"解（《广雅》），"舆论"也就被指代为"众人的议论"。因而，胡钰便指出，古时的舆论概念，乃是先有"舆"再有"舆人"，进而演变为"舆人之论"，即"舆论"[4]。从字面上看，"众人之议"的舆论看起来十分接近西方概念中的"公共意见"，不过，古代的"舆论"却通常用以表示处于社会下层的百姓议论，并未将统治阶层纳入考量，带有鲜明的等级色彩。

华夏舆论传播研究，即针对中国古代传统社会舆论传播活动、现象及其思想积淀的研究，包括经史子集等浩瀚文献中的舆论传播智慧以及五千年文明中各朝代政府的舆论管控与士人、百姓等社会阶级的舆论抗争实践。其主要可包含三个面向：一是舆论的传播主体，即公众的言论发声，就古代中国舆论环境而言，需

---

① 郭镇之：《舆论监督与西方新闻工作者的专业主义》，《国际新闻界》1999年第5期。

② 毛泽东：《报纸上的批评要实行"开、好、管"的方针》，《毛泽东新闻工作文选》，北京：新华出版社，1983年，第177页。

③ 许慎撰、徐铉校、王宏源新勘：《说文解字（现代版）》，北京：社会科学文献出版社，2005年，第806页。

④ 胡钰：《新闻与舆论》，北京：中国广播电视出版社，2001年，第107—108页。

要尤为关注知识分子的主体性;二是舆论的接收方,其中往往指代社会上层建筑;三是基于社会整体结构功能变迁,考察古典社会制度与舆论之间的关系。

如陈力丹所言,由于古代社会生活环境封闭而狭窄,舆论的变化通常很小,呈现为僵滞态势,故"传统社会的舆论通常不处于哲人们的主要视野内"[①]。不过,此处所言的却是以古典"舆人之论"为视角之"舆论"。其之所以认为古代舆论不必过分讨论,基本是基于将"舆论"仅仅作为"普通大众的言论",其前提乃是古代公共领域并未形成,而忽视了古代在上层建筑内部,以知识精英为主体的社会话语运动。

舆论作为一种活跃的社会现象,反映着人们在不同时代之呼唤,是社会结构变迁之征候,成为感受社会冷暖的"皮肤"[②]。基于此立场,讨论华夏舆论传播,应当结合古代中国特殊的社会结构和历史图景,将舆论纳入社会宏观体系变迁的视野,通过探讨舆论传播之源流,进而解释上层建筑、精英阶层与民间文化之间的互动过程。一如林语堂所声称,关注古代中国舆论如何表达,作者和学士们通过何种形式在专制统治下进行公众批判,有助于讨论在现代语境下,中国未来出现敢言和诚实新闻话语的可能性。[③]

关于华夏舆论传播之论述,散见于各种舆论学、传播学或史学作品。可以看到,其中大部分正是将舆论纳入中国两千年独特的封建帝制情境下进行考察的。而其中,又多以观照西方思想史上"民意""公众意见"之"舆论",以近现代意义的民主自由视角来回答中国的古代舆论。这种方式至少在目前看来,依然十分适用。

邵培仁等认为,中国古代舆论思想有两种最具代表性:一是民本主义舆论观,二是轻言主义舆论观。[④]前者发端于原始公社民主制。张玉霞即以尧舜时代为例,认为此时期"舆论决定社会管理"[⑤]。《尚书·洪范》有言"汝者有大疑,谋及乃心,谋及卿士,谋及庶人,谋及卜筮"[⑥],说明普通民众在社会决策中确实占有较高地位。而轻言主义舆论观自秦汉中央集权帝国建立后日盛,此类论述多与君主专制相互

---

① 陈力丹:《舆论学:舆论导向研究》,北京:中国广播电视出版社,1999年,第3页。

② Noelle-Neumann 在其著作《沉默螺旋》中,将公众舆论比喻"社会皮肤",认为透过舆论,可以感知社会群体的情绪、需求和内心愿景。相关论述参见:E.Noelle-Neumann, *The Spiral of Silence:Public Opinion-Our Social Skin*, Chicago, Illinois:The University of Chicago Press, 1993.

③ 林语堂、王海、何洪亮主译:《中国新闻舆论史》,北京:中国人民大学出版社,2008,第1—7页。

④ 邵培仁主编:《20世纪中国新闻学与传播学:宣传学与舆论学卷》,上海:复旦大学出版社,2002年,第243页。

⑤ 张玉霞:《中国古代的舆论与政治》,《新闻爱好者》2006年第12期。

⑥ 徐奇堂译注:《尚书》,广州:广州出版社,2004年,第82页。

捆绑，集中于对封建社会制度方向之分析。不过，值得注意的是，此两种舆论观都基于统治者立场，反映的实际上是上层建筑对于社会舆论的态度。

此外，民本主义舆论观与轻言主义舆论观两者并不一定天然对立，认为中国古代社会的舆论环境一直由两者混合贯穿的观点可能更为中肯。Rankin 便指出，或出于获取信息的需要，或出于对高阶官僚力量的约束，再强力的统治者也需要鼓励批评声音出现。他以清议（pure discussion）为例，认为古代中国的清议现象在理论上是公正的、纯粹的意见表达。清议往往出现于社会危机前，由虚弱、焦虑的开明官僚政治体系进行。[①] 这种通过关注于古代历史上特殊舆论活动或舆论形式的研究方式也颇为常见，通常能以点代面地投影出特定时代或阶层的舆论传播结构。

基于上述，考虑舆论之内涵在现代大众传播意义上已有所改变，讨论华夏舆论传播，或可结合现代"公共领域"概念，以不同历史阶段的特殊舆论形态为线索，探讨舆论在古代社会结构之中的影响及其在制度上与现实权力之互动，如此观之，大抵对于当下而言最为有益。

二、华夏舆论传播的历史演变

舆论传播状况与各个朝代的国家言论控制政策有着密切关联。总的来说，政府或积极主动收集舆论、引导舆论，或严格控制甚至打压舆论。无论在哪个朝代的政治生活都不可能脱离舆论，只不过表现为不同历史情境下的政府与社会两股力量的博弈。

（一）先秦以百家争鸣为高峰的言论相对开放时期

相较于秦汉以降的封建集权政治格局，早期古代社会的舆论环境一直为后世所称道。在原始公社民主制下，尧舜时代便设"敢谏之鼓""诽谤之木"，以作采纳民意之场所。随着氏族部落向奴隶制国家过渡，采风制度作为一种颇具影响的古典舆论形态逐渐流行开来。[②] 乐工将采集的民谣收集献给天子，以便让深居宫廷的君王了解天下之事。这些包括舆论意见的民谣通过以《诗经》为代表的典籍让后人广为熟知。又如《尚书·汤誓》所载："时日曷丧，予及女偕亡！"其语言通俗直白，正是商纣暴政时期，百姓通过民谣抒发的对统治者的愤怒情绪。

至春秋战国时代，社会诸侯割据的多元格局亦造就了较为宽松的舆论语境。

---

① M. B.Rankin, "'Public opinion' and political power: Qingyi in Late Nineteenth Century China," *Journal of Asian Studies*, vol.XII, No.3 (1982), p.453.

② 刘建明:《舆论传播》，北京：清华大学出版社，2001 年，第 4 页。

这一时期，"国人在政治生活中占有重要地位，国人的舆论'谤言'具有相当的威信，很像古希腊罗马城邦中自由民的议论，相对地表现出了古代社会的民主主义"①。《左传》载有知名的故事"卫懿公好鹤"，曰："卫懿公好鹤，鹤有乘轩者，将战，国人受甲者皆曰：'使鹤，鹤实有禄，余焉能战！'"②公众可通过舆论公然抵抗国君的不良行为，当时舆论环境之活跃可见一斑。而"百家争鸣"作为中国历史上极为突出的社会思潮，其不仅呈现了上层建筑和士大夫群体之间的多元舆论生态，诸子各家的学术主张亦在很大程度上为后世奠定了舆论传播的学理性基础：一方面，无论是以孔孟为首的儒家民本观念，或是以老庄为代表的道家思想，皆在某种程度上侧重于社会舆论之开放；而另一方面，以法家"燔《诗》《书》而明法令"（《韩非子·和氏篇》）思想为指导，秦孝公首开中国禁书之先河，标志着以传媒管制为手段的舆论管理机制开始成形。③

（二）秦汉时期中央集权下的监察制度与士人清议为特征的舆论传播

伴随秦朝大一统政治体系的建立与巩固，中国封建帝制时代宣告来临。在始皇以"焚书坑儒"为标志的思想统一政策下，舆论自由之表达一度被认为遭到极大损害。不过，通过御史监察制和谏议大夫等一系列制度匹配，秦代依然在上层建筑设计了符合集权政治需求的舆论传播渠道。其中，御史大夫位列"三公"之一，其职责乃是"典正法度""举劾非法"（《汉书·百官公卿》）。监察机构的一般官员则被称为"御史"，《通典·职官十四》曰："秦置监察御史"，设立御史履行朝廷监察职能。据《史记·秦始皇本纪》记载，秦统一后"分天下以为三十六郡，郡置守、尉、监"。此处的"监"便指地方郡一级政府的御史。汉代则继续继承发扬这种舆论监督机制，汉武帝时期，御史监察制衍化为"刺史制度"，全国分为13部，每部皆设一个刺史对所属郡国实行监察，中央集权程度进一步加强。此外，汉代的谏诤氛围也在统治者的政治制度调控下呈现别样风貌，按照朱传誉的概括，一是"承六国之例，设谏议之官及博士"，二是"常不定期的举召直言进谏之人"④，营造了相对良好的舆论环境，使得汉代知识分子能够较为自由地开展政治批评。至汉末，知识分子的舆论传播进一步演变为史上闻名的"清议"。清议的传播主体由士族阶层所担当，其内容往往包含对时政的议论与批评。不过，东汉"党

---

① 程世寿：《公共舆论学》，武汉：华中科技大学出版社，2003年，第39页。
② 顾馨，徐明校点：《春秋左传》，沈阳：辽宁教育出版社，2000年，第53页。
③ 师曾志：《从政府对传媒的管制看中国古代禁书——中国古代禁书专题研究之一》，《编辑之友》1994年第2期。
④ 朱传誉：《中国民意与新闻自由发展史》，台北：正中书局，1974年，第98页。

锢之祸"后，社会言论受到极大钳制，清议逐渐蜕变为魏晋南北朝时期的"清谈"。

（三）魏晋南北朝政局动荡下以清谈为形式的舆论传播

一般认为，清谈多涉及黄老之学，乃是魏晋时期知识分子为处理自身与上层建筑之间的敏感关系，所不得已的避祸之法。但实际上，清谈依然多少发挥着社会舆论之作用。《抱朴子·疾谬》即有载："俗间有戏妇之法……或清谈所不能禁，非峻刑不能止也。"①此处的清谈便接近于"清议"，其与"峻刑"为代表的正式手段共同发挥着社会控制功能。魏晋南北朝时期，社会格局相对动乱，受制于庞大的士族势力，君权无法得到有效伸展。在松散的政治权力结构下，民间舆论尚可占有一席之地。例如竹林七贤，相聚于竹林，以放荡不羁的生活方式，玄谈易老庄，一定程度上表达了他们对时局的厌恶态度，对政治高压态势的消极抵抗。

（四）隋唐宋时期舆论监督机制进一步完善，兴旺出版事业和活跃的市民生活进一步推动舆论传播

至隋唐再次恢复一统格局，国家舆论监督之权力自然重新上升：一方面，隋朝开辟科举制度，知识分子这一社会舆论主体被进一步纳入政治系统；另一方面，"三省六部"之设立也推动了朝廷舆论监督机制逐步完善。至唐代，御史台成为独立的监察机构，拥有弹劾百官的权力。御史台下属台院、殿院和察院，三院各司其职，标志政权内部已经形成很严密的监察系统。尽管官方的舆论监督占据极为强势之地位，社会舆论作为"双轨"之一依然在民间流行，如隋末一时广为传唱的《无向辽东浪死歌》，便乃是民间所作的政治歌谣，表达着人们对隋政权之不满。不过，这种舆论多在朝代衰亡期出现，民间之舆论诉求与官方之舆论监督随着朝代政权稳定性的变化，处于相互交织与博弈的状态。

值得注意的是，隋唐时期，随着雕版印刷术的普及，出版领域迎来新的发展面貌，媒体舆论逐渐进入历史视野。唐代政府即有提供给地方官员以了解中央诏令、信息的邸报。至宋代，传播媒介进一步繁荣，衍生出判报、小报、边报、榜文等多种形式。这些媒介多承载时政消息，虽由官方主导，以官吏为主要受众，其出发点乃是履行朝廷舆论监督之效力。但新闻泄露与私人刻报事件时有发生，客观上促进了整体舆论环境的多元化。因而，为了达成上层建筑之舆论控制，政府亦开始出台相应的新闻检查制度与出版法令，宋代就设所谓"定本誊报"与出版审阅制，即事先对文本内容进行审核，同时对各类出版物有着一系列限制政策。

---

① 张松辉，张景译注：《抱朴子外篇》（上），北京：中华书局，2013 年，第 550—551 页。

此一时期，随封建经济之发展，民间舆论也迎来新的转机。唐宋以来，城市化发展迅速。宋代城镇已打破原有的行政区与商业区之界限，在城镇内部，店铺可以随处设置。①这种空间布局的变化直接刺激市井文化和市井舆论的繁荣。《东京梦华录》记录当时市井生活之繁荣："诸酒店必有厅院，廊庑掩映，排列小阁子，吊窗花竹，各垂帘幕，命妓歌笑，各得稳便。"②市井之中的酒楼、瓦舍既是百姓文娱之地，亦成为酝酿民间舆论的场所。

在官方层面，宋廷有尊重文人，不杀大臣之意识，这为知识分子争取言论自由，开展舆论传播创造了有利条件。伍伯常亦认为，在文教传统下的宋代，"文人采用非常规的自我表达方式时，只要不过于挑战统治威权或抵触国家政策，一般而言都会得到当政者宽容"③。宋代文人，如以范仲淹、欧阳修、王安石等历史名家为代表，皆有谏言范例。不过，这并不意味着朝廷对言论自由的绝对宽容。宋代已开始出现台谏合一之趋势，即御史台和谏院由各司其职向事权相混转变。御史、谏官都拥有对百官的监察之权，共为"人主之耳目"。沈松勤即指出，台谏惯以"文字罪人"④，在朝廷政治纠葛中常被党派策略性运用以制造文字狱，牵制舆论发挥。这种"台谏合一"之做法后来在元代被正式确立，继而成为一种常态的中央监察机制。

（五）元代严控出版物传播以及森严的等级制度使舆论处于高压之下

元代之传播语境发生了一些新变化。据朱传誉所考证，元代的邸报已经出现社会新闻。⑤不过，政府对小报之查禁以及出版之压制一度相当严厉。明代陆容在《菽园杂记》中即记载："元人刻书，必经中书省看过，下所司，乃许刻印。"⑥对于出版物之管理，元代既保持着禁令姿态，又试图借助"尊儒崇经"的文治传统消除本身作为"外来政权"之不安。《元史·世祖本纪二》云："（世祖）敕选儒士编修国史，译写经书，起馆舍，给俸以赡之。"⑦在官刻方面，元朝廷建立了一套严整的刻书出版管理体制，也客观上推动了儒家道统更加深入人心。

在舆论支配方式上，元代吸收了一些蒙古贵族之传统，如改"常朝"为"视

①　Zhang Xing Quan, "Urbanisation in China," *Urban Studies*, vol28, No.1（1991），p.42.

②　《东京梦华录》（卷二），载吴玉贵，华飞主编《四库全书精品文存·27》，北京：团结出版社，1997年，第145页。

③　伍伯常：《北宋初年的北方文士与豪侠——以柳开的事功及作风形象为中心》，《清华学报》（台湾）2006年第2期。

④　沈松勤：《宋代政治与文学研究》，北京：商务印书馆，2010年，第26页。

⑤　朱传誉：《中国民意与新闻自由发展史》，台北：正中书局，1974年，第247页。

⑥　陆容：《菽园杂记》，北京：中华书局，1985年，第116页。

⑦　宋濂撰：《元史》（第一册），北京：中华书局，1973年，第65页。

朝"，即朝奏的时间、地点与人员并不固定。李治安认为，这体现出"行国""行殿"等草原习俗被糅进决策活动。值得注意的，他还指出，元朝以降的君臣关系已呈现越来越强烈的尊卑反差。姚燧的《领太史院事杨公神道碑》记载，至元十七年授时历成，负责修历的官员入奏。"方奏，太史臣皆列跪。诏独起司徒（许衡）及公（杨恭懿），曰：'二老自安，是年少皆授学汝者。'故终奏皆坐毕其说。亦异礼也。"[①] 说明元代御前奏闻时除年老者特许就座外，一般大臣都需要下跪。御前奏闻时与会大臣是立还是跪，折射君臣关系之间有着巨大落差[②]，君权象征地位之拔高隐约暗示出专制深入下舆论自由之艰难。

（六）明清时期政府对精英士人的拉拢与防范手段更加多样，近代意义正在舆论萌芽

按照钱穆的观点，中国真正的皇权独裁专制乃是在明清时期被塑造。[③] 明代不设丞相，废"中书省"，六部直辖于天子，君主专制几乎被绝对化。此外，监察官吏倍增，机构重叠。据彭勃考证，明代监察御史"多至一百一十人，近四倍于元，近二十倍于宋，十倍于唐"[④]，社会控制壁垒空前森严。值得注意的是，就文化层面而言，约翰·达德斯（Dardess. J. W.）亦指出，在明代，儒学开始衍变为某种公共服务式的职业认同（public-service profession）。在这种职业认同之中，"忠诚"（loyalty）成为超越其他标准选项的最高信仰。文化精英对朝廷是否忠诚，很重要的影响因素在于朝廷能否创造提升儒家学说的环境与机会。精英阶层与接纳它的政权组织之间，存在脆弱的政治承诺或情感依附。[⑤] 在文化精英与国家机器之间的此种微妙关系中，知识分子的舆论发声必然变得慎之又慎。

清代集权专制继续深入，其中央机构大都承袭明制，只是根据自身具体情况略加损益。在舆论控制上，清廷出台了一系列社会保密政策，民众难以接触消息源，舆论表达自然更无从谈起。此外，为预防国家内乱，朝廷亦对舆论表达进行一系列迫害。其一方面开设博学鸿儒科，借以笼络汉族知识分子，一方面进行严格的思想控制，"凡有崇信异端言语者，令加严参问罪。若有私行刊刻者，永行严禁"[⑥]。相较于始皇时代的焚书，清代之毁书更体现官方意志的计划性与目的性，形

① 姚燧著，查洪德编校：《姚燧集》，北京：人民文学出版社，2011年，第280页。
② 李治安：《元代政治制度研究》，北京：人民出版社，2003年，第5—20页。
③ 钱穆：《中国历代政治得失》，北京：生活·读书·新知三联书店，2001年，第102页。
④ 彭勃：《中国监察制度史》，北京：中国政法大学出版社，1989年，第187页。
⑤ J. W.Dardess，*Confucianism and autocracy*：*professional elites in the founding of the Ming Dynasty*, California：University of California Press, 1983.
⑥ 安双成编译：《顺康年间〈续金瓶梅〉作者丁耀亢受审案》，《历史档案》2000年第2期。

成常态的法制化机制，编织出严密的文网控制，建立文化领域的绝对威权。

明清时期的专制威权虽为严厉，但即使在集权政治体系内部，政权存在的固有矛盾也会为舆论营造空间。贺凯（Hucker）以明代政府组织系统为例，认为古代中国的政府系统始终存在三种矛盾，"内廷"（inner court）与"外廷"（outer court）之间的矛盾，"集权"（centralizing）与"放权"（decentralizing）之间的矛盾，军权官僚（military bureaucracy）与市民官僚（civil bureaucracy）之间的矛盾。[1] 不过，需要指出，此种矛盾冲突下所释放的舆论张力，基本只能徘徊在上层建筑本身，舆论往往只是被权力所有者策略性地运用从而完成其政治意图，民间舆论之自由度其实依然相当有限。

到明代晚期和清代晚期，尤其是鸦片战争之后，国人睁眼看世界，在西学东渐的背景下了，一批传统知识分子向近代转型，争取言论自由的努力，不仅体现在对传统经典的重新诠释，甚至发扬出民主与科学的因子，而且直接借助近代报刊展开舆论攻势。统治阶级内部洋务派积极回应，试图推动政府自身的改良，模仿西方制度，外部则有诸如"公车上书"事件，以及维新时期和辛亥革命时期报刊的舆论动员都史无前例的剧烈。这在一定程度上反映了中国在新形势下传统舆论斗争向近代舆论抗争转型的到来。

总而言之，古代舆论环境一直处于尴尬境地，这种尴尬与上层建筑的舆论观息息相关：一方面，统治者很早便警惕到舆论传播之力量。在强调道德秩序的中国，众人之议似乎很容易招致"圣人"身份的破坏与污点。因而，历代王朝都设立有对舆论的控制措施，其中相当一部分都以法律的形式被明确下来。另一方面，出于维系社会结构之需要，统治者又试图开辟一些舆论渠道用以缓解社会压力，不过，这些渠道毕竟始终被掌握在王权绝对"可控"的范围之内。随着后期极权政治不断加强，至清初乾隆时代，"私"的范围已经被成功由儒家精英向君主体制转移，"皇帝以欧洲历代专制君主所无法相比的方式宰制了中央帝国"[2]，君主成为几乎所有社会资源的中心。中国舆论环境也就由此进入一种无可奈何的喑哑状态。

三、华夏舆论传播的主要形态与历史特征

华夏舆论传播士人群体常以讽谏为主要表现形态，而民间民意常以歌谣等形式表达，当然，士人群体的舆论对象以国事为主，而民间民意对象则以民生为主，

---

① C. O. Hucker，"Governmental Organization of The Ming Dynasty，"*Harvard Journal of Asiatic Studies*，vol.21，no.（1958），pp.21-25.

② F. Wakeman，"Boundaries of the public sphere in Ming and Qing China，"*Daedalus*，vol.127，no.3（1998），p.176.

两者彼此呼应。毕竟有担当的士人总有"铁肩担道义"的责任感。

（一）华夏舆论传播的主要舆论形态

古代中国之舆论环境由不同社会力量所共同塑造：一方面，中央集权体制下，君主执政开明与否似乎对于社会舆论影响显著；另一方面，伴随封建王朝的兴衰轮替，伴随着传统士族、地主、士大夫、乡绅等不同社会阶层之更迭、介入，舆论生态环境呈现极权政治下的生动面貌。

其一，言谏制度。中国关于"谏"的传播艺术由来已久，《周礼·司谏》曰："谏，犹正也。以道正人行。"又《周礼·地官·保氏》言："保氏掌谏王恶。""谏"一开始便有指正过失之意，其中尤以君主尊长为对象。秦始皇时期即设有言谏制度，用以"匡正君主，谏诤得失"。《史记·陈涉世家》即载："扶苏以数谏故，上使外将兵。"而自隋唐开始，随着三省六部、一台九寺政治体制的确立，社会监察制度与言谏制度的配合已经趋于完善。①言谏制度作为一种合法的舆论形式，乃"专制时代不可多得的舆论力量"②。同时，言谏制度下亦有诸多极富特色的变体，如"讽谏"，多以文学性的书写方式出现，既是个体说服艺术的体现，又代表"某种社会阶级的发声，某种文化习染的投影"③；又如官方所塑造的，君臣集中讨论的"朝议制度"，甚至于包括向来被民间故事所称道的"微服私访"。不过，总的来说，其毕竟是统治者自上而下所缔造的社会"安全阀"，受上层建筑之政治风气影响较大，其实际效用有待斟酌。

其二，出版舆论。作为较为大众化的传播方式，古代出版物往往由官方所主导。无论是官刻典籍，还是官报、官榜等，都是朝廷通过媒介管制，使之按照政治意图进行文化信息选择与引导。不过，游彪以宋代邸报为例，认为尽管邸报以传达政务为令，扮演着朝廷"传声筒"之角色，但仍时常出现指名道姓的时政批评文字④。这说明在此时期，媒介就作为官方喉舌，发挥着舆论监督的职能。此外，民间出版也发挥着一定舆论功能。宋元时期即有民间小报、小本的新闻传播活动，其内容多是关于朝廷政事，在市场广为流通。《元史》便有禁止"条画民间辄刻小

---

① 一般来说，列朝监察御史可以监察百官，却不能监察皇帝。而谏官则是单独专司规谏皇帝的官职。唐朝时期，谏官归属门下省，拥有部分司法权和人事审查权，使得皇权政治与谏官制度之配合达到一定完备阶段。李凭：《北朝研究存稿》（下编），北京：商务印书馆，2006 年，第 199—222 页。

② 邱红波：《从舆论学角度看中国古代谏诤现象》，《社会科学家》1991 年第 3 期。

③ 郑毓瑜：《直谏形式与知识分子——汉晋辞赋的拟骚、对问系列》，《中国文哲研究集刊》（台湾）2000 年第 16 期。

④ 游彪：《庙堂之上与江湖之间：宋代研究若干论题的考察》，北京：北京师范大学出版社，2011 年，第 44—47 页。

本卖于市"① 的记载。不过，在封建政权的言禁之令下，这些民间出版物的生存与发展都较为困难。

其三，以知识精英为主体的城镇舆论。封建经济的发展，手工业基础扩大以及拥有一定财富和土地的士绅阶层之聚集为知识分子开展舆论活动奠定了前提基础，其中以"清议""清谈"为代表。这些城镇舆论的开展一般拥有相对独立言论场所，知识分子或通过学理对话影射政见、社会观点，或通过诗词歌赋抒发胸臆，体现了早期公共传播之雏形。此类舆论的代表场所如汉武帝时期设立的太学。尤其在东汉朱穆、皇甫规事件中，太学在学生运动下成为舆论风暴中心，一时之间，"太学风潮"影响颇巨。不过，随着后期科举制出现以及官僚政治体制逐步深入，知识分子进一步被上层建筑收编。在极权政治的"禁言令"下，人们一般不被允许私下集会，城镇舆论的力量也就大为淡化。

其四，民间歌谣。按照林语堂的说法，公众批判以诗歌体裁发端而非散文体裁。普通百姓利用歌谣谚语这一口语传播形式对统治阶层发表舆论意见的现象在古代中国并不少见。只不过，这一事实"在人民对其统治阶层表面的驯服下经常被掩盖起来"②。民间歌谣在早期采风制度下的夏周就已经颇为普遍，这一舆论传播方式后来在封建集权时代依然得以延续。《史记·项羽本纪》曰："楚虽三户，亡秦必楚。"《后汉书·皇甫嵩传》亦记载张角黄巾起义时为鼓动反对朝廷的舆论所制造的民谣："苍天已死，黄天当立，岁在甲子，天下大吉。"可见，这种歌谣舆论常常在社会动乱时期被人为"炮制"，为"蓄势"某一政权营造合法化空间。

（二）"舆论监督"之渊源：华夏舆论传播的历史特征

舆论在中国古典语境中，向来拥有很高地位。在较早将"舆""论"两字并作一词的《三国志·王朗传》中便有记录："设（孙权）其傲狠，殊无入志，惧彼舆论之未畅者，并怀伊邑。"③北宋苏舜钦亦在《诣匦疏》中指出："朝廷已然之失，则听舆论而有闻焉。"这说明社会舆论对于上层建筑的政治决策确实有着一定影响。

不过，与源自近现代西方哲学的"公众意见"迥异，在公共领域始终缺席的情况下，中国古代之"舆论"几乎很少出现作为"私人"概念的利益诉求。此种现象的原因固然作用复杂，但往往与农业经济、封建宗法制下的社会共同体联结方式有关：作为个体的自我既无法在经济上实现独立，更无法摆脱家天下的法律

① 《元史》（第101卷），北京：中华书局，1976年，第2680页。
② 林语堂，王海，何洪亮译：《中国新闻舆论史》，北京：中国人民大学出版社，2008年，第18页。
③ 陈寿：《三国志》（上），北京：中华书局，2011年，第344页。

与道德契约。哈利（Harry）关于晚明东林党的研究可以作为上述观点之佐证。其认为古代中国知识分子的舆论往往导致派系之争，真正公共领域意义上的"私人"（private people）无法达成话语权的实现。并且，这些知识精英的舆论运动往往建立在对商业原则进行抵抗的基础之上，并未对商品经济表示有多少欢迎。知识分子的种种舆论活动，实际上乃是对自身士绅身份（gentry identity）的重构以及士绅原则（gentry rule）的维系。[①]

有意思的是，如 Cho 所指出，舆论在古代中国还成为与"个人修养"（personal cultivation）相联系的存在，"公共意见"被作为一种个人修养的规范用以服务社会控制，这种社会控制包含三个层次——普通民众、统治者和社会政治系统。[②] 这意味着舆论与传统道德秩序的深刻捆绑：一方面，就个体而言，传播者同时纠结于"慎言"的君子道德暗示以及士大夫历来治国平天下的政治理想矛盾之中。因此，传统知识分子对舆论的使用其实十分慎重。而亦是出于对"道德"的坚守，古典舆论环境甚至推动造就了一种独特的以"不言"为表态的舆论方式，即隐士传统（eremitic tradition）的出现——隐士脱离世俗乃是为了超越世俗，从而表达他们自身的一种完美主义情结。[③] 而另一方面，对于统治者或者政治系统而言，舆论很可能会在对道德系统的非议基础上，进而导致政权体系的崩坏。因为与西方哲学视角所强调"每个人通过道德代理的所作所为"中的"道德"（moral）不同，中国传统的"道德"概念常常会归咎于"社会共同体做了什么"，[④] 在讲究"圣人德治"的君主体制下，社会共同体的"道德失格"很容易延伸到君主的"执政失格"，影响政权根基的稳定。按照 Reed 的观点，宋代以来的"新儒学"（Neo-Confucian orthodoxy）确立了政治权威是"圣人"的特权，官员的个人修行品质与政治等级挂钩。这就规定了一种明确的社会政治秩序。[⑤] 不过，值得注意的是，由于高阶位的执政者一直受到"圣人"教条原则的约束，这也在客观上导致了其面临的道德压力以及对舆论非议的恐慌。可以说，古代社会后期舆论压制程度之不断上升，

---

① M.Harry, "Opposition to the Donglin Faction in the Late Ming Dynasty: The case of Tang Binyin," *Late Imperial China*, vol.27, no.2 (2006), pp.38-66.

② H.Cho, "Public opinion as personal cultivation: A normative notion and a source of social control in traditional China," *International Journal of Public Opinion Research*, vol.12, No.3 (2000), pp.299-323.

③ A.Vervoorn, *Men of the cliffs and caves: The development of the Chinese eremitic tradition to the end of the Han Dynasty*, Hong Kong: Chinese University Press, 1990.

④ K.L.Lai, "Confucian moral thinking," *Philosophy East and West*, vol.4, no.2 (1995), p.249.

⑤ B. W.Reed, *Talons and Teeth, County Clerks and Runners in the Qing Dynasty*, Stanford & California: Stanford University Press, 2000,p.2.

与此不无关系。

正是基于舆论这种巨大而潜在的政治威胁，在社会抗争时期，舆论经常被地方军阀或起义领袖主动建构用以破坏现有秩序的合法性。三国时代，陈琳在《为袁绍檄豫州文》中，便是一开始先否定曹操一族的道德优越，意在"布告天下，咸使知圣朝有拘逼之难"，从而为战争制造舆论。与之异曲同工，骆宾王的《代李敬业传檄天下文》亦是以武氏自身经历为引，进而验证政权的非法，其"移檄州郡，咸使知闻"的舆论目的显而易见。面对古代社会"君君臣臣"的深刻观念，比起直接向君主王朝进行抗争诉求，上述舆论手段看起来或许更加行之有效。

大体而言，相较于在社会动荡时期，直接面对上层建筑的"抗争舆论"，在奉行"多一事不如少一事"的传统中国，舆论很少被用以实现日常生活中的"私人"利益诉求。在以"忠孝"为价值尺度的社会认证体系内，个人的利益和需求被认为不符合"君子之道"。并且，传统社会自有一套建立在"人情"与"关系"之上的传播系统①，此种系统弥补了舆论之缺席，成为用以协调、解决利益关系的常态。Utter在研究古代中国人的诉讼观念时也发现，中国人平日总是尽量回避打官司，对私人权益的重视程度并不高。他将这种现象归结于三个因素：孔孟之道、法治信仰的缺乏以及强调小群体的社会共同体防御系统。②因而，强调公众意见的"舆人之论"其在"私域"的范围实则影响有限，反而是作为官方权力的"舆论监督"占据了封建王朝舆论传播的主流地位。

这种"舆论监督"的社会控制系统在始皇时代就已经呈现设计雏形：一方面，在民间开展大规模的社会言禁运动，另一方面，则通过御史监察制度等防止官员玩忽职守，即似乎试图依赖民间的"绝对控制"与上层建筑的"相对监督"来稳定政权。此后，虽然王朝历经更改，但这种社会控制模式的本质和功能都未有变化。③并且，还被通过进一步的制度建构所完善修补。威尔金森（Wilkinson）曾从中国古代教育出发，认为儒家道统的传统教育体系吸收并改造了原本属于"非精英个体"（non-elite individuals）的人们，强化了介于公共领袖和社会高阶地位之间的双向联结方式。④魏特夫也以"一夫多妻制"为例，探讨了东方专制主义的

---

① K. K.Hwang, "Filial piety and loyalty: Two types of social identification in Confucianism," *Asian Journal of Social Psychology*, vol2, no.1（1999）, pp.163-183.

② R. F.Utter, "Dispute resolution in China," *Washington Law Review*, vol. 62, no.3（1987）, p.383.

③ P.Tao, "The Chinese Ombudsman and Control System," St. John's Law Review, Vol.XII, Issue3（1967）, pp.363-364.

④ R. H.Wilkinson, "The Gentleman Ideal and the maintenance of a political elite: Two case studies: Confucian education in the Tang, Sung, Ming and Ching Dynasties; and the late Victorian public schools（1870-1914）," *Sociology of Education*, vol.37, no.1（1963）, pp.9-26.

制度。其认为"一夫多妻制"能够使得君主利用独特机会使自己的血亲 / 姻亲获得显要的社会地位。[①] 这种以亲属为基础的等级附属关系，使得相当大一部分士族阶层被笼络于国家政治机器之中。上述研究都表明，古代社会通过制度运作团结了一批为数可观的权力精英，这些人共同构成舆论监督的实质主导者，权力共同体由此凝结。因而，舆论，在中国历史中向来就作为官僚政治中的精英意见（elite opinion）而存在。[②] 这支以君主为核心、网络复杂的上层精英意见队伍，既保证着社会有效信息之流通与舆论控制，也共同支撑起了庞大中央帝国的系统运作。

总而言之，在梳理华夏舆论传播的过程中，我们可以发现，传统中国概念中的"舆论"与西方哲学自启蒙运动以来奉为圭臬的"舆论"（或"公众意见"）相比，两者在内涵上呈现出一定区分：西方所谓的"舆论"往往混合了关于自由、民主、法治、理性等诸多概念，是近现代公共领域意义上的观念集合体。因而，这种视野下的舆论十分注重"私人"利益的实现，其讨论舆论与政治机器之间的制约关系，其根本上乃是为实现"私域"利益不受侵犯，实现"自由人"的权利。而古代中国舆论往往强调对一个社会系统的道德评价，这种舆论对于现实政权的实质威胁更大，历来为统治者所恐慌，社会舆论政策之实施也多偏向为注重"防御"而非"疏导"。在整个历史发展时期，舆论皆受上层建筑的影响较大，并在后期集权政治的制度运作中逐渐调整为以上层建筑"舆论监督"为主导的舆论传播模式。这种舆论传播模式在近现代中国舆论环境中得到一定继承，但是，与之显著不同的是，市场经济的发展推动私有财产下独立"自由人"的出现，传统合并在"家天下"理念中的个体被分离出来。同时，现代意义上公共领域的成形和民主力量的强化，使得社会内部，尤其是中下层民众关于具体利益诉求的舆论声音日益扩大，这是古代社会所难以想象的局面，也是当代中国在政治体制改革和民主社会进程中，所面对的挑战、抉择与希望。

---

① ［美］卡尔·A. 魏特夫：《东方专制主义》，徐式谷等译，北京：中国社会科学出版社，1989年，第325—326页。

② J.Judge, "Public opinion and the new politics of contestation in the Late Qing, 1904-1911," *Modern China*, vol.20, No.1（1994），p.64.

舆论学视角下的汉代"月旦评"探析 *

田素美　谢清果 **

摘　要: "月旦评"作为我国东汉时期的民间乡议活动，对于社会和历史发展产生过深远的影响。其产生和兴衰历程，基于特定的社会人文环境，折射出古代中国民间舆论与官方舆论场相辅相成，又互为对立的关系。学界对于"月旦评"的评价莫衷一是，本文以"月旦评"为研究对象，从舆论学的视角入手，分析其兴起的社会环境、舆论特征及舆论功能，并探讨其历史的进步意义，为当今社会舆情治理与和谐社会的构建提供镜鉴。

关键词: 月旦评；舆论学；意见领袖；清议之风

"舆论"源于英文"Public Opinion"，国内翻译成"舆情""民意""公共意见""公众意见""公共舆论"都比较常见。甘惜分在《中国大百科全书·新闻出版卷》中，将"舆论"定义为"公众的意见或言论"。[①]"舆论是指在特定的时间和空间里，公众对于特定的社会公共事务公开表达的基本一致的意见或者态度"。[②]舆论既是个人社会心理的反应，表达了个人作为权利主体的社会心理和参政议政的自由，同时也反应了对国家政治、经济、文化等领域的社会评价，是塑造政府形象的重要环节。舆论是民情之所在，也是国家制定方针政策的重要参考依据，是国家政治传播的重要构成部分，舆论对个人和国家政治都产生深远的影响。网络时代，新传媒的发展，为舆论的传播提供了前所未有的空间和平台，社会舆论空前活跃，舆论危机更易爆发，严重影响政府形象的塑造和国际地位的提高。因此，

---

* 本文原载于《现代传播（中国传媒大学学报）》2018 年 07 期，第 54—60 页。

** 田素美，厦门大学新闻传播学院 2017 级博士研究生，贵州师范大学国际旅游文化学院副教授。谢清果，厦门大学新闻传播学院教授，博士生导师，传播研究所所长。

① 中国大百科全书总编辑委员会:《中国大百科全书·新闻出版卷》，北京:中国大百科全书出版社，1990 年，第 457 页。

② 李良荣:《新闻学概论》，上海:复旦大学出版社，2016 年，第 55 页。

正确认识舆论的地位和作用，巧妙引导和利用舆论为政治传播服务就成为重要的研究课题。

古代中国，舆论与古代政治的关系十分密切。历代王朝都十分注重民情民意诉求和表达，加强对社会舆论的掌控。上古时期，公众舆论监督就成为先民实现民主权利的主要途径。如《管子·桓公问》："黄帝立明台之议者，上观于贤；尧有衢室之问者，下听于人也。"①可见，明台、衢室为黄帝、尧采纳民意的场所。夏代时，夏禹广开言路，虚怀纳谏，据《左传·襄公十四年》师旷引《尚书·夏书》称："每岁孟春，遒人以木铎循于路，官师相规，工执艺事以谏。"杜预注："循于路，求歌谣之言也。"也就是说，夏王派专官遒人在路上敲木梆，巡行于各地，官员及百工众人可以歌谣的方式向遒人进言。商代著名君主盘庚在动员殷人迁都时，曾"命众悉至于庭"，与群众商量迁都事宜，听取意见。周厉王时期，严禁民众议论朝廷，召公提出"防民之口，甚于防川"的著名论断，然而，周厉王依然"弭谤"不改，导致"国人莫敢出言"，三年后，周厉王被人民推翻、流放。春秋时期，诸国纷争，诸国国君深明人心向背，以开明姿态应对社会舆论。据《左传·襄公三十一年》，郑相子产执政期间，民众常聚于乡校议论政事，有人建议毁掉乡校，子产说："夫人朝夕退而游焉，以议执政之善否。其所善者，吾则行之；其所恶者，吾则改之。是吾师也，若之何毁之？我闻忠善以损怨，不闻作威以防怨。岂不遽止？然犹防川，大决所犯，伤人必多，吾不克救也。不如小决使道，不如吾闻而药之也。"②这说明子产不仅重视民众舆论监督，而且阐述了执政者对待舆论监督的办法：堵远不如疏，政府要学会引导舆论，让舆论服务于政治统治。秦至清代，舆论监督制度化。秦始皇统一中国后，创设言谏制度，以"匡正君主，谏诤得失"，但是秦朝皇权膨胀，言谏作用甚微。两汉时期，言谏规模扩大，政策宽松。唐朝言谏制度进入了鼎盛时期。清朝郡主专制进一步强化，言谏制度走向终结。由此可见，舆论与政权的兴衰具有重要的关系，言谏制度虽然在限制君权、维护政治清明的过程中发挥过积极作用，但是由于其自身依附于郡主专制政体而又作为郡主专制的对立面存在，消亡之必然。

"真正对于传统社会里的政治起着舆论上的监督制约作用的，应当是蔓延于决策集团之外的士林中的自由议论。"③这种民间舆论作为郡主专制的对立面，在限制君权、维护传统的道德规范、约束官僚言行方面都起到了积极作用。汉代民间舆

---

① 管仲：《管子》，何怀远、贾歆、孙梦魁编，呼和浩特：远方出版社，2005年，第107页。
② 左丘明：《左传》，刘利、纪凌云译注，北京：中华书局，2011年，第179页。
③ 吴予敏：《无形的网——从传播学的角度看中国的传统文化》，北京：国际文化出版社，1988年，第134页。

论达到了鼎盛时期，以"月旦评"为代表。谢承《后汉书》曰："许劭仕郡为功曹，抗忠举义，进善默恶，正机执衡，允齐风俗，所称如龙之升，所贬如堕于渊，清论风行，所吹草堰，为众所服。"① 足见其当时的社会影响以及对政治的舆论监督作用。

月旦评为何有如此巨大社会影响，作为民间舆论自身具有什么样的特点，与政治传播到底具有什么样的关系，如何客观评价其社会影响？本文从月旦评产生和发展历程、舆论视角下其功能和影响、对后世启示等方面分析论证。

"月旦评"由于在历史进程中存在时间较短，研究成果并不丰硕。国内外学者多从家族学、人物评论、政治学、历史学等角度对"月旦评"进行研究。归纳如下几点：一探讨"月旦评"产生发展历程及影响。如孙立涛《东汉末年汝南"月旦评"的生成及其评价问题》②、武剑青《汝南"月旦评"》③。二、从门阀士族的形成或对士人的评析关照"月旦评"。如朱绍侯《试论汝南许氏望族的形成——兼论许劭月旦评》④、王素英《从汉代月旦评谈汉末名士风度》⑤。三、从文学或美学的角度研究月旦评。如熊国华《〈世说新语〉品评人物的审美特征及影响》⑥、万久富《魏晋人物品评的语言特色》⑦。四、将月旦评和清议一起纳入政治传播的范畴，探讨其对政治统治和政治传播的作用。如孙立涛《汉末"清议"与魏晋"清谈"之关系再探》⑧及《清议性质与汉代乡里清议略析》⑨。学界鲜有学者从舆论学的视角专门研究"月旦评"。笔者从舆论学视角全方位观照月旦评，深入其内部文化肌理，理清发展脉络。从月旦评的兴衰过程寻找民间舆论产生及兴盛的环境，探讨与国家政治统治与国家舆论之间的制约关系，以希总结规律，为当今提供借鉴。

一、月旦评兴起及演变

月旦评，又叫汝南月旦评，东汉末年由汝南郡人许劭、许靖兄弟主持，对当代人物进行品评、褒贬的一项评议活动，常在每月初一发表，故称"月旦评"。评议对象包括各个阶层的人士，以臧否人物，激浊扬清为目的，每个月品题都有变

---

① 李昉等：《太平御览》，北京：中华书局，1960 年，第 977 页。

② 孙立涛：《东汉末年汝南"月旦评"的生成及其评价问题》，《北京社会科学》2017 年第 8 期。

③ 武剑青：《汝南"月旦评"》，《兰台世界》2012 年第 11 期。

④ 朱绍侯：《试论汝南许氏望族的形成——兼论许劭月旦评》，《黄河科技大学学报（民办教育研究专号）》2000 年第 1 期。

⑤ 王素英：《从月旦评谈汉末名士风度》，《黑龙江史志》2009 年第 24 期。

⑥ 熊国华：《〈世说新语〉品评人物的审美特征及影响》，《广东教育学院学报》1996 年第 1 期。

⑦ 万久富：《魏晋人物品评的语言特色》，《修辞学习》2001 年第 6 期。

⑧ 孙立涛：《汉末"清议"与魏晋"清谈"之关系再探》，《东方论坛》2017 年第 5 期。

⑨ 孙立涛：《清议性质与汉代乡里清议略析》，《重庆师范大学学报（哲学社会科学版）》2014 年第 2 期。

化。无论是谁，一经品题，身价百倍，世俗流传，以为美谈。因而闻名遐迩，盛极一时。月旦评社会影响之大，有其产生发展的独特的时代背景，兴盛及衰亡的历程，折射出古代中国民间舆论与官方舆论场相辅相成，又互为对立的关系。

（一）民间与官方舆论场的角力："月旦评"兴起

月旦评兴起在汝南地区兴起，与当时特定的政治制度、社会文化背景密不可分，同时因许劭、许靖自身的社会身份、人格素养及其客观精准的评价，让其社会影响不断发酵。

1. 地域性成熟的人文环境促其产生。月旦评的兴起，有赖于当地发达的政治、经济和人文环境，为其产生提供了丰富的土壤。汝南，古属豫州，上古时期，豫州为九州之中，汝南又居豫州之中，故有"天中"之称。东汉学者应劭言："汝南，中土大郡，方城四十，养老致敬，化之至也。"① 这说明当时汝南地区，政治经济实力强，道德风尚、文化素养达到了很高的水平——"化之至也"。同时，汝南地区是人才辈出之地。自古"汝颖固多奇才"。② 自东汉初至顺帝年间，学术上曾涌现出一批蜚声海内的经学大师，如戴凭、钟兴、许慎、周举、蔡玄等人，他们或享有"五经无双""五经纵横"之美誉，或收徒千万，贵为一代宗师。政治上更是凸显，《后汉书·党锢列传》记载，"三君""八俊""八顾""八及""八厨"封号的人物共35人，其中陈蕃、范滂、蔡衍、陈翔等均为汝南人士，并且在党锢名士中处于核心领导地位。另外，汝南地区，门阀士族林立，政治地位显赫，如许氏、袁氏、应氏等豪门士族。这些门阀士族要么世代位居高官，要么为儒学世家，文化传承超过百年之上。总之，地域经济文化环境孕育了月旦评。

2. 汉代"察举""征辟"的选官制度，为月旦评兴盛提供了政治舞台。我国汉代实行"察举""征辟"的选官制度，从西汉时期就实行以地方基层组织乡里和亭为单位的"乡举里选"和"乡议清议"的选举制度。就是参照社会舆论对个人的评价来决定官员的取舍，将社会舆论作为选官取士的标准。官员的推举，以"孝廉""贤良方正"等为标尺，注重德行的考核。《后汉书》注引《汉官仪》云："建初八年十二月已末，诏书辟士四科：一曰德行高妙，志节清白；二曰经明行修，能任博士；三曰明晓法律，足以决疑，能案章覆问，文任御史；四曰刚毅多略，遇事不惑，明足照奸，勇足决断，才任三辅令。皆存孝悌清公之行。"可见朝廷选官对"孝悌清公"的要求，"察举"对于"征辟"具有重要的决定性作用。被举荐

① 应劭：《风俗通义》，北京：中华书局，1985年，第88页。
② 朱子彦：《走下圣坛的诸葛亮——三国史新论》，北京：中国人民大学出版社，2006年，第260页。

人的德行从何而来，最直接的来源就是"乡议"，即民间舆论，看民间对这个人的品行、道德的评价。月旦评作为最有影响的乡社舆论，找到存在的政治价值和政治领域发挥社会效应的广阔舞台，助其兴盛。

3.清议之风盛行。东汉后期，政治腐败，社会矛盾激化，外戚、宦官轮流执政，士人地位受到排挤。学子、士人已无法潜心于学术，他们以退为进，将精力放在对社会政治的关切和人物的品鉴人物之上。《后汉书》卷六十八《党锢传·序》："匹夫抗愤，处士横议，遂乃激扬声名，互相题拂，品复公卿，裁量执政。"品题这项活动给当时的社会带来了不小的影响，同时也成为宦官发起"党锢之乱"的导火索。汉代察举、征辟的用官制度再加上政治时局的变化，引起社会上议论时政、臧否人物的"清议"风气。此为月旦评产生和兴盛的历史机遇。

4.许氏兄弟名士身份及其客观精准的评价效果，扩大了月旦评的社会影响。月旦评社会影响巨大，与许劭、许靖兄弟名士身份及其刚正不阿的品格，精准的评价密不可分。首先，许劭、许靖是典型的"名士"，汝南名门士族，乡间士绅，祖上位列三公。《后汉书.许劭传》记载："劭从祖敬，敬子训，训子相，并为三公，相以能诏事宦官，故自致台司封侯，数遣请劭。劭恶其薄行，终不侯之。"[1]文中可见许劭、许靖兄弟显赫的家世以及刚正不阿的品格。其次，许劭、许靖自身德行高尚。"许劭字子将，汝南平舆人也。少峻名节，好人伦，多所赏识。若樊子昭、和阳士者，并显名于世。故天下言拔士者，咸称许、郭。"[2] 这段话可以看出许劭聪慧、品格高尚，社会声誉良好。再次，评论精准，客观公正。许劭曾评陈寔为"太丘道广，广则难周"，论陈蕃是"仲举性峻，峻则少通"。[3] 陈寔为当时名士中之"泰斗"，陈蕃则是名士中之"护法"，许劭对二人之品题，各为八个字，有褒有贬，恰如其分，客观公正。一时引得四方名士慕名而来，竞领二许一字之评以为荣。月旦评盛极一时。

（二）士人论政的舆论光芒："月旦评"的历史演变历程

综合月旦评产生及兴盛的原因分析，我们可以清晰看到月旦评的历史演进历程。首先，汉朝建立后为了休养生息，弥补战争创伤，统治者采用"无为而治"的政策。开国皇帝刘邦"豁达大度，从谏如流"，言谏规模较秦有所扩大，统治者对于思想文化控制不强，诸子学说进一步发展，民间舆论环境宽松。汉武帝时期，加强了对思想文化的控制，提出了"罢黜百家，独尊儒术"思想，儒家思想成为

---

① 范晔：《后汉书》，北京：中华书局，1965 年，第 442 页。
② 范晔：《后汉书》，北京：中华书局，1965 年，第 442 页。
③ 范晔：《后汉书》，北京：中华书局，1965 年，第 442 页。

官方的正统思想，儒学成为士人必修的课程和入仕的诱饵。政府通过修史、建立太学、确立察举征辟制度等一系列措施，加强和巩固思想统治。学经—通经—入仕就成为士人追逐名利福禄的最佳途径。由此，朝廷对思想文化的传播控制进一步实现，经学义理辩论之风盛行。班固对此有精辟的总结："自武帝立五经博士，开弟子员，设科射策，劝以官禄，迄于元始，百有余年，传业者寝盛，支叶蕃滋，一经说至百余万言，大师众至千余人，盖禄利之路然也。"①月旦评的产生营造了良好的言论环境，作为读经、通经入仕的门阀士子，许劭、许靖为士人树立了典范。

　　其次，东汉后期，外戚和宦官当权，清议之风盛行，月旦评进入了全盛时期。从东汉中后期开始，外戚和宦官擅权轮流执政，任人唯亲，卖官鬻爵，在政府机构随意安插浊流子弟和庸俗无才之辈。置"乡闾评议"于不顾，"察举制"名存实亡。学而优的儒家士子通经入仕之途受到严重的排挤和阻碍，他们自觉挺身而出，发动社会舆论，臧否人物、抨击朝政，"清议"之风盛行。士人"清议"主要有两种：一种是对戚宦政治的猛烈抨击，即"品核公卿，裁量执政"，以在朝的李膺、陈蕃等名士官僚为领袖、太学生为骨干，他们言辞激烈、危言深论，甚至采用违法极端手段打击宦官、豪强等浊流；另一种主要评论人物才干和德行风貌，即"激扬名声、互相题拂"，这类人物品鉴以在野的郭泰和许邵、许靖最为出名。"清议"源于乡闾评议。清初思想家顾炎武曾指出："两汉以来，犹循此制，乡举里选，必先考其生平，一玷清议，终身不齿。"②学者吴予敏认为："所谓汉末清议，不过是官僚集团与儒学集团中的'清流分子'，对宦官集团和外戚集团的舆论斗争。"③到了汉末士大夫清流分子与权宦集团与外浊流对抗之时，乡里公论仍存，但名士领衔的评论家成了公论代言人。许劭、许靖兄弟主持的月旦评，抨击时政，品评人物，推举人才，控制乡社舆论，地域影响巨大。对名士陈寔和陈蕃是品评客观、逼真、敢于直陈士林领袖的局限，轰动一时，为士人所推崇，从此月旦评风靡全国。两次党锢之际，名士官僚的清议受到了很大的挫伤，士大夫清流与宦官之间更加势不两立，月旦评以臧否人物为主的民间乡社舆论更加受到士人的欢迎和追捧。许邵洞悉时代需求，标榜自持，裁量德行，月旦评站在风口浪尖之上，"寄雌黄于一人之口"，掌握人物毁誉之生杀大权。他们的品鉴评论可以左右朝廷和地方政府选官。得到正面评价的士人，仕途通畅；被负面评价，则如坠深渊。月旦评进入了鼎盛时期。

---

　　① 范晔：《后汉书》，北京：中华书局，1965 年，第 442 页。
　　② 顾炎武：《日知录》，严文儒、戴扬本校点，上海：上海古籍出版社，2012 年，第 531 页。
　　③ 吴予敏：《无形的网络——从传播学的角度看中国的传统文化》，北京：国际文化出版社，1988 年，第 60 页。

最后，东汉灭亡，诸侯割据，月旦评退出历史舞台。董卓之乱之后，东汉进入军阀混战的局面，名士逐渐逃亡各个割据政权，清议盛况不在，人物评论之风日衰，退缩为朝廷和割据政权举荐人才，桓帝、灵帝时期有全国影响的、在野的评论大家不复存在。月旦评虽盛行于一时，然持续时间并不太长。史书对于月旦评的消亡记载不多。"劭邑人李逵，壮直有高气，劭初善之，而后为隙，又与从兄靖不睦，时议以此少之。"①据记载，许劭因为与李逵有矛盾，与许靖有分歧，评论逐渐减少，月旦评进入了衰弱时期。十常侍当国，许劭目睹朝政腐败，天下将乱，不愿入仕。他说："方今小人道长，王室将乱，吾欲避地淮海，以全老幼。"②他南到广陵，投奔徐州刺史陶谦，后又转投扬州刺史刘哥于曲阿（江苏丹阳市），及孙策平吴，许劭又与刘繇南奔豫章（江西南昌市），并于兴平二年（195 年）死于豫章，终年四十六岁。许靖因事得罪董卓，亦避难出走，随着许氏兄弟两人关系的破裂并分别离乡他走，月旦评便逐渐淡出了历史舞台。

二、"月旦评"的舆论环境、特征及其功能剖析

月旦评作为东汉末年"清议"的重要表现形态，其实质是一种社会舆论（民间舆论），是当时民间意愿集中的表达，反映民意和民声。林语堂认为东汉的"清议"和"党锢"事件是"中国舆论史上舆论和统治当局之间第一次有组织的争论和冲突"③。月旦评作为民间社会舆论，既是我国古代社会乡社组织实施管理的一种方法和依靠力量，也是一种自下而上的政治传播形式，具备了社会舆论的特征、功能。现从舆论视角对其分析。

（一）月旦评的社会舆论环境分析

关于舆论，中国古代称之为"舆诵""舆颂""清义"，指众人的意见。现代对舆论的定义虽然说法不一，但是有如下几点是相同的，一是存在某个涉及人们共通利益的问题或者事件。二是有许多个人对这个问题或事件有一种具有共同倾向性的意见，并且这种共同的意见会直接地或间接地对社会产生影响。汉武帝时期，"独尊儒术"大一统思想的提出，儒家思想成为国家的正统思想，并通过各种媒介及途径自上而下渗透到人心骨髓。儒家思想强调道德伦理，注重对民众百姓的道德教化，注重人格德行的提升。强调"仁、仪、温、良、恭、俭、让"，重视

---

① 范晔：《后汉书》，北京：中华书局，1965 年，第 442 页。
② 范晔：《后汉书》，北京：中华书局，1965 年，第 442 页。
③ 林语堂：《中国新闻舆论史》，王海、何洪亮主译，王海、刘家林校，北京：中国人民大学出版社，2008 年，第 26 页。

孝道。在儒家"修身、齐家、治国、平天下"积极入世态度的影响下，"入仕"成为涉及人们共通利益引起共同关注的问题，为舆论的形成提供了客体。汉朝察举、征辟的选官制度，使乡间评议（社会舆论）找到实现政治价值的舞台。考察官员，必先考其生平，察其乡邑之誉，根据社会舆论来鉴别德行。而对于官员的生平及德行乡社无疑是最有发言权的，"月旦评"应时而生，将乡社对人物的德行评价通过代言人许劭、许靖之口，跨越时空定时（月旦）在乡间集中表达，通过乡社各种人际传播的途径，蔓延扩大。乡间评议一方面约束乡民的行为，巩固了乡间传统的道德规范，另一方面为士人"入仕"积累政治资本，为政府举荐了人才。因此乡间流传"宁可就刑受戮，不愿为乡评所短""一玷清议，终身不齿"的说法。东汉末年，宦官外戚专权，任人唯亲，卖官鬻爵，"君权神授"及传统的"学经—通经—入仕"的为官的政治体系彻底崩塌。士人"入仕"之路受到严重阻碍，舆论热点再次引爆，反对黑暗政治成为民间舆论的焦点。为了维护政治清明，实现士人"入仕"的利益。官僚集团合同"清流"分子与宦官和外戚集团展开了激烈的舆论斗争。月旦评寓"抨击时弊"于"臧否人物"之中，将舆论影响扩大，进入了全盛时期。由此可见，月旦评作为社会舆论，在东汉末年特殊的历史背景下，曾经留下浓墨重彩的一笔。

（二）月旦评的社会舆论特征

1. 公开性。社会舆论是社会意识形态的特殊表现形式。往往以拥护或反对、赞扬或谴责的方式对某一公共问题做出公开的评价。月旦评作为一种乡社舆论，以人物品评为主要内容，将乡邻对人物德行的评价汇总，代表群体公众的意见，每个月初定时公开开评，每期品题不同，因许劭、许靖的名士身份和社会影响，乡民和士子参与人数自多，聚集听其评论，并形成议论，公开传播评论信息，对社会产生广泛影响，具有很强的公开性。

2. 公共性。月旦评舆论的公共性主要包括两个方面，即舆论指向的公共性与目标的公共性。月旦评舆论的指向主要包括人物评论（注重德行）和时政，而目标是通过品评，以"清议"方式达到"举孝廉"和激浊扬清的目的。这一舆论对象和目标，在当时时代背景下，在儒家思想的统治下，对于积极入仕的寒门子弟和豪门子弟都具有共性的感召力，社会普遍关注，具有很强的公共性的特点。

3. 广泛性与正义性。月旦评虽然发源于汝南地区，但是影响范围广泛且深远。

宋人秦观有诗云:"月旦尝居第一评,立朝风采照公卿。"[①]"所称如龙之升,所贬如坠于渊,清论风行,高唱草偃,为众所服。"[②]从这些语句我们可以看出,月旦评影响巨大。后人视月旦评为"第一评",因获月旦之高评而飞黄腾达,成为达官显宦者,在朝堂上威风凛凛,其风采超过公卿大臣。如果被月旦评贬低,如同坠入万丈深渊永世不得翻身。世人视月旦评如"风行草偃"具有"魔弹论"般的传播效果,虽然有些夸大,但是足见其影响巨大。因此,四方名士,慕名而来,就连曹操都讨到"君清平之奸贼,乱世之英雄"评论,大悦而去。月旦评影响广泛,除了许氏兄弟自身刚正不阿,不畏强权的品格及精准的评论之外,还存在如下原因:(1)许氏兄弟门阀名士的自身所带的"光环效应"。许氏兄弟,出身名门,祖上位列三公,是当地有名的门阀士族和乡绅豪佑,许氏兄弟积极聚贤荐能,黜恶罚奸,闻达宦府,交通乡民,影响极大且口碑好,是许多士子仰慕的对象。(2)许氏"意见领袖"的作用。在人际交往过程中,有一些人会因为社交范围广,有较多的信息渠道和较高的学识背景而经常为他人提供信息、观点或建议,并在不知不觉中对他人施加了个人的影响。在传播学中,把这样的人物称为"意见领袖"。两汉时期,传播媒介并不发达,信息传递以人际口语传播为主,特别是对于广大的乡社,信息更是闭塞,外界信息很难传递到乡野,特别是政治信息的缺乏与民众渴望入仕的愿望之间的形成矛盾对立的关系。许氏兄弟因为祖上多是政府高级官员,因此政治信息渠道多,并能就此发表简介和评论即"月旦评"。无形之中成为政治信息传播的"意见领袖",信息可信度高,传播范围广泛。"士绅豪佑代表着乡社间人际交通的枢纽,控制着城乡之间,官民之间交通的渠道。"[③](3)士人开创的广泛的传播网络。东汉末年普遍讲经授学的风气,扩大了社会信息横向传播的网络,依附于豪门士族的知识分子利用各种传播途径,急速传播社会政治舆论。太学生和地方学生之间积极地交友拜谒活动,扩大了月旦评的社会影响。

4.评价主观性与偏差性。舆论是一种意见,不是一般的客观陈述,而是对事物做出的判断,具有主观的倾向性和评价性。"乡间评议"作为乡民、士人口口相传的民间印象评议,难免带有主观倾向性,客观性很难保证。对士人"孝悌"的品评也难以公允全面,以讹传讹的现象时候发生。月旦评作为一种民间舆论,偏差性体现在以两点:(1)许氏兄弟主观的倾向性和阶级局限性。许氏兄弟作为士绅

①　秦观:《孙莘老挽词四首》,周義敢、程自信、周雷编注:《秦观集编年校注(下)》,北京:人民文学出版社,2001年,第749页。
②　范晔:《后汉书》,北京:中华书局,1965年,第442页。
③　吴予敏:《无形的网——从传播学的角度看中国的传统文化》,北京:国际文化出版社,1988年,第138页。

豪佑的代表，对人物和时政的评论也是从维护本阶层利益出发。"月旦评"之类的"清议"是统治阶级不同集团之间斗争的工具和筹码，并不能代表民众的心声，臧否人物，各怀私心，兄弟之间也存在分歧和压制，具有很强的主观性。（2）东汉小农经济的社会形态，严重限制了乡民的传播，士人掌握了广阔的传播渠道，特别是对政治信息的传播，往往左右着"乡间评议"的定论，为了获得良好的评议，士人们交汇应酬，品评标榜，互相恭维吹捧，甚至巴结掌管舆论之人现象时有发生，使得评价具有很大偏差性。（3）东汉末年，伪名士大量出现，社会道德根基败坏。为了获得良好的乡间评议获得"举孝廉"、入仕的机会，伪士子们或伪装孝行，或矫饰友悌，沽名钓誉。如陈蕃为乐安太守期间，民人赵宣"葬亲而不闭土延隧（用泥土涂抹的墓洞）"，因居其中，行服二十余年，乡邑称孝，州郡数礼请之。郡内以荐蕃（陈蕃，豫章太守），蕃与相见，问及妻子，而宣五子皆腹中所生。"于是怒其为人"诳时惑众，诬污鬼神"，遂治其罪。这个记载记录了"孝子"赵宣为父母墓洞守孝 20 年，乡间评议成为"孝"地方官府"数礼请之"，并举荐给太守陈蕃，以便其入仕。但是按照中国传统的礼仪，守孝期间是不能过夫妻生活的，但是赵宣却生了五个孩子，这显然是对传统的"孝廉"以最大的讽刺。伪名士的出现带来了东汉末年社会道德的败坏。魏文帝曹丕为此曾痛心疾首，在《与吴质书》道："观古今文人，类不护细行，鲜能以名节自立。"时人赵壹更是愤而言道："于兹迄今，情伪万方。佞谄日炽，刚克消亡。舐痔结驷，正色徒行。妪媮名势，抚拍豪强。偃蹇反俗，立致咎殃。捷慑逐物，日富月昌。浑然同惑，孰温孰凉？邪夫显进，直士幽藏。"[1]伪名士的出现，也增加了月旦评评论的偏差性。

（三）月旦评的社会舆论功能

月旦评作为我国古代社会特殊时期的社会舆论，它反映当时的社会政治现实，揭示了当时的官民关系，形成了对政府、官员的监督，约束了民众行为，对政治信息的传播功能不容忽视。

1. 对政府、官员政治监督功能。舆论作为大众的对于社会公共事件的相对集中、一致的社会心理反应，由于自身具备公共性、公开性、广泛性、评价性等特点，成为除政治、法律之外一种重要的社会监督力量，积极发挥着政治监督功能。其监督功能主要体现在两个方面，一是对政府政治制度的监督。月旦评作为汉末"清议"的典型代表，寓时政议论于品评人物之中，以褒贬时弊，激浊扬清，政治清明为目标。面对汉末的外戚宦官专政，"清流"分子以太学生为强大的后备力量，

---

① 赵壹：《刺世疾邪赋》，龚克昌：《汉赋研究》，济南：山东文艺出版社，1990 年，第 415 页。

与宦官集团和宦官集团展开了激烈的舆论斗争，与朝廷的对立面的权贵分庭抗礼，攻击外戚与宦官。社会舆论与君主专制政权之间形成了激烈的对抗之势。封建专制政权以"清议""结党营私"为由，采取强制镇压手段，兴起了两次"党锢之祸"，社会舆论最终成为统治阶级集团内部互相更替时期所借助的力量和权柄交争的筹码悲剧谢幕，月旦评随着许劭逃难而退出历史舞台。但是我们可以从封建专制政权对于"清议"的镇压而看到其对于政治统治的监督约束作用，社会舆论与君权专制统治历来势不两立，二者博弈，国家政治统治最终战胜了社会舆论。其二是对官员执政及言行的监督作用。月旦评以人物评论著称，品评人物时，除了对优秀孝廉人物大力褒奖举荐外，还对品行恶劣之人进行严厉辛辣的讽刺和贬斥，就连自己的亲戚都一视同仁。《三国志》记载许靖"少与从弟劭俱知名，并有人伦臧否之称，而私情不协"。[①]足见许氏兄弟对人物品评不虚妄，不隐恶，广泛的社会影响使得官员、豪门士绅即敬仰又惧怕，都纷纷收敛言行，唯恐受其恶评。"初为郡功曹，太守徐璆甚敬之。璆求，又巨秋反。府中闻子将为吏，莫不改操饰行。同郡袁绍，公族豪侠，去濮阳令归，车徒甚盛，将入郡界，乃谢遣宾客，曰：'吾舆服岂可使许子将见。'遂以单车归家。"[②]文中我们可以看出官员对许劭的敬畏之心，清廉执政，收敛言行。就连放荡不羁爱慕虚荣的袁绍，都害怕自己会引起社会舆论，约束自己的言行，简行回家。足见月旦评对官员执政及言行的监督约束作用。

2. 对民众的约束和鼓舞功能。"在古代中国，一乡一地的舆论，可举人也可杀人。"[③]月旦评作为一种乡社舆论，反应传统社会里乡民朴素的价值观。对传统农耕社会里人际传播为主的乡民有很强的监督和约束作用，约束其遵守乡约，遵守乡间传统道德，鼓励村民兼爱、互助、孝廉。成为乡间治理的一种手段。另一方面，作为察举征官制度的重要组成部分，为了个人前途命运，约束士人小心品行节操，隐恶扬善，为入仕争取舆论政治资本，无形之中也具有鼓舞其遵守传统道德的作用。

3. 政治信息的传播功能。月旦评作为汉末"清议"，以特殊的方式传播了大量的政治信息，表达了民众对政治统治的意见。中国古代社会，由于自给自足的农耕经济占统治地位，乡社信息传播渠道和媒介极其缺乏，政治信息很难到达乡土民间。许氏兄弟因其家族显赫地位，具备了获得政治信息的优先条件，同时作为

---

① 陈寿：《三国志》，郑州：中州古籍出版社，1996，第10页。
② 范晔：《后汉书》，北京：中华书局，1965年，第442页。
③ 吴予敏：《无形的网——从传播学的角度看中国的传统文化》，北京：国际文化出版社，1988年，第134页。

乡绅豪佑成为乡社之间人际交流的纽带，控制了城乡之间、官民之间的传播的渠道。成为政治信息传播的"意见领袖"。许氏兄弟以信息"把关人的身份"借用"月旦评"的传播形式，寓政治信息于人物评论之中，褒贬时弊，激浊扬清。在人物评论的同时，完成了政治信息的传播和反馈的双重过程，反映了民众对于政治统治的评价。汉末讲经授学的社会风气，扩大了政治信息传播的社会网络。经学的主要受众群体是遍及全国各地的太学生，开拓了横向的社会信息网。京师太学生又和各郡的国学和私塾学生保持着频繁的交流活动——"以文会友"，延伸了信息传播的纵向网络。这些依附于名门豪族的知识分子利用人物品评（如月旦评）、民谣、谚语等口语传播形式，简要快捷地传递政治信息反。当时社会上所谓的"乡里之号""时人之论""京师之语"满天飞腾。这些谣谚，即褒奖同党，又贬斥揭露政敌。比如朱伯厚敢于弹劾中常侍车骑将军匡超谚语"车如鸡栖马如狗，疾恶如仇朱伯厚"。[①]月旦评因强大的社会影响力，吸引了众多的太学士子，利用广阔的传播渠道和独特的传播媒介，反映社会舆论，传递政治信息，发挥社会政治功能。

三、"月旦评"的历史评价及当代启示

古今中外，对于月旦评的评价褒贬不一。褒如："许劭仕郡为功曹，抗忠举义，进善黜恶，正机执衡，允齐风俗。所称如龙之升，所贬如堕于渊，清论风行，所吹草偃，为众所服。""天下风俗最坏之地，清议尚存，犹足以维持一二。至于清议亡，而干戈至矣。"[②]贬之："月旦，私法也。"[③]"不过借以植党树私，不足道也"[④]等。笔者认为评价月旦评应立足于当时的社会历史现实，重视其正面影响，辩证分析评价。

（一）"月旦评"作为古代民间舆论形态的积极意义

1.激浊扬清、左右议论，改善社会风气。月旦评面对当时的昏庸政治，寓政治评论于人物品评之中，针砭时弊，激浊扬清，不虚美，不隐恶，不中伤，能辨人之好坏，能分忠奸善恶。对政府、官员起到威慑、监督制约作用。以人物评论举荐乡间品行高洁的"孝廉"之士，左右乡间舆论，辅助乡社治理，约束乡民行

① 吴予敏：《无形的网——从传播学的角度看中国的传统文化》，北京：国际文化出版社，1988年，第140页。
② 顾炎武：《日知录》，严文儒、戴扬本校点，上海：上海古籍出版，2012年，第532页。
③ 钱大昕：《廿二史考异》，凤凰出版社2008年版，第290页。
④ 余嘉锡：《世说新语笺疏》，北京：中华书局，2007年，第495页。

为，维护传统道德规范。无论对于朝廷和地方都有改善社会风气的作用，虽然效果有限。

2. 举荐人才，倡导入仕公平正义。月旦评以"人物品评"对当时朝廷宦官和外戚专权、卖官鬻爵交易现实予以揭露，为寒门士子振臂高呼，倡导正义公平维护"学而仕优"传统。同时，利用乡社评论举荐人才，为朝廷举荐了大量的优秀人才。"始发明樊子昭于鬻帻之肆，出虞永贤于牧竖，召李叔才乡间之间，擢郭子瑜鞍马之吏，援杨孝祖，举和阳士，兹六贤者，皆当世之令懿也，其余中流之士，或举于淹滞，或显之于童齿，莫不赖邵顾叹之荣。"① 由此可见，和郭泰一样，许劭对那些才能突出，品行高尚的人举荐，并没有考虑其出身和门第，公平正义，尽力举荐，为国家举荐了优秀人才。

3. 月旦评推动了"九品中正制"的选官制度的产生。九品中正制仍是延续了这种少数人掌握人才品鉴之权威的发展趋势，只不过朝廷中枢的中正官取代了月旦评和士人"清议"，重新树立起中央权威，令政府掌握舆论主动权。许靖成为后来重要的中正官。具有进步意义。

当然，月旦评对后来的豪门士族的结党营私也起到了推波助澜的作用。月旦评抑此扬彼的评论风格及评议的偏差性，也加剧了党派之间矛盾和斗争。晋代葛洪在《抱朴子》外篇《自叙》中说："汉末俗弊，朋党分部，许子将之徒，以口舌取戒，争讼论议，门宗成雠，故汝南人士无复定价，而有月旦之评，魏武帝深亦疾之，欲取其首，尔乃奔波亡走，殆至屠灭。"② 余嘉锡先生则谓之："许劭所谓汝南月旦评者，不免臧否任意，以快其恩怨之私，正汉末之弊俗。虽或颇能奖拔人才，不过借以植党树势，不足道也。"从两段文字我们可以看出，月旦评虽然能够举荐人才，但是评议主观倾向明显，加剧朋党之争，并最终导致了政府的干涉，月旦评最终退出历史舞台。

（二）"月旦评"的当代舆论引导启示

是非功过任人评说。"月旦评"作为中国历史上的民间舆论，随着历史的车轮已成为过去，但是"月旦评现象"并未消失。随着互联网和新传媒的发展，舆论信息的传播速度变得即刻瞬时、传播范围空前广泛、传播媒介多样化、立体化。同时，公民的知情权、言论自由、参政议政的意识空前高涨，社会舆论前所未有地活跃起来。社会舆论是社会变动的晴雨表，是社会和谐发展的风向标。如何

① 范晔：《后汉书》，北京：中华书局，1965年，第442页。
② 葛洪：《抱朴子·外篇下》，庞月光译，贵阳：贵州人民出版社，1997年，第972页。

良性引导社会舆论，正确运用社会舆论为社会发展服务，值得政府和每一个公民深思。

月旦评的兴盛历程启示我们：其一，古代社会舆论的兴起，多产生于政治昏庸，政权交替之际。执政者忙于争权夺利，疲于政治斗争，无暇顾及清明政府形象塑造，开明政府舆论的传播，面对暴政，民怨起，民间舆论兴。其二，古代社会，小农经济的社会现状，阻断了政治信息传播渠道。政令不通，信息闭塞，官僚士绅与普通民众的政治信息不对称，"知沟"加大，"月旦评"成了民众获得政治信息的唯一渠道，因此，迷信"意见领袖"，追逐政治信息成为全民驱使，民间舆论空前强盛。其三，重视"意见领袖"对民间舆论的控制引领作用，对政治信息的"二级传播"功能。重视民间舆论产生的人际背景及其自身的偏差性，积极运用民间社团传播的力量，传递政治信息。其四，客观评判民间舆论的社会功能，并积极利用合理的成分。月旦评对社会的监督和制约作用，为广大士子争取公平公正的入仕环境，维护传统的道德伦理，功不可没，政府应积极吸收利用，清明政治，服务于政治统治。最后，正确认识民间舆论与政府舆论及执政的关系。中国古代"民本思想"由来已久，"民为贵，君为轻""水能载舟亦能覆舟"是民本思想最直接、深刻的反映，是民间舆论存在的最为厚重的文化土壤。但是民间舆论与封建专制的君主政权又形成二重对立的关系。此消彼长，矛盾不可调和。如今，我国国家的性质决定了，我国政府代表了广大人民的根本利益。民间舆论与政府舆论虽然会有差别，但却具有终极目标的统一的关系，共同服务于富强、民主、文明、和谐的社会关系。

互联网时代，我们首先应该正确认识民间舆论与政治传播之间对于建设和谐社会的统一关系，加强对社会舆论的监测，充分发挥与利用"舆论领袖"的凝聚与传播作用。其次广泛开辟政治信息传播的渠道，政务公开，管理透明，塑造良好的舆论环境。最后，加强政府舆论对民间舆论的引领作用，主动设置"舆论议程"，将舆论形成过程由来源于群众转变为来源于政府，传播到群众中为主的路径，掌握舆论形成的主导权。形成民间舆论与政府舆论有效互动，政府舆论引导民间舆论，从而实现塑造中国政府良好世界形象、构建官民同乐的和谐社会之目标。

中国古代王权合法性建构

——一种舆论学视角的考察[*]

张丹^{**}

摘　要：王权合法性的建构一直是古代统治者和士大夫阶层政治实践的重要内容，历史学与政治学等学科对此的研究颇为深入。本文采用舆论学视角，考察中国古代王权合法性的建构，尝试为古代中国的研究提供另一种面向，同时也为拓展传播学自身研究范畴和锻造本土化传播观念做积极尝试。舆论不仅是感知社会的"皮肤"，也是制约权力的"力"，对中国古代王权合法性建构而言，它大致通过四个舆论指向：神、圣、王、民，逐渐完善合法性的书写。每种舆论指向背后的建构逻辑虽有不同，但它们之间并非相互隔绝的单向度演进，而是在历史变迁中滥觞、摩荡、交融，并最终汇成一种广泛而通达的王权舆论思想。

关键词：政治传播；王权；合法性；舆论

哈罗德·英尼斯（Harold Adams Innis）在《帝国与传播》（Empire and Communications）中提醒世人要从历史构建的"宏大模式"中，深挖"历史运行机制"，注意传播在帝国扩张与文明存续中的作用①，拉开了传播学界以"传播"观"历史"的帷幕。秦至希在孙旭培主编的《华夏传播论：中国传统文化中的传播》中指出，"社会政治结构与传播结构存在着共协关系"，他引证英礼士的结论，认为"传播体制直接表现着社会政治文化机制"②。陈谦更加认为，"一个政府组织的存在方式，

---

　　* 本文原载于《新闻界》2019 年第 3 期，第 80—91 页。

　　** 张丹，安徽大学新闻传播学院教师，博士。

　　① ［加］马歇尔·麦克卢汉：《麦克卢汉序言》，［加］哈罗德·伊尼斯：《帝国与传播》，何道宽译，北京：中国传媒大学出版社，2013 年，第 19—29 页。

　　② 孙旭培编：《华夏传播论：中国传统文化中的传播》，北京：人民出版社，1997 年，第 33 页。

也就是他的传播方式"①。这是"传播"不断被推高、被越来越重视的过程。近年来，中国传媒大学的荆学民、白文刚等人发起的"政治传播学"研究，如今在学界已渐露峥嵘。他们对政治传播的定义为"特定政治共同体中政治信息扩散和被接受的过程"，并圈定了两个限定条件：一是，"政治信息"只能是"政治"的；二是，这种政治信息是在"扩散和接受"状态中，概言之，应在政治秩序的建立、维持、改变与政治运行等一系列政治活动中探讨传播②。这种定义是相当贴切和全面的。

但是，政治传播行为、途径、环境和形态等内容背后，似乎有一个更加基础而深邃的核心，它像磁极一样，吸引、刺激和驱动着绝大多数政治传播行为的发生。依现代政治学的研究，包括传播行为在内的所有政治活动中，驱动一切政治行为的核心是建立与维持权力合法性，即"对统治者权力的承认"③。那么，这里的"承认"到底是何意？从传播学角度观之，广泛的社会"承认"可以同义为舆论认可。舆论不仅是感知社会的"皮肤"，也是制约权力的"力"。罗素（Bertrand Russell）很早就认识到了舆论与权力的关系，他提出权力承认的关键，在于指涉权力问题（舆论）的开放性："想把任何一种形态的权力孤立起来的企图，一向是而且仍然是许多具有重大实际意义的错误的根源。"④为此他甚至声称："舆论是万能的，其他一切权力形态皆导源于舆论。"⑤因此，政治问题的核心要引向"合法性"建构，而传播问题则要聚焦"舆论"。

合法性建构既是一种哲学改造，也是一种历史书写。回溯历史，我们就会发现，很少有与生俱来的合法政权，合法政权都是经过或长或短的合法化过程而实现的，但是，为维护自身统治而进行的合法性话语争夺和舆论建构，却始终是统治者们所孜孜追求的。若依葛兆光所言，毋宁说"华夏文明"，其实就是逐渐由权力确立它的合法性，将其扩张与辐射到整个中国，并由时间把它渐渐积淀成"历史"，皴染为"传统"⑥。基于此，笔者认为，我们有必要对中国古代王权合法性建构中的重要舆论：权力来自何处？何人可称王？王将受到何种力量制约？王权的统摄边界是什么？等等，进行梳理。并且需要明析不同的舆论指向，及其背后的

① 陈谦：《中国古代政治传播思想研究》，北京：中国社会科学出版社，2009年，第233页。

② 荆学民，施惠玲：《政治与传播的视界融合：政治传播研究五个基本理论问题辨析》，《现代传播（中国传媒大学学报）》2009年第4期。

③ [法]让-马克·夸克：《合法性与政治》，佟心平、王远飞译，北京：中央编译出版社，2002年，第12页。

④ [英]伯特兰·罗素：《权力论：新社会分析》，吴友三译，北京：商务印书馆，1991年，第4—5页。

⑤ [英]伯特兰·罗素：《权力论：新社会分析》，吴友三译，北京：商务印书馆，1991年，第97页。

⑥ 葛兆光：《中国思想史》（上），上海：复旦大学出版社，2009年，第131页。

"舆论力"是如何作用于合法性建构的？它独有的形成逻辑和发生机制是什么？而这些问题，都需要我们用一种相对宏观的视纬深入历史变迁中考察王权与舆论。

一、天赋王权的舆论建构：合法性的神性承袭

合法性塑造历来是多元的，最原始的做法当是王权舆论的"神化"，即将王（权）绑定在的天（天命、天志）上，这种行为背后是古代根深蒂固的"天命"信仰的支撑。《说文解字》："王，天下所归往也。"《康熙字典》引用《广韵》解释："君也，天下所法。"都意在强调王自"天"派生而来。古代中国舆论中的"天"更像是主宰世界的"人格神"，一个"有意志、有情感"的庞大神秘活物[1]，不仅具有神性，且懂得自身意志的传递。古代社会"通天"性本身就暗示着权力垄断。张光直指出："'天'是智识的源泉，因此通天的人是先知先觉的，拥有统治人间的智慧与权利……占有通达祖神意旨手段的便有统治的资格。"[2]最早具有通天（神）性的是民神杂糅时期的巫师，后经五帝时代天神与地祇分离的"绝地天通"转向后，帝——神分治格局下与天沟通的主体逐渐转为"帝"[3]。事实上，上古舆论中的王都是通天（神）的，黄帝"生而能言，役使百灵"（《抱朴子》），帝尧"其仁如天，其知如神"，帝舜"遂类于上帝……弇于群神"（《史记·五帝本纪》），"禹致群神于会稽之山"（《国语·鲁语下》），概莫如是。直到"绝地天通"后，通天的巫性逐渐内化为上古君王"某种体制化、道德化的行为和品格"，催生出"巫君（王）合一""政教合一"的政治生态，李泽厚称之为"中国上古思想史的最大秘密"和"中国思想大传统的根本特色"[4]。

然而，"通天"的舆论只在强调王具有某种异能，却不足以确证权力承袭的合法性，因此需要加盖"天命而王""君权神授"等"神化"舆论印章。其中，最常用的办法有三种。其一，是自比"天子"，宣称"受命于天，代天施治"。唐以后帝王的尊号与谥号中多有"统天""仪天""感天"，皆在强调王与天的"联系"。其次，是营造君王感生的"神化"舆论。《诗纬·含神雾》："大迹出雷泽，华胥履之，生宓牺。"伏羲感迹而生。《河图·始开图》："黄帝……母地祇之女附宝之郊野，大电绕斗枢星，耀感附宝，生轩，胸文曰'黄帝子'。"黄帝感大电绕北斗之枢星或权星而生。另有少昊感金星而生，颛顼感瑶光贯月而生，尧感赤龙而生，等等。这种远古帝王的感生神话，郭沫若、宋兆麟等学者将其视为远古图腾信仰

① 江晓原：《天学真原》，北京：译林出版社，2011年，第9页。
② [美]张光直：《考古学专题六讲》，北京：文物出版社，1986年，第107页。
③ 陈赟：《绝地天通与中国政教结构的开端》，《江苏社会科学》2010年第4期。
④ 李泽厚：《说巫史传统》，上海：上海译文出版社，2012年，第11—12页。

的产物①，或是母系氏族社会"民知其父，不知其母"的反映②，易言之，都具有远古蒙昧文化的残迹，这是可以理解的。但汉以后出现在史书中的帝王感生神话，则大都具有鲜明的政治动机。譬如，《史记·高祖本纪》与《汉书》中刘（邦）母与蛟龙交合而生"龙之子"的记载，在《宋书》中却有了新的复写，添加了"玉鸡衔赤珠，刻曰玉英，吞此者王"（《宋书·符瑞上》）。"龙之子"的政治"隐喻"在《宋书》中已经非常直白地变成（刘邦）"天命为王"。再如，《魏书》与《三国志》中魏文帝曹丕的感生神话为："帝生时，有云气青色而圜如车盖当其上，终日，望气者以为至贵之证，非人臣之气。"（《三国志·魏书二·文帝纪第二》）其文毫不掩饰曹丕"至贵""非人臣"的天子命。事实上，这种通过梦与神交、梦日、梦神光、紫气等感生神话，在古代舆论中屡见不鲜。据台湾学者孙广德统计，自汉代始，算上曹丕、王莽、刘备、孙权，中国古代开国帝王有感生神话的共23人，占开国帝王总数的92%③。单就魏晋南北朝而言，正史中出现的政治感生神话就有《三国志》5处、《晋书》10处、《梁书》2处、《陈书》1处、《魏书》4处、《北齐书》3处、《周书》2处、《南史》3处、《北史》1处，共31处④。可见，帝王感生"神化"俨然已经成为书写王权合法性舆论的常规手段。最后一步是王权"天命之"舆论的刻写。《尚书》中的"奉答天命""惟辟（君主）奉天"就是商周时期"天命"舆论的代表。董仲舒在《春秋繁露·为人者天》中宣称："天下受命于天子，一国则受命于君。……一人有庆，万民赖之，此之谓也。"⑤堪称对天命下的天子极致崇拜的代表。这要求社会既要服从上天的安排，更要顺从君王的统治，这时君王的个人意志与上天的天命便合二为一了。合法性绑附在这种神圣权威的外衣下，民的地位受到"天"与"王"的双重役使，如谭嗣同所言："天子既挟一天以压制天下，天下遂望天子俨然一天，虽眢天下而残贼之，犹以为天之所命，不敢不受。"⑥

　　古代君主将自身与天志相绑，通过对"天"的不断推离与拔高，营造天人合一下自身不容置疑的权威性，这也是马克斯·韦伯（Max Weber）认为的传统型权威（traditional authority）获得政权合法性的方式之一，"之所以能够有统治权，

　　① 宋兆麟：《巫与巫术》，成都：四川民族出版社，1989年，第26—29页。
　　② 郭沫若：《中国古代社会研究（外二种）》（上册），石家庄：河北教育出版社，2000年，第19—20页。
　　③ 孙广德：《我国正史中的政治神话》，杜维运等编：《中国史学论文选集》（第6辑），台北：幼师文化事业有限公司，1986年，第65页。
　　④ 梁力：《魏晋南北朝时期帝王政治感生神话探析》，《太原理工大学学报（社会科学版）》2014年第5期。
　　⑤ 董仲舒撰，陈蒲清校注：《春秋繁露·天人三策》，长沙：岳麓书社，1997年，第183页。
　　⑥ 谭嗣同著，吴海兰评注：《仁学》，北京：华夏出版社，2002年，第89页。

或者是因为他的家族一直有统治权，或者因为他是神所选中的"①。具体到中国古代而言，"天"往往有着特殊的宗教意义，刘泽华认为天人合一带来了帝王的泛教主属性②。可以说，天人合一的产生是人与自然，个体与群体的顺从、适用的协调关系，既包含着人对自然规律的能动地适应遵循，也意味着人对主宰、命定的被动顺从崇拜③。在葛兆光看来："'天'（宇宙）与'人'（人间）的所有合理性在根本上建立在同一个基本的依据上……在这个背景中，延续和笼罩一个文化时代的知识和思想系统被建立起来，它在一段时期内会呈现出绝对的稳定性，在这个根基上，人们运用思考、联想和表述，知识与思想通过语词似乎完美地表达着世界的秩序和存在的秩序，因为在一个时代中，知识与思想总是需要而且拥有统一的秩序，但是一旦这种根基被动摇，秩序被搅乱，知识与思想就会失去理解和解释世界的有效性。"④简言之，"天人合一"带来了一种政治稳定性。笔者以为，"神化"舆论的建构，一方面囿于社会认知水平，另一方面则是神性外衣确可带来权力的先验性与超绝性。然而，只靠"神化"构建的权力并不具有长久的稳定性。梁漱溟称："所谓宗教的，都是以超绝于知识的事物，谋情志方面之安慰勖勉的。"一切宗教式的东西都有其相通之处的特质："超绝"与"神秘"。"超绝"意为"感觉所未接""理智所不喻"，或可统称为"外乎理智"，而神秘更是理智不喻的。宗教的非理智性很难被信任，因而"在人类生活上难得稳帖和洽"⑤。诚然，当附着在权力上的神秘主义逐渐褪色之时，权力的合法性建构必然要寻求一种更为自洽的话语，比如——由"神"向"圣"（理智）的舆论让渡。

二、王权储道的舆论取向：合法性的理性调适

雅斯贝尔斯（Karl Theodor Jaspers）把公元前 500 年前后同时出现在东西方的人类文化突破称为"轴心时代"（Axial Age），并将这一时期的特征概括为理性精神开始参与现实世界改造的"终极关怀的觉醒"⑥。春秋战国时期的中国就处在这样一个社会动荡和各种舆论思潮爆发的年代，现实世界济世救民的理性主义亟迫要求人们从祭天敬神中抽离，将神性排挤到身后，处在舆论漩涡中的诸子们"周

① [美] 兰德尔·柯林斯、迈克尔·马科夫斯基：《发现社会之旅：西方社会学思想述评》，李霞译，北京：中华书局，2006 年，第 204 页。

② 刘泽华：《王权思想论》，天津：天津人民出版社，2006 年，第 7 页。

③ 李泽厚：《中国古代思想史》，天津：天津社会科学出版社，2003 年，第 302 页。

④ 葛兆光：《中国思想史》（上），上海：复旦大学出版社，2009 年，第 47 页。

⑤ 梁漱溟：《东西文化及其哲学》，北京：商务印书馆，1999 年，第 96—99 页。

⑥ [德] 卡尔·雅斯贝尔斯：《历史的起源与目标》，魏楚雄、俞新天译，北京：华夏出版社，1989 年，第 8—13 页。

游行说""著书言乱之事，以干世主"充当政治传播舆论场域中的"意见领袖"（Opinion Leader），他们对王权合法性编织自然被注入"圣""道"等理性精神。

《说文解字》："圣，通也。"圣人之"圣"，是因为圣人通晓常人所不知的天地奥秘之"道"。当然，这里的道也包括经世为政之学。刘泽华在《王权思想论》中总结了先秦时期"圣人"与"道"存有的三种关系：将圣人视为道之原，认为天地万物的道发源于圣人，圣人作《易》以立天道、地道、人道（《易·说卦》）；或认为道源自"上"（天），圣人来自"下"（地），两者有高下之别（《易·象传》）；抑或将圣与道视为作化育万物的要素，没有位格差异，"圣有所生，王有所成，皆原于一"（《庄子·天下》）。①不管"道"与圣人的关系到底为何，它都是道之超然性与实在性在落实于"人"并与之发生亲密联系的体现，这也为圣人治世舆论的形成奠定了合法性基础。在以孔、老为中心的儒道早期舆论中，对圣人行道的天经地义性都做了指示与限定。孔子认为圣者是"德合天地，变通无方，究万事之终始，协庶品之自然，敷其大道而遂成惰性，明立日月，化行若神……此圣者也"（《孔子家语·五议》）。老子虽崇尚"无为而治"，但却承认通晓万物之道（"得道"）的圣人行"无为"以治世。"圣人在天下，歙歙焉，为天下浑其心，百姓皆注其耳目，圣人皆孩之。"（《道德经》第四十九章）此时，"通晓万物之道"和"博施于民而能济众"是共筑圣人之为"圣"的基本标准，以此为宗的圣人"行道"才具有加冕为"王"的合法性。荀子倡行的"尊圣者为王"："天下者，至重也，非至强莫之能任；至大也，非至辨莫之能分；至众也，非至明莫之能和。此三至者，非圣人莫之能尽。故非圣人莫之能王。"（《正论》）墨子号召"选天下之贤可者，立以为天子"（《尚同上》）等等，也皆是此意。同时，也反映出春秋时期的圣人行王政的舆论已不鲜见。

但是，真正贯通道德、知识（道）和权力（王权），并将其上升至"名实合一"高度的是"圣王"舆论的出现，它为圣人为王提供了"名正言顺"的合法性依据。首次出现在《左传·桓公六年》中的"圣王"，理论上创造了谁是圣人，谁即可称王的可行性。墨家引发的舆论中，有大量圣王"义利天下"的言论："故古者圣王之为政，列德而尚贤"（《尚贤》）；"故古者圣王，明知天鬼之所福，而辟天鬼之所憎，以求兴天下之利，而除天下之害"（《天志》），等等。儒家也有"圣王"之说，如孟子称："圣王不作，诸侯放恣，处士横议，杨朱、墨翟之言盈天下。"（《滕文公下》）"圣王"更像是寄托了诸子们的道德理念与执政方略的理想化君主形象的投影。孔子身后的儒家舆论，多尊孔子为"王"，比如子贡、宰我、有若等弟子"圣

---

① 刘泽华：《王权思想论》，天津：天津人民出版社，2006 年，第 30—31 页。

化"孔子为贤于公认的圣王尧舜、生民未有,自然应与"王"契合①。孔子无官职、土地与人民,却被后世儒者尊称为"素王",释迦牟尼未涉足中国,更无半点权势,却被中国佛教徒被尊为三界的"空王"。这种舆论似乎都是后人对得道圣人未能行使王权的一种惋惜,通过追谥的方式弥补这种缺憾。

当得道之人(圣人)为王成为一种新的舆论指向时,它的焦点就不仅包括"圣人""王""道""圣人之责"等概念限定,也涉及"为何是圣人""圣人何为",以及圣、道、王三者关系等一系列问题,王权合法性被推至形而上的命题,即君王要和道之间亲密关系的构造,和"天道、地道、人道及三者的合一"②的实现。汉娜·阿伦特(Hannah Arendt)早已指出,"为权力的行使赋予合法性的权威必须来自一个在权力领域之外的东西。"③西方世界虽也有"圣人为王"之说,但这种"圣"似乎更偏于宗教性④。托马斯·霍布斯(Thomas Hobbes)称:"'圣'和'专有'两词在上帝的王国中也必然是意义相同的。"⑤16世纪开始的宗教改革,加尔文主义者声称的"因信称义",主张个人"完全的无能力"(Total inability)和上帝拣选的"无条件选择"(Unconditional election)也只是将"圣"推向更高更远⑥。抑或,同处轴心时代的希腊文明尝试将权威诉诸知识的绝对理性。如柏拉图在《理想国》中塑造的"哲学王"(Philosophy-King),寄托于哲学式的"政治对话"尝试对大量关系模式进行引导,从而实践"理性"治国。遗憾的是哲学家并没有实现对城邦的"权威",也没有获得汉娜·阿伦特所说的"超外"权力。⑦

但是,中国古代却采用了另一种建构路径,并没有把域外的"理性"推向虚无,或直接付诸政治实践为具体法律条例或政治制度,而是将其"虚化"和"内化"为一种非强制性、落实于主体的"道性"与"德行"(可统称为"圣性")的

---

① 李零:《去圣乃得真孔子——〈论语〉纵横读》,北京:生活·读书·新知三联书店,2008年,第114—126页。

② 刘泽华:《王权思想论》,天津:天津人民出版社,2006年,第8页。

③ [德]汉娜·阿伦特:《过去与未来之间》,王寅丽、张立立译,南京:译林出版社,2011年,第114页。

④ 东西方"圣"之观念是有差别的,牛津词典对西方的圣(Saint)的解释为"a person that the Christian church recognizes as being very holy, because of the way they have lived or died",它与神圣者(Holiness)圣父(Holy Father)圣子(Holy Son)之间渊源颇深,而基督世界的圣人崇拜多体现在中世纪教会的"封圣"仪式。而中国的"圣"出于"神—圣(巫)—俗(人)"三分世界中的中层,体现在圣人对道统与政统的兼承(参见潘祥辉:《传播之王:中国圣人的一项传播考古学研究》,《国际新闻界》2016年第9期)。

⑤ [英]托马斯·霍布斯:《利维坦》,黎思复、黎廷弼译,北京:商务印书馆,1985年,第328页。

⑥ 刘光顺:《成圣路径内化的中西差异——以马丁·路德的因信称义与王阳明的致良知为例》,《宗教学研究》2017年第3期。

⑦ 唐士其:《西方政治思想史》,北京:北京大学出版社,2002年,第63—75页。

调适，创造一种"内在重塑"以达至圣人的独特理性主义 ① 政治舆论，以规避现实世界的政治攻讦。儒家对这种路径的践行更为彻底，它对后世的影响也最大。具体说来，自孔子将"人"分为"生而知之""学而知之""困而知之"和"困而不学"四个的层级，并自承为"学知"之人始，就为"由凡入圣"打开了窗口。孟子的"四端说"由心、性出发，强调人皆有之的恻隐、羞恶、恭敬和是非之心可以通过后天的努力达至完备，在政治实践领域反映为治国以修身为纲的生命自觉，这将孔子之"学"引至更为具体的为学次第和进德阶序上。战国后期的荀子，一方面倡导"化性起伪"的教化论，肯定后天之学的力量，另一方面却对为学至极能否"成圣"抱有审慎的态度 ②。尽管如此，这却丝毫不损害他对道德基础的建构，要通过外在的"礼"规训凝结为"权威与等级"，与内在"学"汲养转义为"道德与理性"路径的推崇。杜维明先生说："按荀子的设想，儒家的'学'是一个社会化的过程，古代的圣王明君、典籍文献、传统惯例、师长、政府的法规以及官吏等一切权威，都是转变人性的重要资源。"③ 及至宋明，"学"的具身化渐次滑转为人性之"修"，这就预设了一个更加内在的本体——心。这种思想源自孟子与子思（《中庸》），强调圣人"赞天地之化育"的能力在于"至诚"与"尽性"。朱熹强调"天下至诚"的关键在于"圣人之德之实"，因为"至诚惟能尽性，只尽性时万物之理都无不尽了"，而个人的成圣就要做到至诚。④ 王阳明将圣同义为"心圣"，而成圣的关键在于"养心"，例如他在《象山文集序》中第一句便说"圣人之学，心学也"。如此，在荀子、朱熹、王阳明等人的言论倡行下，"圣人治世"的舆论议题逐渐一步步引至"人"，当"为政"成为一门修为（道）"技艺"，形而上的"圣"之内核必然由"心理层面的服从"转义为"价值层面的认同"，这是中国古代舆论建构王权合法性的一大特点。

三、神圣之王的舆论一律：合法性的垄断实践

英国牛津大学的法哲学家约瑟夫·拉兹（Joseph Raz）指出，知识和专长并不

---

① 需要指出的是，本文谈到的中国古代理性主义是指以儒家为代表的人文理性主义传统，主要强调道德、人伦和礼乐等，与欧克肖特（Michael Oakeshott）所说作为"权威的敌人，偏见的敌人，传统、习俗和习惯的敌人"的现代西方理性主义不同（参见 [英] 迈克尔·欧克肖特：《政治中的理性主义》，张汝伦译，上海：上海译文出版社，2004 年，第 2 页）。

② 《荀子·性恶》篇中，荀子以"自难"的形式提出："圣可积而致，然而皆不可积，何也？""可以而不可使。"荀子在理论普遍性上明确宣称"人皆可以为禹舜"，"心之所可"具有深沉的力量，但"可欲性"在现实世界往往会遭遇诸多曲折以及人的"意志无力"问题，因而成圣很难达至（参见东方朔：《"可以而不可使"——以《荀子·性恶》为中心的诠释》《诸子学刊》2012 年第 2 辑）。

③ [美] 杜维明：《儒教》，陈静译，上海：上海古籍出版社，2008 年，第 37 页。

④ 黎靖德编：《朱子语类》，北京：中华书局，1985 年，第 381 页。

能赋予统治的权利，而只能是政治权威的次要理由，合法性政治权威在某种程度上必须是有效（effective）权威，即将权力（power）视为影响力（influence）①。落实到王权合法性而言，这种观点是非常贴切的。先秦理性的觉醒与舆论世界的开放实现了圣性对政治生活的内嵌，但这并不意味着理性治世的成功。事实上，在孔子的眼中也唯有尧舜才堪称圣王并获得了王之实，而圣人为王更像是现实困境逼仄下的幻想产物。随着秦汉"封建天下为合法之分割"走向"专制天下为绝对之一统"②的重大社会变革，一方面，促使合法性亟须寻求一种更加通适的话语以应对变革带来的正当性挑战，另一方面，"大一统"政治桎梏下"舆论争鸣"逐渐走向"舆论一律"，政治权力的介入与舆论一律的合流促成"王"对神、圣的收编与垄断。换言之，王对圣、道的采借模式由应然（应为之）到实然（实为之）的舆论空间内，被操纵、引导并嵌入了大量"必然"性依据。从舆论学视角观之，这似乎是两种舆论场（官方和民间）摩荡共谋的结果。

（一）秦始皇、董仲舒等代表"官方舆论场"的显性建构

自秦始皇以降，君主专制制度被正式确立，王权达到巅峰，以至"天下事无大小皆决于上"。此时，合法性的议题首先要回归到对"王"身份的重新阐释上。《史记·秦始皇本纪》中记载秦始皇在荡平六国，一统天下后自谓"真人"，何谓真人？"真人者，入水不濡，入火不爇，陵云气，与天地久长"，其实就是"得道"的仙人。此种言论是早期社会"巫王"舆论的复辟，将"神"性召唤出来并注入王权之中。杨向奎说，早期社会"天人交通"的垄断是获取治权最重要的依据："垄断了交通上帝的大权，他就是神，没有不是神的国王。"③秦始皇即使已经拥有世俗世界的实际治权，却依然需要神性舆论的确证加持。可见"神化"舆论，到了秦朝依然很有"市场"。此外，秦始皇在总结统自己丰功伟业时，反复强调自己是"体道行德""圣智仁义"，营造出自己的胜利也是"道"之胜利的舆论，且周身以"圣"包围，譬如"秦圣""圣旨""圣恩""圣决"等等。这些言论由圣王一体，君神一统出发，从圣人为王的角度把君主专制说成了逻辑的必然，深深地影响了古人的王权观，此后历代皇帝言必称神（天子）圣（圣上），也都源于此。事实上，神、圣垄断同归于绝对化个人权威的实现，这点和马克斯·韦伯称之的"卡里斯玛"（Chrisma）式的人物相通，他们都具有超自然的力量和与生俱来的带有

　　① ［英］约瑟夫·拉兹：《法律的权威：法律与道德论文集》，朱峰译，北京：法律出版社，2005年，第7—8页。
　　② 萧公权：《中国政治思想史》（第二册），沈阳：辽宁教育出版社，1999年，第241页。
　　③ 杨向奎：《中国古代社会与古代思想研究》，上海：上海人民出版社，1962年，第163页。

某种神圣性的品质。

　　与秦始皇直接"宣称"对神、圣的占有、垄断方式不同,西汉时期的官方经学博士们着重对"王"进行哲学改造,试图通过不断拔高王之地位,最终实现对神、圣统摄的舆论。以董仲舒为代表,具体说来,第一次是通过"唯天子授命于天"的言论,彰显"王"的独特地位。董氏认为,王具有"拨乱世,反诸正"的效力:"王者皇也,王者方也,王者匡也,王者黄也,王者往也。是故王意不普大而皇,则道不能正直而方;道不能正直而方,则德不能匡运周遍;德不能匡运周遍,则美不能黄;美不能黄,则四方不能往;四方不能往,则不全于王。"① 王之所以有此能力,是因为感应了上天,而且只有王才可承接"天道"。即人间的君主"上承天之所为,而下以正其所为,正王道之端云尔"②。但这时王虽然地位极高,却还要依天道、天命、世运等来治理社会。第二次是著名的"王道通三"演绎,将"王"奉为"天地人主一也"。《春秋繁露·王道通三》中,董氏指出:"古之造文者,三画而连其中,谓之王。三画者,天地与人也,而连其中者,通其道也。取天地与人之中以为贯而参通之,非王者孰能当是?是故王者唯天之施,施其时而成之,法其命而循之诸人,法其数而以起事,治其道而以出法,治其志而归之于仁。"③ 通过对"王"字的解析,天道、王道、地道与人道被"混通"于一体,这种精心而为之的操作,将王道推到了天道的高度。有意思的是,许慎在《说文解字》中完全沿用这种说法,并引孔子的"一贯三为王"来强调"王者参通天地人"④,这是值得玩味的。更有甚者,董氏认为王还可超越天的制约,"人主立于生杀之位,与天共持变化之势",不再"屈于下",而是与天并肩,"天地人主一也"。⑤ 如此,中国古人信仰的"天人合一"的重心便滑转为"天王合一"。这种思维极具创造性,冯友兰称董仲舒为真正"将汉帝国理论化的哲学家"⑥。

　　但是,思想终归只是思想,它真正转化为社会强势舆论的关键,还在于汉武帝"罢黜百家,独尊儒术"将其收归为"官方舆论场"中的正统言论,并通过惩处"异端邪说""皆绝其道,勿使并进"的方式,使"辟邪之说灭息"⑦。这就是拉兹所谓的"权力"转为"影响力"的过程。如此,在政治保障和"舆论一律"的

---

① 董仲舒撰,陈蒲清校注:《春秋繁露·天人三策》,长沙:岳麓书社,1997年,第170页。
② 董仲舒撰,陈蒲清校注:《春秋繁露·天人三策》,长沙:岳麓书社,1997年,第306页。
③ 董仲舒撰,陈蒲清校注:《春秋繁露·天人三策》,长沙:岳麓书社,1997年,第192页。
④ 许慎撰,徐铉校定:《说文解字》,北京:中华书局,2013年,第3页。
⑤ 董仲舒撰,陈蒲清校注:《春秋繁露·天人三策》,长沙:岳麓书社,1997年,第192—194页。
⑥ 冯友兰:《中国哲学简史》,赵复三译,北京:生活·读书·新知三联书店,2009年,第211页。
⑦ 班固:《董仲舒传》,《汉书》卷五十六,郑州:中州古籍出版社,1996年,第784页。

双轨压制下，董氏建构的合法性才得以进化为主流舆论，进而发挥出广泛的"舆论力"。张分田认为，汉武帝的独尊儒术标志着一次重大文化选择的完成，以儒为宗下，中华帝制及统治思想业已基本完成①。

（二）韩愈、王船山等代表"民间舆论场"的隐性建构

如果说秦始皇、汉武帝、董仲舒等人代表的秦汉"官方舆论"，更多的是依附强势政治力量，并定型了合法性王权的基本形制的话，那么后世儒生代表的"民间舆论"（士人舆论）则通过另一种相对柔性的方式，或妥协屈服于"王"的霸权下，或开展对王权思想进行重构与修复，使合法性更加通达妥帖，并在某种程度上带来王权的进一步集权化。

我们由贯穿千年的"道统"之辩来审视这一路径的建构。"道统"虽滥觞于孟子，却成于韩愈，论争的焦点为"圣人之道"的存续，但辩言的核心也含"为王"之道。韩愈在《原道》中隐去了道统与治统高低的问题，认为周公以上的得道之人为王，使道能够在具体事务中推行；从周公以下，继承道的都是做臣子，所以"道"在他们的学说中得以弘扬，无论是君王行道还是君子弘道，都是国家必不可少的。"有圣人者立，然后教之以相生养之道；为之君，为之师，驱其虫蛇禽兽而处之土中。"②牟宗三一针见血地指出，韩愈描述尧禹汤文武周公至于孔子的"道统"传承，看似表彰了古代"圣王"，实则是将传统意义上的"圣王"直接等同于儒家所遵从的"圣人"③。韩愈之后，道统之争愈演愈烈，宋儒张载、程颐、程颢、朱熹、陆九渊等人对"道统"均有发微，但偏重于将"道统"转向"道学"，力求对心、性、理的追求与阐发，余英时称其为"内圣外王兼得"向"内圣独存"的过程④。主观上，他们希望"道统"实现对王权"柔性"的规训，"以道抗势"下"得君行道"，然而现实却是宋儒们不断调适退守于"道也""德也"的内圣之域，渐臣服在"通神而圣"的王权身影下⑤。

"退守"并不代表放弃，亦有积极地反思与修正。以清初大儒王船山的言论为例，他批判宋儒将"道统"与"心法"联系起来的狭隘道统观，提出"道统"与

① 张分田：《民本思想与中国古代统治思想》（上），天津：南开大学出版社，2009年，第188页。

② 吴调侯、吴楚材编：《古文观止》，北京：华夏出版社，1998年，第370页。

③ 牟宗三：《心体与性体》（上），上海：上海古籍出版社，1999年，第12页。

④ 余英时：《朱熹的历史世界：宋代士大夫政治文化的研究》，北京：生活·读书·新知三联书店，2004年，第13—18页。

⑤ 参见朱汉民：《宋儒道统论与士大夫的主体意识》，《哲学研究》2018年底10期；白欲晓：《圣、圣王与圣人——儒家"崇圣"信仰的渊源与流变》，《安徽大学学报（哲学社会科学版）》2012年第5期。

"治统"应并列起来讨论,两者分离就会出现断统。即:

> 儒者之统,与帝王之统并行于天下,而互为兴替。其合也,天下以道而治,道以天子而明:及其衰,而帝王之统绝,儒者犹保其道以孤行而无所待,以人存道,而道可不亡。①

针对"治统"中的帝王合法性问题,王船山否定"舍君天下之道而论一姓之兴亡",强调"必循天下之公"②。针对王权"正统论"方面,他认为"道"与"大公之道"才是根本依据,他说:"天下之生,一治一乱,帝王之兴,以治相继,奚必手相授受哉!道相承也。"③即有"德""功"的帝王才是"以道相承"者,"道统"的问题最终还要纳入"治统"上。然而我们却不能把王船山看作"帝王"论的鼓吹者,事实上他有大量抨击专制君主的专横与残暴的政治言论,譬如他说:"万方统于一人,利病定于一言,臣民之上达难矣"④,"一姓之兴亡,私也,而生民之生死,公也"⑤等等。但是,当我们再次全面审察王船山言论时就会发现,他虽否定"一姓之兴亡"作为治道的根本,却一再强调"道统"与"治统"休戚相关,并积极肯定"君天下"制度。"王"可继、可禅、可革,但"依王而治"却不可违逆,即"明王之莅臣民也,定尊卑之秩,敦忠礼之教,不失君臣之义"⑥。再如,船山先生设计出的著名的"环相为治"⑦治术模式,希望将"道"化约在天子、宰相与谏官之间的权力制衡中,这里不仅承认天子在"承道"中的作用,更将"弘道"之实落于天子。

笔者以为,王船山代表了民间舆论场建构合法性的另一种倾向——"以退为进"式的重构与修复,在王地位"下降"的表象后,将"君主制"视为一种"先验性"前提,通过关注"王"与"道"的合流与实践,将焦点引导至"王道"之治是大同世界的归宿上,这是一种巧妙的、隐蔽而高级的建构方式,"王"被推高至更加"不可触碰"境地。既然王权制度合法性无法质疑,那么只好将治统希望寄托在君王对道统的践行上,因为治统永存的环境下道统也能永续。正如台湾学

---

① 王夫之:《读通鉴论》,《船山全书》(第10册),长沙:岳麓书社,1996年,第568页。
② 王夫之:《读通鉴论》,《船山全书》(第10册),长沙:岳麓书社,1996年,第1148页。
③ 王夫之:《读通鉴论》,《船山全书》(第10册),长沙:岳麓书社,1996年,第851页。
④ 王夫之:《尚书引义》卷5,《船山全书》(第2册),长沙:岳麓书社,1996年,401页。
⑤ 王夫之:《读通鉴论》,《船山全书》(第10册),长沙:岳麓书社,1996年,第669页。
⑥ 王夫之:《读通鉴论》,《船山全书》(第10册),长沙:岳麓书社,1996年,第669页。
⑦ "环相为治"的核心大致为:"宰相之用舍听之天子,谏官之予夺听之宰相,天子之得失则举而听之谏官;环相为治,而言之功。"[参见王夫之:《宋论》卷4,《船山全书》(第12册),长沙:岳麓书社,1996年,第122页]

者林毓生所说，传统儒者对于道统与政统（治统）的认识存在着分歧，但是"他们从未怀疑作为理想的'内圣外王'的合理性……政教合一理想的合理性与作为文化中心象征与社会中心象征，秉承天命在结构上体现政教合一的天子制度，在传统中国从未崩溃"①。从早期秦汉时代的汉武帝、董仲舒等人代表的"官方舆论"奠定了合法性逻辑的基调，到后世韩愈、朱熹、王船山等"民间舆论"的不断修缮，合法性建构更加全面、成熟。

总之，将信仰由"天"引渡至"道"再下自"圣"，看似权力的不断下放，实则是进行一种"聚权"实践。具体说来，有三个步骤：首先，将不可得的"天意""天志"信仰转至对万物之"道"的追求，而"道"（如言谈之道、交往之道等，"道"的本意即规律）可感、可悟，具有可接近性。其次，通过圣人载道，圣王相通的舆论建构，拔高圣人以反证自身。最终，在强调后天学、修可获至"圣"性（朱熹、王阳明等）和"圣"性的落实离不开有"德""功"的帝王（王船山等）的基础上，构筑君王恩施百姓便是践行圣人之实，惠泽天下便是彰显圣性的合法逻辑。这点刘泽华先生看得深刻。他在论述君王所构建的统治秩序时说："多半是先把天人化，然后又以天为依据论证他们所认定的社会秩序是合理的、必然的。也就是说，多半是先把主观客观化，再把客观主观化，其特点是主观和客观循环论证，主观与客观混为一体。而在主观的因素中，又不是人人相同的，其中帝王（还有圣人）扮演着主要角色，起着决定性的作用，或者说，这种秩序根本上就是为帝王而设的。"②表面是对"王"进行的制度改造与道德约束，实则当"王"汇合神、圣的舆论生成后，便实现了合法性的再一次强固。

四、"水舟相依"的舆论浸润：合法性的依民底色

李冬君教授指出："王权的理性化总是适可而止的，……因为彻底的理性化最终必将否定王权。这样王权便从理性化转向神秘化。"③其中潜台词是觉醒的理性会反噬王权合法性，这似乎类似于哈贝马斯（Jürgen Habermas）在《合法性危机》中所言的，"道德争执归根结底不能用理性解决，因为推导出道德命题价值的前提是非理性的。"④但两者之间是有根本性区别的。首先，合法性并非一种道德价值判断，它至少是部分需要理性的，虽然有时会借助蒙昧；其次，理性化的王权掣

① 林毓生：《政治秩序与多元社会》，台北：联经出版事业公司，1989年，第19—24页。
② 刘泽华：《王权思想论》，天津：天津人民出版社，2006年，第2页。
③ 李冬君：《孔子圣化与儒者革》，北京：中国人民大学出版社，2004年，第128页。
④ [德]尤尔根·哈贝马斯：《合法性危机》，刘北成、曹卫东译，上海：上海人民出版社，2000年，第134页。

肘并不意味着必然要转向神秘化，它还应包括"与民分权"的"依民"转向。法国社会学家弗兰克·帕金（Frank Parkin）在总结韦伯政治思想的基础上，对合法性做出的终极判断是"'经同意而统治'乃是一切统治合法性的最终来源"①。这里"同意"的对象显然就是合法性舆论的主体——民众。然而，上文提及的，指向"神""圣""王"的三种舆论建构模式似乎都是自我完善的进化，分权没有落至于民，更没有把"民"看作合法性的决定者，而是悬置在"愚民""使民"的位置。如果说前三种方式是一种权力收紧的取向，并带有一种"强制性"色彩的话，那么"依民"的舆论建构则是一种真正的"权力扩散取向"，只有将评价标准"柔性"地浸润于民意中，突破了合法性封闭在"官方舆论场"中自我塑造的藩篱，才有可能获得广泛的"舆论力"。

那么，这是否意味着"依民"舆论在合法性建构中的缺场，或者根本不需要这种"舆论力"？当然不是，事实上"依民"舆论在中国古代政治生态中从未缺席，它不仅发轫久远，而且大量的证据显示舆论确实对王权的获取、稳固、消亡有着巨大的现实力量。

依现有的史料看，中国古代的依民（民本）舆论应初萌于周代，《尚书》《诗经》等文献可佐证。这一时期的社会生活并完全从崇神中解脱出来，商人"帝"（祖）到周人"天"的信仰迁移中的神性力量并未被彻底消弭，按陈来的说法，这两者的位格是一致的②。因而，此时的"民本"是有限定性的出于"天"。譬如，"天子作民父母以为天下王"（《洪苑》），王身兼"天子"与"民父母"之位，如若违逆了天眷顾民的初衷，便会丧失王权。《康诰》中周公劝诫康叔时，一再强调"用康保民""宏于天"的重要性，他说文王被委以大命（为王）是因为他的德行被上天知晓，王者最重要的是遵循先贤圣哲的教导以求百姓安乐，发挥上天的大德。再如，"天棐忱辞，其考我民"（《大诰》），"天生丞民，有物有则，民之秉彝，好是懿德"（《诗经·大雅·烝民》），等等也都是这个意思。由"天立君为民"到"民意即天意"的舆论建构下，民与天实现了勾连。为民即是为天，君权神（天）授即是君权民授，王位被确立在"天与之"和"民与之"共同作用的结果下。所以，为君者只有不断地追求为民、利民，获得民众的舆论的支持，才能拥有合法性权力。此外，非常值得我们关注的是，在周人的观念体系中，王也被划归为"民"。"非天夭民，民中绝命。"（《商书·高宗肜日》）这里的"民"就是指王。梁

　　① ［英］弗兰克·帕金：《马克斯·韦伯》，刘东、谢维和译，成都：四川人民出版社，1987年，第124—125页。
　　② 陈来：《古代宗教与伦理——儒家思想的根源》，北京：生活·读书·新知三联书店，1996年，第171页。

玉绳《瞥记》对此解释为："盖对天而言，天子亦民也。《酒诰》曰：'惟民自速辜。'民为商纣。"①周人把过往的先王都称之为"民"。在巫觋思想仍然盛行的周初，周人能够认识到民之于王权的重要性，这是难能可贵的，客观上打开了民本思想的阀域。

但是，到了春秋战国，在诸子们经世哲学的理性建构下，民与天的连接便被斩断了。西周的"天命不于常"，进一步明确为"社稷无常奉，君臣无常位"（《左传·昭公三十二年》），舆论中"民"与"民意"成为政治合法性的核心议题。鲁哀公问政于孔子，孔子明确回答说："为政在人"。孔子政治哲学的核心是"仁政"，根本出发点和归宿是"民"，即"敬事而信，节用而爱人，使民以时"（《学而》）。孟子继承发展了孔子的"仁政"，一再强调"仁政"与王权的共生性。他劝诫梁惠王"省刑罚，薄税敛，深耕易耨"，因为只有"壮者以暇日修其孝悌忠信，入以事其父兄，出以事其长上"，才能"使制挺以挞秦楚之坚甲利兵矣"（《梁惠王上》）。墨子的功利哲学，评判君王一切是非曲直的标准就包括："原察百姓耳目之实"和"观其中国家百姓人民之利"（《非命上》）。一言以蔽之，只有"依民"才能长治久安。反之，倘若违逆民意，政权就有被消解的可能性。战国时期太史墨分析鲁国季氏兴衰时认为，害民之君（鲁君）客死异乡是符合天道的：鲁君"世从其失"以至"民忘君矣"，昭公"世修其勤"，民意此消彼长，因而昭公取而代之，政权更迭"自古以然"，是合理的。管子直言："政之所废，在逆民心。"（《管子·牧民》）这些都清晰地表明，君、民、国三者休戚相关。

值得注意的是，在漫长的历史河流中，"依民"舆论本身也会成为不同时期合法性建构所采借的"思想媒介"②。我们由最早见于春秋时期，后经由士人的倡导而逐渐被接受为传统政治文化的"舟水"之喻，可以发现"民意"与"政权"的共生机制。这一隐喻首现于《荀子·哀公》："且丘闻之，君者，舟也；庶人者，水也。水则载舟，水则覆舟，君以此思危，则危将焉而不至矣？"将"君、民"关系视为舟与水的关系，水与君、舟与民成为舆论的主客体，"舟行于水"下的载舟与覆舟皆是舆论（民意）使然。后来，司马迁在《史记·殷本纪》引《汤诰》中将这一隐喻凝缩为"人视水见形，视民知治不"。民为水，君在水中看见自己的倒影来识别面目，以此喻指民为执政好坏的评价标准。《后汉书·皇甫张段列传》中载，东汉名将皇甫规以"贤良方正"之名义，向梁太后提出治国建议时也把"舟水"之喻搬了出来："夫君者舟也，人者水也；群臣乘舟者也，将军兄弟操楫者也。"③

① 顾颉刚、刘起釪：《尚书校释译论》，北京：中华书局，2005年，第1012页。
② 张彦民、张霄亭合译：《思想传播学》，台北：水牛图书出版事业有限公司，1989年。
③ 范晔撰，李贤注：《后汉书》，北京：中华书局，1965年，第2131页。

及至唐代，魏征在《谏太宗十思疏》中，劝诫君主李世民要"畏人言"，勿忘"载舟覆舟，所宜深慎"①。唐太宗说："天子者，有道则人推而为主，无道则人弃而不用，诚可畏也。"②两人的言论，相得益彰。

可见，"民本"舆论似乎贯穿整个古代社会，譬如"水舟"之喻，虽源于先秦，但在汉、唐及后世均被反复提及，古代君王总是通过不断复活与召唤"得乎丘民"而"得天下"的统治逻辑，用国昌民安等功绩反证自身为王的合理性，并以此奉为"明君"的评价标准。因此，我们很难像其他三种建构路径一样，找出"依民"迸发、转向的鲜明历史节点，它更像是贯穿中国古代政治思想中一抹意蕴深远的"底色"。毋庸讳言，这种舆论建构方式，并没有出离"君"本位，或具有独立政治实践的空间，实际上只是一种系统论证、全面规范君主制度的思想。张分田说，"民本思想"或许只是中国古代统治思想的另一种表达方式③，这种评价是切中肯綮的。

结语：合法性建构的舆论博弈与共谋

所谓政治，就是建立合法的社会／生活秩序④。一个制度的充分有效，必须具有适用于整个政治空间的普遍有效性和政治意图的得以完全传递的通达性。一个权力无法涉及的"法外之地"的存在，必是后续一切混乱和无序的根源。"舆论"不仅是社会的"晴雨表"与"温度计"，更是社会制度建构与变革的现实力量。19世纪英国著名法学家与史学家戴雪（A.V.Dicey）在论述律法与公共舆论之间的依赖关系时指出："人类制度的存在于变迁无时无刻、无处不在地依赖人类的思想与情感……（即）它依赖社会的意见。"⑤

王权与舆论的关系亦是如此。史学家费正清（John K. Fairbank）与柯文（Paul A. Cohen）在解释中国近代史时提出的"冲击—反应"（impact-response model）模式，为我们用"舆论"视角解读王权思想提供一些启发：或可将"舆论"与"王权"（制度、思想）的视为另一种维度的博弈，即舆论不仅是传播学者眼中感知社会的"皮肤"，更是"冲击"王权"建构"合法性诠释的有生力量。在历史构建"宏大模式"中注入"传播"运行机制（英尼斯）的基础上，将"舆论"作为社会

---

① 吴调侯、吴楚材编：《古文观止》，北京：华夏出版社，1998年，第335—336页。
② 吴兢：《贞观政要》，郑州：中州古籍出版社，2008年，第33页。
③ 张分田：《民本思想与中国古代统治思想》（上），天津：南开大学出版社，2009年，第1—2页。
④ 赵汀阳：《天下体系：世界制度哲学导论》，南京：江苏教育出版社，2005年，第21页。
⑤ [英]A.V.戴雪：《公共舆论的力量——19世纪英国的法律与公共舆论》，戴鹏飞译，上海：上海人民出版社，2014年，第44—46页。

事件与制度发生机制的焦点。某种程度上，合法性建构确是在"王权"与"舆论"的互动调试中逐步"稳帖和洽"：巫觋文化盛行的早期社会巫王同宗，合法性来自"神"性舆论的加持；春秋战国社会动荡与舆论思潮空前活跃的背景下理性被凸显，合法性被注入了"圣"的血脉；秦汉一统下封建统治政治形态基本完备，社会亟须发展出具有广泛钳制力的正统（官方）舆论以维持治理框架的稳定和治世逻辑的圆满，于是在秦始皇、汉武帝和董仲舒等人的不断复写下，政治力量逐渐介入合法性舆论中，促成了"舆论一律"和"两种舆论场"摩荡下的共谋；漫长的中国封建史中，民之所"舆"始终关系着帝王之"权"，"民意"早已化为一种柔性力量浸入王权统治的刚性思维中，衍生出荀子、刘向、李世民及其后世反复言及的"水则载舟，水则覆舟"。概言之，就王权思想的发展史而言，舆论包含士人言论与民间"一般知识、思想与信仰"（葛兆光），以历史之"舆"为研究中心，将"王权"合法性的建构脉络做"舆论学"视角式的内在理路，重新观摩历史变迁中的动力机制，不啻为一种体悟历史"心境"的蹊径。因为，"舆论"不仅是贴近古代社会的"心"，也是制约历史发展的"力"。

前现代社会两个不同时期的舆论传播形式比较 *

司国安　苏金远　李静 **

摘　要： 为了考察历史上的舆论传播形式，运用传播学理论，历史纵向地回溯先秦时期与秦汉以降封建社会的舆论传播形式，揭示舆论传播形式的合理性与文化繁荣度和社会稳定性的主面关系。认为：君主虚己纳言、郑人乡学议政、学派以论治世，是先秦时期多渠道的舆论运动形式；防民之口与君臣谏纳、君主微服私访与窒阻下情上达、民间横向清议与官方粉饰太平，是秦汉以降封建社会的舆论运动形式。舆论传播以思想意识的运动力量曾经促使社会矛盾走向激化，成为封建王朝更替的诸多原因之一。

关键词： 先秦时期；封建社会；舆论；传播形式

以舆论为研究对象的学理活动导发了观念文化意义的舆论学。国内学界对舆论学的研究仅有几十年的历史，目前尚未形成完备体系，甚至对"舆论"本身的定义仍然存在分歧。争论的焦点在于，舆论是否同时包含社会公众的一致性意见和少数群体，特别是统治阶级的集体意志。本文研究过程中，主张后者不被列入舆论范畴。其一，"舆，众也"，舆论即是大众的议论。如《晋书·王沉传》论舆论："自古贤圣，乐闻诽谤之言，听舆人之论。"[①]"舆人"原指制作车厢、轿子的工匠或驾车之人，后泛指社会底层的卑贱官吏；其二，"舆论"在英文中的对应词汇为Public Opinion，即公众之意见。

当前，对我国古代舆论的研究，多通过古籍记载对特定时期或特定舆论传播媒介进行阐述。有学者通过考察《左传》中引赋诗的情况及有关记载得出，采献诗在西周各历史时期被不同程度实施；东周初年，尚存不规范的采献诗遗制；而

---

* 本文原载于《西北大学学报（哲学社会科学版）》2007年第5期，第107—111页。

** 司国安，西安交通大学学报社科版编辑部副主编，副研究员。

① 房育龄：《晋书·王沉传》，北京：中华书局，1974年，第1850页。

入春秋后，采诗之事在若有若无之间；春秋中叶之后，诸侯有意无意地搜集诗的活动才彻底结束①。也有学者，对北宋庆历新政和王安石变法中御史台官员和谏官舆论活动的作用进行分析，认为，庆历新政得力于台谏，又败于台谏的鼓惑；王安石变法自始至终就处于台谏的攻击下，蹒跚而行，最终失败②。又有学者认为，邸报作为宋代中央与地方之间最重要的情报交流渠道之一，在一定程度上发挥了舆论监督的功能，但由于受到来自各方面的干预和影响，因而邸报的监督作用是相当有限的，不宜估计过高③。

到目前为止，学界对我国古代不同历史时期舆论传播形式的比较研究还很缺少，阐述舆论传播形式与文化发展、社会稳定的关系的研究资料也很有限。本文运用传播学的视野，历史而纵向地回溯先秦时期与秦汉以降封建社会的舆论传播形式，力求揭示舆论传播形式的合理性与文化繁荣度和社会稳定性的主面关系。

一、先秦时期：开放的多渠道舆论传播形式

（一）先秦时期承袭上古时期的"虚己受言"思想

尧舜"虚己纳言"是先秦时期开放的多渠道舆论传播形式生成的端源。《史记》记述了尧舜"虚己纳言"的事迹："舜曰：龙，朕畏忌谗说殄伪，振警朕众，命汝为纳言，夙夜出入朕命，惟信。"④唐代学者张守节在作《史记正义》时征引了汉代学者孔安国对"纳言必信"的论说："孔安国云：纳言，喉舌之官也。听下言纳于上，受上言宣于下，必信也。"⑤这就是说，尧舜时代已设置了专司纳言的官职，对朝野的言论进行采撷与斟酌，以供官方主导意识有效进行主客观参较。黄帝、尧、舜、禹时期，原始部落的首领们便虚怀纳谏。由于口头传播在该历史阶段占据主导地位，如今已难获取有关当时舆论传播的直接实物或实时记录，但借助后人的回顾性史料记载，我们对该阶段的舆论传播形式仍可见之一斑。

《史记·孝文本纪第十》有载："上曰：'古之治天下，朝有进善之旌，诽谤之木'，所以通治道而来谏者。今法有诽谤妖言之罪，是使众臣不敢尽情，而上无由闻过失也。将何以来远方之贤良！"⑥《管子·桓公篇》记："舜有告善之旌而主不蔽也；禹立谏鼓于朝而备讯唉；汤有总街之庭，以观人诽也；武王有灵台之复，而

① 刘丽文：《从〈左传〉看周代采诗制度的变迁》，《北方论丛》1999 年第 4 期。
② 王世农：《台谏舆论与北宋改革的命运》，《文史哲》2004 年第 3 期。
③ 游彪：《宋朝的邸报与时政》，《中州学刊》2004 年第 6 期。
④ 司马迁：《史记·五帝本纪第一》，北京：中华书局，1982 年，第 39 页。
⑤ 司马迁：《史记·五帝本纪第一·正义》，北京：中华书局，1982 年，第 42 页。
⑥ 司马迁：《史记·孝文本纪第十》，北京：中华书局，1982 年，第 424 页。

贤者进也。"①相传，"进善之旌"为黄帝所设之旌旗，以标识纳言之场所；"敢谏之鼓"为舜所置，供百姓进言前击打以警众。它们均被设置于朝廷之外，民众在寻求"告发式"舆论的同时也将自己的身份暴露无遗。毕竟忠言逆耳，民众对安全的顾虑势必影响这两种舆论传播手段的效果。

除此之外，部落首领们还通过设立谏官、纳言场所来把握民意，以供统治之参考。而《管子·桓公问》载："黄帝立明台之议者，上观于贤；尧有衢室之问者，下听于人也。"②由此可见，"明台""衢室"乃黄帝、尧帝等部落首领采纳民意之场所③。

上古时期，人类的生产能力有限。面临自然的挑战，民众理所当然是改造自然、战胜自然的主力。在通讯技术十分落后的条件下，部落首领对社会的了解具有局限性，他们根据多数民众的意见进行决策、管理，正体现了对劳动者的尊重，也体现了原始舆论的本质功能之所在。

（二）先秦时期开辟了多渠道的舆论传播形式

如果说上古时期的先民们在与自然的搏斗中岌岌可危，那么先秦时期人类在改造自然中已经略占上风。在这一时期，生产力发展，国家形成，社会进一步发生变革。人与人、国家与国家之间的矛盾升级，同人与自然的矛盾同等重要。

如此一来，人力、人心对于君王来说无疑是最宝贵的财富。当时国与国之间冲突不断，吞并不止，初期近150个国家最后仅剩战国七雄及少数小国。欲得其国，必先得其民心，失民心者则随时可能走向灭亡。如《尚书·泰誓》说："民之所欲，天必从之。"④又如《尚书·酒诰》说："人无于水监，当于民监。"⑤在传统中国社会中，"重民"思想具有重要的位置。在维护君主专制的前提下，重视民的作用，是中国传统政治文化的一个重要特征。这就可以解释君王们对来自民间的舆论高度重视的原因了。

先秦君王们大多承袭了上古时期的"虚己纳言"思想，对黄帝、尧、舜、禹时期的舆论传播形式进行改进，开辟了多样化的舆论传播手段，并对民间自发形成的舆论传播方式予以采纳。先秦时期的舆论传播形式呈现出多元化局面，其组成包括：谏鼓、采诗、上书、养士、乡校等多种渠道。

①《管子·桓公问》，上海：上海书店出版社，1986年，第302页。
②《管子·桓公问》，上海：上海书店出版社，1986年，第302页。
③何宁生：《先秦的公众舆论监督论略》，《西域研究》2004年第1期。
④《尚书·泰誓》，北京：中国书店，1985年，第67页。
⑤《尚书·酒诰》，北京：中国书店，1985年，第90页。

此时，朝廷设"采诗之官"，称"行人"或"轩使"，与舜时"纳言"相似却有不同。《汉书·食货志》有记："孟春之月，群居者将散。行人振木铎徇于路，以采诗，献之大师，比其音律，以闻于天子。"[①] 说的就是君王设立的"采诗之官"专门收集民间歌谣，即"徒歌"，经太师配乐形成"乐歌"，再为天子演奏歌唱，以反映民间舆论。众所周知，我国是诗的国度，诗歌创造于生活，却不仅仅是民众的娱乐产品，更是生活的写照与民心的反映，它常被用于表达对统治阶级的态度和诠释对社会生活的感受，即所谓的"赋诗言志"。

另一方面，先秦君王们对民间自发组织的舆论传播方式报以宽容态度。《左传》鲁襄公三十一年云："郑人游于乡校，以论执政。然明谓子产曰：'毁乡校，何如！'子产曰：'何为！夫人朝夕退而游焉，以议执政之善否。其所善者，吾则行之；其所恶者，吾则改之，是吾师也，若之何毁之……'"[②] 可见，"乡校"是供人们聚集以议论政事的公共场所。子产对这种自发性的民间舆论行为予以提倡，并以之为"师"，正体现了他对上古时期"虚己纳言"思想的继承。

（三）先秦时期的开放舆论催生了璀璨的文明成果

先秦时期开放、多渠道的舆论传播状况归功于民众的"诤言"与统治者"求言"的良性互动，并在当时的社会变迁中起到积极的作用。正是这段中国古代史中对民众思想持最开明、最宽容态度的历史，铸就了中国历史上最为耀眼的思想成果。

在战国时代风靡一时的墨家，其创始人墨子本身是一名能工巧匠，能制造一些木制器械，他的门人弟子也多是一些从事劳作的下层人民群众，所以说墨家的学说代表的是从事手工业劳动的下层人民的利益。墨家强调"尚力""节用""非攻""兼爱""天志""尚同"，典型地反映出了小生产者和小私有者的性格特征。

纵横家为战国时人鬼谷子所创，流行至秦汉之际。"纵"为合众弱以攻一强；"横"为事一强以攻诸弱。习鬼谷纵横术者多出身贫贱，充分发挥人类智慧，以布衣之身庭说诸侯，在历史中颇具影响。前有苏秦连六国而逼秦废弃帝位；后又相如完璧归赵免辱于秦。纵横家积累的外交策略在历史上是独一无二的，至今为人所推崇，且使用范围已扩展至商业领域。

小说家源于稗官，即以说故事为生者，以虞初为代表。《汉书·艺文志》上记载："小说家者流，盖出于稗官。街谈巷语，道听途说者之所造也。"[③] 小说家的言

---

① 班固：《汉书·食货志》，北京：中国书局，1962年，第1123页。
② 《左传·襄公三十一年》，北京：中国书店，1985年，第409页。
③ 班固：《汉书·艺文志》，北京：中国书局，1962年，第1754页。

论多依街谈巷语、道听途说所造，因而较不为世人所重，小说家也被列出九流之外。但小说家代表的正是平民社会的四方风俗，来源于最原始的民间舆论。

百家之士以锐意进取的精神，不懈地宣传各自的学说和思想，各展所长，锋芒毕露，互相展开辩难，开拓了广阔的文化研究领域，大大推进了先秦文化的发展。百家之学虽然渊源、内涵、特点各异，但目的都是统一的，即从不同的角度，采用不同的方式，争取使社会达到"治世"，为人民的生存，社会的进步寻求另一种可能的途径。事实上，各派的思想理论，在当时不同诸侯国均不同程度地被采纳、被运用于政治、社会的改革实践中，且取得了相应的效果。

二、封建社会：禁言中的"蚁穴式"舆论传播模式

（一）多数封建君王奉行"防民之口"

先秦时期多渠道的舆论传播形式在战国末期的专制思想中走向衰退。随着朝廷中专职谏官的出现，"民谏"逐渐为"官谏"所取代，君王不再广开言路。早在西周末期，周厉王就开始对公众舆论采取严控措施，他"得卫巫，使监谤者，以告，则杀之"①，致使"国人莫敢言，道路以目"②。《国语·周语上》又有载："防民之口，甚于防川。川壅而溃，伤人必多，民亦如之。是故为川者决之使导，为民者宣之使言。"③意为当政者堵塞民众的言论比堵塞河川的危害更大。诸如此类的劝诫比比皆是，然而在整个封建社会中像唐太宗李世民那样能够容忍面谏廷争的君王有多少？像"海青天"那样因针砭时弊、传达民意而被贬职、弃用、流放、甚至灭门的又有多少？

步入封建社会，禁百姓言就被统治者高标准地执行。秦始皇统一六国之后，在战国时期政治体制的基础上建立起了一套专制主义中央集权的政治制度。他的残酷统治激起了民愤，百姓哀声不断，文人抨击。面临着巨大的舆论压力，秦始皇采取高压政策，"焚书坑儒"，甚至设立"腹谤"之罪。

封建君王轻视公众舆论的说法是不可取的。"防民之口"的思想正体现了统治阶级对公众舆论的力量的惧怕。没有哪个皇帝不害怕身处"四面楚歌"的境地。封建统治阶级与人民大众存在根本的利益冲突，假如按民间舆论的要求行事，势必会影响他们自身的利益。而"君民"之间的森严等级制度更让他们之间缺乏交流空间。换句话说，对于封建君主来说，没有"舆论"就是好新闻。统治阶级的

---

① 《国语·周语上》，上海：上海古籍出版社，1998年，第9页。
② 《国语·周语上》，上海：上海古籍出版社，1998年，第9页。
③ 《国语·周语上》，上海：上海古籍，1998年，第9页。

安民政策往往被当作愚民政策来实施。

（二）禁言导致下情上达舆论传播管道的窒阻

封建制度下的禁言可能是封建君王本身昏庸无能、刚愎自用的行为，他们可以"两豆塞耳，不闻雷霆"；也可能是周围掌权者的迷惑手段，即"一叶蔽目，不见泰山"。

一方面，少有帝王心系民间疾苦。少数暴君对诋毁政事的臣民实施残酷的惩罚，使民众"国事莫谈"。不少专横的封建君主称得上典型的即时享乐主义者，对民愤民怨充耳不闻，或索性切断逆耳舆论之渠道，以为便可以从此高枕无忧，安享太平，如《泊秦淮·杜牧》所述："商女不知亡国恨，隔江犹唱《后庭花》。"[1] 晚唐内忧外患、民不聊生之际，陈后主和他的达官贵族们却依然不闻世事，沉浸在这种亡国的曲调中，并以此为乐。

另一方面，封建帝王设立谏官职位，但"官谏"下的公众舆论经过二级传播甚至多级传播，容易导致信息失真。常常导致"成也谏官，败也谏官"的局面。不少谏官出于各种目的，对民间反应的舆论进行"把关"，隐瞒、歪曲，甚至扼杀民间舆论。封建社会的上书制度也具有局限性，它们当中很少有能够最终到达君王手中的，即使到达了也未必受到重视。

宋代的邸报是中国最早的报纸，但它没能实现舆论功能。它实际上相当于当时的政府工作简报，只起到上情下达的作用。邸报繁荣时期出现的民间私报被政府所禁止。

在公众舆论传播机制缺失的情况下，民众"有苦说不出"，或"有苦不敢言"，他们对当权者应对公众舆论的诚意产生了怀疑，往往用极端的方式应对社会生活。一种极端方式是"两耳不闻窗外事"。如兴起于东汉末期的"清议"（或称"人物品评"），到魏晋时期，随九品中正制的完善，受国家压制。此时社会动乱黑暗，名士们思治而不得，苟全性命于乱世，心态发生了畸形的裂变。他们或以丑为美，放荡不羁；或饮酒服药，麻痹自己；或归隐深居，不问世事。另一种极端方式便是用暴力解决与统治阶级之间的矛盾，这是在他们忍无可忍的情况下的舆论的"行为化"，是"不在沉默中爆发，就在沉默中死亡"。民不聊生的社会背景下的一场场农民起义就是最好的例证。

---

① 樊树志：《国史概要》，上海：复旦大学出版社，1998 年，第 150—152 页。

（三）"蚁穴式"舆论传播形式成为导致朝代更替的动因

"千丈之堤，溃于蚁穴，以蝼蚁之穴溃"[1]，形容千里长的大堤，由于有一个小小的蚂蚁洞而崩溃，比喻小事或小的地方不注意，就会酿成大祸或造成严重的损失。但仔细想象，所谓一个小小的蚁穴，只不过是表面现象而已，我们很难发现，堤下早已纵横交错地布满了蚂蚁洞。我国南方部分地区的农村的土木结构房最惧怕的是白蚁的侵袭，因为它们的破坏是难以觉察的。在表面看来，房子往往是完好无损的，而实际上白蚁已经将建筑的木结构的内部蛀空。

封建社会的舆论传播与这个模型有诸多相似之处。对于公众舆论，当权者可以不去察觉，或者说无法察觉，但实际上往往暗流涌动。帝王将相们深居皇宫之中，假使不愿为民谋政，便可歌舞升平，建造一个屏蔽民间哀怨疾苦的"假象"的"盛世太平"。此时在他们看来，表面上封建社会没有公众舆论，而事实上，封建社会一直不乏舆论，只是舆论呈隐性存在。隐性是对统治阶级而言，封建社会的公众舆论在民众间横向传播，逆来顺受的农民宁愿通过抱怨发泄对统治者的不满，也不敢或不肯对大小官吏诉说生活疾苦。民众舆论横向传播大多通过民间手段进行。再以"清议"为例，尽管晋代"清议"受到严禁，玄学盛行，但记载上所见的清谈主题除了《周易》、老庄和佛学，亦仍然有人物批评，只不过通过不同的方式；品评风气还导致私人立碑的屡禁不止。此外，在封建社会，官方传播手段民间化以为舆论所用的趋势更为明显，民间私社、私揭、匿名揭、私报等十分繁荣，政府屡禁不止。

受挤压的民众舆论具有很强的不确定性，当它积累到一定程度，在某一外界事件的推助下，便可爆发出惊人的力量。由于长期处于压抑状态，这种舆论很容易被利用，群众需要的是一个能够揭竿而起的领导者。因此，"借灾异言政事"、立旗号得民心、自封王聚民力，因此成为诸多封建社会起义的开端，如陈胜、吴广造"鱼腹丹书""篝火狐鸣"，东汉末年张角借"五行相生相克"理论选定起义日，隋末王薄自称"知识郎"占据长白山。

压制舆论可以赢得一时的表面的太平，但实际上激化了矛盾，因为舆论本身就有疏导社会压力、缓解社会矛盾的功能。封建时期长期的思想禁锢与舆论压制同时也在一定程度上导致了许多中国人不善于发表观点的弱点。这种影响一直延续到了今天，仍然相对较少有人勇于在上级或政府面前谏言，生怕"枪打出头鸟"。

---

① 胡宝国：《汉唐间史学的发展》，北京：商务印书馆，2003 年，第 132—158 页。

三、从传统舆论传播形式向舆论学的启示升认

舆论是社会生活中相对于主导体制运行而生成的公众评论性的观念意向。上古时期，部落首领们便十分注重民意，"虚己纳言"肇始于此时，它是上古圣王的一种道德理性。先秦时期的统治者承袭了上古圣王的"虚己纳言"思想，他们广开言路，积极听取民意民愿，这源于他们获取民心的需求。先秦时期开放的舆论机制和多渠道的舆论模式允许社会各阶层畅所欲言，学术界百家争鸣，思想文化空前发展。

封建社会时期，封建帝王有"纳言"者，亦有"止谤"者。前者虚怀若谷，缔造了太平盛世；后者畏民众舆论似畏虎，他们对舆论的压制实际上加速了统治的终结。正如舆论学的"气球"理论所认为，舆论传播具有弹性，时而呼声高涨，时而悄然无声，受挤压则收缩，放松则膨胀，但一旦过分挤压，产生爆炸时所释放出来的能力更为惊人①。禁言下的"蚁穴式"舆论传播机制不仅是封建社会朝代频繁更替的主要原因之一，而且削减了民众参政议政的积极性，禁锢了民众的思想。对舆论的历史形式进行回溯性考察，不仅是现实观念文化研究的需要，也是现时代舆论生成、运动、转换、调适、评品的再构需求。

---

① 刘建明：《社会舆论原理》，北京：华夏出版社，2002年，第21—22页。

第十一讲
华夏修辞传播研究

古典与未来：中国修辞学思想的全球意义 *

陈汝东 **

摘　要：中国古代有没有修辞学思想？20世纪70年代，有西方学者提出"东方或中东没有修辞学"。如今这种观点有所改变吗？应从技术还是哲理层面来发掘中国的古典修辞学思想？套用单一文化背景下的西方古典论辩模式，还是立足多元文化背景和全球视角呢？这是一直困扰东西方学者的一个文化命题。本文从多元文化和全球视角，"对话"中国古代先哲：孔子、鬼谷子、韩非子、叔孙豹和主父偃，以期彰显中国古典修辞思想文化的博大精深。本文回答了以下问题：中国古代有修辞学吗？"西方之外无修辞学"，是偏见，还是傲慢？怎样理解中国的古典修辞学？在全球化时代，应持怎样的修辞观？古典修辞学观照下的国际修辞学研究新趋势是什么？作者认为，修辞不仅是一种演说论辩、说服工具，也是一种道德修养、一种人生追求、一种使人生永恒的方式。它既是安身立命、治国安邦的重要手段，也是一种社会秩序、文化和文明样类，是通向仁爱、至善和世界大同的有效途径。全球修辞正在成为一种人类新秩序，一种学术思想碰撞与融合的新视野。

关键词：中国古典修辞学；全球修辞；孔子；人生永恒；社会秩序

随着数字媒介技术的发展和普及，人类的修辞传播行为也进入了一个新的时代。新修辞现象不断涌现，且呈现出全球化趋势。与之相应，国际修辞学研究也面临全球化的挑战和机遇。如何继承人类既有的修辞学传统，如何阐释不同文化和文明中的修辞学思想，以服务于全球传播时代的人类发展和繁荣，成为各国学者责无旁贷的学术使命。面对世界文化与文明的冲突与融合，东西方学者在如何阐释各自修辞学观念和传统上的分歧甚至对立已不容回避。其中，如何理解和阐释中国古典及当代修辞学显得尤为突出。为此，我们拟从多元文化和全球视角，

＊　本文原载于《北京大学学报（哲学社会科学版）》2013年第5期，第123—133页。

＊＊　陈汝东，北京大学新闻与传播学院教授。

对中国的古典修辞学传统做一简要的透视，以期为全球修辞学的发展提供有益的参考，也为中国修辞学思想传统的国际化贡献一种视角。

一、中国古代是否有修辞学？"西方之外无修辞学"之谜：偏见，还是傲慢？

"在东方或中东没有修辞学传统"，西方学者不止一次地如此断言。詹姆斯·墨菲指出，修辞完全是一种西方现象，非洲与亚洲时至今日还未出现修辞学。[①] 乔治·肯尼迪认为，"修辞是西方所独有的现象"[②]。罗伯特·奥利弗也认为：任何试图在亚洲发现西方古典修辞学经典理论的努力都是徒劳的。[③] 于是，修辞学就被描述成了欧罗巴人的专利，成了人类有文献记载以来数千年历史长河中上帝赐予西方的尤物。

那么，中国或东方古代是否有修辞和修辞学？西方学者所持的"东方或中国乃至非洲无修辞学"论，是基于怎样的逻辑呢？在此问题上，难道上帝真的漠视了他的东方子民了吗？显然不是，东方和中国从古至今都一直存在修辞和修辞学，这是毫无疑问的。只要人类使用语言，使用符号，就存在修辞和修辞学，因为修辞是人们能动地使用语言以提高传播效果的行为。"东方或中国乃至非洲无修辞学论"，是基于古希腊、古罗马的修辞或修辞学观念做出的判断，其中折射出文明的偏见。西方的古典修辞，就是以城邦社会为语境的演说、劝服和论辩。其经典模式是由"诉讼""议政""典礼"三种演说和"觅材取材""布局谋篇""文体风格""记忆""表达技巧"等五个步骤，以及"人格""情感""逻辑"等说服要素构成的范畴体系。[④] 我们称之为"三说""五艺""三素"。如果以此模式框定其他文化和文明中的修辞或修辞学形态，无论是亚洲、非洲、美洲，都是不合适的，也不会得出其所期望的结论"西方之外无修辞学"的观点是狭隘的，它反映的是某些西方学者的自大与傲慢。

那么，中国、东方或其他文明中是否存在不同于西方模式的修辞和修辞学呢？答案是肯定的。随着国际修辞学研究全球化趋势的深入，人们发现，中国和东方有修辞、修辞学，是一个不争的事实。从古至今，中国不但有修辞实践和修辞学

---

① James J. Murphy, *A Synoptic History of Classical Rhetoric*, Davis, Calif.：Hermagoras Press,1983. Originally published：New York：Random House,1972.

② George A. Kennedy, *Comparative Rhetoric：An Historical and Cross-cultural Introduction*, New York：Oxford UP,1998.

③ Robert T. Oliver, *Communication and Culture in Ancient India and China*, New York：Syracuse UP.,1971.

④ [美]迈克尔·莱夫：《西方修辞学概览》，陈汝东、王晓峰译，见中国修辞学会，北京大学新闻与传播学院编：《修辞学论文集》（第12集），哈尔滨：黑龙江人民出版社，2009年。

思想，而且修辞形态多样，思想十分丰富。正如有学者所指出的那样"中国也具有像古希腊一样悠久的修辞学传统，也有论辩、说服、演说传统。在世界共融环境下，了解中国修辞学已经变得越来越重要，这将有助于增进东西方的学术交流，有助于促进大同世界的建构。"①

但是，在如何看待修辞、修辞学问题上，或者说在采用什么样的视角研究中国、东方乃至其他文明中的修辞和修辞学问题上，各国学者却存在许多分歧。有的学者套用西方的古典修辞学传统，来分析中国和东方修辞学，得出了没有修辞、修辞学的结论。有的采用这种标准在中国古代的文献中发现了春秋战国时期的论辩修辞和修辞学，发现了苏秦、张仪、韩非子等以论辩为特征的修辞实践，发现了以论辩为特征的专书《鬼谷子》。不过，这种修辞观也是工具性的，具有一定的狭隘性、片面性，因为修辞的形态不仅仅是论辩，其社会功能也不仅仅是劝服。

鉴于以往在中国古典修辞学认识上的种种偏颇，该如何阐释中国的古典修辞学传统呢？我们认为，讨论中国古典修辞学思想时，不应囿于西方的文化视角和古典修辞学分析模式，它需要一种更具有包容性的学术胸怀，那就是文化多元的全球视角；把中国古典修辞思想放置到当时人类文明的多样性中进行观察。如此，我们会有不同的发现，也会得出不同的结论。

首先，有必要区分修辞和修辞学的形态。"修辞"和"修辞学"是两个不同的概念。前者指的是人们的修辞活动，后者指的则是关于修辞的学说和思想。显然，把中国古典修辞概括为说服、论辩并进行批判，实际上谈的是先秦时期中国的修辞形态之一。的确，从现存的文献看，说服、论辩现象，或者说"长短术""纵横术"，是我国先秦时期典型的修辞形式，特别是在战国时期，以门客、游说之士为最。但是，除此之外，当时还有许多其他的修辞形态《春秋左传》《战国策》等古籍中有许多关于策士论辩的记载，属于论辩修辞。而《诗经》《论语》等，则是文学和教育话语，也是当时的修辞样式。而当时关于修辞的思想和学说，则遍布先秦诸子的著作。

其次，要阐释中国古典修辞、修辞学，还应明确什么是修辞、修辞学。什么是"修辞""修辞学"，或者说"修辞""修辞学"是什么，众说纷纭。我们认为，"修辞""修辞学"不仅是一个历史概念，也是一个民族、国家和文化乃至文明概念，即在不同的时代、民族、国家乃至文化和文明中存在不同的修辞形态"修辞学"也具有不同的含义。但是，这不等于说，众多的"修辞""修辞学"观不存

---

① 美国俄勒冈大学大卫·弗兰克教授语，参见陈汝东：《"国家修辞"成为学术焦点——首届国际语言传播学前沿论坛在北京大学召开》，《中国社会科学报》2011年5月26日，第10版。

在任何交集。相反,尽管存在上述方面的差异,"修辞""修辞学"依然是一个相对明晰的概念。简单地说:"修辞是人类的一种以语言为主要媒介的符号交际行为,是人们依据具体的语境,有意识、有目的地建构话语和理解话语以及其他文本,以取得理想的交际效果的一种社会行为。"① 显然,运用语言等媒介符号进行思想、观念、情感交流,以实现信息共享、行为协调的传播行为,是人类修辞的共性。修辞学就是研究修辞规律,即揭示如何高效地实现人类语言等信息交流规律的学问。

第三,如何看待中国的古典修辞学思想,即人们关于修辞的学说和看法。表面看,在先秦时期,中国并没有看起来像古希腊、古罗马那样系统的修辞学理论,也没有像亚氏那样名为《修辞学》的著作,但是有《鬼谷子》《韩非子》等关于论辩、说服技巧和语言谋略的著作,其他关于语言修养、言语交流的思想、学说,则遍及诸子百家,璨若星河。从什么角度,如何理解、概括和阐释中国的古典修辞学思想,是得出什么结论的重要基础。是否要机械地沿袭古希腊、古罗马的范畴体系呢?显然不能。我们主张,要立足于华夏文化的源头,泛舟于中华文明时空交错的历史长河中,沿着人类如何积极有效地使用语言这一脉络,结合宗法社会和龟甲兽骨与竹简文明的特点,来系统、全面地把握、理解、阐释中国的古典修辞学思想。如此,我们就会发现中国古典修辞思想的多样形态和壮丽景观。

二、何为中国古典修辞学?对话孔子、鬼谷子、韩非子、叔孙豹、主父偃

(一)鬼谷子、韩非子:修辞是说服和论辩的手段与技巧

"纵横术"或"长短术"是战国时期的显学。当时,众多游说、策论之士奔走在各诸侯国之间,摇唇鼓舌,纵横捭阖,劝说诸侯,或合纵或连横,以牟取爵位与财富,比如苏秦兄弟、张仪、范雎、蔡泽等人。这种风气一直延续到汉代,比如蒯通、郦食其、主父偃等,都是当时的雄辩策论之士。表面看,这些人都是依靠"三寸不烂之舌"求取功名的,实际上,雄辩背后折射出的是智慧和谋略。苏秦以合纵之术,先后说动燕、赵、韩、魏、齐、楚六国之君,联合抗秦,被山东六国聘为国相。张仪、甘茂则先后劝说秦王,离间山东六国,各个击破,因此被用为秦相。在礼崩乐坏的春秋战国乃至后世的战乱时代,论辩、说服成为与战争手段并用的治国之术。诸侯国之间的冲突和争端,许多是通过论辩、说服等外交手段解决的,比如张仪说秦王、苏秦为赵合纵说齐宣王、触龙说赵太后等历史故

①   陈汝东:《当代汉语修辞学》,北京:北京大学出版社,2004年,第6—7页。

事，说的都是纵横术。中国先秦时期的说服、论辩故事，多收录在《战国策》《战国纵横家书》等著作中。①

关于"纵横术"的学说，后世多以《鬼谷子》为典型代表，尽管后世对鬼谷子及《鬼谷子》的真伪存在争议②，但是，司马迁的《史记》、刘向的《说苑·善说》均引述了《鬼谷子》中的话。这至少表明《鬼谷子》大部分是先秦时人所作。毫无疑问，《鬼谷子》是中国古典论辩修辞的代表作。此外，《韩非子》等书中也有许多关于论辩的思想。以论辩、说服为主的"纵横术"，无疑是中国古典时期最为重要的修辞形态之一。但是，也应看到，"纵横术"与古希腊时期的演说、论辩修辞尤其是诡辩术不同。

首先，两者的文化背景和适用环境不同。中国的"纵横术"服务于战国时期纷乱的社会现实，尤其是诸侯国之间的利益纷争。当时，周朝礼崩乐坏，公共事务由权力决定，而不是民主程序，因此，既不会有公共演说，更谈不上这方面的研究，也就不可能出现古希腊式的修辞学。其次，两者所存在的社会制度不同，劝说的对象和目的也不同。古希腊时期的议政、典礼、诉讼演说，劝说的是民主城邦社会中类似议会的群体。中国"纵横术"劝说的则是集权社会中的君主，是一个权势主体。我们用"个体修辞"和"公共修辞"，来分别指称以中国、东亚或者说汉字文化圈为代表的东方修辞范式和以古希腊为代表的西方修辞形态。③从加拿大传播学家哈罗德·伊尼斯的媒介文明角度看，这两种修辞形态或者说传播范式，代表了两种社会制度样式或者说传播文明样类：古希腊—罗马的论辩文明与中国的纵横文明。④在全球化的今天，我们依然可以从中国、美国发现这两种修辞文明演化蜕变后的影子——竞选演说与代表议政。

当然，两者也有相似之处。从功能看，与诡辩术一样，纵横术过于注重技巧、权谋，一定程度上忽视了道德，只在乎成败。因此，战国时谋士、门客们朝秦暮楚的现象比比皆是。与诡辩派们受到古希腊时期柏拉图等哲学家的抨击相似，"纵横术"因与儒家所倡导的仁义道德相悖，也受到了时人及后世的抨击和排斥。在

---

① 1973 年在中国湖南马王堆汉墓中出土了西汉帛书，后由马王堆汉墓帛书整理小组整理编辑成《战国纵横家书》，1976 年由北京文物出版社出版。

② 唐柳宗元在《鬼谷子辨》中对《鬼谷子》的真伪提出质疑，阮元、秦恩复、周广业、俞樾等认为该书为先秦时代的著作。胡应麟认为《鬼谷子》是东汉时人荟萃苏秦、张仪之书附益而成，或皇甫谧所伪造。钱穆在《先秦诸子系年·鬼谷子辨》中认为《鬼谷子》为东汉后晚出伪书。今人利用出土文献和传统文献相对照，认为一部分篇章为真，有些篇章为伪。

③ 陈汝东：《论全球化时代的东亚修辞学教育》，《韩中语言文化研究》第 22 辑，韩国现代中国研究会、韩国中国言语文化研究会编，2010 年 2 月，第 3—19 页。

④ [加] 哈罗德·伊尼斯：《传播的偏向》，何道宽译，北京：中国人民大学出版社，2003 年，第 28 页。

汉代儒学奠定主导地位后"纵横术"就逐渐没了市场。当然,在战乱时期"纵横术"在平息战祸、避免武力、推动和平等方面也起了重要作用。如今,在全球化的国际冲突中,以说服、论辩为主要功能的"纵横术",依然具有积极意义。但是,说服、论辩只是中国先秦时期重要的修辞形态之一,而非全部。在这种意义上说,修辞是一种说服、论辩的技巧、手段和工具。

(二)孔子:修辞是一种道德修养,是一种生活方式,也是一种社会礼制

孔子是中国古典文化的代表性符号,其思想是中华民族先秦时期智慧的集成。孔子关于语言、修辞的论述开创了华夏修辞文明的先河。在孔子的私学教育中就开设有"言语"一科。关于修辞,孔子说:"君子进德修业。忠信,所以进德也;修辞立其诚,所以居业也。"(《周易·乾·文言》)这往往被看作迄今所发现的把"修""辞"两字连在一起用的最早文献。汉代许慎的《说文解字》上说"修,饰也";"辞,讼也"。而"讼"在古代是"争论、争辩"的意思。由此观之"修辞"就是修饰论辩。在这一点上,中国古代的修辞观与古希腊的修辞观是具有一致性的,因为两者都定位在论辩上。[①] 所不同的是,中国古代对修辞的阐释更早。唐代的孔颖达认为:"修辞立其诚,所以居业者,辞谓文教,诚谓诚实也;外则修理文教,内则立其诚实,内外相成,则有功业可居,故云居业也。"[②] 也就是说"修"就是"修理,"辞"就是"文教","修辞"就是"修理文教"的意思,即提高自身言谈举止等外在素养。这虽然与现代的"修辞"观有一定距离,但是,其基本方面是一致的。可见,儒家的修辞观是立足于道德修养,修辞被看作提高道德修养、安身立命的重要手段。

关于修辞的社会功能,孔子曾说:"志有之,言以足志,文以足言;不言,谁知其志?言之无文,行而不远。晋为伯,郑入陈,非文辞不为功,慎辞哉。"(《左传·襄公二十五年》)在此,孔子不仅说明了辞藻与意义传播效果之间的关系,同时阐明了修辞的国家功能,尤其是修辞之于国家安全和外交的重要作用。孔子的修辞思想也反映在其弟子的话语中。比如,子贡就说过:"出言陈辞,身之得失,国之安危也。"(刘向《说范·善说》)这说明,先秦时人对言语的认识,不只限于言语的交际功能,而是上升到了其对于人格及道德的价值高度。在今天看来,这也是十分深刻的。孔子的上述修辞思想,可以归纳为一个言语道德准则系统:言

---

①   Chen Rudong, "Rhetorical Thought Comparison of Ancient China and Ancient Greece: From Confucius to Aristotle," Korean Journal of Rhetoric, 2007(September).

②   孔颖达疏:《十三经注疏·周易正义》,北京:中华书局,1979年,第15—16页。

礼、言仁、言忠、言信等四个方面。①

首先，孔子主张言语要合乎"礼"。子曰"非礼勿视，非礼勿听，非礼勿言，非礼勿动。"（《论语·颜渊》"非礼勿言"，即不合乎"礼"的话不说。这可以看作当时的一项修辞道德准则。在先秦的社会秩序中，礼制是核心，也是判断言语是否合乎道德的准绳。一切社会行为必须符合"礼"，话语也不例外。"正名"是"言礼"的重要方面，即维护表示名分的语词的固有含义，用"君君、臣臣、父父、子子"（《论语·颜渊》）的"礼制"来匡正这些词的内涵和外延，遣词造句时要合乎"名分"，即做到"名正言顺"。"名不正，则言不顺；言不顺，则事不成；事不成，则礼乐不兴；礼乐不兴，则刑罚不中；刑罚不中，则民无所措手足……"（《论语·子路》）所以，匡正社会秩序，恢复礼制，首先要"正名"。可见，维护词语的固有含义，就是维护礼制，就符合社会道德要求。此外，修辞还要合乎伦理角色规范，说话时的语气、态度要与言说者的伦理角色相适应，维护具体角色在特定场合中的言语规范，使话语与说者和听众的伦理角色及角色关系相适应，使语词与它所本应代指的对象相切合，也就是维护社会的言语秩序。

孔子说："君子义以为质，礼以行之，孙以出之，信以成之。君子哉！"（《论语·卫灵公》"孙以出之"，就是用谦逊的话来表达。所谓"故礼恭，而后可与言道之方；辞顺，而后可与言道之理；色从，而后可与言道之致。故未可与言，而言谓之傲；可与言，而不言谓之隐；不观气色而言，谓之瞽。故君子不傲、不隐、不瞽，谨顺其身"（《荀子·劝学》），就是要求话语合乎礼节，言语的语气、态度、方式切合交际对象。否则，忽视交际对象的角色特征，贸然开口或闭口不言，都不合适。可见，"礼"对言语行为来说是一个综合性要求，是修辞的重要原则。词语都有其对应的角色和场合，不能乱用。天子的配偶叫作"后"，诸侯的配偶叫作"夫人"，大夫的配偶叫作"孺人"，士的配偶称为"妇人"，而"庶人"即老百姓的配偶才叫"妻"。用错了，就是不和礼制。"贱不诔贵，幼不诔长，礼也。唯天子称天以诔之。诸侯相诔，非礼也"（《礼记·曾子问》），道理也是一样的。总之，修辞合乎"礼"，实际上涵盖了两个伦理层次：一是符合周朝的社会道德制度，二是符合一般民众的人际伦理关系。修辞合乎"礼"，就意味着要从两个层面对言语行为进行道德判断：一是言语与国家利益之间的道德关系，二是言语与民众利益之间的道德关系。前者表现为统治者的利益，后者表现为民众的利益。言语行为的道德价值，即在于维护上述两者的利益。

其次，修辞要合乎"仁"。"仁"，就是"爱人"（《论语·颜渊》）。古人认为：

① 陈汝东：《论汉民族先秦时期的言语道德思想》，《语文建设》1997年第6期。

"言谈者，仁之文也。"（《礼记·儒行》）也就是说，话语是仁爱的表现方式。"仁"也是当时人际伦理关系的理想，言语也应遵守"仁"的原则。"君子必辩，凡人莫不好言其所善，而君子为甚焉。是以小人辩言险，而君子辩言仁也。言而非仁之中也，则其言不若其默也，其辩不若其呐也……"（《荀子·非相》）在这里，作者阐述了君子和小人在言语上的差异，即话语是否"仁"，以及"仁"在话语评价中的重要性。因此说"言仁"也是当时的一项修辞道德准则。"仁"在言语中的体现是"呐"。孔子曾说"刚、毅、木、呐近仁"（《论语·子路》，"呐者，谨言"（康有为《论语注》），也就是说话要谨慎。而"仁者，其言也切"（《论语·颜渊》，"切"就是说话谨慎。"慎言"可说是当时对"言仁"道德准则的一个朴素概括。

在中华文明中，言与行相比，行胜于言，因此，古人不倡导空谈，更反对花言巧语。这一传统源自儒家的言语道德思想。孔子曾说："君子名之必可言也，言之必可行也。君子于其言无所苟而已矣。"（《论语·子路》）就是要说到做到。这是衡量人格价位的重要标志。"古者言之不出，耻躬之不逮也。"（《论语·里仁》）"君子耻其言而过其行。"（《论语·宪问》）可见"言行一致"在当时也是一种道德修养和人格要素。所谓"言，身之文也，言文而发之，合而后行，离则有衅"（《国语·晋语》。"言行相诡，不祥莫大焉"（《吕氏春秋·淫辞》），并不是耸人听闻。也正如此，后世更强调书面语，而淡化甚至漠视了口头，或者演说、论辩传统。这种传统的实质，就是偏重媒介的时间文明，而轻视媒介的空间文明。这与伊尼斯所推崇的古希腊偏向空间的口头文明是相反的。由此，我们发现了为什么后世中国缺乏公共演说传统的文化动因。

第三，修辞要"忠"。"忠"是古代伦理思想特别是儒家伦理的一个重要方面，同时也是先秦时期的修辞道德准则。"忠"就是维护君臣之间的伦理关系，"忠"不仅是对臣民的要求，也是对君王的要求。对君王来说"忠"就是忠于职守，为民谋福利；对臣民来说"忠"就是为君王尽忠职守，没有二心。体现在血缘关系上"忠"就是"孝"。"忠"反映到修辞中就是"言忠"，也就是话语要忠诚：一是态度真诚，二是对言语对象忠心。古人认为"言忠"是治国安邦的一个重要方面："言忠信，行笃敬，虽蛮貊之邦行矣。言不忠信，行不笃敬，虽州里，行乎哉？"（《论语·卫灵公》）也就是说，言语"忠信"可以取信于民，会获得民众拥戴。同时"言忠"也是立身之道："君子有九思：视思明，听思聪，色思温，貌思恭，言思忠……"（《论语·季氏》）可见"言忠"是做人的必要方面。

最后，修辞要"信"。"信"也是修辞的道德准则之一。所谓"修辞立其诚"，就是要诚信，不说假话，话语的内容要真实可信。比如，孔子在回答学生的问话时说，能做到"恭，宽，信，敏，惠"这五个方面，就可以说达到"仁"的要求了。他进一步说："恭则不侮，宽则得众，信则人任焉，敏则有功，惠则足以使人。"（《论语·阳货》）也就是说，"信"可以取得他人的信任，人家就敢于任用你。这说明，"信"是人的修养的重要方面"言信"的功能还体现在治国理政方面"道千乘之国，敬事而信，节用而爱人，使民以时"（《论语·学而》）。也就是说，治理国家，发号施令也要讲诚信，"人而无信，不知其可也"（《论语·为政》）。作为修辞的标准"信"既是一种个人道德修养，也是一种人格道德理想。

儒家关于"言礼""言仁""言忠"和"言信"的四项道德准则，实际上也代表了先秦时期汉民族的修辞道德规范。这四项道德准则分别反映了当时社会道德对修辞各个方面的要求，它们既有区别又有联系"言礼"是修辞的道德总纲，它规定了修辞与整个社会伦理制度的关系。"言仁""言忠""言信"则是"言礼"的具体化。它们分别是社会道德对修辞态度、修辞行为的社会责任、修辞内容以及修辞与其他社会行为关系的要求。当然，孔子的修辞思想不止这些，还包括语境、话语理解等方面的论述。总之，在孔子看来，说话、修辞，在社会生活中占据重要地位。它既是社会礼制的一个重要方面，也是社会道德修养的重要内容。通过剖析孔子的修辞思想，我们发现：在先秦时期，修辞是一种道德修养，是一种生活方式，也是一种社会礼制。这种修辞思想对中国后世的修辞行为产生了巨大影响。

（三）叔孙豹：修辞是一种人生追求，是使人生不朽和永恒的方式；魏文帝曹丕：文章，经国之大业，不朽之盛事

在重新阐释中国古典修辞学思想时，我们没有发现与西方古典修辞学相对应的"五艺"等范畴，也没有与修辞推理、探求真理等的直接表述。但是，这不等于说中国古典修辞学对上述问题漠不关心，而是他们所关心的重点和范畴不同。中国的古典修辞学也有五大范畴，那就是"礼""仁""忠""信""德"（或"道"）。中国古典修辞学所关心的"真理"就是"道"，就是"人生"，是达于至善的手段和途径。唐代韩愈、柳宗元所倡导的"文以载道"，可以看作先秦时期修辞思想在后世的涅槃。

在先秦时期，把修辞上升到人生不朽高度的，应首推叔孙豹。《左传·襄公二十四年》中引述叔孙豹的话说："太上有立德，其次有立功，其次有立言，虽久不废，此之谓三不朽。……禄之大者，不可谓不朽。"这表明，运用语言，建构话语，著书立说，被当时人看作建功立业的重要部分，也是功德的标志之一。道德、功勋、言语互为补充，构成了当时及后世的三大人生追求。在当时人的价值观念中，道德、功勋、言语比之于物质方面的"禄"更重要。叔孙豹说的虽然是著书立说

的价值，实际上也是修辞的人生价值，著书立说是通过修辞实现的，立言也就是立辞。可见，修辞既是一种人生追求，也是人生的表现形态，同时也是使人生不朽和永恒的方式。

"德、功、言"之说被后世发扬光大，并产生了重要影响。魏文帝曹丕曾说"盖文章，经国之大业，不朽之盛事。年寿有时而尽，荣乐止乎其身，二者必至之常期，未若文章之无穷。……"（曹丕《典论·论文》）曹丕说的是为文，也就是著书立说，这自然离不开修辞，尤其是书面语修辞。这种学说，也可以阐释为修辞即经国伟业、不朽盛事。这是中国古典修辞思想中对修辞社会功能的一种高度概括。

此外，到了清代，魏源把"三不朽说"扩展为"四不朽"，并详细阐述了它们之间的关系。他说："立德，立功，立言，立节，谓之四不朽……"（魏源《魏源集·默觚上·学篇九》）较之于叔孙豹、曹丕的说法，这种阐释更为详细。当然，无论是气节，还是贞节，都属于道德范畴。因此，魏源的"四不朽"实际上还是"三不朽"。

（四）主父偃：修辞是安身立命、治国安邦的手段和方式

把修辞系统地上升到安身立命、治国安邦高度进行阐释的，应首推汉代的主父偃。他说"人而无辞，安所用之。昔子产修其辞而赵武致其敬，王孙满明其言而楚庄以惭，苏秦行其说而六国以安，蒯通陈其说而身得以全。夫辞者乃所以尊君重身，安国全性者也。故辞不可不修，说不可不善。"（刘向《说苑·善说》）主父偃是汉代的谋臣、策士，以论辩见长。在这里，他把修辞上升到了立身处世、治国安邦的高度。这不仅是对先秦"纵横"思想的发扬，同时也是对孔子修辞思想的延伸。其实，这种修辞关系身家性命与社稷的思想，也可以追溯到先秦时期。《周易·系辞》中就说："君子居其室，出其言善，则千里之外应之，况其迩者乎？……言行，君子之所以动天地也，可不慎乎！"由此可见，当时人已把言语看作个人参与社会管理的必要能力和修身齐家的必备素质。它同时表明了言语能力、言语质量在社稷民生中的重要作用，也就是修辞的重要作用。

总之，中国古典时期就奠定了一种修辞学思想传统。这种修辞学传统所折射出的是：修辞既是一种论辩、说服的工具，也是一种道德修养；既是一种人生追求，一种使人生不朽永恒的方式，也是一种安身立命、治国安邦的重要手段；既是一种社会秩序，也是一种通向仁爱、忠信、礼制的桥梁。在中国古典修辞学思想中，我们发现了修辞从工具、技巧、手段到规则、秩序，从修养到人生追求和生活方式，从个体到社会秩序、国家管理，从微观到宏观的历史轨迹。

三、全球化时代修辞学的多元文化和全球视角：修辞是一种生活方式，一种社会秩序，一种文化和文明范式

综上所述，无论东方还是西方，南方还是北方，修辞是一个民族的、国家的、历史的、文化的乃至文明的范畴，它经历了一个漫长的不断演化的历史过程。在修辞学史上，人类对修辞的阐释就像夜空中的繁星，不胜枚举。有修饰观、美辞观、说服观、言语行为观、传播行为观、认知行为观等等，不一而足。这其中渗透着古典与现代、东方与西方、南方与北方的碰撞与融合。

在西方古典修辞学中，演说、论辩是修辞的经典形态，说服是修辞的核心功能。修辞同时被看作知识生产和真理发现的手段与途径。这在 20 世纪的认知修辞学中体现得更为充分。在欧洲中世纪的学校教育中，有语法、逻辑、修辞三大学科，其中只有修辞学是生产知识的。在东方特别是在中国，古典修辞学的核心思想却与此大相径庭，其强调的是"忠信"，是伦理道德，是"仁"和"礼"，也就是人的内在修养、社会管理和社会秩序。在对各自"修辞""修辞学"的阐释中，虽然东西方学者尚未达成完全一致的看法，事实上不可能、也没有必要达成完全一致的看法；但是，事实却证明，东西方的"修辞""修辞学"思想范畴，是互补的，是殊途同归的，尽管它们看起来泾渭分明。知识、真理观体现了社会个体的思想意志，而社会秩序观则反映了宏观的人文关怀。在全球视野下，人类的修辞观正趋于融合与创新。

国际修辞学史学会前会长劳伦斯·葛林教授曾指出："在有些国家，修辞学是被作为维系国家统一的途径来研究的。在有些国家，修辞学是被作为构成政府基础的方法来研究的。在有些国家，它赞美一个社会的过去，或者推进一个社会的未来。……但是，在西方范围以外'修辞学'正在被许多国家奉为文化拯救和通向美好未来的灯塔。"[①] 这段论述告诉我们，人类对各自修辞实践或修辞学思想的阐释，都应本于其所植根的社会、文化乃至文明。对人类修辞行为和修辞学思想的阐释，同样需要一种多元文化的视角，需要理解和包容。对中国古典修辞思想的发掘，和对修辞学研究全球化态势的关照，促使我们从人类的共同利益和全球秩序角度，重新阐释修辞的性质和功能，以期激发出新的思想观点。那么，在传播全球化的今天，我们该如何从多元文化和全球视角来透视和关照修辞、修辞学呢？会推演出怎样的修辞学思想呢？

从全球视野回望人类修辞形态和修辞学思想演化的历史长河，我们会发现，作为一种具有共性的人类语言传播行为，修辞是具有普遍性或者说普世性的。运

---

① ［美］劳伦斯·葛林，陈汝东译：《全球修辞学史研究》，《江汉大学学报》2007 年第 1 期。

用语言等符号进行信息交流、情感沟通、思想互动，是人类共通的行为，也是人类共通的生活方式。其核心就是通过思想秩序的协调，从而实现行为秩序的协调。因此，我们重申，修辞不仅是说服、论辩、发现真理"不仅是一种选择语音、词语、句式、修辞格等的语言运用现象，也不仅是一种运用语言、音乐、图片、图像、建筑、环境等涉及听觉、视觉、触觉等媒介符号，建构有效的文本，传播信息，以影响、改变他人情感、态度、思想、观念乃至行为的社会行为现象，也是一种人类传播现象，是一种人类传播秩序和社会秩序，是公共权力和公共秩序建构、社会事务处理、公共政策制定的方式和方法，是一种社会公平、公正的制度体系，是一种人类生活方式"①，同时也是一种人类文化和文明的样类。

既然新的媒介技术促成了人类传播的全球化，那么，在修辞层面人类是否存在一种普遍的修辞呢，或者说"全球修辞"呢？那将是一种怎样的修辞呢？它是一种全球社会秩序吗？在全球数字传播时代它应具有怎样的意义和价值呢？答案是肯定的，全球修辞已成为一种现实。首先，在全球化时代，人类已成为全球事务处理中的共同修辞主体，无论是全球气候变暖、南北极和海洋资源的保护利用、太空开发、国际纷争的解决、国际金融与贸易中的利益平衡，都需要世界各国共同面对。其次，人类发明了互联网，形成了一个消除了时空距离的全球修辞语境。第三，除语言外，人类还创造了音乐、舞蹈、图片等全球共通的修辞手段和方法。第四，人类拥有共同的全球修辞目标，即通过修辞劝服来平衡利益纷争，共享和平发展的全球环境。最后，修辞学研究的全球化态势已初步形成。可以说，全球修辞，就是在全球传播时代，人类以全球为语境，运用修辞手段和方法，通过论辩、说服等形式进行信息沟通、情感交流，解决全球冲突，实现意志统一、利益共享的传播行为。

全球修辞同时也是一种全球秩序及其建构的手段和途径。它意味着人类需通过修辞手段而非武力来建构全球秩序，通过理性对话解决国际争端，统一全球意志，实现利益共享，建构大同世界。可见，全球修辞也是一种普世法则。人类有思想和肢体两种秩序。武力、战争调控的是肢体秩序，而修辞则是通过调控思想秩序来调控肢体的秩序。在隔阂、分歧、冲突和矛盾面前，如不能通过言说来实现思想和意志上的统一时，人类就会诉诸武力和战争，即通过调整四肢的方式来实现意志的调控。其结果，也是使非理性的一方回到理性的轨道上来。

全球修辞的国家意义，就是通过修辞凝聚和体现公共意志，建构社会权力和权利体系，制定公共政策，实现公平与正义。它意味着社会事务必须通过理性的

---

① 陈汝东：《新兴修辞传播学理论》，北京：北京大学出版社，2011年，第178页。

信息交流、沟通、说服、论辩来处理，而不是依靠权力和权势压制。每个公民都享有平等的言论权利，其公共修辞都可以被纳入社会秩序建构，无须通过其他途径和手段来实现。这也意味着全社会拥有了一个统一的价值体系。当然，这需要政治、法律和道德上的保障，需要理性的言说者或传播者，同时也需要一个理性的受众社会。

总之，全球修辞代表了未来人类修辞发展的方向，它将成为人类新的生活方式和社会秩序，将成为一种全球秩序、一种普世法则。为此，各国、各民族，应走出各自的修辞传统，走向世界大同。修辞学者也应具有全球视野和普世情怀，从多元文化和全球关怀角度来阐释其他文化中的修辞学传统。

四、全球修辞与全球修辞学：全球传播时代国际修辞、国际修辞学研究的新趋势

解读历史是为了更好地服务现实。今天，我们重新阐发中国的古典修辞学思想，目的之一就是探寻不同文化、文明中人类修辞学思想发展的历史轨迹，从东西方古典修辞学的思想碰撞中激发理论创新的灵感，推演出人类修辞学发展的未来趋势。那么，人类修辞学思想发展的历史走向是怎样的呢？那就是与人类媒介技术发展和社会形态的演化相适应。中国古典修辞学思想对人类未来修辞学发展的启示是什么呢？那就是随着全球传播、全球修辞的现实化，一个新的学术范畴——全球修辞学，将成为现实。

近年来，我们一直致力于国际修辞学研究秩序的建构，先后提出了公共修辞、国家修辞、全球修辞、全球修辞学等学术范畴，并引发了许多共鸣。大卫·弗兰克对我们提出的全球修辞主张十分赞同。他根据笔者在《国际传播学百科全书》词条"东亚修辞学：中国和日本"[1]以及近年的相关论述指出："……比较修辞学的终极目的是建构世界大同的修辞学，使本土修辞学与各国、各地区乃至全球修辞学群星璀璨，同耀日月，通过修辞消除国际冲突，促进世界人民的相互理解与和平共处。"[2]笔者曾主张"21世纪的修辞学研究应从古希腊走出来……走向亚洲，走向全球……西方学者需要从古典传统和现代表达两个层面去认识和发现中国修辞学"。对此，弗兰克认为，这"建构了一种新的跨文化修辞传播的应有模式。西方

---

① Chen Rudong, "Rhetoric in East Asia: China and Japan," in Wolfgang Donsbach, ed.,The International Encyclopedia of Communication, Malden, MA: Blackwell Publishing Ltd, 2008, pp.4228-4231.

② [美]大卫·弗兰克，陈汝东、惠东坡译：《问题修辞和修辞问题：建构全球修辞学》，《江淮论坛》2012年第3期。

修辞学者应充分理解亚洲修辞学传统和亚洲修辞学者阐释的深刻见解"①。

那么，什么是全球修辞学呢？近来，我们曾指出："如果说全球修辞意味着一种全球社会秩序，一种普世法则；那么，全球修辞学，则为世界修辞学研究的学术秩序提供了一种新的可能，一种世界学术研究碰撞、融合的新视野。"② 可以说，全球修辞学，就是从人类文化和文明视角研究全球修辞规律的新兴交叉科学，它旨在综括人类全球修辞的手段和方法，探讨解决人类共同面临的全球生存与发展问题的修辞战略和对策，揭示全球传播的修辞规律。为促进全球修辞学研究，"各国学者应具有全球视野，普世情怀，应具有海纳百川的气度，要勇于突破各自的学术传统，实现与其他文化背景中学术传统的平等交流、碰撞与融合。全球修辞学理论体系的建构，既需要多维学科视野，也需要建立全球性的学术组织，奠定新的全球学术交流机制"③。为此，应各国学者要求，我们倡议成立了旨在推动全球修辞学发展的学术组织——全球修辞学会。④ 相信我们，这将成为一个消除了文化偏见与傲慢藩篱的学术共同体和智慧创新平台。

既然全球修辞意味着一种全球秩序，一种普世法则，那么，探讨全球修辞的原则、规律，尤其是全球修辞的伦理原则与规律，无疑十分重要。其建构应充分借鉴各种文化、文明中的修辞传统，西方的，还有东方的。中国古典修辞学思想中的"道德修养""生活方式""人生追求""社会秩序""文明形态"等修辞观，特别是"言礼""言仁""言忠""言信"和"言德"等修辞原则思想，对全球修辞学的理论建构都将具有重要的启迪价值。

目前，"修辞问题不仅是中国问题，也是世界问题，它关系到人类的和平与发展。全世界的修辞学者都应投身和加强对全球修辞秩序和修辞制度的比较研究，以催生出一种能通过修辞来促进世界和平和正义、解决全球普遍问题的传播秩序，从而避免战争和武力"⑤。在当今世界，修辞无疑已成为避免或替代暴力或战争的和平手段，成为通过道德沟通解决不同文明之间冲突的途径。⑥ 中国的古典修辞学思想原则，在全球秩序的变革和重构中，无疑是不可替代的。所谓"言仁"，就是用言说、劝服的方式促进人类相互间的理解和关爱。"仁"，即"爱人"，凝聚了华夏

---

① 　[美]大卫·弗兰克，惠东坡编译：《北大陈汝东教授应邀出席牛津大学修辞学高峰论坛》，《北京大学新闻网》2012 年 8 月 21 日。

② 　白真智：《世界汉语修辞学会第三届年会在韩国召开》，人民网 2012 年 11 月 1 日。

③ 　陈汝东：《论修辞学研究的全球化趋势》，世界汉语修辞学会第三届年会暨修辞学国际学术研讨会特邀大会报告，韩国仁川大学，2012 年 10 月 26—28 日。

④ 　白真智：《世界汉语修辞学会第三届年会在韩国召开》，人民网 2012 年 11 月 1 日。

⑤ 　《第二届国际修辞传播学前沿论坛在日本札幌召开》，人民网 2011 年 11 月 6 日。

⑥ 　[美]大卫·弗兰克，惠东坡编译：《北大陈汝东教授应邀出席牛津大学修辞学高峰论坛》，北京大学新闻网 2012 年 8 月 21 日。

的千年文明智慧，具有普世价值。"言仁"，即修辞本于人类大爱——至善，无疑具有成为全球修辞伦理法则的思想和文化基础。事实上，它已随着中华文明的传播，在全球落户扎根。这不正是我们今天致力于重新阐释中国古典修辞学思想的全球意义所在吗？！

视觉之势：论视觉修辞的活力之源 *

李红 **

摘　要：视觉修辞的活力常常来自视觉之势，即视觉所引发的无限潜力。实际上，中国文化在谈"势"的时候，常常使用的也是视觉意象，因而从视觉意象到视觉修辞来谈"势"就显得很自然。势常常来自视觉在公共性、意向性和空间性上的引发力，因此，其方法论就是基于公共性、意向性、身体性和在场性的综合分析。

关键词：视觉修辞；视觉意象；势；张力

一、问题的提出：视觉之势

视觉修辞为什么能够打动人？目前对这个问题的回答实际上并不能令人满意。罗兰·巴尔特（Roland Barthes）曾经认为，只有通过抽空形象的物质性才能实现其表意功能，而不是通常认为的形象是"复活"，是"对意义的抵制"。[1] 但是，在面对母亲照片的时候，他意识到照片本身就"显露出了本质"，而这种本质是词语所无法描绘的[2]。在此，照片成了一种具有生命活力的实体。可以说，前者的视觉修辞依靠观者的解码能力，并将图像当作符号；后者则依靠观者对照片中人物的感情，而将图像作为某种执拗的本体。

在不同的文化模式中，也会发现不同的图像动力。在后现代观念看来，虽然图像就在那里，能够"被看见"，能传递某些信息，但是不一定能看见"真相"[3]。实际上，视觉的可见性依靠的是一套视界政体（scopic regime），即观看的文化模

---

　　* 本文原载于《新闻大学》2018年第4期，第10—15页。
　　** 李红，暨南大学新闻与传播学院教授。
　　① ［法］罗兰·巴尔特，让·鲍德里亚等：《形象的修辞》，吴琼，杜予编译，北京：中国人民大学出版社，2005年，第36页。
　　② ［法］罗兰·巴尔特：《明室——摄影纵横谈》，赵克非译，北京：文化艺术出版社，2002年，第110页。
　　③ ［美］尼古拉斯·米尔佐夫：《视觉文化导论》，倪伟译，南京：江苏人民出版社，2008年，第3页。

式和认知范型①。对于偶像破坏者和偶像崇拜者的冲突来说，关键的问题就在于图像的生命所带来的冒犯性，虽然这种图像生命的观念具有巫术性，但是在现代语境中也并不少见②。

视觉文本的结构，也是视觉修辞发动的重要方式。在美国的越战纪念堂中，留白（meiosis）、制造歧义（ambiguity）、期待落差（reversals of expectation）和自反认知（self-reflection）等方式就成为视觉修辞意义发动的重要策略③。这一理念实际上在接受美学中已经得到了充分探讨。接受美学认为"空白""空缺"和"否定"共同组成了文本的召唤结构，由此形成对读者的召唤和邀请，并形成与文本的交流④。同样，马歇尔·麦克卢汉（Marshall McLuhan）提出的冷媒介和热媒介的概念，谈的也是文本形式引发的参与度问题⑤。

鲁道夫·阿恩海姆专门谈到了"具有倾向性的张力"问题，强调它是一种"不动之动"，正是张力让僵死的图像活了起来。⑥"张力"（tension）作为一种新批评概念，在西方诗学中也得到了系统阐述。罗吉·福勒认为："凡是存在着对立而又相互联系的力量、冲动或意义的地方，都存在着张力。"⑦梵·奥康纳则强调个别与一般、具体与抽象、比喻的两造之间、反讽的两个组成之间等二元关系构成的张力⑧。法国汉学家 Francois Jullien 则将张力概念与中国文化中的"势"的概念结合起来论述，但是并没有将两者进行区分，而是认为"势"就是穿越架构的"张力"⑨，是一种布局中展现出来的效力，在其中文版的很多著作中，"势"常常被翻译为"张力"（tension）。

总之，上述的表意机制、情感推动、文化模式、文本结构、二元张力等，都体现了文本中心或受者中心的二元分隔。这与中国文化中推崇的"一体感"是不同的，而视觉修辞中"势"的范畴正是体现了一体感，并通过"一体感"实现了

---

① ［美］马丁·杰伊著，刘晓伟译：《现代性的视觉制度》，《艺术设计研究》2010 年第 3 期。

② ［美］W.J.T. 米歇尔：《图像何求？形象和生命与爱》，陈永国译，北京：北京大学出版社，2018 年，第 15-17 页。

③ L. S.Carney，"Not Telling Us What to Think：The Vietnam Veterans Memorial，" *Metaphor and Symbol*, Vol.8, No.3（1993），pp.211-219.

④ 朱立元：《当代西方文艺理论》，上海：华东师范大学出版社，1997 年，第 295 页。

⑤ ［加］马歇尔·麦克卢汉：《理解媒介》，何道宽译，北京：商务印书馆，2000 年，第 51—52 页。

⑥ ［美］鲁道夫·阿恩海姆：《艺术与视知觉》，滕守尧、朱疆源译，成都：四川人民出版社，1998 年，第 563—564 页。

⑦ ［英］罗吉·福勒：《现代西方文学批评术语》，袁德成译，成都：四川人民出版社，1987 年，第 280 页。

⑧ 赵毅衡主编：《"新批评"文集》，北京：中国社会科学出版社，1988 年，第 108 页。

⑨ ［法］朱利安：《山水之间：生活与理性的未思》，卓立译，上海：华东师范大学出版社，2017 年，第 81 页。

视觉对于潜能的无限引发。

中国画论中常常谈到"势"的问题，"势"往往成为视觉文本获得生命活力的重要动力，观者也就被涵泳其中，主体与图像呈现了融合的关系。无论是在创作中，还是在观看中，都主张通过主体的消解实现主客体的融合。王夫之《姜斋诗话》就说："若不论势，则缩万里于咫尺，直是《广舆记》前一天下图耳"，即图像因为其中的"势"而获得了精神的维度；假如仅仅是讲求结构、对比、辞藻和典故，结果也只能是"如钝斧子劈栎柞，皮屑粉霏，何尝动得一丝纹理？"，即没有"势"也就不能从外在的形式进入内在的纹理。可见，视觉修辞的文本（text）不是简单"编织品"（something woven），而是具有如刘勰《文心雕龙》所说的"总群势""总一之势"。

在传统画论中，"势"是一个核心范畴，比如顾恺之《魏晋胜流画赞》称"其腾罩如蹑虚空，于马势尽善也"；黄公望《写山水决》称"见得山势高不可测"；王夫之《姜斋诗话》说"论画者曰'咫尺有万里之势'"。这里的"势"是一个审美范畴；而在日常话语的层面，"势"常常作为一个修辞范畴被使用。刘亚猛就认为，虽然中国文化反对修辞上的"以势压人"，但是"势"的影响在修辞实践中却比比皆是，"权威""威望""影响力""声势""气势"等都在中西方修辞实践中被广泛采用[1]；程敏则将"势"作为一种修辞范畴明确提了出来，但是并没有脱离"语言运用的效果"的认知局限[2]。

从视觉的角度来看，米歇尔·福柯谈的全景监狱（panopticon）的规训机制，核心就是一种视觉不平等造成的"权力局势"（power situation）问题，即监视者能够看见囚犯，但是囚犯却无法看见监视者，而且囚犯之间也无法彼此看见和交流。[3] 全景监狱正是通过视觉布局将外在的权力、话语、检查、惩罚等社会力量召唤出来，由此成为一种精神机器[4]，并最终实现规训的目的。视觉布局中的势，让视觉图像或者布局获得了某种生命与活力。视觉载体不再是僵死的客体，而是通过其中的势被赋予了生命的活力，成了自足的"动力因"（Efficient Cause），从而获得了修辞性的蕴含。

---

① 刘亚猛：《追求象征的力量》，北京：生活·读书·新知三联书店，2004年，第161—165页。

② 程敏：《试论修辞范畴"势"》，福建师范大学硕士论文，2008年。

③ [法]米歇尔·福柯：《规训与惩罚》，刘北成、杨远婴译，北京：生活·读书·新知三联书店，2003年，第226页。

④ [法]米歇尔·福柯：《规训与惩罚》，刘北成、杨远婴译，北京：生活·读书·新知三联书店，2003年，第231页。

二、视觉之势：从视觉意象到修辞范畴

《孙子兵法》讲"势"是"如转圆石于千仞之山""急水之疾，至于漂石""势如扩弩，节如发机"。此处，通过高山之石、湍急的流水、拉满的弓弩等视觉意象，"势"的内涵得以被描绘。即"势"范畴之"意"的界定，在中国文化当中更多依靠的是视觉之"象"。其中的"意"往往是以"神""幽明""隐"等形而上方式存在的，但它是通过视觉之"象"去承载的，因而"视觉之势"的分析可以通过视觉意象的范畴进行讨论。

通过《孙子兵法》的视觉意象可以看到，空间的落差、视觉的不均、间隔的距离、视觉的趋向等，都是"势"得以产生的重要前提，但是，这还不是"势"，而仅仅只是张力。实际上，"势"是对张力背后无限潜力的引发，它超越了张力本身。"飞流直下三千尺""黄河之水天上来""远上寒山石径斜""地卑江势欲沉山"等诗意之"势"不仅仅来自视觉的张力，而且来自对视觉之外潜能的无限引发。因此，视觉之势不仅仅在于"视觉布局"，而且是通过视觉布局对诸多抽象力量的唤起。《邓析子·无厚》说"势者，君之舆"，即君主对于国家的掌控，靠的就是"势"，是"势"所具有的弥散性的控制力。这种控制力往往来自权力对于视觉的隐藏，即"（为）君者，藏形匿影，群下无私；掩目塞耳，万民震恐"。当权力不再具体化为某个人（君主），不再占据视觉（藏）位置的时候，正是其弥散性的存在（无私）得以实现的时候。视频监控的威慑力，也正在于它的视觉弥散性：即它的无主体性，它的无处不在，它的不可知（隐藏）。因此，势的潜力还不仅仅是一种视觉的布局，而是视觉布局所引发的无限潜力。

视觉常常展现为一系列可视性（visuality）的节点，展现为视觉对象的大小、对象间的关系、运动的指向性、矢量强弱等等，并且通过其中视觉的不平衡将隐藏的抽象力量召唤出来。亨利·卡蒂埃-布列松说，拍照就是"等待着那一恰当的瞬间，张力正渐渐积累，然后，它爆发了……时间与空间在此刻融为一体……观看是一次完整的体验"，而在照片中，内在的时间意识常常被展现为视觉的空间布局。[①]视觉中的时空逻辑自然就会将精神、体制、文化和社会力量引发出来，由此实现视觉修辞的效力。《孙子兵法》说"善战者，其势险，其节短"，"节如发机"，即如弓箭发射的瞬间，常常在视觉上呈现为一个节点，显现出其爆发性的趋向之力。无论是"节"还是"决定性瞬间"，它都不是一种庸常的时刻（正），而是某种具有涵摄力的"奇点"。《孙子兵法》里也通过"奇正"来谈"势"的问题，并

---

① 见李鑫：《论布列松的"决定性瞬间"》，http://www.360doc.com/content/18/0401/13/498548 81_741997192.shtml,20180401.

且分外强调"奇"所蕴含的势之潜力，即"善出奇者，无穷如天地，不竭如江海"。

视觉载体被置于不同的视觉位置，往往展现出不同的修辞活力，比如同样的视觉物，被置于县级博物馆、省级博物馆和国家级博物馆，其修辞意蕴是完全不同的。当装着死者遗体的棺材被置于政府门口，"棺材"与"政府"两个视觉对象的二元对冲就产生了不一样的势，从而引发大量围观，对政府构成了强大压力。四川建川博物馆养着一头猪，名叫"猪坚强"，是 2008 年汶川"5·12 地震"中在废墟下埋了 36 天被救起的。因其顽强的生命力而获得了"猪坚强"的称谓，大众与媒体均感叹其"神奇"，从而成了汶川地震坚强精神的视觉象征物。视觉之物"猪坚强"象征之势的获得，首先来自其时间累积起来的"坚强"精神，并且凝结到这头猪身上，使得抽象的"精神"获得了视觉化的载体；其次，媒体对其进行的照片、视频、电视等视觉方式的丰富呈现，使得"猪坚强"的视觉形象走入了千家万户，从而获得了一种弥散性的势；再次，它被置于博物馆，甚至是抗震救灾系列的整个视觉布局，由此超越了单独饲养的意义，让人震撼。由此，"猪坚强"作为一种视觉意象就获得了超越动物意义的打动人心之势，从而成为汶川地震的一个奇点，汶川地震的精神便被涵摄其中。

中国文化中的"势"不是刻意而为的结果，而是在既有条件或者资源基础上自然生发出来的，是对于局势的外推动力，因此《孙子兵法·计篇》说："计利以听，乃为之势，以佐其外"。真正好的处理问题的方案是，利用已有的局势，并在此基础上获得最佳的行动位置，即《孙子兵法·计篇》说的"势者，因利而制权也"。《韩非子·功名》说"得势位则不进而名成"，"势位"的获得在韩非子看来是法和术综合作用的结果。但是，"势位"并不是越高越好，因而中国文化的取位总是谦柔处下的。《周易》乾卦上九说"亢龙有悔"，爻辞解释为"贵而无位，高而无民，贤人在下位而无辅，是以动而有悔也"，也就是说，最高位反而是"不当位"。因而"势"并不是选择最高的位置，不是结束，而是即将抵达最高位置的那个"奇点"。因而是循环而"非完成"的，体现出"物不可穷"（《周易·序卦传》）的潜能。只有始终处在最高点之下，才能获得"物不可穷"之势，比如"山欲高，尽出之则不高""水欲远，尽出之则不远"（郭熙《林泉高致》）。因而，视觉布局常常需要体现为一种依赖性，它不是独立自存的，而是可以充分勾连的；它也是一种未完成的状态，如此才能给未来提供足够的可能性。

通过视觉意象的分析，可以发现视觉修辞的活力来自视觉布局，而这种布局实际上是萃取出来的一个"奇点"，其中蕴含了诸多抽象的力量。视觉修辞不同于普通视觉艺术的地方就在于，它是一种"通过对视觉文本的策略性使用，以及视觉话语的策略性建构与生产，达到劝服、对话与沟通功能的一种实践与方法"①，强调的是其传播的实践性品格，是功能取向而非审美取向的，因而它展现的是一种力而不仅仅是美。图像正是通过视觉布局营构了一种扑面而来的修辞之势，从而使得观者受到深深的震撼，由此实现其劝服、认同或者沉浸的修辞目的。正是因为有了"势"的引发，视觉意象就实现了向视觉修辞的自然过渡，并推动指向社会效能的修辞效果得以实现。

三、视觉的活力及其势的生产

西方文论在谈论差异、矛盾或者落差导致的效果时，使用的是"张力"这个概念。但是，张力是两端之间的牵引所产生的力，从而产生一种紧张感，体现的是一种二元性（两个力）的思维。这里就缺少一种"势"所蕴含的未来性（未知）、整体性（弥散性）和无限性的内涵，张力是构成"势"的重要前提，但它不等于"势"。毋宁说，"势"是张力的无限溢出，是张力的势能所带来的弥散性效力。比如摄影照片《约旦河西岸的孤独的犹太妇女》（图1）中，不仅仅有警察与妇女的二元对抗的张力，而且关涉到了国家体制与普通民众之间的对抗之"势"：妇女作为个体的私人之力对抗强大的国家之力，就蕴含了国家权力的"暴力之势"，以及妇女个体身上所蕴含的强大"精神之势"。这会导引出两个效果，那就是对于国家暴力的恐惧和个体精神力量的介入，而整体召唤的，则是对抗精神力量的培育，以及对于国家暴力的反思。在此，"势"是基于二元的文本张力而又超越于文本之外的冲击力，一种充满精神蕴含和社会资源的辐射之力。实际上，视觉的活力还存在于如下"势"的生产中：

图1：约旦河西岸的孤独的犹太妇女
（巴利提 摄）

图2：战火中的女孩（黄幼公摄）

① 刘涛：《媒介·空间·事件：观看的"语法"与视觉修辞方法》，《南京社会科学》2017年第9期。

　　首先，视觉之势的强弱与视觉修辞实践的公共性密切相关。摄影作品《约旦河西岸的孤独的犹太妇女》（图1）的对象是现实中的事件，又与重大政治问题紧密相关，因而作品不再是一个审美的对象，而是具有强烈政治关怀的作品，因此显得气势动人。相比之下，雕塑《马踏飞燕》和《掷铁饼者》虽然具有强烈的视觉张力，但它们是在一种审美景观的层面呈现的，其修辞性相对较弱。具有强烈新闻性的摄影作品一旦脱离当下时空，它对于现实的指涉性"观看"就结束了，其蕴含的势也就消退了，最终变成一堆历史资料或者审美对象。对于那些正在参与社会公共实践的视觉修辞文本，其视觉中充满了不可知（未来）的效果，它们是通过视觉参与到社会公共实践中的，因而能够对现实决策和行动产生强大影响力。比如2015年震撼世界的新闻照片《不再醒来》，拍摄的是叙利亚难民危机中，一个三岁的小孩偷渡过程中溺水身亡，趴在沙滩上的场景。视觉载体（照片）对观者的冲击力首先来自"孩子""海滩""死亡"等图像义素，但是，这些义素在一幅普通邻居孩子溺水的照片中也能看到。关于这幅照片所涉及的大海、偷渡、战场、灾难、难民等义素，是超越于图片之外的：照片拍摄之前的世界局势及其媒体呈现已为公众所熟知，照片只不过是截取了其中一个片段加以呈现而已；照片发表之后，它又被编织到新闻媒体报道的相关逻辑中，并且因为加拿大政策曾经拒绝这个家庭入境而备受指责；而这张照片又搭载到千千万万视觉之物上，成为其中之一而又蕴含了所有的内涵。可以说，这幅照片是通过"引发"召唤出了"难民危机"这个话题。没有正在发生的相关问题背景，照片便仅仅只是孤立的照片，其势也就无法产生。不过，正是通过视觉一次次地回到那个小孩死在沙滩上的创伤性场景中，相关公共性议题的讨论也因为获得了视觉的支撑而变得具象，视觉背后诸多复杂的问题和力量就被无限地引发出来，最终对欧洲政府决策产生了重要影响。

　　其次，视觉修辞文本的空间占位也深刻地影响到视觉之势。苏珊桑·桑塔格说："一九四五年集中营的照片，其分量也会因观看地点不同……而发生变化"[①]，比如在摄影展览馆里、在画廊里、在博物馆目录册里、在电视上、在《纽约时报》版面里、在《滚石》杂志版面里、在书本里，都是不一样的。实际上，政府门口的静坐示威与公共广场上的静坐示威，其指向性、逼迫性和诉求性是不一样的，对政府构成的压力也就不同；战争中大兵压境的空间逼迫性，使得彼此关系充满随时可能爆炸的危机，其势显得咄咄逼人；纪念馆的设置一般都是在事件发生地，

---

① [美]苏珊·桑塔格：《关于他人的痛苦》，黄灿然译，上海：上海译文出版社，2006年，第109页。

这使得那些鲜活的历史在空间上感觉"历历在目"，并造成"物是人非"的情感之势和认知之势。就南京大屠杀纪念的空间来说，"原位于国民政府立法院附近的大方巷广场是当时南京城内大规模的集体屠杀场地，遇难者达 1200 余人，也是'东史郎事件'的发生地。但如今的大方巷广场已变为加油站"①。正是因为占位空间的退却，历史记忆和身体感受无法被有效地引发，这就使得"大屠杀"纪念的冲击力被大大减弱。视觉载体作为一种表征的"奇点"，能够将广阔的空间和时间汇聚到一点，从而形成广泛的涵盖力。"博物馆""纪念馆"作为一种视觉修辞的震撼力，并不仅仅在于其具体物件的震撼力，而最大的震撼力在于它的时空涵摄力，它们将不同时间和不同地点的各种相关物件搜集起来，从而引发一种关于"事件"的统觉（apperception）。当游客沉浸在相应视觉空间的时候，就会被其视觉之势所深深震撼，从而引发诸多感受与思考。

再次，视觉布局中的意向性投注也会引发观者的意向性介入。图 2 是 1972 年越南战争中，一个女孩被汽油弹烧着，剥掉衣服奔跑逃命的瞬间，在此，整个战争的残酷性被浓缩在方寸之间。根据意向性关系，照片的视觉布局可以分为三个部分：第一个部分是汽油弹现场，第二个部分是孩子们对于现场的逃离，第三个部分是孩子们奔向镜头。这种惊慌失措逃离的瞬间就构成了一种张力，但这种张力并不仅仅在空间中的动感层面，而是充满了意向性。借用意向性（intentionality）概念，我们可以看到，"汽油弹"和"镜头外"是意向对象，女孩以及孩子们是意向主体，"恐惧"和"向往"是其意向行为。进一步将此意向性的隐喻含义加以阐释，即为"汽油弹＝战争"，"女孩＝无辜受害者"，而"恐惧"就转化为观者的"厌恶"，"向往"就指向画面之外的观者，从而构成吁求性的对话。由此，其厌恶的逻辑就是"战争造成了无辜受害者的恐惧"，这是人类文明的逻辑所不可接受的；指向画面之外的吁求就是在召唤一种道义性的担当，并最终引发了舆论之势对美国政府的压力。也就说，这种意向性由画面之内的对象延伸到画面之外的公众，并引发一种"反战"的意向性介入。

最后，图像中的意向性所带来的势，还包括中心与边缘、中心化和离心化、上与下等等空间布局所带来的张力以及其中蕴含的势。在视觉修辞当中，神圣的对象总是被置于中心，而下一级的存在物则被置于边缘。比如敦煌壁画中，佛祖释迦牟尼经常被其他佛、菩萨、飞天佛等环绕，而且在洞窟当中的空隙地带也绘满了成千上万的小佛像。佛祖通过空间的中心性成了所有人物意向性投注的中心，并且在洞窟的空间中也成了信徒意向性投注的中心，佛的弥散性存在之势由此就

---

① 张帆，邱冰：《南京大屠杀纪念空间调查与问题分析》，《建筑与文化》2017 年第 4 期。

构成了一种令人心生敬畏的信仰力量。日常社交礼仪中将重要人物置于中心等等，都体现了边缘对于中心的意向性投注所构成的势，某种中心性的意识形态也就得以生产出来。上与下的空间结构及其构成的势，也在营构一种视觉的控制力。比如佛的塑像往往会被塑造得很高；佛像或者寺庙会被塑造在高山之上，以获得某种神圣感。中国古代的磕头仪式，也是为了让彼此的伦理关系建构在上下的空间逻辑当中：曾任美国总统的约翰·昆西·亚当斯（John Quincy Adams）就说鸦片贸易只是鸦片战争的导火索，而"战争的肇因是磕头（kowtow）"，体现出宗主对藩属的傲慢无礼①；而现在仍然流行的春节磕头拜年，则强化着"村内的各种等级关系"，因而常常会引发争议，并试图进行秩序的重构②。

总之，视觉修辞的活力正是来源于视觉所引发的势。首先，就是视觉文本的公共位置和公共性的引发力，具体来讲就是公共性的勾连潜力；其次，就是视觉载体的空间占位所带来的视觉冲击力，核心就是其时空的涵摄力；再次，视觉布局和视觉观看当中，都充满着意向性，正是意向性的牵引，使得内容、图像与观者实现了意识层面的交汇；最后，视觉布局的空间也鲜明地体现了意向性关系，从而构造了一种空间的意识形态内涵。

四、视觉之势的方法论

视觉修辞中的视觉之势如何去把握？就涉及一系列方法论的建构。实际上，根据本文前述的论证逻辑，视觉之势可以从社会维度、意向维度、主体维度和存在维度进行把握，并在一种渐进逻辑中把握其自然生发之态。

第一，应该将视觉之势置于社会性和公共性层面进行讨论，从而把那些隐藏在视觉之外的时空逻辑纳入其中进行思考。比如一幅照片展现了一场战争，一个纪念馆展现了一场灾难，一座监狱展现了一种制度。如果将这种隐藏之物称为"道"，那它就是宏大、抽象而弥散的支配性话语。视觉之势所隐藏的"道"并不是修辞者的意图，因为，作为个体或者某个团队，其影响力是有限的，它不足以支撑起视觉之势。一旦将视觉修辞置于个人化的表达之中，那它的势就会大大减弱，因为这种表达将视觉之势关闭了，不允许更多公众以及公共性的进入。因此，在对一幅战争照片的视觉之势进行思考的时候，照片背后的拍摄者意图及其生命史并不是讨论的关键，而关键是照片与世界之间的关系，即照片所揭示的那个被隐藏的战争世界，以及那个世界所带来的无限阐释的压迫力。因此，势不是隐藏

---

① 王冬青：《想象"磕头"：英帝国的身体政治》，《外国文学评论》2015年第1期。
② 张贯磊：《磕头拜年、集体仪式与社会整合——基于豫北农村拜年仪式的实证分析》，《广西民族研究》2017年第6期。

的意图，而是通过视觉所引发的世界本身，这个世界远远超越意图可控的范围。

第二，视觉还将所有的心灵引向对某个对象的关注，并在意向层面实现对象、图像和观者互动。看起来，图像的世界似乎是一个框架内的世界，而观者是框架外的冷眼旁观；照片中他人的痛苦仅仅有着窥视癖式的诱惑力，因为"我没有病，我也不是快要死了，我不为战乱所困"[①]。很多时候，图像的观看就变成了一种私人行为，观者可以毫无顾忌地按照自己的方式来处理，以此回避图像对他的影响。但是，一旦将影像的观看置于公共空间，一种由图像所引发的势就会裹挟观者进入到图像的视觉世界当中，对象、图像与观者之间就融为一体。而观者不仅仅是通过想象进入图像世界的空间，而且是通过感知直接进入的。可以说图像就是观者的生活世界本身，观者观看电影，实际上就是进入了影像世界的喜怒哀乐。日常生活经常处于多重实在，比如科学、笑话、梦、艺术、宗教、游戏等[②]；在那些逃出世贸大楼或者就近观看的人士的最初描述中，"9·11事件""常被说成'不真实'、'超现实'、'像电影'"[③]。在此，多重实在之间不再界限分明，而是通过意向方式实现无限交叉和重叠，由此，视觉之势就展现为视觉修辞中精神的无限生发力。

第三，视觉之势是一种整体感知，而这种感知往往充满身体性。实际上，老子就特别强调身体感知的完满性，说"为腹不为目"（《道德经》十二章），即通过视觉的关闭实现意识的消除，最终回归身体完整性。因为，感官分离常常会带来感知的偏执，比如"五色令人目盲，五音令人耳聋，五味令人口爽，驰骋畋猎令人心发狂，难得之货令人行妨"（《道德经》十二章），而"耳目又与心灵密切相关，耳目扰动又会带来心灵的扰动，从而让心灵处于分、杂、乱的境地"[④]。老子认为"百姓皆注其耳目，圣人皆孩之"（四十九章），就是认识到了感官的有限性对于整体之"道"的遮蔽，因而主张"孩"（赤子）的状态，从而"获得身体的完满性，以与天地和合的方式充分敞开人的精神和灵魂"[⑤]。视觉修辞总是会携带各种各样的修辞意图，观者也会带着各种各样的成见去观看，而且图像本身也充满着片面化或者碎片化。因此只有做到"澄怀味象"（宗炳），"涤除玄览"（老子）以及

① ［美］苏珊·桑塔格：《关于他人的痛苦》，黄灿然译，上海：上海译文出版社，2006年，第91页。

② ［德］阿尔弗雷德·许茨：《社会实在问题》，霍桂桓、索昕译，北京：华夏出版社，2001年，第310页。

③ ［美］苏珊·桑塔格：《关于他人的痛苦》，黄灿然译，上海：上海译文出版社，2006年，第18页。

④ 李红：《老子思想的符号逻辑及其传播伦理》，《暨南学报（哲社版）》2016年第10期。

⑤ 李红：《老子思想的符号逻辑及其传播伦理》，《暨南学报（哲社版）》2016年第10期。

"心斋""坐忘"（庄子）之后获得的，才能克服主体性的偏执，也就才能进入视觉所引发的整体局势当中，从而完满地把握视觉修辞的活力之源。

第四，视觉之势作为一种整体、抽象和弥散性的存在，其感知必须是在场性（present）的，而不仅仅只是语境的重构①。因为离开了视觉修辞实践的时空语境，研究将无法真正回到现场，剩下的就只有僵死的、形式化的、表象化的文本、记忆或者想象而已。而且，当事件成为过去的时候，它自身在时间上就闭合了，其空间的动态性也就失去了，就像已经抵达目标的箭矢，它的势就消失了。对于已经过去的视觉文本，我们之所以感受不到"势"，在于它们仅仅是一种抽象或者截出的图像，而不再是一种存在（being），图像与存在已经分离了。海德格尔尝试用"存在"来超越二元论，他认为存在并不是一个单独的主体面对着一个冷漠而客观的世界；存在是在世界中的存在，存在同世界是相互关联的，人和世界是不可分割的、浑然一体的，而人是通过人的身体以某种适当的方式，来与世界中的其他物体进行互动，进而在这互动的过程中获得了对其他物体和对世界的认知②。这与西方传统下的劝服、认同和生存的"三种修辞观"③的主客二分模式存在根本差异。

总之，势是一个循序渐进的过程，因而是不容易洞察的，对于普通人来说，当你洞察到的时候，已经来不及了。道家讲的是"发现"而不是"发明"④，获得的是一种自然秩序，人成了自然秩序的一部分而不是互相冲撞，由此形成很好的节奏，彼此和谐，就不会逆势而行。这与西方修辞学讲的修辞发明（rhetorical invention）迥然有别。对于视觉修辞的实践来说，最好状态当然就是无修辞的修辞或者是自然修辞，做到"行不言之教"（《道德经》二章），做到"不言而善应"（《道德经》七十三章）。中国文化向来推崇小心、谨慎、敏感的气质，由此才能获得敏锐的洞察力。对于"精微""精一"品格的培养，不仅仅是在面对不在场的视觉修辞的时候进行谨慎重构，而且关键还在于对那些隐藏的征兆能够尽早发现，由此才能对其微妙的视觉之势进行洞察。事物的发生，都是从无到有，从小到大的过程，因而视觉修辞研究需要从小处（微、几、未兆、未发、隐）入手，通过敏锐洞察力把握那些隐藏在视觉中的势，以发现视觉修辞真正的活力之源。

---

① 刘涛：《语境论：释义规则与视觉修辞分析》，《西北师大学报（社会科学版）》2018年第1期。
② 叶浩生：《有关具身认知思潮的理论心理学思考》，《心理学报》2011年第5期。
③ 刘涛：《视觉修辞何为？——视觉议题研究的三种"修辞观"》，《中国地质大学学报（社会科学版）》2018年第2期。
④ 詹石窗：《道德经与生活压力之化解》，厦门大学学术讲座，2018年5月4日。

第十二讲

华夏符号传播研究

图像与传播

——关于古代小说插图的传播学考察 *

陆涛 **

摘　要：文学与图像的结合古而有之，从传播学的意义上讲，二者的结合促进了文学的传播，相比于早期文学的口头和文字传播，图像与文学的结合的方式（本文主要指小说插图）则是一种跨媒介的文学传播，大大促进了文学的传播。在明清小说中，小说插图对小说传播的意义主要表现在：插图可以帮助读者的阅读与理解，进一步促进小说文本的传播。插图之所以可以帮助读者的阅读与理解就是因为对图像的理解相比对文字的理解要浅显得多。依据皮尔士符号学理论，在图像符号中，其能指和所指具有相似性的特征，从而使得对图像的理解要容易得多。

关键词：文学；图像；小说；插图；传播

我们知道，插图是文学中存在的一个普遍现象，在当今的图像文化的语境下，文学与图像之间的关系更为密切，不仅是文学，其他类型的文字文本也都与图像相互融合形成互文之势。早在明清时期，插图也是非常普遍的现象，明清小说的兴盛与发展固然与当时的经济、文化因素有关，但与插图的存在亦是有一定关系的，这就是因为插图的存在对于当时的小说传播具有重大的促进意义。通常意义上，小说的传播媒介是语言文字，但图像作为一种文学传播媒介同样不容小视。但在相当长的一段时间，图像作为文学传播媒介的作用一直不被人们所重视，形成了叶德辉在《书林清话》中所说的"见文不见图"的弊端。本文就试着从文学图像（小说插图）与文学传播的关系入手，进而说明文学插图在文学传播过程中的重要意义，并对图像传播的特点进行理论上的分析。

---

　*　本文原载于《江西社会科学》2011 年 11 期，第 104-108 页。

　**　陆涛，江西师范大学新闻与传播学院副教授，硕士生导师。

一、小说传播的几种形态

我们知道，一部文学作品被创造出来，并不是被束之高阁，而是要进入读者的视野中供读者阅读。而在接受美学看来，读者的阅读甚至比创作者更有意义，可见阅读对于文学活动的重要作用。由文学创作到文学接受显然不是直接完成的，而是通过作品的传播来实现的，不仅有文人圈子内的传播，还有大范围的大众传播。根据以往的文学存在方式，我们把小说传播的形态分为三类：口头传播、文字传播和跨媒介传播①。

在小说出现的初期，文字尚未出现，其传播形式主要是口头传播的方式。班固在《汉书·艺文志》中指出："小说家者流，盖出于稗官。街谈巷语、道听途说者之所造也。"这里虽然说的是小说的来源，却也明确地指出了小说的传播方式：口头传播。口头传播虽然在文学传播史上发挥过重要作用，但随着文学的发展，口头的文学传播已经愈发不能适应文学传播的需求了，这也是由于口头传播的自身弊端所决定的。口头传播依靠的是传播者的口头语言，这就要求传播者有很强的记忆力，由于人类记忆力的有限，难免造成传播过程中的以讹传讹。而文字的出现则解决了这一难题，通过文字的形式把口头述说的故事给记载下来，从而保障了文学传播的可靠性。早期的文字传播主要是手抄，这种文字传播方式与我们所说的大众传播相去甚远，还算不是严格意义上的文学传播。我们认为，真正意义上的文学传播是一种面向读者大众的传播，而只有当印刷术出现后，真正意义上的文学传播才得以出现。因此，这里所说的文字传播主要是以印刷文字为媒介的文学传播，而对文字传播的考察则是与对印刷术的考察是分不开的，没有印刷术的出现，大量的小说文本是无法进入读者的视野之中的。

用印刷术来刻印文学作品虽说在五代就出现，但今天保存下来的刻本文学作品却是在北宋时期福建书商所刻的刘向的《古列女传》，书中亦附有插图。版刻的《古列女传》不仅是最早刻印的文学作品，亦是最早的文学插图本。元朝时出现了刻印的《全相平话五种》，亦是图文并茂。这都向我们传达了一个道理：文学传播与文学插图的内在通约性。相比于过去，明清时期是我国文学出版与传播的一个高峰，其中涉及的文学体裁主要是小说与戏曲。各地刻书作坊纷纷出现，有名的有福建的建阳勤有堂、金陵世德堂以及杭州和徽州等书坊。在这些书坊的努力下，各种文学名著纷纷被刻印出版并传播，使得更多的人能阅读到这些文学作品，对于我们的文学传播来说，可谓居功甚伟。特别是到了当代，随着技术的进步，印

---

① 所谓跨媒介传播就是包括两种和两种以上的媒介所进行的传播，包括小说的"语—图互文"传播即插图和影像传播，影像包括当今的电视和电影等，其中的媒介包括图像、语言和文字。

刷术已经步入了激光印刷时代，对于文学作品的印刷和传播又是一次新的革命，对我们的文学传播来说亦是一大推动力。

虽然，文字传播相比于口头传播是一大进步，相比于口头传播具有确定性和永久性的特点，且文字传播是文学传播的一个主要媒介，从古至今，亦是如此，但文字传播依然有自身的不足。虽然作为一种传播方式，文字传播具有无可比拟的优势，但从传播的效果来说，文字传播有时就会陷入困境。我们知道，读者对以文字为媒介的文学作品的接受方式主要是阅读，但阅读能力不是与生俱来的，而是需要经过特殊的训练才能获得这种能力，一个最基础的条件就是识字能力。在明清时期，普通大众的文化水平有限，纯文字的接受显然有一定的困难，这就需要发现更宜于普通大众接受的文学媒介。当然，新的媒介的出现，并不能取消文字作为文学传播的媒介，而是形成对文字媒介有益的补充，这就涉及了跨媒介的文学传播。

上面已说，跨媒介传播指的是由两种媒介或两种以上的媒介结合而进行的传播。对我们的文学传播来说，语言（包括文字）是主要的媒介，因为早在亚里士多德那里就提出了"文学是语言的艺术"这一命题。虽然说文学的媒介是语言，但语言媒介并不是唯一。从我们对文学与图像关系史的考察来看，在文学的发展过程中，图像始终不离其右。因此，我们完全可以认为文学的另一个媒介就是图像，当然，并不能抹煞语言媒介的主导地位。这种观点是从历史上总结而来，而从文学传播和文学接受来看，图像作为文学的另一个媒介亦是必要的。上面已说，单纯的文字传播对文化水平低的读者来说是具一定困难的，这时，图像作为文学传播媒介的优势就显现出来了。当然，并不是图像取代语言，而是二者以并存且互补的形式共同充当文学的媒介，亦即我们所说的"语—图"互文的方式。因为其中涉及了语言与图像两种媒介，因此，也称跨媒介传播。这种跨媒介传播体现在文学传播中，主要有两种方式：一是文学插图；二是根据文学改编而成的影视。在文学的这两种传播方式中，都是以"语—图"互文的方式所进行的跨媒介传播。文学的影视改编已经超出了本文的讨论范围，这里暂且不论。

小说插图的跨媒介传播方式主要是从读者的阅读能力考虑，由于单纯的文字接受有困难，就插入图画以助于读者的阅读和理解。显然，这种传播方式更多的是基于实用的目的，虽然插图首先是作为美化书籍的功能而出现。在文学插图中，除了小说插图，另一种跨媒介传播就是题画诗与诗意画[①]，即以诗与画结合的方式

---

① 虽然题画诗与诗意画不是严格的文学插图，但在图与文结合的方式上，与插图是相同的，为了便于归类，姑且把它们也作为文学插图来看。

进行文学传播。在传统的文人画中，这种传播方式屡见不鲜。文与图的结合使得读者获得双重的审美感受，同时也有助于读者对于诗歌所营造的意境以及图画所表达的情趣的双重把握。显然，文人画的这种诗画结合的方式与传统的"诗画一律"的观点是内在契合的，正是因为诗歌与绘画的这种内在相通性，才使得二者的结合成为可能。从唐开始，这种诗画一律的思想就被广大文人学者所认识，如苏轼就认为王维是"诗中有画，画中有诗"。与小说插图传播的实用目的不同，题画诗的传播主要是基于一种审美的功能。

二、文学传播与插图的兴起

由上面的论述可知，文学的插图是伴随着文学的大众传播而同时出现的，这里所说的文学的大众传播指的是文学作品的印刷出版。当印刷书籍刚刚出现时，插图就不离其右，如上面所说唐代印刷的《金刚经》，作为我国第一部刻印书籍，就是附有插图的；《红楼梦》的印刷本首次出现，亦是伴有插图的。固然是因为印刷本的出现，使插图变得更为容易；另一方面，也向我们透露一个信息，文学的传播是离不开插图的。一方面是文学的大众传播催生了文学的插图出现，同时，文学插图也促进了文学的大众传播，二者是互为促进的。下面就以小说为例来研究文学传播与文学插图的关系。

传播学理论认为不仅要研究信息的传播，还要研究传播的效果，即如何让信息接收者接受[①]的问题。基于此，现代艺术传播学都赋予了艺术接受者很高的地位，把艺术接受者看作艺术王国里的"上帝"，使得学界不得不重新审视艺术接受者的主体地位。艺术接受者是艺术信息传播的对象，是艺术传播过程得以存在的前提，它在艺术传播中占据着突出的地位，扮演着不同的角色。具体来说大致有以下几种角色：首先，艺术接受者是艺术作品的消费者；其次，艺术接受者是艺术讯息的译码者；再次，艺术接受者是艺术作品的创造者；最后，艺术接受还是艺术效果的反馈者。[②]因此，在文学传播过程中，我们必须充分重视接受者的作用。

要想文学作品被接收者所接受，就需要传播者在传播媒介上另辟蹊径，根据接收者的实际情况采用相应的传播媒介。在明清小说的传播中，为了使接收者更好地接受小说作品，于是，精明的书商就采用了插图的办法。这里的插图与上面从商业化角度的研究不同，上面所说的插图只是作为吸引读者购买的一个手段，而不考虑读者接受的问题，因此，所插入的图像主要是作为审美的人物绣像。那

---

① 这里所说的接受是从接受美学的意义上说的，包含理解的意思，要与接收区别开来。接收只是表示获得了传播者所传播的信息，并不一定能接受（理解）。

② 邵培仁：《艺术传播学》，南京：南京大学出版社，1992年，第315—316页。

么，这里从接受的角度来研究插图的话，考虑的主要是读者的接受的问题，所插入的图像主要是实用性的情节插图，通过观看这些插图再对照文字就可以进一步帮助读者对小说的理解。显然，在这里，书商是从插图之于小说阅读的意义来进行插图的。

其实，以插图来引导帮助阅读的现象古而有之。"左图右史"或"左图右文"作为一种传统早就出现在古代的图书中，古人早就认识到图像对阐释、理解文字能产生辅助作用。朝齐谢赫《古画品录》云："明劝戒，著升沉，千载寂寥，披图可鉴。"[①]这就说明了图像对于理解文字的辅助作用。南宋郑樵说得更为具体：

见书不见图，闻其声不见其形；见图不见书，见其人不闻其语。图至约也，书至博也，即图而求易，即书而求难。古之学者为学有要：置图于左，置书于右，索象于图，索理于书，故人亦易为学，学亦易为功，举而措之，如执左契。后之学者离图即书，尚辞务说，故人亦难为学，学亦难为功，虽平日胸中有千章万卷及置之行事之间，则茫茫然不知所向。[②]

这里郑樵把图的作用亦看得很重，把图与书看作古之学者"为学"必不可少的两个方面，二者一左一右，从图中可以"索象"，从书中可以"索理"。这样，"为学"也就更为容易，且也更容易取得成绩。而后之学者把图与书相隔离，离图即书，即郑樵所批判的时人"见文不见图"的倾向。这种"见文不见图"给"为学"带来了极大的消极作用，使"为学"变得很难，且也不易出成果，即使你书读万卷，也"茫茫然不知所向"，就是因为没有图对于文的辅助引导作用，从此可以看出图与文也即插图对于阅读的重要作用。

明朝夏履先《禅真逸史·凡例》称该书插图："图像似作儿态。然史中炎凉好丑，辞绘之，辞所不到，图绘之。昔人云：诗中有画。余亦云：画中有诗。俾观者展卷，而人情物理，城市山林，胜败穷通，皇畿野店，无不一览而尽。其间防景必真，传神必肖，可称写照妙手，奚徒铅垩为工。"[③]这里，夏履先认为图能传达言辞所不能传达的东西，通过画的形式，可以使文所描绘的东西更为传神地表现出来，从而以直观的形象或补充文的意义而给阅读进行有益的引导。显然，明清小说插图中的"语—图互文"模式使得插图能对故事情节做出更加形象的说明，

① 谢赫：《古画品录》，见周积寅编：《中国画论辑要》（增订本），南京：江苏美术出版社，2005年，第65页。
② 郑樵：《通志》（卷七二），《图谱略第一·索象》。
③ 转引宋莉华：《明清时期的小说传播》，北京：中国社会科学出版社，2004年，第79页。

从而引导着对文字的阅读。鲁迅先生曾经指出:"因中国文字太难,只得用图画来济文字之穷的产物。"又说"那目的,大概是在诱引未读者的购读,增加阅读者的兴趣和理解。"[①] 因此,对于小说文字而言,插图并非多余之笔,而是帮助阅读、增进理解的手段,一个主要原因就是中国文字太难、太抽象。这点可以从对《三国演义》的阅读进行直观简要的说明,在该小说中,曾提到诸葛亮制作"木牛流马",也介绍了其的详细做法,但人们对木牛流马的认识至今还众说纷纭,有的认为木牛流马就是木马和木牛,有的认为是独轮车。为什么有了详细的说明人们还会给人们的理解造成歧义呢? 这就是由于文字的抽象性造成的,而解决的办法就是辅以图像。试想,如果留下木牛流马的图像资料,人们对其的认识就会一目了然,还会有不同的认识吗?

因此,我们完全有理由认为,插图对于明清小说的阅读具有重要的补充、引导作用,从而更有利于读者对明清小说的阅读与接受。恰如有的研究者认为的那样:"从明代通俗小说读者角度来看,如果说文字使他们产生丰富的联想、获得艺术享受的话,那么,插图则具备更为直观的特点,简洁明了,缩短读者与小说人物之间的距离感,同时又可以减少因语言文字而引起的阅读障碍,从而有利于读者的阅读行为,使读者得到更为直接、更为强烈的艺术共鸣。"[②]

通过上面从阅读角度对插图的作用的论述,我们可发现插图对于小说的传播起到了重要的作用。可以说,插图是明清小说传播的另一个重要媒介。有的研究者认为:"它(插图)既有对文本情节的提示及说明作用,还有一定的文献资料价值。同时小说插图作为版画作品的艺术价值亦不可低估。这些都促成了插图本小说在明清时期广泛流传。"[③]

三、关于图像媒介的理论分析

通过上面一节的分析,我们可以得出这样一个认识:对图像的阅读与理解要易于对文字的阅读与理解,这也是插图能补充、引导阅读的一个主要原因。如果对插图的理解比对文字的理解还要苦难,那么何来图像补充、引导阅读一说? 现在,这里的问题是:同样是对故事情节的叙述,为什么图像叙事比语言叙事更易于理解? 这就涉及语言与图像两种媒介的不同性质问题,下面就从理论上对这两种文学媒介进行分析,以证明在接受方面图像比语言更具优势。

---

① 鲁迅:《连环画琐谈》,见《鲁迅全集》(六),北京:人民文学出版社,2005 年,第 28 页。
② 程国赋:《论明代通俗小说插图的功用》,《文学评论》2009 年第 3 期。
③ 宋莉华:《明清时期的小说传播》,北京:中国社会科学出版社,2004 年,第 90 页。

（一）文字学的角度

我们知道，语言（包括其书面形态的文字）与图像是人们传播信息的两种主要形态，分属不同的传播媒介。一般认为，图像的起源早于文字，大量的历史文献也为我们说明了这点，如今天保留的原始时代的岩画和壁画就是最好的明证。但是，文字的产生并不是独立于图像之外的。从文字的起源来看，它亦是经历过早期的图像阶段，这个阶段的文字被称为图画文字，特别是汉字，至今还有些文字具有图像性质，象形文字就是一例。在唐兰先生看来，世界上最古老的文字有三种：巴比伦的楔形文字，埃及的图画文字和中国文字，而这三种文字又都是由图画演变而来。唐兰先生认为："文字本于图画，最初的文字是可以读出来的图画，但图画却不定能读。后来，文字跟图画渐渐分歧，差别逐渐显著，文字不再是图画的，而是书写的。书写的技术，不需要逼真的描绘，只要把特点写出来，大致不错，使人能认识就够了。"① 因此，图画是文字发展的一个必然阶段。基于此，当今学界认为，无论是图像还是文字都是起源于原始社会的图像符号，这种原始的图像符号具有今天的图像和文字的两方面特征，都是当时的人们用来记录世界、传递和交流信息之用。由于当时人们的抽象思维的不发达，他们主要的思维方式是一种具象的思维方式，是和具体的物体同一的，他们要传达出某个物体的信息，就会直接以某物来示人。显然，在原始时代，图像与文字是一体的，这点从中国的甲骨文可见一斑。在甲骨文中，"鱼"字就是以一条鱼的形式来代替；如果把这种图像符号作为图像来看，也未免过于简单，与后来的绘画艺术相差甚远，因此，毋宁称为图像符号②，包括图画与文字。张彦远在《历代名画记》中认为："是时也，书画同体而未分，象制肇创而犹略，无以传其意，故有书；无以见其形，故有画。天地圣人之意也。"③ 这里，张彦远认为书画本身就是一体，只不过表意的适用范围上有所不同罢了，书适合表达意理，而画则适合保存事物的形态。随着社会的进步与发展以及人们的抽象思维水平的不断进化，早期的这种图像符号就不断沿着两个不同的方向进化与发展，也就是唐兰先生所说的文字与图画的分歧：一是继续沿着"见形"的图像化方向发展，使得简单的图像符号发展成日益复杂的图像艺术，即绘画艺术；二是图像符号的图像化特征日益减少甚至消亡，沿着"传意"的方向发展而走向抽象化，演变成抽象的文字。至此，人类的两大主要表意系统

---

① 唐兰：《中国文字学》，上海：上海古籍出版社，2001年，第55页。

② 这里所说的图像符号是基于当时的图像不发达而言，并不是严格意义上的图像，而称为符号，与符号学家所说的符号不同。在符号学家看来，图像本身就是一种符号，他们所说的图像符号就是今天的图像。

③ 张彦远：《历代名画记》，南京：江苏美术出版社，2007年，第1页。

就宣告形成，且具有不同的适用范围。因此，从二者的发生学角度看，图像更适于表达感性直观的意义；语言更适合表达抽象的理，图像的特点主要在直观性、可感性和形象性方面；而语言的特点在于其概念性和抽象性。因此，我们可以这样认为，在保存事物的外形方面图像具有很大优势；在记叙复杂的事件或讲述抽象的道理方面又非语言文字不可了。晋人陆机早就认识到这一点，他在《文赋》中说到："丹青之兴，比《雅颂》之述作，美大业之馨香，宣物莫大于言，存形莫善于画。"①所谓"宣物"就是记叙事物，"存形"就是保存形象。北宋韩拙亦提出："有书无以见其形，有画不能见其言；存形莫善于画，载言莫善于书。"②

　　虽然二者只是在表意方面的适用范围不同，并无优劣高下之分，但是从对其所表述的意义接受方面却有所不同。从意义生成来看，对具体可感知的符号系统的理解比较容易，也更易于把握其意义；而对抽象的符号系统所表达的意义的把握则困难得多，需经过解释的环节才能实现对意义的理解。作为一种感性的符号系统，图像的意义生成更为直接，也更易于把握，无论看图者的文化背景如何，大抵上都能理解一幅图所要传达的意义；而对作为理性的符号系统而言，其意义的生成需要转换和解释，把抽象的符号转变为具体可感知的形象，这样才能被读者所理解。这点在对外语的理解上尤其突出，当我们面对一种陌生的语言时，我们根本无法把握这段语言文字所传达的意义，必须转化为我们所能理解的语言才能理解。这种情形在图像中则不存在，无论是中国的图像还是西方的图像③，看图者都能大致理解其意思，因此，可以说图像是一种世界通行语。据说，美国航天局发射的太空探测器上就带有人类的图像（而非语言文字），就是为了能让所谓的"外星人"发现该图像，以期能在浩瀚的银河系寻找到人类的知音，这里更是把图像作为一种宇宙语言而存在。

（二）符号学的角度

　　上面从发生学的角度分别论述了语言文字与图像的不同特点以及这两种媒介的不同表意范围，从对这两种媒介所承载的意义接受来看，显然，图像具有更大的普遍适用性，更易于被接受。这是因为，对文字的阅读仅限有识字能力者；而对图像的理解则无论是识字者还是不识字者都可以做得到。这里继续从符号学的

---

① 陆机：《文赋》，见王秀成编：《中国历代画论选释》，哈尔滨：黑龙江美术出版社，1988年，第2页。

② 韩拙：《山水纯全集》，见周积寅编：《中国画论辑要》（增订本），南京：江苏美术出版社，2005年，第533页。

③ 这里所说的图像是写实的图像，因为插图是对小说中的故事的一种描摹，故而是写实的，而非后来的抽象派图像，对大多数人来说，对抽象派绘画的理解会比文字更难。

角度进一步对这两种媒介或表意系统进行理论的分析，来说明产生这种现象的原因。

在皮尔士看来，图像符号的能指与所指之间有一种天然的关联，即相似性。而象征符号和索引符号则没有这种特征，索绪尔的语言符号①同样没这种特征。英国学者特伦斯·霍克斯对皮尔斯的符号学理论有过深入的研究，认为："在图像中，符号和对象的关系，或者能指和所指的关系，用皮尔士的话来说，表现出'某种性质的共同性'：由符号显示的关于图像的一种一致性或适合性被接受者所承认。"②就是因为图像能指与所指的相似性，从而使得接受者的理解更为容易，甚至不需要解释与转化，而这在语言符号中则是不可能的。从此，图像的这个相似性特征就被广大学者所接受并在符号学领域进一步运用。当代学者对相似性的理论亦有认识，认为："相似性是假定图像拥有同其所代表的对象的等同的性质，或是某些一致的元素。"③而对于其进一步发挥的莫过于澳大利亚的传播学学者费斯克和哈特利。

20世纪70年代，澳大利亚学者费斯克和哈特利依据此特征将符号分成图像促因性符号和任意非促因性符号（或称主观任意符号）。所谓促因（motivation），就图像式的符号来说，所指对能指的形式有深远的影响和限制，这种限制费斯克称之为促因。就一般情形而言，促因愈强，社会成规、惯例与协定的影响力就愈小；相反，促因愈弱，社会性的力量则愈强。据此，能指的形式主要由所指或社会成规决定。对带有高度促因的符号来说，决定性的影响在于其所指；而促因性低的符号形式，受成规影响的程度较大。④而任意非促因性符号或主观任意性符号则是指经使用者一致同意某个符号代表某种意思，这种符号类型最具代表性的莫过于文字，因为每一个文字和它所代表的意义之间不一定有必然的联系。显然，这种促因理论是对皮尔士符号相似性理论的延伸与发展。促因性是图像符号的特征，指的是所指对能指的限制与规定，即能指的创造要以其所指为依据，因此，看图者在面对能指时亦能较容易把握其所指。而在非促因性符号中，即文字，能指与所指之间并无必然的联系，二者的关系的形成依靠的是社会成规、惯例以及协定等社会文化因素，这些文化因素并不是仅通过符号的能指就能认识到的，而是要接受一定的训练才能把握。所以，当面对文字符号的能指时，阅读者要掌握这些

---

① 这里的语言符号是现代意义上的语言符号，不是古代的图像文字，能指与所指之间已经失去了相似性。

② [英]特伦斯·霍克斯：《结构主义和符号学》，瞿铁鹏译，上海：上海译文出版社，1987年，第132页。

③ 韩丛耀：《图像：一种后符号学的再发现》，南京：南京大学出版社，2008年，第125页。

④ 陈龙、陈一：《视觉文化传播导论》，上海：上海三联书店，2006年，第84页。

社会成规、惯例以及协定等社会文化因随才能了解其所指。这样，相比之下，对于图像符号能指的把握就比对文字符号的能指的把握容易得多的了。但事实上，人类的符号的发展就是一个促因不断被削弱的过程，也就是符号不断的抽象化的过程。但在传播学领域，这种促因性符号仍具有无可比拟的优势，不断被用来作为传播的一种媒介。

至此，通过引入符号学的理论对图像的相似性特征的论述，我们上面所提出的问题，即作为不同的表意系统，为什么对图像的接受比对语言文字的接受更加容易的问题就可以迎刃而解了。因为这种相似性的特征仅存在图像符号中，却不能存在于真正意义上的语言符号中。当看到一幅图像时，可以直接地联想到其所指向的事物；而在阅读语言文字时，则需要通过转换或解释才能联想到其所指向的事物。

结语

本文是从传播学的角度对小说插图进行的另一个层面的研究，对我们的文学传播来说，其传播的方式并不是一成不变，而是经历了早期的口头传播，后来的文字传播以及跨媒介传播。这三种传播方式并不是相互取代关系，而是根据出现的时间而做的区分，且这三种传播方式亦可以并存。只有到了文字传播阶段，主要是印刷文字出现，对文学的插图才得以出现。而只有到了印刷文化阶段，文学插图才得以大规模出现，我们所研究的插图也就是此种意义上的插图。正是由于文字与图像的共存，我们所研究的小说插图才是一种跨媒介的产物，其传播方式也就是跨媒介传播，即涉及文字与图像两种传播媒介，而非单独的图像传播。相比于单独的文字媒介的传播，图像媒介的加入进一步促进了文学的传播，这主要有两个方面的原因：一是扩大了小说作品的销售而促进的传播；另一就是插图可以引导和帮助读者对文学作品的阅读，从而也可以进一步促进文学的传播。而图像之所以能作为文字的补充而帮助读者阅读，是与其自身的性质相关的，通过从发生学的角度对文字与图像特征的分析以及引入符号学的理论我们可以更好地明白这点。

从形名学到符号学：一个学术史的梳理与反思 *

祝东 **

摘　要：以墨家、名家的名辩学为代表的古形名学中蕴藏着丰富的符号学思想内容。从学术史的角度来看，现代符号学兴起并大规模引入中国学界是20世纪80年代的事情，此前对古形名思想的探索集中在哲学、逻辑学领域，此后学界才开始从符号学角度检视古形名学，古形名学符号思想研究在20世纪最后十年得到了拓展。新世纪的第一个十年为古形名符号思想研究的深化期，而第二个正在发展的十年则可视作锋面拓展期，无论是研究方法还是研究范围都得到了拓展。而从对古形名学符号思想研究到对整个中国符号学遗产的梳理和阐发，对促进中外学术思想的交流对话、弘扬中华优秀传统文化等都具有重要意义，也是当代中国学者责无旁贷的学术使命。

关键词：古形名学；名辩学；名家；墨家；逻辑学；符号学

尽管现代符号学的历史并不长，但是人类用符号来表达意义和思想的历史却是和人类伴随始终的。早期中国、古希腊、古印度的先哲都曾经对符号与意义的关系问题进行了有效思辨，而以中国古代墨家、名家为代表的古形名学对名实关系的思考与探索，被认为是早期中国符号思想研究的集大成者，用现代符号学的理论与方法去激活古形名学，对促进中国传统学术思想发展与弘扬优秀传统文化等方面都有重要意义。以下试从学术史的角度对这一问题做一梳理，以期能够掘幽发微，鉴古知来。

一、历史的回溯：古形名学的现代转换

墨家和名家的形名之学汉代后逐渐湮没不彰，仅有西晋鲁胜《墨辩注》《形名》

---

* 本文原载于《北方工业大学学报》2018年第3期，第92—98页。

** 祝东，兰州大学国际文化交流学院教授。

等著作，惜已失传；至晚清民初诸子之学研究复兴，此二家之学才得到新的重视，但是当时的研究主要集中于文献辑佚、考证、训诂诸方面，如陈澧的《公孙龙子注》、孙诒让的《墨子间诂》、梁启超的《墨经校释》等。这种文献整理为后人的进一步研究提供了扎实可靠的资料，居功甚伟。

清末民初，西学东渐，现代学科分类的大部分学科专业及名词术语也是在这个时候输入进来，如哲学、逻辑学、文学、伦理学等。在向西方学习的语境下，中国学者一方面进行大量的翻译译介西方学术的工作，另一方面即是充分发掘中国本土学术资源，进行格义对接，如孙诒让、梁启超等学者先后发现中国传统墨家学术中蕴藏着西方逻辑学相同的思想因子，并开始加以比照阐发。如笔者所言，在各门学科的草创期，因为理解、消化、吸收的程度不同，会存在比附对接的现象，但不可否认的是，清末民初的学者在学科立场上，"并不是为了用中国古代学术去印证西方学说，而是因为名辩学说确实包含了丰富的逻辑思想"[①]，更为重要的是西方逻辑学的输入为国内学界研究名墨之学开启了新的学术视角，对有效激活传统学术资源起到了助推作用。当然，这种学术研究的背后在当时多少还有建立民族自尊心、文化自信心等方面的因素。

西方逻辑学进入中国的时候，就是以"名学""辩学"的名称进行格义对接的，如严复翻译英国弥尔（J.S.Mill）的《逻辑学体系——归纳与演绎》时用的中文名字即是《穆勒名学》（1905），翻译英国逻辑学家耶方斯（W.S.Jevons）的《逻辑入门》时用的汉译名称为《名学浅说》（1909）；王国维翻译出版的耶方斯的《逻辑基础教程：演绎与归纳》用的汉译名字即是《辩学》（1909），名学、辩学即是逻辑学的汉语意译（两个意译在理解上有差别，这种差别不是个人偏好，有意思的是，不同的译名代表了不同的逻辑学观念）。这种翻译表明逻辑学进入中国伊始，最初的那些逻辑学的介绍者在学科立场上，并不是纯粹是为了用中国古代学术去印证西方学说，而是因为名辩学说确实包含丰富的逻辑思想。"春秋战国时期的辩者虽也有以'正名'议论政治、讲习道德的风气，但是他们的重点还是放在纯逻辑的探究上。"[②]名辩之学亦成为中国古代逻辑学的代称。一般说来，以西学为本位，以西统中，一般用"论理学"，以中通西，从中国本位出发，一般用"辩学"，但并不是每一个人都有这样清楚的认识或成见。中国亦展开了以古代名辩之学为主的逻辑学研究，如1904年梁启超发表了《墨子之论理学》，开启了近代名辩逻辑研究之先河；1905年王国维撰有《周秦诸子之名学》（值得注意，胡适的博士论文

---

① 祝东：《从汉语哲学到汉语学术》，《中国社会科学报》2018年3月3日。

② 温公颐：《先秦逻辑史》，上海：上海人民出版社，1983年，第5页。

乃至后来的《中国哲学史大纲》，可以说是从这篇文章的展开），1917 年胡适用英文写成了《先秦名学史》则是我国第一部断代逻辑史专著；1919 年章太炎《原名》出版，全面探讨中国古代名辩思想。此后对先秦诸子的名辩逻辑研究逐渐风行起来，陈显文于 1925 年出版了《名学通论》；郭湛波 1932 年出版了《先秦辩学史》，为集中研究先秦逻辑史的专著；虞愚于 1937 年出版了《中国名学》；伍非百也于 1949 年完成出版了他的《中国古名家言》修订本。用现代逻辑学来疏解中国古代的形名学，对中国古代名辩逻辑的研究有较大的开拓。

这其中尤为值得关注的是伍非百的《中国古名家言》，它或许可以视作中国古形名学的集大成者。其中收录了《墨辩解故》《大小取章句》《尹文子略注》《公孙龙子发微》《齐物论新义》《荀子正名解》《形名杂篇》等研究内容，由这份目录我们可以看到，墨家和名家是古形名的主要部分。而从墨家《经上》《经下》《经说上》《经说下》以及《大取》《小取》与名家《尹文子》《公孙龙子》的主要内容来看，名家与墨家是有很深厚的学术渊源的。所谓名家，据伍非百先生言，即是专门研究与"名"有关学术的问题，如名法、名理、名辩等，其中以公孙龙为代表的学者主研"正名""析辞""立说""名辩"等学问。在《中国古名家言序录》中伍氏指出："'名家'之学，始于邓析，成于别墨，盛于庄周、惠施、公孙龙及荀卿，前后历二百年，蔚然成为大观，在先秦诸子学术中放一异彩，与印度的'因明'，希腊的'逻辑'，鼎立为三。其时代亦略相当。"① 墨家是春秋战国时的另一学术流派，其学说保存在《墨子》一书之中，今存《墨子》中的《经上》《经下》《经说上》《经说下》《大取》《小取》六篇被认为是后期墨家学派的学术观点。晋朝鲁胜曾将《经上》《经下》《经说上》《经说下》抽出来作《墨辩注》，并在《墨辩注叙》中云："名者所以别同异，明是非，道义之门，政化之准绳也。……墨子著书，作《辩经》以立名本，惠施、公孙龙祖述其学，以正别名显于世。……自邓析至秦时名家者，世有篇籍，率颇难知，后学莫复传习，于今五百余岁，遂亡绝。《墨辩》有上下《经》，《经》各有《说》，凡四篇，与其书众篇连第，故独存。"② 认为名家公孙龙皆祖述墨家之学，而名家学说幸由《墨辩》才传存下来。近人胡适不承认学术史上有名家，认为名学（逻辑）是一种学术方法，先秦诸子基本上都有自己的名学，但是将惠施、公孙龙等后世命名为"名家"的学派视为墨家别派③。纵观前贤所论，一派主张用墨统名，一派主张以名统墨，其实无论名家还是墨家，都对形名学有深入研究。如果按照传统观点将《墨辩》视作后期墨家学术的话，

① 伍非百：《中国古名家言》，成都：四川大学出版社，2009 年，第 3 页。
② 房玄龄等：《晋书》（第八册），北京：中华书局，1974 年，第 2433—2434 页。
③ 胡适：《中国哲学史大纲》，长沙：岳麓书社，2010 年，第 142 页。

可以看到他们确实已经关注到了名辩问题，并有深入辨析，至惠施、公孙龙处发扬光大。名、墨二家在学术上关系密切，皆关心名实之学，如《经下》第六十八条谓："正名者彼此彼此，可。彼彼止于彼，此此止于此，彼此不可。彼且此也，彼此亦可。彼此不止于彼此，若是而彼此也，则彼亦且此也。"学界多认为这一条基本上是针对公孙龙"彼彼止于彼"而发的，是对公孙龙学说的补充发挥。由是我们可以看出学术史上名家与墨家两派在学术思想上确实存在很深的渊源关系。他们在名辩问题上进行了深刻的思辨，集中反映了中国古代形名学的发展实绩。

新中国成立初期，名、墨学术思想还有一个小的热潮，相继出版了一些相关著作，如詹剑峰的《墨家的形式逻辑》（1956），栾调甫的《墨子研究论文集》（1957），谭戒甫的《墨辩发微》（1958），高亨的《墨经校诠》（1958），在理论阐发和文献整理方面皆有一定的实绩，但是这种研究很快由于历史原因而终止，没能持续下去。到"文革"结束之后，学术思想得以解放，一批研究传统名辩逻辑学的著作相继问世，如周文英的《中国逻辑思想史稿》（1979），温公颐的《先秦逻辑史》（1983），周云之、刘培育的《先秦逻辑史》（1984），周云之的《公孙龙子正名学说研究——校诠、今译、剖析、总论》（1994），《名辩学论》（1996），崔清田主编的《名学与辩学》（1997），林铭钧、曾祥云的《名辩学新探》（2000）等，对名辩逻辑思想的研究多有推进，虽间或涉及符号学的理论与方法，但主要属于逻辑学视角。

名辩之学与逻辑学关系密切，而逻辑学与符号学也是紧密相连，如符号学家皮尔斯就认为"逻辑学在一定意义上只是符号学的别名，是符号学带有必然性的或形式的学说。"[①] 符号学家吉罗亦云："逻辑学的目的在于确定可以在实体之间或在各体之间建立的各种类型的关系，并保证这些关系的真实。它表明在这些的情况下，它就是一种编码。"[②] 中国学者李先焜也在 20 世纪 80 年代中后期先后撰文《语言、逻辑与语言逻辑》（1986）、《指号学与逻辑学》（1988），剖析逻辑学、符号学二者之间的关系，指出逻辑学本身研究的对象就是一种符号，但效果影响似乎并不理想，"由于它跟传统的观念相距太远甚至背道而驰，因此很难为逻辑学界一些同志所接受"[③]。从后面的实际研究情况我们也可以看出研究队伍确实比较狭窄。直到 20 世纪末，中国学者才开始在惊呼："今天我们应该走出误区，抛弃过去的研究方法，采用现代符号学理论，重新探讨和评价名辩学。20 世纪新兴起的现代符号学理论比传统的逻辑学和语言学更具概括性、更接近思维活动的自然。

①　朱前鸿：《先秦名家四子研究》，北京：中央编译出版社，2005，第 29 页。

②　[法] 皮埃尔·吉罗：《符号学概论》，怀宇译，成都：四川人民出版社，1988 年，第 68 页。

③　李先焜：《指号学与逻辑学》，《哲学研究》1988 年第 8 期。

借助于符号学，我们可以对名辩学进行多层次、多角度的分析研究，以期寻找出名辩学的学科体系及发展规律。……名学从其整体上说，主要是关于词项符号的理论；辩学史研究辩论学的学问。名辩学的许多问题，必须用符号学分析才能解决。"① 由是我们可知名辩学与逻辑符号学关系紧密，中国古形名学中的名辩学中间确实含有丰富的符号学思想。

二、符号学视域：古形名学的再次发现

现代符号学的建立是 20 世纪以来的事情，而"符号学"这个中文词，则是赵元任 1926 年在一篇题为《符号学大纲》的文章中提出了的。赵毅衡先生研究指出赵元任应是独立于索绪尔或皮尔斯提出这门学科的，是符号学的独立提出者②。中国学者较早从现代符号学角度考察古形名学符号思想的应推钱钟书，他在 20 世纪六七十年代就曾注意过中国言意论与西方现代符号学之间的关系：

> "言""文""物"三者析言之，其理犹墨子以"举""名""实"三事并列而共实也。《墨子·经》上："举，拟实也"；《经说》上："告、以之名举彼实也"；《小取》："以名举实，以词抒意。"……近世西人以表达意旨（semiosis）为三方联系（trirelative），图解成三角形（the basic triangle）、"符号"（sign，symbol）、"所指示之事物"（object，referent）三事参互而成鼎足。"思想"或"提示"、"举"与"意"也，"符号""名"与"文"也，而"所指示之物"则"实"与"物"耳。③

钱钟书以其学贯中西的宽广视野敏锐观察到中国先秦墨家学术与现代西方符号学之间的学术关联，这在当时学术背景下显得尤为可贵，然而像钱老先生这样的研究在当时学界也确实少见。由钱先生的论述我们甚至可以认为，中国即便是"拿来"符号学，至少还有这样的学术意义，即发现了中国原有的"符号学资源与思想"，接下来的问题就是，如何在进一步引进的同时，消化，乃至清理或者建立"中国的"符号学乃是中国学界的责任。

现代符号学开始成规模传入中国并在学界引起反响还是 20 世纪 80 年代的事情。然而相对于易学符号学的研究来说，对古形名学符号思想的研究确实相对慢了半拍，我们现在能够检索到的资料可以看出，20 世纪 80 年代用符号学理论研究

---

① 林铭钧，曾祥云：《名辩学新探》，广州：中山大学出版社，2000 年，第 361 页。
② 赵毅衡：《中国符号学六十年》，《四川大学学报》2012 年第 1 期。
③ 钱钟书：《管锥编》（第三册），北京：生活·读书·新知三联书店，2007 年，第 1863—1864 页。

名辩学的论文不多，但毕竟开启了用符号学研究古形名学的先河。如胡绳生、余卫国的《〈指物论〉：文化史上第一篇符号学论文》，用索绪尔的能指／所指符号学概念对公孙龙《指物论》中的"指""名""实"等概念进行了辨析，指出："公孙龙子的'指'范畴，实际上包含了从主体、能指到所指、对象的整个指认过程，体现了符号化过程的本质。"①胡文作为国内第一篇用符号学理论阐释名辩学的论文，文章的创建之功还是值得称许的。刘宗棠的《〈指物论〉与指号学》（1989），从符号学的观点来理解"指"与"物"，认为指即是"指号"（即符号），而名则是"概念"，是符号相应的心灵的表现者，即"解释者"，也即思想，物即是"事物"，也即对象。这两篇文章皆是直接将"名"等同于事物的名称、概念，还是值得商榷的，这一点直到 20 世纪 90 年代才由李先焜先生辨明。这也说明国内学界对符号学理论还需要一个学习消化的过程。20 世纪 90 年代中期，中国学界开始有更多的关于古形名学的符号学研究。如李先焜的《公孙龙〈名实论〉中的符号学理论》，文章依据皮尔士与莫里斯的符号理论对公孙龙的《名实论》进行了剖析，指出公孙龙的"名"是"名称"，而非"概念"，因为公孙龙的语义理论属于指称论，只考虑名称的外延意义，而忽略了其内涵意义②，这也算是对胡绳生文章的一种修正，反映出中国学者对符号学研究的深化。

　　值得一提的是中国符号学界终于团结起一批学术同仁，并成立了相应的学会，如 1989 年中国逻辑学符号学专业委员会成立，1994 年中国语言与符号学研究会在苏州大学成立，这对中国传统符号学研究起到了推波助澜的作用，实际上我们从稍后的系列学术论文中也看到了这种积极影响。如赵平《〈公孙龙子·名实论〉的指称观》（1996）、周文英《〈公孙龙子〉中的哲学和逻辑思想》（1996）、曾祥云《〈指物论〉：中国古代的符号学专论》（1996）等，分别从不同角度对中国古代名辩逻辑进行了探析。如林铭钧等学者《从符号学的观点看先秦名学》（1995）一文，根据汉字的表意文字特征，指出我国先秦文字的象形性质和表意特征决定了"名"的表意功能，也即名本身是表意的，先秦名辩之名是形、声、意的结合体，本身集能指与所指于一身，这是中西文字的根本性区别，也是先秦之名的特有功能；而先秦名学的兴起则与政治伦理领域的"名实散乱"有关，正名成为当时的社会问题，如何解决名实关系问题也成为学术论争的焦点，古形名学亦因此而来；最后，作者还对名的作用、命名原则和方法进行了分析，并区分了先秦名学与传统逻辑的概念学。然而作者认为名形关系与名实关系在本质上是一致的，而实并非

---

① 　胡绳生，余卫国：《〈指物论〉：文化史上第一篇符号学论文》，《宝鸡师院学报》1988 年第 3 期。

② 　李先焜：《公孙龙〈名实论〉中的符号学理论》，《哲学研究》1993 年第 6 期。

事物的本质属性似乎还可以商榷。在笔者看来，"实"不同于"物"，物是具有形色的个体事物的综括，而实则是从物中抽象出来的一些具有共性的本质，名是表征实的，同时又可指称物，如果将名视为概念符号的话，那么物则可视为客观对象（个别），而实则是抽象本质（共相）。

随着研究的推进和深入，先秦形名学研究的论著、论文也日渐增多，既有对古形名学的综合性研究，又有关于名学的个案研究，宏观研究与微观研究齐头并进的良好局面。宏观研究方面，如荀志效《先秦哲学的符号学致思趋向》（1995），徐阳春《从符号学看中国古代名学》（1998），曾祥云、刘志生《名学与符号学》（1999）等；微观研究如林铭钧、曾祥云《以符号学析"白马非马之辩"》（1996），李先焜《〈墨经〉中的符号学思想》（1996）等。通过梳理可知，这个阶段对形名学的"名"的研究越发深入，如李先焜对儒、墨二家之名的比较分析，指出"言（话语）"是墨经语用学的基本范畴，而"名"则同时具有符号性与行为性，墨经是将符号性与行为性结合起来论述的；墨家的正名学说不同于儒家的正名学说，墨家从精确表达思想的角度，从语言学、逻辑学和符号学的角度对"名"本身进行了分析，使正名超越了政治伦理范畴，成为名辩学的组成部分；而墨家的辩也超越了单纯的政治、伦理学范围，谈的是语言学、逻辑学与符号学的问题，特别是语义学与语用学方面的问题，具有逻辑语用学性质[1]。李先焜在《论先秦名家的符号学》（1995）对名家之名进行了分析，指出名家学派公孙龙对"名"的定义揭示出了名的符号性，名家在先秦诸子中是一个真正以研究"名"的符号为主的学派，并具体分析了邓析、尹文、惠施、公孙龙的符号学思想，还用元语言理论去分析公孙龙"白马非马"的命题，指出"非"不是"不属于"，而是"异于"之意，在这里"白马"和"马"理解为对象语言，而"非"则是元语言，这样就便于读者理解"白马非马"的命题了。

值得关注的是这个阶段有一位从语言符号学角度切入名辩学研究的学者，即是屠友祥先生。屠氏的《言境释四章》（1998，2004，2011）对《老子》《论语》《庄子》《公孙龙子》形名思想的研究。但是屠氏亦坦言，"鉴于学术传统纯粹性的原因，没有使用一个西方符号学的术语，完全依循'古形名学'的路径展开的"。[2]如屠氏在释"物莫非指"时指出，"指"为指而谓之，使之显现之意，也即是"指谓"，有指谓的话，必须有意识活动参与其中，"指与物之间发生关系，亦必有理

---

① 李先焜：《〈墨经〉中的符号学思想》，《湖北大学学报》1996年第3期。
② 屠友祥、祝东：《从古形名学到语言符号学——屠友祥教授访谈》，蒋晓丽、赵毅衡编：《传播符号学访谈录》，成都：四川大学出版社，2017年，第79页。

路存在，也就是说，其间有过程，有方向"①，事物在意识的意向性压力之下成为指谓对象，人的每一次意义活动必然是意向性投射而产生的，如赵毅衡先生所言，"意义世界却是人类的意识与事物交会而开拓出来的"②，意向性投射必然是有过程、有方向的投射。可见屠氏尽管没有用符号学术语，但是其理论旨趣却与符号学是相同的。

从 20 世纪后期的名辩符号学研究的现状来看，我们发现主要集中在逻辑符号学领域，这种现象说明古形名学符号思想研究并没有真正扩展开来，而符号学本身也是一种跨学科的方法论，学术发展和跨学科交叉研究的推进需要有更多人文学科参与进来，对古形名进行不同角度的观照。

21 世纪以来，名辩之学的研究队伍有所扩展，但是研究主体的学术背景依然以从事逻辑哲学的学者为主，间或有像屠友祥这样从事语言学研究的学者参与。相较而言，这个时间段的相关研究趋向是向精细化方向发展。如张长明、曾祥云《从符号学的观点看〈尹文子〉的名学》（2001），曾祥云《〈墨经〉名学的现代解读——从语词符号的角度》（2002），杨文的《从符号学的角度看〈墨经〉名学》（2005），刘湘平的《从墨家的"名"论看起语言哲学思想》（2008），邹劼《〈公孙龙子〉中的语言学思想研究》（2011）等。通过研究史的检索发现，这个阶段的研究整体上有一个由逻辑符号学向语言符号学转向的趋势，并且这种趋势在 2010 年之后有拓展深化的趋向。如笔者的《论形名：从语言规范到行为秩序》则综合语言符号学、社会符号学、文化符号学等角度对古形名学进行了综合性的多维透视，指出这是一个"以'名'为核心的具有中国特色的社会符号学发展模式"③，《名与礼：儒家符号思想及其深层意识形态分析》则从文化符号学、伦理符号学、语言符号学诸领域对儒家名礼符号思想进行了多维透视④，在一定程度上尝试着拓展了传统符号学的研究锋面。

三、现状的反思：传统符号学任重道远

通过文献梳理，我们发现从现代逻辑学到当代符号学的引入，中国的古形名学被逐步激活。从古形名符号学思想研究的回顾我们可以看出，这一研究在 20 世纪最后的十年取得了较大的成绩，但是 21 世纪以来的第一个十年，其研究现状却不容乐观，基本上是对前期研究的重复或者细化，开拓不多。这其中一个重要的

---

① 屠友祥：《言境释四章》，上海：上海古籍出版社，2011 年，第 338 页。
② 赵毅衡：《意义理论，符号现象学，哲学符号学》，《符号与传媒》2017 年第 2 期。
③ 祝东：《论形名：从语言规范到行为秩序》，《江西社会科学》2017 年第 8 期。
④ 祝东：《名与礼：儒家符号思想及其深层意识形态分析》，《兰州大学学报》2018 年 3 期。

原因是研究梯队建设不够，任何一门学术要想发扬光大，必须有一批稳定的、成梯队状的学者群体，通过前面研究现状的检视我们可以看出从事这个课题研究的人员不多，而且后继乏人，为此，必须加紧培养一批热爱这项研究并对名辩符号学有一定悟性的能够稳定从事该项研究的研究队伍出来，如果没有一支专业的研究队伍，那么其他就无从谈起。另外一个重要原因是相关研究者主要集中于逻辑符号学领域，间或有从事语言学研究的学者参与，但是为数不多，这样的话，就使得古形名学的"符号学诸领域"得不到有效展开，不能多维透视，圆形观照，这本身也违背了符号学作为跨学科方法论研究的宗旨，自然限制了对古形名符号思想研究的拓展。第三个方面的原因则是尽管在 20 世纪后期中国逻辑学符号学专业委员会和中国语言与符号学研究会相继成立，但是学会成员都相对集中，一个集中在逻辑学领域，一个则主要在语言学（特别是外国语言学）领域，因为学科背景的不同，两个学会整体上缺少交流碰撞，在也在一定程度上束缚了相关研究的进一步发展。此外，这个阶段的符号学理论文献的译介工作也相对不足，这对促进中西学术交流对话也造成一定的影响。

而要突破这种研究瓶颈，全面深入推进中国古形名符号思想的研究，还必须继续从符号学角度出发，去激活我国的传统学术思想，因为如朱前鸿所言："从符号学的角度探析先秦名家四子的名实思想，可以丰富对现代符号学的认识和方法论的认识，廓清中华民族特色的符号学思想，加深对我国古代逻辑思想和思想家的认识，同时，也可以为中国古代逻辑的研究提供新的方法论工具和研究案例。"①其实不止对逻辑思想，对中国传统文化思想、伦理思想、语言思想等领域，都会有新的认识和提高。对此，笔者认为要将这中国古形名符号思想研究继续深入下去，必须从以下几个方面继续拓展。

首先是拓展研究队伍、丰富研究方法的问题。笔者建议要扩展研究者的学术背景，以宽容的心态吸纳具有不同学术背景的人参与到这个研究中来，比如从事语言学的研究者、从事中国思想史的研究者，从事中国古代文学的研究者，他们分别有自己的学术兴趣和视角，看问题的角度肯定也各异其趣，研究的方法路径也会各有特色，跨学科思想方法的碰撞肯定会产生新的火花。其次是均衡研究对象的问题。从研究现状我们可以看出在对古形名学符号学思想研究中，主要集中于名家与墨家，而且名家显然热于墨家，这种冷热不均的现象势必造成学术资源的浪费及研究空白的持续闲置；除此之外，儒家的典籍《论语》《荀子》《礼记》，道家的典籍《老子》《庄子》，法家的典籍《管子》《韩非子》，以及出土文献，如

---

①　朱前鸿：《先秦名家四子研究》，北京：中央编译出版社，2005 年，第 34 页。

《黄帝四经》等，都要纳入古形名符号思想的研究视域。第三是要加大对西方符号学理论研究著作的译介，扩大符号学的研究锋面与理论视域，更全面而广泛地促进中西学术的交流碰撞。而我们也相信随着研究视域的扩大、研究队伍的壮大和研究方法的多元互动，一定会促进古形名符号思想的研究的发展。

令人兴奋的是，这种研究现状在 21 世纪的第二个十年间已经开始得到改观。笔者近几年参与中国语言符号学学会和文化与传播符号学会的会议，发现已经有一批中青年学者参与其中并开始崭露头角。特别是 2015 年 7 月在四川大学召开的首届文化与传播符号学国际学术会议上，笔者成功组织了"中国传统思想与符号学遗产"圆桌会议，袁峰、刁胜虎、张劲松、何光顺、李卫华、吴中胜、杨赛等中青年学者分别从哲学符号学、传播符号学、文化符号学、文学符号学、伦理符号学等角度对传统符号学遗产进行多维透视，并结合当今中国文化现状和发展的符号学研究来谈，使符号学很好地与当今转型期的社会文化现象紧密结合，既有理论高度，又有现实关怀，学者们既重视经典，更兼有思想遗产的当下意义思辨，大大拓展了传统符号学思想研究的锋面，真正实现了符号学作为跨学科方法论研究的目的；此外，四川大学符号学—传媒学研究团队近年的主攻方向之一便是传统符号学遗产，而且在这个领域培养了一大批青年学者，如苏智的易学符号学研究、黎世珍的两汉术数符号思想研究、兰兴的阴阳五行符号思想研究、孙金燕的禅宗符号学研究、王墨书的阳明心学符号思想研究等，将古形名符号思想研究拓展到整个中国符号学遗产的研究论域，笔者亦有幸参与其中，近年在先秦符号思想领域进行了一些初步的研究工作。

如胡易容等学者所言："中国文化思想及其东方智慧对符号学具有一种与西方截然不同的启示方式，如何进一步挖掘弘扬将成为中国符号学发展路径上一个具有特殊重要意义的课题。"[①] 相信随着中国符号学研究的发展，包括古形名学的中国传统符号学思想亦将得到全面的梳理研究，中国的符号学者会向世界符号学界贡献中国的符号学思想、传播符号学的"中国好声音"。

---

①　胡易容、谭光辉、李玮：《中国符号学的新展面——第一届文化与传播符号学国际学术研讨会综述》，《中外文化与文论》2015 年第 3 期。

儒家思想符号化及其社会功能 *

袁名泽　詹石窗 **

摘　要： 符号化是一定群体思想和内在精神的感性化，它能在无外力诱导条件下让人的感官不自觉接受该群体思想的影响，从而轻松内化符号所蕴含的旨意，使群体思想和内在精神迅速普及化和大众化。儒家思想的普及化和大众化过程就采取了游说与私塾、神化并祭祀儒家人物、政府奖赏感性化、有形的宗族统治、建立庙宇和牌坊等符号化手段。这些符号化手段不仅使儒家思想不断传承，同时也丰富了我国传统文化，塑造了整个中华民族的精神模式和伦理道德模式。

关键词： 儒家思想；符号化；社会功能；大众化

儒家在我国思想史上长期占统治地位，对中华民族的思维模式和人格培养有佛道两家无可比拟的作用。纵观儒家发展史，先秦时期儒家的影响和地位远不及道家、法家。秦朝时期，法家为治国之本。西汉之初，黄老道家思想为治国之术，儒家思想并不显赫。但自董仲舒提出"罢黜百家、独尊儒术"之后，儒家地位才明显上升，其原因除了儒家初生时已具之本性外，还和董仲舒使用"阴阳五行""谶纬神学"等神道设教的符号化手段密不可分，可以说儒家发展史同时也是儒家思想符号化史，这部符号化史直到西学东渐、鸦片战争、辛亥革命、五四运动才渐渐有所弱化，在中华民国的中后期也曾有过短暂的复兴史，新中国成立后，尤其是"文革"时期这种符号化又遭到严重破坏，改革开放后这种符号化显出复苏趋势。长期以来，学术界讨论儒家符号化史的成果并不多见，明确提出儒家思想符号化的论文和专著寥寥无几，后学今就此问题加以浅论，以明视和就正于方家。

---

* 本文原载于《中华文化论坛》2012 年第 5 期，第 157—165 页。

** 袁名泽，广西玉林师范学院副教授。詹石窗，四川大学老子研究院院长、四川大学道教与宗教文化研究所教授、博士生导师。

一、符号及符号化

"符号"和"符号化"是中西共有的词汇,英语中是"symbol""symbolization",兼为符号与象征。西方许多学者,尤其是一些著名哲学家对此均有深刻研究。它始于古希腊医学家希波克拉底病理符号学,他首创特征性符号。后来的柏拉图在其《克拉底鲁论》、亚里士多德在其《诗学》和《修辞学》等著作中均探讨了符号问题。中世纪的奥古斯丁、近代的洛克等也详细论述什么是符号:奥古斯丁指出符号是一种指代物,洛克在《人类理智论》中从认识论角度对符号进行了系统的分析,建立了符号学,并把它与自然科学、伦理学并列为三类科学。中国古汉语亦早已存在"符号"一词,《说文解字》就分别对"符"与"号"进行了解释和说明。在《说文解字》中,"符"为"无防切,信也。汉制以竹,长六寸,分而相合。从竹附声"。"号"为"形声。字从口从丂,丂亦声,丂意为'折磨''磨难'。'口'与'丂'联合起来表示'遭受折磨时发出的惨叫'"。虽然其意后来变得比较复杂,但"悲惨之声"之意从未改变。从"符"和"号"的本义来看,既可分为自然符号,也可分为人造符号;人造符号中既有有形的形象符号,也有无形的抽象符号,抽象符号有推理符号与表象符号,它们又可分为语言和非语言符号、艺术符号和非艺术符号四类。表象符号是指运用以语言为媒介的艺术造型表现情感的符号,媒介物本身并不能表现情感,只有造型才能表现情感。造型也称之为构型,构型就是艺术符号形式,诸如音乐、雕刻等艺术符号形式,它们表现的是语言无法表达的东西。在中国哲学史上,最早使用符号表意的专著是《周易》,同时,早在先秦哲学中也出现过研究"符号"的专家和著作,例如墨子及其名辩论、道家的意言说、儒家的正名说以及名家的"名实论"等均探讨过"符号"问题。战国时期公孙龙的《指物论》可以说是中国历史上最早研究符号问题的专题论文,此文不仅已经具有符号分类思想,而且已初步产生了类似于符号学中意指三角关系的模糊认识,即"名—实—物"。它说:"夫名,实谓也。""实"是事物本身固有的本质的规定性,是"名"的内涵[①]。后来的禅宗美学、唯识宗因明学也均阐述过"符号"的内涵。

由于"符号"本身的含义和种类丰富,那么"符号化"的方式和手段也十分复杂。"一方面是思维给予一个具体的外界刺激以一个指称形式,它受制于人的活动形式;同时,人的活动形式不是被动简单地接受外界的事实给予,而是主动摄取。这里,各个指称形式之间相互关联,构成了异于实在世界的结构,处在这种结构中的具体指称所表述的意义既来源于客观刺激,又来源于结构本身。这就是

---

① 卢姗姗:《符号、符号化与符号异化释义》,《晋中学院学报》2008 年第 1 期。

符号化过程,处在结构中并受制于整体结构的指称形式就是符号。"① 皮尔士关于符号化过程也与之相似,他认为符号化过程也是行为和各种影响相结合的产物,也包括三项主体的合作——符号、客体及其解释因素。这种定义是结构主义符号学派的典型,是在结构主义符号学派代表人物索绪尔所言"符号作为整体则是所指和能指的统一"② 基础上的扩充,但它只是社会心理学思想的反映,这难免会将属于人类社会的"符号"和纯属于动物界的"信号"混淆。实际上"符号化"过程是人类赋予"符号"以人类价值的过程,是指使用艺术手段所提炼出来的、能够反映人类情感的各种方式和手段。就像美国文化人类学家莱斯利·怀特所说"我们可以把符号定义为一种事物,其价值或含义是由使用者赋予它的"③。这才看到了"符号化"的社会本质。从发生学的角度来看,一种符号之确立,其目的在于建立公共生活空间的需要,用于凝聚某一群体的共同精神。符号本是一种载体,它的最初功能乃是"表达"。作为表达,首先是个人情感的展现,此时产生诸如"声音""图案""数字"等"符号",当这些"符号"为该个体所生活的群体所掌握时,乃是人类或某个民族、某个群体乃至某个人之内心情感的溢出,因而符号化过程实际上也就是某一人类共同体接受该群体内部共同思想体系的方式和手段,节日和礼仪之符号最初不过是人类某种情感溢出的固化形式。随着人类的发展,新文化符号不断增多,许多重大社会思想和历史运动被符号化,它既是对人类以往思想和社会运动的祭奠,更是以祭奠的形式凝聚群体精神,其功能如摩西的创教活动,这是历史的必然,因为摩西时代已经具有高扬这种精神的社会土壤和机制。儒家对社会治理和人的伦理思想的培养动机正是儒家思想得以符号化的内在机制,董仲舒的"罢黜百家,独尊儒术"也为儒学符号化提供了良好的外在机制,因而使儒家符号化迅速普及。

二、儒家思想符号化之形式

"儒",最早见于《论语·雍也》中:"子谓子夏曰:'女为君子儒,无为小人儒'",后在《说文解字》中被释为"人朱切,柔也。术士之称。从人,需称"④。

---

① 李恩来:《人性的焦点与圆周:卡西尔符号与文化哲学研究》,桂林:广西师范大学出版社,2005 年,第 49 页。

② [瑞士] 费尔迪南·德·索绪尔:《普通语言学教程》,高名凯译,北京:商务印书馆,1980 年,第 102 页。

③ [美]L·A.怀特:《文化的科学》,沈原、黄克克等译,济南:山东人民出版社,1988 年,第 25 页。

④ 许慎:《说文解字》(上),北京:九州出版社,2001 年,第 449 页。

此释主要有"柔""术士"两个关键词,"柔"一指"不事生产的筋骨之柔"①,一是性格之柔。这两"柔"的产生均与"术士"的职业性质和地位有关,"术士"即专职丧葬事务的神职人员,即祭官,它最晚到殷代就已产生,属于早期的知识分子阶层,不事生产而精通当地的丧葬礼仪习惯,筋骨上的柔软由此形成。同时,由于他们既无固定的财产和收入,做事时还要仰人鼻息,柔弱性格由此形成,还有人因崇儒而谓之"学习以先王之道浸润其身的人"②。因为古代社会的贵族和士对传统的"智、信、圣、仁、义、忠"六德,"孝、友、睦、姻、任,恤"六行、"礼、乐、射、御、书、数"六艺是通过"师"与"儒"等师承关系来接受的,受教育者的范围极为狭小,所以它们在殷商以前只能表现为一种约定俗成的行为规范甚或是行业伦理。后来以"仁、义、礼、智、信、恕、忠、孝、悌"为核心的儒家思想普及化、大众化则采取如下多种方式:

(一)游说与私塾

儒家思想经过孔子等人一定程度的理性思考和总结,逐步上升为理论体系,并首先通过孔子著书、兴办私学、游学等途径进行大众化。他在《论语·述而》中说:"述而不作;信而好古;窃比于我老彭。"他即使"祖述尧舜,宪章文武",但也不能不在继承的同时注入自己的思想体系,因而形成儒家思想理论体系。儒家理论形成之后,孔子最先想通过为官之道传播,但始终未能如愿,后来不得不采取游学方式,但游学的高成本最后使孔子打破"官学",创办私学,才使传统儒家价值观、惯例、行为规范迅速普及,从而使儒家思想逐步为全社会所接受,起到儒化全社会的作用,当然这一过程十分漫长,因为接受私学教育者毕竟是少数,所以儒家思想此时始终不能占住社会的主流,后来的秦朝采用法家思想,西汉初年采用黄老道家思想,这些都是儒家不能普及和大众化的体现。

(二)儒家名人的神化

儒家在孔子游学和创办私学之后,已渐次渗透到社会各个阶层,统治阶级也看到了儒家思想的利用价值。一些诸侯国为了让儒家思想发挥其塑造国人理想人格的作用,统治者采取了另外一种符号化方式,即造神、拜神运动,将儒家名人逐一神化并加以顶礼膜拜,第一个造出来并加以崇拜的神是孔圣人。孔圣人在被崇拜过程中扮演了十分复杂的社会角色,它既是宗教偶像、政治偶像,同时又是文化偶像、知识偶像。正是这种崇拜,使儒家思想渗透国人心灵,渗透神州大地

---

① 郭沫若:《驳儒说》,北京:人民出版社,1982年,第279页。
② 梁皇侃:《论语集解义疏》,北京:中华书局,1985年,第156页。

的每个角落，因为"宗教偶像对应以民族划分的族群人口；政治偶像对应以国家或民族划分的族群人口；娱乐偶像对应以年龄或性别、居住区域划分的族群人口；知识类偶像（学者、科学家等）对应以知识存储划分的族群人口；文化类偶像对应以文化认同的族群人口等等"①。据史书记载，最早的祭孔活动为鲁哀公于孔子卒后的第二年将孔子故宅辟为寿堂并加以祭祀的崇拜活动，这种祭祀活动并非后来意义上的祭孔，而是鲁哀公怜孔之不幸及敬重他一生为理想而奔波的精神所为。真正意义上的祭孔大典始于西汉，汉高祖刘邦因许多建国功臣居功自傲、毫无体统而听从大儒叔孙通遵周礼以制汉礼的主张，从而于公元前195年过鲁时首次以皇帝祭天大典方式祭祀孔子，这是祭孔活动升为国之大典的先河，从此"祭孔""祭天""祭黄"成为封建时代的"三大国祭"。汉元始元年（公元1年）孔子因被汉平帝追封为"褒成宣尼公"开始受封。但此后汉朝的祭孔并未延续，直到东汉建武五年（29年），光武帝刘秀亲往祭孔才又掀起祭孔热潮。唐宋以后一般均采用帝王礼制祭孔。唐开元二十七年（739年）封孔子为文宣王。宋大中祥符元年（1008）加封孔子为"元圣文宣王"，后又改"至圣文宣王"。明嘉靖九年（1530）封"至圣先师"。清政府建立后，为笼络汉族知识分子，加封"大成至圣文宣先师"，把孔子地位推上顶峰。统治阶级这种祭孔行为是将孔子视为政治偶像加以崇拜的行为，这容易导致社会底层中远离政治的人群心中的抵触性，使儒家思想影响范围具有局限性。为了弥补这种政治偶像崇拜的局限性，中元二年规定在学校中祭孔，把孔子作为一个教育家予以尊崇："自国家经义试士，孔氏遗书诵习，遍天下山僻村塾，莫不各设至圣先师位，朝夕拜孔子，儿童七岁延师启蒙亦必设孔子位，具牲酒饼饵蔬果拜献，取吉利大义征言，诚未尽晓，而农牧渔樵语及孔子，咸共识为圣人钦枕敬仰，非他神可类比。"②从此我国进入一个符号异化时期，在政府的推动下，孔子的徒弟以及各种有名望的继承者均被渐渐神化，例如全国各地孔庙"奉祀孔子弟子中的七十二贤"③。各种亚文化群体也把自己的偶像和民族英雄加以神化，例如关帝信仰"最早体现为亚文化的接受形态，集中表现为社会中弱势群体（如农民、游民、市民等）对于强悍的英雄主义的需求和依赖。是其忠、义、勇文化特征的折射"④。广西的马援信仰、李靖信仰、柳宗元信仰等使我国儒家信仰进入一个具有民族性、地域性和时代的多神化时代。

---

① 洪眉：《偶像崇拜》，《艺术评论》2007年第4期。

② 翟富文：《来宾县志》，台北：成文出版社有限公司，1937年，第673页。

③ 玉林市政协文史资料工作委员会：《玉林文史资料》（第21辑），1992年，第17页。

④ 刘海燕：《关羽形象与关羽崇拜的传播与接受》，《南开学报（哲学社会科学版）》2006年第1期。

（三）信仰仪式及其程式化

孔圣人被神化后，其理论体系也成为政府大力推崇的圣典，政府着力进行"礼、乐"，"智、仁"教育的方式既有学校教育，也有程式化的信仰仪式。这种仪式的程式化主要表现在仪式音乐、举行时间、礼数等几个方面的固定化。祭拜孔圣人的仪式在两汉前只是偶尔为之，真正的程式化仪式到了两晋南北朝时期才产生。元嘉二十年，规定祭孔用乐，这是祭孔仪式升级的最早记载。这种祭孔乐舞之乐源于孔子所推崇的"韶"，舞源自"夏"，即采用历史上早就存在的"六代之乐"，可以说"六代之乐"是祭孔开始用乐的标志。据《齐书》记载：齐武帝永明三年（485年），"有司奏宋元嘉旧事，学生到先释奠先圣先师礼"，"今当行何礼？用何乐及礼器？时从喻希议，用元嘉故事设轩悬之乐，六佾之舞"。可见，东晋时期已采用轩悬之乐和六佾之舞等礼制祭孔。在唐以前，一般使用六佾之舞这种祭拜诸侯、宰相的仪式祭孔，即由36位舞者排列成六行六列，按节律起舞。唐开元二十七年（739年）时则采用"八佾舞"。宋太祖建隆元年（960年）起对舞蹈的形式和内容均有严格规定。祭孔乐舞是一种综合艺术，集乐、歌、舞三位于一体，其中唱词每一句都有儒家典故，具有《论语》《诗经》《大学》《周礼》《尚书》等古籍中儒家思想的缩影，形式为"六代之乐"和孔子所推崇的"韶乐"，其内容为颂扬孔子生前业绩，诗来自隋代牛弘、蔡徵的创作，舞曲为清康熙年间制定颁布。祭孔礼仪过程与乐舞相结合，形成了独具一格的国学祭孔特色，给人以崇高的艺术享受，不自觉地接受儒家"礼、乐"教育。这种程式化的仪式还体现在举行时间的固定上，政府祭孔分为春祭和秋祭两次，春祭时间为"三月二十九祭孔"，秋祭时间为"九月二十四日（秋分）为秋祭孔圣先师日"[1]。部分地区还有夏祭，它则以"夏历八月二十七日孔子生辰举行"[2]。虽然这些祭孔的具体日期因地而异，但总的来说，祭祀次数却相同。从礼数的固定化来看，首先表现在舞蹈程序固定化，祭孔佾舞的程序一般来说如下：佾舞生演出前在东节、西节的引导下，分东西两班同时进入大成殿拜台，肃立待命。只有三献礼之后才加入八佾舞。在东节的引导下，佾舞生配合诗乐的节奏，起舞。西节下令："舞止"时，则恢复肃立姿态。每一献艺礼共记有三十二个舞姿，三献礼共记有九十六个舞姿。在祭祀的六大程序：迎神礼、安献礼、亚献礼、终献礼、撤馔礼、送神礼等过程中，各种程序皆有不同的乐章与歌词。在学祭中，虽然没有舞蹈，但也有相当严格的程序，"学祭者，童子开笔及蒙塾大馆每岁开学、散学及学生送关则具姜葱韭芹茶酒饭馔，由

---

① 郑湘畴：《平南县志》，台北：成文出版社有限公司，1940年，第257页。

② 程天璋：《桂平县志》，台北：成文出版社有限公司，1920年，第328页。

师率学生向孔子木主前行三跪九叩礼"①。礼数的固定化还表现在孔门诸圣位置的摆设非常讲究,"正堂中有孔子像但无其神位,正厅两厢廊分别有许多孔子弟子之神位"②。还有学宫中"孔子居主神位;四配:复圣:颜子。述圣子思:东位西向;宗圣:曾子;亚圣:孟子,西位东向。十二哲:闵子,冉子(字仲弓)、端木子、仲子、卜子、有子、冉子(字伯牛)、宰子、冉子(字子有)、言子、颛孙子、朱子"。这种摆设顺序其目的是为了突出孔子至高无上的地位,这种四配和方位以及十二哲的排位均是给人一种长幼有序、高下尊卑的感觉,因此,对他们的崇拜成为一种相当严格的礼数培养方式。

(四)政府封赏的感性化

政府对有功之臣的奖赏本不属于符号化范畴,但当各种奖赏与永久性的物质联系在一起,或者通过媒体大肆宣畅,人们不自觉地内化政府的某种价值取向时就成了一种思想符号化。"在政治传播中,同样的事实,由于贴上了不同的符号,便可以被赋予不同的含义。"③在我国漫长的封建社会里,这些政府的奖赏成为明显的符号化现象,这主要表现在:封号、赐给有功之臣府邸和田地等不动产、祭孔经费来源固定化等现象。封号实际上是一种概念符号,但它是统治阶级价值体系的外化,任何一个封号都包含着统治阶级的价值取向,正如格林(David Green)所说:"谁塑造了对标签的公共理解,谁就塑造了政治文本的性质。政治语言的历史就是一部为塑造对关键词汇的公认意义而战的历史"④。所以封号成为统治阶级向外传输自己思想意识的一种有效方式。例如,我国古时的各种官名和后宫的赐号,意在灌输那种高低贵贱等级森严的伦理道德思想。封号中有一种"赐姓"的特殊封号方式,它"从表面上看只是对名号进行赐予的精神激励,但实际上却有物质利益关系的调整与之同步。被赐国姓者可以享受宗室待遇。被赐其他姓氏者,也会被编入相应姓氏的属籍,享有该姓氏为国家或社会所赋予的一切政治、经济权力"⑤。当然这种赐姓只针对功劳显著的功臣、宠臣而为,意在鼓励被赐者始终忠于统治阶级,被赐的名号档次越高就意味被赐者军功或其他功劳越大,这种赐姓对普天之下百姓具有明显的思想政治教育意义。与此相对应的剥夺赐姓、恢复原姓或赐以恶姓,它们专门针对叛臣逆臣而行,这种惩罚措施所带来的不仅仅是名号

---

① 程天璋:《桂平县志》,台北:成文出版社有限公司,1920年,第337页。
② 《兴业县志》,台北:成文出版社有限公司,1967年,第55页。
③ 许静:《浅论政治传播中的符号化过程》,《国际政治研究》2004年第1期。
④ David Green, *Shaping Political Consciousness*: *The anguage of Politics in America from McKinley to Reagan*, Ithaca: Cornell University Press, 1987, p.I.
⑤ 张淑一:《从激励机制看中国古代赐姓》,《青海民族大学学报(教育科学版)》2011年第3期。

的丧失，而是此符号背后所附带的经济、社会利益全都丧失，更主要的是在符号异化时代，人们心中感到这是一种莫名的侮辱，因而，封号成为儒家统治者灌输思想伦理道德的有效手段。除此之外，统治者还赐给有功之臣府邸和田地等不动产，甚或规定不动产的规模，甚至装饰、高矮均加以严格规定，这样既显示政府的权威，也给政府幕僚权威和经济实惠，也给当地百姓以震慑力，使当地百姓在"朱门酒肉臭、路有冻死骨"的差别中树立一种积极入世的精神，这就是我国历代农民历尽艰辛希望子女"跳农门"的感性原因。儒家代表不仅对活在当下的生命个体以实质性的封赏，而且将对先人、圣人祭祀的开支固定化，也对广大社会底层进行感性灌输君君、臣臣思想，使其在对儒家圣人的崇拜当中领略到儒家思想的尊贵，认识到识儒、作儒、忠儒不仅今生受益，而且死后也能得到最贵的礼遇。例如：祭孔的经费开支就来源于政府的税收："文庙（春秋二祭经费 28.316 两，香烛银 1.51 两）；关帝庙（春秋二祭经费 16.262 两，习仪经费银 1.4 两）。"[1] "明朝：文庙山川社稷坛春秋二祭计银 17 两；清朝：文庙祭祀 18.316 两，香烛米折银 1.501 两，米 3.02533 石；武庙银 16.262 两；文昌宫 16.262 两。"[2] "坐支祭祀，文庙春秋二祭银 28.316 两，香烛银 1.501 两；武庙春秋二祭银 16.262 两。"[3] 民国财政开支："文庙春秋二祭银 28.316 两，又折米银 1.501 两，遇闰月加银 1 厘。关帝庙春秋二祭银 16.262 两。"[4] 我们这里可以看出，正是政府的这种重视，才导致了儒家思想的神圣，才导致了百姓对政府的遵从，才导致了儒家思想的至尊性和大众化、普及化。

（五）宗族统治的外在彰显

宗族制是按家长制原则组织起来的一种层级管理制度，其中族权是核心。在这种制度下，族权是由族长、房长、祠堂、族田、族谱联结而成，其中族长、房长则是族权的人格化和集中体现。族长被视为宗子，为一族之尊，是这种权力的集中拥有者，族长为"子姓视效所关，宗族家务所系"，掌管和处理全族公共事务。它由地方乡贤和部分行辈最高而又德高望重或势力较大的士绅担任，正所谓"由全族择廉能公正、人望素孚者，公举充任。族中殷实廉能者任之。以族中有科名者掌之"[5]。族中各房立房长，管理本房事务，由族长、族正择年长公正明白为本

① 何光谟：《信都县志》，台北：成文出版社有限公司，1967 年，第 55 页。
② 黎启勋：《阳朔县志》，台北：成文出版社有限公司，1936 年，第 247 页。
③ 陆履中：《恭城县志》，台北：成文出版社有限公司，1968 年，第 423 页。
④ 刘宗尧：《迁江县志》，台北：成文出版社有限公司，1968 年，第 196 页。
⑤ 杨海坤、曹寻真：《中国乡村自治的历史根源、现实问题与前景展望》，《江淮论坛》2010 年第 3 期。

房素所敬服者任之。因此，族权实际上是皇权的延伸和体现，是统治阶级地方官僚机构对乡村组织治理的一种有力措施。这种制度起源我国周朝时期以男权至上为法则的血缘分封制，血缘和地域（土地）的划定，是这套制度体系的根本。直到宋代随着乡贤作用的突出才开始有所发展，明朝后期因皇权对乡约组织的干涉使这种制度已经初具规模，至清则更进一步强化，终于与封建政权配合，起着基层政权的作用。如果族长愿意，他们极有可能一身二任，既任族长又是乡里组织领袖，也因此与乡绅制度紧密交织在一起。士绅制度则是族长制度的进一步扩大，是介于乡政府和族长制度之间的一种民间管理方法。士绅却是主要依赖地租为生的少数知识地主或退隐官吏，他们承担了诸如公益活动、排解纠纷、兴修公共工程，有时还有组织团练和征税等许多事务。他们在文化上的领袖作用包括弘扬儒学社会所有的价值观念以及这些观念的物质表现，诸如维护寺院、学校和贡院等。

　　家法制度的建立和实施也是儒家思想符号化的一种重要表现，不同时期的家法内涵有所不同，秦汉时期士族家法主要是门第观念，族谱和孝道及一定的教育思想内涵。隋唐时期家法主要体现在家长的绝对权威上，祭祀和权责的承担均集于家长一身。宋朝到清末这一漫长的时期，家法主要体现为司马光的《家范》和朱熹的《家礼》，民国后家法内容有所弱化，只体现为婚嫁需征得父母同意。在制度化和符号化异化的时代，还通过一些感性行为和器物对人的思想产生影响。国法或写在纸上，或刻在墙上、碑上，而家规一般表现为习俗和传统，也有用一定器物表示，书籍、行为、竹竿、木棍，甚或其他一定的有形物均可。例如，秦汉族谱体系，隋唐时期父母权责神圣化，宋以后的家庭礼教等等，它们代表权威，代表对违背家规，乡俗、法律和其他伦理道德的处罚权。当然非重大事情不会轻易动家法，家法器物充满了神秘性，一般存放于神龛或隐蔽等比较神圣之处，动家法则聚集全家，集教育与惩戒于一举。在家法的基础上，宗族法所调整的对象扩展到整个同姓家族，宗族法的庄严感和神秘性更甚，各姓氏均建有自己的祠堂，每遇除了"崇宗祀祖"之用外，各房子孙平时有办理婚、丧、寿、喜等事时，或族亲们有时为了商议族内重要事务时均聚集在祠堂内，由族长按照族规、仪式行事，每遇祭祀则庄严肃穆，每有及第嘉奖表彰之事则尽喜庆之能事，这样把儒家的伦理道德思想蕴含在这些庄严肃穆的仪式和喜庆的活动中，极度熏陶同族人的思想道德品质。这正是"人类个体生命所表现的睿智与才华，对于客观世界的理解和洞察，经过符号的营造，经由符号的个体化—大众化、客观化—再个体化的途径，即由'个人语言'转化为'公众语言'、客观化语言，然后再变成个体化的语言，将内在于个人意识中的意义世界转化为集体意识中的客观的意义世界，成为集体拥有的精神符号世界"[①]。它彰显出大一统的力量,可以说这种宗族管理的模式是儒家思想符号化中最持久、最普遍、最生动、最具影响力的符号化模式。

（六）建立庙宇、牌坊

祭孔并不意味着修建孔庙或其他儒家庙宇,祭孔在春秋鲁哀公时已经发生,而修建孔庙则始于南北朝时的东魏,魏孝静帝不仅修葺了旧庙,还"雕塑圣容,旁立十子"。南朝宋元嘉二年（424 年）,为孔庙设专职管理人员一人;此处讨论的庙宇与佛教、道教的宫观有明显的不同,在儒家庙宇中,所崇拜的对象一般是历史上实在客体的再现,这种客体是由各级政府树立的或百姓自觉认定的模范和典型,他们要么是知识的拥有者,要么是儒家伦理的极佳表现者或传播者。唐贞观四年（630 年）,诏令天下州县立庙,实行全国性的祭孔,孔子成为全国知识分子必须朝拜的对象。此后的金、元、清各朝,都多次修整孔庙,清雍正皇帝胤禛除了到文庙祭祀之外,还亲自督促孔庙的修葺工程,先后大修 15 次、中修 31 次、小修数百次。在中国古代寺观庙祠的文化遗存中,孔庙为仅次于故宫皇城古代文化的崇高殿堂。唐以后,很多地方孔庙都用作教育场所,学庙合一,因此也有称孔庙为"庙学"或"学庙"的,也有称为学宫的,这种学宫是知识传播与儒家伦理道德传播的有机结合体,成为儒家符号化的典型,它们和各种天地日月神庙、城隍庙、祖先陵庙、诸如关帝、周公、妈祖文丞相祠等礼敬圣贤的祠庙、家族宗祠一起构成儒教庙宇体系,也成为典型的儒家思想符号化体系。

牌坊由最早用于为祈求丰年而祭天的棂星门发展而来,其原始雏形名为"衡门",是一种由两根柱子架一根横梁构成的最简单最原始的门。关于"衡门",我们目前所看到的最早记载是《诗·陈风·衡门》:"衡门之下,可以栖迟"。滥觞于汉阙,成熟于唐、宋,至明、清登峰造极,它与"坊"合称为"牌坊"。牌坊就其建造意图来说,可分为四类:一是功德牌坊,这种"衡门"后来被运用到城市中各个居民区之间的"坊门"上,从此"牌"为某人记功记德。二是贞节道德牌坊,多表彰节妇烈女,在安徽歙县有许多这类牌坊。三类是标志科举成就的,多为家族牌坊,为光宗耀祖之用。四类为标志坊,多立于村镇入口与街上,也有些是兼有祭祖功能的祠堂附属物,作为空间段落的分隔之用。牌坊是封建社会为宣扬礼教、表彰功勋、科第、德政以及忠孝节义所立的建筑物,因而树牌坊是旌表德行,承沐后恩,流芳百世之举,是古人一生的最高追求,因而,也成为儒家思想符号

---

① 齐效斌:《人的自我发展及其符号化论纲》,《陕西师范大学学报（哲学社会科学版）》2001 年第 3 期。

化的一种典型形式。

三、儒家思想符号化的社会功能

儒家思想符号化的实质就在于将抽象、理性的思想加以物化和感性化，使之被人们乐意接受或能轻易接受，这种转化不仅对儒家思想本身的强化和大众化，而且对于整个社会意识形态的培养与构建、人们伦理道德模式的构建等有十分重大的意义。

（一）儒家思想符号化使儒家思想普及化、大众化

依心理学观点，人接受外界事物有无意识和有意识两种方式，无意识指不加外力诱导而由感觉器官主动接受外界事物，只有不断重复调动感官接受该事物，才能产生深刻影响。有意识接受是人被动接受某外在事物，其效果与外在力量强弱所引起的人心理兴奋度密切相关。从这两种方式来看，它们各有优缺点，究竟采取哪种方式与人的职业和心情有关。从整个社会体系或国家统治层面来说，脑力劳动者以有意识接受方式为主，体力劳动者以无意识接受为主。只有这样才能将某种知识或者某种意识形态普及化、大众化。

儒家思想体系是远古时期儒人用来塑造该群体人格的行业规范，最初表现为行业习惯，只被儒这一职业者掌握，但后来由精英所倡导的、一条自上而下的符号化路线使儒家思想普及化、大众化。孔子漫天之下游说求官，力图借助仕途推广儒家思想，可后来以失败告终，又不得不借助兴办私学教育推广，这种途径虽然"弟子三千，贤人七十"，但了解和接受儒家思想者终究还是少数。孔子死后，楚昭公祭孔，汉高祖刘邦亦祭孔，但儒家思想在秦汉前并未突出，因董仲舒的"罢黜百家，独尊儒术"才使"儒学由先秦子学之一种跃身为经学，六艺变成了六经。作为儒家开创者的孔子，在儒学大行其道的情况下，其形象也变得恢宏、神圣起来。汉、魏则是孔子民族圣人身份确立和巩固的关键时期，董仲舒和王弼这两位在各自时代里开风气之先的思想家对这一事件起了奠基性的作用"[①]。我国从此进入符号异化阶段，孔子神化之后，我国历朝深得民心的文臣武将，甚至开国皇帝均渐渐被送上祭坛，配以恢宏的音乐、仪式和庄严的气氛。基于此，各地方政府和百姓纷纷效仿朝廷做法，将本地鸿儒、深得民心的地方官、伦理道德楷模神圣化，这种英雄和名人送上祭坛之后，人世间的等级观念和权威观念也日益浓厚，于是家族制度及其物化十分显著，族长制度成为社会基层管理的一种重要手段，族长、

---

① 无润仪：《董仲舒〈春秋学〉中的孔子先知圣人形象》，《广东教育学院学报》2005年第2期。

祠堂、族谱等符号化显示出族权的普及。在重男轻女的儒家人眼里，女人不能上祭坛，但为表彰三从四德的楷模，造出了牌坊这一符号。少数官员除了被神圣化之外，也利用牌坊标榜自己的丰功伟绩和积善成德之事。各级官员和儒家伦理道德所造出来的善人均得到政府的精神和物质奖励，这种奖励也均被符号化、物质化，使广大百姓成为其宣扬对象，从而使儒家思想普及化、大众化，这就是符号的力量，所以有人说"符号的力量在哪？伟大的符号可以改变一个时代的世界观、认知观；能够引领一个时期的流行文化"①。

（二）儒家思想符号化塑造了整个中华民族的精神模式和伦理道德模式

儒家思想体系包含六艺、六德、六行。这三者之间存在一个逻辑层次关系，"六艺"是基础，"六德"是"六艺"在"礼、乐"中的应用，"六行"又是对"六德"的实践和履行。"六艺"有多种含义，最早的含义是古代学校教育中要求学生掌握的六种基本技能，它是人文精神与科学精神的有机结合体。"礼、乐"为处理人际关系的准则和方式，礼的教育相当于现在的德育教育，它又分为"五礼"，即"吉礼、凶礼、军礼、宾礼、嘉礼"，正是在这"礼"的教育中，根深蒂固的等级观念、以礼行事观念、温文尔雅的性格得以养成。"乐"的教育又分为"文乐"和"武乐"两种，正是"乐"的教育才养成了劳逸结合的工作作风。"射、御、书"则为社会活动能力和修养，"射"为射箭，意在培养强健的个人体魄以及军事作战能力，"御"的教育与"射""乐"的教育目的基本相似。"数"则为算法（计数），这种重视算法的传统早在我国远古时期的《周易》和"河图洛书"中就以得到充分的体现，所以春秋战国以后几乎每个学校都有数艺九科的教育，即方田、栗布、差分、少广、商功、均输、盈朒、方程、勾股等九个方面的教学。正是因为有"数"的教育才培养了我国古代求真务实和不畏艰苦的科学精神，造就了我国古代辉煌的科学成就，这就是我国在 13 世纪前科学技术水平远远领先于世界先进水平的重要原因。尤其是后来"六艺"演化为《易》《书》《诗》《礼》《乐》《春秋》六经后，这种科学精神的培养再次升华。

儒家思想体系符号化这种普及化和大众化过程就是塑造人的思维模式、伦理道德模式、行为模式的过程，在这塑造过程中，这种符号化体系相互配合、相互作用，构成一个不可分割的整体，但各种符号同时在儒家思想指导下发挥作用的方式和效果相差迥然。"礼、乐"教育是儒家教育重中之重，"礼、乐"教育符号化主要体现在儒家孔子及其名徒祭祀、关羽祭祀等多神崇拜之中，在孔子及其门

---

① 叶茂中：《符号的力量》，《大市场（广告导报）》2006 年第 2 期。

徒祭祀中，神灵的排位及其排序十分讲究，尤其是配合不同级别的祭祀仪式及其陈设，祭祀人员出场先后等规定，这体现着一种十分明显的等级观念，祭祀仪式所用的音乐大都继承孔子思想，有些纯粹是孔子著述，这明显是用"乐"的形式在宣扬孔子理论。又通过牌坊、皇帝赏赐、举孝廉、宗族等有形制度来宣扬儒家的善恶观、忠孝节义观念，达到用儒家伦理道德控制人们行为的效果。儒家"建构一个简单而易于理解的、善恶分明即二元的价值体系，将这些概念符号充填进去。这样，所有的符号就得到了明确的分类……传播者没有必要向受众陈述事实，而只需向其发出若干概念符号；没有必要刺激他们独立的深层思考，而只需等待他们的条件反射。传播因此变得有效、确定、可以预期"①。这就是儒家创造这些不同符号不同作用的内在机理。

（三）儒家思想符号化有力地传承并创新了我国传统文化

历史是各种有形或无形物质或非物质文化的有机统一体，这些物质和非物质文化构成历史的支撑材料。在我国历史文化中，儒释道三家一体，在儒家思想的指引下各自构建了自己的文化体系。佛道两家以宗教信仰的形式宣扬有神论和儒家思想，而儒家则将身国同治和有神论有机结合起来形成我国主体文化，在全国范围内任意地点都可以看到儒家符号化、即儒家文化的影子，当然这种儒家文化具有明显的时代性、地方性，因而也具有丰富性。

其时代性就是时代差别，先秦时期儒家地位低下，道家和法家常视孔子为教导对象或者批评对象，所以鲁哀公祭孔和汉高祖祭孔只是偶尔为之的短暂现象。真正具有普及意义的祭孔是董仲舒以后的事，在以后的历史中，孔子地位也并不是一成不变的，从被顶礼膜拜的至圣先师到被百般凌辱的历史罪人，差距之大令人瞠目。即使祭孔，各时代也有不同的仪式和规定，最初祭孔每年只有秋季一次，后增为春秋二次。后来，人们又在阴历八月二十七日（相传为孔子诞辰）举行大祭。参加祭孔的人员，最初只限于孔氏直系子孙。后来，祭孔被当作国家的大典，但"家祭"仍照常进行。孔子的封号也随着时代不同而不同，自公元1年（汉平帝元始元年），孔子被封为褒成宣尼公；隋朝，孔子被尊称为"先师"；公元739年（唐玄宗开元二十七年）孔子被封为文宣王。祀孔升为中祀后，祭孔活动逐代升格，宋代扶摇直上。宋代起，不仅祭祀孔子及十哲，而且以历代大儒从祀。元代加封孔子尊号为大成至圣文宣王，增设四圣神位，孔子之后袭封衍圣公，天下郡学书院皆修孔庙以时祀之。明代达帝王规格，改称孔子为至圣先师，又祭四配、

① 许静：《浅论政治传播中的符号化过程》，《国际政治研究》2004年第1期。

十哲，从祀先贤先儒近百人。清代更是登峰造极，清代以京师国子监为太学，立文庙；雍正中又追封孔子上五代王爵；同治中，祭孔上升为大祀，清朝每年都要举行两次大型祭祀孔子的仪式，即仲春上旬丁日和仲秋上旬丁日的上丁祭祀，简称"丁祀"，祭孔仪式也随之愈来愈完备而隆重，作为"国之大典"。民国初年，袁世凯复辟曾妄图借祭孔表明称帝合法化。其后的祭孔活动，已经失去了帝王特权的象征意义。民国期间最后一次祭孔是在1948年。从20世纪80年代以来，中国大陆恢复公开祭孔，但此时的祭孔含义绝不是对孔子个人的崇拜，而是有回归我国周朝时祭拜先师的尊师重道之意。除了祭孔有如此含义外，还有不同时期，不同的民族英雄、文化名人、忠孝之人均被送上祭坛。各时代不同的牌坊，其重点和宗旨也略有区别，宗族制度中的家庙和祠堂、宗族结构和组织、族谱、族田以及坞堡和私兵等内容在各时代已存在明显区别。

其地方性就是地方和民族差别，儒家思想占据主流之后，在统治阶级的推崇下在全国范围内进行了符号化，但在此过程中，各地又结合了各自的地域和民族特征，将自己的思想体系和伦理道德观念融入其中。例如，在我国苗族聚居区的祖先崇拜中，普遍崇拜盘古，在我国壮族聚居区则普遍崇拜三界神、莫神，因而与我国民间信仰密切相关，皇帝为了统治少数民族聚居区，特设土司这个职位，对称职者予以重奖，职位世袭。同时对有违伦理纲常的行为除了运用儒家正统思想外，还结合了少数民族聚居区的惯例，例如对违规妇人采取沉水、火刑等手段。也鼓励一些健康的民间体育活动，使这些带有信仰和巫术性质的体育运动也得到良好的发挥，有力地维护了少数民族地区的统治。

总之，我国儒家思想符号化过程漫长，形式多样，有力宣扬了儒家思想，使之大众化、普及化，又有力地维护和发扬了我国少数民族的传统文化，塑造了整个中华民族的思维模式和伦理道德模式。

先秦谥法：一种中国特色的人物品评机制 *

潘祥辉 **

摘 要： 先秦谥法是中国古代一种独具特色的人物品评机制，它包含着对一个人品德、功业与行状的描述和"终极评价"，为君臣上下所重视。早在孔子开创的"春秋笔法"之前，先秦谥法就发挥着"一字褒贬"的评议功能。先秦谥法既是一种公开的传播机制，也是一种"无声的舆论"，对于评价死者，激励生者，监督权力，引导社会舆论、进行社会教化等具有重要的功能。先秦谥法"以谥名迹"，包含并内化了一套社会评价，其所呈现的"民主评议"以及追求"名副其实"的精神，实开中国"人物品评"之先河。考世界古代文明，这种"以谥评人"的评议机制为中国文明所独有。作为一种中国特色的"风评"机制，先秦谥法无疑可以丰富我们对古代新闻传播史的认识。

关键词： 先秦；谥法；谥号；人物品评；传播考古学；华夏传播学

中国现代新闻业虽始自近代，但中国新闻传播的历史却可以追溯到先秦时代。秦理斋在《中国报纸进化小史》一文中认为："我国新闻事业，发轫最早。在昔前商周之际，政府已设置专官，春秋二季，出巡列邦，采风问俗，归而上诸太史……周官太史所掌，亦曰'陈诗以观民风'。大抵今日所传诗歌、《国语》《国策》，要亦当时新闻之流亚。"[①] 秦理斋将"采风问俗"当作中国新闻传播之起点。著名新闻史家曾虚白先生则将中国口传新闻的起源追溯到尧舜时代。他先引《汉书》所载："古之治天下，朝有进善之旌，诽谤之木，所以通治道而来谏者也"，进而指出："此类要进之言及批评政治得失之语，就是口传的新闻与言论，实与后世的报纸的内容相类似。而当时之歌谣、古谚、诗经之类，都是最佳的口传新闻，而近

* 本文原载于《华夏文化论坛》2019 年第 1 期，第 17—27 页。
** 潘祥辉，南京大学新闻传播学院教授。
① 刘家林：《中国新闻史》，武汉：武汉大学出版社，2012 年，第 3 页。

年发现之殷墟甲骨文字，似可说是最古之新闻图版；最近出土之楚简，亦有甚多之新闻资料。"① 的确，早在先秦时代，中国已经出现了广义上的新闻传播活动。由于独特的地理环境和政治历史语境，中国早期的新闻传播还带有自身的文化特色。李敬一先生在《中国传播史》一书中对先秦传播史做了较为全面的论述。在李敬一先生看来，上古的新闻传播主要以"口语传播""谣谚传播"及"文字传播"为主。到春秋战国时期，士阶层崛起，依托传播媒介和传播方式的发展，形成了一个巨大的较为发达的信息传播网络。李敬一先生对这一时期的"采诗观风""史官记事""烽燧警报""乡校议政""置邮传命""游说诸侯""讲学授徒""著书立说""街谈巷议"等九种传播方式进行了较为详尽的论述。② 不过，令人遗憾的是，《中国传播史》对于先秦时期的谥法和谥号却未曾有所提及。实际上，迄今为止，不论中国传播史、中国新闻史抑或华夏传播学的研究或论著，对先秦谥法与谥号几乎都是忽视的，这不能不说是中国新闻传播史研究的一个疏漏。在笔者看来，先秦谥法委实是一种非常重要、也非常独特的中国新闻传播现象，值得我们关注。

所谓谥法，即中国古代对死去的帝王、嫔妃、诸侯、大臣以及其他地位很高的人，按其生平事迹进行评定后，给予或褒或贬或同情的一个称号，相沿成制，称为谥法，所获称号即为谥号。对谥法及谥号的研究历代不乏其人，但在大多数研究者的眼中，谥法是一种强化皇权统治、维护封建等级制度的工具或宣扬封建礼教的手段，③ 不过在笔者看来，谥号也包含了一种社会评价，它仿佛是一种"无声的舆论"，发挥着社会传播功能。诚如《逸周书·谥法解》所言："谥者，行之迹也，号者，功之表也；车服，位之章也。是以大行受大名，细行受细名。行出于己，名生于人。"④ 从传播学的角度看，这段话至少包含了三层意思：第一，"谥者，行之迹也。"说明谥号体现了一个人一生的功过是非，它是一种重要的"声誉机制"，呈现和传递了一种有关个人声誉的信息。所谓"社会褒贬"就是通过个人的"声誉机制"而发挥作用的；第二，"谥号"具有"论功行赏"的功能。所谓"大行受大名，小行受细名"之谓也。不同的谥号包含着不同的社会评价。这就与后世的"风评"或当代媒体舆论的"品头论足，激浊扬清"的评论功能非常类似；第三，谥号是一种死后称谓，既是死后评价，亦用于死后传播，载入史书或传之后世，这种传播自己无法操纵，全操他人之手，所谓"行出于己，名生于人"之

① 曾虚白：《中国新闻史》，台北：政治大学新闻研究所，1981年，第61页。

② 李敬一：《中国传播史（先秦两汉卷）》，武汉：武汉大学出版社，1996年，第34—61页。

③ 汪受宽：《谥法研究》，上海：上海古籍出版社，1995年，第260—264页；林德春：《中国古代谥号与谥法评述》，《吉林师范大学学报》，1996年第1期。

④ 黄怀信、张懋镕、田旭东：《逸周书汇校集注》，上海：上海古籍出版社，1995年，第668页。

谓也。这种独特性正是"谥号"不同于姓名或"尊号"的地方。皇帝的姓名或"尊号"都是生时所上，而"谥号"则为其死后之名，即便以帝王之尊，也只能假手他人。古人通过这样一种制度设计，保证了"谥号"具有"盖棺定论"的功用。

由此可见，中国古代的新闻传播，不仅重视生者的作为与评价，也重视一个人死后的名分与评价。中国古代的王者、权臣与士人不仅活在当前，也活在死后，他的生命即便终结了，身后仍然受到社会的议论和评说。这种"以谥评人"的人物评议机制类似一种超越时空的"纵向传播"。在人类文明史上，"谥法"这一制度为中国文明所独有。也正是在这个意义上，笔者将谥法和谥号视作一种中国特色的"人物评议"机制与传播机制。这种机制值得我们纳入中国新闻传播史的研究范畴。

一、"明别善恶"：先秦谥法的褒贬评议功能

作为一种人物评价机制，谥法的起源可以追溯到上古。在"谥法"的起源上，历代学者存在不同的看法。有的认为谥法起源于"三皇五帝之时"，如班固所言："黄帝始制法度，得谥之中，万世不易，后世虽盛，莫能与同也。"[1]有的认为起源于商代，如清人崔述及屈万里都认为，谥法滥觞于殷代。更多的学者则认同"周公制谥说"，认为谥法起源于西周初年。据《逸周书·谥法解》载："唯三月既生魄，周公旦、太师望相嗣王发，既赋宪受胪于牧之野，将葬，乃制作谥"。[2]当然，也有近代学者质疑这种说法，认为谥法不是起源于周初，而是始自西周中叶以后。如王国维在《遹敦跋》中就认为，"谥法之作，其在宗周共、懿诸王之后乎！"汪受宽教授进一步认为周孝王时（约前 909 至前 895 年），谥法才正式成为周朝制度。而郭沫若先生则主"战国说"，可谓见仁见智。[3]

在笔者看来，先秦"谥法"的发展应当有一个历史过程的，不同学者对谥法出现时间的不同划分，主要源于对"生谥与死谥"以及何时谥法成为定制等问题的争议。据笔者所见，虽然较为成熟的谥法制度确实出现在西周中叶以后，但作为与"祖宗祭祀"和"避讳"有关的谥法，必然可以追溯至商代。笔者比较认可今人彭裕商先生的看法：先秦谥法至迟发轫于商代，到西周早期，谥法已然出现。[4]谥法虽然具有评议功能，但从谥法的发展历史来看，先秦谥法并非一开始就具有这种功能的。谥法一开始的功能只是为了敬祖和避讳之用，是在发展的过程

---

① 陈立撰、吴则虞点校：《白虎通疏证》，北京：中华书局，1994 年，第 70 页。
② 黄怀信、张懋镕、田旭东：《逸周书汇校集注》，上海：上海古籍出版社，1995 年，第 618 页。
③ 赵东：《20 年来谥法研究综述》，《绥化学院学报》2007 年第 2 期。
④ 彭裕商：《谥法探源》，《中国史研究》1999 年第 1 期。

中逐渐带上褒贬评价功能的。据彭裕商教授的研究，先秦谥法的形成可分三个阶段：第一阶段在商文丁以前，为谥法的先期阶段。商人以死后选定的祭日和人为的区别字来称呼故去的先王，这一阶段已具备了谥法的一些特征；第二阶段从文丁到商末帝辛，此为谥法的形成阶段，已用文、武、康等美称来称呼故去的先王，但仍保留祭日天支；第三阶段为周文武以后，周人因袭了晚商先王的美号，但不取其祭日干支，径称为某王某公，其形式已与后代谥法无别。此后谥号逐渐增多，遂进入了谥法的成熟阶段。①

　　从历史来看，谥法的发展过程先是出现没有评价色彩的谥号，之后到晚商以后再发展出来美谥。美谥是一种称颂，已具正面评价功能。而到了西周，恶谥也出现了，"谥号"的品评人物的功能就更加明显，也更加全面了。据学者对先秦谥法的行用考证，谥号之有善恶之分始自周昭王（公元前 1000 年至公元前 982 年）和鲁炀公（约卒于公元前 982 年）。② 到春秋时期，谥法的褒贬原则已普遍为社会所重视。谥号于是也从"辨别生死"的功能演变成"别明善恶"的功能，这一转变使得"谥号"具有了"公共传播"的色彩，成为一种社会传播机制。其演变正如宋代学者郑樵在《通志·谥略》中所言："生有名，死有谥。名乃生者之辨，谥乃死者之辨，初不为善恶也。以谥易名，名尚不敢称，况可加之以恶乎？非臣子之所安也！"③

　　可见，作为一种人物品评机制，先秦谥法与后世的"风评"及我们今天的新闻评论有相似之处，都是评价或褒贬人物。但不同之处在于"风评"或"舆论评议"往往发生在人物生前，主要影响其当世名声。而谥法评议却发生在人物死后，主要影响其后世名声。从这个意义上讲，"谥号"的评议功能更接近史家的"论赞"。除了"死后评议"，谥法作为评议机制的特色还表现在以下两个方面：

　　第一，以一字为褒贬。

　　与后世相比，先秦谥法的一大特点就是字数较少。先秦尽管也有复谥（即两个字以上的谥号）出现，如卫武公谥为"睿圣武公"，齐灵公谥为"桓武灵公"，但整体来看，复谥也多不过二三字，这一时期的谥号主要还是以一个字的单谥为主④，这显然沿袭了上古以来的"尚简"传统。先秦谥法通常以单字来对逝者进行评价。《逸周书·谥法解》罗列有 100 多个谥字。东汉蔡邕所著《独断》载有汉以

　　① 彭裕商：《谥法探源》，《中国史研究》1999 年第 1 期。
　　② 薛金玲：《先秦〈谥法〉行用考》，《四川大学学报》2012 年第 6 期。
　　③ 郑樵《通志二十略·谥略》，北京：中华书局，1995 年，第 786 页。
　　④ 孟凡港：《春秋时期谥法行用考——以周王及鲁、齐等八诸侯国之国君为考察中心》，《北华大学学报》2016 年第 6 期。

前帝谥 46 字，不同的字表示不同的意思，包含对人物的不同评价。

连拂不成曰隐，靖民则法曰黄，翼善传圣曰尧，仁圣盛明曰舜，残人多垒曰桀，残义损善曰纣，慈惠爱亲曰孝，爱民好与曰惠，圣善同文曰宣，声闻宣远曰昭，克定祸乱曰武，聪明睿智曰献，温柔圣善曰懿，布德执义曰穆，仁义说民曰元，安仁立政曰神，布纲治纪曰平，乱而不损曰灵，保民耆艾曰明，辟土有德曰襄，贞心大度曰匡，大虑慈民曰定，知政能改曰恭，不生其国曰声，一德不懈曰简，夙兴夜寐曰敬，清白自守曰贞，柔德好众曰靖，安乐治民曰康，小心畏忌曰僖，中身早折曰悼，慈仁和民曰顺（一曰倾），好勇致力曰庄，恭人短折曰哀，在国逢难曰愍，名实过爽曰缪（立穆切），雍遏不通曰幽，暴虐无亲曰厉，致志大图曰景，辟土兼国曰桓，经天纬地曰文，执义扬善曰怀，短折不成曰殇，去礼远众曰炀，怠政外交曰携，治典不敷曰祈（一曰震）。①

可以看出，这些谥字实际上包含了褒贬。依据谥字不同的感情色彩，谥号可以分为三种类型：美谥、平谥与恶谥。美谥即对人物的正面评价，如"惠"与"孝"等，"慈惠爱亲曰孝，爱民好与曰惠"，这是一种褒扬；平谥则不带有很强的评价色彩，一般是表示哀悼或同情，用于早夭或一些死于非命的君臣，如"悼""哀"等谥号；恶谥则是对人物的批评和负面评价，比较典型的恶谥如"幽"和"厉"，"雍遏不通曰幽，暴虐无亲曰厉"。历史上凡得到此种谥号的人，基本上都被钉在历史的耻辱柱上。如我们所熟知的周幽王之所以被谥为"幽"，在于其荒淫无道。为博美人一笑，幽王竟然"烽火戏诸侯"，最终导致亡国。而周厉王倒行逆施，钳制舆论，以致老百姓敢怒不敢言，"道路以目"，被谥"厉"也就在情理之中。其他被谥"幽""厉"谥号的人主也是如此。正如童书业先生所言："谥为幽者，盖非令主，且不得其死。周幽王见杀于犬戎而亡其国，鲁幽公被杀，郑幽公为韩人所杀，晋幽公淫妇人为盗所杀，楚幽王时楚大乱，曹幽伯被杀，赵幽穆王亡国。谥为厉者，皆有昏德，或不终者，周厉王放于彘，齐厉公暴虐见杀，宋厉公杀君自立，晋厉公被杀，秦厉公时国亦不宁，郑厉公尝见逐，陈厉公淫乱见杀。"②可见，"幽""厉"这样的恶谥正表达了对"昏君"的批判。

由于先秦谥法多以一字为谥，因此并不限于一字一义，每一谥字都有若干条释义。以《史记正义·谥法解》为例，定、元、康、思各有 4 条释义，武、孝各有

① 蔡邕：《独断》，北京：中华书局，1985 年，第 29—30 页。
② 童书业：《春秋左传研究》，上海：上海人民出版社，1983 年，第 382—384 页。

5 条释义，文、庄、灵各有 6 条释义，恭字更多达 9 释义。[①]一字多义，可以起到"以少驭多"的效果，也可以区别得谥者的不同情况。如《逸周书·谥法解》中的"安"字谥号，就可以对应 16 种解释："好和不争曰安；兆民宁赖曰安；宽容平和曰安；宽裕和平曰安；所保惟贤曰安；中心宅仁曰安；修己宁民曰安；务德不争曰安；庄敬尽礼曰安；敬而有礼曰安；貌肃辞定曰安；止于义理曰安；恭德不劳曰安；静正不迁曰安；懿恭中礼曰安；凝重合礼曰安"[②]在先秦，这些谥号的用字是相对固定的。对不同谥号的解释其实构成了一种"评论标准"，针对人物的生平表现，用谥号进行褒贬。

在先秦谥法的用字上，据学者考证，西周时期实际用谥为 31 字，其中美谥 22 个：文、武、成、康、穆、共、孝、宣、魏、献、真、慎、胡、庄、惠、僖、顷、平、靖、贞、戴、桓，约占总谥字的 71%，恶谥 9 个：懿、夷、厉、幽、炀、哀、愍、殇、昭，约占总用谥字的 29%。至春秋时，实际用谥号 41 个，其中美谥 27 个：平、桓、庄、僖、惠、襄、顷、匡、定、简、景、敬、慎、武、孝、文、宣、成、靖、献、穆、德、康、共、戴、元、缪（通"穆"），约占总用谥字的 66%；恶谥 14 个：灵、懿、隐、愍、昭、哀、厉、悼、殇、出、幽、夷、怀、声，约占总用谥字的 34%。战国时期实际用谥 16 个，其中美谥有元、贞、定、考、威、烈、安、显、慎、靖、肃、易、绵、休等 14 个；恶谥则只有辟、躁两个。美谥占 87.5%，恶谥占 12.5%。春秋时期恶谥字比例最高，而至战国时期，美谥占了绝大多数。[③]可见先秦谥号的使用也是有所变化的。越到后期，"恶谥"的使用则越少。另外值得注意的一个变化是，不同谥号的用法在历史过程中会发生演变。有些谥号先是美谥，后来则变成恶谥，相反的情形也存在。如"灵"这一谥号，有论者对《左传》中晋灵公、陈灵公、郑灵公、齐灵公、周灵王、楚灵王、蔡灵公、卫灵公等行为事迹进行了考察，发现"灵"这一谥号起初并无善恶之别，如周灵王、郑灵公之称"灵"，并没有负面意含。但之后获得"灵"之谥号的君主则以负面行迹居多，"灵"因此成为恶谥。[④]

谥号的这种"一字褒贬"法与孔子的《春秋笔法》极为类似。在《春秋》写作中，孔子首创了一种"一字见义，寓褒贬于记事"的表达方式，被史家称为"春秋笔法"，这种"春秋笔法"也为历代新闻史家所津津乐道。但显然，在先秦，"春秋笔法"不只存在于《春秋》中，先秦谥法当中也包含了一种"春秋笔法"。唐代

① 何晓明：《中国姓名史》，武汉：武汉大学出版社，2012 年，第 145 页。
② 黄怀信、张懋镕、田旭东：《逸周书汇校集注》，上海：上海古籍出版社，1995 年，第 618 页。
③ 薛金玲：《先秦〈谥法〉行用考》，《四川大学学报》2012 年第 6 期。
④ 黄圣松、黄羽璇：《从〈左传〉中谥"灵"国君论其定谥之由》，《东华汉学》2012 年第 16 卷。

太常博士李虞仲在进言中也将两者相提并论："谥者，所以表德惩恶，《春秋》褒贬法也。"① 这种"一字褒贬法"可谓中国古代品评人物的一大发明。

第二，以"礼"为准绳的道德评判。

从先秦谥法中选用的谥字来看，我们可以发现，"谥号"用字中用以褒贬人物的标准，是儒家的"礼"。实际上，谥法在周代成熟，并运用于对王公贵族的评议，本身是"周礼"的一部分。如果谥法真如《逸周书·谥法解》一书所言为周公所作，那也是周公"制礼作乐"的一部分。

周人的统治建立在"礼"之上，其所倡导的其实是一种"德治"。《礼记·曲礼》言："道德仁义，非礼不成；教训正俗，非礼不备；分争辨讼，非礼不决；君臣上下，父子兄弟，非礼不定；宦学事师，非礼不亲；道德仁义，非礼不成，教训正俗，非礼不备。分争辨讼，非礼不决。班朝治军，莅官行法，非礼威严不行；祷祠祭祀，供给鬼神，非礼不诚不庄。是以君子恭、敬、撙、节、退、让以明礼。""德"则是周礼的核心所在。周人"以德配天"，将"天命"与统治者的"德行"联系起来，可以说周代的文化实是一种"道德主义文化"。② 这种文化一直延续到春秋战国时代。有德之君，会受到高度评价，相反，无德之人，将受到历史的审判。这种对道德的重视鲜明地体现在先秦的传播思想和传播实践当中，③ 也毫无例外地体现在先秦"谥号"的选用上。《逸周书·谥法解》："绥柔士民曰德；谏争不威曰德；谋虑不威曰德；贵而好礼曰德；忠和纯备曰德；绥怀来人曰德；强直温柔曰德；勤恤民隐曰德；忠诚上实曰德；辅世长民曰德；宽众忧役曰德；刚塞简廉曰德；惠和纯淑曰德；富贵好礼曰德；功成民用曰德；修文来远曰德；睿智日新曰德；善政养民曰德；尊贤亲亲曰德；仁而有化曰德；忧在进贤曰德；宽栗扰毅曰德；直温强义曰德；谏诤不违曰德；周旋中礼曰德；泽及遐外曰德；懿修罔懈曰德。"④

正是因为对"德"的强调，我们可以把先秦谥法视为礼法的一个组成部分，这种谥法因此也具有了强烈的道德评判色彩。⑤ 先秦谥法的几乎所有的美谥，都与道德上的卓越或完美相关，《礼记·曲礼》首篇即是："毋不敬，俨若思，安定辞。"而"敬、思、安"也都用作先秦谥号。而几乎所有的恶谥，也都与"失德"相关。

---

①　欧阳修等撰：《新唐书》，北京：中华书局，1975 年，第 5280 页。

②　柳诒徵：《中国文化史》，吉林：吉林人民出版社出版，2013 年，第 145 页。

③　潘祥辉：《华夏传播新探：一种跨文化比较视角》，上海：复旦大学出版社，2018 年，第 263-265 页。

④　黄怀信、张懋镕、田旭东撰：《逸周书汇校集注》，上海：上海古籍出版社，1995 年，第 620 页。

⑤　刘超先：《谥号与道德评判》，《广西社会科学》2006 年第 1 期。

如《谥法解》中的"戾"谥:"不悔前过曰戾;不思顺受曰戾;知过不改曰戾。"足见先秦谥号作为一种传播机制,充分体现和宣扬了周代的"主流意识形态":即"以德取人"的价值观。这种"道德主义取向"的先秦谥法与孔子作《春秋》的价值立场完全一致。

在笔者看来,就人物评议而言,先秦谥法实开后世"以德取人"的品评人物之先河,也开创了中国"以道德标准"来评价人物的传统。这种传统在后世的谥法、史书的记载中都被承袭了下来。甚至影响到近代以来的新闻理念尤其是报纸评论。

二、公开与"民主"评议:先秦谥法的运作机制

先秦谥法的人物品评功能是随着历史的发展而逐渐显现的。到春秋时期,谥法制度大为流行,恶谥较为普遍,有论者认为,这与春秋时期人物品评活动的兴盛有密切关系。[①]诚然,在品评人物成为时代潮流的语境下,谥法所发挥的评论功能也就更加重要和明显。在笔者看来,就人物评议机制而言,虽然谥法的覆盖面有限,但先秦谥法对人物的品评还是比较"民主"的。与后世谥法主要操君主之手不同,在先秦,由于去古未远,谥法所发挥的"民主评议"功能体现得较为鲜明,充分发挥了一种品评功能,这从先秦谥法的程序和特点可以看出来。

首先,谥号的选定和授予有一定的程序,这些程序具有公开性,这使先秦谥法成为一种"公共传播机制"。先秦谥法曾经历一个从私谥到公谥,即从贵族私自拟谥敬献祖宗到周王室将谥号收归朝廷,纳入王朝"礼治"的过程。当周王朝将谥法纳入"礼治"后,谥法就不仅成为一种王权传播活动,也成为一种公共传播行为。

按照周代的给谥程序,大体有"请谥、议谥、定谥、赐谥"这几个阶段。这几个阶段,都体现了传播的公开性。"请谥"就是死者家属向朝廷报告,并依逝者所作所为请求获得一个谥号。具体礼仪程序是先行"赴告"之礼,即某贵族死之后,派使者所行的报丧礼,在赴告的同时行请谥礼。周天子驾崩后,王室则要赴告于天,同时向上天请谥,天意象征着"谥"的公正无私。当然,"天子之丧动四海",其赴告之礼也要通告天下所有诸侯国。[②]可见这是一个"信息公开"的过程。所谓"议谥"则是根据逝者生平表现,选择一个合适的谥号。在先秦,一般要在死者下葬之前议定其谥号。为什么要选在葬前议定呢?可能因为刚刚去世人们对其记忆犹新,比较好做评价,而死后太久则事迹模糊,难以评定了。

---

① 孙董霞:《春秋时期谥法的流行及其人物品评性质》,《天水师范学院学报》2014 年第 6 期。
② 董常保:《〈春秋〉〈左传〉谥号研究》,成都:四川大学出版社,2013 年,第 2 页。

"赐谥"也是一个公开传播的过程。所谓赐谥是将议谥确定后的谥号以上天、周天子或诸侯的名义赐予逝者，并且以礼官公开宣读之。除了公开宣读，赐谥往往还伴随着隆重的仪式，仪式就是一种公开的传播。《周礼·春官·大师》记载了周王的赐谥过程："大丧，帅瞽而廞，作柩，谥。"当王的灵柩运往祖庙之庭举行大奠时，当着前来奔丧的列国诸侯及王室贵族的面，礼官在柩前宣读南郊向天所请的谥文，将其谥号公之于众，以示隆重。诸侯及贵族的赐谥也一样，一般选择在其下葬前赐谥，因为这样更容易使其谥号公开传播。这即是班固《白虎通义·谥》所言："所以临葬而谥者何？因众会欲显扬之也。"一个人最后的公共出场可能就是葬礼了，这个时候赐谥，是最容易使其恶善之名闻于天下，也最容易起到"广而告之"的效果，有利于谥号"显恶扬善"功能的发挥。按照先秦谥法，谥号拟定以后，还要进行公告。如春秋战国时代，各诸侯国的国君去世，除了要报告周天子，也要"赴告"其他诸侯国。谥号拟定后也是如此，理论上必须让其他诸侯国周知，因为其谥号不仅要载入本国史册，也要载入他国史册。可见先秦谥法作为一种公共传播机制的特征是非常明显的。

其次，先秦谥法中的"议谥"具有一定的"民主协商"色彩，这一点在古代文明史及人类传播史上都是难能可贵的。在先秦，尽管天子谥法和诸侯谥法有所不同，但到春秋战国时代，谥号的拟定过程中"子议父、臣议君"是比较常见的现象。诸侯之谥，通常由大臣和公子议定。显然，这样一种议谥机制，打破了等级森严的礼教制度，不仅使生者获得了对逝者的一种评议权，也使地位等级较低的"臣"和"子"获得了对"君"与"父"的评议权。因而这样一种评议机制具有一定的"民主"色彩。我们从《左传·襄公十三年》所载的楚恭王死后臣子议谥一事可以看出这一特点。

楚子疾，告大夫曰："不毅不德，少主社稷。生十年而丧先君，未及习师保之教训而应受多福，是以不德而亡师于鄢；以辱社稷，为大夫忧，其弘多矣。若以大夫之灵，获保首领以殁于地，唯是春秋窀穸之事，所以从先君于祢庙者，请为'灵'若'厉'。大夫择焉！"莫对。及五命乃许。秋，楚共王卒。子囊谋谥。大夫曰："君有命矣。"子囊曰："君命以共，若之何毁之？赫赫楚国，而君临之，抚有蛮夷，奄征南海，以属诸夏，而知其过，可不谓共乎？请谥之'共'。"大夫从之。(《左传·襄公十三年》)

楚子将死之际，告诉大夫谥自己为"灵"或"厉"，这是一种恶谥。有人认为楚恭王之所以如此是因为他懂得谦卑和谥号"表行迹"的道理，也有人认为这其实是楚恭王的策略，他以退为进，堵死自己被授"恶谥"的可能。不管如何，我们从这则记载中可以看出，楚恭王自己其实决定不了如何被授谥，议谥的权力掌握在卿大夫手里。所谓"行出于己，名生于人"（《逸周书·谥法解》）说的就是这层意思。楚恭王最后没有被授恶谥，依据的是其能"悔过"，也算谥有所本。从这一事例可见"谥号"这种评议机制在春秋战国时代还是发挥了一定"监督"功能的。正是因为这种较为"民主"的监督功能，秦始皇在统一六国后，废除了谥法，其目的就是不想让后人议论自己，以绝恶谥。秦始皇的废谥令在《史记》中有记载："制曰：朕闻太古有号毋谥，中古有号，死而以行为谥。如此，则子议父，臣议君也，甚无谓，朕弗取焉。自今以来，除谥法，朕为始皇帝。"[①] 不过，秦亡以后，谥法还是被重新启用，其用于褒贬人物的功能也为后世所继承。

最后，先秦谥法作为一种有特色的、运行良好的人物评议机制也表现在较高的"恶谥"比例上。研究发现，在中国历代谥号中，先秦"恶谥"的比例是最高的。薛金玲根据《史记》统计了 72 位周天子及列国君臣用谥，发现其中美谥者 54 人，占总数的 75%，恶谥者 18 人，占总数的 25%。谥为恶谥的君主有"周厉王""周昭王""鲁厉公""齐厉公""蔡厉公""宋厉公""晋厉公""周幽王""鲁幽公""陈幽公""鲁炀公""宋炀公""齐哀公""宋愍公""晋殇公""周懿王""周夷王""鲁懿公"等，这些得恶谥者，多为失国或行迹极劣者。[②] 而据汪受宽先生的《谥法研究》一书统计，从公元前 841 年至公元前 221 年，所有帝王、国君获得谥号的总数为 234 个，其中美谥 165 个，占比为 70.6%，平谥 39 个，占比为 30%，恶谥 30 个，占比为 12.8%。与后世相比，这一时期的恶谥的个数及所占的比例都是最高的。[③] 从这一点我们就能看出来，先秦谥法较好地发挥了品评人物的功能。

实际上，美谥与恶谥都代表着一种社会评价，但考虑到"为尊者讳，为亲者讳"的存在，"美谥"难免成为阿谀奉承或"溢美之辞"，使人物评议或口碑机制呈现笔者所讲的"传播失灵"状态。[④] 相比之下，"恶谥"呈现的信息则相对真实。恶谥是对失德君臣的一种负面评价，恶谥的比例越高，越能说明这一时期的谥法很好地发挥了人物评议和"舆论监督"作用。如《左传·晋灵公不君》载晋灵公"厚敛以雕墙。从台上弹人，而观其辟丸也。宰夫胹熊蹯不熟，杀之，寘诸畚，使妇人载以过朝"。如此倒行逆施，草菅人命，最后落得一个"灵"的谥号，也就理

① 司马迁：《史记》，长沙：岳麓书社，2002 年，第 44 页。
② 薛金玲：《先秦〈谥法〉行用考》，《四川大学学报》2012 年第 6 期。
③ 汪受宽：《谥法研究》，上海：上海古籍出版社，1995 年，第 51 页。
④ 潘祥辉：《传播失灵：一种基于信息传播非理想状态的研究》，《浙江学刊》2012 年第 2 期。

所当然了。事实上，春秋时代的谥法大多能做到"据事给谥"，并没有太多的溢美之词，因此比较好地发挥了谥号的褒贬善恶的功能。这一点也为时人所理解和重视。《左传》曾记载了这样一个故事：楚成王被迫自缢后，政变者穆王及大臣初议谥其为"灵"，成王闻此死不瞑目。据《左传·文公元年》载："冬，十月，以宫甲围成王。王请食熊蹯而死，弗听。丁未，王缢。谥之曰'灵'，不瞑；曰'成'，乃瞑。"从这个故事中我们可以见出"谥号"的效力及其在人们心目中的地位。

如果说现代传播具有某种所谓"授予社会地位"的功能①，那么，在中国先秦时代，类似功能一定程度上则由"谥法"来承担了。在笔者看来，先秦谥法就是一种前大众传媒时代中国特色的人物评议机制，这种机制为中国古人所普遍接受和重视，成为一种独特的传播实践和传播模式。

三、追求"名副其实"：一种中国特色的"风评"实践

从先秦谥法的实践来看，谥号作为一种人物品行的评论机制既有民主、公开的一面，也有较为客观的一面。正如《逸周书·谥法解》所言："大行受大名，细行受细名。"先秦谥法不论从理念，还是从其实践来看，都在追求一种"客观评价"，追求"名副名实"。因此，在先秦谥法中，包含了一种"公正评价"的理念，这与古代良史所追求的"秉笔直书"异曲同工，也与孔子作《春秋》所追求的"书法无隐"暗合，体现了一种中国特色传播实践的"公共性"精神。

众所周知，中国的史学传统推崇"直书"和"实录"，谥号的选定也是如此。不论是美谥、平谥还是恶谥，都要尽量做到谥行相符。先秦谥法这种实事求是的内在精神是显而易见的。以请谥为例，在《礼记·曲礼下》中，请谥被称为"类见"，"既葬，见天子曰类见，言谥曰类"，朝廷接到请谥的报告后，并不是随便赐给谥号，而是要严格依据死者的行状来选择谥号。实际上，在请谥的时候，家属就必须报告逝者的生平功业以供参考鉴定。唐代孔颖达在《礼记》疏中说："请谥于天子，必以其实为谥，类于平生之行也。何胤云，类其德而称之，如经纬天地曰文也。"②可见，请求赐谥的时候必须公开报告死者的功业，以便给予其一个恰如其分的谥号。先秦谥法的这一传统也为后世所继承。汉代以后向朝廷请谥，都必须附死者"行状"以供议谥参考。

从谥法实践来看，春秋各诸侯国君得美谥者比比皆是，得恶谥者也为数不少。先秦谥号基本能反映其生前的"行之迹"。以谥号"成"为例，《谥法》释"成"为"安民立政曰成"。春秋时，燕有成公，名载；蔡有成侯，名朔；鲁有成公，名

---

① 潘祥辉：《信息货币：大众传媒的功能新论》，《中南民族大学学报》2013年第5期。
② 汪受宽：《谥法研究》，上海：上海古籍出版社，1995年，第127页。

黑肱；陈有成公，名午；曹有成公，名负刍；晋有成公，名黑臀；卫有成公，名郑；宋有成公，名王臣；秦有成公，名不详；楚有成王，名熊恽；齐有成公，名脱（一说为"说"）；周有成王，名姬诵。这些谥号"成"的诸侯，其事迹在《史记》中多有记载，根据《史记》的记载，可以看出这些"成"谥诸侯，"谥"与"行"基本是一致的。[①]薛金玲也对先秦人物的谥号与其行迹进行了考证，他将先秦主要人物谥号行迹与《谥法》对照观察后发现，除"昭""懿""夷"三谥字外，其余皆相符，且同谥者，行迹相似，善恶相当。[②]难怪童书业先生在《春秋左传研究》一书中也指出："读《左传》《史记》等书，知西周中叶以来，列国君臣以至周天子谥号，多与其人之德行、事业以至考终与否大略相当。"[③]由此可见，先秦谥法的"客观性"确实是一种客观存在，我们绝不能因为先秦谥法中存在溢美或名不副实现象就轻易否认这种客观存在。

实际上，这种对"客观公正"的追求也表现在"改谥"上。对于一些与事实不符的谥号，"改谥"行为可以进行纠正。如《左传·宣公四年》载：郑国大夫子家勾结公子宋，杀死国君姬夷，谥为幽公。后子家死，郑之国人将子家之族全部驱逐。于改葬幽公，并改其谥号为"灵"。这是春秋史上一次比较著名的"平反"案例。虽然"灵"也属于恶谥，但在"国人"看来，"灵"而不是"幽"更符合姬夷的生平行事。显然，这种"改谥"体现了一种"事实求是"的评价精神。

先秦谥法之所以能够发挥这种"评议功能"，和中国古代独特的历史文化密切相关。中国人重"名"，在中国文化中，"唯名与器不可以假人"，因此中国人十分重视"名份"，重视名实相副。在先秦文化中，对历史的尊崇和敬畏也是一种信仰。在笔者看来，正是这种对"名"的重视以及对历史的敬畏，使先秦谥法恪守一种"事实求是"的精神。谥法追求"不虚美，不隐恶"，与史家"秉笔直书"的精神内在贯通。事实上，"谥号"本身就是一种原始的史料。中国先秦古人注重"以谥评人"，就是因为谥号议定之后是要写入各国史册的。在先秦，记事和修史是一种"准新闻传播方式"，史官通过自己的笔，将已经发生或正在发生的事件记录下来，并且公之于众，起到了"传之其人"和"永垂不朽"的作用。就人物的评价而言，如果谥号本身不客观，史官写史当然就更加难以客观了。反之，先秦史官为了追求"书法不隐"，追求"秉笔直书"，就必须使谥法和谥号"名副其实"。可见，谥法作为一种人物评议机制和古代史官文化是内在一致，相互协调的，他们都需要对历史负责，对后代子孙负责。如果说中国古代的史官追求一种"其文直，其事

① 郭殿忱：《从〈逸周书·谥法〉看战国赵君谥号的承传》，《邯郸学院学报》2018年第1期
② 薛金玲：《先秦〈谥法〉行用考》，《四川大学学报》2012年第6期。
③ 童书业：《春秋左传研究》，上海：上海人民出版社，1980年，第382页。

"核"的写作方式，那么先秦谥法同样追求这样一种"求实"的精神，所不同者，史之写作更加侧重于史事之记录，而谥法则更加侧重于人物之品评；史之写作用字较多，谥法之评价用字较少，如此而已。

在笔者看来，先秦谥法的传播功能相当于历史写作的"知人论世"功能，与后世报纸的"评议"功能也有相近之处。近代报人梁启超曾在 1902 年发表的《敬告我同业诸君》一文中认为报馆和舆论操"名誉上之监督权"："舆论无形，而发挥之代表之者，莫若报馆，遂谓报馆为人道之总监督可也。"① 实际上，早在 2000 多年前，先秦谥法就体现了这种对"名誉权"的监督，并且这种"监督"还是建立在追求"名副其实"的理念基础上，发挥了类似后世大众传媒的功能。

在中国历史上，就"谥法"的品评人物的评议功能而言，先秦无疑发挥得最好，表现得也最为充分，追求"名副其实"的传统也给了后世以积极影响。清人陈康祺在《郎潜纪闻》中还在称道："（武进赵恭毅公申乔）身后赠谥曰'恭'曰'毅'，洵名副其实矣。"② 尽管谥法在秦汉以后发生了很大的变化，但仍然具有较为鲜明的评议功能。"议谥"仍然是一项重要而严肃的传播活动。这种议谥"唯真、惟慎"的传统，诚如宋人程颐在《性理大全·谥法》中所言，任何人在论谥定谥时，都"不敢参一毫嫌怨，不敢萌一念恩私"，必须"虚心博采、平心议拟，以天下之公是公非，合于本人之真是真非"③。

可见，作为一种中国特色的人物品评机制，先秦谥法所开创的这种追求"名实相副"的评议传统给了后世以很大的影响。作为一种中国特色的传播实践，先秦谥法无疑丰富了我们对于古代监督与评议机制的认识。

① 梁启超：《敬告我同业诸君》，见吴嘉勋，李华兴编：《梁启超选集》，上海：上海人民出版社，1984 年，第 336 页。
② 陈康祺：《郎潜纪闻四笔》，北京：中华书局，2007 年。
③ 汪受宽：《谥法研究》，上海：上海古籍出版社，1995 年，第 264 页。

第十三讲
孔子学院文化传播研究

海外学术视野中的孔子学院形象研究 *

杨颖 **

摘　要： 自 2004 年全球首家孔子学院在韩国首尔创立以来，孔子学院发展至今已有 15 年历史。一直以来，其发展和作用都受到海内外各界人士的关注。本研究通过梳理发现，海外孔子学院研究的"工具论"色彩浓厚。此外，孔子学院在海外学术研究中还呈现出"一种发挥积极经济作用的机构""成功的跨国组织形式"等形象。总体而言，海外孔子学院研究具有多角度、多路径等特点，但现有研究对孔子学院的国际政治影响关注远大于对其他影响的关注，对孔子学院功能价值的思考多于对其实际运作表现的考量。本研究认为，对海外孔子学院研究成果的追踪，应成为我国进一步推动孔子学院海外健康发展的重要参照。

关键词： 孔子学院；战略工具；经济作用；跨国组织

在全球范围设立并大力发展孔子学院是中国文化走向世界的一项重要举措。习近平主席在 2015 年全英孔子学院和孔子课堂年会开幕式讲话中强调："语言是了解一个国家最好的钥匙，孔子学院是世界认识中国的一个重要平台。作为中外语言文化交流的窗口和桥梁，孔子学院和孔子课堂为世界各国民众学习汉语和了解中华文化发挥了积极作用，也为推进中国同世界各国人文交流、促进多元多彩的世界文明发展作出了重要贡献。"[1] 本研究聚焦海外学界对孔子学院的研究现状，意在了解当前海外学术视野中孔子学院的形象，为孔子学院的健康发展提出建议。

一、孔子学院发展概述

自 2004 年全球第一所孔子学院在韩国首尔创立以来，孔子学院发展至今已有

* 本文原载于《国际传播》2019 年第 3 期，第 79—89 页。
** 杨颖，厦门大学新闻传播学院助理教授。

① 杜尚泽、李应齐：《习近平出席全英孔子学院和孔子课堂年会开幕式》，《人民日报》2015 年 10 月 23 日。

15 年的历史。截至 2018 年 12 月 31 日，全球 154 个国家（地区）共建立了 548 所孔子学院和 1193 个孔子课堂。[①] 从最初的"语言文化推广机构"到如今对"孔子学院'＋'"的探索，孔子学院通过派出汉语教师、志愿者，培养各地本土教师，组织编写各类教材和工具书，举办各种文化活动以及探索多元特色办学等实践活动，对"普及汉语、传播中华文化"起到了直接的推动作用。

但由于西方意识形态以及对中国的刻板印象等因素的存在，孔子学院在海外的发展并非一帆风顺。一直以来，广布世界的孔子学院往往被一些西方政客和媒体认为是中国在外宣传分支机构，目的是宣传中国意识形态。孔子学院的"官方"背景以及由此引发的"抵触"情绪直接导致了在海外的发展受挫：2012 年，美国国务院要求孔子学院的一些中方教师离境；2013 年，法国里昂大学停办与中山大学合办的里昂孔子学院；2014 年，美国芝加哥大学、宾夕法尼亚州立大学等先后中断与孔子学院的合作；2015 年，瑞典斯德哥尔摩大学关闭孔子学院；2019 年 2 月，美国国会参议院常设调查小组委员会在其发布的报告中再次对孔子学院发难……可见，当前孔子学院在海外的发展依旧面临着复杂形势和重重阻碍。

二、海外孔子学院研究现状扫描

孔子学院的发展，离不开海外社会和民众的支持。而海外社会和民众对孔子学院的认知，在很大程度上受海外媒体和精英阶层的影响，尤其是西方主流媒体对孔子学院海外形象的塑造在其中影响甚大。孔子学院在西方媒体报道中往往被刻画成"中国威胁论"的一大例证。对于海外媒体报道中的孔子学院形象，当前已有诸多研究，那么，海外学术视野中孔子学院总体而言又呈现出怎样的形象？

有学者认为，与孔子学院的数量相比，对孔子学院的研究，尤其是对其实际结构、运作模式和活动的研究少得令人吃惊。中国官方把孔子学院作为中国国际交流和形象塑造的重要平台，而西方学术界则主要在关于国家形象和品牌、公共外交和中国软实力的著作中对孔子学院有所提及。[②] 大多数孔子学院研究都建立在对其政策文件和公关材料分析的基础上，部分包含了对汉办工作人员以及孔院承办学校行政人员的访谈。[③] 许多研究者采用软实力理论对"孔子学院的扩张是否代表了中国软实力的崛起"这一问题进行研究，但没有剖析中国在孔子学院的名称、

---

① 孔子学院总部／国家汉办网站：《关于孔子学院／课堂》，http：//www.hanban.edu.cn/confuciousinstitutes/node_10961.htm.

② F. Hartig, "Confucius Institutes and the Rise of China," *Journal of Chinese Political Science*, no.1 (2012), pp.53-76.

③ J.Hubbert, "Ambiguous States：Confucius Institutes and Chinese Soft Power in the U.S. Classroom," *Political and Legal Anthropology Review*, no.2 (2014), pp.329-349.

行政结构、运作和职能等方面考量背后的基本原理和动因。[①] 香港教育学院副教授罗天佑（Joe Tin-yau Lo）和潘苏燕（Suyan Pan）认为，自 2004 年孔子学院项目实施以来，多数学术著作关注的是孔子学院的目标、性质、特点、发展、问题和挑战。某些研究意在阐明孔子学院项目中的一些焦虑和悖论，但缺乏在更系统的框架内对相关问题进行深度和集中的研究。[②] 得克萨斯大学圣安东尼奥分校讲席教授、经济学家唐纳德·里恩（Donald Lien，中文名连大祥）等指出，孔子学院是承办学校（东道国学校）、国家汉办和中国合作院校三方面合作的成果，而现有文献很少探讨孔子学院中方合作院校的作用。[③]

国内学者安然等人对 EBSCO 数据库中搜索到的 25 篇孔子学院海外研究学术文献（截至 2014 年 4 月）进行了综述，认为海外对孔子学院的研究大致可分为"对孔子学院所产生海外影响力的研究"和"对孔子学院自身发展建设的研究"两方面[④]，其中，"影响研究"占据相当大的比重，主要涉及软实力、国际贸易、学术自由等主题，重点探讨孔子学院对政治、经济、文化的影响。"自身建设研究"则主要包括对孔子学院自身情况的介绍、学院建立的原因及其发展问题三方面。安然等人认为，当前西方学界对孔子学院的研究多数还处于资料描述阶段，而资料多来自官方网站，对孔子学院的分析和批判多以自身的文化标准为基础，意识形态批判色彩浓郁，研究科学性亟待提高。[⑤]

本研究以"Confucius Institute"为关键词，首先依托 EBSCO、SAGE journals 两大主要英文文献数据库进行搜索，然后在已获得文献的基础上，进一步采用"滚雪球"式的搜索方法补缺捡漏，共获得海外相关全文研究论文 31 篇[⑥]，其发表时间分布如图 1 所示。显然，与蓬勃壮大的孔子学院规模相比，海外孔子学院的研究相对滞后和匮乏。根据收集到的资料显示，海外对孔子学院的研究最早出现于2006 年，研究热度在其创立十周年之际（2013—2014 年）达到最高。另就论文发表的期刊类型来看，主要集中于教育、经济、区域研究、政治和社会学等领域，

---

① S.Y.Pan，"Asian Education and Development Studies," *International Review of Economics and Finance*，no.1（2013），pp.22-33.

② J.T.Lo，S.Y.Pan，"Confucius Institutes and China's Soft Power：Practices and Paradoxes," Compare：*A Journal of Comparative and International Education*,no.4（2016），pp.512-532.

③ D.Lien，L.Q.Miao，"Effects of Confucius Institutes on China's Higher Education Exports：Evidence from Chinese Partner Universities," *International Review of Economics and Finance*，no.57（2018），pp.134-143.

④ 对于包含了这两方面的研究成果，统称为"综合研究"。

⑤ 安然、魏先鹏、许萌萌等：《海内外对孔子学院研究的现状分析》，《学术研究》2014 年第 1 期。

⑥ 剔除 4 篇译自中文的英文文献。

也涉及文化与传播领域。与国内的研究现状相比，孔子学院在海外得到的学术关注度不仅十分有限，而且研究呈零星分布，并未形成系统和规模。

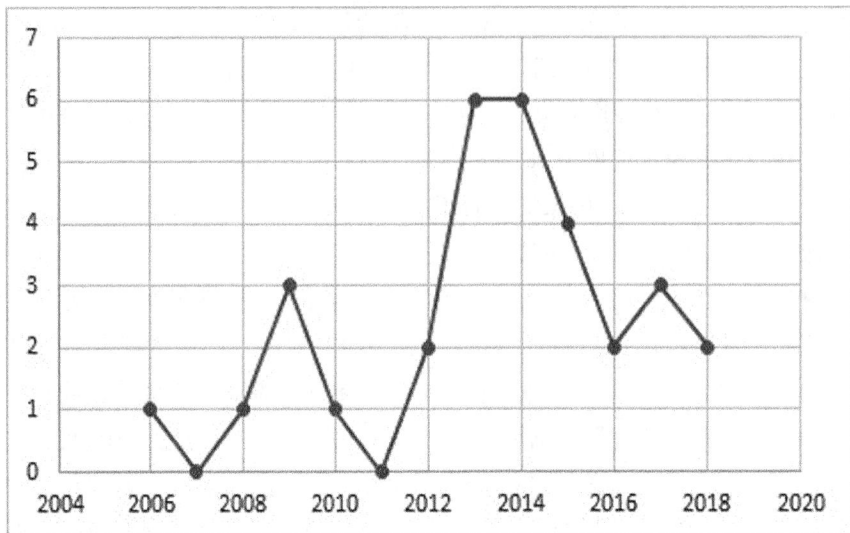

图 1　2006—2018 年海外孔子学院英文研究论文发表数量统计 ①

三、孔子学院在海外学术视野中的形象

（一）"中国政府的国际战略工具"

就本研究搜集到的海外孔子学院研究文献来看，无论是从"软实力"还是从"文化外交"的理论视角对孔子学院进行的研究，都带有浓厚的"工具论"色彩。此类研究尽管关注点和论述角度有所不同，但都倾向于把孔子学院看作"中国政府扩大国际影响力的重要工具"，服务于中国走向（甚至是引领）世界的国家战略。来自澳大利亚弗林德斯大学的杰弗里·吉尔（Jeffrey Gil）认为推广汉语学习是中国软实力战略的一部分，其研究引用了中国教育部网站对 TCFL（对外汉语教学）的介绍作为依据。研究列举了中国政府在全世界设立一系列学院（以孔子学院为代表）和基础设施，以及推广汉语学习的举措，肯定了这些努力对于树立汉语的积极形象和吸引学习者的成效，但同时指出，汉语学习推广和中国软实力提升尚面临着诸多障碍。②

---

① 文献搜索依托厦门大学（图书馆）知识资源港平台，以该平台可搜集到的英文全文文献为准，最后一次检索时间为 2019 年 1 月 21 日。

② J. Gil，"The Promotion of Chinese Language Learning and China's Soft Power，"*Asian Social Science*，no.10（2008），pp.116-122.

美国加利福尼亚大学政治学系的博士生詹姆斯·帕拉代斯（James F. Paradise）认为：孔子学院项目可以看作促进汉语学习和欣赏中国文化的尝试，但它又是软实力这个更大规划的一部分。中国出于政治目的，希望借此赢得人心和认同。中国推广汉语和中国文化之时，正是某些国家和地区，如美国和欧洲对中国崛起忧心忡忡之际。帕拉代斯认为，或许最好的办法是将孔子学院项目看作一种"印象管理"，即中国在充满危险的世界中努力塑造自己积极形象的努力。面对美国和其他主要贸易伙伴对中国的巨大忧虑，孔子学院有助于构建一个更友善、更温和的中国印象。孔子学院的建设符合中国和平发展的理念，可以增加该国作为一个主要大国的吸引力。要回答"孔子学院的建立是否有助于中国在全世界赢得朋友"这个问题并非易事，因为很难将孔子学院的影响与其他各种文化推广活动区分开来。[1]

潘苏燕指出，用"孔子"为学院命名是一种将中国描绘成一个文明和谐社会的外交努力，以获得国际认可并被接受。孔子学院项目可以理解为一种国家赞助、大学试点的"文化外交"形式，是中国为了获得更有共鸣的全球认可所付出的努力。因此，该项目涉及一系列复杂的软实力技巧，但它不能完全代表软实力。对于孔子学院是否成功提升了中国软实力的问题，彼得森（Peterson）认为，孔子学院是中国在国际舞台提升软实力的工具，更有利于中国政府，而对美国是有害的。相反，来自美国西顿霍尔大学的惠特克（Whittaker）强调，在中国政府领导下的孔子学院无疑是为软实力服务，但它们主要影响的是教育而不是政治。而部分学者如拉赫蒂宁（Lahtinen）等则认为，孔子学院事实上并没有带来很多软实力。奥尔德里奇（Aldrich）等人指出，美国人对中国社会、经济和政策的看法不太正面，但随着民众的世界化程度越来越高，他们越有可能树立正面的观点。[2]

除了"软实力"和"文化外交"，"战略叙事"的概念也被用于分析孔子学院与中国外交政策的关联。来自德国歌德大学的福尔克·哈蒂格（Falk Hartig）综合其对孔子学院负责人和管理者、中国官员、中国和全球学者与智库的访谈以及对相关资料的分析，结合自身对孔子学院活动的参与，对孔子学院的战略、目标以及影响进行了研究。研究将孔子学院看作中国公共外交的重要工具，是中国政府向国外公众传递其特定战略叙事以提升中国软实力的工具。研究指出，孔子学院

---

① J.F.Paradise，"China and International Harmony：The Role of Confucius Institutes in Bolstering Beijing's Soft Power，" *Asian Survey*，no.4（2009），pp.647-699.

② 转引自 D.Lien，L.Q.Miao，"Effects of Confucius Institutes on China's Higher Education Exports：Evidence from Chinese Partner Universities，" *International Review of Economics and Finance*，no.57（2018），pp.134-143.

向世界传递的是"正确版本"的中国，而并非"真实"的中国，这反而限制了它有效表达中国战略叙事和提升中国软实力的能力。^① 此外，罗天佑和潘苏燕结合阿什利·泰利斯（Ashley J.Tellis）等人的"权力—资源""战略"和"结果"的三分法以及约瑟夫·奈（Joseph Nye）提出的"强制、引诱和吸引"的权力行使三分模式，对全球化时代孔子学院的运作进行分析。研究指出，对孔子学院项目进行的软实力预测结果表明，中国"文化外交"仍有一段漫长而曲折的道路要走。在日益全球化的时代，中国在追求现代性的过程中必须解决冲突，并（重新）平衡国家与全球、过去文化版本与未来国家愿景之间的竞争需求。^② 此外，来自得克萨斯A&M大学的伦道夫·克卢维尔（Randolph Kluver）在曼纽尔·卡斯特尔（Manuel Castells）的文化节点理论基础上，提出"软实力"范式的替代框架，对孔子学院进行研究。该研究认为，伴随着中国地缘政治和经济的崛起，孔子学院快速发展并受到欢迎，满足了中国寻求外部了解和东道国培养与中国打交道能力的双重需求。理解孔子学院的最佳方式是将其看作中国试图发展卡斯特尔所谓的"节点"^③，进而围绕此框架搭建整个"网络"的一种尝试。孔子学院的目标在于将中国文化重置于新的全球文化中，这不仅与中国相关，也与世界其他地方相关。因此，孔子学院最大的影响不在于其作为一种宣传手段，而在于其发展"孔子节点"网络或中国文化之都的象征性场所，以增强中国地缘政治长久影响的尝试。^④

个案研究方面，英国杜伦大学教授，汉学家唐·斯塔尔（Don Starr，中文名司马麟）认为，孔子学院是中国在经历了曾经的屈辱历史之后，向世界释放其重新回到"中心地位"的信息之一，其研究结合孔子学院的案例，从历时和国别的角度对欧洲汉语教育进行探讨。研究把孔子学院面对的争议归纳为两大类：一类来自项目"局内人"对实际运作的忧虑，主要包括财政、学术可行性、法律问题、与中方合作院校的关系等；另一类来自"局外人"，多是出于意识形态方面的担忧。研究认为，国家荣誉感是中国推动孔子学院发展的一大因素，孔子学院项目的目标，即使不是要实现中国在亚洲的主导地位，至少也是要让汉语作为一种全球语言的身份获得认可。虽然孔子学院在其发展过程中还存在各种技术和机构障碍，

---

① F.Hartig，"Communicating China to the World: Confucius Institutes and China's Strategic Narratives，"*Politics*，no.35（2015），pp.245-258.

② J.T.Lo，S.Y.Pan，"Confucius Institutes and China's Soft Power: Practices and Paradoxes，"Compare: A Journal of Comparative and International Education，no.4（2016），pp.512-532.

③ 该"节点"的主要作用是表达和实践中国文化（主要包括中国历史、社会和文明价值以及语言等）。

④ R.Kluver，"The Sage as Strategy: Nodes, Networks, and the Quest for Geopolitical Power in the Confucius Institute，"*Communication, Culture & Critique*，no.7（2014），pp.192-209.

但低估其潜力是不明智的。^①哈蒂格以德国孔子学院为例，从结构、财务、活动以及学院面临的批评等方面进行研究，认为孔子学院是中国用以塑造其全球形象的公共/文化外交工具。^②多伦多大学的科维纳·关（Covina Y. W. Kwan）以加拿大三所孔子学院为研究对象，关注与孔子学院的伙伴关系对加拿大东道主的影响。研究运用国际关系理论中的建构主义理论框架和现有高等教育国际化研究的概念进行分析，发现在当地孔子学院的行政人员眼中，东道主是获益的，双边伙伴关系是一种共生关系。^③加州大学洛杉矶分校的访问助理教授安妮塔·惠勒（Anita Wheeler）以内罗毕大学孔子学院为例，借鉴软实力外交和语言规划理论，从中国和非洲国家政策制定者的角度分析了孔子学院对非洲高等教育的影响及其与语言规划和文化外交的交叉点。^④

（二）发挥积极经济纽带作用的机构

美国华人学者、著名经济学家连大祥教授及其合作者从经济学研究的视角对孔子学院的持续关注和系列研究，成为当前海外孔子学院研究中的重要组成部分。2012 年至今，连大祥等人连续在经济与金融类英文学术期刊发表相关论文共 7 篇。

《孔子学院对中国贸易与外商直接投资的影响》是第一篇研究孔子学院对中国及其国际贸易和外商直接投资（FDI）影响的文章。连大祥等人指出，孔子学院促进经济联系的潜能在现有文献中被极大忽略了。他们希望通过研究孔子学院对中国与东道国之间的贸易和外商直接投资可能产生的影响，来填补这一空白。该研究假设，由于孔子学院提高了东道国对中国语言文化的熟悉度，降低了交易成本，从而促进了两国贸易和外商直接投资（反之亦然）。此外，孔子学院往往作为一个信息交流平台，为市场准入以及贸易和外商投资提供帮助。在采用贸易引力模型进行经验研究的基础上，该研究结果显示，当东道国是发展中国家时，孔子学院在中国对该国的出口和外商直接投资方面发挥着积极的推动作用；而当东道国是发达国家时，则没有证据支持上述发现。此外，研究还发现，孔子学院对外商直接投资所起的作用大于对贸易的作用。其原因主要在于，信任在外商直接投资中

---

① D.Starr，"Chinese Language Education in Europe：the Confucius Institutes，" *European Journal of Education*, no.1（2009），pp.65-82.

② F.Hartig，"Confucius Institutes and the Rise of China，" Journal of Chinese Political Science，no.1（2012），pp.53-76.

③ S.Kwan，"Cultural Diplomacy and Internationalization of Higher Education：The Experience of Three Confucius Institutes in Canada，" *Frontiers of Education in China*, no.1（2013），pp.110-126.

④ A. Wheeler，"Cultural Diplomacy, Language Planning, and the Case of the University of Nairobi Confucius Institute，" *Journal of Asian and African Studies*，no.1（2014），pp.49-63.

发挥更重要的作用，而对文化和语言的熟悉有助于提升信任度。[①]

　　基于孔子学院意在通过合作机构使其影响本土化这一看法，连大祥和内布拉斯加大学奥马哈分校的凯瑟琳·雅普·蔻（Catherine Yap Co）对前述研究所得的跨国贸易和投资效果是否也存在于国家区域内部这一问题发生了兴趣，并再次采用了贸易引力模型，聚焦美国行政区划架构中"州"的层面，对孔子学院2006—2010年在美国对中国出口中发挥的作用进行探究。研究数据显示，每一个新增设孔子学院分支的"州"出口量都呈现5%—6%的增长，这有力地证明了孔子学院为美国带来了直接经济收益。[②]此外，连大祥还运用已有理论框架，分析了孔子学院对学习汉语技能的人数及其与当地原有中文学校之间互动。研究显示，尽管孔子学院提供的汉语教学导致了自学人数和当地中文学校注册人数的下降，但它成功吸引了更多东道国民众学习中文。且不论当地先前是否存在中文学校，事实证明，在最合理的条件下，东道国将受益于孔子学院的建设。[③]连大祥等学者还采用面板数据分析法研究孔子学院对中国入境旅游的影响。该研究为孔子学院的正向溢出效应提供了经验证据（2004—2010年数据）。数据显示，孔子学院对中国的入境旅游总量（包括商务游客及工作游客的人数）提升有帮助。随着中国经济的发展，旨在减少语言障碍、促进世界对中国文化了解的孔子学院有助于经济增长，吸引人员来华工作，且这一效应还将在较长时间内存在。[④]对于设立孔子学院的决定因素，连大祥和加拿大西蒙弗雷泽大学的吴昌勋（Chang Hoon Oh）通过经验研究得出，外商直接投资、贸易、地理距离、发展中国家和英语能力是最重要的几大因素，随后是GDP和人口数量。总体而言，孔子学院在偏远、较不富裕、与中国贸易往来较少的非英语发展中国家数量较少。研究结果表明，随着更多孔子学院在非英语发展中国家的建立，孔子学院网络将会拥有更大的全球影响力。研究建议关注非英语国家发展中国家，这些地方对来自中国的外商投资表示欢迎，在当地建立孔子学院，对东道国、中国及两国公司都是有利的。[⑤]孔子学院总部

---

① D.Lien, C.H.Oh, W.Travis Selmier, "Confucius Institutes: Distributed Leadership and Knowledge sharing in a Worldwide Network," *International Review of Economics and Finance*, no.21, 2012, pp.147-155.

② D.Lien, C.Y.Co, "The Effect of Confucius Institutes on US Exports to China: A State Level Analysis," *International Review of Economics and Finance*, no.27（2013）, pp.566-571.

③ D.Lien, "Financial Effects of the Confucius Institute on Chinese Language Acquisition: Isn't It Delightful That Friends Come From Afar to Teach You Hanyu？", *North American Journal of Economics and Finance*, No.24（2013）, pp.87-100.

④ D.Lien, S.Ghosh, S.Yamarik, "Does the Confucius Institute Impact International Travel to China? A Panel Data Analysis," *Applied Economics*, no.17（2014）, pp.1985-1995.

⑤ D.Lien, C.H.Oh, "Determinants of the Confucius Institute Establishment," *The Quarterly Review of Economics and Finance*, No.54（2014）, pp.437-441.

2011 年发布的孔子学院发展规划强调，要更加关注非洲、亚洲和拉丁美洲的发展中国家，这与研究提出的建议是一致的。

2017 年，美国阿克伦大学的苏查里塔·高希（Sucharita Ghosh）和连大祥等人对中国境内外的跨境人员流动进行了面板数据分析，以探究"孔子学院网络对文化距离是否产生影响"的问题。研究指出，孔子学院通过传播中国文化缩短了文化距离，促进了中国和其他国家的跨境人员流动，并对双向投资和进出口构成积极影响。研究对文化距离的测量表明，民族文化差异越小，中国旅游业、进出口贸易和外国直接投资的增长就越大。不过，研究也指出，衡量文化距离对外商投资流入中国产生积极影响的唯一指标是海外华人人口的比例。[①]2018 年，连大祥等人从中国省级层面开展了经验研究，分析了孔子学院对吸引外国学生到中方合作院校求学的情况。研究指出，作为孔子学院建设和运作的重要参与者，一方面，中方合作院校推动汉办和孔子学院深入交流，改善孔子学院教学并取得良好发展；另一方面，中方合作院校自身的教学、科研和国际化水平也通过合作得到了提升。研究发现，中方合作院校在吸引外国学生到中国学习方面发挥积极作用，对中国高等教育的出口和中国软实力贡献巨大。孔子学院中方合作院校越多的省份，有更多前来学习的外国学生。需要指出的是，中方合作院校对外国学生前来学习非学位课程方面吸引力更大。而在吸引学生攻读学位方面，中方合作院校只在中国中部和西部的省份发挥明显的积极作用，在东部省份则没有任何效果。研究认为，该结论与人们的直觉相符。当人们选择海外留学的学校时，攻读学位的外国学生考虑的更多的是教学质量、学位在自己国家的认可度、外国语言的学习难度以及对留学国家的印象。[②]

综合而言，连大祥及其合作者的研究显示了孔子学院在中国与东道国之间发挥着重要的经济纽带作用，丰富了海外学术界对孔子学院的研究，并提供了一个全新的视角和一系列宝贵的数据。

（三）一种成功的跨国组织形式

来自美国罗德岛布莱恩特大学的约瑟夫·伊拉夸亚（Joseph A. Ilacqua）等人运用领导理论和知识分享理论对以孔子学院为成功代表的跨国组织和世界网络进

---

① S.Ghosh，D.lien，S.Yamarik，"Does the Confucius Institute Network Impact Cultural Distance？ A Panel Data Analysis of Cross-Border Flows in and out of China," *Asian Economic Journal*，no.3（2017），pp.299-323.

② D.Lien，L.Q.Miao，"Effects of Confucius Institutes on China's higher education exports：Evidence from Chinese Partner Universities"，*International Review of Economics and Finance*，no.57（2018），pp.134-143.

行评估。文章认为，一些批评孔子学院"有着超出既定目标的隐藏议程，可能破坏高等教育的学术完整性"的观点，缺乏足够的事实支持，因为学术完整性并不意味着排除额外的新语言课程。孔子学院总部并没有规定各学院具体的课程设计，且提供的教材是依教学需要设计，而非出于宣传目的。同时，总部亦无法控制各地孔子学院开办系列讲座或节日等专项活动。对此，文章列举了罗德岛大学孔子学院和布莱恩特大学孔子学院的两个具体案例加以论证。此外，文章指出，如果认为孔子学院是中国政府用于发起亲中倡议的平台，甚至是中国努力获取全球统治地位的一项部署，那这种看法同样适用于法语联盟、英国文化教育协会、歌德学院、塞万提斯学院、但丁学院和日本国际交流基金会等其他国家的类似机构。而美国新闻署、和平队以及许多在其他国家的美国学校或许也会被认为是意在促进美国在全球的统治地位。

研究认为，孔子学院是分布式领导在世界网络中成功运用的案例。孔子学院借助全球知识共享网络，成功应用了分布式领导模式。而在非营利组织和营利性组织中，该模式也随处可见。例如，丰田、波音和一些跨国特许经营公司采用的知识共享网络都具有该领导模式的某些特点。应该说，孔子学院与跨国公司的分布式领导是应对全球不同文化和政治社会环境的恰当管理方式。这种领导风格与知识共享网络相结合，亦适用于跨国学习机构和商业组织在进行决策时遇到的各种情境。

文章强调，孔子学院可以被视为一个跨国企业，其运作与商业活动有许多相似之处。战略方面，孔子学院这个政府支持的非营利系统与许多营利性跨国公司一样，都是通过促进全球扩张来实现其目标；管理实践方面，孔子学院和营利企业都实行分布式领导和知识共享。当然，两者也存有一些重要差别。经济上，与跨国公司不同，孔子学院的存在依赖中国政府的支持，从商业环境来看，孔子学院的服务需求和供给的增长都取决于中国的经济实力和政治影响力。而在知识共享的运作方面，营利性企业通常会严格执行知识共享的指导方针，而孔子学院则提倡知识的自由流动和传播。在研究者看来，尽管全球环境变量十分复杂且相互依赖，但孔子学院的领导力和知识共享经验为学术研究人员以及营利性和非营利性组织的管理者提供了宝贵的经验。[①]

四、总结与讨论

从本研究搜集到的资料来看，当前海外孔子学院研究总体呈现出宏观论述大

---

① H.C.Li，S.Mirmirani，J.A.Ilacqua，"Confucius Institutes：Distributed Leadership and Knowledge Sharing in a Worldwide Network," *The Learning Organization*，no.6（2009），pp.469-482.

于微观讨论，对国际政治影响关注远大于对其他影响的关注，以及对功能价值的思考多于对实际运作表现的考量等特点。从国家战略高度，结合"软实力""文化外交"等相关理论对孔子学院的研究，一直以来都是海外孔子学院研究的主要组成部分。但随着孔子学院在海外发展实践的日益丰富，海外孔子学院研究也逐渐呈现出了多角度、多路径，立场更加多元，观点更加中立，论证更有依据，研究更具规范性等特点。例如，在现有研究中，孔子学院所发挥的正向经济作用得到了严格的科学论证和有力的数据支撑，有利于人们从实际价值的角度对其进行考量，具有较大的说服力。

尽管当前海外学术界对孔子学院的研究在数量上与过去相比并无明显突破，但其在建构孔子学院的海外形象，影响海外精英阶层乃至普通民众对孔子学院的认知与情感方面将发挥越来越重要的指向作用。因此，及时追踪并掌握海外孔子学院的最新研究成果，有利于我们全方位地了解孔子学院所处的环境，促进孔子学院在海外的健康、可持续发展。对于海外学术界的孔子学院研究成果，我们应该秉持"兼听则明"的态度，主动消化，积极对话，及时澄清误会，尽力填补沟壑，建立良性、科学的互动机制，搭建思想交锋、观点交融的交流平台。

此外，从现有研究可以发现，发动海外对孔子学院持开放心态的学者，尤其是海外华裔学者积极开展对孔子学院的科学研究，用数据说话，以论证服人，可能为孔子学院的海外发展营造较友好的氛围。对此，我们亦可以主动提出研究选题，挖掘研究意义，为相关的研究开展提供便利条件，在海外孔子学院的学术研究和实践运作之间设置畅通渠道，协助海外孔子学院学术研究的积极开展。

孔子学院塑造中国国家形象的路径探析 *

摘　要：随着全球化时代的来临，国家形象问题日益成为国际传播和国际关系领域里的研究热点。作为推广汉语教育与传播中国文化的重要平台，孔子学院建设的步伐越来越快，在国外的影响力也越来越大。本文首先探讨了国家形象的含义与特点，着重分析了孔子学院塑造中国国家形象的四大路径，以期有助于切实提升中国国家软实力。

随着全球化时代的来临，国家形象问题日益成为国际传播和国际关系领域里的研究热点，成为政府官员、专家学者和普通民众普遍关切的一个极富理论和实践意义的课题。人们已经认识到，良好的国家形象不仅是一个国家对外交往的旗帜和走向世界的通行证，也是国内政治、经济、社会、文化等各项事业发展的助推器。国家形象直接关系到一个国家在国际社会的吸引力、影响力和辐射力，对国内民众的认同力、凝聚力和号召力。

作为推广汉语教育与传播中国文化的重要平台，孔子学院建设的步伐越来越快，在国外的影响力也越来越大。根据《中国语言文字事业发展报告（2017）》白皮书，目前，中国已在140个国家和地区建立511所孔子学院和1073个中小学孔子课堂；现有注册学员210万人，中外专兼职教师4.6万人。截至2017年7月，已有67个国家和地区将汉语教学纳入国民教育体系。[①]孔子学院是中国走向国际化的一个不可忽视的重要平台，也是汉语和中华文化走向世界的一个重要载体。孔子学院担当着向国外受众客观、真实、全面地说明中国的公共外交功能，特别

---

* 本文原载于《华夏传播研究》2018年第1辑，第219—231页。
** 叶虎，厦门大学新闻传播学院副教授、博士。
① 赵晓霞：《海外孔子学院已达511所》，2017年7月19日，http://edu.people.com.cn/n1/2017/0719/c105 3-29413969.html，2017年9月19日。

是在推动"中国梦"走向世界的新的历史条件下，孔子学院积极倡导的"以和为贵"的处世哲学、"和而不同"的文化理念、"和衷共济"的公德思想等对减少"中国威胁论"的负面影响，塑造中国国家形象具有重要的推动作用。

一、国家形象的含义与特点

有学者认为，"一个国家的国家形象是指其他国家（包括个人、组织和政府）对该国的综合评价和总体印象"；[①] 国家形象就是"一个主权国家和民族在世界舞台上所展示的形状相貌及国际环境中的舆论反映"。[②] 还有学者指出："国家形象是一个综合体，它是国家的外部公众和内部公众对国家本身、国家行为、国家的各项活动及其成果所给予的总和评价和认定。"[③] 上述定义从不同的角度、侧面描述了国家形象的本质内涵，具有一定的借鉴意义。在我们看来，所谓国家形象，是指国际舆论和国内民众对特定国家的政治、经济、社会、文化、科技、军事与自然等要素的总体评价和认定。国家形象是一国综合国力的集中体现，是国家间权力与利益博弈的重要手段，也是国家立足于国际舞台的重要实力来源。国家形象具有如下特点：

一是国家形象既具有客观性，又具有主观性。作为国家最重要的无形资产，国家形象是一国政治、经济、社会、文化、科技、军事与自然等要素的综合展示，其内容无疑具有客观性。一提到美国，我们的头脑中就会浮现出经济大国、科技大国、军事大国的国家形象，而这正是以其客观实力为前提的。国家形象又具有主观性，国家或公众对某国国家形象的认识与评价"往往受到社会制度、文化传统、意识形态、利益关系、宗教习俗等因素的影响"，[④] 以至于不同国家的不同公众对同一个国家的国家形象有着不同的评价。同是物质实力超强的美国，在阿拉伯世界中的形象会截然不同于英法等国的描述。日本国家形象从 2007 年起就位居世界第一，并在美国《时代》周刊 2009 年公布的一项调查数据中又一次以 77% 赞成的得票拔得头筹，高出位居世界第五的中国多达 15 个百分点。[⑤]2014 年 6 月 3 日，由英国广播公司（BBC）国际部委托国际民调公司 GlobeScan 进行的全球 24

① 刘继南：《大众传播和国际关系》，北京：北京广播学院出版社，1999 年，第 25 页。

② 李寿源主编：《国际关系与中国外交——大众传播的独特风景线》，北京：北京广播学院出版社，1999 年，第 305 页。

③ 余红、罗毓琪：《自塑与他塑：国家形象的建构差异——中美报纸对"也门撤侨"事件的报道比较分析》，张昆主编：《华文传播与中国形象——第九届世界华文传媒与华夏文明国际学术研讨会论文集》，武汉：华中科技大学出版社，2016 年，第 46 页。

④ 管文虎：《国家的国际形象浅析》，《当代世界》2006 年第 6 期。

⑤ 《日本国家形象为何居世界第一？》，2009 年 4 月 6 日，http://news.sina.com.cn/c/2009-04-06/115915 424863s.s html，2017 年 9 月 10 日。

国民意调查结果发布。该调查在 2013 年 12 月 17 日至 2014 年 4 月 28 日询问了全世界 24 个国家的 24542 名受访者，调查受访者对全球 16 个国家及欧盟的看法。在各国受欢迎程度的总体排名中，德国继续名列第一，之后是加拿大、英国、法国、日本、欧盟、巴西、美国、中国等。其中日本位居第 5，中国则名列第 9。[①]但是，在众多亚洲人的心目中，日本的国家形象却多是负面的。

二是动态性与相对稳定性。一般而言，国际社会对某一国家的印象与评价一旦形成，往往就会保持相对稳定，不会轻易改变，因此，一国国家形象通常都不会不断地、大幅度地发生变动。相对稳定性一方面具有正面特征，有助于通过传播媒介等方式积极地塑造和保持良好的国家形象；另一方面又极有可能使国家形象呈现出片面性乃至否定性，从而造成负面的刻板印象。例如一提到中国，不少外国人士就自然想到京剧、中医、古装片、武打片等传统国家形象符号；更有甚者，部分外国民众对中国的认识仍然停留在"文化大革命"乃至清末民初时期。连阿兰·德龙这样的法国著名影星在来华前还提出如此的问题："中国的男人是不是后脑梳着一条辫子？"国家形象具有相对稳定性，并不排斥国家形象具有动态性。曾经被视为"自由的灯塔"的美国，自"反恐"战争、特别是自伊拉克战争以来，由于肆意推行"单边主义"政策，强化了其在世界人民心目中的霸权形象，美国在国际社会中的形象也每况愈下："9·11"事件后在全球许多国家和地区进行的多次舆论调查中，对美国持负面看法的人日益增多。正如约瑟夫·奈所指出的："恢复以单极、霸权主义、主权和单边主义为核心的传统政策，不会产生理想的效果。执行这种政策所造成的美国的傲慢形象必将损害我们的软实力，而在解决我们所面临的问题时，这种软实力经常是必不可少的。我们一定不要让帝国的幻觉模糊了我们的双眼，使我们看不到软实力日益增长的重要性。"[②]

三是内外形象的不一致性。由于国内外媒体、民众代表着不同的国家利益，并且所处的社会制度以及思想观念、价值立场的迥异，对某国国家形象的认识与评价也往往存在着差异。有学者指出中国现阶段的国家形象存在着三大不一致性：一是本国媒体中国家形象和外国媒体中的国家形象的不一致性；二是真实国家形象与媒体国家形象的不一致性；三是期望产生的形象和实际产生的形象的不一致性。[③]上述不一致性要求中国既能批判性地吸收西方话语言说中某些合理、进步的

---

① 《BBC 民调：世界对中国看法分裂》，2014 年 6 月 5 日，http://global.dwnews.com/news/2014-06-05/59476237.html，2017 年 9 月 10 日。

② [美]约瑟夫·奈：《美国霸权的困惑——为什么美国不能独断专行》，郑志国等译，北京：世界知识出版社，2002 年，"前言"第 10—11 页。

③ 郭可：《当代对外传播》，上海：复旦大学出版社，2004 年，第 99—105 页。

成分，积极完善自我，又要充分揭露那些歪曲、误读背后所隐藏的历史偏见、文化差异和非理性的政治宣泄，通过向国际社会提供多种解释文本来解构外部强国的"话语霸权"，消解中国形象中的负面因素，重构中国的良好形象。①

二、孔子学院塑造中国国家形象的路径

"孔子学院"的成立和快速发展是 21 世纪以来中国文化走出去的标志性成果。伴随着 21 世纪以来"汉语热""中国热"的持续升温，孔子学院顺应时势，应运而生。2004 年，第一个孔子学院合作协议在乌兹别克斯坦塔什干国立东方学院签署，第一块孔子学院铭牌在首尔韩中文化协力研究院挂出，第一所孔子学院在美国马里兰大学正式投入运行。孔子学院的成长和发展有力地促进了中外文化、教育和人文交流，已成为中国的一张闪光的名片，是语言之桥、文化之桥、交流之桥和心灵之桥，在很大程度上树立和塑造了良好的中国国家形象，促进了中国软实力的提升。但不可否认的是，与中国综合国力的增强与国际地位的日益提升相比，汉语和中华文化在全球的影响力还难以与中国的身份与地位相称，中国国家形象塑造还远没有达到我们的预期，各式各样的"中国威胁论""中国崩溃论"层出不穷，孔子学院在发展过程中也受到一些国家政界、学者、媒体和民众的猜忌、指责乃至排斥，被称为"文化间谍机构"、"输出共产主义"的工具、"文化侵略"的手段、干预"学术自由"，等等。有论者对 2005 年至 2013 年欧洲法语报刊对孔子学院的报道进行了量化分析，得出相关结论："如果说前一个时期（2005—2008），孔子学院的形象还更多地与汉语和'文化走出去'相联系；后一个时期（2009—2013），孔子学院的形象，则被欧洲媒体，尤其是法国媒体，与'软实力'、'外交'、'政治'等词汇更加鲜明地联系了起来——报道焦点从语言、文化层面跨入到外交、政治层面，孔子学院在欧洲法语报刊中的形象已发生显著改变。""如果说前一个时期孔子学院的形象还多与'文化中心'、教授语言相联系，那么随着时间的推移，孔子学院越来越多地被看成中国政府或共产党对外宣传的工具；而外媒对孔子学院的态度也越来越带有审慎与警惕的色彩。"②继 2012 年美国签证认证风波后，2014 年芝加哥大学、宾夕法尼亚州立大学终止续约孔子学院，多伦多教育局终止开办孔子学院；2015 年 1 月，瑞典宣布 6 月将关闭欧洲第一所孔子学院——斯德哥尔摩大学孔子学院。这些都证明孔子学院的发展并非一帆风顺，确实有我们需要反思之处。这也许是美国《外交政策》杂志首次发布的"太平洋实

---

① 董青岭：《国家形象与国际交往刍议》，《国际政治研究》2006 年第 3 期。
② 徐婷婷：《孔子学院的欧洲形象研究——基于欧洲法语报刊对孔子学院形象报道的分析》，北京外国语大学硕士学位论文，2015 年。

力指数榜"将时任孔子学院总部总干事许琳评为影响未来中美关系 50 人的个中原因之一,而许琳入选的理由正是"领导着困难重重的中国软实力事业"。[①]

面对上述复杂多变的形势,我们必须保持清醒的头脑,一方面要加强和改进孔子学院各项制度和具体运作模式建设,另一方面也要采取积极措施,不断提升和塑造中国良好的国家形象。具体说来,主要有以下四个方面:

(一)首先,建立新闻发言人制度,大力推进和塑造孔子学院的良好形象

作为中国语言和文化传播的一张烫金名片,孔子学院自身形象的构建和传播在很大程度上决定着中国国家形象的优劣与好坏。尽管孔子学院章程明确规定孔子学院是由中外双方(主要是双方高校)合作办学,习近平主席在 2014 年 9 月 27 日全球首个"孔子学院日"的贺信中也强调,孔子学院属于中国,也属于世界,但在国外,无论是主流社会还是一般民众往往都将孔子学院的形象与中国形象联系起来,进行分析和判断,由此得出自己的结论。从国外尤其是西方社会对孔子学院的认知来看,尽管有不少政府官员、精英人士、民众对孔子学院持欢迎、理解和包容态度,但也确实存在着一些组织和人士对孔子学院的存在、发展持批评乃至敌视态度。这其中既有社会制度、意识形态、价值观念等迥然相异的客观因素的存在,也不乏孔子学院在自身定位、运作模式等方面存在着这样那样的问题,引发他者的质疑和批评。这种质疑和批评与国内一些精英人士和民众对孔子学院的"大跃进"发展速度以及"洋扶贫""洋支教"等不解、不满的声音相互叠加在一起,对孔子学院的不断拓展和深入推进形成了不利的舆论场,也对中国国家形象的塑造形成了不利的影响。

面对上述态势,孔子学院总部/国家汉办可以通过多种形式向国内外坦诚说明孔院发展取得的成绩、存在的问题和将要采取的措施,以开放包容的态度欢迎建设性的建议和意见,有则改之,无则继续努力做好工作,满足世界各国孔子学院发展的需要。在此,着重考虑建立孔子学院新闻发言人制度,充分发挥其增信释疑、沟通中外的作用。比如,在孔子学院的建设方面,要切实说明和践行"共建、共有、共管、共享"原则,特别是在争议颇多的资金来源问题上,可以用事实和实际案例说明问题。众所周知,设立于 1934 年的英国文化协会是负责英国公共外交事务的主要机构之一,是受英国外交部监督的机构,预算的三分之一来自政府拨款。德国外交部向社团和基金会等专门组织提供资金支持,如歌德学院、对外

---

① 《许琳入选"影响未来中美关系 50 人"》,2015 年 1 月 26 日,http://www.hanban.org/article/2015- 01/26/content_571828.htm,2017 年 9 月 21 日。

关系协会（IFA）、德国学术交流协会（DAAD）、洪堡基金会（AVH）和世界文化之家（HKW）等。其中最具代表性的是社团法人歌德学院（设立于1951年），它与外交部签订了框架协议，在此基础上开展文化活动。其预算的大约三分之二由政府拨款资助。①孔子学院的年度项目经费由外方承办单位和中方共同筹措，双方承担比例一般为1：1左右。从孔子学院目前实际情况来看，外方的经费投入主要体现在场所建设、水电维护以及当地人员费用等方面，中方的经费主要用于举办各种教学与文化活动、中方人员费用等领域。近些年来，不少外方院校在孔子学院的各项投入上也与日俱增，他们已深刻认识到孔子学院在促进多元文化交流交融、搭建各国人民的心灵沟通方面起到了不可或缺的作用。笔者在泰国皇太后大学孔子学院担任中方院长期间，参加了2014年12月1日泰国孔敬大学孔子学院新大楼的落成典礼。占地3100平方米的新楼由泰方投资6000多万泰铢（约合1200万人民币），用于主体工程及周围景观建设。大楼内部硬件装修和软件装饰分别得到中国国家汉办及西南大学的经费支持。孔敬大学成为目前全球唯一一所专门为其孔子学院修建独立大楼的大学。②这也成为中外双方共建孔子学院的一个典范，从另外一个方面说明外方真正把孔子学院的建设纳入学校的发展规划，有力驳斥了西方媒体和外界想当然地认为孔子学院只是中国方面出资出力单方面推动的迷思。可惜的是，这样的孔子学院故事并不为当地和我国的多数媒体和公众所知。

在我们看来，新闻发言人作为一种制度，关键在于要纳入孔子学院的日常工作序列，而不是形同虚设，摆个门面。众所周知，新闻发言人制度的实质就是对下、对外负责的一种制度安排。实践证明，增强回应性是建立发言人制度的必然要求。建立孔子学院新闻发言人制度，就是要回归民意的透明作业。尤其当遇到突发事件，应该主动发布新闻而不是采取沉默或回避态度，牢牢掌握舆论的主导权和话语权。新闻发言人制度的人员安排可以考虑由孔子学院经验丰富的中外方主要负责人员担任，定期向当地媒体和公众发布新闻或阐述孔子学院的观点和立场，回答记者的提问，实现孔子学院与当地社会的沟通。随着孔子学院美国中心与拉美中心分别于2013年和2014年相继成立，建立孔子学院新闻发言人制度的平台已经具备。按照时任教育部部长袁贵仁的介绍，孔子学院美国中心的职能包括努力改善总部服务学院的方式，公开透明向美国民众介绍孔子学院，促进美国

①　[日]渡边靖：《美国文化中心：美国的国际文化战略》，金琮轩译，北京：商务印书馆，2013年，第145—146页。

②　余显伦：《泰国公主诗琳通为孔敬大学孔子学院新楼揭幕》，2014年12月1日，http://www.chinanews.com/gj/2014/12-01/6833240.shtml，2017年9月8日。

各孔子学院和课堂之间资源共享和信息交流，并与美国社会各界一道，共同提升在美汉语教学质量和汉语推广水平。[①] 根据国家汉办时任主任许琳的界定，孔子学院拉美中心旨在根据拉美文化特点，协调整个拉美区域的孔子学院工作，强化区域内孔子学院的交流与合作。[②] 由此可见，无论是孔子学院美国中心还是孔子学院拉美中心，根据其职能定位，都需要一个对外发布信息和实现与当地社会沟通的新闻发言人制度。当然，孔子学院新闻发言人制度的建设不可能一蹴而就，需要有一个探索和总结经验的过程。先可以在具有实体机构的平台（如美国中心或拉美中心）试点，在总结经验和教训的基础上，逐步推广。

（二）充分发挥孔子学院公共外交功能，塑造中国良好的国家形象

一般认为，"公共外交"（Public Diplomacy）作为一个术语，最早出现于1965年的美国，由塔夫特大学（Tufts University）弗莱彻法律与外交学院教授埃德蒙德·古利恩（Edmund Gulloin）首次提出。他认为："公共外交旨在处理公众态度对政府外交政策的形成和实施所产生的影响。它包含超越传统外交的国际关系领域：政府对其他国家舆论的开发，一国私人利益集团与另一国的互动，外交使者与国外记者的联络等。"[③] 当前，越来越多的学者倾向于认为一国政府主导的多种行为体都是主体。赵启正先生提出公共外交的行为主体包括政府、民间组织、社会团体、社会精英和广大公众等多个层面。其中，政府是主导，民间组织、社会团体和社会精英是中坚，广大公众是基础，[④] 为许多学者所接受。应该说，孔子学院是中国公共外交最醒目的名片之一，它通过汉语教学、师资培养培训、中华文化传播、各类汉语水平考试、中外教育和文化交流等方式帮助国外公众了解中国，认识中国和理解中国，在此过程中自然而然地"展示中国历史底蕴深厚、各民族多元一体、文化多样和谐的文明大国形象，政治清明、经济发展、文化繁荣、社会稳定、人民团结、山河秀美的东方大国形象，坚持和平发展、促进共同发展、维护国际公平正义、为人类作出贡献的负责任大国形象，对外更加开放、更加具有亲和力、充满希望、充满活力的社会主义大国形象"。[⑤] 在此，要警惕和防止三

---

① 德永健、张蔚然：《孔子学院首个海外地区中心在美成立》，2013年11月21日，http://www.chinanews.com/cul/2013/11-21/5530451.shtml，2017年9月8日。

② 冷彤、李丹：《孔子学院拉美中心在智利揭牌》，2014年5月13日，http://news.xinhuanet.com/world/2014-05/13/c_111 0665413.htm，2017年9月8日。

③ 唐小松、王义桅：《美国公共外交研究的兴起及其对美国对外政策的反思》，2015年8月4日，http://www.aisixiang.com/data/91017.html，2017年9月8日。

④ 赵启正：《国之交在于民相亲》，《社会科学报》2013年8月30日第1版。

⑤ 习近平：《注重塑造我的的国家形象》，2014年9月2日，http://www.wenming.cn/djw/specials/djwwpt/wxgx/201409/t20140902_2153937.shtml，2017年9月8日。

种倾向：

一是将孔子学院的公共外交功能无限拔高。王义桅先生在《孔子学院与公共外交三步走》一文中认为，孔子学院"不仅通过汉语教学帮助世界了解中国，而且在鼓励世界求解中国梦的文化内涵、中国模式的文化基石，达到理解乃至认同中国道路、中国理论及中国制度的目标"；"了解中国、求解中国后，更大的挑战是以中国观中国，而非以自身观中国，避免中国形象如水中月、镜中花。思维方式的转换至关重要。让世界理解乃至认同中国道路、中国理论及中国制度，因此成为孔子学院未来重点努力目标"。[①] 让世界理解中国已实属不易，还将孔子学院的公共外交功能推至"认同中国道路、中国理论及中国制度"这样一个无法企及的高度，既不现实，也很难有实现的可能性。其实，早在 1980 年 5 月 31 日，邓小平同志就指出："中国革命就没有按照俄国十月革命的模式去进行。""既然中国革命胜利靠的是马列主义普遍原理同本国具体实践相结合，我们就不应该要求其他发展中国家都按照中国的模式去进行革命，更不应该要求发达的资本主义国家也采取中国的模式。当然，也不能要求这些国家都采取俄国的模式。"[②] 1988 年 5 月 18 日，邓小平在与莫桑比克总统希萨诺谈话时讲道："要紧紧抓住合乎自己的实际情况这一条。所有别人的东西都可以参考，但也只是参考。世界上的问题不可能都用一个模式解决。中国有中国自己的模式，莫桑比克也应该有莫桑比克自己的模式。"[③] 无论是"中国模式"，还是"中国道路、中国理论及中国制度"，都只是社会发展战略和国家治理模式以及理论范式中的一种，各个国家根据自己的实际情况可以在理解的基础上加以借鉴，但如果说到认同，至少在相当长的历史时段里难以实现。

二是过度美化中国国家形象，对中国国家形象的塑造不客观、不全面、不真实、不准确。比如在论及中国经济发展时，一些孔子学院过于凸显改革开放以来中国在经济社会发展所取得的举世瞩目的成就，而对中国经济发展面临的困境和挑战一笔带过或只字不提，这显然不符合中国当前的实际情况。当前，"一带一路"建设全面展开，不少沿线国家的孔子学院也结合这一热点问题举办讲座、研讨会、演讲、主题图片展等一系列活动。我们发现，一些孔子学院对"一带一路"的介绍常常更多地传达中国对所在国家的资金援助、项目建设等方面，仿佛中国就是这些国家（通常是发展中国家）慷慨无私的利益输入者，只讲奉献，不求回

---

① 王义桅：《孔子学院与公共外交三步走》，2014 年 9 月 26 日，http：//www.cha rhar.org.cn/newsinfo.aspx?newsid=8170，，2017 年 9 月 8 日。

② 《邓小平文选》（第 2 卷），北京：人民出版社，1994 年第 2 版，第 318 页。

③ 《邓小平文选》（第 3 卷），北京：人民出版社，1993 年，第 261 页。

报。这显然违背了中国推动共建"一带一路"应遵循的"坚持互利共赢，兼顾各方利益和关切，寻求利益契合点和合作最大公约数"[①]的原则，不利于全面、客观、真实地展现中国促进共同发展、为人类做出贡献的负责任大国形象。

三是将国家形象物化和简化，遮蔽了国家形象本身丰富的精神内涵和文化意蕴。这比较典型地体现在孔子学院对中国文化形象的表征上。在孔子学院，中华文化传播往往集中于剪纸、中国结、书法、绘画、舞蹈、武术等层面，深层次的涉及文化价值观和精神层面的内容往往比较缺乏。这一方面源于在国家汉办的志愿者选拔面试中，绝大多数志愿者的"中华才艺"都只局限于这几样，而且属于初级水平。例如关于"中国结"的含义，面试中几乎所有志愿者都说它象征团圆，但却没有人谈到它的"无始无终""处处是圆""迂回曲折""彼此处在紧密联系中"这些更进一步的文化内涵。[②]而且还会造成一种错误印象，即博大精深、源远流长的中华文化就是剪纸、中国结、太极拳，等等。另一方面也可归结于不是所有的受众都具有较高的中华文化修养和认知水平，因此如果深入到中华文化的纵深层面，从接受程度上往往难以达到预期的效果，这也是孔子学院中华文化传播偏向于物质与行为层面，而难以触及精神和价值观层面的客观原因。另一个具有普遍性的问题是，对于中华文化构成的复杂性、发展态势及其对当代中国人思想观念、生活方式、行为模式的影响等方面的对话与沟通比较薄弱和缺乏。客观而论，这其中包孕着丰富多彩引人入胜的中国故事，如果不将这些内容纳入孔子学院的主题叙事框架，并以所在国民众喜闻乐见的形式加以呈现和展示，必将损害中国文化形象的丰富性及其当代活力，使中华文化传播窄化为单一化、扁平化的叙事。总之，孔子学院对中国文化形象的构建必须注重向世界全方位展示中国优秀的历史文化与当代文化成果：既要对传统文化的生命力进行深度挖掘，也要介绍中国现代文化的繁荣与创新。既让人领略到中国传统文化的永恒魅力，更要让人体会到当代中国文化的底蕴，体会当今时代的中国现实。由是，才能从根本上纠正国外受众对中国文化形象的片面乃至错误认识，还原一个真实、客观、全面的中国文化形象。

---

① 《中国推动共建"一带一路"将坚持五大原则》，2015 年 3 月 28 日，http://www.chinanews.com/gn/ 2015/03-28/716656 5.shtml，2017 年 9 月 8 日。

② 张春燕：《中华文化海外传播的路径和内容选择》，《云南师范大学学报（对外汉语教学与研究版）》2014 年第 1 期。

（三）孔子学院要借助外方平台，融入主流社会，借助主流媒体发声，塑造良好的中国形象

与歌德学院、英国文化协会、法语联盟以及塞万提斯学院等对外语言和文化推广机构不同的是，孔子学院在组织结构方面最大的特点是采取中外合作的方式，绝大多数采取中外高校合作的方式。这种孔子学院设在所在国高校的方式应该说是在海外进行汉语推广和文化交流的创举。许琳在谈及 2012 年 5 月孔子学院在美国的"签证风波"时说，当时孔子学院总部 / 国家汉办面临这一突发事件，就是通过向合办孔子学院的美国高校校长写信的方式进行危机公关。因为按照孔子学院章程第九条的规定"中国境外具有从事语言教学和教育文化交流活动能力且符合本章程规定申办者条件的法人机构，可以向孔子学院总部申办孔子学院"，既然当时是美国的高校主动向孔子学院总部申办孔子学院，作为法人机构，美国高校当然有责任和有义务维护和保证孔子学院的正常运行。后来，多所设有孔子学院的美国大学校长就此事与国务院进行联系和交涉，对推动签证事件的妥善解决发挥了重要作用。① 当然，这种合作模式也面临着一系列挑战，诸如中外方院长的交流合作是否融洽顺畅，孔子学院制度与所在大学制度的衔接和矛盾问题，汉语教师的跨文化交际难题，中方合作院校的对接和有效支撑是否到位，等等。

以中外方院长合作为例，如果双方相处融洽，合作默契，对于提升中华文化在全球的吸引力和影响力，塑造良好的国家形象会起到正向作用；倘若彼此矛盾丛生、互生嫌隙，那么对于孔子学院各项工作的开展以及国家形象的构建无疑会带来十分不利的影响。孔子学院总部高级顾问、前歌德学院（中国）总院长阿克曼指出："每一个孔子学院有两个院长，一个是外方院长，是外国机构派的院长，一个中方院长，是中国国家汉办孔子学院总部某一个中国大学派来的人。所以孔子学院确实是一个跨文化的机构，这种跨文化的机构带来好多困难，因为任何两个文化之间都会出现矛盾。听起来非常好，一个中国的，一个外国的，非常和睦地合作做事情，实际上有各种各样的误会、矛盾、分歧，互相不理解。"②

其实，中外方院长合作总体上来看是融洽平顺的，有的孔院出现一些问题也是意料之中的事情。我们既不能无视其中存在的问题，也不能无限夸大矛盾和冲突。当然，中外方院长在推进中华文化传播等工作中之所以出现这样那样的问题，原因是多方面的：既有双方个性、为人处世和办事风格等方面的原因，也有制度设计方面存在的问题；既有不同历史、社会、文化等造成的跨文化交际障碍，也

① 许琳：《2012 年孔子学院院长岗前培训结业典礼讲话》，大连，2012 年。
② [德] 阿克曼：《孔子学院需要停止扩张去抓质量》，2014 年 12 月 4 日，http://cul.qq.com/a/20141204/014701.htm，2017 年 9 月 8 日。

有各自固守成见造成的合作不畅。比如，就双方不同的个性、风格以及由此引发的跨文化交际障碍来看，有的外方院长虽然没有表态，但实则有不同意见，做事风格与中方院长有差异；有的中方院长对具体教学和文化活动的安排和运作有不同的观点和见解，但不擅长与人沟通，结果引发误会和矛盾。中外方院长的分歧、误解和矛盾在笔者的接触和了解中还有许多不同的表现形式，这也说明了人际传播和跨文化沟通是亟须关注的课题。

就制度设计来看，《孔子学院章程》第二十六条规定，孔子学院理事会负责审议孔子学院发展规划、年度工作计划、年终总结报告、项目实施方案及其预决算，聘任、解聘院长、副院长。聘任、解聘院长、副院长须报总部备案；中外合作设置的孔子学院院长、副院长的聘任由双方协商确定。①这其中提到的"院长""副院长"指的是"外方院长"（director）和"中方院长"（Chinese director）。在《院长指南》中，则没有"院长"和"副院长"的划分，统称为"外方院长"和"中方院长"。除了对中外方院长的任职条件有所规定外，《院长指南》第7至20条还进一步申明了院长的工作职责。②不过，值得注意的是，14条工作职责中并没有明确区分外方院长和中方院长的专司领域。就实际情况来看，一方面，"院长/副院长"与"外方院长/中方院长"的不同称谓和命名蕴含着不一样的角色关系。前者中的"院长"无疑属于领导位置，拥有管理全局的角色定位；"副院长"则属于辅助角色，其职能是配合"院长"进行管理。后者中的"外方院长"和"中方院长"则体现出双方对等的角色设定和权力分配，也符合孔子学院相互尊重、友好协商、平等互利的原则。从笔者的调查和实际情况来看，建议统一采用"外方院长"和"中方院长"的称谓。另一方面，工作职责的模糊化说明中外方院长各自的工作并非界限分明，从实际情况来看，与孔子学院总部/国家汉办以及中方合作院校有关的事宜一般由中方院长负责，中外方院长共同承担汉语教学、文化交流和中华文化传播等事宜。工作职责的模糊化既凸显出包括中华文化传播在内的孔子学院工作是合作双方的"合唱"而非"独唱"，又有可能带来职责不清乃至相互推诿等问题。因此，根据各孔子学院的实际情况"因地制宜"，进行适当的职责分工，从而使双方互相协作、合力推进，切实提升中华文化在全球的地位和影响力。

美国著名政治学者罗伯特·D.帕特南关于"社会资本"的理论很能说明上述问题。在他看来，"社会资本"指的是社会上个人之间的相互联系——社会关系网络

---

① 《孔子学院章程》，http://www.hanban.edu.cn/confuciousinstitutes/node_7537.htm，2017年9月8日。

② 《院长指南》，http://www.hanban.edu.cn/confuciousinstitutes/node_7534.htm，2017年9月8日。

和由此产生的互利互惠和互相信赖的规范。帕特南认为，怎样使社会资本的积极效应，如相互支持，合作，信任，在提高组织效率等方面达到最大化是非常重要的一个问题。①作为双方合作办学的孔子学院也面临着同样的"社会资本"问题，如何在制度框架下加强中外方院长之间的相互信任和协作，减少或避免双方之间的猜疑、矛盾和冲突，是推进中华文化异域传播，塑造良好的中国国家形象的前提和基础。

第七届全球孔子学院大会的主题为"共同推动孔子学院融入大学和社区"。孔子学院总部理事会主席刘延东在谈及这个主题时说："这使我想起古希腊的神话，英雄安泰是大地的儿子，只要身体不离开大地母亲，就拥有无穷的力量。孔子学院只有扎根当地，服务学校、服务社区、服务民众，才能为各国人民所欢迎，不断焕发生机与活力。"②在我们看来，孔子学院融入大学和社区就是要融入当地主流社会，而不仅仅服务于当地的华人社会。孔子学院只有借助外方平台和力量，争取到当地主流社会的认同，而不是把自己当作他者和另类，才能更好地服务于中国国家形象的塑造。一般来说，我们对于"他者"的界定往往强调其差异性和多样性，他者被放在"我们"与"他者"二元对立的关系中去思考，"他者就是避开了我们意识和认知的东西，就是位于'我们的'文化和社群以外的东西。他者就是非自我和非我们"。③在台湾清华大学学者廖炳惠看来，"针对性别和地理方面的差异他者，在人类学和文学中，都假设了自身与'他者'间的对立，特别是面对无法真正理解的对象时，包括在性别、肤色、年龄、性取向乃至于身体外貌，或行为规范上无法理解的方式等方面，都以'他者化'的方式来建构他者"④。有学者认为，他者的确立对于共同体内部认同的形成和发展也具有近乎决定性的作用，其逻辑的展开主要表现为以下三个步骤：首先，通过寻找和制造"他者"来框定"我们"，并以各种名义继续扩大差异来强调"我们"；其次，以非友即敌的二元思维引导人们做出孰敌孰友的本质性判断，继而将人们团结在某一面共同的旗帜之下；最后，随着时间的推移和意识的无意识过程，"他者"与"我们"之间的某些文化特征被描述为天然给定的。⑤这种"他者意识"，就是视"他者"为一种异己

①　[美]罗伯特·D.帕特南：《独自打保龄：美国社区的衰落与复兴》，刘波等译，北京：北京大学出版社，2011年，第7—11页。

②　刘延东：《共同推动孔子学院融入大学和社区——在第七届全球孔子学院大会上的主旨演讲》，北京，2012年。

③　周宪编著：《文化研究关键词》，北京：北京师范大学出版社，2007年，第290页。

④　廖炳惠编著：《关键词200：文学与批评研究的通用词汇编》，南京：江苏教育出版社，2006年，第177页。

⑤　薛秀军，赵栋：《中国梦："他者"语境下现代性认同的新探索》，《东南学术》2015年第3期。

的、陌生的、危险的存在者。遗憾的是，有些孔子学院没有清醒地认识到这一点，只是自顾自地教授汉语，在端午、中秋、春节等节庆日传播一下中华文化，与所在大学的其他机构以及当地政府、社会团体和社区的联系很少，更没有与主流社会一道担负对当地社会的责任，和他们一起分担苦痛，分享快乐，致使自己成为一个文化孤岛。这既对孔子学院的可持续发展不利，也很难塑造好中国形象。

　　在融入主流社会过程中，孔子学院借助当地主流媒体发声显然是塑造中国国家形象的重要渠道。在这方面，中国媒体或有关机构"借船出海"——借助国外主流媒体发声继而塑造中国形象的例子也不在少数。2016年2月，由中国五洲传播中心与英国雄狮电视公司联合制作的纪录片《中国春节：全球最大的盛会》在BBC二台播出。此片分《回家》《团圆》《欢庆》3集，采用主持人直播形式，在主线故事的发展中穿插与其他地区连线的视频内容，讲述发生在中国广袤土地上的春节故事。该纪录片颠覆了BBC《中国的秘密》《中国如何愚弄了世界》《中国人来了》等纪录片看似客观纪录，实则裹挟了偏见甚至歪曲事实的模式，"摒弃宏大叙事，瞄准鲜活的生命个体；通过生动的现场直播，接近零距离的观察，引发外国观众共鸣；通过普通人的情感共鸣，超越文化隔阂，获得了广泛的认同"。①这正是中国传媒着眼于提升中国文化传播辐射力及文化交流亲和力，有意识、有目的地设计、开发、包装、营销的结果。遗憾的是，孔子学院在借助当地主流媒体塑造中国国家形象方面还有待进一步改进。不少孔子学院因为语言、文化的接近性等原因更多地选择当地的华文媒体作为塑造中国国家形象的平台。例如，2011年8月24日，泰国曼松德昭帕亚皇家师范大学孔子学院与《亚洲日报》签订了合作协议，于9月27日报纸首刊刊发《中国文化专刊》。专刊每月一期，由曼大孔院负责全版内容的编辑和版面设计，全版使用中文简体字。2011年9月，印尼玛琅国立大学孔子学院与当地《千岛日报》合作，在报上开设专栏"汉风语韵"，以宣扬中国语言文化为宗旨。栏目里设诗词散文、古诗欣赏、民间故事、文化长廊、经典名言、常用格式、流行口语、词语用法、你问我答、趣味汉语、书法作品等主题，由孔院中方教师写编组稿，每星期刊出一期。②但由于海外华文媒体毕竟处于非主流地位，受众少，影响力有限，对于中国国家形象塑造的效果也就相应减弱。

---

　　① 《BBC播出关于中国春节的纪录片引发外国观众共鸣》，2016年3月2日，http：//news.xinmin.cn/world/2016/03/02/29590878.html，2017年9月8日。
　　② 《印尼孔子学院借助华文媒体推介中国语言文化》，2011年9月29日，http：//www.chinanews.com/hwjy/2011/09-29/3363441.shtml，2017年9月8日。

（四）适应媒体融合时代的需要，主动借助新媒体传播优势塑造中国国家形象

当今世界，新媒体形态层出不穷，传统媒体与新兴媒体融合发展趋势日益凸显。在媒体融合时代，新兴媒体将文字、图片、音频、视频融为一体，产生比传统媒体更大的吸引力和冲击力；传统的受众已不再仅仅是信息的被动接收者和消费者，也是信息的再生产者和用户，所谓 Prosumer，即 producer + consumer（可以翻译成消费生产者）。以智能手机、iPad 等移动终端为代表的新媒体在各国的日益普及致使民众特别是青年人的媒介消费习惯和学习、工作、生活方式发生了深刻的改变，视频化、移动化、社交化、服务化成为媒体融合时代下用户的集体追求。相较之下，传统媒体特别是纸质华文媒体的处境普遍堪忧。从总体来说，像泰国、印尼等这些曾经有过辉煌的华文传媒历史的国家，老年读者逐渐流失，年轻一代青黄不接，不论是受众，还是媒体从业者均出现短缺现象，华文报纸消费群体有限，空间狭小是不争的事实。华文报纸在这些国家的衰落，使华人社会失去另一种传承中华文化的载体和渠道，令人忧虑。[①] 在菲律宾，虽然华侨华人总数约 200 万到 300 万，总体人口数量并不算少，但华文报纸的读者主要是四五十岁以上的老一代华侨和一些新移民，多数当地华人第二代、第三代无法阅读华文报纸，使得华文读者群体"逐代萎缩"。[②]

在这方面，已经有孔子学院和课堂迈开了步伐。成立于 2010 年 10 月的美国特拉华大学孔子学院，成立伊始即开通了 Facebook 和 YouTube 账号。自 2015 年 10 月起，特大孔子学院将社交媒体宣传提升到孔院战略发展的高度，逐步开通了官方 Twitter、Instagram，并同步定期更新 Twitter、Facebook、Instagram。考虑到不同客户群体的需要，孔院还推出了自己的 Newsletter，取得了良好的传播效果，在树立孔院积极正面形象、塑造中国良好的国家形象方面发挥了重要作用。[③]2015 年 4 月 7 日，由云南大学与福庆学校孔子课堂联合搭建的平台——缅甸首家中缅文双语网站胞波信息网（www.webaobo.com）开通。该网包括中文版、缅文版网页平台及微信公共账号、Facebook 平台，以"让中国人了解缅甸、让缅甸人了解

---

① 彭伟步：《东南亚华文传媒发展综述》，夏春平主编：《2015 世界华文传媒年鉴》，北京：中国新闻社、世界华文传媒年鉴社，2015 年，第 4 页。

② 张明：《菲律宾华文媒体发展综述》，夏春平主编：《2015 世界华文传媒年鉴》，北京：中国新闻社、世界华文传媒年鉴社，2015 年，第 12 页。

③ 许庆欣：《孔院宣传新革命——社交媒体上的特拉华大学孔子学院》，2016 年 11 月 9 日，http://www.xmuci.cn/news/confucius/4140.html，2017 年 9 月 8 日。

中国"为宗旨，传播汉语和推动缅中文化交流。①

在此，需要注意以下两个方面：一是文字、音频、视频等材料最好采用双语形式（汉语＋当地主流语言），这既考虑到接受者的实际情况，也便于他们通过双语材料更好地了解和认识中国；二是在视觉文化时代，要充分考虑到用户的需求，既要制作或传播中华优秀传统文化，也要重视推送反映中国当代社会现实的文化以及各种深受民众喜闻乐见的大众文化。而就大众文化来说，"形象支配梦想，梦想支配行动"，大多数人"更多是以情感而不是理智来建构其世界观，决定其行动。人们相信某段故事，不是因为其思想有多么重要，更重要的是其形象能够在多大程度上让人们感同身受"。② 正如泰国《星暹日报》评论员岳汉针对中国电视剧《花千骨》和《武媚娘传奇》在 Facebook 泰国朋友圈里被刷屏时发出的感叹："当今中国很多制作精美的电视剧、'国产大片'以及流行文化，就挺好的，至少在东南亚的销路本就不错——有意识对这些东西进行推广，才是文化宣传上真正'四两拨千斤'的终南捷径。"③《花千骨》《武媚娘传奇》等是否可以被称为"制作精美的电视剧"姑且不论，必须承认的是，我们对《大长今》《来自星星的你》等韩国大众文化的热衷和追捧在很大程度上重构了中国民众对韩国形象的认知和评价，同样，我们对以美国为代表的西方大众文化的消费也形塑了对西方国家形象的体认和构建。当然，积极利用新媒体传播优势塑造中国形象并不是要否认人际传播、组织传播以及传统媒体大众传播的功效，从实际情况来看，在媒体融合时代，综合运用多种传播形式对于塑造中国国家形象更加有利。

总之，中国国家形象的塑造是一项系统工程，任重而道远。作为中国文化走出去的重要代表，孔子学院是塑造中国良好国家形象的一支重要力量，必须予以高度重视。当然，与国外其他语言文化推广机构相比，孔子学院迄今只有十多年的历史，在塑造中国国家形象方面还存在着许多问题。这需要我们借鉴国外行之有效的经验，结合孔子学院发展的实际加以创造性运用。这既是孔子学院发展的必经之路，也是我们推进国家形象塑造事业时必须认真思考的问题。

---

① 夏春平主编：《2015 世界华文传媒年鉴》，北京：中国新闻社、世界华文传媒年鉴社，2015年，第 726 页。

② ［美］奈森·嘉戴尔斯、迈克·麦德沃：《全球媒体时代的软实力之争：伊拉克战争之后的美国形象》，何明智译，北京：中信出版社，2010 年，第 20 页。

③ 岳汉：《中泰一家亲　要靠花千骨》，《泰国星暹日报》2015 年 9 月 14 日 A2 版。

跨文化的对话：误读与化解路径

——以孔子学院为例*

李加军**

摘　要： 在文化全球化视野下，中华文化如何成功走向世界已成为跨文化传播（交际）研究的重要课题。本研究从跨文化大众传播的视角，透视孔子学院在跨文化传播中所遭遇的误读，结果发现：外国大众媒介歪曲与抹黑了孔子学院跨文化传播的传播主体、传播目标、传播内容等。中国文化要在文化交流主义的原则下走向全球，需要充分利用大众传播、组织传播和人际传播等多种渠道，采取具有针对性的跨文化传播策略。

关键词： 跨文化传播；误读问题；化解路径；孔子学院；文化交流主义

文化全球化已成为 21 世纪跨文化传播（交际）的新语境和新视野，① 它以全球本土化和本土全球化为具体表现形式。然而，由于政治、文化霸权及历史原因，英语国家强势文化对非英语国家的影响大大超过了非英语国家弱势文化对英语国家的影响，形成明显的跨文化传播势差。进入新世纪，中国在国际经济、政治、外交等领域发挥的作用越来越重要，使用外语的交流远不能满足交际的需求，各国人民对汉语言文化的需求也在激增。在这样的背景下，中华文化如何扭转"文化逆差"，实现本土全球化，是我国跨文化传播（交际）研究的重要课题。2002年，我国适时根据国外"中国热""汉语热"并借鉴德国歌德学院、西班牙塞万提斯学院、法国法语联盟、英国文化委员会推广本民族语言的经验，酝酿在海外设立语言推广机构——孔子学院。2004 年 11 月 21 日，世界上第一所孔子学院在韩

---

* 本文最初发表于《学术探索》，2011 年第 2 期，第 113—118 页。

** 李加军，江苏大学外国语学院副教授。

① 贾玉新：《跨文化交际研究》（第一辑），北京：高等教育出版社，2009 年，第 4 页。

国首尔揭幕。十多年来，孔子学院在国外蓬勃发展、势头强劲。截至 2017 年底，我国已在 146 个国家（地区）建立了 525 所孔子学院和 1113 个孔子课堂，完成了其全球跨文化布局。孔子学院已成为当代中国走出去的"符号"，[①] 是中华文化跨文化传播的典型个案。本文在分析其传播模式和所遭遇的冲突与误解的基础上，提出要坚持以文化交流主义为原则，以中华文化的核心价值"和谐"为目标，多路径推进孔子学院的跨文化传播。

一、孔子学院的跨文化传播模式

孔子学院的跨文化传播可以通过拉斯韦尔提出的传播模式来阐释：传播者通过媒介将讯息传递给受众，并产生一定的传播效果。该模式提出了传播的五个基本要素：传播源、媒介、讯息、受众和效果。传播源是孔子学院总部及其下属各中外办学机构——孔子学院或学堂。传播媒介主要是人际传播和大众媒介传播。其中，大众媒介传播有印刷媒介、广播和电子网络媒介。目前广播孔子学院和网络孔子学院已经建立并运行。传播的讯息是汉语言符号、非言语符号以及这些符号承载的中国文化，也即中国语言文化。传播的直接目标是致力于适应世界各国（地区）人民对汉语学习的需要，增进世界各国（地区）人民对中国语言文化的了解。最终目标是加强中国与世界各国教育文化交流合作，发展中国与外国的友好关系，促进世界多元文化发展，构建和谐世界。受众是世界各国（地区）渴望学习汉语、了解汉语言文化的人民。反馈可以体现传播效果的有效性，反馈分为正反馈和负反馈。正反馈与传播源所期望的传播效果相吻合；负反馈与传播源所期望的传播效果不完全吻合。受众的反馈受到受众解码质量的影响，受众对传播讯息的不同解码导致不同的反馈。孔子学院的传播是跨文化传播，不同于同一文化语境下的传播，传播源与受众都受到各自所处的文化语境所制约。一个国家的历史、传统、宗教思想、价值观念和思维模式、社会组织形式、风俗习惯、政治制度、社会环境、文化传统等文化因素必然构成解读过滤器，影响着孔子学院受众的解读质量，产生"等值解读、增值解读、减值解读或异值解读"等不同的解读结果。[②] 增值、减值或异值解读都是误读，它是一种文化在解析另一种文化时出现的错误理解和评估。误读分为无意识的误读和有意识的误读。不同的解读导致对待外来文化不同的情感态度：和睦态度、补足的态度、防范态度以及抵制态度，进而在行为层面表现出对孔子学院的接受或拒绝。自第一所孔子学院成立以来，

---

① 张西平：《简述孔子学院的软实力功能》，《世界汉语教学》2007 年第 3 期。

② 李加军：《外宣翻译中的译员文化认知——以跨文化传播中的受众解读效果为视角》，《江苏大学学报（社会科学版）》2009 年第 6 期。

外国对孔子学院的质疑多年未减。在孔子学院跨文化发展的过程中，外国大众传媒对孔子学院的跨文化传播做何反馈？是否存在误读？下文从大众传播的视角进行研究。

二、孔子学院的跨文化误读

大众传播活动可以定义为在特定时间企图告诉、说服和激励多数受众行为改变的非商业性活动，传播活动通过大众传媒和人际传播来完成。[①]"大众媒体影响着人们的认知系统，进而形成不同的信念、态度或刻板印象与偏见，并可能导致行为的改变。"[②]孔子学院的传播效果在一定程度上可以通过考察外国主流媒体的相关报道来透视。本文基于 LexisNexis® Academic 新闻报刊全文数据库提取涉及孔子学院的报道作为分析语料，具体方法为：从 LexisNexis® Academic 新闻报刊全文数据库中的"major world publications（世界主要出版物）"中检索共同含有"Confucius Institute""language""China""culture"等关键词的报道，时间设为 2004 年 1 月至 2010 年 4 月。检索标准基于这样一个假设：全球主要出版物的报道中共现了以上关键词，则可以推定该报道涉及我国孔子学院的相关信息。共检索到 169 篇新闻报道中，其中不乏积极正面的报道，如孔子学院的开幕运行、在国外设立数量的增加、孔子学院对促进商贸、文化、中外友谊的意义等。然而，更多的是外国主流媒体基于自身文化价值观、意识形态、社会体制、民族中心主义、刻板成见、思维方式等因素对孔子学院跨文化传播所形成的误读。需要指出的是，虽然本研究发表时，媒体报道数据选取于十年前，但孔子学院面临的困境依然存在。2020 年 4 月，瑞典彻底关闭了孔子学院。

1. 误读传播主体的性质

"国家汉办"现为中国教育部直属事业单位。它原为教育部对外汉语教学发展中心，又称为中国国家汉语国际推广领导小组，领导小组下设办公室，简称"国家汉办。"它虽然附属教育部，但它是非政府机构、非营利性组织。分析发现，多数媒体对"汉办"一词的引介存有误导，使用"中国政府的国家汉语国际推广领导小组"，把汉办报道为"汉办，一个中国政府机构"。这些措辞充斥着"中国政府主导"的意味，有意忽略了对"非政府性""非营利性""公益性""推广中国语言文化"等信息的引介，是有意识的误读。这使得对中国政府敏感的受众容易误认为孔子学院是政府直接推广的，所以他们担心中国政府会对孔子学院的教学施

---

① [美]詹宁斯·布赖恩特、苏姗·汤普森：《传媒效果概论》，陆剑南等译，北京：中国传媒大学出版社，2005 年，第 217 页。

② 陈国明：《跨文化交际学》，上海：华东师范大学出版社，2009 年，第 59 页。

加政治干预，担心孔子学院运作的自由度会受到限制，担心中国政府的政治及其意识形态会影响到参与者的话语表达，其中也体现了外国大众媒介对中国政府存在着片面的文化定型。

2. 误读传播目标

孔子学院的性质是"中外合作建立的非营利性教育机构"。中方提供资金与师资，外方提供场所，实行中外合作办学，属于非营利性办学性质。其目的是教授汉语，促进文化理解与中外友好关系，构建和谐世界，然而外国大众传播媒介把设立孔子学院的目的解读为提高中国文化软实力的手段与途径，是提高中国国际影响力的工具。在169篇文献中，"soft power"一词出现了142次，是外国媒体使用的一个高频词。主流媒体怀疑中国在国外设立孔子学院的真正动机或者是为了配合"硬实力"，提高软实力，或者是设立我国对外宣传（在英语中，propaganda有"操纵意见、洗脑、灌输"等内涵）的工具或机器，有的认为孔子学院是"间谍机构"。甚至连孔子学院的命名也让西方媒体联系到中国将像圣人孔子曾经拥有的影响力一样强大，视孔子学院是对本土文化的威胁，认为设立孔子学院是"文化渗透""文化帝国主义"，甚至认为是"文化侵略"。"这是西方人对中国崛起的本能反应"。[①] 西方主流媒介习惯于"西方中心论"的思维方式，喜欢用一种居高临下的心态审视周围的世界，把自己的价值观凌驾于他国之上。

3. 误读传播内容

外国媒体认为孔子学院传播的仅是孔子的学说，甚至引用电影《孔子》、北京奥运会开幕式使用孔子形象等事件作为例证，认为儒家思想在逐渐代替了中国主流意识形态。可以看出 外国大众媒体片面理解了我国政府对待孔子思想和儒家文化的态度。孔子学院虽然以"孔子"命名，但是孔子的儒家思想并不是教学的主要内容。孔子学院明确指出传播的讯息是汉语言文化。"跨文化传播过程中，异国身份的界定并非仅仅是基于现实的表征与再造，而是观察者依据自己的文化与政治偏好对异国的重组与再造。"[②] 当前，孔子学院主要为各级别各层次的受众提供汉语教学服务，培养汉语教师，举办各种文化活动以增进文化理解，开展汉语考试和汉语教师资格认证，提供信息咨询，开展当代中国研究等职能。[③]

---

① 王达三：《办好孔子学院需要打开思路》，《对外传播》2009年第9期。
② 戴晓东：《全球化语境下汉语的传播与中国文化身份的重建》，安然、崔淑慧编：《文化的对话：汉语文化与跨文化传播》，北京：北京大学出版社，2010年，第59页。
③ 孔子学院总部/国家汉办：《孔子学院总部》，http://www.hanban.org/hb/node_7446.htm，2020年5月30日。

4. 意识形态化

受西方意识形态和社会制度的影响，外国大众媒体并未单纯地从语言文化传播的角度审视孔子学院的海外传播，而是夹杂着政治和人权因素，给孔子学院的跨文化传播附加政治色彩并抹黑其形象。在 169 篇与孔子学院相关的报道中出现了"政治的""达赖""人权""西藏""法轮功""天安门广场"等政治敏感词就是一个佐证。这些词汇多次与语言文化推广出现在同一个新闻语篇中。西方习惯于给中国事件强加上政治因素，鼓吹其自由主义的政治哲学，并将其作为攻击中国"人权"的一个借口，试图用冷语气遏制孔子学院的发展势头。无独有偶，孙有中教授对比《纽约时报》和《泰晤士报》对北京申奥的报道后，发现北京申奥事件同样被"高度政治化或意识形态化"。[①]"西方对中国形象的界定徘徊在乌托邦式的美好想象与意识形态化武断的扭曲之间，但总体上具有明显的否定倾向。"[②] 有关中国的报道，外国媒介将其意识形态化是其一贯的风格。

以上方面仅是典型的误读，实际上，对孔子学院跨文化传播的误读远不止以上几点。虽然外国民众对汉语言文化的需求在增加，但是主流媒体笼罩下的大众心理对孔子学院的发展表现出了复杂的心态。鉴于日益上升的中国影响力，他们既需要学习汉语言文化以便在经贸等领域进行沟通，又担心以孔子学院为代表的中华文化走向全球化会对其本土文化造成威胁，从而造成无意的自然形成的、由接受定势决定的误读和有意的、人为的由期待视野决定的误读。传播活动失败的原因有：受众对中国文化的认知障碍、受众的固有观念、不当的宣传等。[③] 孔子学院全球推广被"妖魔化"是其跨文化"成长中的烦恼"。[④] 那么，在文化全球化的新语境下，应该坚持怎样的原则面对这些误读呢？

三、孔子学院的"和谐"追求

在文化全球化的新语境下，以孔子学院为代表的中国文化符号在其跨文化传播过程中虽然经历了误读，但其跨文化传播的总趋势不会因此而改变。文化全球化发展的趋势是"我者"与"他者"、本土与全球、民族文化与世界文化之间的共

---

① 孙有中：《解码中国形象：纽约时报和泰晤士报中国报道比较 1993—2002》，北京：世界知识出版社，2009 年，第 59 页。

② 周宁：《西方的中国形象》，《世界之中国，域外中国形象研究》，南京：南京大学出版社，2007 年，第 11—14 页。

③ [美] 詹宁斯·布赖恩特、苏姗·汤普森：《传媒效果概论》，陆剑南等译，北京：中国传媒大学出版社，2005 年，第 217—218 页。

④ 王达三：《办好孔子学院需要打开思路》，《对外传播》2009 年第 9 期。

生共存、互动互惠和相互认同。① 从世界文化接触史来看，在交融中进步是文化接触史的总趋势。"在过去的两个世纪。文化纯洁是个悖论。东西方文化不是文明间对话，而是人类文明内部的对话。"② 从中国文化海外传播史来看，中国文化海外传播史本身客观上就是一部东西方融合的文化史，一部文化交流史。中华文化海外传播过程奉行交流主义的原则，既否定了文化相对主义，又批判了文化普遍主义（绝对主义）。文化相对主义否定文化的共性和相互沟通的可能性；文化普遍主义（绝对主义）主张文化优劣说，成为被强势文化征服弱势文化所利用的意识形态武器。

在文化全球化的新视野下，以孔子学院为代表的中华文化走向全球并为世界多元文化的发展做出贡献是历史的必然。2001年，联合国教科文组织在巴黎举行的第31届会议上发表《世界文化多样性宣言》，宣言指出，尊重文化多样性、保持文化宽容和交流合作有利于世界和平与文化共荣。中国文化内部发展动力和外部需求都期待以孔子学院为代表的中国文化融入世界，走向全球。目前，中国文化通过内部创新发展民族优秀文化，兼收并蓄世界各民族的优秀文化，重构民族文化。"一个民族的重新崛起不仅仅在于经济上崛起，从根本上讲是文化崛起，是民族心理的重构。"③ 在外部，积极走向世界与其他文化寻求对话。孔子学院在海外数量增加和蓬勃发展的事实也表明文化全球化离不开中华文化的参与，世界文化的进步和文化趋同及认同的变化需要文化间互动互补、相互渗透。征服、文化掠夺和交流等抽象的模式反映了两种不同文化接触后出现的历史事实。孔子学院的全球推广采取的是文化交流主义的原则，从传播主体的性质、传播的内容及目标来看，孔子学院与他者文化的接触不是文化冒犯，更不是文化扩张或侵略，而是采用交流主义的态度与他者文化进行对话。另外，在主观传播目标上，它意在促进世界多元文化的发展，促进和谐世界的形成。文化交流主义是孔子学院跨文化传播的根本原则。

有学者指出："中国跨文化传播的目的是追求和谐。"④ 中华文化追求"和谐"的目标和精神也为孔子学院的跨文化传播奠定了交流基础。中国文化重视"和而不同"，体现了"和"的精神，传承中华文化的孔子学院采用文化交流主义模式寻求对话，坚持文化沟通与互动，主张文化和平与和谐共存，既反对文化相对主义，

---

① 贾玉新：《跨文化交际研究》（第一辑），北京：高等教育出版社，2009年，第7页。

② T. G. Ash, "East and West, Confucianism speaks to us all", *The Straits Times*, April 9th, 2009.

③ 张西平：《在世界范围内考察中国文化的价值》，孙有中编：《跨文化视角》，北京：高等教育出版社，2009年，第187页。

④ S. J.Kulich, M. H.Prosser：《跨文化视角下的中国人：交际与传播》，上海：上海外语教育出版社，2007年。

又排斥文化普遍主义。孔子学院的对外跨文化传播是对其他民族文化的补充与重构，有助于其他民族文化重新审视自身，丰富了他们的民族文化，对各民族文化的发展起到了激励、刺激、开发和推动作用。"通过儒家学说，我们不仅仅了解中国人。我们甚至还能了解我们自身。"[①] 当然，当孔子学院传播于海外，与其他民族文化相接触时，必然会发生矛盾和冲突，文化接触的过程也是文化间撞击的过程，在撞击中解决矛盾，实现不同文化的"和而不同"，是孔子学院跨文化交流的理想。

综上所述，以孔子学院为代表的中国文化的跨文化传播是在误读的逆境中发展的，但是发展的总趋势不会因误读或暂时的冲突而改变，全球推广仍要坚持文化交流主义的原则，采取恰当的策略追求"和谐"目标。

四、减少对孔子学院跨文化误读的路径

针对孔子学院跨文化传播所经历的"噪音"和"烦恼"，要辩证地分析是否客观存在，然后采取有针对性的应对策略，"软实力"和"巧实力"并用，[②] 也即讲究传播策略。我们需要做的是在文化交流主义和"和谐"价值理念的视角下，不断挖掘中国文化和其他文化的交汇处，扩大跨文化认同，努力提高孔子学院相关构成要素的跨文化传播能力，尽量减少孔子学院与东道国文化的摩擦与冲突，化解已经存在的矛盾，顺利达到跨文化传播效果。孔子学院的跨文化传播是一个系统性工程，必须充分调动所有传播渠道的潜力，提高传播效果。本文从大众传播、组织传播和人际传播三条路径提出化解误读的跨文化传播策略。

1. 大众传播层面

在大众传播中，突出中华文化"和谐"的精神与其普世价值。儒家文化是中华文化的核心和主干，是世界多元文化的重要组成部分。长期以来，受到"二元对立""非此即彼""东方和西方""现代与传统"二元对峙的文化认知模式和思维模式的影响，儒家精神一直被边缘化。"中国文化的核心观念'和谐''仁义''一体之仁''人与天地万物为一体'等价值是具有普世意义的中国元素，在建构和谐全球社会方面有其特殊意义。"[③] 儒家学说的一些社会文化理念和社会文化期待对于解决西方存在的社会诟病具有可适性和普适性，比如"和睦""和为贵，忍为高""与人为善""仁者爱人""不以邻为壑""和而不同""己所不欲，勿施于人""天下为公""世界大同"等，已经成为人类走向未来的一种极为宝贵的精神文化资源。在对外宣传中，具体可以开展以下工作：（1）进一步加大中国典籍的

① T. G.Ash，"East and West, Confucianism speaks to us all"，*The Straits Times*, April 9th, 2009.
② 王达三：《办好孔子学院需要打开思路》，《对外传播》2009 年第 9 期。
③ 贾玉新：《跨文化交际研究》（第一辑），北京：高等教育出版社，2009 年，第 9 页。

英译，尤其是挖掘其中具有普世意义的文化价值进行中译外推广。（2）外宣媒介要改进宣传的策略与成效。《中国日报》等外宣媒体对孔子学院的报道大多是关于孔子学院在海外扩张的，缺少孔子学院在传播中国优秀文化方面所具有的世界性意义和世界性价值，缺少针对外国媒体误导的澄清性报道，报道的议程设置比较狭窄，有必要利用外宣出版物或网络对孔子学院的办学性质、目的、形式等外国媒体有意或无意误读的讯息加大宣传力度，抵消国际舆论对孔子学院形象的诋毁。（3）在对外宣传中，要追溯世界各国人民传统学习汉语的历史，从汉语接触史的角度增强他们对汉语文化的认同，加大对国外汉学家的推介，这对于改变受众的接受心理和接受习惯具有潜移默化的作用。"媒体的伟大与可怕还在于它水滴石穿、有意无意地形塑受众的趣味、喜好，以及欣赏习惯、文化生活之模式，乃至深层心理文化结构的功能。"①

2.组织传播层面

在组织传播层面，可以从以下几个方面着手：（1）在组织推广模式上，采取双向互动的策略，"走出去"体现了主动适应，"被请出去"体现了外部需求性。面对冲突，有必要采用"被请出去"的策略，由外国机构主动来请，根据需要设立，减少以自我为中心的主动出击式的推广成分。（2）在组织传播主体上，减少或降低官方参与的形象，采用其他非政府组织形式，如鼓励中外大中小学直接合作，多渠道筹集资金，鼓励民办教育机构参与，减少政府资助的份额，以达到淡化官方推动参与的形象的目的。（3）在组织传播方式上，既统筹全局又注重局部差异；针对不同国别，制定不同的发展策略，促进孔子学院发展的多模式化，提高本土适应能力。在把握孔子学院跨文化传播的总体规律的基础上，围绕个别目标国别开展工作，挖掘跨文化传播的个性，增强传播效果研究。孔子学院的良性发展需要汉语言教学与测试、跨文化传播（交际）学、教育学、文化研究、跨文化管理等学科的参与。根据CNKI的收录，截至2020年5月30日，针对孔子学院的研究仅有1800余篇中文文献，研究仅限于孔子学院汉语教学技能、孔子学院与软实力的关系、孔子学院发展模式、孔子学院存在的问题、管理创新、孔子学院与中国国际教育等领域，研究深度尚不够，领域也不够开阔。各学科需要针对具体国别进行深入研究，在其基础上形成孔子学院在全球发展的总体特征，同时也理清孔子学院在某一国发展的个性特征。（4）在具体教学方面，孔子学院总部要在需求分析的基础上做好教学环节，需求分析是汉语言文化教学活动的前提。教学大纲、教学目标、课程设置、教学方法、教学材料编写、文化教学、考试评价、证

① 金元浦：《文化研究的视野：大众传播与接受》，《天津社会科学》2000年第4期。

书服务等的制定都要以需求分析为前提，需求分析的对象包括社会需求分析、受众分析、教育主管部门需求分析等，从而制订有针对性、特色性的整体方案。（5）加强与国外汉学界的联系，把"当地的和尚"请过来，在投入管理、学院管理模式、招生模式、师资培训、课程安排、教学方法、教材编写、教学评价、教学实践等环节咨询国外汉学专家的意见，在调查研究的基础上，按需设置，这是孔子学院在东道国跨文化适应的基础工作。比如，编写的教材要符合当地学院的学习需求，"虽然市面上已经有比较多的幼儿园及小学对外汉语教材，但在实际教学中，往往捉襟见肘，难以适合当地的教学需要"①。任何一个环节的不足，都给孔子学院的正常运行带来困难，也会给外界带来把柄。孔子学院在全球发展的总体目标是一致的，但在具体操作上应该存在差异。（6）提升孔子学院作为组织的跨文化传播能力。限于篇幅，不在此赘述。

3. 人际传播层面

在人际传播层面，加强对孔子学院相关人员的跨文化交际能力培训。具体来说，可以从两个方面着手：（1）对孔子学院一线人员进行跨文化成功交际培训，减少他们在国外的跨文化交际失误和冲突。截至 2017 年年底，大约有 4.6 万中外专兼职教师从事孔子学院的教学工作。他们是孔子学院一线的跨文化传播者，这些人员的跨文化交际能力在一定程度上影响着合作成效。与大众传播和组织传播的效果相比，人际传播的效果更为直接。提高相关参与人员的跨文化认知能力和跨文化交际意识可以提高跨文化人际传播的效果，减少直接冲突。参与者不仅要具备坚实的汉语言文化知识，更要从认知、情感和行为三个层面提高跨文化交际能力，懂得如何在他者文化中成功交际。（2）针对对外汉语教学的后备力量，在国内的汉语国际教育学位课程中，开设专门针对具体国别的跨文化交际课程，使学员认识到跨文化交际意识和跨文化交际能力对海外汉语教学工作的重要性，为后期在实践中增强跨文化交际能力做好准备。此外，在国内的外语教学中培养学生的汉语文化表达能力，也不失加强中华文化传播的一条重要途径。

以上三种渠道是孔子学院跨文化传播这一系统工程必不可少的组成部分，减少跨文化误读与冲突要将宏观和微观方面紧密结合，充分调动以上三个渠道的相关因素。虽然上述所提及的矛盾和冲突有其顽固性，并非一日能够被化解，但是要看到，中华文化传播的总规律是不变的，"在中华文化外传之后，经过文化接触的矛盾和冲突，经过当地本土文化的选择和解释，这些中华文化要素被接受到原

---

① 刘程：《美国堪萨斯大学孔子学院幼儿园及小学远程交互式汉语推广项目概况与展望》，安然、崔淑慧编：《文化的对话：汉语文化与跨文化传播》，北京：北京大学出版社，2010 年，第 147 页。

有文化之中，与原有文化相受容、相融合，从而逐渐成为接受一方民族文化的一部分"①。

文化流动的方式有多种：战争、贸易、宗教、移民、语言文化推广等，而语言文化推广是温和的、渐变式的、潜移默化地传播我们的文化价值观念、思维方式、伦理道德、行为准则和生活方式，是过程性的文化交流主义，短期内矛盾与冲突仍然存在。孔子学院化解冲突的策略和推广模式对中国其他文化符号走向全球，具有一定的借鉴意义。但应该看到，孔子学院走向世界主要是全球化背景下成功的中国经济的驱动，在东南亚及欧美，汉语热的学习动机表现在当前和未来就业机会、商业机会。而其他的文化符号的传播动力必然具有自身的传播特点。

①　武斌:《中华文化海外传播的历史规律》,《光明日报》2008 年 8 月 21 日。

后　记

　　《华夏传播学新读本》付梓在即,忝居副主编之列,清果师命予略述编纂之甘辛与体会以附骥尾。适逢庚子国庆节假,贵阳秋霖不止,余方抱恙,游兴都绝,偃息陋室,日以读书为娱。翻检箧中《读本》清样,逐卷披览,重新阅过,一年余整理情境,犹在目前,因是重振思绪,略记意犹未尽之编余赘语若干于右,或可明华夏传播研究之志趣以存照,与读者诸君共飨。

　　书名《华夏传播学新读本》,顾名思义,是清果师继《华夏传播学读本》之后推出的新读本,详览序言及目录可知,此读本之"新",新在,一方面采撷了许多华夏传播的最新研究成果,从中不难窥出华夏传播学的最新学术进展。例如邵培仁教授新作《华夏传播理论》(浙江大学出版社,2020)中关于华夏传播的若干理论建构和本土化尝试;谢师清果教授新作《华夏自我传播的理论构建》(厦门大学出版社,2020)中关于儒家和道家内传播(Intrapersonal Communication,又译作人内传播、自我传播)理论擘肌入理的新探和抽茧剥丝般的阐释;陈雅莉副教授新作《国家认同和传播的关系研究:以隋唐时代的"中国"认同建构为例》(华中科技大学出版社,2020)中关于唐代历史上有关政治传播与"中国"认同建构的研究。另一方面,此读本钩沉了一些华夏传播研究的沧海遗珠。例如被誉为"被遗忘的中国早期传播研究"[①]的朱希祖先生《道家与法家对于交通机关相反之意见》一文;又比如余也鲁先生《中国文化与传统中传的理论与实际的探索》[②]和《在中国进行传播学研究的可能性》[③]两篇传播学西学东渐在中国实力渐起时的文字。这些关于华夏传播的早期标志性文献,既是该载入史册的经典之作,同时也是该常读

　　[①]　高海波:《被遗忘的中国早期传播研究:评朱希祖的〈道家与法家对于交通机关相反之意见〉》,《国际新闻界》2011年第1期。

　　[②]　原载于(美)宣伟伯(W. Schramm)著,余也鲁译:《传学概论》,北京:中国展望出版社,1985年,第8—26页。

　　[③]　原载于《新闻学会通讯》1982年第17期。

常新的启迪之作，它们是华夏传播学在前行中该不断回顾的历史起点。

古人治学追求"辨章学术，考镜源流"（章学诚《校雠通义》自序），大凡将一种理论与学术的源流考辨清楚，遴选出其发展各阶段的代表性文章，则可以见出这门学问的渊源所自，亦可以凸显出其创新之处，从根本上阐明这种学问的理论与学术，进而推动这门学问的发展。

"选学"之兴，意在传播，肇始于孔子"删《诗》《书》、定礼乐、著《春秋》"，萧梁太子编《昭明文选》世传"文选烂，秀才半"之谚语，其后既有《太平广记》《册府元龟》《文苑英华》《永乐大典》《四库全书》这样的煌煌巨编，又有《唐诗三百首》《古文观止》这类家喻户晓的童蒙选本。选编读本之实质一方面在于荟萃前人经典之文献，"辨章学术，考镜源流"，以供后人之传递与研习；另一方面在于通过文本这种媒介来传播文明。

胡适之先生尝作《名教》一文批判华夏文明对于文字之崇拜与信仰堪比宗教，无意间揭橥了文字媒介在华夏文明传播中的独特作用。考诸吾国媒介史，文字与其他媒介结合在一起发挥传播作用之痕迹比比皆是，从甲骨、青铜器皿、瓷器、建筑、服饰、摩崖石刻、壁画到简牍书帛、书法，再到大众传媒时代的标语、广告、报刊、广播稿、电视字幕以及新媒体时代之弹幕，等等，文字媒介在传播活动中出现的频率十分频繁，可见汉字在华夏文明传播中居有贯穿始终的核心地位。近读复旦大学教授朱立元与美国学者希利斯·米勒（Hillis Miller）的对话文章，米勒反对许多中国学者关于当代文字媒体正在向视觉文化转变的看法，强调那应该是"印刷文化"向"数字文化"的转变。当代中国学者正越来越多地认可米勒的观点，"比起中国学者强调向视觉文化转变的观点来，米勒关于印刷文化向数字文化转变的判断和概括显然更有前瞻性和启示性，而且也看到了'数字文化'的内涵与外延远远大于视觉文化"①。认为当代文化是文字媒介向视觉文化转变的偏颇在于忽视了文字媒介在华夏文明传播中始终是一种以视觉欣赏（阅读）为主的传播方式，本质上仍然属于一种视觉文化，而真正推动传播改变的则是媒介技术，因此米勒关于当代传播是"印刷文化"向"数字文化"的转变的说法才更具有说服力。

"文章千古事，得失寸心知"，当我们了解文字媒介在华夏文明传播中一以贯之的独特地位和意义之后，便可以进一步理解选本和文献在华夏传播的重要地位和意义了。秉承这一认识，厦门大学传播学研究所、华夏传播研究会历来重视对

---

① 朱立元：《印刷文化、数字文化、诗学和解释学——与希利斯·米勒讨论》，《武汉大学学报》（哲学社会科学版）2020 年第 5 期。

于文献的整理与传播，近年来相继出版了《华夏传播学引论》《华夏传播学的想象
力》《华夏传播研究在中国》《华夏文明与传播学本土化研究》《海外华夏传播研究》
《华夏文明研究的传播学视角》《华夏传播研究：媒介学的视角》《华夏传播学年鉴》
等多种文献，并编辑出版了《中华文化与传播研究》《华夏传播研究》两种集刊。

　　作为新"读本"，本书所有篇目均经过编委会精益求精选出，并由张丹和我逐
字校勘，最后交由清果师审定。每篇文章的作者都对中华文明怀有一种深情的热
爱与理解。每位作者皆学以致用，在自己擅长的领域尽情挥洒满腹学问，能够充
分发挥华夏历史文明背后的传播学意义。相信读者读起来，会有一种大开眼界、
叹为观止的感觉。于我而言，此书如同一桌丰盛的筵席，吸引我遍尝华夏传播的
"珍馐美馔"，读罢令人齿颊留香，回味无穷，不知读者诸君有同感否？

王婷 记于贵阳广一斋

2020 年 10 月 6 日